Gerd Wiendieck

Arbeits- und Organisationspsychologie

Quintessenz

Lehrtexte der Arbeits- und Organisationspsychologie

Gerd Wiendieck

Arbeits- und Organisationspsychologie

Quint^{essenz}

Anschrift des Autors

Prof. Dr. Gerd Wiendieck
FernUniversität Gesamthochschule Hagen
Fachbereich Erziehungs-, Sozial- und Geisteswissenschaften
Arbeits- und Organisationspsychologie
Fleyer Str. 204
58084 Hagen

Lektorat: Dr. Stefan Granzow

Die Deutsche Bibliothek – CIP-Einheitsaufnahme

Wiendieck, Gerd:
Arbeits- und Organisationspsychologie / Gerd Wiendieck
Berlin ; München : Quintessenz, 1994
  (Quintessenz-Lehrtexte der Arbeits- und Organisationspsychologie)
  ISBN 3-86128-290-9

Dieses Werk ist urheberrechtlich geschützt. Jede Verwertung außerhalb der engen Grenzen des Urheberrechtsgesetzes ist ohne Zustimmung des Verlages unzulässig und strafbar. Das gilt insbesondere für Vervielfältigungen, Übersetzungen, Mikroverfilmungen und die Einspeicherung und Verarbeitung in elektronischen Systemen.

© 1994 by Quintessenz Verlags-GmbH, Berlin – München

Umschlag (Reihenentwurf): Dieter Vollendorf, München
Herstellung: Christa Neukirchinger, München
Satz: Stefan Granzow, München
Druck und Bindung: Ludwig Auer GmbH, Donauwörth
Printed in Germany

ISBN 3-86128-290-9

Inhaltsverzeichnis

Vorwort		IX
Vorbemerkung: Leben und Arbeit		1
1	Gegenstand und Perspektive der Arbeits- und Organisationspsychologie	9
1.1	Was ist Arbeit?	9
1.1.1	Arbeit als Last und Pflicht	11
1.1.2	Arbeit als Leistung und Wert	12
1.1.3	Arbeit als soziale Strukturierung	12
1.1.4	Arbeit als Vermittlung und Veränderung	13
1.1.5	Arbeit als Persönlichkeitsentfaltung	13
1.1.6	Zusammenfassung: Arbeitsbegriff	16
1.2	Was ist Organisation?	17
1.2.1	Organisation als Institution	17
1.2.2	Organisation als Instrument	17
1.2.3	Organisation als Interaktion	21
1.3	Wie wird Ordnung hergestellt bzw. wie entwickelt sie sich?	23
1.4	Schlußbemerkung	26
2	Arbeits- und Organisationspsychologie als angewandte Wissenschaft	29
2.1	Was wird angewandt?	33
2.2	Worauf wird es angewandt?	37
2.3	Wozu wird es angewandt?	45
2.3.1	Erkenntnisziel	45
2.3.2	Gestaltungsziel	50
2.4	Schlußbemerkung	59
3	Arbeitspsychologische Theorie-Konzepte	61
3.1	Das Belastungs-Beanspruchungs-Modell	61
3.1.1	Kritik und Erweiterung des Belastungs-Beanspruchungs-Modells	65
3.2	Das Streßmodell	67
3.2.1	Streß als Reaktion auf Anforderungen	68
3.2.2	Ursachen von Streß: Reize als Stressoren	68

3.2.3	Das kognitive Streßmodell: Person-Umwelt-Transaktion	69
3.2.4	Streß in Arbeitssituationen	71
3.3	Das handlungstheoretische Modell	73
3.3.1	Menschenbild	73
3.3.2	Handlung als hierarchisch strukturierte Tätigkeit	74
3.3.3	Das TOTE-Modell: Vergleichs- und Rückkopplungsprozesse	76
3.3.4	Kritische Anmerkungen zur Handlungsstrukturtheorie	79
3.4	Schlußbemerkung	81
4	**Die psychologische Arbeitsanalyse**	**85**
4.1	Kernbegriffe arbeitspsychologischer Analyse	85
4.2	Ansätze und Verfahren der Arbeitsanalyse	86
4.2.1	„Anpassung des Menschen an die Arbeit"	90
4.2.2	Humanistische Ansätze: „Anpassung der Arbeit an den Menschen"	92
4.2.3	Klassifikation von Arbeitsanalyseverfahren	92
4.2.4	Beispiel: Der Fragebogen zur Arbeitsanalyse (FAA)	95
4.2.5	Schritte der psychologischen Arbeitsanalyse	97
4.3	Schlußbemerkung	99
5	**Bewertung der Arbeitstätigkeit**	**101**
5.1	Bewertungskriterien	102
5.1.1	Produktivitätsorientierte Kriterien	103
5.1.1.1	Total-Quality-Konzepte	103
5.1.1.2	Lean-Production-Konzepte	104
5.1.2	Humanitätsorientierte Kriterien	105
5.2	Individuelle Perspektive: Arbeitszufriedenheit – Arbeitsmotivation	107
5.2.1	Arbeitszufriedenheit	108
5.2.1.1	Arbeitszufriedenheit als relationaler Begriff	108
5.2.1.2	Arbeitszufriedenheit als konditionaler Begriff	111
5.2.1.3	Arbeitszufriedenheit als normativer Begriff	111
5.2.1.4	Arbeitszufriedenheit als dynamischer Begriff	112
5.2.2	Arbeitsmotivation	114
5.2.2.1	Physiologisch orientierte Konzepte	115
5.2.2.2	Humanistisch orientierte Konzepte	116
5.2.2.3	Kognitiv orientierte Konzepte	119
5.3	Bewertung als Prozeß	126
5.3.1	Entwicklung konkreter Bewertungskriterien	126
5.3.2	Die Festlegung der Bewertungsregeln	127
5.3.3	Die Ableitung von Korrekturmaßnahmen	130
5.4	Schlußbemerkung	130

6	**Die Gestaltung der Arbeit**	**133**
6.1	Selektion	134
6.1.1	Anforderung und Eignung	140
6.1.2	Eignungsdiagnostische Verfahren	142
6.1.2.1	Bewerbungsunterlagen und Zeugnisse	142
6.1.2.2	Interviews und Vorstellungsgespräche	142
6.1.2.3	Biographischer Fragebogen	143
6.1.2.4	Psychologische Tests	144
6.1.2.5	Assessment Center	147
6.2	Personal-Entwicklung (Sozialisation)	151
6.2.1	Personal- oder Persönlichkeitsentwicklung	152
6.2.2	Gegenstand der Personalentwicklung	155
6.2.3	Methoden der Personalentwicklung	159
6.2.3.1	BedarfsermittlungsMethoden	159
6.2.3.2	Vermittlungsmethoden	159
6.2.3.3	Transfersicherungsmethoden	160
6.2.3.4	Evaluation	164
6.2.4	Personalentwicklung als arbeitsimmanente Qualifizierung	165
6.3	Gestaltung der Arbeitsbedingungen	166
6.3.1	Gestaltung der Arbeitsmittel	167
6.3.1.1	Werkzeuge	171
6.3.1.2	Gestaltung von Anzeigegeräten	172
6.3.2	Arbeitsumgebung	176
6.3.3	Arbeitszeit	179
6.3.3.1	Flexible und geteilte Arbeitszeiten	182
6.3.4	Arbeitsentlohnung	183
6.3.4.1	Lohnformen	185
6.4	Gestaltung der Arbeitsaufgabe	188
6.4.1	Die tayloristische Arbeitsstrukturierung	181
6.4.2	Die sog. „Neuen Formen der Arbeitsorganisation"	191
6.4.3	Psychologische Prinzipien der Arbeitsgestaltung	192
6.4.3.1	Autonome und partizipative Arbeitsgestaltung: Das Konzept der Handlungsspielraumerweiterung	194
6.4.3.2	Differentielle und dynamische Arbeitsgestaltung	198
6.4.4	Grenzen der Handlungsspielraumerweiterung	200
6.5	Schlußbemerkung	200
7	**Interaktion und Organisation**	**203**
7.1	Interne und externe Aspekte	203
7.1.1	Zur subjektiven Bedeutung der Koordinationsfunktion	203
7.1.2	Zur organisationalen Anpassungsfähigkeit	205
7.1.2.1	Der Einfluß von Technik	206
7.1.2.2	Der Einfluß des Marktes	206

7.1.2.3	Der Einfluß des Wertewandels	207
7.2	Führung	213
7.2.1	Führung und Macht	214
7.2.2	Führungstheorien	218
7.2.2.1	Eigenschaftstheoretische Konzepte	219
7.2.2.2	Verhaltenstheoretische Ansätze	221
7.2.2.3	Interaktionstheoretische Ansätze	224
7.2.2.4	Attributionstheoretische Modelle	226
7.2.2.5	Weitere Theoriekonzepte	228
7.2.3	Theorien des Geführtwerdens	228
7.2.3.1	Grenzen der traditionellen Führungsforschung	228
7.2.3.2	Symbolische Führung	229
7.3	Gruppenarbeit	232
7.3.1	Bestimmungsmerkmale der Gruppen- bzw. Teamarbeit	232
7.3.2	Zur Entwicklung von Gruppen- und Teamarbeit	233
7.3.2.1	Anlässe für die Etablierung der Gruppenarbeit	233
7.3.2.2	Gruppendynamische Entwicklung innerhalb der Teams	234
7.3.3	Vorteile der Gruppenarbeit	236
7.3.4	Nachteile der Gruppenarbeit	238
7.3.5	Gruppeneffekte – ein zusammenfassender Überblick	238
7.3.6	Qualitätszirkel und Lernstatt	241
7.3.7	Gruppe und Selbststeuerung	244
7.4	Organisation	247
7.4.1	Das Dilemma von Ordnung und Chaos	248
7.4.2	Neue Formen zentraler Steuerung	249
7.4.2.1	Normative Steuerung: Beispiel Organisationskultur	250
7.4.2.2	Informationelle Steuerung: Beispiel Controlling	254
7.4.3	Mikropolitik	256
7.4.4	Simultane Steuerungen	259
7.5	Schlußbemerkung	260

Abschlußbemerkung	264
Literaturverzeichnis	266
Anhang A: Glossar	280
Anhang B: Übungsaufgaben	284
Anhang C: Lösungen zu den Übungsaufgaben	287
Sachregister	299
Personenregister	306
Quellenverzeichnis	310

Vorwort und Danksagung

Die Arbeits- und Organisationspsychologie gehört zu den stark expansiven psychologischen Disziplinen. Dies erklärt sich einerseits aus einer Öffnung der Psychologie für Anwendungsfelder außerhalb des klinisch-therapeutischen Bereichs sowie andererseits durch das gestiegene Interesse der Praxis an psychologischem Wissen. Diese Parallelität von Nachfrage- und Angebotsentwicklung ist sowohl für die Forschung wie für die Praxis stimulierend, wobei das Verhältnis von Wissenschaft und Praxis stärker durch wechselseitige Anregungen als durch wechselseitige Anpassungen beschrieben werden kann.

Diese wechselseitige Anregung wächst mit der Bereitschaft, die jeweils anderen Problemschilderungen und Lösungsansätze aufzunehmen und anzuerkennen. Dies ist immer noch nicht selbstverständlich. Auch hier gibt es noch Mißverständnisse und Vorurteile. Wer eine Theorie ablehnt, weil sie nicht die erhoffte Problemlösung bietet, kann auch die Meteorologie verdammen, weil sie kein Mittel zur Produktion von Sonnenschein bereithält. Wer sich andererseits von der Praxis fernhält, weil sie ein „schmutziges Geschäft" sei, vergibt die Chance, Einfluß zum Besseren zu nehmen.

Die Bereitschaft zuzuhören ist allerdings noch keine Garantie gegen Einseitigkeiten. So gibt es in der Arbeits- und Organisationspsychologie immer noch eine Dominanz der industriellen Themen. Die Produktionsarbeit innerhalb (großer) erwerbswirtschaftlicher Organisationen ist bis heute Taktgeber vieler Untersuchungen geblieben. Allerdings ist die Bewährung innerhalb dieses Feldes zugleich zum Sprungbrett für eine sich weiter öffnende und breiter akzeptierte Arbeits- und Organisationspsychologie geworden.

Dieses Buch soll in die Themenvielfalt der Arbeits- und Organisationspsychologie einführen, Grundprobleme und -perspektiven aufzeigen sowie zur weiteren theoretischen und praktischen Beschäftigung anregen.

Die Chance der Anregung zu diesem Buch verdanke ich der Auseinandersetzung mit Menschen in der Wissenschaft und in der Praxis. An dieser Stelle möchte ich Dank sagen für Verständnis, Unterstützung und Kritik bei Ingrid Bußler, Iris Franke, Stefan Granzow, Heidi Hasenpusch, Jürgen Kagelmann, Dieter Kierst, Dörthe Üstünsöz, sowie Bert Pütz. Ich widme das Buch Kara und Jan, deren Arbeit noch überwiegend aus der Organisation des Lernens besteht.

Hagen und Köln,
Juli 1994 *Gerd Wiendieck*

Abb. 1: Vereinigung von Chassis und Karosserie („Hochzeit") (1927)

Vorbemerkung: Leben und Arbeit

Wer der alten anthropologischen Frage nachgeht, was den Menschen zum Menschen macht und ihn damit von allen anderen Lebewesen abhebt, wird auf vielfältige Antworten stoßen. Bei aller Unterschiedlichkeit wird jedoch häufig auf folgende Aspekte verwiesen:

– die Offenheit und Lernfähigkeit des Menschen,
– seine soziale Natur,
– sein Antriebspotential und
– seinen Gestaltungswillen.

Menschen sind „weltoffen und instinktunsicher" (Portmann, 1969); für sie gibt es keine feststehende Umwelt, der sie sich nur mehr oder minder geschickt anzupassen brauchen, um (über-)leben zu können. Sie müssen sich die Welt erst verfügbar und verwendbar machen, um das zu gewinnen, was sie brauchen. Ihnen fehlt der „kurze Weg des Tieres" (Gehlen, 1978). Menschen haben damit die Chance und das Risiko, die Welt nach ihren Vorstellungen zu verändern. *Gestaltung statt Anpassung* ist die spezifisch menschliche Form der Lebensbewältigung.

Diese Form der Lebensbewältigung, die nicht auf dem unmittelbaren Nehmen und Brauchen des Gegebenen beruht, sondern die die Dinge erst verändernd gestalten muß, um sie nutzbar zu machen, braucht Zeit und Kraft. Der Mensch ist in der Lage, die unmittelbare Befriedigung seiner Bedürfnisse auf einen späteren Zeitpunkt zu verschieben und sich gleichwohl motiviert den notwendigen Zwischenhandlungen zu widmen.

Diese Fähigkeit der „Trennung von Zweck und Motiv" (Gehlen, 1956) schafft Raum für Zukunftsplanungen, Kulturleistungen und technische Innovationen.

Es ist offenkundig, daß diese Form der Lebensführung unsere Welt teils erfreulich, teils bedrohlich, auf jeden Fall gravierend verändert hat. Dies ist ein Ergebnis *menschlicher Arbeit*.

Bei dem Begriff *Arbeit* denken viele Menschen jedoch vermutlich weniger an diese „weltverändernden Einflüsse", sondern eher an die „Erwerbstätigkeit", und dabei vielfach an *Mühsal, Abhängigkeit* und *Fremdbestimmung*.

Diese Assoziationen zeigen, daß unser Arbeitsbegriff unter dem Einfluß gesellschaftlich geprägter Deutungsmuster bereits verengt und weitgehend auf die „fremdbestimmte Erwerbstätigkeit" verkürzt worden ist. So wird leicht übersehen, daß Arbeit eine ganz elementare Tätigkeit des Menschen ist, die ihn zu allen Zeiten, wenn auch auf unterschiedliche Art und Weise und in unterschiedlichen Bedingungen, begleitet und bestimmt hat. Der Mensch sichert sein Dasein durch planvoll vorsorgendes Tun und verändert dabei die Welt, in der er lebt, und damit zugleich seine eigenen Lebens-Bedingungen und Lebens-Mittel.

Arbeit dient jedoch nicht nur der bloßen Existenzsicherung, sie ist nicht lediglich ein Gebot der Notwendigkeit, denn dann kämen wir wohl mit erheblich weniger Arbeit aus. Ihre Bedeutung geht weit darüber hinaus. Arbeit eröffnet neue Möglichkeiten der Lebensführung und dient damit der *Daseinsbereicherung*. Wenn hier von „Bereicherung" die Rede ist, so ist dies weder in einem auf das Materielle verkürzten noch in einem glorifizierenden Sinne – etwa, daß durch Arbeit alles gut werde – gemeint, sondern soll daran erinnern, daß Arbeit dem Leben Sinn und Wert verleihen kann, Lebensbestätigung und Schaffensfreude ermöglicht und einem dauerhaften Antrieb unterliegt, der darauf gerichtet ist, die Lücke zwischen Lebenshoffnung und Lebenswirklichkeit zu schließen.

Zwei Merkmale der menschlichen Arbeit sind besonders wichtig: Der Mensch bedient sich *selbstgeschaffener Werkzeuge,* und er arbeitet in aller Regel nicht allein, sondern innerhalb eines *arbeitsteiligen Systems.* Beide, Werkzeuge und Arbeitsteilung, erweisen sich als nützlich, weil sie der *Leistungssteigerung* dienen.

Die Fähigkeit der Werkzeugherstellung hatte schon Aristoteles mit der Besonderheit der menschlichen Hand in Verbindung gebracht, die selbst ein vielseitig einsetzbares Werkzeug ist. Die Hand kann zeigen, berühren, formen, werfen und schlagen, und über allem kann dieses universale Werkzeug selber Werkzeuge herstellen, nämlich ein Ding bearbeiten, um es zur Bearbeitung eines anderen Dinges geeigneter zu machen. Dies ist eine *Umweghandlung,* die sich als produktiv erweist, und damit, so führt Popitz (1989, S. 64) weiter aus, „ ... der erste Akt der technischen Intelligenz".

Dieser Akt der technischen Intelligenz ist zugleich ein Akt der *Arbeitsorganisation,* indem durch die Werkzeuge bestimmte Arbeitsabläufe vorgegeben werden.

„Weltoffenheit – das ist nicht Folge einer besonderen physischen Anpassungsfähigkeit des Menschen, sondern Folge seiner Fähigkeit, das Gegebene verändernd sich passend zu machen. Daß der Mensch einen Biotop, in den er hineingeboren wurde, verlassen konnte, ist nicht das Verdienst seiner Füße, sondern seiner Hände. Die umgestaltende Kraft ist zugleich die weltöffnende Kraft der Hände." (Popitz, 1989, S. 70)

Es ist freilich nicht die Hand alleine, die diese produktive Umweghandlung ermöglicht, sondern das Zusammenwirken von Hand und Verstand, das sich physiologisch in einer engen nervlichen Verbindung zwischen Hirn und Hand ausdrückt (siehe Abb. 2).

Die jeweils für eine bestimmte Tätigkeit entwickelten Werkzeuge speichern und überliefern das Wissen ihrer Zeit und bilden den Ausgangspunkt neuer Entwicklungen. Sie kennzeichnen oder symbolisieren bis heute – etwa als museale Ausstellungstücke – kulturgeschichtliche Epochen und arbeitsorganisatorische Entwicklungen. Auch wenn heute angesichts einer sehr fortentwickelten Werkzeugtechnik der unmittelbare Bezug zur Hand verlorengegangen zu sein scheint, so ist

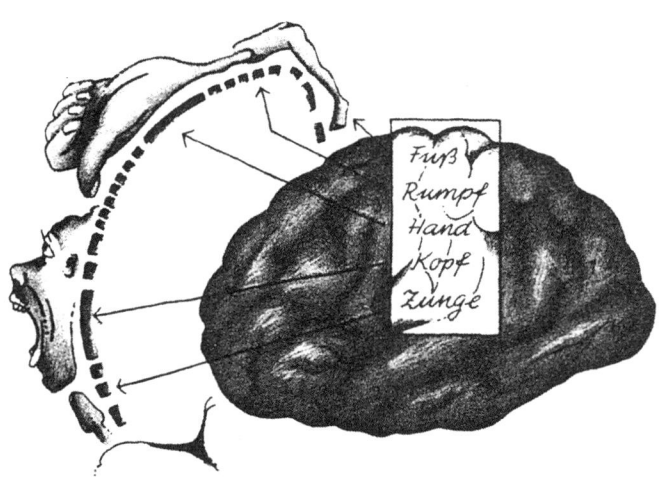

Abb. 2: Der Hirnhomunkulus (aus Platonow, 1982, S. 55)

doch auch die heutige Werkzeugtechnik der informationsverarbeitenden Maschinen kaum ohne die früheren Entwicklungsschritte vorstellbar.

Neben der werkzeugproduzierenden Umweghandlung findet sich ebenfalls sehr früh eine weitere nützliche Umweghandlung, die *Arbeitsteilung* (Friedmann, 1959, S. 1). So haben beispielsweise Jäger und Treiber unterschiedliche, aber aufeinander bezogene Aufgaben. Wenn Jäger und Treiber unabhängig voneinander und ohne Abstimmung miteinander zur Jagd aufbrächen, so würden sie zwar „arbeiten", aber vermutlich ohne nennenswerten Erfolg. Erst die Koordination der spezialisierten Teiltätigkeiten ermöglicht und erleichtert die Erreichung des Jagdziels und schafft damit einen gewaltigen Vorteil gegenüber den Bemühungen eines einzelnen oder den unkoordinierten Teiltätigkeiten verschiedener Menschen. Arbeitsteilung und Arbeitskoordination bedingen einander. Dies heißt aber nichts anderes, als daß die Teiltätigkeiten durch ein *Organisationsprinzip* geordnet werden.

Was sich hier abstrakt als „Leistungsvorteil durch Organisation" beschreiben läßt, bedeutet andererseits aber auch „wechselseitige soziale Abhängigkeit". Beide, Jäger und Treiber, sind aufeinander angewiesen, wenn sie das Jagdziel erreichen wollen.

Dabei ergibt sich, daß Jäger und Treiber in ihren jeweiligen Tätigkeiten auch unterschiedliche Erfahrungen sammeln und unterschiedliche Fähigkeiten ausbilden. Möglicherweise entwickeln sie sogar unterschiedliche Lebensauffassungen, Selbstbilder und Weltbilder. Arbeit verändert die Welt und zugleich den Menschen. Arbeit hat eine identitätsbildende Funktion. Dies zeigt sich bereits in ganz alltäglichen Situationen, etwa bei der Begegnung zweier Menschen, die sich bisher nicht kannten. Wer hier gebeten wird, sich selbst gegenüber einem Fremden vorzustellen, nennt seinen Namen und sagt oft auch etwas über seine Arbeit und seinen Beruf.

Auch ist es so, daß sich viele Menschen in der Einschätzung eines anderen unsicher fühlen, wenn sie seinen/ihren Beruf nicht kennen. Arbeit und Beruf sind in unserer Gesellschaft elementare und bedeutende Attribute einer Person.

Zum Schluß unseres kurzen „Jagdausflugs" bleibt noch die Frage, wie denn nun, nachdem das Wild erlegt werden konnte, die Beute geteilt wird. Vermutlich wird es so sein, daß die Jäger die Beute teilen und den Treibern ihren – gerechten – Anteil geben. Ungewöhnlicher wäre wohl die Vorstellung, daß die Treiber die Beute teilen und den Jägern etwas abgeben würden, denn schließlich ist es der Jäger, der sich mit seiner Waffe eines respekteinflößenden Werkzeugs bedient. So ist es verständlich, wenn auch nicht zwingend oder notwendigerweise gerecht, daß wir eher dem Jäger als dem Treiber das Privileg des Teilens zuerkennen. Mit einer Arbeit und einem Beruf wird gewöhnlich auch der soziale Rang eines Menschen verknüpft, was Einfluß sichert und zugleich legitimiert (siehe Kasten 1, S. 4).

Kurzum: Arbeitstätigkeiten sind durch Arbeitswerkzeuge und Arbeitsteilung organisiert. Diese Organisation schafft Leistungsvorteile, prägt Menschen und produziert soziale Abhängigkeiten.

Dieser einführende anthropologische Exkurs stellt Arbeitsverhalten und Arbeitsorganisation ohne Bezug zum konkreten Kontext, d.h. auf sehr allgemeinem, abstraktem Niveau dar. Das ist nur von geringem Wert, wenn es gilt, einzelne Arbeitsbedingungen – etwa die einer Stewardeß – zu analysieren oder spezifische Organisationen – etwa die einer politischen Partei – zu gestalten. Andererseits ermöglicht diese Vogelperspektive einen Überblick über die großen Themenbereiche der Arbeits- und Organisations-(AO)-Psychologie, die sich in Anlehnung an die Vorschläge von Rosenstiel (1987, S. 36) und Gebert (1978, S. 1) in vier Gruppen gliedern lassen:

Kasten 1: **Berufsimages aus der Sicht der Bevölkerung**

(nach einer Umfrage des EMNID-Instituts, Umfrage und Analyse Nr. 2/1991, S. 74). Das EMNID-Institut befragte knapp 2.000 repräsentativ ausgewählte Bürger der alten und neuen Bundesländer nach ihrer Bewertung einer Reihe bekannter Berufe. Insgesamt waren 25 Berufe auf einer Skala von 1–7 einzuordnen.

Die Frage lautete:

„Ich nenne Ihnen jetzt einige Berufe oder berufsähnliche Tätigkeiten, und Sie sagen mir anhand der folgenden Skala zu jedem Beruf bzw. jeder Tätigkeit, wie hoch Sie diese persönlich bewerten. Wenn Sie eine ‚7' nennen, so heißt das, daß Sie diesen Beruf besonders hoch bewerten, und bei einer ‚1' ist die Bewertung besonders niedrig. Die Zahlen dazwischen dienen der Abstufung."

Die Rangfolge der Berufe (Durchschnittswerte)

Beruf	1987	Rang	1991	Beruf
Prakt. Arzt	6.1	1	6.2	Prakt. Arzt
Tierarzt	5.7	2	5.9	Zahnarzt
Zahnarzt	5.6	3	5.8	Tierarzt
Rechtsanwalt	5.6			
Pfarrer	5.5	4	5.6	Rechtsanwalt
			5.6	Apotheker
Ingenieur	5.4	5	5.5	Staatsanwalt
Apotheker	5.4		5.5	Ingenieur
Architekt	5.3	6	5.4	Architekt
Staatsanwalt	5.3			
Handwerker	5.0	7	5.3	Lehrer
Hausfrau/-mann	5.0			
Schriftsteller	4.8	8	5.2	Hausfrau/-mann
Landwirt	4.7	9	5.1	Handwerker
EDV-Fachmann	4.7			
Sozialarbeiter	4.7			
Bundestagsabgeordneter	4.7			
Steward(eß)	4.5	10	5.0	EDV-Fachmann
			5.0	Pfarrer
Journalist	4.4	11	4.9	Sozialarbeiter
Postbeamter	4.3	12	4.8	Landwirt
Lehrer	–		4.8	Schriftsteller
Polizist	–		4.8	Journalist
			4.8	Polizist
Werbefachmann	4.2	13	4.5	Bundestagsabgeordneter
Finanzbeamter	4.0	14	4.4	Postbeamter
Offizier	4.0		4.4	Steward(eß)
Versicherungsvertreter	3.2	15	4.3	Offizier
		16	4.1	Werbefachmann
		17	4.0	Finanzbeamter
		18	3.2	Versicherungsvertreter

1. Aufgabe und Arbeitstätigkeit
2. Mensch und Qualifikation
3. Interaktion und Gruppen
4. Organisation und Kontext

Trotz dieser übergreifenden Themenstellungen hat sich die Disziplin bislang gleichsam zweigeteilt – einerseits als „Arbeitspsychologie" und andererseits als „Organisationspsychologie" – entwickelt (vgl. z.B. die Lehrbücher von Ulich, 1991, Rosenstiel, 1987, und Schuler, 1993). Diese Trennung in zwei Teildisziplinen besteht nach wie vor, obgleich gerade in letzter Zeit verstärkt für ihre Integration argumentiert wird (Hacker, 1991).

Dies entspricht auch den „Empfehlungen der Studienreformkommission Psychologie", die im Jahre 1983 dafür plädiert hatte, das Fach „Arbeits-, Betriebs- und Organisationspsychologie" im Rahmen des Diplomstudienganges Psychologie als Pflichtfach einzuführen. Dabei wurde folgendes Curriculum als Muster zugrundegelegt, das uns zum Abschluß dieser Vorbemerkung, einen differenzierten Eindruck über die Inhalte der AO-Psychologie vermitteln kann.

Kasten 2: Muster-Curriculum für das Fach Arbeits-, Betriebs- und Organisationspsychologie gemäß den „Empfehlungen der Studienreformkommission Psychologie" (1983)

a) **Aufgabenakzentuierte Betrachtung:**

Arbeitsplatzanalyse: Mensch-Maschine-Systeme; Steuerung und Regelung; Anzeige- und Bedienelemente; Farben; Arbeitsstrukturierung.

Arbeits- und Anforderungsanalyse: Fähigkeiten und Fertigkeiten; Wahrnehmung; Informationsverarbeitung; Bewegungs- und Handlungsabläufe

Arbeits- und Gesundheitsschutz sowie Unfallforschung: Unfallursachen; Psychologische Maßnahmen zur Verbesserung der Arbeitssicherheit; Rechtliche und medizinische Probleme des Arbeitsschutzes.

Arbeitszeit und Freizeit: Arbeitszeitgliederung; Schichtschemata; Teilzeitarbeit; Gleitende Arbeitszeit, Pausen; Freizeitverhalten

b) **Personenakzentuierte Betrachtung:**

Psychische Beanspruchung und Konsequenzen: Leistung; Beanspruchung und Belastung (Streß); Vigilanz; Monotonie; Fehlzeiten.

Selektion und Plazierung des Personals: Klassifikationsprobleme; Eignungsvoraussetzungen

b) Personenakzentuierte Betrachtung (Fortsetzung):

Arbeitsmotivation und Arbeitszufriedenheit:	Theoretische Ansätze; Meßverfahren; Betriebliche Anreizsysteme (Lohn, Gehalt, Prämien).
Aus- und Weiterbildung:	Methoden und Institutionen; Anlernverfahren; Personalförderung; Ausbildung von Führungskräften.
Rehabilitation und Behandlung spezieller Personengruppen:	Geistig und körperlich Behinderte; Ältere Arbeitnehmer; Jugendliche; Frauen; Ausländische Arbeitnehmer.
Arbeitslosigkeit:	Folgen; Umschulung; Förderungsmaßnahmen.

c) Organisationsakzentuierte Betrachtung:

Organisation und Leitung:	Führung und Managementkonzeptionen.
Gruppendynamik:	Organisation und Interaktion in Gruppen; Teamarbeit; Kooperation; Konflikte; Innerbetriebliche Kommunikation; Kommunikationstechniken (Konferenztechniken, Mitarbeitergespräche).
Mitarbeiterbeurteilung und -bewertung	Beurteilungssysteme; Bewertungsgrundlagen; Fehlerquellen; Probleme der Personalinformationssysteme.

d) Berufsakzentuierte Betrachtung:

Berufsklassifikationen; Verfahren der Berufswahl; Berufliche Entwicklung; Aspekte der Berufsberatung.

e) Marktakzentuierte Betrachtung:

Verbraucherverhalten; Produkt- und Imageanalyse; Werbewirkungsforschung; Konsumentenverhalten.

Abb. 3: Anfänge der Schwerindustrie: Gießerei des Borsigschen Eisen- und Stahlwerks 1848. Man mußte fast ohne Maschinen auskommen, sogar der große Kran über der Gießbühne wird mit Muskelkraft gefahren.

Abb. 4: Walzstahlwerk in den sechziger Jahren

Kapitel 1

Gegenstand und Perspektive der Arbeits- und Organisationspsychologie

Es scheint auf den ersten Blick klar zu sein, daß sich die Arbeits- und Organisationspsychologie mit der Arbeit des Menschen und der Organisation der menschlichen Arbeit beschäftigt. Dies ist – sehr allgemein gesprochen – auch richtig, wobei allerdings die Tücke im Detail, oder besser gesagt in der präzisen Definition dessen liegt, was hier mit Arbeit und mit Organisation gemeint ist. Die Schwierigkeiten einer Definition liegen jeweils darin, exakt die Felder zu benennen, die gemeint sind und zugleich diejenigen auszuschließen, die nicht dazugehören.

Wenn wir hier ganz grob sagen, daß sich die Arbeits- und Organisationspsychologie mit Arbeit und Organisation beschäftigt, so kann zunächst in Anlehnung an Neuberger gefragt werden: *Wird denn nur in Organisationen und in Organisationen nur gearbeitet?*

Eine Eingrenzung der AO-Psychologie auf den Gegenstand „Arbeit in Organisationen" würde Arbeit außerhalb von (institutionellen) Organisationen, etwa die Nachbarschaftshilfe, die Hausarbeit, die Schwarzarbeit sowie Hobby(-arbeit) und Sport ebenso ausschließen wie die vielen Verhaltensweisen innerhalb einer Organisation, die üblicherweise nicht als Arbeit bezeichnet werden, aber gleichwohl aus Organisationen kaum wegzudenken sind, wie z.B. die Entwicklung von Freund- oder Feindschaften, Klatsch und Tratsch, sowie Arbeitsverweigerungen und Sabotagen. Schließlich läßt sich fragen: Was ist mit den Tätigkeiten, die zwar als „Arbeit" bezeichnet werden, aber dennoch etwas außerhalb des herkömmlichen Arbeitsbegriffes liegen, wie z.B. Beziehungsarbeit oder Trauerarbeit.

Wir wollen uns dieser Thematik in dem Bewußtsein nähern, daß die AO-Psychologie eine ebenso junge wie dynamische Disziplin ist, der eine großzügige Gebietsmarkierung angemessener ist als eine spitzfindige Grenzziehung. Nach der Gegenstandsklärung bedarf es noch der Diskussion der Sichtweise, um herauszuschälen, was das „arbeits- und organisationspsychologische" an der Arbeits- und Organisationspsychologie ist. Hierbei wird insbesondere der Aspekt der „angewandten Psychologie" behandelt werden.

1.1 Was ist Arbeit?

„Menschliche Arbeit hat nicht nur einen Ertrag, sie hat einen Sinn. Für die Mehrzahl der Bürger ist sie Gewähr eines gelingenden Lebensprozesses: Sie ermöglicht soziale Identität, Kontakte zu anderen Menschen über den Kreis der Familie hinaus und zwingt zu einem strukturierten Tagesablauf." (Willy Brandt, 1983)

Arbeit hat den Menschen von Beginn an begleitet und ihn selbst, das Zusammenleben der Menschen und die Welt beeinflußt und verändert. Da ist es nicht verwunderlich, daß eine so fundamentale Kategorie in verschiedenen Zeiten mit unterschiedlichen Bedeutungen und Wertungen versehen wurde. In der altgriechischen Gesellschaft war Arbeit dem Sklaven auferlegter Zwang. Dem freien Bürger oblag die Aufgabe, dem Staat und der Wahrheit zu dienen (Aristoteles, 1879). Die Existenzsicherung durch Arbeit war Voraussetzung für die als höherwertig geltende geistige Entfaltung. Diese Rangunterschiede zwischen fremdbestimmter Handarbeit und selbstbestimmter Kopfarbeit haben sich bis heute erhalten. Sie wurden auch durch die christliche Ideologie gestützt: Der Sündenfall des Menschen wurde durch Arbeit im Schweiße seines Angesichts geahndet. Demgegenüber war der Gottesdienst heilig und höherwertig. Der siebte Tag diente nicht der Erholung, sondern der Besinnung auf Gott. Erst in der protestantischen Ethik wurde die Arbeit selbst als gottgefällig aufgewertet und der Zwiesprache mit Gott gleichgestellt (Ora et labora, bete und arbeite). Die Entwicklung des Kapitalismus und die Industrialisierung ließen etwa ab Mitte des 18. Jahrhunderts die Form der Lohnarbeit und die Verelendung der Arbeiterklasse entstehen.

Das Stichwort der Verelendung bezieht sich nicht nur auf die materielle Seite (Pauperisierung), sondern auch auf den immateriellen Aspekt der Behinderung der Persönlichkeitsentfaltung durch fremdbestimmte und inhaltsarme Tätigkeiten (Infantilisierung).

Die Entwicklung gewerkschaftlicher Gegenmacht hatte einen wesentlichen Anteil an der Korrektur der frühkapitalistischen Zustände. Die heutige Zeit, die durch weltweiten Wettbewerb, technologische Entwicklungssprünge und gesellschaftlichen Wandel gekennzeichnet ist, wird das Bild der Arbeit abermals verändern, wobei die Richtungen noch nicht ganz klar sind. Eine Tendenz ist jedenfalls innerhalb der Arbeitswelt zu beobachten: Qualifizierte Mitarbeiter sind in vielen Organisationen zu einer knappen, d.h. wertvollen Ressource geworden, so daß die Tendenz zur Humanisierung der Arbeit und

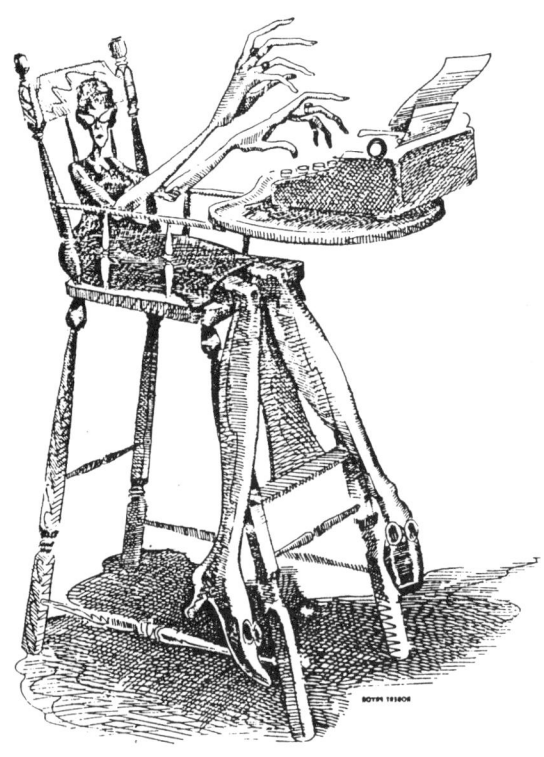

Abb. 5: Sekretärin im Kinderstuhl

Gegenstand und Perspektive der Arbeits- und Organisationspsychologie

zum behutsameren Umgang mit den Menschen gestärkt wurde. Hierin zeigt sich eine Aufwertung der Arbeit. Rieckmann (1990) bringt dies auf die pointierte Aussage:

„Für die Lösung heutiger Problemtypen bedarf es Menschen, die psychosozial und mental fähig und gewillt sind, in häufig wechselnden, z.T. einander widersprechenden Realitäten und Teams interdisziplinär, interkulturell und automobil zusammenzuarbeiten." (Rieckmann, 1990, S. 14, 16)

Schmale (1983, S. 17) nennt drei Aspekte des Arbeitsbegriffs, denen er in einem kurzen geschichtlichen Rückblick immer wieder begegnete:

– Arbeit als Mühe und Plage;
– Arbeit als Chance zu Ansehen und Wohlstand sowie
– Arbeit als Auseinandersetzung mit der Natur.

Wir wollen hier diese Aufzählung noch etwas erweitern und fünf *psychologisch bedeutsame Aspekte des Arbeitsbegriffs* aufgreifen.

1.1.1 Arbeit als Last und Pflicht

Dieser Aspekt wird bereits in der Bibel genannt, wenn die Konsequenzen der Vertreibung aus dem Paradies beschrieben werden, und bis heute dürfte dieser Aspekt im Bewußtsein vieler arbeitender Menschen eine wesentliche Rolle spielen. Hier dominiert der prozessuale Aspekt der Arbeit, also das Tun, jedoch überwiegend in der negativen Variante des Mühsamen und des Müssens. Arbeit wird hierbei mit der Durchführung eines Auftrags und physischen und psychischen Belastungen gleichgesetzt. Diese Elemente der Last und Pflicht, die mit dem Bild des Arbeitselends assoziiert sind, tragen andererseits auch befriedigende und entlastende

Abb. 6: Flaschen müssen sauber sein, bevor sie neu gefüllt werden. Die Wichtigkeit dieser Überwachungsaufgabe kontrastiert mit ihrer Monotonie: Arbeit als Last und Pflicht.

Züge in sich. So ist zu beobachten, daß die Stärke der Belastung durchaus als Quelle des persönlichen Stolzes und die verpflichtende Fremdbestimmung auch als willkommene Strukturierung und entlastende Verantwortungsabwehr erlebt werden kann. Freilich bleibt die Frage, wieweit diese Gefühle des Stolzes und der Entlastung bereits psychische Anpassungsleistungen sind, um die Lasten und Pflichten erträglich werden zu lassen.

Bemerkenswert ist jedoch, daß die potentiell positive Seite des Arbeitsbegriffes im Sinne des lustvollen, schöpferischen, selbstbestimmten, sinngebenden und selbstwertförderlichen Tuns erheblich seltener erscheint und wenn, dann eher als normative denn als deskriptive Seite: *So sollte Arbeit sein, aber so ist sie nun mal nicht.*

F. W. Taylor (1856–1915)

Gotteslästerung. Arbeit steht unter einem gesellschaftlich-ideologischen Gebot. Sie ist eine normative Kategorie.

1.1.2 Arbeit als Leistung und Wert

Auch diese Seite des Arbeitsbegriffs wird in frühen Schriften hervorgehoben, vielfach als Ausgleich für die aufgebrachte Mühe. Schmale (1983, S. 18) zitiert Gedichte von Hesiod, in denen Arbeit als Grundlage von Ansehen und Wohlstand besungen wird, wobei nicht nur der irdische Reichtum, sondern das Wohlgefallen der Götter betont wird. Dieser Aspekt hat insbesondere unter dem Einfluß der protestantischen Ethik eine weitere religiöse Legitimation erfahren, allerdings mit der Wendung, daß der Wohlstand der Ehre Gottes, nicht der Bereicherung des Menschen diene. Die hohe Wertschätzung der Arbeitsleistung geht mit der Geringschätzung des Müßiggangs einher. Das Gebot der Leistungssteigerung leitet sich nicht nur aus dem rationalen Kalkül des „ökonomischen Prinzips", sondern zusätzlich aus religiöser Wertsetzung ab. Dies zeigte sich auch bei *Frederic Winslow Taylor*, dessen „Prinzipien der wissenschaftlichen Betriebsführung" bis heute nachwirken. Für den gläubigen Quäker Taylor war Minderleistung nicht nur ökonomische Vergeudung, sondern geradezu schon

1.1.3 Arbeit als soziale Strukturierung

Wenn Arbeit sowohl als „Last" wie auch als „Wert" gilt, dann würde Leistungssteigerung zugleich auch Belastungserhöhung bedeuten. Dann bliebe das „Konto zwischen den positiven und negativen Seiten" ausgeglichen, ohne daß sich hieraus ein besonderer Anreiz für die Leistungssteigerung ergäbe.

Gebot und Nutzen der Leistungssteigerung erfüllen sich jedoch weniger durch *quantitative* Arbeits*intensivierung* als durch *qualitative* Arbeits*rationalisierung* bzw. *-organisierung*. Die leistungssteigernde Organisierung war uns bereits in Form der beiden Umweghandlungen der Werkzeugerstellung und der Arbeitsteilung begegnet. Diese beiden Wege werden heute als *technische* und *organisatorische* Rationalisierungsmaßnahmen differenziert. Mickler (1981, S. 18) spricht vom technisch-organisatorischen Innovationsprozeß, der durch den Einsatz produktivitätssteigernder Maschinen einerseits und arbeitsorganisatorischer Maßnahmen der Arbeitsteilung und der Arbeitsverdichtung andererseits gekennzeichnet ist.

Vereinfachend läßt sich sagen, daß die organisatorischen Maßnahmen mit dem Prinzip der *Arbeitsteilung* verbunden sind und sich auf den *Einsatz* von Arbeit beziehen, während die technischen Maßnahmen mit dem Prinzip der *Mechanisierung* und *Automatisierung* verbunden sind und sich auf den *Ersatz* von Arbeit beziehen.

Einsatz und Ersatz von Arbeit ist immer zugleich Einsatz und Ersatz von Menschen. Damit werden soziale Strukturen, soziale Abhängigkeiten und Einflußmöglichkeiten geprägt. Dies gilt nicht nur im gesamtgesellschaftlichen System, sondern auch innerhalb einzelner Organisationen.

1.1.4 Arbeit als Vermittlung und Veränderung

Das Aktiv-produzierende der Arbeit bedeutet auch Umwandlung des Gegebenen. Hier wird die Wechselwirkung des Menschen mit der eigenen und der ihn umgebenden Natur betont. *Karl Marx* hat dies auf die viel zitierte Formulierung gebracht:

„Die Arbeit ist zunächst ein Prozeß zwischen Mensch und Natur, ein Prozeß, worin der Mensch seinen Stoffwechsel mit der Natur durch seine eigene Tat vermittelt, regelt und kontrolliert. Er tritt dem Naturstoff selbst als eine Naturmacht gegenüber. Die seiner Leiblichkeit angehörenden Naturkräfte, Arme und Beine, Kopf und Hand, setzt er in Bewegung, um sich den Naturstoff in einer für sein eigenes Leben brauchbaren Form anzueignen. Indem er durch diese Bewegung auf die Natur außer ihm wirkt und sie verändert, verändert er zugleich seine eigene Natur." (MEW Bd. 23, 1962, S. 192)

Arbeit vermittelt zwischen dem Menschen und der Natur.

Eine durchaus vergleichbare Sicht hatte *Sigmund Freud*. Sein Strukturbild des Menschen differenziert das „Es" als die Quelle der psychischen Energie, die auf unmittelbare und lustvolle Befriedigung drängt, was zugleich durch gesellschaftliche Normen, die sich in der Gewissens-Instanz des „Über-Ich" widerspiegeln, kontrolliert, eingeschränkt und verlagert wird. Zwischen diesen beiden Instanzen vermittelt das „Ich" als bewußter und bewußtmachender Prozeß. Dem „Ich" kommt eine Ausgleichs- und Anpassungsfunktion zu. Hierzu gehört die Fähigkeit, die Befriedigung von Bedürfnissen aufzuschieben und die gleichsam freiwerdende psychische Energie auf andere – gesellschaftlich wertvolle – Ziele umzuleiten. Triebverzicht ermöglicht Kulturleistungen. Die dazu notwendigen Umweghandlungen sind Arbeit, die im Sinne Freuds nicht nur äußere kulturelle Werte schaffen, sondern zugleich der Identitätsbildung, also der inneren Ich-Entwicklung dienen.

1.1.5 Arbeit als Persönlichkeitsentfaltung

Wenn wir bedenken, daß für die meisten Menschen Arbeit und Beruf ganz wesentliche – auch zeitlich dominierende – Lebensbereiche sind, liegt die Annahme auf der Hand, daß die Arbeit den Menschen beeinflußt, vielleicht sogar prägt. Hacker (1980, S. 11) formuliert kurz und bündig: „Arbeitstätigkeiten erzeugen Produkte und verändern dabei den Menschen."

Berufskrankheiten und Unfallstatistiken belegen deutlich, daß von der Arbeit schädigende Auswirkungen auf den Menschen ausgehen können. Dieser Aspekt ist ebenso unbestritten wie trivial. Schwieriger wird die Frage nach den Beziehungen zwischen Arbeit und Persönlichkeit, wenn

a) nicht negative, sondern positive Einflüsse und
b) nicht körperliche, sondern psychische (z.B. kognitive) Auswirkungen

betrachtet werden. Die Analyse der körperlich schädigenden Arbeitseinflüsse stand lange Zeit im Vordergrund. Sie wird jedoch zunehmend ergänzt durch die Frage nach der persönlichkeitsförderlichen Arbeit. Es ist zwar durchaus plausibel, solche Effekte anzunehmen, allein ihr Nachweis ist problematisch. Dies liegt einerseits an definitorischen, andererseits an methodischen Schwierigkeiten. Während die Definition der körperlichen Krankheit noch einfach erscheint, wird es bei der Fassung von körperlicher Gesundheit schon schwieriger, und noch problematischer wird es dann, wenn psychische Gesundheit oder Leistungsfähigkeit präzisiert werden sollen. Die von Freud stammende Fassung der psychischen Gesundheit als „Fähigkeit zu lieben und zu arbeiten" macht die Breite des Konzepts deutlich und erschwert damit zugleich seine präzise Erfassung und Messung. Weiterhin ist der Nachweis solcher Einflüsse methodisch an eine Längsschnittstudie geknüpft, die die Arbeitsbedingungen und die psychischen Fähigkeiten an verschiedenen Zeitpunkten erhebt, um die Veränderungen erfassen und ursächlich zuordnen zu können. Eine lediglich zeitpunktbezogene Querschnittsanalyse, die etwa belegt, daß Bauingenieure tendenziell über einen höheren IQ verfügen als Bauarbeiter, sagt nichts über die intelligenzförderliche Wirkung der Ingenieursarbeit aus, da dieses Ergebnis ebensogut dadurch erklärlich ist, daß unterschiedlich intelligente Menschen unterschiedliche Qualifikationen und Berufe auswählen und erwerben. Dann läge ein *Selektionseffekt*, aber noch nicht der vermutete *Sozialisationseffekt* vor.

In den 70er Jahren haben Kohn und Schooler in den USA eine Reihe von Studien durchgeführt, die der Frage nachgingen, wieweit die Komplexität der Arbeit Auswirkungen auf die intellektuelle Flexibilität der Beschäftigten hat. Nachdem zunächst in Querschnittsanalysen eine deutliche Beziehung zwischen beruflicher und intellektueller Komplexität gefunden wurde, konnte in einer nachfolgenden Längsschnittstudie über einen Zeitraum von 10 Jahren (1964 bis 1974) auch Auskunft über die Ursache-Wirkungs-Beziehung gegeben werden. Kohn und Schooler (1981) haben die Befunde in einem Pfaddiagramm dargestellt, bei dem die Pfeile die Kausalrichtungen und die zugehörigen Pfadkoeffizienten die Stärke des Einflusses (zwischen 0,00 und 1,00) angeben (siehe Abb. 7). Die Effekte sind zwar nur schwach, aber in ihrer Stabilität durchaus beachtlich.

Kohn und Schooler kommentieren ihre Ergebnisse mit folgenden Worten:

„Wie in Abbildung [4] gezeigt wird, ist eine sehr wichtige Determinante der inhaltlichen Komplexität der Arbeitsplätze im Jahr 1974 natürlich die inhaltliche Komplexität der beruflichen Tätigkeit vor zehn Jahren; eine noch wichtigere Determinante der geistigen Beweglichkeit der Männer im Jahr 1974 ist ihre geistige Beweglichkeit in der früheren Zeit. Die Meßmodelle zeigten uns, daß beide Phänomene, insbesondere die geistige Beweglichkeit, stabil sind. Dennoch sind die wechselseitigen Einflüsse von inhaltlicher Komplexität und geistiger Beweglichkeit beträchtlich. Der Einfluß der inhaltlichen Komplexität auf die geistige Beweglichkeit ist annähernd ein Viertel so groß wie der Einfluß des Niveaus der geistigen Beweglichkeit der Männer zehn Jahre früher. Dieser Einfluß wirkt im wesentlichen gleichzeitig: Der zurückliegende Pfad von der inhaltlichen Komplexität im Jahr 1964 zur geistigen Beweglichkeit im Jahr 1974 ist mit 0,05 statistisch nicht signifikant, wohingegen der gleichzeitige Pfad von der inhaltlichen Komplexität im Jahr 1974 bedeutender und mit 0,18 statistisch signifikant ist.

Ein Pfad von 0,18 kann unter normalen Umständen nicht als besonders auffällig bezeichnet werden; aber ein beständiger Einfluß dieser Größe auf ein so stabiles Phänomen wie die geistige Beweglichkeit ist beeindruckend; denn der kumulative Einfluß ist viel größer als der unmittelbare Einfluß zu einer gegebenen Zeit. Beständige Einflüsse, sogar kleine bis mäßige dauernde Einflüsse auf äußerst stabile Phänomene werden in der Bedeutung vergrößert. Der Einfluß der inhaltlichen Komplexität der Arbeit auf die geistige Beweglichkeit ist besonders bemerkenswert, wenn wir berücksichtigen, daß es sich um Männer handelt,

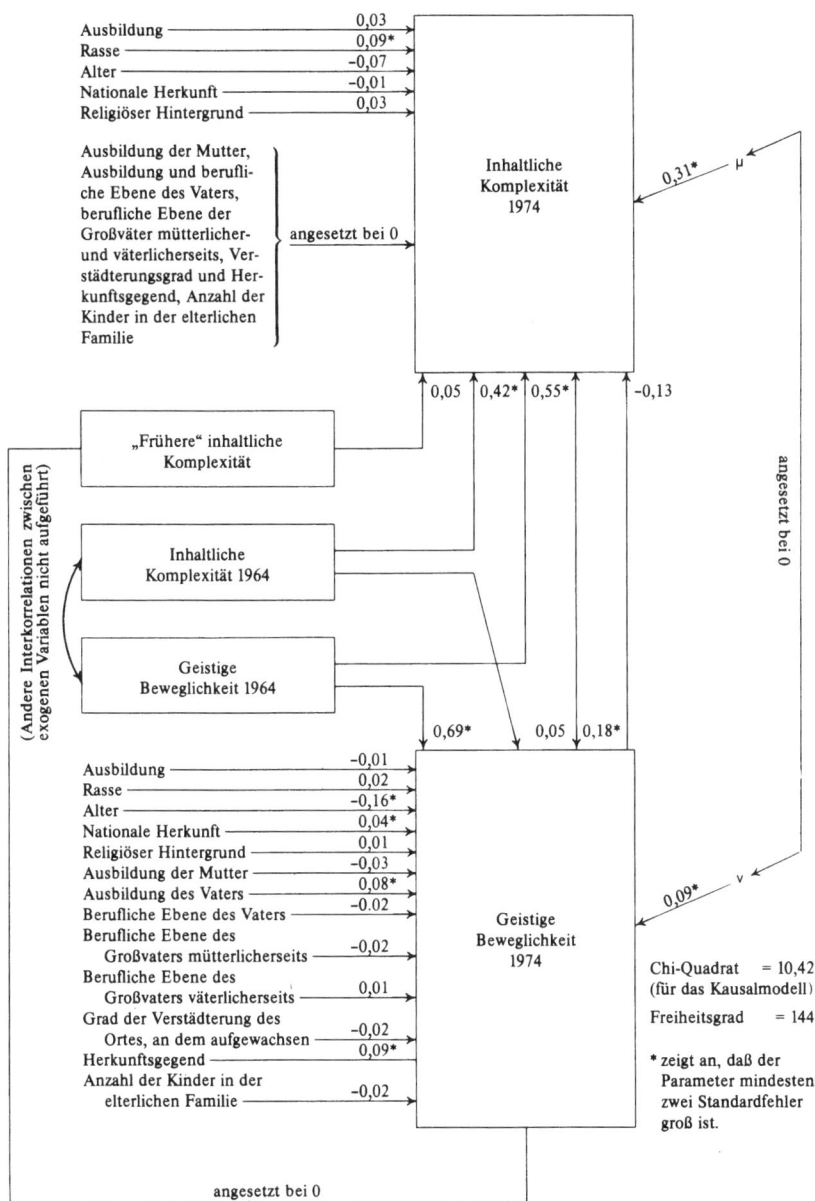

Abb. 7: Wechselseitige Einflüsse von inhaltlicher Komplexität und geistiger Beweglichkeit: Vollmodell; die Zahlen sind standardisierte Werte (Kohn & Schooler, 1981, S. 189)

die nicht unter 26 Jahre alt und mindestens seit zehn Jahren in ihrer beruflichen Laufbahn sind." (Kohn & Schooler, 1981, S. 193)

Abschließend sagen sie:

„Mit den Daten wird zweifelsfrei bewiesen, was bis jetzt lediglich als einleuchtende These, die durch vorläufige Beweise gestützt wurde, behauptet werden konnte: Die inhaltliche Komplexität der Arbeit der Männer beeinflußt erheblich deren geistige Beweglichkeit und wird von dieser wiederum erheblich beeinflußt." (Kohn & Schooler, 1981, S. 193)

Inzwischen sind, angeregt durch diese Befunde, eine Reihe weiterer Längsschnittstudien mit bestätigenden Ergebnissen durchgeführt worden. Ulich (1991, S. 303) sieht nach einer zusammenfassenden Betrachtung dieser Untersuchungen eine Bestätigung der von ihm und Baitsch gemachten Beobachtung:

„Ein ausreichender Spielraum für individuelle und kollektive Selbstregulation unter Einbezug der Möglichkeit, auf die eigene Arbeitssituation gestaltend Einfluß zu nehmen, scheint eine unabdingbare Voraussetzung dafür zu sein, daß eine Arbeitssituation persönlichkeitsförderliche Entwicklungsprozesse zuläßt." (Ulich & Baitsch, 1987, S. 516)

1.1.6 Zusammenfassung: Arbeitsbegriff

Die verschiedenen Aspekte des Arbeitsbegriffs machen es schwierig oder gar unsinnig, sie in einer Definition zusammenzufassen – es sei denn, man wählt eine Formulierung, die in sich den Facettenreichtum des Arbeitsbegriffes widerspiegelt wie bei Marie Jahoda (1983, S. 24f.), wenn sie Arbeit als das „innerste Wesen des Lebendigseins" bezeichnet. Auch Neuberger warnt vor einer verengenden Definition des Arbeitsbegriffes:

„Es ist wichtig, sich diesen Facettenreichtum ständig vor Augen zu halten, um nicht einer voreiligen Verkürzung des Untersuchungsobjektes zu ver-

Marie Jahoda

fallen und sich bei der Analyse der Arbeit z.B. allein auf den technisch-ergonomischen Aspekt zu beschränken – wie das in weiten Bereichen der sog. Arbeitswissenschaft geschieht, der es vorwiegend um Erhaltung und Nutzung der menschlichen Leistungsfähigkeit geht und für die andere Aspekte der Arbeit – wie z.B. personale, strukturelle, ideologische – allenfalls untergeordnete Bedeutung haben." (Neuberger, 1985, S. 19)

Abschließend sei eine Hoffnung zur Entwicklung der Arbeit wiedergegeben, die zwar vor annähernd 150 Jahren formuliert wurde, die aber noch genauso aktuell ist wie damals:

„Vielleicht ist, nimmt man alles nur in allem, die Arbeitsteilung ein notwendiges Übel. Sobald die Arbeit an der äußersten Grenze der Vereinfachung angelangt ist, nimmt die Maschine den Platz des Menschen ein, und der Mensch ergreift eine andere Arbeit, eine kompliziertere, die wiederum zu vereinfachen er nun unternimmt, um auch sie wieder zu einer Aufgabe der Maschine zu machen, und so fort. Derart, daß die Maschine immer mehr in den Bereich des Handarbeitenden einbricht und daß, verfolgte man das System bis zu seinen äußersten Grenzen, die Tätigkeit des Arbeiters immer mehr zu einer intellektuellen würde. Dies Ideal paßt mir sehr; der Übergang freilich ist recht hart, da der Arbeiter, ehe die Maschinen gefunden sind, der Vereinfachung der Arbeit folgend sich selbst zur Maschine machen und die beklagenswerten Folgen eines geisttötenden Zwanges auf sich nehmen muß ... Fügen wir uns also in die Arbeitsteilung da, wo sie sich als notwendig erweist, in der Hoffnung aber, daß die Mechanik immer mehr die vereinfachten Arbeiten übernehmen wird; und fordern wir für die Arbeiter dieser Gruppen mit nicht minderem Eifer als für die Arbeiter anderer Gruppen einen Bildungsgang, der sie nicht nur vor dem Stumpfsinn bewahrt, sondern insbesondere sie dazu antreibt, nach Mitteln zu suchen, die Maschine zu beherrschen, statt selbst die beherrschte Maschine zu sein." (Anthime Corbon, Arbeiter, Vizepräsident der Verfassunggebenden Versammlung von 1848; zitiert in Friedmann, 1959, S. 1).

1.2 Was ist Organisation?

Ein großer Teil unseres Lebens ist organisiert und findet in Organisationen statt. Es ist durch Ordnungen geordnet. Wir verhalten uns regelmäßig, vorhersehbar und zweckbestimmt. Wir folgen vorgegebenen oder eigenen Ordnungen oder Erwartungen. Wir essen zu gleichen Zeiten, fahren auf der rechten Straßenseite und zahlen regelmäßig Steuern. Wir werden im Krankenhaus geboren, gehen in Kindergarten und Schule, sind Mitglied eines Vereins, einer Partei, einer Kirche, haben einen Arbeitgeber, kaufen in Geschäften ein, dienen in der Armee, haben mit Behörden und Ämtern zu tun usw. All dies regelt unser Verhalten und vermittelt Sicherheit und Orientierung, ermöglicht einerseits Ziele zu erreichen, und begrenzt uns auf der anderen Seite. Kurzum: Wir können Organisationen nicht entgehen, sie greifen in unser Leben ein und sind ein wesentlicher Teil desselben.

Organisation ist hier weitgehend mit Ordnung gleichgesetzt worden, wobei zwei Bedeutungen sichtbar werden: Etwas ist geordnet und etwas wird geordnet, Ordnung im Sinne einer Struktur und Ordnung im Sinne eines Prozesses. Diese beiden Seiten des Organisationsbegriffes werden üblicherweise als *„institutionaler"* und als *„instrumentaler"* *Organisationsbegriff* unterschieden (Schanz, 1992, S. 1460).

1.2.1 Organisation als Institution

Der Institution „Organisation" begegnen wir in Form von Krankenhäusern, Schulen, Kirchen, Parteien, Gefängnissen, Betrieben, Behörden usw. Diese Formen sind gewissermaßen dinglich greifbar und sichtbar, haben eine äußere Hülle in Gestalt eines Gebäudes, besitzen Maschinen, Anlagen und andere Einrichtungen, sind in Abteilungen gegliedert, haben Mitglieder bzw. Beschäftigte und verfolgen bestimmte Zwecke.

Die Organisation wird hier durch die materiell sichtbare Struktur, gleichsam ihre äußere Hülle, dargestellt: Sie *ist* Organisation.

1.2.2 Organisation als Instrument

Dem Instrument „Organisation" begegnen wir in Form von Anweisungen, Verordnungen, Vorschriften, Geboten, Verboten, Plänen und Verträgen usw., die mit dem Ziel erlassen wurden, das Verhalten der Menschen innerhalb der Institution auf ein übergeordnetes Ziel hin zu steuern.

Rosenstiel hebt folgende definitorischen Merkmale der Organisation hervor, wobei

Lutz von Rosenstiel

hier stärker der institutionelle als der instrumentelle Organisationsbegriff durchscheint:

„* Eine Organisation ist ein gegenüber ihrer Umwelt offenes System:
   * das zeitlich überdauernd existiert
   * spezifische Ziele verfolgt
   * sich aus Individuen bzw. Gruppen zusammensetzt, also ein soziales Gebilde ist und
   * eine bestimmte Struktur aufweist, die meist durch Arbeitsteilung und eine Hierarchie von Verantwortung gekennzeichnet ist."
(Rosenstiel, 1987, S. 3f.)

Neben den „*substantiell gestaltenden*" Hilfsmitteln und Maßnahmen werden in letzter Zeit auch „*symbolisch gestaltende*" Maßnahmen genannt und analysiert (Sackmann, 1983; Neuberger, 1990a). Hierzu gehören bestimmte bauliche Maßnahmen, die werbliche Gestaltung des Firmenbildes oder betriebstypische Rituale. Der Hinweis auf das „Symbolische" und die Möglichkeit seines gezielten Einsatzes verweist darauf, daß solche organisierenden Maßnahmen „mehrdeutig" in dem Sinne sind, daß sie mehr bedeuten, als sich aus ihrer unmittelbaren formalen Funktion ablesen läßt. Sie transportieren noch eine weitere verborgene, nämlich symbolische Botschaft. Das Marmorportal des Bankgebäudes, die breite Treppe zum Rathaus, die

Abb. 8: Bild eines Firmengebäudes – Organisation als materiell sichtbare Struktur

Allgemeine Dienstanweisung für die datenschutzrechtliche Selbstkontrolle durch den Datenschutzbeauftragten der FernUniversität -Gesamthochschule- Hagen

§ 1
Allgemeine Grundsätze

(1) Alle Beschäftigten der FernUniversität -GHS- haben die gesetzlichen Vorschriften zum Datenschutz und zur Geheimhaltung sowie die hierzu in den einzelnen Bereichen erlassenen internen Dienstanweisungen einzuhalten.

(2) Gesetzliche Auskunftspflichten bleiben unberührt.

§ 2
Zuständigkeit

(1) Der Datenschutzbeauftragte der FernUniversität (DSB) kontrolliert und überwacht die Einhaltung der datenschutzrechtlichen Gesetzes- und Verwaltungsvorschriften sowie die darauf basierenden internen Dienstanweisungen. Er wird dabei von den betroffenen Bereichen unterstützt.

(2) Die Kontrollergebnisse und die zugrunde gelegten Prüfkriterien sind schriftlich festzuhalten.

(3) Die Bereichsvorgesetzten haben unbeachtet der Zuständigkeit des DSB dafür Sorge zu tragen, daß die Datenschutzbestimmungen in ihren Bereichen eingehalten und alle Beschäftigten mit den geltenden Bestimmungen vertraut gemacht werden.

§ 3
Aufgaben/Befugnisse

(1) Die Aufgaben des Datenschutzbeauftragten umfassen:

- die datenschutzrechtliche Unterweisung und Rechtsberatung der Beschäftigten.
- die Mitwirkung beim Entwurf und der Änderung von Dienstanweisungen für Arbeiten mit sensiblen Daten und sonstige grundsätzliche Regelungen zum Datenschutz und zur Datensicherung.
- die Mitwirkung bei datenschutzrechtlichen Angelegenheiten.
- das Führen der Übersicht gem. § 8 DSG NW.
- die Kontrolle anhand eines erstellten Maßnahmenkataloges.
- Anmeldung zum Dateienregister gem. § 23 DSG NW.

(2) Zur Erfüllung seiner Aufgaben kann der DSB von allen Bereichen und Einrichtungen der FernUniversität Auskunft sowie Einsicht in die Unterlagen und Akten verlangen, die im Zusammenhang mit der Verarbeitung personenbezogener Daten stehen, namentlich in die gespeicherten Daten, die Datenverarbeitungsprogramme und die Programmunterlagen.

Er kann alle Bereiche und Einrichtungen jederzeit unangemeldet aufsuchen und die Diensträume einschließlich der Archive betreten. Die Regelungen der Dienstanweisungen über das Betreten der Sicherheitsbereiche im Rechenzentrum bleiben unberührt.

§ 4
Inkrafttreten

Diese Allgemeine Dienstanweisung tritt mit der Veröffentlichung im Organisationshandbuch in Kraft.

Hagen, den 28.07.1987

Bartz
-Kanzler-

Abb. 9: Organisation als Instrument – eine Dienstanweisung aus dem Organisationshandbuch der FernUniversität

sichtbare Schußwaffe des Polizisten, das büttengeschöpfte Briefpapier des Vorstandsvorsitzenden, die Stechuhr am Fabriktor usw. können auch als Symbole der Macht wirksam sein und eingesetzt werden. In vielen Fällen wird uns diese symbolische Bedeutung nicht unmittelbar bewußt, aber deswegen ist sie nicht unwirksam. Neuberger gibt ein schönes Beispiel für ungewöhnliche symbolische Wirkungen:

„Versetzen Sie sich bitte in folgende Situation: Ein für seine Korrektheit und sein Taktgefühl bekanntes Vorstandsmitglied erscheint als Festredner auf einer Jubiläumsfeier unrasiert, ungewaschen und im Jogginganzug. Seine Ansprache und sein sonstiges Benehmen sind aber so, wie man es von ihm bei dieser Gelegenheit erwartet. Was wird in den Zuhörern vorgehen?

Sie werden vermutlich versuchen herauszufinden, warum der Vorstand so aus der Rolle gefallen ist. Da er rein sachlich (bezogen auf den Inhalt seiner Rede und die Freundlichkeit und Wärme seines Vortrags) die Erwartungen erfüllt, versucht man, seine eigenartige Erscheinung als sinnvolle Mitteilung zu dechiffrieren: Vielleicht trägt er unter dem Jogginganzug einen Festanzug und will einen Gag landen, um die steife Feier humorvoll aufzulockern? Vielleicht spielt er auf die sportlichen Ambitionen einiger Jubilare an? Vielleicht ist er übergeschnappt? Vielleicht will er eine neue Produktidee oder Kooperationsbeziehung publikumswirksam bekanntmachen?

Eines wird mit Sicherheit nicht der Fall sein: Daß man sein Äußeres vernachlässigt und sich dabei allein auf seine Aussagen konzentriert. Denn alles, was ein Vorstand tut, hat Bedeutung – und wenn er scheinbar aus dem Rahmen fällt, dann will er damit etwas sagen. Die Faktoren sprechen nur dann für sich, wenn sie im üblichen Rahmen verstanden werden; wird gegen eine eingespielte Erwartung verstoßen, dann muß das Vorkommnis neu interpretiert werden, um Sinn zu machen." (Neuberger, 1990a, S. 91)

Ordnung innerhalb von Organisationen wird demnach sowohl durch substantiell als auch durch symbolisch gestaltende Maßnahmen hergestellt. Diese Maßnahmen sind ordnungsgestaltend. In diesem – also dem instrumentellen Sinne – *hat* die Organisation eine Organisation.

Die Definitionen von Organisation differenzieren nicht immer zwischen diesen beiden Bedeutungsaspekten: „sie *sind* eine Organisation" gegenüber „sie *haben* eine Organisation", sondern setzen andere Akzente. So sagt z.B. Presthus (1966, S. 13) Organisationen sind: „ ... relativ dauerhafte soziale Gebilde, welche durch die koordinierende Tätigkeit ihrer Mitglieder begrenzte Ziele zu erreichen haben ... ". Etzioni (1964, S. 13) bezeichnet Organisationen als „ ... geplante, sorgsam aufgebaute und auf spezifische Ziele gerichtete soziale Gebilde ... ", und Schein (1970) formuliert:

„Eine Organisation ist die rationale Koordination der Aktivitäten einer Anzahl von Menschen, um einige gemeinsame explizit definierte Ziele und Zwecke zu erreichen, und zwar durch Arbeitsteilung und Funktionsdifferenzierung und eine Hierarchie der Autorität und Verantwortung." (S. 9)

Diese Definitionen betonen den „sozialen Charakter" und grenzen die Organisation damit von anderen geordneten Gebilden, etwa dem Sternensystem oder dem biologischen Organismus, ab. Zum anderen wird deutlich auf die Zielorientierung im Sinne einer geplanten – bzw. rational-intentionalen – Setzung verwiesen, um die Organisation von gleichsam „naturwüchsigen" Ordnungen abzuheben, wie sie in Spielgruppen oder Freundeskreisen „von selbst" entstehen. Und schließlich wird die Kontinuität hervorgehoben, um Organisationen von kurzlebigen Ordnungen, etwa einer spontanen Versammlung oder Demonstration, abzugrenzen. Ohne daß die Definitionen es eigens betont hätten, wird überdies implizit deutlich, daß Organisationen „Partialgebilde" sind: Sie existieren einerseits nicht aus sich selbst heraus, sondern bedürfen des Austausches mit der Umwelt, z.B. durch Beschaffung oder Abgabe von Informationen, Energie, Gütern oder Dienstleistungen, und und sie regeln andererseits das Verhalten ihrer Mitglieder nicht vollständig, sondern nur partiell und werden ihrerseits selbst durch andere, teils übergeordnete Institutionen und Systeme, etwa das Rechtssystem oder den Marktmechanismus, beeinflußt.

1.2.3 Organisation als Interaktion

Ein weiterer Aspekt von Organisation wird deutlich, wenn wir folgende Zeilen von Weick (1985, S. 11) betrachten, in denen der *Prozeß* des Organisierens, der Organisation entstehen läßt, betont wird: „Organisieren heißt, fortlaufende unabhängige Handlungen zu vernünftigen Folgen zusammenzufügen, so daß vernünftige Ergebnisse erzielt werden." Oder an anderer Stelle:

„Organisieren ähnelt einer Grammatik in dem Sinn, daß es eine systematische Zusammenstellung von Regeln und Konventionen bedeutet, durch welche Folgen von ineinandergreifenden Verhaltensweisen so zusammengefügt werden, daß sie soziale Prozesse bilden, die für den Handelnden verständlich sind." (Weick, 1985, S. 12)

Diese eher ungewöhnliche, aber gleichwohl anregende Sicht des Organisierten kommt eigentlich ganz ohne Organisation, jedenfalls ohne eine im institutionellen Sinne und gelegentlich auch ohne die im instrumentellen Sinne aus. Wesentlich für diesen Organisationsbegriff sind ineinandergreifende Verhaltensakte, Interaktionen, die in ihrer spezifischen Wechselwirkung eine Ordnung bilden, auch wenn dies nicht die Absicht oder das Ziel der beteiligten Personen war. Ein einfaches Beispiel für solche ineinanderverketteten Handlungsschleifen stammt von Watzlawick, Beavin und Jackson (1969) (Abb. 10).

Auch hier zeigt sich eine Organisation, allerdings nicht im Sinne einer Institution und auch nicht im Sinne eines bewußt oder zielgerichtet eingesetzten Instruments. Ordnung hat sich entwickelt, sie ist entstanden und wirkt.

Diese dritte Perspektive wird von der Organisationstheorie mit dem Begriff der „*Selbstorganisation*" aufgegriffen und damit der „Fremdorganisation" gegenübergestellt. Ordnung wird nicht nur konstruiert sondern entwickelt sich. Ulrich (1978) hat darauf hingewiesen, daß

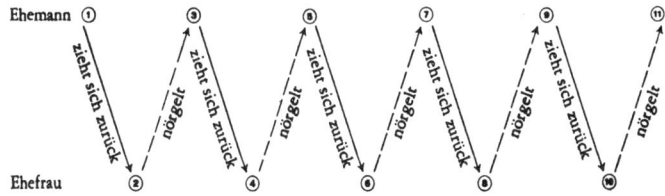

Abb. 10: Verkettete Handlungsschleifen (aus Watzlawick, Beavin & Jackson, 1969, S. 59). Die Autoren kommentieren die Abbildung wie folgt: „Wie man sieht, nimmt der Mann nur die Triaden 2–3–4, 4–5–6, 6–7–8 usw. wahr, in denen sein Verhalten (die ausgezogenen Pfeile) ‚nur' die Reaktion auf ihr Verhalten (die gestrichelten Pfeile) ist. Sie dagegen sieht es genau umgekehrt: Sie interpunktiert die Kommunikationsabläufe auf der Basis der Triaden 1–2–3, 3–4–5, 5–6–7 usw. und nimmt ihr Verhalten nur als Reaktion auf, aber nicht als Ursache für die Haltung ihres Mannes wahr." (ebd.)

„ ... Menschengemeinschaften sich selbst strukturieren, daß also derartige Ordnungsgefüge auch ohne Erlaß von Organisationsvorschriften entstehen, und zwar nicht nur aus rationaler Einsicht in die Zweckmäßigkeit einer bestimmten ‚Rollenverteilung' unter den Beteiligten heraus, sondern auch aufgrund des Bedürfnisses der Menschen nach Ordnung und Sicherheit." (S. 198)

Der Hinweis auf die Selbstorganisation ist zugleich eine Warnung vor der Anmaßung, ein soziales System lasse sich gleichsam beliebig strukturieren und organisieren. Oft genug erlebt der Organisator, daß seine logisch durchdachten und aufgebauten Konzepte nicht greifen, weil die Menschen anderen als den vom Organisator erlassenen Regeln folgen. Die Ordnung innerhalb einer Organisation wird daher einerseits durch instrumentelle Regeln gestaltet, sie entwickelt sich jedoch andererseits im Rahmen der Interaktion der Menschen untereinander. Instrumentelles Organisieren und Selbstorganisation durch Interaktionen sind *komplementäre Prozesse* in sozialen Systemen. Erst beide zusammen charakterisieren das Funktionieren der institutionellen Organisation.

„Institutionen sind nicht natürliche Systeme, sondern soziale. Sie werden von Menschen für menschliche Zwecke gestaltet, geschaffen und verändert. Die Entstehung einer Ordnung kann jedoch nicht bei einzelnen Stellen oder Menschengruppen lokalisiert werden. Viele Dinge sind zwar rational strukturierbar, vorausplanbar und im Detail lösbar, häufig jedoch sind die Mechanismen der Ordnungsentstehung, Aufrechterhaltung und Veränderung über das System verteilt und nicht eindeutig lokalisierbar. ‚Selbstphänomene' bilden die Grenzen, aber auch Möglichkeiten der Machbarkeit. Sie schließen aber Maßnahmen des Organisierens nicht aus. Vielmehr sind diese Mechanismen in das Organisationsdenken und -handeln einzubeziehen und garantieren ein besseres Verständnis des Funktionierens von sozialen Systemen." (Probst & Scheuss, 1984, S. 483)

Mit „Selbstphänomenen" wird dabei die Eigenart und Eigendynamik eines Systems bezeichnet, innerhalb derer Eingriffe von außen möglich sind, sofern sie nicht gegen die Eigengesetzlichkeiten des Systems verstoßen. So wie ein Gärtner das Wachstum von Pflanzen nicht beliebig, wohl aber innerhalb bestimmter Grenzen beeinflussen kann, so kann auch ein Organisator eine Institution nur begrenzt von außen steuern.

Damit hat der Organisationsbegriff gegenüber den beiden zuvor erwähnten Aspekten der Institution und des Instruments eine dritte Bedeutung im Sinne von *Interaktion*, die hier als Muster ineinandergreifender, sich selbst entwickelnder und selbst erhaltender Verhaltensketten gemeint ist. Im Rahmen der neueren Systemtheorie wird diesem Aspekt unter den Begriffen des *selbstreferentiellen* und *autopoietischen Systems* nachgegangen.

Der Begriff der *Autopoiese* stammt aus der Biologie und bezeichnet die Fähigkeit eines lebenden Systems, sich durch Reproduktion selbst zu erhalten. Damit ist nicht gemeint, daß das autopoietische System völlig autark ist. Im Gegenteil, es bezieht die Elemente, die es zu seiner Erhaltung braucht, aus der Umwelt, formt sie jedoch nach internen eigenen Regeln so um, daß die Einheit und Struktur des Systems erhalten bleibt.

Dieser Vorgang der Selbstreproduktion setzt voraus, daß das System im Sinne einer inneren Analyse und Rückkopplung interne Veränderungen, Spannungen, Bedrohungen usw. erkennen kann, um dann gegebenenfalls Prozesse der Selbsterhaltung zu aktivieren. Diese Aktivität der Selbst-Beobachtung wird *Selbstreferenz* genannt. Selbstreferenz und Autopoiese sind logische Voraussetzungen dafür, daß überhaupt von einem lebenden System gesprochen und es von seiner Umwelt abgegrenzt werden kann. Gerade ein offenes System steht im Austausch mit der Umwelt, aber als eigenständiges System erhält es sich selbst.

Luhmann (1988) hat diese Überlegungen auf soziale Systeme übertragen, was dann in der Theorie der Selbstorganisation (Probst,

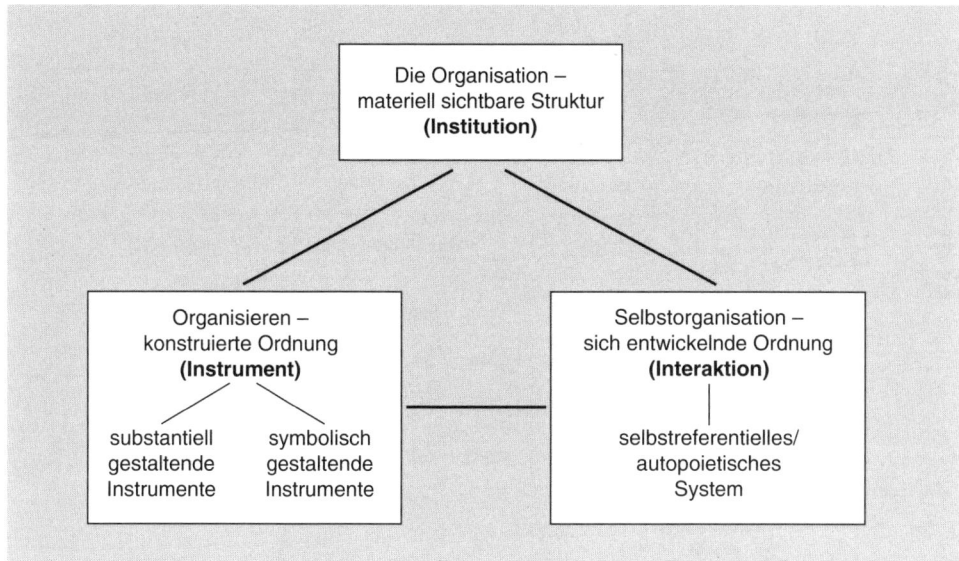

Abb. 11: Die Organisation (als materiell sichtbare, konstruierte und sich entwickelnde Ordnung)

1987) Eingang in die Organisations- und Managementlehre gefunden hat.

1.3 Wie wird Ordnung hergestellt bzw. wie entwickelt sie sich?

Wenn Organisationen hier als geordnete und ordnende soziale Systeme verstanden werden, so fragt sich, wie diese Ordnungen hergestellt und gesichert werden. Der Wirtschaftswissenschaftler Erich Frese (1991, S. 2) betrachtet Organisationen betriebswirtschaftlich pragmatisch als soziale Systeme, die das Handeln der Organisationsmitglieder auf ein übergeordnetes Gesamtziel ausrichten sollen. Die normative Formulierung „ausrichten sollen" macht dabei deutlich, daß Menschen normalerweise wohl nicht von selbst diesem übergeordneten Systemziel folgen. Vielmehr sind Menschen eigensinnig, eigenartig und eigennützig. Für die Organisation ergibt sich damit die Aufgabe, diese individuellen Eigengesetzlichkeiten zu stutzen,

zu formen und neu auszurichten. In der marxistischen Analyse war dies das Problem der Transformation des abstrakten Arbeitsvermögens in konkretes Arbeitshandeln. Praktiker sprechen simpel vom Motivationsproblem und meinen dasselbe. Etzioni (1964) hatte in seiner mittlerweile klassischen Typologie drei Möglichkeiten unterschieden, wie der störrischen Eigengesetzlichkeit des Menschen beizukommen sei. Er differenzierte drei Kontrolltypen: *Zwang, Belohnung* und *Normen*. Man kann den Menschen mit Gewalt unterwerfen, durch Anreize locken oder durch moralische Appelle leiten.

Dem ersten und dritten Typus wohnt eine Tendenz zur Machtzentralisation inne. Der Hegemonie der Macht des ersten entspricht die Hegemonie der Moral des dritten Typus. Der mittlere Typus dagegen begünstigt den Machtausgleich durch Verhandlung (siehe Abb. 12, S. 24).

Diese Dreiteilung findet sich auch in dem Systemansatz von Katz und Kahn (1978). Soziale Systeme bestehen aus Elementen und ihren Verküpfungen. Sie sind lebendig in

		Typ I	Typ II	Typ III
Kontrolltypen	Macht-grundlage	Zwang	Belohnung	Norm
	Organisatorische Koordination	Koersion Unterwerfung	Kontrakt Verhandlung	Konsens Werte-Gemeinschaft
	Individuelles Engagement	entfremdet	kalkulatorisch	engagiert
	Reaktions-typus	Resignation/ Reaktanz	Partizipation	Identifikation
	Beispiel	Gefängnis	Unternehmung	Kirche

Abb. 12: Organisationstypologie nach Etzioni (1964)

dem Sinne, daß in ihnen Prozesse ablaufen, die als Austausch und Umwandlung von Energie, Material und Information begriffen werden können. Die Elemente des Systems Organisation sind dabei nicht die Menschen, sondern die einzelnen, ineinandergreifenden Verhaltensakte, die durch Systemregeln initiiert und gesteuert werden. Katz und Kahn (1978) beziehen sich zur Erklärung dieser individuellen Verhaltensakte auf die Rollentheorie. Der Begriff der Rolle umfaßt dabei die generalisierten Verhaltenserwartungen, die an die Inhaber bestimmter Positionen gerichtet werden. Von Erwachsenen wird ein anderes Verhalten erwartet als von Kindern, von Frauen ein anderes als von Männern, von Managern ein anders als von Arbeitern. Die Analyse dieses Systems von Rollen ist zunächst eine Beschreibung des sozialen Systems, nicht der Menschen. Da sich Menschen jedoch in ihrem Verhalten (auch) an den Erwartungen anderer ausrichten und in diesem Sinne rollenkonform agieren, bildet die Kategorie der Rolle eine Art Scharnier zwischen der soziologischen und der psychologischen Perspektive. (vgl. Dahrendorf, 1959; Wiswede 1977)

Katz und Kahn (1978) unterscheiden drei Motivationssysteme des Rollenverhaltens: das *erzwungene,* das *belohnte* und das *internalisierte Rollenverhalten.* Dies entspricht der bei Etzioni (1964) gegebenen Differenzung. Aufschlußreich sind jedoch die bei Katz und Kahn (1978) diskutierten Konsequenzen für die organisatorische Effektivität und Effizienz. Effektivität kann dabei grob mit dem Grad der externen Zielerreichung und Effizienz mit der Wirtschaftlichkeit der internen Prozesse umschrieben werden. Ein Unternehmen, das am Markt nicht gefragte Produkte erstellt, ist nicht effektiv, obgleich es diese Produkte durchaus effizient produzieren kann.

Erzwungenes Rollenverhalten setzt relativ große Machtunterschiede voraus. Zwang weckt Widerstand und stärkt die Tendenz, die eigene Mitwirkung in dieser Organisation zu verringern oder einzustellen, was tendenziell eine weitere Erhöhung des Zwanges nach sich zieht. Fluktuation, Rückzug oder Sabotage sind wahrscheinlich. Die Leistungen werden an das Niveau der Mindestanforderungen angepaßt. Die Aufrechterhaltung der Macht kollidiert mit dem Streben nach Effizienz. Demgegenüber ist das belohnte Rollenverhalten frei von diesen Negativwirkungen, kann aber mit Gefühlen der Ungerechtigkeit verknüpft sein, wenn es – was wahrscheinlich ist – nicht gelingt, individuell abgestimmte und auf den pesönlichen Einsatz bezogene Belohnungen zu entwickeln. Die Alternative der *Systembelohnung*, die individuelle Unterschiede zugunsten gruppenspezifischer Differenzierungen vernachlässigt, richtet das Verhalten auf Standards aus, ohne jedoch spontanes und kreatives Verhalten zu begünstigen. Auch dies kann effektivitäts- und effizienzhinderlich sein. Erst die Form der *internalisierten Motivation* begünstigt Engagement, Spontaneität und Kreativität. Die Organisationsmitglieder tun hier gewissermaßen das, was ihnen ohnehin Spaß macht. Dies setzt freilich, wie auch Katz und Kahn (1978, S. 394) betonen, besondere organisationale Bedingungen voraus. Organisationsziele und Individualziele müssen kompatibel, besser noch, identisch sein. Das organisatorische Regelsystem muß so offen sein, daß Selbstbestimmung möglich ist, und schließlich müssen auch die sozialen Kontakte innerhalb der Arbeitsgruppen befriedigend sein.

Die Plausibilität dieser Überlegungen wird von Katz und Kahn (1978) durch einzelne Beispiele illustriert. Allerdings kann dies noch nicht als strenge empirische Überprüfung angesehen werden, weil jeweils sehr unterschiedliche Belege herangezogen und widersprechende Beispiele nicht gegeben werden (Greif, 1983, S.149). Im übrigen bleibt offen, wie weit diese organisationalen und motivationalen Systeme disparat oder integrierbar sind. So transportieren Gegenüberstellungen dieser Art oftmals implizit die ungeprüfte These, als ließen sich Organisationen von der zwanghaften über die belohnende bis hin zur internalisierten Form des motivationalen Systems entwickeln. Etzioni (1964) hatte daher auch die unterschiedlichen organisationalen Systeme durch so unterschiedliche Beispiele wie Gefängnis, Unternehmung und Kirche illustriert, bei denen nicht der Eindruck entsteht, das eine ließe sich aus dem anderen entwickeln und stelle daher jeweils eine frühere oder reifere bzw. eine ineffiziente oder effiziente Form von Organisation dar.

Dies schließt Entwicklungsmöglichkeiten oder Mischformen jedoch keineswegs aus. Eine wirtschaftliche Unternehmung stützt sich sehr stark auf das Prinzip der Vertragsfreiheit zwischen gleichberechtigten Partnern sowie auf die belohnende Form des motivationalen Systems. Andererseits sind viele betriebliche Mitarbeiter tagtäglich steuernden Einflüssen ausgesetzt, die von ihnen eher als Zwang denn als partnerschaftlich freie Vereinbarung erlebt werden, und schließlich entwickelt sich oft auch ein Gefühl der moralischen Verpflichtung und Zugehörigkeit, das nicht selten durch gemeinsame Veranstaltungen gefördert werden kann.

Diesen Organisationstypen und ihren spezifischen Ordnungsprozessen entsprechen theoretische Ansätze zur Erklärung der Ordnungsentwicklung. Ebers und Kieser (1988) geben hierzu folgende Darstellung:

‚*Vertrags- oder Austauschtheorien*' führen Organisationen auf den freiwilligen Zusammenschluß unabhängiger Individuen zurück, die ihre Ressourcen – etwa Geld, Arbeitsvermögen oder Wissen – zusammenlegen, um so ein Ziel zu verfolgen, das sie – jeder für sich, d.h. ohne sich zu organisieren – nur schlechter oder überhaupt nicht erreichen könnten. Diese Ansätze betonen damit die größere Effizienz, die sich – unter bestimmten Bedingungen – durch Organisationen, etwa im Vergleich zu individuellem Handeln oder marktlich vermitteltem Austausch, erreichen ließe. Für die Vertreter dieser Theorierichtung (z.B. March & Simon, 1976, Cyert & March, 1963 und Barnard, 1938) sind Organisationen Koalitionen zwischen Individuen. Der Fortbestand der Koalition beruht auf der Wahrung eines Gleichgewichts der Anreize, die die Mitgliedschaft bietet, und der individuellen Beiträge, die sie erfordert.

‚*Agenturtheorien*' betrachten Organisationen hingegen nicht als das Ergebnis eines freiwilligen Zusammenschlusses auf der Basis gleichgewichtigen gegenseitigen Nehmens und Gebens, sondern primär als Herrschaftsverband. Organisationen sind in dieser Sicht Instrumente zur Organisierung von Herrschaft, die auf Macht und Disziplin gegründet ist. Die Mitglieder sind gezwungen, sich den organisatorischen Regelungen zu fügen, die von den politisch und/oder ökonomisch Mächtigen diktiert werden (Edwards, 1981, Braverman, 1977).

‚*Vergemeinschaftungstheorien*' haben weitaus weniger Bedeutung erlangt, als die beiden zuvor genannten theoretischen Perspektiven. Organisationen werden hier als Vergemeinschaftungen angesehen, die durch affektuelle, emotionale oder traditionale Bindungen zusammengehalten werden. Organisiertes Handeln ist in dieser Sicht Resultat eines Gefühls der Zusammengehörigkeit der handelnden Individuen, das sich auf sehr unterschiedliche Dinge beziehen kann (z.B. die Profession oder den Glauben). Aufgrund dieses Zusammengehörigkeitsgefühls orientieren sie ihr Verhalten aneinander und an gemeinsamen Normen. Vergemeinschaftungstheorien sind im Rahmen der Gruppenforschung (Likert, 1961) und neuerdings auch von der Organisationskulturforschung (Smircich, 1983, Pettigrew, 1979) entwickelt worden." (S. 43f.)

1.4 Schlußbemerkung

Die Formen der Arbeit und ihrer Organisation unterliegen gesellschaftlich-strukturellen und historischen Bedingungen. Die arbeits- und organisationspsychologische Forschung unterliegt dabei einer doppelten Dynamik: Zum einen entwickelt sich diese noch junge Disziplin und integriert neue Perspektiven und Theoriekonzepte, zum anderen zeichnet sich ihr Gegenstand durch eine Tendenz zur Vielfalt aus, die die wissenschaftlichen Bemühungen um ordnende Beschreibung und präzisierende Erklärung nicht gerade erleichtert.

Allgemeine Aussagen auf hohem Abstraktionsniveau sind zwar möglich, aber nur noch von geringem Informationsgehalt, wenn es gilt, konkrete Erscheinungen im Hier und Jetzt der Arbeitswelt zu erfassen, zu bewerten und zu gestalten.

Für die weitere Entwicklung der Disziplin ist jedoch wesentlich, daß sie sich als Arbeits- *und* Organisationspsychologie versteht, was bislang nicht selbstverständlich war.

Abb. 13: Karosseriebau bei Opel (1906)

Abb. 14: Radmontage, Volvo, Werk Kalmar. Das Werk wurde 1974 unter Einbeziehung arbeitspsychologischer Gesichtspunkte erbaut und gilt noch heute als vorbildlich, obwohl es inzwischen aus wirtschaftlichen Gründen geschlossen wurde (siehe Kap. 6.4.2).

Kapitel 2

Arbeits- und Organisationspsychologie als angewandte Wissenschaft

Die Arbeits- und Organisationspsychologie ist ein Teilgebiet der Psychologie, genauer gesagt der angewandten Psychologie. Mit dieser Standortbestimmung wird der AO-Psychologie eine Stellung zwischen der Grundlagenforschung oder theoretischen Psychologie einerseits und der unmittelbar handlungsbezogenen praktischen Psychologie andererseits zugewiesen (vgl. auch Rosenstiel, 1992, S. 28 und Hoyos et al., 1988, S. 21). Eine präzise Grenzziehung zwischen den Gebieten ist nur schwer möglich, zumal es bei solchen Abgrenzungen nicht um die Frage des „richtig" oder „falsch", sondern um „nützlich" oder „unnütz" ginge. Im übrigen lassen sich durchaus gute Gründe gegen eine strikte definitorische Abgrenzung ins Feld führen, falls dies nämlich zu einer Abschottung der Gebiete und einer zusätzlichen Barriere zwischen Theorie und Praxis führen würde.

Da sich die Gebiete – ganz im Sinne der Position von Kurt Lewin (1936), wonach nichts so praktisch ist wie eine gute Theorie – wechselseitig ergänzen und befruchten (sollen), läßt sich sinnvollerweise nur tendenziell oder akzentuierend sagen, daß sich die „Theoretische Psychologie" im wesentlichen mit Grundlagenforschung beschäftigt, die unser Wissen über das Erleben und Verhalten der Menschen erweitert, in Theorien ordnet und durch empirische Forschung überprüft. Hier gilt es, Wissenslücken zu schließen, also die „weißen Flecken auf der Landkarte der Psychologie" zu füllen. Erkenntnisfortschritt ist das Ziel dieser Bemühungen, unabhängig davon, wieweit bzw. wann oder unter welchen Bedingungen diese Erkenntnisse für das praktische Leben nützlich sind. Das praktische Verwertungsinteresse ist deswegen nicht unbedeutend, es ist aber nachrangig und steht hinter dem theoretischen Erkenntnisinteresse. Die Verwertbarkeit ist nicht Ziel, kann aber gleichwohl Ergebnis sein. In diesem Sinne stellt auch die grundlegende Arbeit der theoretischen Psychologie eine „Umweghandlung" dar.

Auf der anderen Seite steht die praktische Psychologie, die ihre Anregungen aus den meist drängenden aktuellen Problemen der Praxis bezieht. Es geht um das „Hier und Jetzt" dieser Probleme, nicht das „Allgemeingültige und Generelle". Die Probleme werden gleichsam von außen mit der Bitte um Hilfestellung an die Psychologie herangetragen. Es geht im Kern darum, bewährte Verfahren und Handlungsweisen routinemäßig zur unmittelbar konkreten Problemlösung einzusetzen. Diese Techniken können einerseits aus Theorien abgeleitet sein, um sich dann in der Praxis zu bewähren, oder sie haben sich in der praktischen Erfahrung bewährt, um dann die Entwicklung einer Theorie anzuregen, die dies erklären kann. Die praktische Psychologie ist an der Wirksamkeit ihrer Techniken interessiert und überläßt die Erklärung dieser Wirksamkeit der theoretischen Psychologie.

Die angewandte Psychologie nimmt gegenüber diesen beiden Positionen eine Mittel- und eine Mittlerstellung ein. Sie hat eine mittlere Position im Hinblick auf die Breite des Anwendungsfeldes und eine vermittelnde Position im Hinblick auf die Verbindung von Theorie und Praxis.

Hoyos, Frey und Stahlberg (1988, S. 26)

fassen die typischen Merkmale der drei psychologischen Orientierungen „Grundlagenforschung", „Angewandte Forschung" und „Praktisch-psychologische Tätigkeit" in folgender Übersicht zusammen:

Tabelle 1: „Idealtypische" Merkmale psychologischer Grundlagenforschung, Angewandter Psychologie und Praktischer Psychologie (aus Hoyos, Frey & Stahlberg, 1988, S. 26)

Grundlagenforschung	Angewandte Forschung	Praktisch-psychologische Tätigkeit (Psychotechnik)
Primärziel: – Formulierung von Theorien, d.h. von möglichst allgemeingültigen, raumzeitlich unabhängigen Gesetzesaussagen	*Primärziel:* – Gewinnung wissenschaftlicher Strategien und Modelle zur Problemlösung unter Zuhilfenahme einer oder mehrerer Theorien aus einer oder mehreren Disziplinen – Entwurf einer „neuen Wirklichkeit"	*Primärziel:* – psychologische Interventionen zur Hilfe im Einzelfall, Beratung zu Vorgehensweisen
Vorgehen: – Systematische Überprüfung von Theorien bzw. von aus Theorien abgeleiteten Hypothesen in Labor- und Feldexperimenten – Falsifikation/Ausschaltung von Alternativtheorien	*Vorgehen:* – Problemanalyse, Generierung von Hintergrundwissen, Suche nach Erklärungen – Aufstellung von Handlungsregeln und Überprüfung ihrer Effektivität primär unter Berücksichtigung der relevanten situativen Bedingungen (Feldexperimente) – Bereitstellung von Forschungsresultaten für die Optimierung technisch-praktischen Handelns	*Vorgehen:* – Problemanalyse (Diagnostik) – Entscheidungsfindung zur Erreichung praktischer Ziele; psychologische Erkenntnisse (z.B. Tests oder Verfahren) werden zur Erreichung eines technisch-praktischen Ziels angewandt/herangezogen
Weitere Besonderheiten: – Psychologieinterne Vorgabe des Problems: Erklärung und Vorhersage von Erleben und Verhalten durch Entwicklung von Theorien; Verallgemeinerung bisher vorliegender Forschungsergebnisse – Erklärung und Beobachtung eines Ausschnitts der Wirklichkeit – Analyse von Ursache-Wirkungs-Zusammenhängen zwischen theoriespezifischen Variablen	*Weitere Besonderheiten:* – Psychologieexterne Vorgabe des Problems – Höhere Komplexität der Problemstellung, die zwar nicht komplexere, aber andere Theorien und Vorgehensweisen erfordert als in der Grundlagenforschung üblich – Analyse von Ursache-Wirkungszusammenhängen zwischen den einzelnen Handlungsstrategien und der Lösung der Probleme	*Weitere Besonderheiten:* – Psychologieexterne Vorgabe des Problems – Optimale Anwendung von Wissen und Fähigkeiten auf Praxisprobleme – Überprüfung, ob die Intervention genug (d.h. Nützliches) geleistet hat, um dem Praktiker ausreichend Handwerkszeug zur Verfügung zu stellen

Zum besseren Verständnis der Chancen und Probleme der Arbeits- und Organisationspsychologie sei hier den Besonderheiten der angewandten Psychologie etwas weiter nachgespürt:

Hugo Münsterberg, einer der „Väter" der Wirtschaftspsychologie und damit auch der AO-Psychologie, die damals allerdings nicht

Hugo Münsterberg (1863–1916)

so genannt wurde, hatte sich bereits sehr früh (1912, 1920) für eine Anwendungsorientierung der Psychologie ausgesprochen. Er differenzierte zwei unterschiedliche Bedeutungen des Begriffs „Angewandte Psychologie", einerseits eine analytisch-theoretische Variante, bei der lediglich vorhandene psychologische Konzepte und Theorien zur Erklärung bislang unerklärter Sachverhalte genutzt werden *(Kulturpsychologie),* sowie eine pragmatische Form, bei der es gilt, konkrete praktische Probleme mit Hilfe psychologischer Kenntnisse zu lösen *(Psychotechnik).* Am Beispiel der von ihm mitbegründeten Wirtschaftspsychologie ließe sich diese Unterscheidung etwa so verdeutlichen:

Die verblüffende und im Rahmen der klassischen ökonomischen Theorie ungeklärte Beobachtung, daß mit steigendem Preis der Warenabsatz keineswegs immer zurückgeht, sondern gelegentlich noch wächst, läßt sich unter Rückgriff auf psychologische Motivationstheorien erklären. Hier liegt unter Bezug zur Theorie der Leistungsmotivation (vgl. McCelland, 1958; Atkinson, 1964; Heckhausen, 1965) und dem benachbarten Geltungsmotiv bzw. Prestigemotiv (vgl. Leibenstein, 1966; Wiswede, 1973, Adlwarth, 1983) die Vermutung nahe, daß der Kauf wertvoller Güter – insbesondere dann, wenn sie im sozialen Umfeld sichtbar sind – weniger dem Ausgleich von Versorgungsdefiziten als vielmehr der Demonstration von Status und Einfluß gilt und daß diese Möglichkeit des „demonstrativen Konsums" spezifische, im Sozialisationsprozeß erworbene und latente Motive aktivieren und so das ökonomisch scheinbar unsinnige Verhalten erklären kann. Hier würden lediglich vorhandene allgemeine Erklärungsmuster (Motivationstheorien) auf einen Bereich übertragen (Marktverhalten), in dem sie zuvor kaum eingesetzt wurden, obgleich die Allgemeinheit der Theorie diese Übertragung prinzipiell möglich macht. Ausgehend von einem unerklärten Sachverhalt wird hier nach einer Erklärung gesucht (Beispiel für Münsterbergs *„Kulturpsychologie").*

Etwas anders wäre die Situation, wenn nicht nach einer gedanklichen Klärung, sondern einer praktischen Lösung gesucht würde. Dies wäre dann der Fall, wenn ein Kaufmann den Psychologen bittet, ihm zu sagen, wie er das generelle ökonomische Prinzip durchbrechen und mit der Anhebung der Preise zugleich Umsatz, Marktanteil und Gewinn erhöhen könnte.

Dieses fiktive Beispiel aus der praktischen Psychologie macht übrigens einen weiteren Aspekt der Anwendungsorientierung deutlich, nämlich die *moralische* oder *ethische Frage,* wieweit und wozu psychologisches Wissen angewendet werden kann bzw. soll oder muß.

Um es nicht bei diesem einen fiktiven Beispiel allein bewenden zu lassen, seien andere, realistische angeführt: Welche Hilfestellung kann die Psychologie bei der Frage geben, wie der Mensch zum sparsamen Umgang mit Energie angehalten werden kann (Frey et al. 1987), oder wie Organisationen gestaltet werden können, um Mitarbeiter zu umweltgerechtem Verhalten anzuregen (Wiendieck & Franke, 1993)? Wie lassen sich Arbeitstätigkeiten so organisieren, daß sich positive Effekte auf die Persönlichkeitsentwicklung ergeben (Ulich, 1978; Stern, 1980)? Wie läßt sich der Grad der partizipativen Mitwirkung und zugleich die Arbeitseffizienz erhöhen (Bungard, 1992)? Wie können Radargeräte der Flugsicherung so gestaltet werden, daß fehlerhafte Dateninterpretationen minimiert werden? Dies sind Beispiele für Münsterbergs *„Psychotechnik".*

Abb. 15: Psychotechnisches Laboratorium von Philips in Eindhoven (ca. 1930).
Psychotechnische „Musterung" zur Auswahl von Fabrikarbeiterinnen.
Das Mädchen im Vordergrund arbeitet an einer Scheibensortierprüfung.
Jede der Scheiben paßt auf eins der vier Stäbchen. Die Scheiben sollen
so schnell wie möglich auf die Stäbchen gesteckt werden.

Wir wollen hier den Begriff der „angewandten Psychologie" zwischen diesen beiden Positionen Münsterbergs einordnen und dies durch die Beantwortung von drei Fragen verdeutlichen:
1. Was wird angewandt?
2. Worauf wird es angewandt?
3. Wozu wird es angewandt?

Die erste Frage bezieht sich auf die *Herkunft*, die zweite auf den *Gegenstand* und die dritte auf das *Ziel* der Anwendung.

2.1 Was wird angewandt?

Es versteht sich von selbst, daß die angewandte Psychologie auf Theorien, Befunde und Methoden der allgemeinen oder theoretischen Psychologie zurückgreift, wobei insbesondere die Sozialpsychologie, die innerhalb einer sich zunehmend weiter differenzierenden Psychologie als das „letzte Bollwerk eines Ansatzes von breiter Allgemeinheit" bezeichnet wurde (Zimbardo, 1975, S. 17), als eine wesentliche – aber nicht alleinige – Grundlage der AO-Psychologie gelten kann.

Im Unterschied zur allgemeinen Psychologie betrachtet die AO-Psychologie nicht den „Menschen als solchen", sondern den „Menschen im Kontext von Arbeit und Organisation". Damit spielen die *äußeren Rahmenbedingungen*, die Technik, die organisatorische Struktur, die ökonomische Lage usw. eine große Rolle und müssen berücksichtigt werden. Daher kann sich die AO-Psychologie nicht unter Vernachlässigung dieser Kontextmerkmale nur auf die theoretische Psychologie stützen, sondern muß darüber hinaus auch auf andere, nicht-psychologische Wissenschaftsgebiete zurückgreifen, die sich mit diesen Kontextmerkmalen beschäftigen, so z.B. auf die Wirtschaftswissenschaften (insbesondere die Organisationslehre), die Arbeitswissenschaft (insbesondere die Ergonomie), die Soziologie (insbesondere die Industrie- und Organisationssoziologie) sowie die Rechtswissenschaften und die Medizin.

Die angewandte Disziplin ist daher im Hinblick auf den Gegenstand enger, aber im Hinblick auf die wissenschaftlichen Disziplinen breiter angelegt. Sie erfordert *Interdisziplinarität*, also das kooperative Zusammenwirken von Wissenschaftlern und Praktikern unterschiedlicher Disziplinen. So einleuchtend diese Forderung auch ist, so schwierig ist ihre Realisation. Die Beispiele, in denen Ökonomen, Ingenieure, Juristen, Mediziner und Psychologen nicht neben- oder gar gegen-, sondern miteinander arbeiten, bilden leider immer noch die Ausnahme. Die Schwierigkeit echter Kooperation erfährt hier durch die unterschiedlichen wissenschaftlichen Perspektiven, Zielsetzungen, Verfahren und Sprachen eine weitere Erschwernis. Die Lücke zwischen dem Erfordernis und der Realität der Interdisziplinarität hat gerade in diesem Anwendungsgebiet eine lange Tradition. So schreibt Dalton 1948:

„Der Sozialökonom blickt voller Hoffnung auf den Psychologen. Aber dieser neigt dazu, sich mit steinernem Blick und ausdruckslosem Gesicht abzuwenden und von anderen Fragen zu sprechen, beispielsweise von der unzureichenden psychologischen Grundlegung der modernen Wirtschaftstheorie. So sieht sich der Sozialökonom, solange er nicht auf eine etwas nützlichere Hilfe vom Psychologen rechnen kann, auf seine eigenen schmalen Reserven an Psychologie angewiesen." (Dalton, 1948, zitiert in Rosenstiel & Ewald, 1979, S. 11f.)

Neben der Schwierigkeit der Kooperation zwischen den Disziplinen ergibt sich noch die Schwierigkeit der Zusammenarbeit zwischen Wissenschaft und Praxis. Auch in dieser Hinsicht gibt es eine lange Tradition. Kropff (1951, S. 11) vermutete eine Furcht der Gelehrten, die Würde der Wissenschaft zu verlieren, wenn sie der Wirtschaft dienten. Diese Zurückhaltung gegenüber dem ökonomischen Anwendungsfeld zeigte sich dabei weniger im Bereich der Arbeits- und Organisationspsychologie als in dem der Markt- und Konsumpsychologie. Während eine Wissenschaft im Dienste der Arbeitsleistung durchaus mit dem Ideal einer protestantischen Berufsethik in Einklang gebracht werden konnte, mußte eine Konsumpsychologie geradezu als unehrenhafte Förderung von Müßiggang und Verschwendung, als menschenverachtend und gesellschaftsverderbend erscheinen. Der Tugend der Arbeit stand das Laster des Konsums gegenüber. Bergler (1965, S. 8) zitiert hierzu Walter Rathenau (1918), der als einflußreicher Zeitzeuge sein Unbehagen gegenüber dem Konsum bildreich schildert:

„Mit Entsetzen durchschreitet ein denkender Mensch die Straßen und erblickt die Kaufläden, Magazine, Warenlager und Arbeitshöfe. Schauderhaft häßlich, gemeinen Lüsten dienend, läppisch und schädlich, nichtig und hinfällig ist das meiste, das sorgsam gespeichert, glänzend hingestellt und teuer feilgeboten wird ... " (S. 179)

Nach diesem kleinen historischen Seitenblick auf die Schwierigkeiten der interdisziplinären Anwendungsorientierung wollen wir zur Grundfrage zurückkehren: Was wird angewandt?

Wir hoffen, daß deutlich werden konnte, daß „Anwendung" etwas anderes meint als lediglich die Anwendung allgemeiner psychologischer Theorien auf konkrete praktische Probleme. Es geht der angewandten Psychologie nicht lediglich darum, aus dem breiten Spektrum vorhandener Theorien jeweils jene herauszusuchen, die eine Lösung für die gerade interessierende praktische Problemstellung liefern kann. Dies wäre, wie Rosenstiel (1992, S. 28) bemerkt, allein deswegen ein „gefährliches Mißverständnis", weil damit der angewandten Disziplin die eigene Forschungsberechtigung abgesprochen würde. Überdies würde hiermit fälschlicherweise unterstellt, es gäbe diesen einfachen Transfer von der gültigen psychologischen Theorie zur unbewältigten Praxis. Wir wenden uns damit gegen die sogenannte „Kontinuitätshypothese", wie sie etwa von Haisch (1983, S. 13) vertreten wird, wenn er betont, daß praxisferne (theoretische) Fragen nach denselben Regeln zu beantworten sind wie die praxisnahen. Haisch begründet dies durch die wissenschaftstheoretischen Postulate des kritischen Rationalismus (vgl. Albert, 1972; Popper, 1984).

Es ist in der Tat unstrittig, daß die Allgemeine Psychologie ganz überwiegend dieser Wissenschaftsauffassung verpflichtet ist, derzufolge allgemeine (nomologische), d.h. unabhängig von Raum und Zeit gültige Sätze (Theorien) entwickelt und empirisch überprüft werden sollen, die solange als nur „vorläufig bestätigt" gelten, als sie noch nicht widerlegt worden sind (Falsifikationsprinzip). In diesem Sinne – und da stimmen wir Haisch durchaus zu – kann jede empirische Prüfung einer allgemeinen Theorie als „Anwendung der Theorie in einem ihrer prinzipiell unbegrenzten Anwendungsbereiche" aufgefaßt werden. Damit erhielte der Anwendungsbegriff allerdings eine ungewöhnliche Bedeutung, da er sich normalerweise doch auf die theoriegeleitete Lösung eines konkreten Problems und nicht auf die potentielle Falsifikation einer nomologischen Aussage bezieht.

Wir treffen diese Aussage nicht als wissenschaftstheoretische oder logische Spitzfindigkeit, sondern als Ergebnis praktischer leidvoller Erfahrungen. Während es nämlich tatsächlich beliebig viele Anwendungsfelder zur Prüfung einer nomologischen Aussage gibt, finden wir nur selten eine allgemeine psychologische Theorie, die unsere praktischen Probleme unmittelbar, d.h. durch einfache Anwendung. zu lösen imstande wäre.

Die praktische Psychologie macht immer wieder die Erfahrung, daß die allgemeinen Theorien zwar zur Ordnung und Klärung abstrakter Fragestellungen, nicht jedoch zur unmittelbaren Bewältigung konkreter Probleme taugen:

Obgleich z.B. die allgemeinen psychologischen Motivationstheorien als weit entwickelt und empirisch gut bestätigt gelten, versagen sie oft, wenn der konkrete Versuch gemacht wird, aus ihren Aussagen allein konkrete Maßnahmen zur Förderung der Arbeitsmotivation einer Gruppe von Mitarbeitern eines bestimmten Betriebes abzuleiten.

Obgleich die allgemeinen Theorien aggressiven Verhaltens als weit entwickelt und empirisch gut bestätigt gelten, helfen sie nur sehr begrenzt, wenn es gilt vorauszusagen, wer innerhalb einer Arbeitsgruppe „den Kram hinschmeißen und die Produktion sabotieren" wird.

Hinter diesen Beispielen verbirgt sich mehr als nur die vielbeklagte Lücke zwischen Theorie und Praxis. Der Versuch, nomologische Theorien von raumzeitlich unbegrenzter Gültigkeit zu entwickeln, ist nur möglich, wenn tatsächlich von den jeweiligen raum- und zeitbezogenen Bedingungen abstrahiert wird. Während die Möglichkeit einer solchen Abstraktion unstrittig ist, fragt sich jedoch, wieweit sie sinnvoll ist. Mit zunehmender Abstraktion beobachten wir nämlich einen Bedeutungsverlust der Theorien, bis schließlich nur noch eine formale Hülle logisch konsistenter Aussagen übrig bleibt, die ebenso unbestritten wie unerheblich sind. Walter-Busch (1977, S. 93) verdeutlicht dies an einem karikierend konstruierten Beispiel, bei dem eine konkrete Erscheinung, etwa eine Sonnenfinsternis in Griechenland am Tag X, durch Rückgriff auf eine nomologische Theorie und eine konkrete Randbedingung „erklärt" wird:

Theorie: Wenn mehr als zwei Himmelskörper in gerader Linie hintereinander stehen, verdeckt der zweite, je nach Größe und Abstandsverhältnissen, mehr oder weniger die Sicht vom ersten auf den dritten und die nachfolgenden Himmelskörper.

Randbedingung: Am Tage X befanden sich von Griechenland aus gesehen die Erde und die von ihr aus betrachtet etwa gleich groß erscheinenden Himmelskörper Mond und Sonne in gerader Linie hintereinander.

Also: Am Tage X verdeckte der Mond den Bewohnern Griechenlands den Blick auf die Sonne.

Diese Aussagen sind ebenso korrekt wie trivial. Während es jedoch der Naturwissenschaft durchaus gelingt, die eigentlich interessierende Frage zu klären, *warum* die beiden Himmelskörper am Tage X diese Konstellation einnahmen, tut sich die Psychologie bei analogen Fällen ungleich schwerer. Dies ergibt sich aus der Komplexität, d.h. der Fülle und Vernetzung der Einflußfaktoren menschlichen Verhaltens. Der Versuch, allgemeingültige Theorien gerade durch die Abstraktion von den konkreten Umständen des Verhaltens zu gewinnen, übersieht, daß diese konkreten Umstände nicht „Störfaktoren" eines ansonsten „reinen" Verhaltens sind, sondern „existentielle Bedingungen" darstellen, innerhalb derer die Menschen ihrem Handeln Sinn verleihen. Während physikalische Fallexperimente im Vakuum sinnvoll sind, erscheint allein der Gedanke, menschliches Verhalten außerhalb eines sozialen oder situativen Kontextes untersuchen zu wollen, abwegig.

Diese Erkenntnis verdanken wir insbesondere der *Artefaktforschung*, die es sich zur Aufgabe gemacht hat, zu prüfen, wie weit Forschungsmethoden und Forschungskontexte die Forschungsergebnisse *mitbestimmen*, so daß diese nicht als allgemeingültig, sondern als situativ begrenzt gültig angesehen werden müssen (vgl. Bungard, 1980).

Dies läßt sich mit trefflicher Anschaulichkeit durch folgenden Vergleich schildern:

Wenn ich eine Gruppe von Studenten frage, ob sie bereit seien, an einem psychologischen Experiment teilzunehmen, und sie dann – nachdem sie zugestimmt haben – bitte, zehn Liegestütz zu machen, so tun sie dies in aller Regel anstandslos. Wenn ich jedoch eine andere Gruppe von Studenten lediglich bitte, die zehn Liegestütz zu machen, so ist verständnisloses Kopfschütteln die normale Reaktion. Offenkundig bewirkt allein die Konstruktion des Kontextes „Experiment" eine besondere Verhaltens- bzw. Gehorsamsbereitschaft. Übrigens drängt sich hier eine interessante Parallele zu den vielfältigen Trainings und Seminaren in der Wirtschaft auf. Auch hier schafft die Konstruktion des Kontextes „Seminar" ungewöhnliche Verhaltens- und Gehorsamsbereitschaften: So ist es – wenn wir den vielen Seminarbeschreibungen folgen – ohne Schwierigkeiten möglich, gestandene hochrangige Manager im Führungsseminar etwa dazu zu bringen, mit untergehakten Armen Ringelreihen zu tanzen oder mit verbundenen Augen ein Faß auf einem Fußballfeld zu suchen. (vgl. auch Orne, 1969)

Um Mißverständnissen vorzubeugen, sei betont, daß hier nicht dem Argument gefolgt wird, jeder Mensch sei anders und daher in seiner Einzigartigkeit eben nicht allgemeingültig zu beschreiben. Auch dies ist, wie Herrmann (1979, S. 62) bemerkt, ebenfalls so korrekt wie trivial. Auch wende ich mich nicht gegen experimentelle oder empirische Forschungsbemühungen, sondern gegen die Vernachlässigung der jeweiligen sozialen und situativen Kontextbedingungen, wenn der Versuch unternommen wird, allgemeine Theorien konkret anzuwenden. Dies gilt sicherlich in hohem Maße für den Anwendungsbereich der Arbeits- und Organisationspsychologie. So ist es nicht abwegig, sondern im Gegenteil sehr plausibel, daß unser Erleben und Verhalten eine spezifische Färbung oder Richtung erhält, wenn der Kontext als „ökonomisch" interpretiert wird. Selbst wenn das äußerlich beobachtbare Verhalten gleich erscheint, so ist es doch psychologisch unterschiedlich, ob ich ein Auto aus Liebhaberei oder als abhängig Beschäftigter repariere und ob ich eine Unterhaltungssendung im Fernsehen anschaue oder Überwachungsaufgaben am Monitor durchführe.

Wenn wir auf diese Weise die Klippe der „nomologischen Trivialität" umschiffen, so sollte zugleich vor der gegenteiligen Gefahr der „konkreten Trivialität" gewarnt werden. Damit spreche ich eine innerhalb der AO-Psychologie gelegentlich zu beobachtende Tendenz an, sich der praktischen Fragestellung soweit unterzuordnen, daß der Bezug zur Grundlagendisziplin verlorengeht und eine rein technische, theorieferne Handlungsanweisung gegeben wird, deren Gültigkeit und Geltungsbereich unbekannt bleibt.

Die völlige Unterordnung unter die praktische Fragestellung birgt nicht nur die Gefahr, wissenschaftlich Irrelevantes zu produzieren, sondern auch den Erkenntnisgewinn dem Gesichtspunkt der Nützlichkeit unterzuordnen. Insbesondere bei der Auftragsforschung zur Bewältigung konkreter unternehmerischer oder absatzstrategischer Probleme dürfte diese Gefahr gegeben sein. Was nützt es dem wissenschaftlichen Fortschritt, wenn wir wissen, daß der Konsum von Hüttenkäse und saurer Sahne mit der Schichtzugehörigkeit korreliert (Meyers et al., 1971, S. 13) und daß Ehemänner, die ein Bedürfnis nach Unabhängigkeit haben, zweilagiges Toilettenpapier bevorzugen? Rosenstiel und Ewald (1979, S. 129) erwähnen diese und weitere Beispiele als Beleg für die Begrenztheit oder gar Fruchtlosigkeit derartiger Bemühungen, die nicht nur wissenschaftlich, sondern vermutlich auch praktisch nutzlos sind.

Diese Beispiele sollen deutlich machen, daß sich die AO-Psychologie weder darauf beschränken darf, die Gültigkeit allgemeiner Theorien der Psychologie im Kontext von Arbeit und Organisation zu überprüfen, noch den Fehler begehen darf, allgemeine Theorien ohne Bezug zum Kontext von Arbeit und Organisation zur Lösung praktischer Probleme anzuwenden. Mit dieser Argumentation wende ich mich gegen die einfache Kontinuitätshypothese und folge der gegenteiligen, als *Differenzhypothese* (Westmeyer, 1978) bezeichneten Position, die insbesondere eine stärkere Analyse und Akzentuierung des spezifischen Anwendungsfeldes verlangt und so der angewandten Disziplin eine wissenschaftliche und praktische Eigenständigkeit zuerkennt.

Schönpflug (1991, S. 32) charakterisiert die Beziehung zwischen allgemeiner Psychologie und Arbeitspsychologie mit folgenden Worten:

„Weder hat die allgemeine Psychologie Mutterschaft für die Arbeitspsychologie übernommen, noch ist sie immer gut zu ihr gewesen. Nein, eine Geschichte zweier Generationen ist nicht zu erzählen. Eher die Geschichte zweier Karrierefrauen, die je für sich den Sprung zum Erfolg und zur Anerkennung geschafft haben und denen nun der Sinn nach mehr Partnerschaft steht." (Schönpflug 1991, S. 32)

2.2   Worauf wird es angewandt?

Die Gegenstandsbestimmung der Arbeits- und Organisationspsychologie ist keineswegs einheitlich oder einvernehmlich, sondern durch unterschiedliche Auffassungen gekennzeichnet, die erst in jüngster Zeit zusammengetragen und diskutiert werden. Das wird durch den plakativen Titel einer Schrift Neubergers (1991a) unterstrichen: *Organisationspsychologie: Eine Disziplin auf der Suche nach ihrem Gegenstand.*

Bei Lück, Rippe und Timaeus (1986) wird der Gegenstand der Psychologie mit folgender Arbeitsdefinition umrissen: Es ist die „... Wissenschaft und Lehre vom menschlichen Verhalten und seiner Begründung ... ", wobei „Verhalten" hier bewußt so weit gefaßt wurde, daß neben den äußerlich sichtbaren Aktivitäten auch die inneren psychischen Vorgänge wie Denken und Fühlen gemeint sind. Die AO-Psychologie würde sich dementsprechend mit einem Teilgebiet des Verhaltens, nämlich dem *Arbeitsverhalten* und dem *Organisationsverhalten* beschäftigen. Möglicherweise stutzen Sie bei dieser Formulierung: Während uns die Bezeichnung „Arbeitsverhalten" noch relativ klar ist, fragt sich, was eigentlich mit „Organisationsverhalten" gemeint sein soll? Schließlich lassen sich zumindest vier Bedeutungen unterscheiden:

a) die Tätigkeit des Organisierens;
b) das organisierte Verhalten;
c) das Verhalten in Organisationen;
d) das Verhalten von Organisationen.

Wir wollen hier keine dieser Differenzierungen ausschließen, sondern zunächst darauf aufmerksam machen, daß sich die Formulierungen a) bis c) auf das Verhalten einer Person, ganz im Sinne der Gegenstandbeschreibung der Psychologie, beziehen, während die Formulierung d) davon abweicht und gewissermaßen „unpsychologisch" auf einen überpersonalen Gegenstand, die Organisation, gerichtet ist. Es ist jedoch eine Tendenz zu beobachten, den Gegenstand der AO-Psychologie in jüngster Zeit sowohl breiter als auch präziser zu definieren.

Während Rosenstiel (1987a, S. 3) den Gegenstand als „ ... Erleben und Verhalten des Menschen in Organisationen ... " beschreibt, überwindet Greif (1983) den Bezug auf das Verhalten der einzelnen Personen und konzentriert sich auf das Verhalten zwischen ihnen, wenn er sagt:

„Gegenstand der Organisationspsychologie ist die Beschreibung, Erklärung, Prognose und Veränderung der Interaktionen von Menschen in Organisationen." (S. 41)

Hier wird ähnlich wie bei Rosenstiel zwischen Personen und Organisation in der Weise unterschieden, daß die Organisation als der Kontext bzw. der Hintergrund erscheint, auf dem das aktive oder interaktive Verhalten der Menschen erscheint. Anders sieht dies Müller (1989), der den Gegenstand als das „(Sich-)Organisieren interaktiver Tätigkeitsvollzüge" beschreibt, aber ausdrücklich den Bezug zu „überindividuellen Sphären" ablehnt, den er andererseits besonders hervorhebt, wenn er betont, daß die organisationspsychologische Perspektive weder die individual- noch die sozialpsychologische ersetzt, sondern sich auf „deren überindividuelle strukturelle Formbestimmung konzentriert" (1989, S. 21).

Nach diesen – vielleicht eher verwirrenden als klärenden – Zeilen sei der Versuch unternommen, den Gegenstand der Arbeits- und Organisationspsychologie an den folgenden Beispielen deutlicher werden zu lassen.

1. Die Arbeitslosenforschung in Marienthal
2. Die Tavistock-Untersuchungen und ihre Auswirkungen
3. VW-Projekt: Gruppenarbeit in der Motorenmontage

Beispiel 1: Die Marienthal-Studie

Marienthal war in den 30er Jahren ein kleines, weitgehend unbedeutendes Dorf in Österreich, nicht weit von der Hauptstadt Wien entfernt. Die große Mehrheit der knapp 1.500 Einwohner arbeitete in dem einzigen größeren Betrieb des Ortes, einer Textilfabrik. Die Weltwirtschaftskrise der damaligen Zeit forderte auch hier ihren Tribut: Ende 1929 brach der Betrieb zusammen und wurde geschlossen. Marienthal wurde arbeitslos. Jedenfalls gab es bei fast 80% der Marienthaler Familien kein einziges erwerbstätiges Mitglied mehr. Die damaligen staatlichen Systeme der sozialen Sicherung können kaum mit den heutigen verglichen werden. Arbeitslosigkeit war daher nahezu gleichbedeutend mit Einkommenslosigkeit. Dies führte unmittelbar zu materieller Not, die das Leben der Menschen gravierend veränderte.

Das war der Anlaß für eine umfangreiche Studie, bei der Soziologen, Psychologen und Mediziner unter der Leitung von *Paul Lazarsfeld* ein halbes Jahr in Marienthal lebten und forschten. Die Forscher wurden für diese Zeit ein Teil der Marienthaler Bevölkerung. Sie lebten mit den Menschen, sprachen mit ihnen und gewannen ihr Vertrauen. Die Menge der Daten, die sie sammeln und die Fülle der Einsichten, die sie gewinnen konnten, waren enorm. Bis heute ist „Marienthal" daher ein Synonym für eine vorbildliche Untersuchung zur Arbeitslosigkeit. Fryer (1989, S. 480) faßt die internationale Anerkennung für diese Studie in den Worten zusammen: „Die Untersuchung war schon seinerzeit einflußreich. Bis heute – mehr als ein halbes Jahrhundert später – wird sie sowohl in ihrer Konzeption als auch nach der Häufigkeit der Zitierungen als maßgeblich angesehen. ‚Marienthal' ist eine außergewöhnliche sozialpsychologische Arbeit, die unser Denken auch über heutige Arbeitslosenerfahrungen zu Recht beeinflußt hat."

Die Studie begann Ende 1931, zwei Jahre nach dem Zusammenbruch der Textilfabrik. Die Familien hatten den unmittelbaren Schock der Arbeitslosigkeit hinter sich und versuchten sich an die belastende Situation anzupassen. Da die staatlichen Unterstützungszahlungen jedoch mit der Dauer der Arbeitslosigkeit abnahmen, verschlechterte sich die ökonomische und damit auch die psychische Situation der Familien weiter und verlangte stets neue Anpassungsleistungen. Die Ausgaben mußten auf das Lebensnotwendige begrenzt werden. Gleichwohl zeigte sich, daß es keine einfache Reduktion der Bedürfnisse gab: Mütter, die kaum die Milch für ihre Kinder kaufen konnten, fanden dennoch kleine, von Hausierern angebotene Schmuckstücke unwiderstehlich. Dieser vermeintliche Mangel an Rationalität der Haushaltsführung ist keineswegs nur ein Kennzeichen arbeitsloser Familien, sondern gilt für arm und reich gleichermaßen. Man kann nicht vom Brot allein leben. Jahoda (1983) hat später noch einmal auf diese einfache Weisheit hingewiesen und bitter hinzugefügt:

„Die Vorstellung, daß die Hierarchie der menschlichen Bedürfnisse, wie sie von Maslow (1958/70) aufgestellt wurde und heute oft dazu verwendet wird, die Linderung der Armut in der dritten Welt zu planen – angefangen bei dem Bedürfnis nach Nahrung und Schutz bis hin zu dem Bedürfnis nach Selbstverwirklichung –, einer zeitlichen Abfolge dessen entspricht, was die Unterprivilegierten vom Leben erwarten, ist psychologisch falsch und politisch letzten Ende reaktionär, weil sie die volle menschliche Selbstverwirklichung nur einer kleinen Elite vorbehält. Die Tatsache, daß viele Erwerbslose in den dreißiger Jahren ein Schattendasein führten, hinderte sie nicht daran, unter den unerfüllten ‚höheren' Bedürfnissen zu leiden, und das gilt auch für jene, die ihren Nahrungsmittelverbrauch auf die billigsten Angebote beschränkten und alle anderen Ausgaben drastisch beschnitten." (S. 42f.)

Für alle Familien des Dorfes wurden detaillierte Datenblätter angelegt, die ihre Aktivitäten und ihre Aussagen festhielten. So wurde die Folge der täglichen Mahlzeiten ebenso analysiert wie Einkaufslisten und Schulaufsätze; ja sogar die Wunschzettel der Kinder zu Weihnachten wurden ausgewertet. Es gab Berichte der Ärzte, Lehrer und Geistlichen. Die Forscher erfragten die Umsätze bei den Gastwirtschaften, Geschäften und Friseuren. Sie erfaßten, welche Bücher in den Bibliotheken entliehen und welche Zeitungen abonniert wurden. Sie beobachteten das Verhalten der Menschen im Dorf und analysierten die Gehgeschwindigkeit ebenso wie die Aktivitäten in Vereinen oder politischen Gruppierungen. Sie stellten Zeitstrukturtabellen auf, die die Dauer verschiedener Aktivitäten und ihre zeitliche Lage im Verlauf des Tages zeigten. Kurzum, sie versuchten sich ein vollständiges Bild vom Leben der Marienthaler zu machen, um verstehen zu können, wie die Massenarbeitslosigkeit das Leben dieser Menschen veränderte.

Die Daten wurden in der Forschergruppe immer wieder diskutiert und schließlich zu einem Bericht zusammengefaßt (Jahoda, Lazarsfeld & Zeisel, 1933). Dieser Bericht gilt bis heute als Grundlage für die Erkenntnis, daß Arbeitslosigkeit nicht lediglich der Verlust von Beschäftigung und Einkommen ist, sondern als gravierende Einschränkung der Teilhabe am Leben erfahren wird. Die psychologischen und sozialen Bedürfnisse bleiben erhalten, und ihre Nichterfüllung wird zunehmend schmerzlicher erlebt. Die Forscher differenzierten vier Formen der Anpassung an diese Situation: Es gab ungebrochene, resignierte, verzweifelte und apathische Familien. Diese Rangreihe korrelierte mit der Dauer der Erwerbslosigkeit und damit auch mit der Höhe des verfügbaren Einkommens. Sie beschreibt daher auch den Phasenverlauf der „Anpassung" an die Arbeitslosigkeit. Nach einem anfänglichen Schock taucht wieder Hoffnung auf und stimuliert zu verschiedenen Aktivitäten. Erst wenn die Vergeblichkeit dieser Bemühungen deutlicher wird, sinkt die Hoffnung und macht der Resignation und schließlich der Angst Platz. Am Ende breitet sich Apathie aus. Die Menschen sind dann nicht mehr in der Lage, selbst die wenigen Chancen, die sich ihnen bieten, wahrzunehmen, geschweige denn, angemessen auf sie zu reagieren.

Arbeitslosigkeit führt darüber hinaus zu einer Zerstörung der gewohnten Zeitstruktur des Tages, zu einem selbstwertmindernden Gefühl, nicht gebraucht zu werden, sowie zu einer Auflösung der sozialen Kontakte und der Beeinträchtigung von Status und Identität. Diese Folgen konnten immer wieder nachgewiesen werden und machen deutlich, daß der Verlust von Arbeit weit mehr als nur Einkommensverlust bedeutet und daher auch durch finanzielle Unterstützungssysteme allein nicht bewältigt oder ausgeglichen werden kann.

Die Studie ist jedoch nicht nur aufgrund ihrer Ergebnisse, sondern auch wegen ihrer

Methodik bedeutend. Fryer (1989, S. 480) spricht von einer methodischen „Triangulation", um hervorzuheben, daß verschiedene Methoden zum Einsatz kamen, sowohl quantitative wie qualitative Daten ausgewertet wurden und schließlich eine zunächst intuitive Systematisierung der schier unüberblickbaren Datenmenge erfolgte. Obgleich zur damaligen Zeit bereits verschiedene Skalierungsverfahren entwickelt worden waren, wurden solche standardisierten Erhebungsinstrumente – etwa Einstellungsskalen – nicht eingesetzt. Wer dies als methodischen Mangel ansieht, verkennt, daß die intuitiv gewonnenen Einsichten nur deswegen möglich waren, weil die Forscher einen so unmittelbaren und einfühlsamen Kontakt zu den Menschen aufgenommen und ihr Vertrauen gewonnen hatten. Der Einsatz standardisierter Instrumente ermöglicht zwar berechenbare Ergebnisse, erschwert jedoch ihre Interpretation. Die instrumentelle Objektivität ist zugleich interpersonelle Distanz. „Die – gelegentlich zu hörende – Kritik, daß keine Fragebogenskalen verwendet wurden, parodiert im Grunde die weit weniger akzeptable gegenwärtige Forschungsmethode, nach der Wissenschaftler ihre Erhebungen kommerziellen Institutionen oder von der Forschung unabhängigen Personen überlassen" (Fryer, 1989, S. 481).

Beispiel 2: Die Tavistock-Studie im Kohlebergbau

Es gehört heute zur organisationspsychologischen Grundlagenkenntnis, Betriebe als sozio-technische Systeme zu deuten. Technisch-maschinelle Abläufe wirken auf die Arbeitsorganisation und das Sozialgefüge der Mitarbeiter ein und umgekehrt. Betriebe sind weder eine Ansammlung von Maschinen noch von Menschen, auch nicht von einzelnen Mensch-Maschinen-Systemen, sondern stellen ein Netzwerk technischer und sozialer Strukturen dar. Dies exemplarisch deutlich gemacht zu haben, ist das Verdienst der Forscher des Londoner Tavistock-Instituts (Trist & Bamforth, 1951; Emery, 1959).

Die gewaltigen Zerstörungen des Zweiten Weltkrieg erzwangen überall in Europa in kurzer Zeit Aufbauleistungen eines solchen Ausmaßes, daß es naheliegend war, bisherige Produktionsverfahren zu überdenken und zu verbessern. Der Energieversorgung kam hierbei eine Schlüsselrolle zu. Im Jahre 1946 startete der nationale Aufsichtsrat des englischen Kohlebergbaus ein großes Investitionsprogramm zur technologischen Erneuerung der Kohleindustrie.

Diese technologische Erneuerung kann als Übergang von der handwerklichen zur mechanisierten Abbaumethode beschrieben werden. Während die Bergleute die Kohle früher mit einzelnen preßluftgetriebenen Hämmern aus dem Flöz brachen, sollte dies nun durch einen großen mechanischen Hobel geschehen, der an der Wand hin und her fuhr. Daher stammt auch die plakative Bezeichnung vom „short-wall-system" des handwerklichen Abbaus zum „long-wall-system" des mechanisierten Betriebes.

Die seinerzeit modernsten Maschinenanlagen wurden eingesetzt, um die Produktivität des Kohlebergbaus zu steigern. Die Verblüffung war groß, als anstelle der Produktivität die Unfallzahlen, die Abwesenheit und Fluktuation sowie die Unzufriedenheitswerte anstiegen. Die technologisch optimale Lösung hatte sich als betrieblich völlig unzureichend erwiesen.

In dieser verblüffenden Situation wurden Psychologen des ebenfalls 1946 gegründeten Tavistock-Instituts um Unterstützung gebeten. Es wurden Untersuchungen, Beobachtungen und Befragungen durchgeführt und verschiedene Änderungen ausprobiert und analysiert, bis sich ein klareres Bild, eben die Vorstellung des soziotechnischen Systems, ergab, das neue Einsichten und Eingriffe ermöglichte.

Cherns (1989) gibt eine anschauliche Schilderung dieses soziotechnischen Systems im alten und im neuen Bergbau:

„Untertagearbeit ist wegen der Sensibilität und Unvorhersehbarkeit der Umgebung gefährlich. Das abzubauende Rohmaterial, der Kohleflöz, verhält sich unterschiedlich. Ständig sind unerwartete Schwierigkeiten zu bewältigen. Die existentiellen Gefährdungen ähneln durchaus den Bedingungen im Krieg. Wertvollste Stütze ist das Vertrauen in die Zuverlässigkeit der Kollegen, Gefährten oder ‚Kumpel' in der Arbeitsgruppe. Nach der alten Arbeitsmethode (‚Short-wall-System') bestand die Arbeitsgruppe aus zwei bis sechs Bergleuten, die ihre Löhne untereinander in gleichem Verhältnis teilten. Sie arbeiteten in verschiedenen Schichten, aber immer am selben Ort und waren für die vollständige Bergbautätigkeit, bestehend aus Abbau, Beladen der Lore und Transport, verantwortlich. Nach der neuen, teilmechanisierten Arbeitsmethode (‚Long-wall-System'), eine typische Ingenieurslösung, wurde jeder Teil der Tätigkeit einer speziellen Schicht zugewiesen. Dadurch wurden nicht nur die Fertigkeiten der Bergleute eingeschränkt, sondern gleichzeitig auch das soziale Unterstützungssystem, welches früher zur Verringerung des Angstniveaus beitrug, zerstückelt. Wenn man als Bergmann zum Arbeitsbeginn in den Schacht einfährt, muß man sich absolut auf die vorangegangene Schicht verlassen können. Als die Bergleute noch in allen drei Schichten gemeinsam für die gewonnene Kohle bezahlt wurden, brauchten sie sich nicht darum zu kümmern, ob die letzte Schicht ihre Löhne auf Kosten der eigenen Schicht maximiert haben könnte. Nach der Umstellung tendierten aber nun die Bergleute dazu, die Arbeit der vorherigen Schicht vor Beginn der eigenen Arbeit erst einmal zu kontrollieren. Außerdem gab es keine Loyalität mehr gegenüber der heterogenen Arbeitsgruppe. Wenn jemand fehlte, fehlte nur einer mehr am ‚Fließband'." (S. 483f.)

Die Anonymisierung und Entsolidarisierung der Bergleute nährte die Angst und erhöhte die Isolation. Die Bergleute mißtrauten und kontrollierten sich untereinander. Dies bedeutete eine Mehrarbeit, die sowohl physisch wie psychisch belastend war. Zugleich zeigte sich eine Verantwortungsdiffusion in der Arbeitsgruppe, die durch zusätzliche Kontroll- und Koordinationsfunktionen aufgefangen werden mußte. Der Aufbau einer hierarchischen Struktur und die Zentralisierung von Entscheidungen waren die weitere Folge. Die Einführung der neuen Technik führte gleichsam nebenbei zu einer Taylorisierung des Bergbaus, die die Vorzüge dieser Technik konterkarierte. (Taylor hatte 1911 die wissenschaftliche Betriebsführung propagiert und eine strikte Arbeitsteilung, die Trennung von Hand- und Kopfarbeit sowie detaillierte Arbeitsvorgaben und -kontrollen gefordert; vgl. Kapitel 6.4.1.)

Es ist nun außerordentlich interessant, daß diese Taylorisierung keineswegs eine notwendige Folge der Technisierung war. Einige Jahre später hatte sich in einer Grube in Süd-Yorkshire eine Gruppe von Bergleuten gegen diese neue, generell eingeführte Form der Arbeitsorganisation gewehrt und eigene Vorschläge erarbeitet, die der Leiter dieses Bereichs akzeptierte und einführte. Die Bergleute, die noch auf ihre Erfahrungen mit dem alten System zurückgreifen konnten, schlugen die Bildung mehrerer autonomer Arbeitsgruppen vor. Sie wollten ihre Arbeitseinteilung und Lohnverteilung selber regeln und gemeinsam die Verantwortung für das Arbeitsergebnis übernehmen. Es entwickelte sich ein starkes Gefühl der Zusammengehörigkeit, verbunden mit persönlicher Verantwortung. Die Männer hatten eigenständig eine eigene Arbeitsorganisation entwickelt, die sie für ihre Gruppe als optimale Anpassung an die technischen Gegebenheiten erlebten.

Die Tavistock-Wissenschaftler waren erstaunt, als sie die Arbeitsergebnisse dieser Gruppe von 41 Bergleuten mit denen des konventionell-tayloristisch organisierten Long-Wall-Systems über einen zweijährigen Zeitraum verglichen. Die Abwesenheitsraten hatten sich auf weniger als die Hälfte reduziert, und die Leistung war um 25% gestiegen (Cherns, 1989, S. 485).

Dieses Ergebnis muß freilich auf dem Hintergrund der Tatsache gewertet werden, daß die Bergleute in Yorkshire nicht nur an die eigene Erfahrung mit der früheren Gruppenarbeit anknüpfen, sondern auch auf ihre seinerzeit entwickelte umfangreiche Kompetenz zurückgreifen konnten. Das erlaubte ihnen die Gestaltung ganzheitlicher Arbeitsaufgaben, deren Komplexität die der tayloristisch organisierten Partialtätigkeiten um ein Vielfaches überstieg. Außerdem ermöglichte es eine Flexibilisierung des Arbeitseinsatzes, zu der die jeweils nur angelernten Kräfte anderer Betriebe kaum fähig oder willens waren.

Trotz der positiven Ergebnisse blieb dies im englischen Bergbau der damaligen Zeit eine vorübergehende Episode. Cherns (1989, S. 82) berichtet: „Weder der Aufsichtsrat der Kohleindustrie noch die nationale Bergbaugewerkschaft zeigte sich in der Folgezeit interessiert daran, diese Erfahrung aus South Yorkshire zu verallgemeinern. Sie zogen die bessere Kontrollierbarkeit des konventionellen mechanisierten Systems vor und die damit verbundene Möglichkeit einfacher Tarifverhandlungen über Löhne und Leistungen." Hier zeigt sich, daß die tayloristische Arbeitsorganisation wohl eher der Herrschaftssicherung als der Produktivitätssteigerung dient. Ulich (1991, S. 148) kommentiert dies mit den Worten: „Das hier erkennbar werdende Bedürfnis beider Seiten nach Aufrechterhaltung der Kontrolle über Personen und Situationen ist offensichtlich weit verbreitet und kann Entwicklungen zu effizienteren Organisationsstrukturen in erschreckender Weise verhindern."

In der heutigen Zeit, in der Manager und Ingenieure die Gruppenarbeit propagieren, als hätten sie den Stein der Weisen zur Überwindung der Wirtschaftskrise entdeckt, sind die Tavistock-Studien mehr als nur von historischem Interesse. Sie zeigen sehr deutlich, daß Teillösungen kein Weg zur Arbeitsoptimierung, sondern Umwege und Sackgassen sind. „Joint optimization" ist das Schlagwort für einen Ansatz, der im Hinblick auf die heutigen Bemühungen zur Einführung von Gruppenarbeit davor warnt, dies wiederum als rein technisch-arbeitsorganisatorisches Problem zu begreifen, das ohne große Vorbereitung, Beteiligung und Qualifizierung der Gruppen gelöst werden könnte. Zum anderen zeigen die Tavistock-Studien, daß technische Lösungen keineswegs jeweils nur eine bestimmte Form der Arbeitsorganisation erzwingen, sondern offen sind für unterschiedliche Lösungen. Schließlich zeigt der historische Verlauf, daß sozialwissenschaftlich noch so gut analysierte und dokumentierte Beispiele von der Wirtschaftspraxis negiert und trotz häufiger Neuansätze in der Literatur (vgl. Argyris, 1957; Likert, 1967, 1972) übersehen und erst dann als praktikable Lösungen aufgegriffen werden, nachdem der Problemdruck ein radikales Umdenken erzwungen hat.

Beispiel 3: Gruppenarbeit in der Motorenmontage

Das Fließband ist gleichermaßen Symbol für industrielles Wachstum wie für die Verarmung der Arbeit. Es ist der mechanische Ausdruck einer Arbeitsorganisation, bei der ehemals ganzheitliche Arbeitsabläufe durch Zeit- und Bewegungsstudien erfaßt, in elementare Teilschritte zerlegt, auf verschiedene Arbeiter verteilt und durch maschinelle Taktgebung gesteuert wurden. Die berufliche Qualifikation reduzierte sich auf motorische Fertigkeiten. Den Taktzeiten von wenigen Minuten entsprachen Anlernzeiten von wenigen Stunden. Es ist einsichtig, daß hierdurch Arbeitskompetenz und Arbeitsmotivation gleichermaßen zerstört wurden und die indirekten Kosten spezifischer Formen der Arbeitsverweigerung (Absentismus, Leistungsrestriktion, Sabotage) anstiegen, was erneute Kontrollen und Vorgaben nach sich zog und so den Teufelskreis von Arbeitszwang und Arbeitswiderstand um eine Runde weiter drehte. Am Ende steht die Handlungsunfähigkeit des Produzenten, womit hier sowohl der Unternehmer wie der Arbeitnehmer gemeint ist.

„So ist denn auch", schreibt Volpert (1979, S. 33), „die Trennung von Kopf- und Handarbeit begleitet von der ständigen Klage der Kopfarbeiter über die Unfähigkeit und Unwilligkeit der Handarbeiter. Daß darüber geklagt werden muß, liegt wiederum darin, daß die Handlungen des Abhängigen niemals vollständig manipuliert werden können, daß diesem kraft seiner menschlichen Natur immer ein Mindestmaß an Verfügung über die eigene Handlung verbleibt, und zwar hinsichtlich der Güte der Arbeitsleistung und hinsichtlich der Menge der Verausgabung. Die allgemeine Arbeitskompetenz und -motivation soll also einerseits nicht sein, und andererseits muß sie doch sein. Dies ist der fundamentale Widerspruch, der mit der Trennung von Hand- und Kopfarbeit einhergeht."

Es entstand das irreführende Schlagwort von der Krise der Arbeitsmotivation. Irreführend insofern, als es die Problematik in die Person des Arbeiters verlegte und so von den strukturellen und arbeitsorganisatorischen Ursachen ablenkte.

Im Frühjahr 1974 legte die Bundesregierung unter Führung der beiden Ministerien für Arbeit und Soziales sowie für Forschung und Technologie ein Aktionsprogramm zur Humanisierung des Arbeitslebens (HdA) vor, dessen allgemeines Ziel darin bestand, „die Arbeitsbedingungen stärker als bisher den Bedürfnissen der arbeitenden Menschen anzupassen" (BMFT, 1977, S. 7).

Das erste große Projekt dieses Programms war das für die westdeutsche Automobilindustrie konzipierte Projekt „Gruppenarbeit in der Motorenmontage", das im Zeitraum von 1975 bis 1977 im VW-Werk Salzgitter durchgeführt wurde (BMFT, 1980). Zum HdA-Programmprinzip gehörte die Auflage an die finanziell geförderten Unternehmen, ihre Humanisierungsprojekte durch eine wissenschaftlichen Begleitforschung evaluieren zu lassen. Die Fragen der Humanität und der Wirtschaftlichkeit sollten gleichberechtigt behandelt werden. Die Begleitforschung oblag dem Lehrstuhl für Arbeits- und Betriebspsychologie (LAB) – heute: Arbeits- und Organisationspsychologie – der ETH Zürich sowie dem Institut für Arbeitswissenschaft der TH Darmstadt. Die betriebswirtschaftliche Beurteilung erfolgte später durch das Institut für Produktionstechnik und Automation (IPA) der TU Stuttgart.

Die arbeits- und organisationspsychologische Begleitforschung konzentrierte sich auf die Analyse der Beanspruchung und Zufriedenheit, der Gruppenstrukturen und Gruppenprozesse sowie die Analyse und Optimierung der Qualifizierungsmaßnahmen (Ulich, 1980). Allerdings erweiterte sich diese Aufgabenstellung recht bald, weil die Arbeitspsychologen schon nach den ersten Monaten aufgefordert wurden, „Leitaspekte" und „Leitziele" für die Gruppenarbeit in der Motorenmontage zu formulieren. Die Forschergruppe um Eberhard Ulich formulierte zehn Leitaspekte, die heute – zwanzig Jahre später – vielleicht nicht mehr ganz so neuartig wie damals, aber noch genauso aktuell sind. Sie betrafen so unterschiedliche Aspekte wie die Selbstregulation, die Dispositonsspielräume, die Gruppengröße, die Gruppenzusammenstellung sowie Fragen der Entlohnung (Ulich, 1991, S. 387ff.).

Die Leitziele fanden Eingang in den weiteren Projektverlauf. In einer Protokollnotiz des örtlichen Projektausschusses heißt es ausdrücklich: „Bei der Erarbeitung dieses Vorschlags wurden die Leitziele der Begleitforschung sowie die technischen Möglichkeiten berücksichtigt. Priorität hatte bei allen Überlegungen der Aspekt der Selbstregulation der Gruppe ... Die weitere Festlegung sollte nur unter Einbeziehung der zukünftigen Gruppenmitglieder oder deren Vertreter erfolgen" (Ulich, 1991, S. 380).

Die Arbeitsgruppen wurden auf der Basis freiwilliger Meldungen zusammengestellt. Jeweils vier bis sieben Automobilwerkern wurde als komplexe Aufgabe die komplette Montage der Motoren, einschließlich der Materialbereitstellung und der Motoreinlaufprüfung, übertragen. Gegenüber den früheren Taktzeiten von ein bis zwei Minuten erforderte diese Tätigkeit eine Gesamtarbeitszeit von mehr als achtzig Minuten. Die Aufgabe wurde anspruchsvoller und erforderte eine höhere Qualifikation. Die damit verknüpfte Frage der angemessenen Entlohnung konnte leider erst ein Jahr nach Beginn der Gruppenfertigung geklärt werden, was zu erheblicher Verunsicherung der Werker geführt hatte (Ulich, 1989, S. 529).

Die arbeits- und organisationspsychologische Begleitforschung nutzte eine Vielzahl von Instrumenten. Hierzu gehörten standardisierte Fragebögen zur Erfassung der Beanspruchung und der Zufriedenheit sowie Beobachtungen, die Analyse von Dokumenten, schließlich Gespräche und Gruppeninterviews. Ulich (1989, S. 530f.) faßt die wesentlichen Befunde so zusammen:

„Zu den Ergebnissen ist zunächst festzustellen, daß alle beteiligten Werker nach knapp drei Monaten in der Lage waren, die Qualitätsanforderungen zu erfüllen. Die neue Tätigkeit wird als vergleichsweise anspruchsvoll, selbständige Entscheidungen erfordernd sowie gründlichere Ausbildung und fachliche Weiterbildung verlangend beschrieben. Das den objektiven Veränderungen entsprechende subjektive Erleben höher qualifizierter Arbeit schlägt sich nieder im Abbau des Erlebens qualitativer Unterforderung bei gleichzeitig vermehrten kognitiven und sozialen Beanspruchungen (Ulich 1980).

Damit erscheint plausibel, daß die neue Struktur weniger eine Verminderung der Gesamtbeanspruchung zur Folge hatte als eine Verlagerung von eher unerwünschten zu eher erwünschten Belastungswirkungen.

Für die Entwicklung der Arbeitszufriedenheit ist entscheidend, daß die Gruppenarbeit – schon in der Vorbereitungsphase – eine Steigerung des Anspruchsniveaus bewirkte, die eine einfache quantitative Veränderung der Zufriedenheit nicht erwarten ließ. Tatsächlich weisen einige Ergebnisse darauf hin, daß bei den in der Gruppenmontage Beschäftigten eine ursprünglich verbreitete resignative Form der Zufriedenheit durch eine eher progressive (Un-)Zufriedenheit bzw. konstruktive Unzufriedenheit abgelöst wurde. Die Analyse der Montagestrategien ergab, daß bei der untersuchten Tätigkeit objektive Freiheitsgrade bestehen, daß diese mit zunehmendem Lernfortschritt auch erkannt und genutzt werden und daß unterschiedliche Vorgehensweisen ohne erkennbare Unterschiede in der Effizienz möglich sind." (Ulich, 1989, S. 530f.).

Weitere Ergebnisse betreffen die Fragen der Wirtschaftlichkeit. Hier wurde deutlich, daß die Wirtschaftlichkeit nicht unabhängig von der Losgröße (d.h. von der zu produzierenden Stückzahl) gesehen werden kann. Die Qualifikation und Flexibilität der Teams erlaubte bei kleineren Losgrößen und wechselnden Motorentypen eine im Vergleich zur herkömmlichen Bandfertigung wirtschaftlichere Organisationsform (Zippe, Weller & Sauer, 1980, S. 45; Staudt, 1981, S. 877).

Das Projekt hatte darüber hinaus den Anstoß zur Entwicklung eines neuen differenzierten Lohnkonzepts gegeben und bei den Gewerkschaften eine Neubewertung der Gruppenarbeit eingeleitet, in deren Verlauf die anfängliche Skepsis zunehmend einer positiveren Einschätzung wich. Trotz dieser Erfolge, wurden nach Beendigung des Projekts die ganzheitlichen Gruppenaufgaben wieder unterteilt, wenn auch nicht ganz so weitgehend wie früher. Dies paßte einfach eher in das damalige betriebliche Rationalisierungskonzept. Offensichtlich war auch 1977 für das Konzept der autonomen Gruppenarbeit die Zeit noch nicht reif.

2.3 Wozu wird es angewandt?

Diese Frage bezieht sich auf die Zielsetzung oder das Verwertungsinteresse der AO-Psychologie. Die Mittlerstellung der AO-Psychologie erlaubt eine Antwort in zweifacher Weise: Einerseits geht es um *Kenntnisgewinn* und zum anderen um *Problemlösung*. Die angewandte Disziplin erarbeitet Theorien von geringerer Reichweite, aber größerer Präzision, deren Nachteil, nicht allgemeingültig zu sein, durch den Vorteil der größeren Realitätsnähe ausgeglichen wird. Hoyos et al. (1988) beschreiben die angewandte Psychologie als eine Wissenschaft,

„... die sowohl unter Rückgriff auf die Grundlagendisziplinen als auch durch eigene Theoriebildung und empirische Forschung Erkenntnisse über die Realität in bestimmten Situationen gewinnen möchte, und die auf der Basis dieser Erkenntnisse versucht, mit Hilfe standardisierter Verfahren zu Empfehlungen für die Lösung von Problemen bzw. für die Optimierung von Maßnahmen zu kommen." (S. 25)

Damit werden *Erkenntnis* und *Gestaltung* bzw. *Wahrheit* und *Nützlichkeit* als gleichberechtigte Ziele genannt.

Diese Zielbestimmung fordert zu weiteren Fragen heraus:

1. Nach welchen Regeln vollzieht sich der Prozeß der Kenntnisgewinnung, und
2. wie läßt sich das abstrakte Gestaltungsziel inhaltlich präzisieren?

2.3.1 Erkenntnisziel

Die erkenntnistheoretische Frage, wie die Wissenschaft Wissen schafft, muß jeweils im Lichte der Entwicklungsgeschichte der jeweiligen Disziplin betrachtet werden. Die Psychologie hatte sich im 19. Jahrhundert aus einer diversifizierenden Philosophie entwickelt und sich in bewußter Abgrenzung zu spekulativen Vorgehensweisen dem methodologischen Ideal einer empirisch-experimentell arbeitenden Naturwissenschaft unterworfen. So ist symptomatisch, daß der Beginn der wissenschaftlichen Psychologie in Deutschland auf den Tag der Gründung des psychologisch-experimentellen Labors in Leipzig durch Wilhelm Wundt datiert wird. Münsterberg (1912, S. 4) hat als Wegbereiter der angewandten Psychologie sehr deutlich eine naturwissenschaftlich-experimentelle Methodik gefordert. Damit sollte nicht nur die Qualität der Forschungsergebnisse, sondern zugleich der Status der Psychologie als Wissenschaft gesichert werden. Nun war bereits darauf hingewiesen worden, daß die Entwicklung nomologischer, also zeit- und raumunabhängiger Gesetzesaussagen dort an Grenzen stößt, wo der spezifische Einfluß des situativen Kontextes die Generalisierung der gefundenen Erkenntnisse erschwert oder sogar unmöglich macht.

Der Hinweis auf die Komplexität der realen Situation bedeutet nicht, daß es unmöglich oder sinnlos wäre, beispielsweise einzelne Aspekte des Arbeitsverhaltens im Forschungslabor zu analysieren, etwa den Einfluß von Alkohol auf die Wahrnehmungs- und Reaktionsfähigkeit oder die Ermüdung in Abhängigkeit von einzelnen Bewegungsabläufen. Aber, und dies ist der Punkt, es handelt sich dann um die Analyse einzelner isolierter Aspekte und damit um eine Reduktion der Komplexität. Schmale (1976) gibt eine plastische Schilderung davon, wie sehr das Bestreben, dem Ideal naturwissenschaftlicher Präzision zu folgen, zu einer Verengung der Perspektive und des untersuchten Gegenstandes führen kann.

„Am Ende jahrelanger intensiver Forschung steht meist das Eingeständnis, daß man sich weit von der eigentlichen Frage entfernt hat – zum Beispiel menschengerechte Arbeitsplätze zu entwickeln – und tief in einen Einzelaspekt verstrickt ist, zum Beispiel den Fluß monochromatischen Lichts bei fovealem Sehen und atropinisiertem Auge zu untersuchen." (Schmale, 1976, S. 100)

Bungard (1987a, S. 141) greift mit ähnlicher Bitterkeit auf ein biblischen Bild zurück, wenn er sagt, daß die AO-Psychologie ihr Programm und ihre Perspektive für ein „billiges Linsengericht" verkauft, wenn sie lediglich um des naturwissenschaftlichen Glanzes willen komplexe Sachverhalte auf triviale Variablen reduziert. Der Untersuchungsgegenstand der AO-Psychologie läßt sich demnach nicht im Experiment herstellen, sondern nur in der Realität finden.

Bungard (1993, S. 114ff.) verweist hier auf ganz pragmatische Grenzen, die den Forscher „ ... jenseits aller methodologischen Kontroversen rasch auf den Boden der Realität zurückholen". Er nennt fünf solcher Barrieren, die ein methodenpuristisches Vorgehen illusorisch werden lassen:

Walter Bungard

1. Arbeitsrechtliche Vorschriften;
2. Barrieren der Drittmittelforschung;
3. Begrenzte Möglichkeiten der Variablenkontrolle;
4. Auswirkung der jeweiligen Organisationskultur;
5. Motivation der Versuchspersonen.

ad 1) Es versteht sich von selbst, daß Forschung nur innerhalb des Rahmens ethischer und rechtlicher Normen stattfinden darf. Für arbeits- und organisationspsychologische Studien gilt obendrein, daß sie innerhalb eines sozialen Systems durchgeführt werden, das durch weitere gesetzliche und vertragliche Regelungen geordnet wird. So heißt es beispielsweise im § 94.1 des Betriebsverfassungsgesetzes (BetrVG): „Personalfragebögen bedürfen der Zustimmung des Betriebsrates." Auch wenn diese Bestimmung nicht eigens zur Kontrolle wissenschaftlicher Untersuchungen erlassen wurde, sondern insbesondere die Verfahren der Mitarbeiterbeurteilung regeln soll, werden sie in der Praxis faktisch doch auf alle Mitarbeiterumfragen angewendet. Weiterhin ist klar, daß sich der Betriebsrat bei der Gewährung oder Verweigerung der Zustimmung weder ausschließlich noch vorrangig an wissenschaftsimmanenten Kriterien orientiert, sondern im Zweifel seinem gesetzlichen Auftrag folgt, das „Wohl der Arbeitnehmer und des Betriebs" (§ 2 BetrVG) zu fördern.

ad 2) Forschung ist nicht kostenfrei, sondern heutzutage an nicht unerhebliche Mittel gebunden, die entweder durch die großen Forschungsförderungsinstitutionen (z.B. die Deutsche Forschungsgemeinschaft DFG) bereitgestellt oder von den auftraggebenden Organisationen (Unternehmungen) direkt zur Verfügung gestellt werden. Bungard (1992, S. 11) argumentiert in diesem Zusammenhang, daß die öffentlich-rechtliche Forschungsförderung grundlagenorientierte Projekte begünstigt, die dem Ideal der naturwissenschaftlich exakten Methodik folgen, daß genau diese Projekte aber innerbetrieblich die geringsten Realisierungschancen hätten, da hier das Interesse an konkreter Ergebnisnutzung höher sei als das Interesse der Forschungsförderung. Bei der direkt auftragsabhängigen Forschung ist dies umgekehrt, wobei mitunter gerade die wissenschaftlich wünschenswerte Publikation der Ergebnisse unterbleibt bzw. dem Forscher untersagt wird.

ad 3) Die Manipulation der unabhängigen Variablen sowie die Kontrolle, Randomisierung oder das Matching der übrigen Variablen und Kontextfaktoren gehört zum Standard einer methodisch sauberen Untersuchungsplanung. Diese Möglichkeiten sind in der Realität konkreter Organisationen jedoch nur höchst selten gegeben. Den Versuchsgruppen vergleichbare Kontrollgruppen lassen sich nur selten finden, und die zufallsgesteuerte Zuordnung von Personen zu einzelnen Versuchsbedingungen verlangt eine organisatorische Flexibilität, die nur selten gegeben sein dürfte.

ad 4) Forschung findet stets innerhalb eines Kontextes statt. Die Organisationskulturforschung hat dargetan, daß die Organisation als ein eigenständiges System von Werten, Normen und Symbolen begriffen werden kann, auf dessen Hintergrund auch die Forschungsfragen, -methoden und -ergebnisse interpretiert werden. Sie sind daher außerhalb dieses organisationskulturellen Kontextes nicht beliebig verallgemeinerbar.

ad 5) Psychologische Untersuchungen bedürfen – abgesehen von non-reaktiven Verfahren – in der Regel der Zustimmung und Mitwirkung der Betroffenen, z.B. bei Interviews, Beobachtungen oder gar experimentellen Anordnungen. Daher ist die Frage der Motivation der Betroffenen bedeutsam. Diese dürfte von früheren Erfahrungen mit Untersuchungen, der vermuteten Zielsetzung der Studie sowie den erwarteten Konsequenzen abhängig sein. Auch hier spielt der situative und politische Kontext der jeweiligen Organisation eine nicht unerhebliche Rolle.

Diese besonderen Kontextbedingungen erschweren die arbeits- und organisationspsychologische Forschung, machen sie aber keineswegs unmöglich. Bungard schlägt vor, den jeweiligen Kontext nicht als störendes Element auszugrenzen, sondern ausdrücklich als forschungskonstituierend mit einzubeziehen, und plädiert dementsprechend für einen *Methodenpluralismus*, in dem normative und interpretative Vorgehensweisen gleichermaßen akzeptiert sind (siehe Kasten 3).

Kasten 3: **Normatives und interpretatives Paradigma**

„Das normative Paradigma geht davon aus, daß soziale Interaktionen als relativ unabhängig von dem situativen Kontext definiert werden können, in dem die Handlung stattfindet. Folglich spielt auch der spezifische Kontext, der durch das Forschungshandeln entsteht, an sich keine zentrale Rolle. Entscheidend ist vielmehr, wie die zu analysierenden Variablen gegenüber den Randbedingungen isoliert werden, um z.B. eindeutige Kausalschlüsse ziehen zu können. Die persönliche Beziehung zwischen Forscher und Erforschten soll insgesamt gesehen möglichst neutral bleiben. Die aus dieser Grundposition abgeleiteten methodischen Standards sind konsequenterweise Standardisierung und Reproduzierbarkeit zur Erzielung intersubjektiv überprüfbarer Ergebnisse (Mertens, 1977; Volmerg, 1983). De facto läuft diese Strategie in der Regel auf eine quantifizierende Forschung hinaus, bei der die Sicherung der internen Validität einen hohen Stellenwert hat. Die bislang eingesetzten Methoden der Organisationspsychologie passen in der Mehrzahl der Fälle auch dann zu diesem normativen Paradigma, wenn nicht typische quantifizierende Methoden appliziert werden.

Vertreter des interpretativen Paradigmas sehen in der aus ihrer Sicht gleichsam zur Routine erstarrten Standardisierung des Kontextes und in der Isolierung der zu analysierenden Variablen die Gefahr, daß die Interaktionsbedingungen qua Methodik verformt und damit artifiziell werden. Sie gehen davon aus, daß Handeln ein prinzipiell unabgeschlossener interpretativer Prozeß ist; eine Prämisse, die auch jegliches Forschungshandeln betrifft. Schütz hatte bereits in den 30er Jahren aufgezeigt, daß jegliches Verhalten in sozialen Kontexten, also auch das Arbeitsverhalten in Organisationen, von außen durch Dritte nur insoweit als Handlung verstanden werden kann, wie es die projektiven Interpretationen der Beobachter erlauben. Empirische Erhebungen bedürfen daher der Rückkopplung mit introspektiven Daten, oder mit Habermas formuliert: ‚Das Verstehen einer symbolischen Äußerung erfordert grundsätzlich die Teilnahme an einem Prozeß der Verständigung' (Habermas, 1981, S. 165).“ (Bungard, 1993, S. 122f.)

Das Dilemma ist keineswegs ein spezifisch arbeits- und organisationspsychologisches, sondern ein generell sozialwissenschaftliches. Menschen reagieren nicht einfach auf die objektive Wirklichkeit, sondern auf das Bild, das sie sich selbst von der Realität machen. Dort, wo die objektive Wirklichkeit allerdings relativ eindeutig ist, unmittelbar durch unsere Sinne erfahren wird und das Verhalten auch sehr unterschiedlicher Menschen in gleicher Weise beeinflußt, macht die interpretativ verstehende Vorgehensweise gegenüber bzw. anstelle einer rein quantitativ analysierenden wenig Sinn. Dies trifft vor allem auf eine Reihe von arbeitspsychologischen Studien zu, die sich mit der Analyse der Arbeitsumgebung oder der Arbeitsmittel beschäftigen, etwa der Frage nach der Wirkung von Erholungspausen oder der Gestaltung von Anzeigeinstrumenten, um ein möglichst fehlerfreies Ablesen zu gewährleisten.

Aber auch bei solchen Untersuchungen mit stark physiologischen Anteilen gibt es Ausnahmen. Als mittlerweile klassisches Beispiel kann man die *Hawthorne-Untersuchungen* in den Hawthorne-Werken der Western Electric Company in der Nähe von Chicago in der 30er Jahren anführen:

Hier sollte in einer ersten Untersuchungsphase die Wirkung der Beleuchtung auf die Arbeitsleistung einer Gruppe von Arbeiterinnen einer Elektrogerätefabrik untersucht werden. Eine Gruppe von Arbeiterinnen wurde eigens für diesen Versuch ausgewählt und arbeitete unter sehr unterschiedlichen Beleuchtungsstärken. Bei der systematischen Variation der Lichtstärken ergab sich der zunächst erstaunliche Befund, daß die Arbeitsleistung über die Versuchsdauer tendenziell anstieg, und zwar auch dann, wenn die Lichtstärke reduziert wurde, bis schließlich erst auf dem Niveau der Mondhelligkeit eine Leistungsabnahme zu verzeichnen war. Das Bewußtsein, einer Untersuchungsgruppe anzugehören, und das Gefühl, in seiner Arbeit tatsächlich ernst genommen zu werden, hatte dieses später als „Hawthorne-Effekt" bezeichnete Ergebnis produziert (siehe aber S. 51f.). Eine auf den naturwissenschaftlichen Befund der objektiven Daten reduzierte Verallgemeinerung: „Reduktion der Helligkeit bewirkt Leistungssteigerung" wäre so offenkundig falsch, daß wohl niemand ernsthaft auf diese Idee kommen würde. Aber wie ist es mit Befunden, deren Fehlinterpretation plausibel ist oder die einem Interesse entsprechen und daher gern geglaubt werden?

Andererseits dürfte der Versuch, beispielsweise ein tabubesetztes Thema durch standardisierte, unpersönliche Methoden zu erfassen, rasch an Grenzen stoßen. Wer „Ängste von Führungskräften" untersuchen möchte, wird sich sinnvollerweise um ihr Vertrauen bemühen, um sich der Thematik im offenen Gespräch zu nähern und einfühlsam nachfragen zu können (vgl. Bröckermann, 1989). Auch hier gibt es Gegenbeispiele, wie die berühmten standardisierten Fragebogen-Studien von Kinsey zum Sexualverhalten zeigen.

Es gibt keine Methode der Wahl, die unabhängig von Zielsetzung oder Kontext richtig oder falsch wäre. Da die Organisation sowohl im institutionellen als auch im instrumentellen Sinne einen ganz spezifischen ordnungsproduzierenden Kontext darstellt, wäre es geradezu grotesk, diesen Kontext unbeachtet zu lassen und Theorien und Methoden zu präferieren, die genau hiervon abstrahieren. Diese Bindung der Arbeits- und Organisationspsychologie an die jeweiligen Bedingungen hat auch ihr Gutes. Dubin (1976) weist darauf hin, daß die Disziplin auf diese Weise auf dem Boden der Realität bleibt.

Dieser nützliche „Bodenkontakt" ist insbesondere für die *Aktionsforschung* und die *Evaluationsforschung* wichtig. Beide bleiben nah am realen Gegenstand, und beide beziehen die betroffenen Menschen mit ein. Ein klassisches Beispiel für die Aktionsforschung sind die in Abschnitt 2.2 dargestellten *Marienthal-Studien,* die Jahoda, Lazarsfeld und Zeisel in dem kleinen österreichischen Ort Marienthal während der Wirtschaftskrise in den 30er Jahren durchgeführt hatten.

Die Überlegungen zur Aktionsforschung gehen auf *Kurt Lewin* zurück. In der Aktionsforschung wird die strikte Trennung zwischen einer analytischen Zielsetzung (Erkenntnisinteresse) und einem Gestaltungsziel (Verwertungsinteresse) aufgehoben. Sie will damit zweierlei: Theoriebildung und Problemlösung, Wahrheit und Nützlichkeit. Marie Jahoda und ihre Kollegen wollten in Marienthal forschen und helfen gleichermaßen.

Hinter dieser einfachen und unmittelbar überzeugenden Doppel-Zielsetzung verbirgt sich jedoch die Frage: *Wessen* Probleme sollen gelöst werden? Der Neutralität der Theoriebildung steht die Parteilichkeit der Problemlösung gegenüber. Dieser Problematik kann der Forscher nicht ausweichen, er muß sich ihr stellen. Im Rahmen der Aktionsforschung tut er dies in einem gewissermaßen bescheidenen Sinne. Nicht der Forscher al-

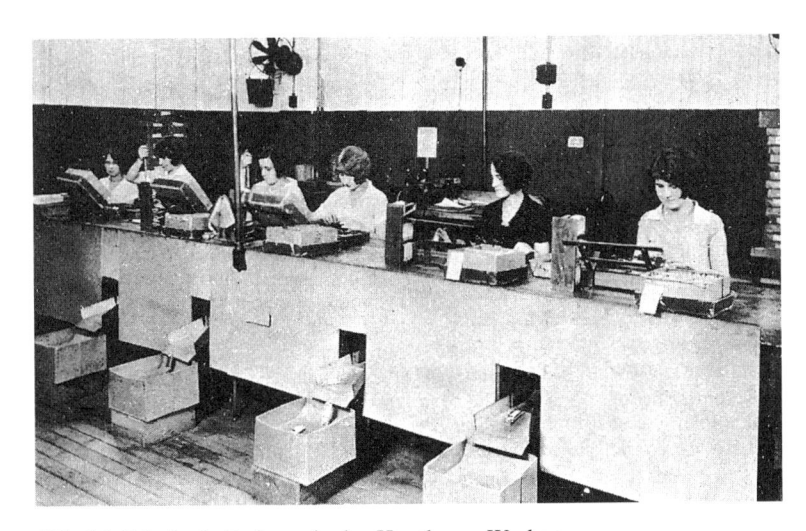

Abb. 16: Fabrikarbeiterinnen in den Hawthorne-Werken

Kurt Lewin (1890–1947)

lein definiert Ziel und Nutzen der Forschung, sondern er tut dies gemeinsam mit den Betroffenen; sie sind nicht Objekt der Forschung, sondern zugleich Subjekt. Aus der traditionellen Subjekt-Objekt-Differenzierung von Forscher und Gegenstand entwickelt sich eine Subjekt-Subjekt Beziehung. Die innerhalb vieler sozialwissenschaftlicher Forschungen existierende Distanz und Asymmetrie wird hier zugunsten eines gleichrangigen und partizipativen Vorgehens aufgehoben. Forschung wird demokratisiert.

Und ein drittes Element kommt hinzu. Aktionsforschung ist ein *Prozeß* der kontinuierlichen Entwicklung von Wissen und Nutzen. Der Forschungsprozeß schreitet gewissermaßen in kleinen Schritten (iterativ) voran, die immer wieder diskutiert und bewertet werden. Prinzipiell ist der Prozeß nie abgeschlossen. Die Vorstellung, wonach Forschung eine präzise Forschungsfrage zu beantworten habe und danach beendet sei, taugt nicht zur Charakterisierung der Aktionsforschung.

Aus dem iterativen und interaktiven Forschungsprozeß (kleine Schritte und partizipatives Vorgehen) ergibt sich ein weiteres Element: Es ist durchaus typisch für die Aktionsforschung, daß sich die konkreten Frage- bzw. Problemstellungen wie auch die Methoden zu ihrer Beantwortung bzw. Bearbeitung erst im Laufe des Forschungsprozesses ergeben und dann aufgegriffen werden. Damit ist nicht „Beliebigkeit" oder gar „Zufälligkeit" gemeint, sondern „Offenheit".

Es bleibt nicht aus, daß „Forscher" und „Erforschte" (sofern diese Differenzierung hier überhaupt noch angebracht ist) im Laufe des Forschungsprozesses miteinander und voneinander lernen. Nicht nur der Forscher, sondern alle Beteiligten häufen Wissen an. Aktionsforschung ist zugleich Qualifizierung oder darüber hinaus sogar Persönlichkeitsentwicklung.

Diese Überlegungen mögen hier als Antwort auf die Frage nach den Regeln der Kenntnisgewinnung genügen. So bleibt unsere zweite Frage nach dem Gestaltungsziel der AO-Psychologie zu beantworten.

2.3.2 Gestaltungsziel

Diese zweite, normative Frage begleitet die AO-Psychologie seit Anbeginn. Wir hatten bereits gesagt, daß Arbeit nicht nur der materiellen Existenzsicherung, sondern auch der immateriellen Daseinsbereicherung dient, soziale Abhängigkeiten schafft und mit Eingriffen in die Natur verbunden ist. Hieraus ließen sich bereits verschiedene Zielsetzungen ableiten, wie z.B.

1. Steigerung der Produktivität;
2. Entwicklung gerechter Entlohnungen;
3. Minimierung der Belastungen;
4. Förderung der Arbeitszufriedenheit;
5. Entfaltung der Persönlichkeit;
6. Abbau hierarchischer Organisationsstrukturen;
7. Festigung partizipativer Organisationsprozesse;
8. Förderung umweltschonender Arbeitsprozesse.

Der Katalog ließe sich beliebig weiter ausbauen. Aber diese Zusammenstellung macht bereits deutlich, daß sich solche Zielsetzungen aus allgemeinen Werten, bestimmten Menschenbildern, Gesellschaftskonzeptionen sowie den jeweiligen geschichtlichen Zeitumständen ableiten. Sie lassen sich also nicht – jedenfalls nicht nahtlos – aus der Disziplin AO-Psychologie allein ableiten.

Für die frühen Vertreter der Disziplin war dies noch keine bewegende Frage. Münsterberg (1912, S. 19) hatte in dieser Hinsicht Abstinenz gefordert. Dies gehe den angewandten Psychologen nichts an: „Die Auswahl zwischen den Zielen überläßt er denen, die im praktischen Leben stehen."

Diese Forderung, die uns heute befremdlich erscheint, muß freilich vor dem zeitgeschichtlichen Hintergrund gewertet werden: Damals wurde das Ziel der Steigerung der Produktivität nahezu uneingeschränkt bejaht. Widersprüche zwischen allgemein akzeptierten Werten und den realen Konsequenzen des ökonomischen Handelns waren kaum erkennbar, und falls es doch Diskrepanzen und Ungerechtigkeiten gab, die zur Besinnung riefen, so darf im Sinne der Theorie der kognitiven Dissonanz (Festinger, 1957) vermutet werden, daß es im allgemeinen leichter ist, die gestörte Harmonie durch eine gedankliche Neudefinition der Werte als durch eine Änderung des realen Handelns wiederherzustellen.

Dafür finden sich auch heute vielfältige Beispiele. So haben beispielsweise Eckensberger et al. (1988) zeigen können, daß die Frage der Beurteilung von Großkraftwerken eigentlich nur dann aus abstrakten Prinzipien abgeleitet werden kann, wenn man weit weg wohnt. Ansonsten schlägt die Intensität und Art der unmittelbaren individuellen Betroffenheit durch. So liegen die konkreten Werturteile von Anrainern und Arbeitern der Kraftwerke deutlich auseinander.

Es wäre im Hinblick auf unsere Thematik eine durchaus reizvolle Aufgabe, zu prüfen, inwieweit Münsterbergs Postulat von der ethischen Abstinenz weniger zu der beabsichtigten Neutralität als vielmehr dazu geführt hat, das ökonomisch gebotene Handeln auch psychologisch zu rechtfertigen. Wenn die Förderung der Wirtschaftlichkeit unreflektiert und wie selbstverständlich die unausgesprochene – aber deswegen nicht verborgene – Zielsetzung der Wissenschaft AO-Psychologie ist, so liegt es nahe, nur denjenigen Faktoren Aufmerksamkeit zu widmen, die dies bewirken oder behindern, und die anderen außer acht zu lassen. Dann schleicht sich leicht eine Tendenz ein, die Selektivität dieser Studien zu vergessen und die gefundenen Ergebnisse zu verallgemeinern.

So hatte sich beispielsweise bei der Hawthorne-Studie gezeigt, daß soziale Anerkennung und Leistungsbereitschaft der Mitarbeiterinnen eng zusammenhängen (korreliert waren). Wenn daraus jedoch die verallgemeinernde Schlußfolgerung gezogen wird, ein gutes Betriebsklima sei die Quelle von Zufriedenheit und Produktivität, so transportiert diese Aussage implizit gleich zwei problematische und durch die Ergebnisse nicht belegte „Erkenntnisse".

Erstens ist die unterstellte Kausalwirkung nicht eindeutig, da sich auch umgekehrt argumentieren und durchaus belegen läßt, daß hohe Produktivität das Betriebsklima positiv beeinflußt: Die Freundlichkeit der Chefs steigt mit der Leistung der Mitarbeiter und sinkt mit ihr. Was ist Ursache, was Wirkung?

Zum zweiten bedeutet die Fokussierung auf das Betriebsklima als Quelle der Mitarbeiterzufriedenheit zugleich die Ausblendung anderer Faktoren, etwa der Entlohnung. Wäre die Fragestellung nicht vom betrieblichen, sondern dem Mitarbeiterinteresse ausgegangen und hätte Faktoren gesucht, die die Zufriedenheit der Mitarbeiter beeinflussen, so wäre sicherlich die Entlohnung ins Blickfeld geraten und nicht aus dem Bild gefallen.

Und zum dritten muß heute sogar die Gültigkeit der Daten selbst bezweifelt werden. Sykes (1965) und Carey (1967) hatten die Untersuchung einer kritischen Sekundäranalyse unterzogen und widersprechen vehement der

These, die Hawthorne-Daten hätten gezeigt, daß Mitarbeiter primär durch soziale, nicht durch ökonomische Faktoren motiviert würden. Sie entlarven dies als eine interessengeleitete Fehlinterpretation der Daten und systematische Leugnung ökonomischer Konflikte zwischen Arbeitgebern und Arbeitnehmern. Solche „Mogel-Effekte" finden sich offensichtlich auch in der „Wahrheitsproduktion" der Wissenschaft, und zwar häufiger, als gemeinhin angenommen wird (Fölsing, 1984). Bei der Frage, wie weit hier absichtsvoll manipuliert wurde, urteilt Dahrendorf (1974, S. 265) noch milde, wenn er dem Hawthorne-Forscher Elton Mayo lediglich eine „ans Unglaubliche grenzende Naivität" unterstellt, die allerdings bis heute von vielen Forschern geteilt wird. Legenden sterben eben langsam (Rice, 1982).

Daß die Selektivität und Sachlichkeit der Wissenschaft auch ihre ethischen Tücken hat, wurde von Beck (1974) sehr pointiert herausgestellt (siehe Kasten 4).

Tatsächlich findet sich in der AO-Psychologie die Tendenz, plakativ formuliert, sich im Zweifel eher in den Dienst der „Wirtschaftlichkeit" als den der „Menschlichkeit" zu stellen. So kommt Rosenstiel (1987) nach

---

Kasten 4: Ethische Tücken wissenschaftlichen Vorgehens

„Es ist ein Irrtum, und zwar ein für die gesellschaftliche Funktion der Wissenschaft im soge-nannten wissenschaftlich-technischen Zeitalter verhängnisvoller Irrtum, anzunehmen, sachlicher Sprachgebrauch bedeute gesellschaftliche Neutralität, die disziplinierte Beschränkung auf Feststellen, Messen, Erklärenwollen, Vorhersagenkönnen, Verfügbarmachen könne keine gesellschaftliche Stellungnahme beinhalten, weil das derart aufbereitete Wissen prinzipiell für die verschiedensten Zwecke einzusetzen sei.

Dagegen ist zu sagen: *Erstens* kann man auch mit Hilfe technisch-statistischer Aussagen wer-ten, und zwar sowohl in den Naturwissenschaften wie in den Sozialwissenschaften. So geht z.B. in die chemische Formel eines Giftgases die Wertabsicht des Tötens und nicht die des Heilens ein. Für welche Ziele und unter welchen Bedingungen das Gas dann auch immer zum Einsatz kommt, nur wenn es tatsächlich tötet, ist die Formel korrekt ... *Zweitens* wird zumindest dem Sozialwissenschaftler – ihm häufig gar nicht bewußt – bereits mit der Zielsetzung seiner Fragestellung, aber auch mit der Wahl des theoretischen Bezugsrahmens, der Schlüsselbegriffe, der Vergleichsgesichtspunkte und mit dem Ansatz- und Abbruchpunkt der Erklärung indirekt eine Parteinahme abverlangt ... *Drittens* schließlich ließe sich durchaus zugestehen, daß zwar wissenschaftliches Wissen prinzipiell für die verschiedensten sozialen Zwecke eingesetzt werden kann – nicht aber unter den gegebenen gesellschaftlichen Macht- und Herrschaftsverhältnissen und den damit verknüpften dominanten Verwertungsinteressen. Es wirkt wenig glaubhaft, wenn man die prinzipiell beliebige Verwertbarkeit technologischer Kenntnisse verkündet und dabei in einem Marktforschungsinstitut sitzt und Werbefeldzüge für Coca Cola entwirft. Nur wer in einer prinzipiellen und nicht in der realen gesellschaftlichen Welt forscht – und wer hat schon das Glück? – kann in diesem Sinne die Neutralität und Autonomie der Wissenschaft für sich in Anspruch nehmen." (Beck, 1974, S. 11ff.)

einer Durchsicht organisationspsychologischer Forschungsergebnisse zu folgendem Urteil:

„Man wird kaum bestreiten können, daß ein unverhältnismäßig großer Teil der Untersuchungen mit dem impliziten oder expliziten Ziel angestrebt und durchgeführt wurde, die Leistung des einzelnen zu steigern und damit die Produktivität der Organisation insgesamt zu erhöhen.
Untersuchungen, die z.B. ausdrücklich psychisches Wohlbefinden, psychische Gesundheit des einzelnen in den Vordergrund stellen, ohne daß man dabei den Eindruck gewinnt, daß dies lediglich ein Umweg sei, höhere Produktivität der Organisation zu erreichen, sind demgegenüber selten, aber immerhin noch anzutreffen (vgl. z.B. Kornhauser, 1965; Udris, 1982). Diese Einzelbeispiele können jedoch den Gesamteindruck nicht verwischen, daß insgesamt organisationspsychologische Untersuchungen durch Fragestellungen angeregt wurden, die aus dem Management der Organisationen kommen, daß die Ergebnisse der Verwirklichung von Zielen dienen, die dort gestellt werden und in einer Sprache geschrieben sind, die innerhalb der Organisation am ehesten von Angehörigen dieser Gruppe verstanden werden können." (S. 30)

Die hier vorgenommene Differenzierung zwischen Ökonomie-, Management-, Organisations- oder Kapitalzielen einerseits und Human-, Person- oder Mitarbeiterzielen andererseits geht von einer – zumindest partiellen – Unvereinbarkeit dieser Zielsetzungen aus. Dies muß nicht notwendigerweise im Sinne eines „Nullsummenspiels" gedacht werden, bei dem die Zielerreichung der einen Seite den Zielverlust der anderen voraussetzt, so daß sich Gewinn und Verlust zu Null addieren (Nullsumme). Denkbar ist auch eine Sicht, bei der die Zielerreichung der einen nicht auf Kosten der anderen geht, sondern ohne Auswirkungen für sie bleibt, sowie schließlich die – häufig anzutreffende – Position, wonach die Zielerreichung der einen die Voraussetzung für die Zielerreichung der anderen Seite sei. Seltener dagegen findet sich die Annahme einer Zielnähe oder gar -identität. Graphisch läßt sich dies etwa so darstellen:

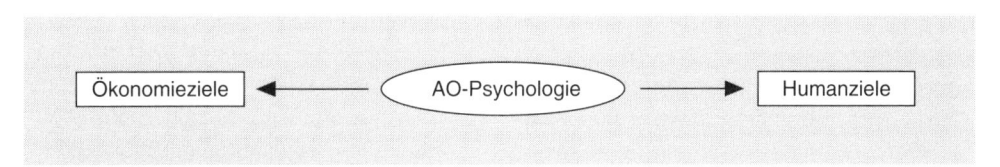

```
┌─────────────┐      ┌──────────────┐      ┌───────────┐
│ Ökonomieziele│ ◄── │ AO-Psychologie│ ──► │ Humanziele│
└─────────────┘      └──────────────┘      └───────────┘
```

1. Zielgegensätzlichkeit (Nullsummensituation): In dem Grade, wie sich die Disziplin dem einen Ziel nähert, entfernt sie sich von dem anderen. Dies entspricht einer an der marxistischen Analyse orientierten Psychologie, für die der Widerspruch zwischen Kapital und Arbeit ein konstituierendes Element ist (Groskurth & Volpert, 1975).

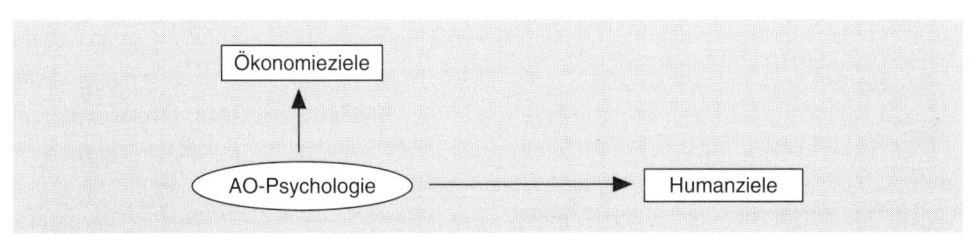

```
        ┌─────────────┐
        │ Ökonomieziele│
        └─────────────┘
               ▲
               │
┌──────────────┐      ┌───────────┐
│ AO-Psychologie│ ──► │ Humanziele│
└──────────────┘      └───────────┘
```

2. Zielunabhängigkeit: Die Annäherung an die eine oder andere Seite hat keine Auswirkungen auf die jeweils andere Zieldistanz. Die Förderung der Produktivität bedeutet in diesem Bild weder eine Schlechter- noch eine Besserstellung für die Mitarbeiter.

a) AO-Psychologie → Humanziele → Ökonomieziele

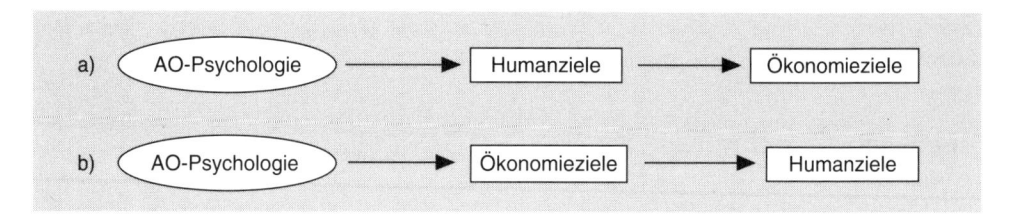

b) AO-Psychologie → Ökonomieziele → Humanziele

3. Zielverkettung: Die Zielerreichung der einen Seite wird hierbei als Voraussetzung für die jeweils andere Zielsetzung gedacht. Dies entspricht der häufig anzutreffenden Vermutung, daß beispielsweise die Förderung der Arbeitszufriedenheit Voraussetzung für die Arbeitsmotivation und dementsprechend die Arbeitsleistung sei (Fall a). In dieses Bild paßt auch die häufig vertretene Aussage, daß die Sicherung der Arbeitsplätze nur durch die Steigerung der Produktivität möglich sei (Fall b).

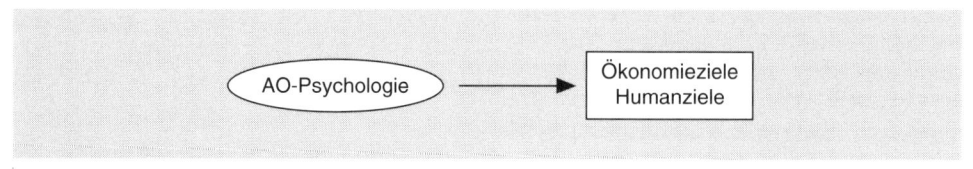

AO-Psychologie → Ökonomieziele / Humanziele

4. Zielharmonie: Dieses Bild unterstellt eine „natürliche" Harmonie zwischen beiden Zielen.

Die Annahme einer gleichsam automatischen Harmonie zwischen ökonomischen und sozialen Zielen dürfte kaum gerechtfertigt sein, zumal bereits *Adam Smith* als Wegbereiter des Kapitalismus vor über 200 Jahren darauf hingewiesen hatte, daß eine ökonomisch wünschenswerte Arbeitsteilung, bei der ganzheitliche Berufstätigkeiten in immer einfachere Operationen zerlegt werden, die Masse des Volkes in einen beklagenswerten und letztlich die gesellschaftliche Ordnung bedrohenden Zustand der Eintönigkeit, Interessens- und Mutlosigkeit stürzen würde, wenn die Regierungen keine Vorsorge dagegen träfen (Smith, 1928, S. 122). Dieser klassische Vorschlag, unerwünschte Auswüchse ökonomischer Prozesse mittels sozialer Maßnahmen zu korrigieren, ist in der Bundesrepublik Deutschland in Artikel 14 des Grundgesetzes verfassungsrechtlich verankert und im Konzept der sozialen Marktwirtschaft politisch umgesetzt worden (Müller-Armack, 1948):

Artikel 14

(1) Das Eigentum und das Erbrecht werden gewährleistet. Inhalt und Schranken werden durch die Gesetze bestimmt.
(2) Eigentum verpflichtet. Sein Gebrauch soll zugleich dem Wohle der Allgemeinheit dienen.
(3) Eine Enteignung ist nur zum Wohle der Allgemeinheit zulässig. Sie darf nur durch Gesetz oder auf Grund eines Gesetzes erfolgen, das Art und Ausmaß der Entschädigung regelt. Die Entschädigung ist unter gerechter Abwägung der Interessen der Allgemeinheit und der Beteiligten zu bestimmen. Wegen der Höhe der Entschädigung steht im Streitfalle der Rechtsweg vor den ordentlichen Gerichten offen.

Der Hinweis auf das Grundgesetz ist jedoch allenfalls ein Ausgangspunkt und noch keine Antwort auf die konkrete Frage, welchen Zielen die AO-Psychologie im einzelnen dienen soll bzw. dienen will und in welchem Verhältnis diese Ziele zueinander stehen. Die oben aufgelisteten vier Typen stellen nur vereinfachende Grundmuster dar, die sich auch nur auf zwei – allerdings die dominanten – Zielkategorien beschränken, die überdies in ihrer Abstraktheit inhaltsarm bleiben. Außerdem sind Mischformen zwischen diesen vier Grundmustern denkbar.

Solche Mischformen sind denkbar, wenn Ziel-Bereiche oder Phasen differenziert werden. So gibt es normalerweise in der gleichen Organisation sowohl Zielgegensätzlichkeiten als auch Zielharmonien, was sich allein darin zeigt, daß Tarifvertragsparteien bzw. Betriebs- oder Personalräte auf der einen und Organisations- oder Unternehmensleitungen auf der anderen Seite bei vielen Fragen, insbesondere solchen, die den Bestand oder die Entwicklung der Gesamtorganisation betreffen und der Abwehr externer Bedrohungen gelten, am gleichen Strang und in die gleiche Richtung ziehen, während sie andererseits, etwa bei Fragen der innerorganisatorische Verteilung knapper Resourcen, eher einer Konkurrenzorientierung folgen.

Diese unterschiedlichen Orientierungen hat Lenski (1977) in einem soziologischen Modell integriert, um das System der sozialen Schichtung bzw. der gesellschaftlichen Ungleichheit zu erklären. Lenski geht von der Überlegung aus, daß Menschen im Grunde egoistisch sind und bei ihren Entscheidungen den eigenen Vorteil im Auge behalten. Dies zeigt sich insbesondere, wenn es um die Produktion und Verteilung von Gütern geht. Da Arbeitsteilung tendenziell produktivitätsförderlich ist, entspricht es der egoistischen Grundmotivation, solche arbeitsteiligen Organisationsformen aufzubauen. Dies gelingt jedoch nur dann, wenn andere Menschen zur kooperativen Mitwirkung in diesen Organisationen motiviert werden können. Dies setzt voraus, daß die Erwartungen dieser mitwirkenden Menschen erfüllt werden. Hierzu dienen die unterschiedlichen Gratifikationen, etwa das Entgelt, aber auch der Status, die als Kompensation für die Mitwirkung gewährt werden. Diese Gratifikationen müssen daher zunächst aus dem Topf des erwirtschafteten Gesamtertrags entnommen werden.

Lenski geht davon aus, daß diese Vergütungen nach dem Grundsatz der Bedürfnisbefriedigung gewährt werden und gerade so hoch sind, daß die Kontinuität der kooperativen Mitwirkung sichergestellt bleibt. Diesem ersten Verteilungsgesetz, das tendenziell auf Gleichverteilung gerichtet ist, stellt er das zweite gegenüber, das auf dem Grundsatz der Macht beruht und die Verteilung jener (Surplus-) Güter betrifft, die dann noch übrig geblieben sind. Die Mächtigeren setzen ihre Macht ein, um die Verteilung dieser Surplus-Erträge so zu beeinflussen oder zu entscheiden, daß ihr Einfluß, ihr Wohlstand und ihr Ansehen gestärkt werden.

Das Modell integriert unterschiedliche Verteilungsmodalitäten und wirft im Hinblick auf die historische Entwicklung von Gesellschaften eine sozialwissenschaftlich interessante Frage auf: Wenn der technische Fortschritt zu einer Produktivitätssteigerung führt, so müßte tendenziell der nach dem Machtprinzip verteilte Surplus-Ertrag und damit die soziale Ungleichheit in der Gesellschaft wachsen. Die über mehrere Jahrhunderte reichenden historischen Daten, die Lenski zusammengetragen hat, widerlegen jedoch diese Hypothese: Nach einem anfänglichen Anstieg der sozialen Ungleichheit sinkt sie wieder ab. Hierfür werden insbesondere zwei Ursachenbündel verantwortlich gemacht:

Einerseits wächst mit dem technischen Fortschritt das Bildungsniveau und damit das Anspruchsniveau. Die Grundbedürfnisse bleiben daher nicht konstant, sondern folgen dem Wachstum des Surplus-Ertrages. Zum anderen ändern sich die Machtgrundlagen und damit die Möglichkeiten der Errichtung arbeitsteiliger Kooperationssysteme. Die Bewältigung des technischen Fortschritts setzt auch bei den Mitwirkenden technische Kenntnisse voraus und stärkt so ihre Machtquellen bzw. reduziert die Machtdistanz zwischen Mitwirkenden und Führenden des kooperativen Systems.

Der Hinweis auf Lenskis Theorie der sozialen Ungleichheit ermöglicht eine Analogie zu modernen Industriebetrieben. Auch hier läßt sich beobachten, daß technische und organisatorische Kenntnisse und damit Informationsmacht auf unteren hierarchischen Ebenen zunehmen und daß die Aufrechterhaltung der kooperativen Mitwirkung im System, vor allem dann, wenn kreative Eigeninitiativen notwendig sind, ohnehin nicht erzwungen und wohl auch kaum durch die lediglich entgeltliche Befriedigung von Grundbedürfnissen erreicht werden können, sondern partizipative Gestaltungsprinzipien begünstigen, die ebenfalls auf Reduktion von Ungleichheit gerichtet sind.

Diese Tendenz zum Machtausgleich bedeutet sicherlich nicht daß in modernen Produktionsbetrieben alle Zieldiskrepanzen beseitigt und künftig Ökonomie- und Humanziele harmonisch nebeneinander stehen. Wohl aber schwächt sie eine Tendenz zur Machtausweitung, die auf die Interessen und Bedürfnisse der Mitwirkenden keine Rücksicht nimmt.

Die Darstellung und Klärung der unterschiedlichen Zielkategorien und ihrer Vereinbarkeit untereinander ist bei der Präzisierung der ethischen Fragestellung hilfreich, gibt jedoch selbst noch keine Antwort auf die Frage, welchen Zielen der angewandte Psychologie sie dienen soll und welchen nicht. Nur soviel scheint klar zu sein: Dieser Frage kann nicht ausgewichen werden, und sie ist nicht durch die Wissenschaft selbst zu beantworten. Damit ist hier nicht der Wissenschaftler, sondern der Mensch gefordert, der

Abb. 17: Gesellschaftliche Konsequenzen: Gleichgültigkeit, Abbruch oder soziale Verantwortung der Forschung? (aus Harris 1977, zitiert in Kroeber-Riel, 1984, S. 39)

"On the other hand, my responsibility to society makes me want to stop right here."

sich und anderen über sein Tun und Unterlassen Rechenschaft gibt. Martin Irle (1978) sagt hierzu:

„Kein Sozialpsychologe als Vertreter einer Realwissenschaft kann sich moralischen und ethischen Fragen entziehen, indem er sich einen elfenbeinernen Turm der wertfreien Ausübung von Wissenschaft sucht. Realwissenschaftliche Theorien, die das Niveau von Naturgesetzen erreichen, sind wertfrei. Jede ihrer empirischen Anwendungen hat Wert-Konsequenzen." (S. 94)

Man könnte geneigt sein, vom Wissenschaftler eine Selbstbeschränkung zu fordern. Inaktivität bedeutet jedoch nur Vermeidung, nicht Lösung der Problematik. Kroeber-Riel (1984, S. 39) wendet sich dementsprechend auch gegen solche Vorschläge der Selbstbeschränkung und karikiert sie mit einem Bild von Harris (1977).

Kroeber-Riel (1984, S. 38f.) schlägt einen Vier-Punktekatalog zur pragmatischen Lösung der normativen Problematik vor:

1. Die praktische Wirkung wissenschaftlicher Aussagen, d.h. die Folgen der Verwendung wissenschaftlicher Erkenntnisse in der Praxis, sollte ohne Schönfärberei in die wissenschaftliche Prüfung einbezogen werden, und zwar in gleicher Weise wie die Prüfung der logischen und faktischen Wahrheit von Aussagen. Wir können hier von einer *pragmatischen Prüfung* der wissenschaftlichen Aussagen sprechen.
2. Die pragmatische Prüfung sollte zu *expliziten Werturteilen* über die individuellen und gesellschaftlichen Folgen der Wissenschaftsverwendung führen. Dabei sind die Wertmaßstäbe anzugeben. Un-

---

Kasten 5: **Aus der „Berufsordnung für Psychologen", herausgegeben vom Berufsverband Deutscher Psychologen e.V., 1986, S. 4)**

I. Präambel

1. Beruf
Die Aufgabe des Psychologen ist es, das Wissen über den Menschen zu vermehren und seine Erkenntnisse und Fähigkeiten zum Wohl des Einzelnen und der Gesellschaft einzusetzen. Er achtet Würde und Integrität des Individuums und setzt sich für die Erhaltung und den Schutz fundamentaler menschlicher Rechte ein.
Der Beruf des Psychologen ist seiner Natur nach frei.

2. Verantwortung
Der Psychologe ist verpflichtet, seinen Beruf gewissenhaft auszuüben und dem Vertrauen, das ihm in seiner Berufsausübung entgegengebracht wird, zu entsprechen. Er muß sich stes der sozialen Verantwortung bewußt sein, die sich daraus ergibt, daß seine Tätigkeit dazu geeignet ist, auf das Leben anderer in besonderer Weise einzuwirken. Der Psychologe anerkennt das Recht des Individuums, in eigener Verantwortung und nach seinen eigenen Überzeugungen zu leben, und bemüht sich in seiner beruflichen Tätigkeit um Sachlichkeit und Objektivität. Er ist wachsam gegenüber persönlichen, sozialen, institutionellen, wirtschaftlichen und politischen Faktoren und Einflüssen, die zu einem Mißbrauch bzw. einer falschen Anwendung seiner Kenntnisse und Fähigkeiten führen könnten.

verbindliches Räsonieren, daß diese oder jene Wirkung eintreten kann, sollte nicht genügen.

3. Die pragmatische Prüfung sollte dadurch gesichert und erleichtert werden, daß ein *öffentlicher Dialog* über die wissenschaftlichen Ergebnisse herbeigeführt wird, an dem sowohl diejenigen, die das Wissen verwenden (z.B. Unternehmen), als auch diejenigen, die durch diese Verwendung betroffen sind (z.B. Konsumenten), beteiligt werden. Das setzt eine *Veröffentlichung der Ergebnisse* in geeigneter Form voraus.

4. Die *Weitergabe* der sozialwissenschaftlichen Ergebnisse sollte auf der Grundlage *sozialer Verantwortung* des Wissenschaftlers erfolgen. Sie sollte zudem mit politischem Engagement verbunden sein: Jedes Werturteil läßt sich als Anweisung an das eigene Handeln interpretieren, eine positiv bewertete Verwendung der wissenschaftlichen Erkenntnisse zu fördern und eine negativ bewertete zu hemmen.

In den letzten Jahren hat sich innerhalb der AO-Psychologie eine stärkere Aufmerksamkeit gegenüber diesen normativen Fragen entwickelt. Möglicherweise können zwei Faktoren hierfür verantwortlich gemacht werden.

Einerseits sind die Grenzen des Wirtschaftswachstums national und international deutlicher hervorgetreten. Nord-Süd-Konflikte, Arbeitslosigkeit, Ressourcenknappheit und Umweltkatastrophen haben das Vertrauen in die Sozialverträglichkeit oder gar Heilsamkeit der Produktivitätssteigerung so sehr ge- bzw. zerstört, daß die sozialwissenschaftliche Dienstleistung zur Steigerung der Produktivität kaum mehr als Neutralität gewürdigt werden kann, sondern sich als Naivität, Ignoranz oder Ideologie entlarvt.

Zum anderen hat die gewaltige Steigerung des psychologischen Interesses gegenüber dem lange im Vergleich zur klinischen Psychologie geradezu völlig vernachlässigten Anwendungsfeld Arbeit, Betrieb, Organisation und Wirtschaft eine am Menschen orientierte Perspektive gefördert, so daß sich die AO-Psychologie nicht mehr, wie noch von Münsterberg gefordert, selbstlos in den Dienst des Wirtschaftslebens stellt, sondern das Wohl des Menschen im Auge behält und

Überblick

Grundlagen: Ökonomie | Psychologie | Soziologie | Arbeitswissenschaft

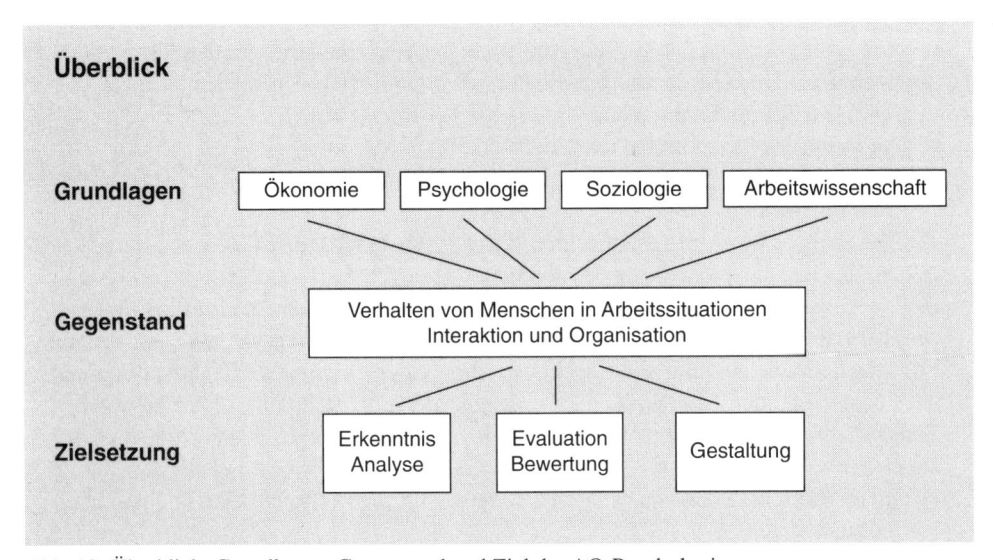

Gegenstand: Verhalten von Menschen in Arbeitssituationen Interaktion und Organisation

Zielsetzung: Erkenntnis Analyse | Evaluation Bewertung | Gestaltung

Abb. 18: Überblick: Grundlagen, Gegenstand und Ziel der AO-Psychologie

eigenständig Vorschläge zur Gestaltung menschlicher Lebensbedingungen in Arbeit und Organisation entwickelt.

2.4 Schlußbemerkung

Die Anwendungsorientierung der Arbeits- und Organisationspsychologie ist für die Disziplin sowohl konstitutiv als auch ambivalent. Nahezu alle Vertreter und Vertreterinnen des Fachs betonen den Anwendungsbezug, mitunter jedoch ohne dessen Konsequenzen hervorzuheben. Die Praxisorientierung unterstreicht zweifellos die Relevanz der Disziplin und erklärt nicht unwesentlich ihren gegenwärtigen Aufschwung. Das setzt sie andererseits aber auch dem Kräftespiel dieser Praxis aus.

Der Versuch, die Wissenschaftlichkeit durch einen Rückzug in die reine Theorie zu betonen, trägt die Gefahr des Bedeutungsverlustes in sich oder erfordert die Rückkehr in den behütenden Schoß der allgemeinen Disziplinen. Andererseits dürfte ein Bemühen um fundierte Antworten auf alle Fragen der Praxis wohl nur bei Theorielosigkeit möglich sein und sich damit selbst ad absurdum führen. Der nicht endende Boom der psychologisch gewürzten Praktikerliteratur ist hierfür ein beredtes Zeugnis.

Die Arbeits- und Organisationspsychologen können sich diesem Dilemma nicht entziehen, sondern es nur dadurch lösen, daß sie selbst die Diskussion um Standort, Zielsetzung und Entwicklung der Disziplin offensiv führen.

Abb. 19: Lackmontage-Saal (1906)

Kapitel 3

Arbeitspsychologische Theorie-Konzepte

Aus der Überlegung, daß die Arbeits- und Organisationspsychologie als angewandte Wissenschaft den Anspruch erhebt, begründete und praktikable Vorschläge zur Gestaltung von Arbeit und Organisation abzuleiten, ergibt sich, daß vor einer Gestaltung die Analyse und Bewertung stehen. Alle drei Bereiche angewandter wissenschaftlicher Arbeit stützen sich auf theoretische und methodische Grundannahmen, die die Aufmerksamkeit auf bestimmte Probleme, deren Ursachen und Wirkungen sowie bestimmte Ziele lenken.

„Was und wie ein Wissenschaftler sieht, sucht, variiert, festhält, verarbeitet, prüft, interpretiert und präsentiert, wird zu großen Teilen festgelegt durch das, was man Forschungs-*Ansatz* nennt. Wenn jemand unterstellt, daß der arbeitende Mensch auf externe Einflüsse *reagiert,* wird er ganz anders vorgehen, als wenn er die Basisannahme zugrundelegt, daß Arbeitnehmer *aktiv* planend und gestaltend handeln." (Neuberger, 1985, S. 40)

In der arbeitspsychologischen Forschung gibt es mehrere solcher Forschungsansätze, von denen hier drei kurz vorgestellt werden sollen:

– *das Belastungs-Beanspruchungs-Konzept;*
– *die streßtheoretischen Konzepte sowie*
– *die Handlungsstrukturtheorie.*

Allen drei Ansätzen ist übrigens gemeinsam, daß sie ihre wesentlichen Ausarbeitungen im Bereich der angewandten Arbeitswissenschaften erfahren haben. So betrachtet sind dies gerade Beispiele dafür, daß die jeweiligen „Mutterdisziplinen" allenfalls den Anstoß zur Theorieentwicklung gegeben haben, die dann weitgehend eigenständig und auf das Anwendungsgebiet bezogen fortgeführt wurde.

3.1 Das Belastungs-Beanspruchungs-Modell

Im Zentrum der *ingenieurpsychologischen Ansätze* steht das Belastungs-Beanspruchungs-Modell. Unter *Belastung* werden hierbei – einem Vorschlag von Rohmert und Rutenfranz (1975, S. 8) folgend – die „von außen her auf den Menschen einwirkenden Größen und Faktoren" und unter *Beanspruchung* „deren Auswirkungen im Menschen und auf den Menschen" verstanden. Diese aus der Mechanik entlehnte Begrifflichkeit entspricht den Begriffen Stimulus-Response (S-R-Konzept) der behavioristischen Psychologie. Auch wenn die Begriffe *Belastung und Beanspruchung* – wie übrigens auch Streß – umgangssprachlich leicht negativ gefärbt sind, werden sie hier in der wissenschaftlichen Terminiologie neutral verwendet. Die Bedeutung dieser Begriffe läßt sich daran absehen, daß der Deutsche Normenausschuß Ergonomie die beiden Begriffe *Psychische Belastung* und *Psychische Beanspruchung* als Norm (DIN-Nr. 33405) wie folgt definiert hat:

„Psychische Belastung wird verstanden als die Gesamtheit der erfaßbaren Einflüsse, die von außen auf den Menschen zukommen und auf ihn psychisch einwirken."

„Psychische Beanspruchung wird verstanden als die individuelle, zeitlich unmittelbare und nicht langfristige Auswirkung der psychischen Bela-

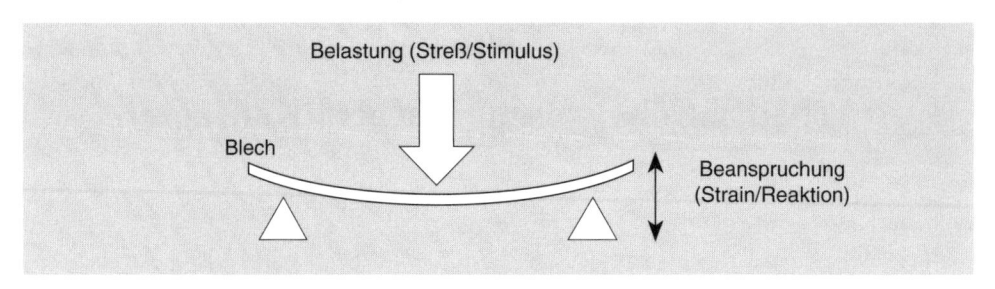

Abb. 20: Vereinfachte Darstellung der Beziehung zwischen Belastung und Beanspruchung (aus Frieling & Sonntag, 1987, S. 31)

stung im Menschen in Abhängigkeit von seinen individuellen Voraussetzungen und seinem Zustand."

Diese Sichtweise kann durch ein einfaches mechanisches Modell veranschaulicht werden (siehe Abb. 20).

So, wie sich in diesem mechanischen Modell das Blech, je nach seinen Merkmalen, etwa der Dicke und Beschaffenheit, bei gleicher äußerer Belastung mehr oder minder stark verformen (beansprucht) würde, so gilt auch im Arbeitsverhalten, daß verschiedene Menschen auf gleiche Belastungen unterschiedlich reagieren und daß auch unterschiedliche Belastungen zu gleichen Beanspruchungen führen können. Die Beanspruchung ergibt sich als Resultat aus Belastung und Leistungsfähigkeit.

Bereits Kraepelin (1896) hatte in seinen Studien zur Ermüdung und Erholung darauf hingewiesen, daß menschliche Reaktionen auch bei gleichen Aufgaben unterschiedlich sein können. Forschungsstimulierend war dabei die zunächst verblüffende Beobachtung, daß der Organismus auch auf physikalisch gleiche Arbeitseinheiten (etwa 100 kg einmal oder 10 kg zehnmal auf eine bestimmte Höhe zu heben) mit unterschiedlicher Ermüdung reagierte. Dieses Phänomen des „Unterschieds von mechanischen und physiologischen Arbeitsqualitäten" (Lysinski, 1923, S. 53) steht auch heute noch im Mittelpunkt des Belastungs-Beanspruchungs-Konzepts.

Als Belastungsfaktoren gelten dabei (vgl. Hettinger, 1989):

1. Physische Belastung durch unterschiedliche muskuläre Aktivitäten;
2. Physikalische und chemische Faktoren (Hitze, Lärm, Gase, Stäube usw.);
3. Psychosoziologische Fakten der Arbeitswelt.

Weiterhin ist für die Bestimmung der Belastung nicht nur ihre Qualität und Intensität wesentlich, sondern auch die Zeitcharakteristik ihres Auftretens sowie ihre Vorhersehbarkeit und Kontrollierbarkeit (Schönpflug, 1987, S. 145f.). Schließlich muß beachtet werden, daß Belastungen oft in Kombination auftreten, etwa Lärm, Hitze, Zeitdruck. Dies erschwert die Analyse insofern, als sich durch die Kombination dieser Faktoren eine spezifische Belastung ergibt, die – ähnlich dem ganzheitspsychologischen Kernsatz, wonach das Ganze mehr als die Summe der Teile ist – die Addition der Einzelbelastungen bei weitem übersteigen kann (vgl. Nachreiner, 1981; Dunckel, 1985).

Volkholz (1979) hat die in Tabelle 2 dargestellte Aufstellung von Belastungsfaktoren ermittelt. Die Daten sind zwar über 10 Jahre alt, allerdings kann davon ausgegangen werden, daß auch heute noch ähnliche Bedingungen existieren (Frieling & Sonntag, 1987).

Als *Beanspruchung* werden einerseits somatisch-physiologische Erregungs- und Ak-

Tabelle 2: Belastungsfaktoren am Arbeitsplatz (nach Volkholz, 1979, S. 179)

Belastungsfaktor	Anteil der Betroffenen an der Erwerbsbevölkerung in %	Anzahl der Betroffenen in Millionen	Statistischer Vertrauensbereich in Millionen
Streß	25,4	6,8	5,9 bis 7,7
Monotonie	22,7	6,1	5,3 bis 6,9
Lärm	22,2	6,0	5,1 bis 6,8
Schicht	21,7	5,8	5,0 bis 6,6
Hitze	17,1	4,6	3,9 bis 5,3
Arbeit im Freien	16,4	4,4	3,7 bis 5,1
Zugluft	16,0	4,3	3,6 bis 5,0
Staub	14,8	4,0	3,3 bis 4,6
Konzentrierte Beobachtung	14,5	3,9	3,2 bis 4,6
Schwere Lasten	13,4	3,6	3,0 bis 4,3
Nässe	10,9	2,9	2,3 bis 3,5
Nachtarbeit	8,5	2,3	1,7 bis 2,8
Zwangshaltung	7,9	2,1	1,6 bis 2,7
Schweres Werkzeug	7,6	2,0	1,5 bis 2,5
Rütteln, Vibrieren	6,9	1,8	1,4 bis 2,3
Gestank, giftige Gase	6,5	1,7	1,3 bis 2,2
Akkord	6,2	1,7	1,2 bis 2,2
Schlechte Beleuchtung	5,5	1,5	1,0 bis 1,9
Grelles Licht	4,6	1,2	0,8 bis 1,6
Kälte	3,2	0,9	0,6 bis 1,1

tivierungswerte wie Pulsfrequenz, Blutdruck oder Körpertemperatur, außerdem Reaktionstendenzen wie Ermüdung, Sättigung sowie Monotonie und Vigilanz (reduzierte Aufmerksamkeit), die aktuell während des Arbeitsprozesses oder kurz danach auftreten, erfaßt, andererseits auch Veränderungen in Gesundheit, Befindlichkeit und Verhalten, die erst langfristig bemerkbar sind, wie Erkrankungen oder „burnout-Syndrome" einer tiefgreifenden Erschöpfung.

Kaufmann, Pornschlegel und Udris (1982) haben die unterschiedlichen Beanspruchungen in einer Tabelle zusammengestellt (siehe Tab. 3, S. 66).

Hettinger (1989, S. 177ff.) gibt beispielhaft die Darstellung des Belastungs-Beanspruchungsprofils eines Schmelzers an einer Ziehglaswanne wieder (siehe Abb. 21, S. 64) und erläutert sie wie folgt:

„Die Ergebnisse einer derartigen Arbeitsplatzanalyse lassen sich graphisch darstellen. In Abb. [21] – es handelt sich um einen Schmelzer an einer Ziehglaswanne in der Glasindustrie – werden einige der gemessenen Parameter zeitgleich gegenübergestellt. Im unteren Teil der Abbildung ist die Arbeitsablaufstudie wiedergegeben, in zeitlicher Folge und Dauer die einzelnen Tätigkeitselemente spiegelnd. Darüber aufgetragen wurde der jeweilige Aufenthaltsort in Verbindung mit der Klimasituation (Klimasummenwert: Normal Effective Temperature – NET – sowie die Wärmestrahlung), mit welcher das Belegschaftsmitglied am jeweiligen Aufenthaltsort konfrontiert wird. Der in der Folge aufgetragene Arbeitsenergieumsatz spiegelt die muskuläre Belastung. Im ersten Drittel der Darstellung fällt auf, daß hohe muskuläre Belastungen bei gleichzeitig extremen Klimasituationen, vor allem auch durch die Wärmestrahlung, gegeben sind, die als Reaktion (Beanspruchung) – darüber aufgetragen – eine Pulsfrequenz bis über 180 Pulse/min bedingen, wäh-

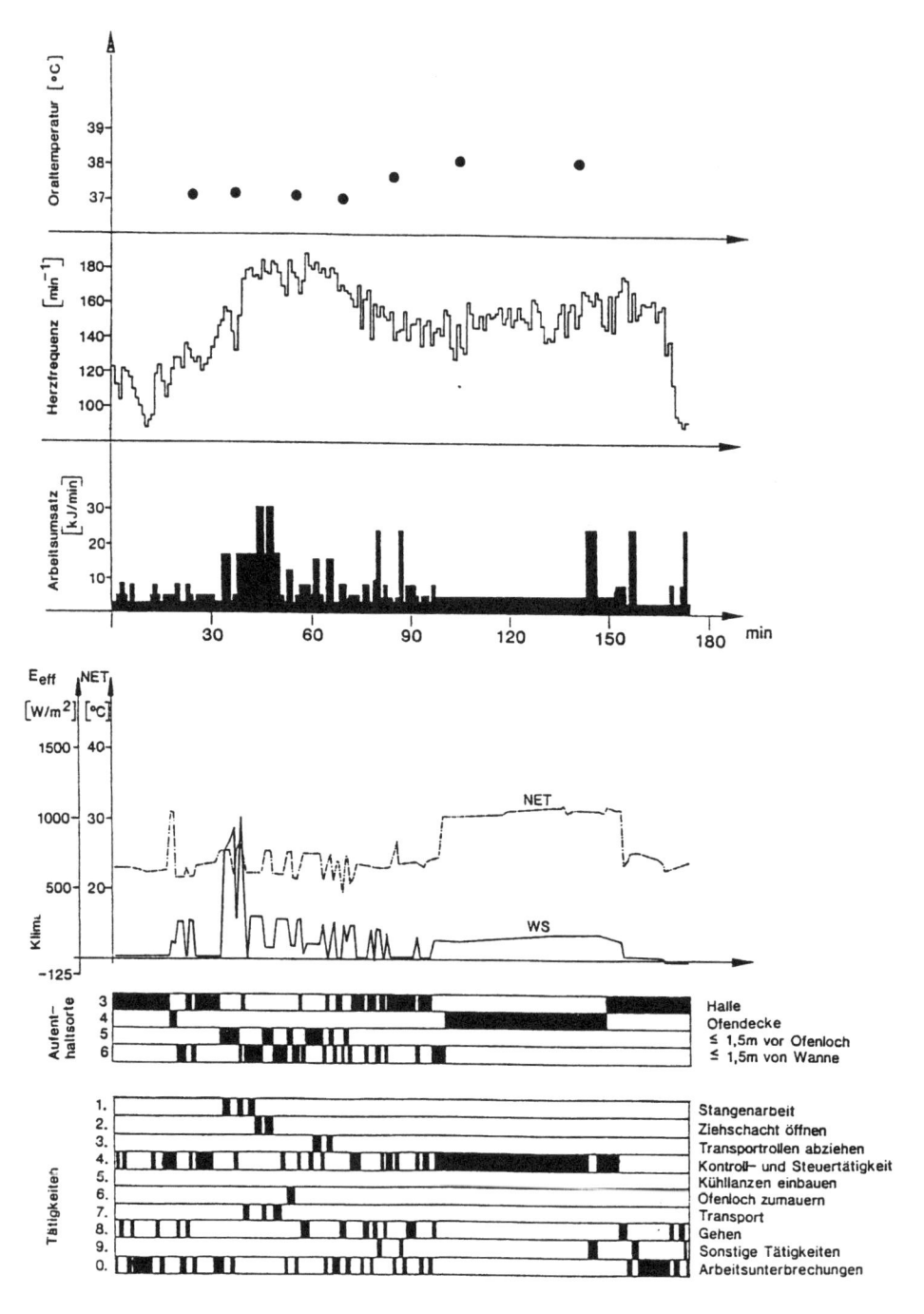

Abb. 21: Belastungs-Beanspruchungsprofil eines Schmelzers an einer Ziehglaswanne
(aus Hettinger, 1989, S. 177)

Arbeitspsychologische Theorie-Konzepte 65

Abb. 22: Brille, Kleidung und Hitzeschild schützen den Mann vor der „Höllenglut" des flüssigen Stahls. Die Steuerung der Anlage verlangt in diesem Augenblick höchste Konzentration.

rend im zeitlichen Verlauf – punktuell dargestellt – die Körpertemperatur noch weitgehend konstant bleibt.

Die weitere Tätigkeit ist, wie aus der Zeitstudie zu entnehmen, vornehmlich geprägt durch Prozeßbeobachtungen (Kontroll- und Steuertätigkeiten), die zwar nur geringe muskuläre Tätigkeit verlangt, aber auf der Ofendecke ausgeführt werden muß. Die Wärmestrahlung ist gegenüber dem 1. Arbeitsabschnitt erheblich reduziert, aber die NET beträgt hier mehr als 30° C. Aus dieser Situation resultiert eine erhöht bleibende Pulsfrequenz im Bereich von 150 Pulse/min, also eine Kreislaufbeanspruchung weit oberhalb des Ruhewertes, der in diesem Falle bei 68/min lag. Schließlich zeigt sich auch ein Ansteigen der Körpertemperatur bis auf annähernd 38° C." (Hettinger, 1989, S. 177ff.)

3.1.1 Kritik und Erweiterung des Belastungs-Beanspruchungs-Modells

Die von Hettinger vorgestellte Analyse macht das Dilemma der naturwissenschaftlich geprägten Vorgehensweise augenfällig. Die psychologische Bedeutung der Arbeit wird durch die Präzision der Daten eher verdeckt als erhellt. Freilich greift jede Analyse nur einzelne Aspekte auf und vernachlässigt notgedrungen andere. Falls jedoch diese Auswahl mit dem Anspruch versehen wird, nicht einzelne, sondern gerade die *relevanten* Aspekte der Arbeitssituation zu erfassen, so ist Kritik durchaus angebracht. In diesem Sinne versteht sich auch die Kritik an dem Belastungs-Beanspruchungs-Konzept: Es unterstellt ein Menschenbild, das

„den arbeitenden Menschen – überspitzt formuliert – eher als ‚dressierten Affen' denn als ganz-

Tabelle 3: Klassifikation möglicher negativer Beanspruchung und Beanspruchungsfolgen (aus Ulich, 1991, S. 274; Orig. in Kaufmann, Pornschlegel & Udris, 1982, S. 24)

		kurzfristige, aktuelle Reaktionen	mittel- bis langfristige chronische Reaktionen
physiologisch, somatisch		– erhöhte Herzfrequenz – Blutdrucksteigerung – Adrenalinausschüttung («Stresshormon»)	– allgemeine psychosomatische Beschwerden und Erkrankungen – Unzufriedenheit, Resignation, Depression
psychisch (Erleben)		– Anspannung – Frustration – Ärger – Ermüdungs-, Monotonie-, Sättigungsgefühle	
verhaltens-mässig	**individuell**	– Leistungsschwankung – Nachlassen der Konzentration – Fehler – schlechte sensumotorische Koordination	– vermehrter Nikotin-, Alkohol-, Tablettenkonsum – Fehlzeiten (Krankheitstage)
	sozial	– Konflikte – Streit – Aggression gegen andere – Rückzug (Isolierung) innerhalb und ausserhalb der Arbeit	

heitlich betroffenes, kognitiv und emotional verarbeitendes, lebensgeschichtlich vorgeprägtes, zu eigenständigem Handeln fähiges und motiviertes soziales Subjekt faßt." (Marstedt & Mergner, 1986, S. 25)

Frieling und Sonntag (1987, S. 31) zeigen an folgendem Beispiel die Begrenztheit des Belastungs-Beanspruchungs-Modells im Sinne eines einfachen Reiz-Reaktions-Schemas:

„Eine Verkäuferin erhält in einer Arbeitssituation die Aufgabe, unter Aufsicht die Preise mehrerer Artikel möglichst schnell zu addieren. Die Belastung, der potentielle Stressor Addieren von Zahlen, ist für die Verkäuferin an sich unproblematisch, wenn als ‚Aufsicht' ein Kunde auftritt. Handelt es sich aber um den Vorgesetzten, der die Lö-

sung der Aufgabe zum Auswahl- oder Plazierungskriterium macht (und die Verkäuferin weiß dies), so wird aus dem potentiellen Stressor ein Stressor, der zu erheblichen Streßreaktionen führen kann (z.B. Handschweiß, Zittern, Herzjagen oder Durchfall)." (S. 31)

Dieses Beispiel zeigt deutlich, welche weiteren Aspekte ins Blickfeld der Untersuchung geraten, wenn das Arbeitsgeschehen aus der Perspektive des betroffenen Menschen gesehen wird. Hier wird klar, daß eine äußerlich minimale Veränderung, nämlich die absichtsvolle Beobachtung durch den Vorgesetzten, subjektiv das gesamte Geschehen dominieren kann. Weiterhin könnten minimale Anfangsfehler bei der Additionsaufgabe die

Angst vor negativer Beurteilung so weit erhöhen, daß weitere Fehler passieren, die den Kreislauf von Angst und Versagen weiter antreiben. Eine Analyse, die solche Aspekte übersieht oder ausblendet, bleibt, wie Matern (1984, S. 25) sagt, an der Oberfläche haften, ohne einen Zugang zur psychologischen Tiefenstruktur der Arbeitstätigkeit finden zu können.

In Reaktion auf diese und ähnliche Kritikpunkte ist das einfache Ursache-Wirkungsschema von der Belastung zur Beanspruchung durch die Zwischenschaltung des Konzepts der „*Handlung*" erweitert worden (Rohmert & Rutenfranz, 1975), um zweierlei deutlich zu machen: Einerseits können sich, je nach der Art der Arbeitshandlung (individuelle Eigenarten), unterschiedliche Belastungs-Beanspruchungs-Relationen ergeben, und zum anderen kann die Handlung selbst auf die Belastungsfaktoren zurückwirken (Wechselwirkungs- oder Rückkopplungseffekte; siehe Abb. 23).

Diese Erweiterungen mildern zwar die Kritik, können sie aber nicht gänzlich entkräften, da der arbeitende Mensch immer noch eher als Objekt denn als Subjekt und Träger des Arbeitsprozesses verstanden wird.

Dieser Einwand wird in neueren Konzeptionen des *Streßmodells* sowie insbesondere von der *Handlungsstrukturtheorie* aufgegriffen. Diese Konzeptionen gehen von einem anderen Menschenbild aus und setzen daher andere Schwerpunkte. Für die Handlungstheorie oder Handlungsstrukturtheorie steht der Begriff der Handlung im Zentrum der Betrachtung, wobei Handlung als bewußt-zielorientierte Tätigkeit deutlich von anderen – umgangssprachlich analogen – Begriffen wie Verhalten, Tätigkeit, Leistung oder Reaktion unterschieden wird.

Bevor die handlungstheoretische Sichtweise erläutert wird, sei das Streßkonzept dargestellt, das gleichsam zwischen der ingenieurpsychologischen und der handlungspsychologischen Perspektive angesiedelt werden kann.

3.2 Das Streßmodell

Das Belastungs-Beanspruchungsmodell hat sehr viel Gemeinsamkeit mit dem Streßkonzept. Das ursprünglich von dem Mediziner (einem Endokrinologen) Selye (1956) entwickelte biologische Streßmodell analysiert die Beziehungen zwischen äußeren Stressoren und den inneren biologisch-physiologischen Streßreaktionen. Die Parallelität zum Belastungs-Beanspruchungs-Konzept ist so groß, daß beide auch gelegentlich gleichgesetzt werden. Beiden gemeinsam ist die na-

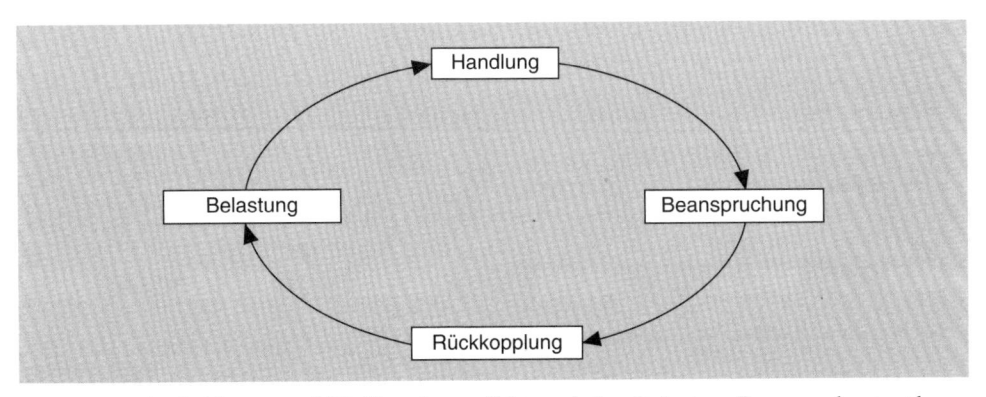

Abb. 23: Wechselwirkungs- und Rückkopplungseffekte zwischen Belastung-Beanspruchung und Handlung

turwissenschaftliche Ausrichtung und die Annahme einer Kausalkette von äußeren Reizen zu inneren Reaktionen. Beide Modelle sind jedoch über die ursprüngliche einfache Konzeption hinaus erheblich erweitert worden, wobei insbesondere das Streßkonzept durch die Berücksichtigung kognitiver Variablen der Streßbewertung und die Differenzierung von Streßbewältigungsstrategien (Coping) in die Nähe einer handlungstheoretischen Sichtweise kommt, so daß es gewissermaßen als Bindeglied zwischen dem Belastungs-Beanspruchungs-Konzept und dem Handlungsregulationsmodell betrachtet werden kann und daher eine eigenständige Behandlung verdient.

Der Streßbegriff ist heute in aller Munde. Es ist geradezu „schick" oder sogar ein „Statussymbol", gestreßt zu sein. Wer unter Streß steht, signalisiert Kompetenz, Bedeutung und Unersetzlichkeit. Streß ist in diesem Sinne ein ambivalenter Begriff: Man leidet unter Streß und sonnt sich zugleich in seinem Prestige.

Als wesentlicher Streßfaktor wird häufig Zeitdruck genannt, und die Folgen sind eine allgemeine Gereiztheit oder das Gefühl des Ausgelaugtseins. Aussagen dieser Art deuten stärker auf die psychische als auf die somatische Seite hin und signalisieren den allgemeinen Wandel von früher eher körperlichen zu heute eher psychischen Effekten der Arbeitsanforderungen und -bedingungen. Früher waren die Leute am Ende des Tages müde, heute sind sie kaputt.

3.2.1 Streß als Reaktion auf Anforderungen

Selye (1956) hat den Begriff „Streß" in der wissenschaftlichen Diskussion populär gemacht und sich insbesondere mit den unspezifischen körperlichen Reaktionen auf äußere Anforderungen beschäftigt. Auf intensive und schädigende Anforderungen reagiert der Körper zunächst mit einer Alarmreaktion, dann mit Widerstands- und Anpassungsreaktionen sowie schließlich Erschöpfung. Wegen der Konzentration auf die Reaktionsmuster wurde diese Forschungsrichtung auch als *reaktionsorientierte Streßforschung* bezeichnet, wobei ursprünglich ausschließlich körperliche, später auch psychosomatische und psychische Effekte untersucht wurden (Antoni & Bungard, 1989).

Dunckel und Zapf (1986) fanden in einer groß angelegten Fragebogenstudie bei Industriearbeitern folgende Beschwerden:

– 46 % schnelles Ermüden;
– 36 % Nervosität;
– 26 % Schlafstörungen;
– 26 % Zerschlagenheit;
– 25 % Aufregung im ganzen Körper;
– 21 % Schweißausbrüche;
– 19 % Herzklopfen bei wenig Anstrengung.

Die Aussagen von Industriearbeitern beziehen sich sowohl auf psychische wie auf somatische (körperliche) Effekte. Diese Mischung ist typisch für psychosomatische Beschwerden und die Beeinträchtigung des Selbstwertgefühls als Folge von längerfristig wirkendem Streß.

Mohr (1991, S. 117) hat ein Verlaufsmodell entwickelt, das über die Stufen „Gereiztheit" und „Angst" zu „Depressivität" führt und sowohl psychosomatische wie selbstwertschädliche Auswirkungen nennt (Abb. 24). Die empirischen Befunde bestätigen mittlerweile sehr klar, daß psychischer Streß ursächlich an der Entwicklung psychosomatischer Beschwerden beteiligt ist (Frese, 1991).

3.2.2 Ursachen von Streß: Reize als Stressoren

Im Unterschied zu den reaktionsorientierten Untersuchungen befassen sich die *reizorientierten Streßmodelle* mit den unterschiedlichen Anforderungen, denen sich der Mensch im Laufe des Lebens – nicht nur in der

Arbeitspsychologische Theorie-Konzepte 69

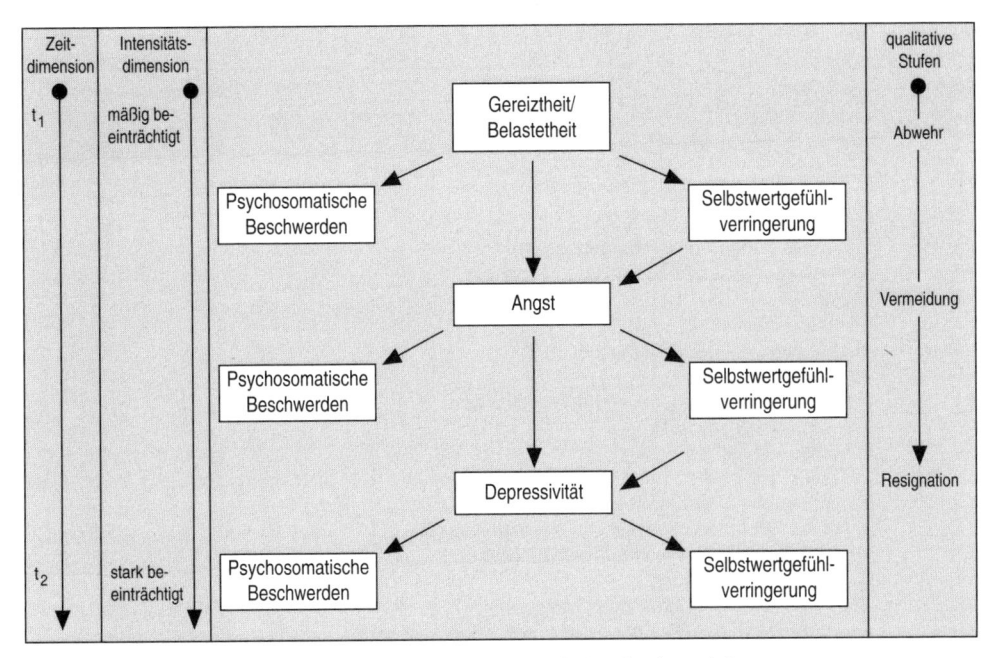

Abb. 24: Hypothetisches Verlaufsmodell psychischer Befindensbeeinträchtigungen (aus Mohr, 1991, S. 117)

Arbeitssituation – gegenübergestellt sieht. Diese Anforderungen sind Thema der sog. „life-event"-Forschung, die eine Quantifizierung qualitativ unterschiedlicher Stressoren versuchte. Typisch hierfür sind Tabellen mit unterschiedlich gewichteten Stressoren (siehe Tab. 4, S. 70).

Diese Tabellen gehen davon aus, daß es möglich ist, qualitativ unterschiedliche Stressoren auf einer einzigen Bewertungsdimension angemessen abzubilden. Sie vernachlässigen weitgehend bzw. völlig die subjektiven Wahrnehmungen und Bewertungen dieser Stressoren, und sie klammern die individuell unterschiedlichen Bewältigungsstrategien gegenüber diesen Stressoren aus. Dies wird erst von den sogenannten kognitiven Streßmodellen geleistet.

3.2.3 Das kognitive Streßmodell: Person-Umwelt-Transaktion

Das Modell von Lazarus (1966, 1981) überwindet die Einseitigkeit der bisherigen Modelle, die entweder reaktions- oder reizorientiert waren, durch eine Neudefinition des Streßbegriffs als dynamische Auseinandersetzung zwischen Individuum und Umwelt (*Transaktives Streßmodell*). Demnach kann von Streß erst dann gesprochen werden, wenn die Person die Anforderungen der Umwelt als schädigend erlebt und zugleich befürchtet, nicht über angemessene Bewältigungsmöglichkeiten zu verfügen. In diesem Zusammenhang spielt die Frage der individuellen Streßkontrolle sowie der Fähigkeit zur adäquaten Streßbewältigung eine wesentliche Rolle (Schönpflug, 1987).

Es ist einleuchtend, daß eine als negativ eingestufte Situation dann als besonders gravierend erlebt wird, wenn man glaubt, dieser Situation nicht entweichen zu können. Die

Tabelle 4: Die „Social Readjustment Rating Scale" nach Holmes & Rahe (1967, S. 216)

Rang	Life Event	Durchschnittswert
1	Tod des Ehepartners	100
2	Scheidung	73
3	Trennung vom Ehepartner	65
4	Haftstrafe	63
5	Tod eines nahen Familienangehörigen	63
6	(Schwere) eigene Verletzung und Krankheit	53
7	Heirat	50
8	Fristlose Entlassung	47
9	Aussöhnung mit dem Ehepartner	45
10	Pensionierung	45
11	Größere Veränderung im Gesundheitszustand eines Familienmitgliedes	44
12	Schwangerschaft	40
13	Sexuelle Probleme	39
14	Probleme mit neuen Familienmitgliedern	39
15	Anpassungen an Veränderungen am Arbeitsplatz	39
16	Veränderung der Einkommensverhältnisse	38
17	Tod eines nahen Freundes	37
18	Veränderung in der beruflichen Tätigkeit	36
19	Veränderung in der Häufigkeit der Auseinandersetzungen mit dem Ehepartner	35
20	Aufnahme eines Krediles über 10.000 $	31
21	Fälligkeit eines Kredites	30
22	Veränderung der beruflichen Verantwortung	29
23	Kinder verlassen das Elternhaus	29
24	Probleme mit angeheirateten Familienmitgliedern	29
25	Großer persönlicher Erfolg	28
26	Ehefrau beginnt oder beendet Berufstätigkeit	26
27	Schulbeginn, -abschluß	26
28	Veränderung der Lebensgewohnheiten	25
29	Änderung der persönlichen Gewohnheiten	24
30	Probleme mit dem Chef	23
31	Änderung der Arbeitszeit, -bedingungen	20
32	Wohnungswechsel	20
33	Schulwechsel	20
34	Änderung der Freizeitaktivitäten	19
35	Änderung kirchlicher Aktivitäten	19
36	Änderung sozialer Aktivitäten	18
37	Aufnahme eines Kredites von unter 10.000 $	17
38	Änderungen der Schlafgewohnheiten	16
39	Änderung in der Anzahl der Familien-Zusammenkünfte	15
40	Änderungen der Eßgewohnheiten	15
41	Urlaub	13
42	Weihnachten	12
43	Geringfügige Gesetzesübertretungen	11

Auswirkungen solcher Situationen sind insbesondere von Seligman (1975) zunächst in Tierexperimenten, später in Humanversuchen analysiert und unter dem Stichwort „*Erlernte Hilflosigkeit*" zusammengefaßt worden. Demnach reagieren Individuen auf schädigende Situationen, denen sie subjektiv nicht entgehen können (unabhängig davon, wieweit dies objektiv möglich ist), in einer dreifachen Weise:

1. *Motivational*: Die Person resigniert, sie ergibt sich in ihr Schicksal und zeigt wenig Aktivität, weder im Sinne des Aufbegehrens noch im Sinne der Flucht.
2. *Kognitiv:* Die Person verliert die Fähigkeit zur Lösung kognitiv komplexer Aufgaben. Sie bewegt sich gedanklich gewissermaßen im Kreise und ist kaum mehr in der Lage, objektiv gegebene Lösungschancen wahrzunehmen und zu einem Handlungsplan zu verarbeiten.
3. *Emotional:* Die Person wird traurig und depressiv. Seligman betont die Ähnlichkeit dieser Effekte mit dem Krankheitsbild der Depression.

Diesen Überlegungen von Seligman ist mit dem Hinweis darauf widersprochen worden, daß oft gerade die gegenteilige Beobachtung gemacht werden kann: Menschen wehren sich aktiv bis aggressiv und durchaus intelligent und kreativ gegen äußere Bedrohungen. Wortman und Brehm (1975) haben diese beiden Positionen zu einem integrativen Modell zusammengefaßt, das davon ausgeht, daß der Mensch zunächst mit Aktivität und Widerstand gegen die als schädigend oder beeinträchtigend erlebten Reize oder Zustände vorgeht und erst nach einer längeren Erfahrung der Erfolglosigkeit mit „Erlernter Hilflosigkeit" reagiert.

3.2.4 Streß in Arbeitssituationen

Frese und Greif (1978) haben die Überlegungen der Theorie der Erlernten Hilflosigkeit auf Arbeitssituationen, insbesondere die Zerstückelung der Arbeitsaufgaben durch Arbeitsteilung (partialisierte Handlung) bei geringen eigenen Entscheidungsspielräumen (geringe Handlungskontrolle) übertragen und in einem Modellversuch positive Wirkungen einer Arbeitsbereicherung und Kompetenzerweiterung feststellen können. Demgegenüber kommt eine Untersuchung von Seibel und Lühring (1984, S. 153) zu dem Schluß, daß geringe Handlungsspielräume und hohe Fremdbestimmung „ohne unmittelbare Folgen für die psychische Gesundheit bewältigt werden". Sie fanden bei ihren Studien die in Abbildung 25 dargestellten Einflußfaktoren.

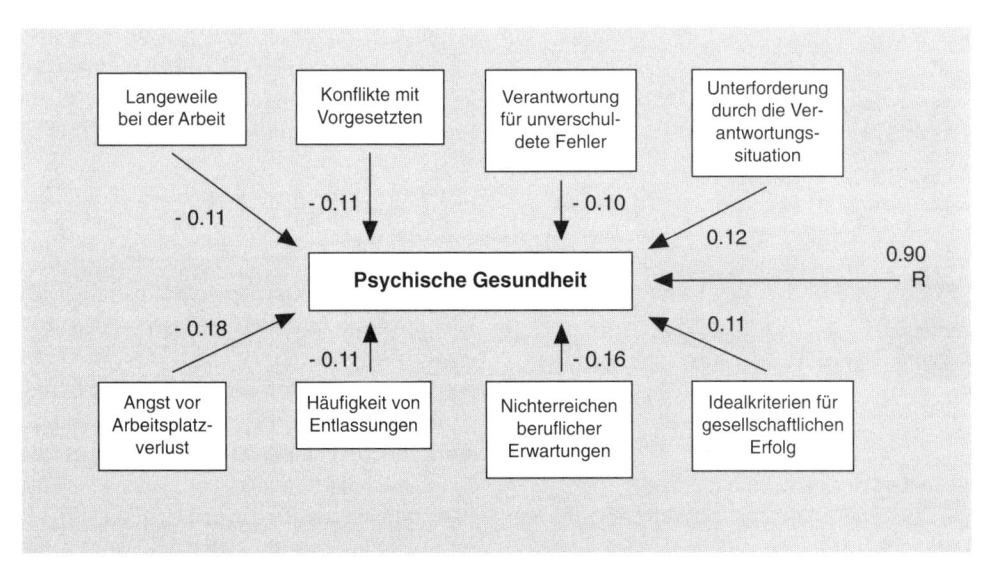

Abb. 25: Arbeitserfahrung und psychische Gesundheit in der Gesamtstichprobe (aus Seibel & Lühring, 1984, S. 146)

Keiner der untersuchten Faktoren zeigt einen deutlichen Einfluß auf die psychische Gesundheit, und die Gesamtheit der Variablen kann gerade ca. 18% der Varianz erklären. Den größten Einfluß hat der Residualfaktor (R), der als statistische Kunstgröße den Einfluß aller nicht gemessenen Faktoren zusammenfaßt. Angst vor Arbeitsplatzverlust und Enttäuschung über unerfüllte Erwartungen sind in diesem Modell die relativ stärksten, aber absolut betrachtet doch recht schwachen Bedrohungen der psychischen Gesundheit. Überraschend ist, daß eine Gerechtigkeitslücke im Sinne einer Diskrepanz zwischen den Idealvorstellungen über berufliches Fortkommen und der Realität sich nicht negativ auf die psychische Gesundheit auswirkt und daß auch die Unterforderung, im Sinne eines als zu gering erlebten Entscheidungs- und Verantwortungsspielraums, keinen negativen, ja sogar einen schwach positiven Einfluß auf die psychische Gesundheit hat.

Es fragt sich, inwieweit diese Befunde als Widerlegung der These von Frese und Greif

Michael Frese

gedeutet oder nicht eher als Bestätigung aufgefaßt werden könnten. Seibel und Lühring (1984, S. 154) geben nämlich selbst zu bedenken, daß das erstaunlich geringe Aufbegehren gegen die restriktiven Arbeitsbedingungen ihrer Untersuchungsstichprobe auch bereits als Ergebnis einer „resignativen Anpassung an entfremdete Arbeit" interpretiert werden kann. Die von Seibel und Lühring aufgelisteten Stressoren wie „Langeweile", „Unterforderung", „Verantwortung für unverschuldete Fehler" oder „Nichterreichen beruflicher Erwartungen" lassen sich unmittelbar als Ergebnis restriktiver und nicht korrigierbarer (kontrollierbarer) Arbeitsbedingungen auffassen. Da diese Untersuchung – wie übrigens viele in diesem Feld – eine Querschnittsstudie ist, deren Ergebnisse die Situation zu einem bestimmten Zeitpunkt widerspiegeln, also den Prozeßverlauf nicht abbilden können, bleibt ihre Aussagekraft überdies im Hinblick auf dynamische Vorgänge wie die Auswirkungen von Streß auf die psychische Gesundheit begrenzt.

Die Überlegungen von Frese und Greif konzentrieren sich auf die Wirkungen von Arbeitssituationen, die durch restriktive Handlungsspielräume und partialisierte Tätigkeiten beschrieben werden können. Ob und wie sehr diese Arbeitsbedingungen als beeinträchtigende Stressoren erlebt werden, hängt – wie die Studie von Seibel und Lühring zeigt – auch davon ab, ob man sich diesen Bedingungen (resignierend) angepaßt hat oder zu anderen Bewältigungsstrategien greift, die im eigenen Handlungsrepertoire gegeben sind.

Dieser Aspekt wird auch unter der Bezeichnung *Person-Environment-Fit (P-E-Fit)* diskutiert, wobei zwei Übereinstimmungsaspekte betrachtet werden: einmal der Übereinstimmungsgrad zwischen den Bedürfnissen einer Person und den Befriedigungschancen sowie zweitens zwischen den Anforderungen an die Person und ihren entsprechenden Fähigkeiten. Ein Fit im ersten Sinne wäre also dann gegeben, wenn sich die Erwartungen der Person erfüllen, und ein Fit im Sinne des zweiten Aspekts bedeutet, daß die Person den an sie gestellten Anforderungen genügt. Im Rahmen des P-E-Fit Modells sind insbesondere Fragen der Bewältigungsstrategien (Coping-Strategien) in Nicht-Fit-Situationen aufgegriffen worden. Entscheidend ist hierbei, über welches Handlungsrepertoire bzw. welche Handlungskompetenz ein Individuum verfügt und welche Unterstützung ihm gewährt wird, um diese Situationen bewältigen zu können.

Zunächst ist die Vermutung naheliegend, daß eine Arbeitstätigkeit, die dem Arbeitenden eigene Entscheidungsspielräume einräumt, als weniger streßbelastet erlebt wird, weil dies die Möglichkeit bietet, den Arbeitsablauf den eigenen Vorstellungen anzupassen. Zum anderen allerdings bedeutet die Entscheidungsfreiheit auch Entscheidungsverantwortung, was ebenfalls als belastend oder gar angstauslösend erlebt werden kann, vor allem dann, wenn die betroffenen Personen befürchten, mit ihren Entscheidungen allein gelassen zu werden, also wenig Unterstützung bei Kollegen oder Vorgesetzten zu finden (Weibler, 1989; Hofmeister, 1991). Dieser Frage sind auch Frese und Semmer (1991) weiter nachgegangen, wobei sie deutlich zeigen konnten, daß psychosomatische Streßfolgen dann besonders deutlich zu beobachten sind, wenn die Handlungsspielräume klein sind und die soziale Unterstützung fehlt. Die Autoren folgern hieraus für die Praxis,

„... daß es oft lohnenswert ist, nicht nur die Stressoren zu verringern, sondern den Handlungsspielraum zu erhöhen und die soziale Unterstützung zu verbessern." (Frese & Semmer, 1991, S. 153).

Es bleibt jedoch zu bedenken, daß die Handlungsspielraumerweiterung auch Verantwortungserweiterung bedeutet, die nicht nur begrüßt, sondern auch gefürchtet werden kann. Hierin liegen Chancen und Risiken. Schönpflug (1987) sagt hierzu:

„So eröffnet sich Ihnen die – wie immer begrenzte – Möglichkeit, ihre Aufgaben, Fähigkeiten und Hilfen selbst zu gestalten. Ihre Selbst- und Umweltregulation kann dabei zwei Richtungen nehmen. Sie kann auf die Vermehrung von Fähigkeiten, Kräften und Hilfen hinwirken, damit die betroffenen Personen Belastungen besser gewachsen sind; in diesem Fall lassen sich auch die Anforderungen steigern. Die Regulation kann aber auch auf die Minderung von Fähigkeiten, Kräften und Hilfen gerichtet sein, um das Unterlassen von Tätigkeiten zu begründen und die damit verbundenen Anstrengungen und Risiken zu sparen. Das Unterlassen liegt vor allem bei wenig erfolgversprechenden Aufgaben nahe; es wird mitunter durch die Aussicht motiviert, die unterlassene Arbeit an andere Personen weitergeben zu können." (S. 166)

Es liegt auf der Hand, daß eine psychologisch orientierte Analyse nicht nur Stressoren diagnostizieren möchte, um sie zu reduzieren, sondern zugleich individuelle Wachstumschancen aufspüren will, um Entwicklungsmöglichkeiten offerieren zu können. Reduktion externer Stressoren und Aufbau individueller Kompetenz ergänzen sich. Dieser zweite Aspekt wird insbesondere von den Vertretern des handlungstheoretischen Modells betont.

3.3 Das handlungstheoretische Modell

3.3.1 Menschenbild

Für die Handlungstheorien steht die „Handlung" des Menschen im Mittelpunkt der Analyse, wobei „Handlung" eine klar umrissene Bedeutung hat, die sich aus dem übergeordneten Konzept der „*Tätigkeit*" ableitet, wie es zunächst in der marxistisch orientierten Psychologie von Rubinstein (1962) und Leontjew (1977) formuliert wurde. Unter der Tätigkeit bzw. gegenständlichen Tätigkeit des Menschen wird in einem weiten Sinne der Prozeß der Auseinandersetzung des Menschen mit der Welt verstanden. In diesem Prozeß eignet sich der Mensch die Welt praktisch und geistig an und verändert dabei die Welt und sich selbst. Rubinstein (1962, S. 232) sagt kurz und bündig: „Die grundlegende Daseinsweise des Psychischen ist seine Existenz als Prozeß, als Tätigkeit", und definiert die Tätigkeit als „einen Prozeß, der ein bestimmtes Verhältnis des Menschen zur Umwelt, zu anderen Menschen und den vom Leben gestellten Aufgaben verwirklicht".

Diese Sichtweise stellt zwei wesentliche Aspekte einer ganzheitlichen Betrachtung der menschlichen Tätigkeit heraus:

1. Die Tätigkeit verbindet den Menschen mit anderen Menschen und der Welt. Hieraus ergibt sich, daß der Mensch jeweils in dieser spezifischen Wechselwirkung zu seiner sozialen und physikalischen Umwelt, in der er lebt, verstanden werden muß. In diesem Sinne ist der Mensch auch ein soziales und historisches Wesen. Eine Analyse des Menschen „an sich", also losgelöst von seiner sozialen, physischen und historischen Einbindung, mag für den Anthropologen oder Mediziner sinnvoll sein, für den Handlungspsychologen wäre sie es nicht, da das Psychische als Prozeß der Auseinandersetzung innerhalb des jeweiligen Kontextes aufgefaßt wird.
2. Die Tätigkeit wird als Einheit geistiger und körperlicher Prozesse aufgefaßt. Bewußtsein und Tätigkeit werden nicht voneinander getrennt, sondern in ihrer Wechselwirkung gesehen. Eine „Psychologie", die im behavioristischen Sinne nur die äußeren sichtbaren Reiz-Reaktions-Verknüpfungen sieht, geht damit ebenso an dem eigentlichen Gegenstand des Psychischen vorbei wie eine „Psychologie", die sich lediglich mit der Struktur kognitiver Prozesse beschäftigt.

Bei einer solchen Betrachtung wird deutlich, daß die Arbeit eine ganz wesentliche Tätigkeit des Menschen ist. Sie bindet den Menschen an die Welt, und sie umfaßt körperliche und geistige Prozesse.

Winfried Hacker

3.3.2 Handlung als hierarchisch strukturierte Tätigkeit

„Handlung" ist eine Teilkategorie der Tätigkeit. Die Tätigkeit ist mit einem *Motiv* verbunden, während die Handlung mit einem *bewußten Ziel* verknüpft ist. Das Motiv ist dabei eine übergeordnete und stabile Zielorientierung des Menschen, die nicht stets bewußt und willentlich angestrebt wird, sondern als eine grundlegende Tätigkeitsausrichtung verstanden werden muß. Demgegenüber ist die Handlung, wie Hacker (1978) sagt:

„ ... die kleinste psychologische Einheit der willensmäßig gesteuerten Tätigkeit. Die Abgrenzung dieser Handlung erfolgt durch das bewußte Ziel, das die mit dem Motiv verbundene Vorwegnahme des Ergebnisses darstellt. Nur kraft ihres Ziels sind Handlungen selbständige, abgrenzbare Grundbestandteile (Einheiten) der Tätigkeit". (S. 62f.

Beispielhaft und zur Verdeutlichung kann als Tätigkeit die „Schaffung einer dauerhaften Unterkunft und Wohnung" oder auch „das Aneignen und der Erwerb beruflicher Qualifikation" verstanden werden. Die bewußt zielorientierte *Handlung* könnte dann beispielsweise die *gezielte Beobachtung des Wohnungsmarktes und die Verhandlung mit einem Makler* sein oder – im zweiten Beispiel – das *planvolle Durcharbeiten eines Lehrbuches*. Jede dieser Handlungen, die mit einer Idee, einem Plan oder einer Absicht beginnt und der Zielerreichung bzw. Zielkorrektur endet, läßt sich wiederum in einzelne Teilhandlungen (Operationen) und Bewegungen zergliedern, die teils automatisiert (habitualisiert) ablaufen und nicht mehr bewußt wahrgenommen werden, teils gar nicht mehr bewußtseinsfähig sind.

Hacker (1978, S. 62) gibt das in Abbildung 26 dargestellte hierarchische Schema zur Klassifikation von Tätigkeiten und ihrer Untereinheiten.

Zum Konzept der Handlung, als einer bewußt zielorientierten Tätigkeit gehört eine innere gedankliche Vorstellung des angestrebten Ergebnisses, sonst verlöre die Handlung Ziel und Richtung.

Um in unserem ersten Beispiel zu bleiben, könnte das Ziel in einem „finanziell akzeptablen Vertragsabschluß mit dem Wohnungsmakler" bestehen. Ob es dazu kommt, hängt darüber hinaus von dem Verhandlungsgeschick der beteiligten Vertragspartner und von den äußeren Umständen der Verhandlungssituation ab. Wenn unser Wohnungssuchender über Verhandlungserfahrung verfügt, so kann er während des Verhandlungsgesprächs einschätzen, wieweit er noch vom Ergebnis entfernt ist, welche Argumente und Gegenargumente in der augenblicklichen Situation nützlich sind und welche nicht.

Kurzum, die erfolgreiche Zielerreichung setzt nicht nur die Bewußtheit des Ziels, sondern auch eine Vorstellung des Weges zum Ziel voraus. In der Handlungsstrukturtheorie wird diese Vorstellung als *operatives Abbildsystem (OAS)* bezeichnet. Mit anderen Worten: Das OAS gibt dem Handelnden eine klare Vorstellung der ablaufenden und durch sein Handeln beeinflußten Prozesse. Dies wiederum ist Voraussetzung für eine planvolle Vorgehensweise im Unterschied zu einer „momentanen Strategie", die durch Versuch und Irrtum gekennzeichnet ist. Das operative Abbildsystem und die Handlung sind

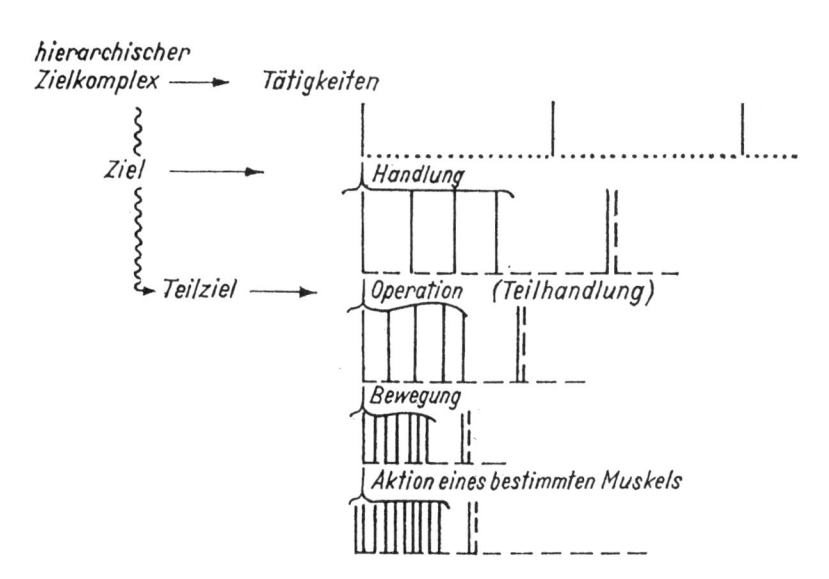

Abb. 26: Vereinfachendes Schema des hierarchischen Aufbaus der Tätigkeit (aus Hacker, 1978, S. 62)

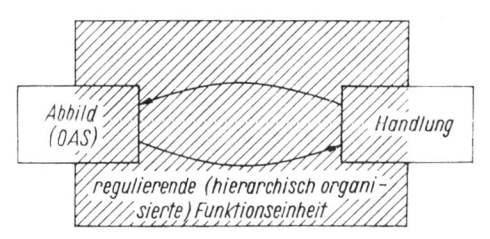

Abb. 27: Schema zum Begriff „regulierende Funktionseinheit" (aus Hacker, 1978, S. 91)

wechselseitig zu einer „regulierenden Funktionseinheit" (Hacker, 1978) verbunden. Die Vorteile eines realistischen operativen Abbildsystems und der hierauf aufbauenden „planenden Strategie" liegen nicht nur in der höheren Leistung, sondern auch in der geringeren psychischen Belastung, insbesondere dem Empfinden von Streß und Zeitdruck. Der Arbeitende wird nicht durch die Ereignisse „getrieben", sondern antizipiert sie und steuert sein Handeln selbst. Dies ist wiederum eine wesentliche Quelle der Zufriedenheit und des Stolzes auf die eigene Leistung.

Auch hierzu sei ein einfaches Beispiel gegeben:

Wenn wir uns den Arbeitsplatz „Kontrollwart in einem chemischen Betrieb" vorstellen, von dem aus chemische Prozesse in einem Reaktorgefäß gesteuert, überwacht und korrigiert werden, so informieren verschiedene Anzeigegeräte über Füllgrad, Druck, Temperatur, Stellung der Ventile, Fließgeschwindigkeit usw. Wenn wir weiter annehmen, daß eine Anzeige – etwa die Temperatur – vom Normalbereich abweicht und einen Eingriff des Operators erfordert, so wird unmittelbar einsichtig, daß eine präzise Vorstellung von den gerade ablaufenden Prozessen, ihren Ursachen, Verläufen und Wirkungen, sowie der Art und Intensität der Eingriffsmöglichkeiten und ihrer Effekte auf die Prozesse eine wesentliche Voraussetzung für einen kompetenten Eingriff des Operators darstellen. Diese Vorstellungsbilder sind das operative Abbildsystem. Dabei wird auch klar, daß – wie heute üblich – eine bildliche Darstellung der chemischen Prozesse durch Sichttafeln, Leuchten usw. den Erwerb eines inneren operativen Abbildsystems unterstützt.

3.3.3 Das TOTE-Modell: Vergleichs- und Rückkopplungsprozesse

Die Handlungstheorie lehnt psychologische Modellkonstruktionen, die sich entweder auf das äußere sichtbare Verhalten oder auf die inneren kognitiven bzw. affektiven Strukturen des Individuums *allein* konzentrieren, als einseitig und erklärungsarm ab. Stattdessen wird versucht, menschliches Handeln, insbesondere das Arbeitshandeln, unter Berücksichtigung der jeweiligen Situationen ganzheitlich zu erklären, d.h. in seinen gedanklichen, wahrnehmenden und motorischen Prozessen.

Das Modell geht davon aus, daß menschliches Handeln bewußt zielorientiert ist und in einzelnen aufeinander bezogenen Handlungsschritten voranschreitet (sensumotorische Ebene), wobei jeder Schritt zu einem gedanklich antizipierten Handlungsentwurf (intellektuelle Ebene) gehört und in einem beobachtend rückkoppelnden Prüfprozeß auf seinen Beitrag zur Verwirklichung des Handlungsziels kontrolliert und nötigenfalls korrigiert wird (perzeptiv-begriffliche Ebene) (vgl. Hacker, 1978).

Systemtheoretische Überlegungen dieser Art, die, bildlich gesprochen, Hand, Kopf und Augen miteinander verbinden, also davon ausgehen, daß der Mensch seine eigene Tätigkeit plant, ausführt, beobachtet und korrigiert, sind zwar in der Psychologie schon früh vertreten worden, haben aber unter dem dominanten Einfluß der behavioristischen Psychologie Skinners wenig Einfluß erlangt. Die sog. „kognitive Wende" hat zwar die vom Behaviorismus vernachlässigte Kognition ins Zentrum der Betrachtung gerückt, aber kaum die Brücke zum Verhalten geschlagen. Sie war in diesem Sinne ebenfalls einseitig ausgerichtet. Die Arbeiten von Leontjew (1977) in der (damaligen) Sowjetunion und diejenigen von Miller, Galanter und Pribram (1973) in den USA haben sich demgegenüber auf Verbindung zwischen Handlungsidee (Kognition) und Handlungsausführung (Motorik) und damit auf die Regulation der Handlung konzentriert.

Die Grundidee sei hier am vielzitierten Beispiel des Nageleinschlagens verdeutlicht (siehe Abb. 28).

Hacker (1978) hat diese Grundüberlegungen des TOTE-Rückkopplungskreises (TOTE = Test-Operate-Test-Exit) aufgegriffen, zusätzlich die Offenheit des Systems gegenüber der Umwelt betont und bei der Rückkopplung zwischen verlaufsorientierten sowie ergebnisorientierten Signalen unterschieden. Weiter unterstreicht er die Bedeutung von Zielen, die

1) eine aktivierende Funktion haben;
2) der Handlung eine Richtung geben und
3) die Vergleichs- und Korrekturprozesse steuern (vgl. Hacker, 1978, S. 98).

Hacker hält an dem wesentlichen Grundgedanken des Modells fest, wonach die jeweiligen TOTE-Einheiten bzw. – in seiner Begrifflichkeit – VVR-Einheiten (Veränderungs-Vergleichs-Rückkopplungseinheiten) in sich vernetzte Systeme hierarchisch geordneter Einheiten darstellen. Dies wird in Abbildung 29 (siehe S. 78) an einem Beispiel verdeutlicht.

Die Vollständigkeit und Komplexität dieses hierarchisch-sequentiellen Modells braucht dem Handelnden nicht permanent bewußt zu sein. Dann wäre der Handelnde sehr rasch kognitiv überfordert. Im Gegenteil, die Handlungsstrukturtheorie berücksichtigt die Tatsache, daß Übungs- und in deren Gefolge *Gewöhnungs-* oder *Habitualisierungsprozesse* eine kognitive Entlastung mit sich bringen. Beim geübten Autofahrer laufen viele Lenk-, Brems- und Beschleunigungsbewegungen automatisiert unterhalb der Bewußtseinsebene ab und schaffen damit kognitive Kapazität auf höheren Regulationsebenen. Diese Einzeloperationen oder Teilhandlungen sind andererseits – etwa bei überraschenden Konsequenzen – durchaus bewußtseinsfähig und binden dann die Aufmerksamkeit des Handelnden.

So wie Habitualisierungstendenzen zu einer „Entlastung von unten" führen, tragen *So-*

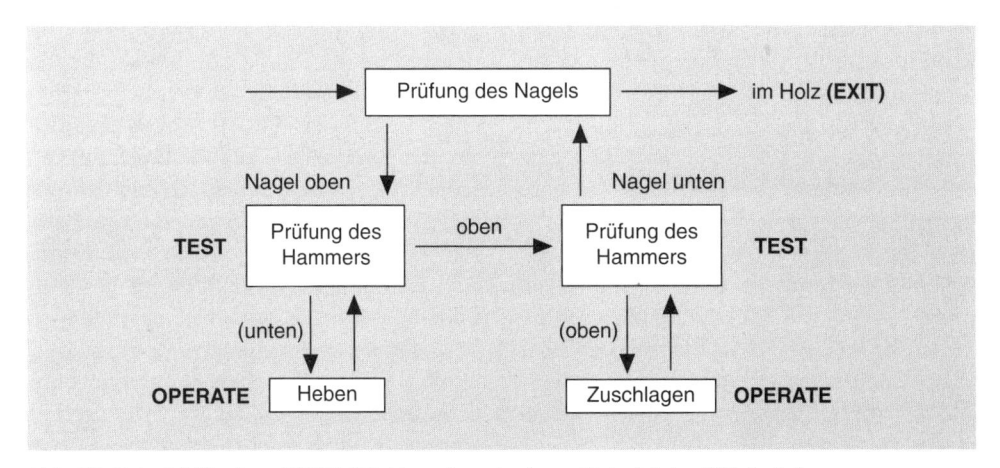

Abb. 28: Beispiel für einen TOTE-Rückkopplungskreis am Beispiel der Tätigkeit des Nageleinschlagens (Miller, Galanter & Pribram, 1973, S. 42)

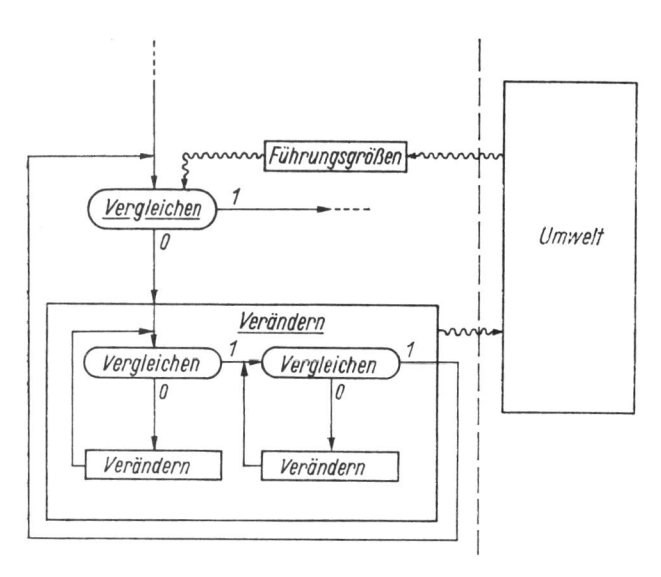

Abb. 29: Beispiel für die hierarchische Verschachtelung einer Veränderungs-Vergleichs-Rückkopplungseinheit (VVR-Einheit) (aus Hacker, 1978, S. 93)

zialisationsprozesse zu einer „Entlastung von oben" bei. Der Handelnde könnte die Ziele seines Handelns in einem ständigen Reflektionsprozeß überdenken, bewerten, korrigieren, verwerfen, ändern oder erneuern und käme dann vermutlich nicht mehr zur Ausführung seiner Handlung.

In dem Grade, wie Handlungsziele durch gesellschaftliche Werte vorgegeben oder nahegelegt und diese im Laufe des Sozialisationsprozesses erworben und verinnerlicht werden, erlangen sie jedoch subjektiv eine selbstverständliche Gültigkeit, die nicht mehr hinterfragt und damit ebenfalls unterhalb der Bewußtseinsebene wirksam wird, aber gleichwohl bewußtseinsfähig ist. Zwischen einem letztlich handlungslähmenden permanenten Reflexionsprozeß einerseits und einer völlig unkritischen Übernahme gesellschaftlicher Vorgaben andererseits gibt es freilich ein breites Feld.

Die Fähigkeit, realistische Handlungspläne zu entwickeln und umzusetzen, wird als *Handlungskompetenz* bezeichnet. Die Handlungskompetenz ist keine angeborene Disposition, sondern wird in der gegenständlichen Tätigkeit, d.h. in der Auseinandersetzung mit der Welt, erworben. Die Handlungskompetenz wird als ein System von Regeln gedacht, mit dessen Hilfe komplexe Handlungssequenzen zusammengesetzt werden. Dies ist vergleichbar der Sprachkompetenz, die den Menschen mit Hilfe eines relativ einfachen grammatikalischen Regelwerks und der physischen Möglichkeit der Artikulation verschiedener Laute befähigt, komplexe und völlig neue, so noch nie gesprochene Sätze zu formulieren. Anders als die behavioristische Lerntheorie, deren Konzept des Verstärkungslernens bereits die Ausführung eines Verhaltens voraussetzt, berücksichtigt das Konzept der Handlungskompetenz diese Fähigkeit des Menschen zur erfolgreichen Umsetzung auch solcher Handlungssequenzen, die der Handelnde in dieser Form nie zuvor geübt hatte. Handlungskompetenz ist die

Arbeitspsychologische Theorie-Konzepte

```
                    „Entlastung von oben"
              Übernahme gesellschaftlicher Werte
               in die individuellen Zielsetzungen

  Intellektuelle
  Regulations-Ebene                  ●

  Perzeptuell-begriffliche
  Regulations-Ebene           ●    ●    ●

  Sensumotorische
  Regulations-Ebene        ●●  ●●  ●●  ●●

                    „Entlastung von unten"
                    durch Übungs- und
                    Habitualisierungsprozesse
```

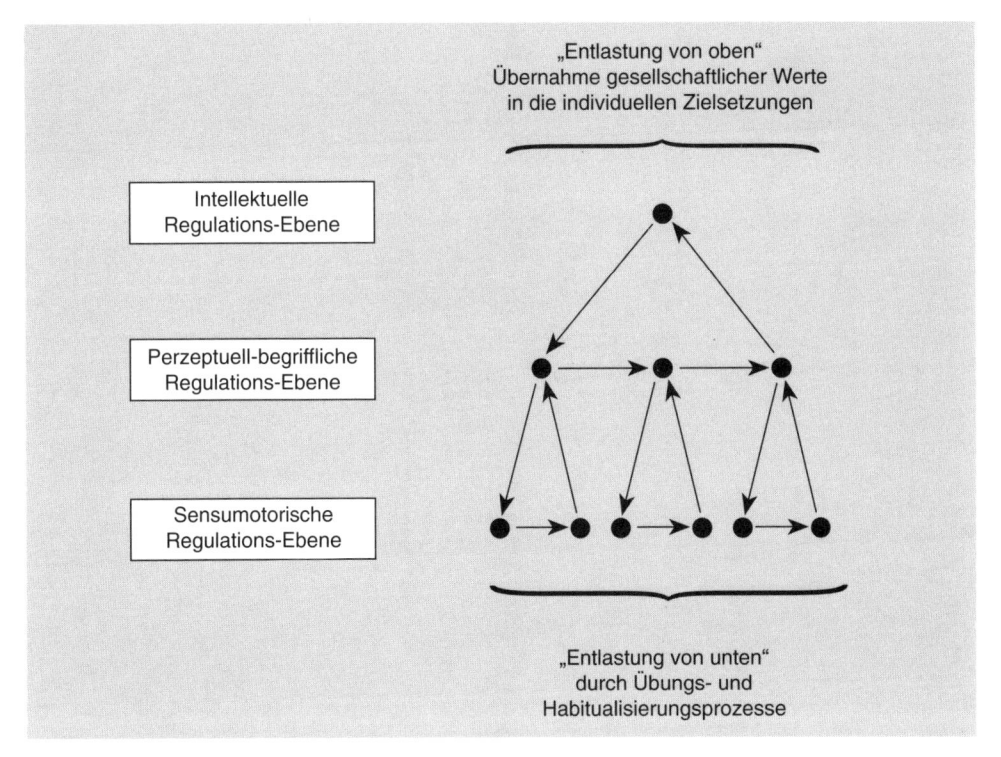

Abb. 30: Quellen und Ebenen der kognitiven Entlastung für individuelle Handlungen
(nach Volpert, 1979, S. 26)

„... Fähigkeit zum disponiblen Erzeugen realisierbarer Handlungspläne" (Hacker, 1978, S. 380).

Es versteht sich von selbst, daß eine Arbeitssituation, die vom Arbeitenden lediglich die gehorsame Ausführung vorgegebener Aufträge oder Routinen erwartet, nicht geeignet ist, den Erwerb von Handlungskompetenz zu unterstützen.

Hierarchisch fein gegliederte und streng arbeitsteilige Organisationen behindern vielfach den Erwerb der Handlungskompetenz, insofern als die Ebenen der Handlungsregulation durch Organisationsbarrieren getrennt werden: Es gibt wenig ganzheitliche Tätigkeiten, die planende, ausführende und kontrollierende Aspekte integrieren. Stattdessen ist eine Gruppe für Planung, eine andere für die Ausführung und eine dritte für die Kontrolle zuständig. Diese organisatorische Trennung behindert die Entwicklung individueller Handlungskompetenz und begünstigt stattdessen die Diffusion von Verantwortlichkeit: Im Zweifel war Niemand zuständig.

3.3.4 Kritische Anmerkungen zur Handlungsstrukturtheorie

Die Perspektive der Handlungsstrukturtheorie hat die Arbeits- und Organisationspsychologie wesentlich bereichert, indem sie einerseits die behavioristische oder kognitive Enge früherer Konzeptionen überwand und zugleich die normative Komponente präzisierte, indem sie Arbeitsbedingungen präferierte, die die Entwicklung der Handlungskompetenz und Selbstbestimmung förderten. Damit erweiterte sich das theoriegeleitete Interesse der Arbeits- und Organisationspsychologie und bezog zunehmend selbstbe-

Innovationsferne Unternehmenskultur
»Die Erfahrung, die Sie im Bereich der kreativen Entscheidungsfindung aufweisen, ist interessant, aber wir suchen nach jemandem, der über große Erfahrung im kreativen Ausführen von Anordnungen verfügt«

stimmte, durch den Arbeitenden selbst geregelte Arbeitstätigkeiten mit ein. Dies entsprach nicht nur den faktischen Tendenzen in der Arbeitswelt, sondern markiert auch den Anspruch der Arbeits- und Organisationspsychologie, innerhalb einer stark ökonomisch und technisch beeinflußten Arbeitswelt der Entwicklung des Menschen zu dienen.

Unbeschadet der hohen Verdienste, die insbesondere Hacker und seinen Mitarbeiterinnen und Mitarbeitern bei der Entwicklung der Theorie zukommen, sind einige kritische Anmerkungen zu machen (vgl. auch Neuberger, 1985, S. 66f.):

1. Der *individualistische Ansatz*: Obgleich sich Hacker auf gesellschaftstheoretische Positionen und die Psychologie der Tätigkeit von Leontjew bezieht, bleiben die Interaktionsbeziehungen am Arbeitsplatz weitgehend unbeachtet. Das arbeitende Individuum erscheint wie ein Mensch, der sich lediglich mit den Regulationserfordernissen seiner eigenen Tätigkeit auseinandersetzt. In Verteidigung der Theorie ließe sich allerdings anführen, daß dieser Kritikpunkt weniger die Theorie selbst als die vielen Anwendungsbeispiele trifft, die meist individualistische Arbeitssituationen herausgreifen. Die Theorie ist grundsätzlich jedoch offen auch für die

Behandlung der Regulationserfordernisse der vielfältigen Interaktionsbeziehungen am Arbeitsplatz, von einfachen Kommunikationssituationen über kooperative Abstimmungs- und Teamprozesse bis hin zu Konfliktsituationen.

2. Die *Vernachlässigung der Motivation:* Der Ansatz konzentriert sich auf die Fragen der Handlungsregulation unter weitgehender Vernachlässigung der Antriebsregulation oder Motivation. Ulich hat dies anläßlich einer Kongreßdebatte einmal auf die anschauliche Formulierung gebracht: „Dort wo die Handlungstheorie ein Motivationsloch hat, hat die Motivationstheorie ein Regulationsloch."

Hacker betont zwar die motivierende Wirkung, die sich aus der Zielsetzung der Arbeit und ihrer gesellschaftlichen Funktion ergibt, um dann jedoch eine weitgehende Konvergenz zwischen individuellen und gesellschaftlich übergeordneten bzw. vorgegebenen Zielen zu unterstellen (Hacker, 1978, S. 115).

3. Die *Vernachlässigung der Reflexivität:* Obgleich die Handlungsstrukturtheorie von der Einheit der Person als intellektuelles, wahrnehmendes, beurteilendes und handelndes Wesen ausgeht, bleibt dieser Aspekt der kritischen Reflexion der Ziele, Bedingungen und Ergebnisse des eigenen und des gesellschaftlichen Arbeitsprozesses unterbelichtet. Die Person wird zum Agenten des Systems: „Im Grunde handelt nicht sie, sondern das System, zu dessen Erfüllungsgehilfen sie degradiert wird ... " (Neuberger, 1985, S. 67).

Dieser Punkt ist mit dem eben genannten vermutlich insofern verbunden, als Hacker seine Theorie in „DDR-Zeiten" entwickelt und begründet hat. Wenn nun aus anderer Warte eine gewisse gesellschaftliche Färbung der Theorie wahrgenommen wird, so ist auch dies keine wissenschaftliche, sondern wiederum eine gesellschaftliche Wertung.

3.4 Schlußbemerkung

Die hier dargestellten unterschiedlichen Theorieansätze sind eher arbeits- als organisationspsychologischer Natur. Die Weiterentwicklung dieser Theorien signalisiert einerseits Fortschritt, andererseits Stillstand.

Der Fortschritt zeichnet sich dadurch aus, daß die früheren Stimulus-Response-Orientierungen, bei denen der Mensch als reaktives Wesen und seine Arbeit als fremdbestimmt angesehen wurde, weitgehend überwunden wurden. Sie wurden durch kognitive Ansätze ergänzt, wie es insbesondere in der Handlungsregulationstheorie deutlich wird. Damit vollzieht sich nicht nur eine Theorieentwicklung, sondern auch eine Wandel des Anspruchs: Es geht künftig stärker um die Betonung des Gestaltungszieles: Arbeit soll dem Menschen Entfaltungschancen bieten.

Der Stillstand liegt darin, daß diese Weiterentwicklungen noch keinen Brückenschlag zu einer psychologischen Theorie der Organisation erkennen lassen. Das Thema „Organisation" wird nach wie vor eher von der Soziologie als der Psychologie aufgegriffen. (vgl. Türk, 1989, sowie Crozier & Friedberg, 1979).

Auch die Sozialpsychologie, der noch eine relativ große Affinität zum Gegenstand der Organisation unterstellt werden kann, hält sich hier zurück. Selbst den psychologischen Ansätzen, die auf soziologische Konzepte zurückgreifen, wie Katz und Kahn (1978) dies mit dem Hinweis auf die Rollentheorie tun, wird diese Brückenschlagsfunktion abgesprochen.

Greif (1983, S.146) formuliert dies sehr pointiert, wenn er ausführt, daß Katz' und Kahns gesamte elaborierte systemtheoretische Terminologie verzichtbar und auf kog-

Siegfried Greif

nitive Kategorien der Erwartung reduzierbar sei und daher lediglich als „abstrakt-unverbindliche Meta-Theorie" gewertet werden könne.

Wenn hier beklagt wird, daß die Brücke zwischen der arbeitspsychologischen und der organisationspsychologischen Theoriebildung noch unvollkommen ist, so unterstellt diese Formulierung, es gäbe bereits zwei – allerdings voneinander unabhängige – Theoriegebäude, und es bedürfe nur noch des Verbindungssteges zwischen ihnen. In Wirklichkeit ist die Sache schwieriger. Während es durchaus angebracht ist, von arbeitspsychologischen Theorien zu sprechen, die auch präzise formuliert und empirisch geprüft sind, gibt es beim organisationspsychologischen Theoriegebäude allenfalls den Aushub einer Baugrube.

Organisationen waren kein Gegenstand psychologischer Theoriebildung. Auch wenn heute gelegentlich von der „lernenden Organisation" gesprochen wird, ist es nicht die Organisation, sondern der Mensch innerhalb der Organisation, der lernt. Mit dem Verhalten von Organisationen haben sich die Soziologen, Politologen und Ökonomen beschäftigt, wobei teils deskriptive, teils präskriptive Ansätze diskutiert wurden. Es ging also entweder um die Frage, wie sich Organisationen entwickeln und wie sie funktionieren, oder um pragmatische Hinweise zur optimalen Gestaltung von Organisationen.

Im Rahmen der psychologischen Theoriebildung, die sich dem Verhalten von Menschen, nicht von Organisationen widmet, spielten Organisationen meist die Rolle von Kontextbedingungen. Je nachdem ob diese organisationalen „settings" eher als soziale Systeme oder als physische Umwelten betrachtet werden, könnten organisationspsychologische Theorien dann ebensogut als Teile der Sozialpsychologie oder der ökologischen Psychologie gelten. In der Tat sind die Grenzen fließend: Gehören Führungstheorien zur Sozial- oder zur Organisationspsychologie, und sind Studien zur Wirkung von Büroräumen auf das Arbeitsverhalten organisations- oder ökologisch-psychologische Forschungen?

Es geht hier nicht um kleinkarierte Grenzziehungen oder die Verteidigung organisationspsychologischer Ansprüche, sondern um den Hinweis darauf, daß die organisationspsychologische Theoriebildung noch am Anfang steht und daß sie ohne Bezug zu den Nachbardisziplinen nicht auskommen kann.

Abb. 31: Gerippebau beim Opel Kapitän (1939)

Abb. 32: Fließband (1931)

Kapitel 4

Die psychologische Arbeitsanalyse

Die Arbeitsanalyse steht am Anfang arbeitspsychologischer Tätigkeiten. Sie analysiert die objektiven und subjektiven Bedingungen und Möglichkeiten der Erfüllung der selbst- oder fremdgesetzten Arbeitsaufgaben sowie ihrer Wirkungen für den arbeitenden Menschen. Da Arbeit in aller Regel innerhalb arbeitsteiliger und durch Werkzeuge unterstützter Systeme stattfindet, wird auch vom „Mensch-Maschine-System" (MMS) gesprochen. Diese Bezeichnung akzentuiert die Wechselwirkung zwischen dem objektiven (Maschine) und dem subjektiven (Mensch) Gegenstandsbereich. Die Skizze von Hoyos gibt einen groben Überblick über die relevanten Faktorengruppen.

4.1 Kernbegriffe arbeitspsychologischer Analyse

Die Arbeitsanalyse beschäftigt sich mit der Interaktion von Mensch und Arbeit. Auf die drei Kernbegriffe *Interaktion, Arbeit* und *Mensch* sei kurz eingegangen.

1. Interaktion

Das Wort Interaktion (Wechselwirkung) soll deutlich machen, daß weder die Analyse der Arbeit noch die Diagnose des Menschen allein Gegenstand der Arbeitsanalyse sind, sondern daß die *Beziehungen* zwischen der konkreten Arbeit und dem jeweiligen Menschen betrachtet werden sollen. Eine isolierte Diagnose der Arbeitsaufgaben oder der Arbeitsbedingungen oder der individuellen Eignungen sind wichtige Bestandteile der Arbeits-

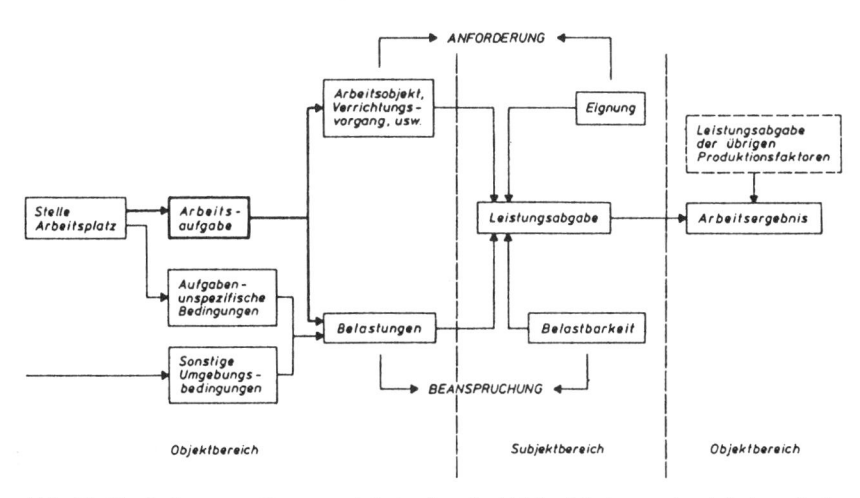

Abb. 33: Der Leistungsvollzug am Arbeitsplatz in Abhängigkeit von der Arbeitsaufgabe und sonstigen Bedingungen (aus Hoyos, 1974, S. 58)

analyse, aber noch nicht die Analyse selbst. Weiterhin verweist das Wort „Interaktion" auf einen *dynamischen Zusammenhang*. Die Arbeit beeinflußt den Menschen und der Mensch beeinflußt die Arbeit.

2. Arbeit

Arbeit steht hier nicht nur für die jeweiligen Arbeitsinhalte und Arbeitstätigkeiten, sondern betrachtet die Arbeitsaufgaben bzw. -anforderungen ebenso wie die Bedingungen, unter denen die Arbeit verrichtet wird bzw. werden soll. Hierzu zählen soziale (Arbeitsgruppen, Vorgesetzte, Mitarbeiter) wie auch physische (Arbeitsraum, Licht, Temperatur, Lärm etc.) Merkmale. Weiter gehören die Maschinen, Werkzeuge und Hilfsmittel dazu. Hierbei geht es gewissermaßen um die Objektseite der Interaktion von Mensch und Arbeit.

3. Mensch

Der Mensch ist in der Arbeitstätigkeit nicht nur mit seinen körperlichen Kräften und Bewegungen beteiligt, sondern in seinem kognitiven und seinem emotionalen Vermögen gefordert.

Der arbeitende Mensch wird als physisches, psychisches und soziales Wesen betrachtet, das nicht nur auf die sachlichen und sozialen Arbeitsanforderungen und -bedingungen reagiert, sondern selbst zielgerichtet tätig wird, die eigene Arbeit reflektiert, gestaltet und korrigiert.

4.2 Ansätze und Verfahren der Arbeitsanalyse

Die Arbeitsanalyse erschöpft sich nicht im Sammeln von Zahlen und Fakten. Sie ist eine zielgerichtete und systematische Vorgehensweise, bei der relevante Daten erhoben, methodisch aufbereitet und zielorientiert interpretiert werden. Allerdings gibt es *die* psychologische Arbeitsanalyse nicht, vor allem nicht im Sinne eines „Kochrezepts", dem man einfach nachgehen müßte. Stattdessen finden wir unter dem vereinheitlichenden Begriff der Arbeitsanalyse sehr unterschiedliche Ansätze und Methoden (vgl. die Aufstellung auf den nächsten Seiten von Landau & Rohmert, 1987).

Frei begründet diese Vielfalt der arbeitsanalytischen Ansätze und Vorgehensweisen mit der inhaltlichen Breite der Kernbegriffe *Arbeit* und *Analyse*:

„Das Stichwort ‚Arbeit' steht [dabei] für alle möglichen Komponenten oder Aspekte der menschlichen Arbeitssituation: Denkbare Komponenten sind etwa der Arbeitsplatz, seine physikalische und soziale Einbettung, der Materialfluß, Umgebungsbedingungen, der betrieblich gestellte Auftrag (und/oder seine Redefinition in eine Aufgabe), die psychische Regulation der Tätigkeit usw.; denkbare Aspekte sind etwa das Problem der Arbeitszufriedenheit, der Arbeitsmotivation, der Leistung, der Eignung, der Effektivität, der Qualifizierung usw.

Das Stichwort ‚Analyse' steht ebenfalls für ein breites Spektrum; es kann bedeuten: beobachten, beschreiben, klassifizieren, auszählen, messen, in Elemente zerlegen usw.

Diese Vielfalt ist die natürliche Ursache dafür, daß im Bereich ‚Arbeitsanalyse' z.T. sehr heterogene Ansätze und Verfahren existieren und sich wohl auch noch weiter behaupten werden." (Frei, 1981, S. 11).

Die Fülle der Ansätze läßt sich entlang eines Kontinuums mit den plakativ bezeichneten Polen

– *„Anpassung des Menschen an die Arbeit"* und
– *„Anpassung der Arbeit an den Menschen"*

ordnen (Zapf, 1989, S. 30).

Wie jede pointierende Vereinfachung, so soll auch diese Gegenüberstellung einen Aspekt hervorheben, nicht eine Gesamtbeschreibung liefern.

Tabelle 5: Beispiele für Verfahren der Arbeitsplatzanalyse (aus Landau & Rohmert, 1987, S. 98–100)

Kurzbezeichnung	Titel	Quelle	Zielrichtung
PAQ/FAA	Position Analysis Questionnaire/Fragebogen zur Arbeitsanalyse	McCormick, E. J., Jeanneret, P. R. & Mecham, R. C.: The development and background of the Position Analysis Questionnaire (PAQ). Lafayette, Ind.: Occupational Research Center, Purdue Univ. Report No. 5, 1969 bzw. Frieling, E. & Hoyos, C. Graf: Fragebogen zur Arbeitsanalyse (FAA) Bern: Huber, 1978	Breitbandverfahren zur Einordnung unterschiedlicher Arbeitsplätze. Einordnung geschieht über einen Vergleich der Merkmale (Items) des Verfahrens. Vorwiegender Anwendungszweck: Gewinnung von Ähnlichkeitsaussagen über Arbeitsplätze auf der Basis festgelegter Merkmale (Frieling, 1979)
Standard-Arbeitsplatz-Karte	Einheitliche Arbeitsplatzkarte	Arendt, M; Uhlemann, K. D.: Vorschlag zur Anwendung einer einheitlichen Arbeitsplatzkarte. Arbeit und Arbeitsrecht 29, 1974, 733–739	Primärdatenträger für alle arbeitsplatzbezogenen Informationen; Planung der Verbesserung der Arbeitsbedingungen und der Arbeitsorganisation.
AET	Arbeitswissenschaftliches Erhebungsverfahren zur Tätigkeitsanalyse	Landau, K.; Luczak, H; Rohmert, W.: Arbeitswissenschaftlicher Erhebungsbogen zur Tätigkeitsanalyse (AET), in Rohmert, W.; Rutenfranz, J. (Hrsg.): Arbeitswissenschaftliche Beurteilung der Belastung und Beanspruchung an industriellen Arbeitsplätzen, Bonn (1975) und Rohmert, W.; Landau, K.: Arbeitswissenschaftliches Erhebungsverfahren zur Tätigkeitsanalyse – AET. Bern: Huber (1979)	Breitbandverfahren zur enpaßbezogenen Tätigkeits- bzw. Belastungsanalyse. Anwendung z. B. zur Arbeitsgestaltung/Arbeitsstrukturierung, Arbeitsbewertung, arbeitsmedizinischen Risikoerkennung sowie zur Technikfolgeabschätzung (s. dazu Abschnitt 3.2)

Tabelle 5: Beispiele für Verfahren der Arbeitsplatzanalyse (Fortsetzung)

Kurzbezeichnung	Titel	Quelle	Zielrichtung
VILA	Verfahren zur Identifizierung lernrelevanter Arbeitsmerkmale	Volpert, W.; Ludborzs, B. & Muster, M.: Lernrelevante Aspekte in der Aufgabenstruktur von Arbeitstätigkeiten – Probleme und Möglichkeiten der Analyse, in: Frei, F. & Ulrich, E. Beiträge zur psychologischen Arbeitsanalyse, Bern: Huber, 1981	Vergleich verschiedener Arbeitsplätze und Vorher/Nachher-Vergleich bezüglich Persönlichkeitsförderlichkeit und Ableitung von Ansatzpunkten zur Neugestaltung von Arbeitstätigkeiten.
TBS	Bewertung und Gestaltung von progressiven Inhalten der Arbeit	Baarss, A.; Hacker, W.; Hartmann, W.; Iwanowa, A.; Richter, P. & Wolf, S.: Psychologische Arbeitsanalysen zur Erfassung der Persönlichkeitsförderlichkeit von Arbeitsinhalten, in: Frei, F.; Ulrich, E. (Hrsg.): Beiträge zur psychologischen Arbeitsanalyse, Bern: Huber, 1981	Analyse und Bewertung der Persönlichkeitsförderlichkeit von Arbeitsaufträgen bzw. realisierten Tätigkeiten. Einordnung des Auftrages in den Produktionsprozess, die Mensch-Maschine-Funktionsteilung und die Arbeitsteilung. Tätigkeitsanalyse hinsichtlich kognitiver und manueller Verrichtungen. Ableitung von Lernerfordernissen.
VERA	Verfahren zur Ermittlung von Regulationserfordernissen in der Arbeitstätigkeit	Volpert, W.; Oesterreich, R.; Gablenz-Kolakovic, S.; Krogoll, T. & Resch, M.: Verfahren zur Ermittlung von Regulationserfordernissen in der Arbeitstätigkeit (VERA). Köln: TÜV-Rheinland, 1983	Bestimmung der Denk- und Planungsprozesse („Regulationserfordernisse") bei der Ausführung von Arbeitsaufgaben zur Identifikation veränderungsbedürftiger Arbeitsplätze bzw. Bewertung der „Persönlichkeitsförderlichkeit" von Tätigkeiten.

Tabelle 5: Beispiele für Verfahren der Arbeitsplatzanalyse (Fortsetzung)

— — —	Ergonomische Bewertung von Arbeitssystemen	Schmidtke, H.: Ergonomische Bewertung von Arbeitssystemen, München: Hanser 1976	Beschreibung der technischen Komponenten und der Umweltfaktoren von Arbeitssystemen mit anschließender Gebrauchswert- und Nutzwertbeurteilung, Ableitung von Aussagen zur gesundheitlichen Unbedenklichkeit, Bedienungs- und Funktionssicherheit, Realisierbarkeit der intendierten Funktions- und Leistungsziele.
Profils de Postes	Arbeitsplatzprofile	Services des conditions de travail de la Régie Nationale des Usines Renault (Hrsg.): Les profils des postes, Paris 1976	Aufdeckung von Gestaltungs-Schwachstellen in erster Linie an gewerblichen Arbeitsplätzen; numerische Bewertung der Schwachstellen.
— — —	Arbeitshygienische Professiographie	Häublein, H.-G.; Heuchert, G.; Schulz, G. & Blau, E.: Methodische Anleitung zur arbeitshygienischen Professiographie, Berlin: Forschungsverband Arbeitsmedizin der DDR, 1979	Arbeitshygienische Analyse von Arbeitsplätzen zur Bewertung von Belastungen und Expositionen. Aufdeckung kausaler Zusammenhänge von Berufsmerkmalen und Gesundheitsentwicklung.
— — —	Verfahren zur Beschreibung der Verwandtschaft zwischen Tätigkeiten	Janes, A.: Verfahren zur Beschreibung der Verwandtschaft zwischen Tätigkeiten, Ref. am 26. Kongress der GfA, 6.3.1980 in Hamburg	Aussagen über Handlungen und Handlungselemente, die prozeßspezifische und prozeßübergreifende Qualifikationen vermitteln. Erkennen von Tätigkeitsverwandtschaft und Flexibilitätspotential von Tätigkeiten.
BEAT	Betriebssoziologischer Erhebungsbogen zur Arbeitsplatz- und Tätigkeitsanalyse	Linke, J.: Die Arbeitsanalyse als Element einer Handlungsanalyse, in: Frei, F. & Ulrich, E. (Hrsg.): Beiträge zur psychologischen Arbeitsanalyse, Bern: Huber, 1981	Ermittlung von Eigendisponierbarkeit, Kontrollspielräumen, Komplexität der Aufgabenstruktur

4.2.1 „Anpassung des Menschen an die Arbeit"

Arbeiten der ersten Richtung entstammen einem technologisch-ingenieurwissenschaftlichen Denkschema, das den Menschen als ein System von Muskeln, Gelenken und Hebeln – vergleichbar einer Maschinenmechanik – betrachtet und mit dem Ziel analysiert, ihn als funktionierendes Teil in ein größeres Mensch-Maschine-System zu integrieren. Die Optimierung der Funktionsfähigkeit dieses Systems steht im Vordergrund der Betrachtung.

Historisch gesehen gehen diese Ansätze auf Überlegungen von F.W. Taylor und Gilbreth zurück, die bereits 1911 Zeit- und Bewegungsstudien vorgeschlagen und durchgeführt hatten.

Kennzeichnend für diese frühen Analysen war die Konzentration auf physische Aspekte der Bewegungsoptimierung, die Vernachlässigung oder gar Ausblendung psychischer Aspekte der Handlungsmotivation und der Handlungsregulation sowie die Zerstückelung (Atomisierung, Partialisierung) der Arbeitstätigkeit in einzelne Bewegungsabläufe. Dies ergab sich teilweise aus

- der *Zielsetzung* dieser Studien: es ging um Zeit- und Bewegungsoptimierung bzw. -bewertung;
- den *analysierten Arbeitsbereichen*: es ging vorwiegend um Fabrikarbeit im Produktionsbereich sowie

Abb. 34: Der „*Betriebspsychograph*" – eine einfache Uhr zur Kontrolle der Arbeitszeiten

Abb. 35: Buchtitel „Rationelle Menschenführung" (1930)

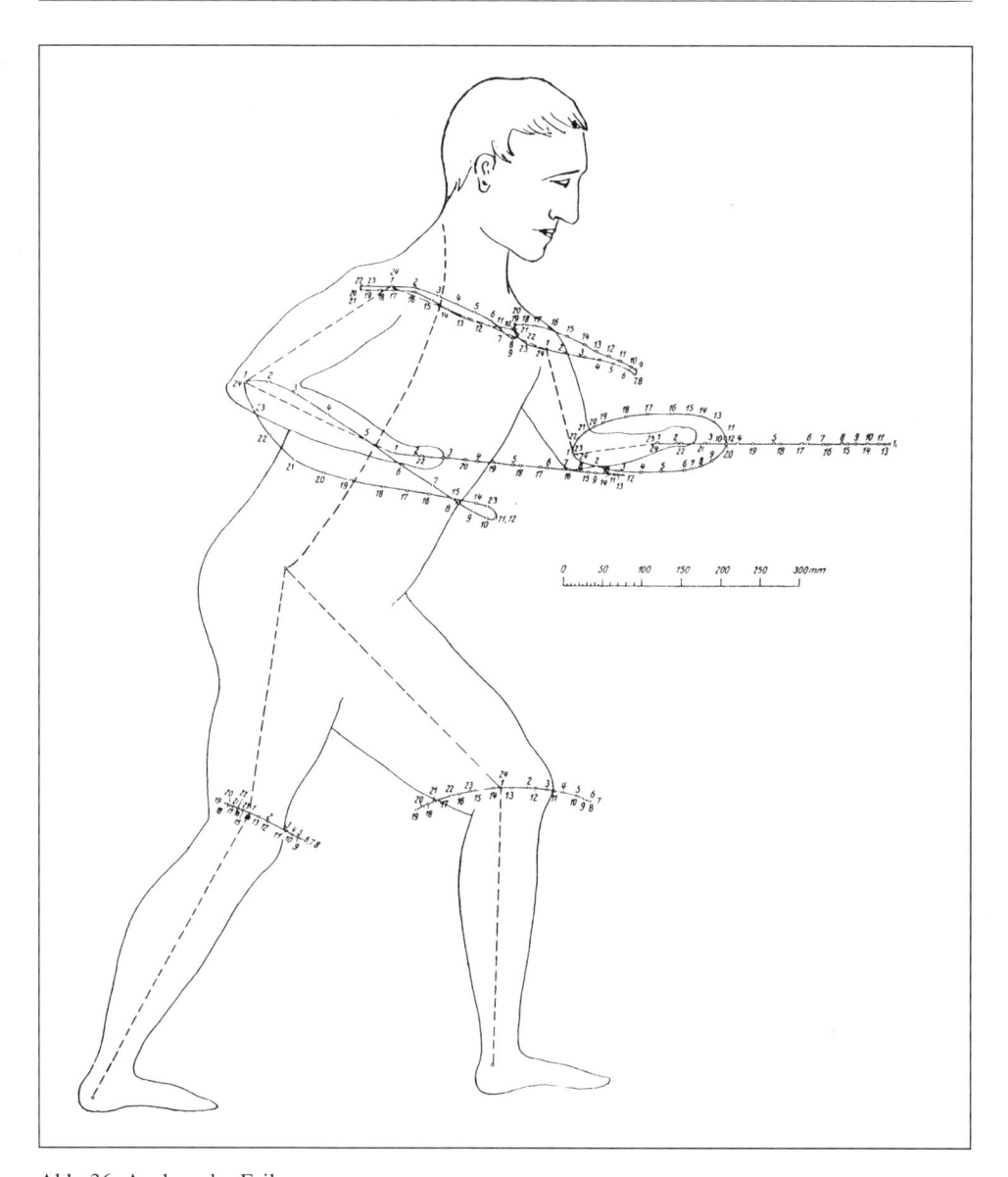

Abb. 36: Analyse des Feilens

- der *quantitativ-messenden Untersuchungsmethodik,* die sich insbesondere zur Analyse einzelner sichtbarer Bewegungsabläufe eignete.

Dieser Ansatz ist verständlicherweise eher von naturwissenschaftlich geprägten Arbeitswissenschaftlern, also Ingenieuren, Medizinern und Ergonomen, als von Sozialwissenschaftlern und Psychologen verfolgt worden. Dem Vorzug der naturwissenschaftlichen Präzision steht der Nachteil der Reduktion auf ein behavioristisches Menschenbild gegenüber, das den Menschen als reaktives und nicht als aktiv-selbstbestimmtes und reflektierendes Wesen begreift.

4.2.2 Humanistische Ansätze: „Anpassung der Arbeit an den Menschen"

Auf der anderen Seite stehen Konzepte einer humanistischen Psychologie, der die Entfaltung und Entwicklung des Menschen als eines geistig-körperlich-seelischen Individuums am Herzen liegt und die Analyse und Gestaltung der Arbeit insbesondere deswegen betreibt, weil die Arbeit, wie Rubinstein (1958, S. 704) formulierte, das „ ... wichtigste Mittel zur Formung der Persönlichkeit ist."

Diese Position, die sich teilweise als Reaktion auf die technologische Verkürzung des Menschenbildes und die ökonomischen Optimierungsziele bildete, wurde ebenfalls bereits in den 20er Jahren pointiert vorgetragen. So hatte Rupp (1929, S. 17) gefordert: „Das letzte Ziel ist also nicht Wirtschaftlichkeit, sondern ist und bleibt das Wohl der Menschen, die die Wirtschaft schaffen und tragen." Dem Vorzug der ganzheitlichen und humanistischen Perspektive steht der Nachteil der geringeren Faßbarkeit und Meßbarkeit gegenüber.

Die Unterschiedlichkeit der Positionen war denn auch immer wieder Anlaß für teils heftige Kontroversen, die nach anfänglichen wechselseitigen Vorwürfen und Abgrenzungsbemühungen, die Neuberger (1985, S. 41f.) als „eifersüchtig", „kleinkariert" sowie „dogmatisch-elitär" einstuft, schließlich zu einer konstruktiveren Auseinandersetzung und gegenseitigen Befruchtung geführt haben.

Beispielhaft für die mangelnde Konstruktivität der Diskussion sei hier die Auseinandersetzung um eine Denkschrift der Deutschen Forschungsgemeinschaft (DFG) „Zur Lage der Arbeitsmedizin und Ergonomie" angeführt, in der die naturwissenschaftlich orientierten Autoren gegen die „Infiltration sozialemanzipatorischer Ansätze" und die „sozialwissenschaftliche Billigforschung" zu Felde gezogen waren (vgl. auch Abholz et al., 1981).

Heute lassen sich die Positionen, trotz einer gewissen Annäherung, immer noch als „ingenieurpsychologisch" orientierte einerseits und als „handlungspsychologisch" geprägte andererseits differenzieren, wobei beide Seiten für sich in Anspruch nehmen, gleichermaßen produktivitäts- und persönlichkeitsförderlich zu sein. Gleichwohl ergeben sich Unterschiede in Ansatz, Vorgehensweise und Zielsetzung.

4.2.3 Klassifikation von Arbeitsanalyseverfahren

Frei (1981, S. 20) hat vorgeschlagen, die verschiedenen Verfahren der Arbeitsanalyse nach vier unterschiedlichen Gesichtspunkten einzustufen:

	Mensch	**Maschine**
Hardware	(*Physiologische Variablen*) z.B. Körpergröße, Gesundheit, Belastung, Beanspruchung	(Arbeitsplatz, -mittel, Umgebungsbedingungen) z.B. Umgebungsbelastung, betriebliche Parameter, Unfallgefährdung
Software	(*Psychologische Variablen*) z.B. Motivation, Zufriedenheit, Handlungsstrategien	(Auftrag/Aufgabe/Ausführungsbedingungen) z.B. Arbeitskomplexität, Handlungsspielraum, Kooperationserfordernis

Abb. 37: Vier-Felder-Matrix zur Klassifikation von Daten aus Arbeitsanalysen. Darstellung in tabellarischer Form nach Frei (1981) in Frei & Ulich, 1981, S. 22

1. Die *Art* der durch die Analyse gewonnenen Daten bzw. Informationen;
2. *Intendierte Anwendungen* der Analysebefunde;
3. *Theoretische Fundierung* des Ansatzes;
4. *Formale Charakteristika* des Verfahrens.

Die erste Kategorie „Art der Daten" bezeichnet den Gegenstand, über den die Daten eine Aussage treffen. Sie mögen sich einerseits eher auf subjektive (Mensch) oder objektive (Maschine) Aspekte beziehen und können andererseits eher als gegebene (Hardware) oder gestaltbare (Software) Faktoren aufgefaßt werden. Nach dieser Überlegung schlägt Frei eine Vier-Felder-Matrix zur Klassifikation der „Art der Daten" vor (siehe Abb. 37).

Im Hinblick auf die zweite Kategorie der „Anwendungsintention" ergibt sich ebenfalls eine Fülle unterschiedlicher Möglichkeiten, die von Landau und Rohmert (1987, S. 82f.) wie folgt klassifiziert werden:

Tabelle 6: Ausgewählte Anwendungsgebiete von Tätigkeitsanalyseverfahren (aus Landau & Rohmert, 1987, S. 82–83)

Einsatzbereich	Anwendungsfall und mögliches Ergebnis
Ergonomische und arbeitstechnische Gestaltung von Arbeitssystemen	
Arbeitssystemdokumentation und -diagnose	Beschreibung und gegebenenfalls Quantifizierung von Systemelementen und ihren Eigenschaften, z.B. bezüglich der mit ihnen verbundenen Belastungen; Ableitung von Gestaltungsnotwendigkeiten; Bildung und Überprüfung von Gestaltungsprioritäten; Verhinderung möglicher Schädigungen durch Ermittlung nicht erträglicher Belastungen/Beanspruchungen; Gezielter Belastungsabbau
Produktgestaltung	Beschreibung und gegebenenfalls Quantifizierung von Produkteigenschaften im Hinblick auf ihre menschbezogene Wirkung bei der späteren Nutzung durch den Konsumenten bzw. Investor
Betriebsorganisation	
Vorbereitung organisatorischer Umstellungen	Analyse von Anforderungsprofilen verschiedener Tätigkeiten vor und nach betrieblichen Umstellungen bzw. vor und nach technisch/technologischen Änderungen; Prognose von Anforderungsverschiebungen durch technischen Wandel
Arbeitsablaufgestaltung	Aufgaben bzw. Anforderungsabfolgen im Verlauf der Arbeitszeit
Schichtzeit- und Pausengestaltung	Festlegung von Pausenzeiten auf der Basis von Belastungsrangreihen für Arbeitssysteme; Arbeitsverteilung für bestimmte Schichtlagen nach Anforderungsarten und -umfang; Vermeidung von Fehlzeiten durch belastungsbezogene Ursachenanalyse

Tabelle 6:   Ausgewählte Anwendungsgebiete von Tätigkeitsanalyseverfahren (Fortsetzung)

Personalverwaltung	
Personalwerbung	Erstellen von Personalanzeigen nach vorliegenden Tätigkeitsanalysen
Auslese und Plazierung	Selektion von Bewerbern auf den Grad der Übereinstimmung von Anforderungs- und Eignungsprofil; Festlegung von Eignungskriterien/Tauglichkeitskriterien
Anlernung/Einarbeitung/ Umschulung	Ableitung von Schulungsnotwendigkeiten/Schulungsmaßnahmen anhand des Aufgaben/Anforderungsprofils von Arbeitssystemen
Eingliederung leistungsgeminderter und anderer Personengruppen in den Betrieb	Suche nach geeigneten Arbeitssystemen mit bestimmten Aufgaben/Anforderungsprofilen zur Sicherstellung der Erträglichkeit der Arbeit
Qualitative Personalplanung bzw. Personaleinsatzplanung	Vergleich von Eignungs- und Anforderungsmerkmalen (langfristige und kurzfristige Betrachtungsweise)
Personalvertretung	Tätigkeitsanalysen als Diskussionsgrundlage in Gesprächen bzw. Auseinandersetzungen zwischen den Tarifvertrags- bzw. Betriebsparteien
Lohngestaltung	Überprüfung von Einstufungen durch Vergleich der Anforderungen von problematischen Arbeitssystemen mit betrieblichen Brücken- oder Eckarbeitssystemen
Entlohnungsgrundsatzdiagnose	Vergleich betrieblicher und branchentypischer Anforderungen im Hinblick auf Angemessenheit eines Entlohnungsgrundsatzes
Berufsberatung und -forschung	
Berufsklassifikation	Ableitung einer anforderungs- bzw. aufgabenbezogenen Tätigkeitsklassifikation und Vergleich mit herkömmlichen Berufsklassifikationen; Gesundheitsstatus in verschiedenen Berufsgruppen; Analyse von Tätigkeiten bzw. Berufen nach psychischen und physischen Eignungsvoraussetzungen; Analyse von Unfallschwere und -häufigkeit nach Tätigkeits-/Berufsgruppen; Klassifikation von Berufen nach soziodemographischen Faktoren
Berufsberatung und -aufklärung	Erläuterung von Tätigkeitsspektren bei der Beratung von Schulabsolventen

Die dritte Kategorie „theoretische Fundierung" bezieht sich auf die Perspektive, unter der das Arbeitshandeln betrachtet wird. Gemeinsam ist den verschiedenen theoretischen Orientierungen, daß Arbeit nicht in Isolation, sondern im Kontext von objektiven und subjektiven Voraussetzungen und Bedingungen betrachtet wird. Hoyos (1974, S. 58) faßt dies in seinem Schema zum Leistungsvollzug zusammen, das die Schnittstellen zwischen Subjekt- und Objektbereichen markiert (vgl. Abb. 33 auf S. 85).

Je nach theoretischer Orientierung werden die hier dargestellten Faktorengruppen eher aus der Sicht des externen Beobachters (ingenieurpsychologische Sicht) oder aus der Perspektive des handelnden Individuums (handlungstheoretische Sicht) analysiert. Erstere konzentrieren sich auf die Reiz-Reaktions-Bedingungen, teils unter weitgehender Vernachlässigung der inneren psychischen Prozesse, während letztere sich gerade mit diesen Prozessen beschäftigen, wobei weniger die Arbeitsmotivation als die Handlungsregulation im Vordergrund steht. Zwischen diesen beiden Theoriekonzepten läßt sich das Streßmodell einfügen, das in seiner ursprünglichen Konzeption dem Belastungs-Beanspruchungs-Konzept entsprach, jedoch inzwischen unter dem Einfluß der Handlungsstrukturtheorie soweit modifiziert und erweitert wurde, daß es als handlungstheoretisches Streßkonzept bezeichnet werden kann.

Die vierte Kategorie „Formale Datencharakteristik" betrifft Fragen der Standardisierung, Quantifizierung, testtheoretischen Güte sowie Einsatzökonomie. Hierbei interessiert u.a. die Frage, wer die jeweiligen Daten erheben kann: der durch Daten bzw. Datenerhebungsverfahren Betroffene im Wege der Selbstbeobachtung und -beschreibung oder der Forscher im Wege der Fremdbeobachtung und experimenteller Versuchsanordnungen. Einerseits verfügt der Betroffene über die intimste Kenntnis seiner Arbeit, zum anderen mag er „parteiisch" oder „betriebsblind" urteilen. Zapf (1989) ist dieser Frage nachgegangen und kommt zu dem Ergebnis, daß beide Verfahren eigenen Verzerrungstendenzen unterliegen. Während Beobachtungsstudien (Fremdaussagen) die Intensität der Zusammenhänge zwischen den Arbeitsmerkmalen (etwa Leistungsdruck) und den Personenmerkmalen (etwa wahrgenommene Beanspruchung) *unter*schätzen, neigen die befragten Betroffenen dazu, die Zusammenhänge in Fragebogenstudien (Selbstaussagen) zu *über*schätzen.

In Charakterisierung des gegenwärtigen Entwicklungsstandes der arbeitsanalytischen Methodik geben die Herausgeber Frei und Ulich (1981) im Vorwort ihres Buches „Beiträge zur psychologischen Arbeitsanalyse" folgenden ebenso erhellenden wie erheiternden Kommentar:

„Wer die Arbeit ‚Herausgeben eines Buches' arbeitsanalytisch untersuchen wollte, sähe sich beim gegenwärtigen Stand der Dinge im Bereich ‚Arbeitsanalyse' wohl bald vor einige Schwierigkeiten gestellt: Er würde beispielsweise bereits bei den ‚Umgebungs-Items' irgendeines Arbeitsanalyseverfahrens scheitern, wenn er nur ein Item zur Verfügung hat, um die Luftverhältnisse bei dieser Arbeit zu beurteilen: Soll er die nikotinschwangere Büroluft oder die frische Luft eines Gartenrestaurants zum Maßstab nehmen? Beide Umgebungsbedingungen treten auf, beide beeinflussen die hier zu analysierende Arbeit, beide waren bei der Arbeit mal hinderlich, mal förderlich.

Oder: Welches sind die wichtigsten Arbeitsmittel des Herausgebers? Das Telefon oder der Rotstift? Der Aschenbecher oder die gemütliche Badewanne? Knapp vor der Resignation würde unser Arbeitsanalytiker zu einem Buch über psychologische Arbeitsanalyse greifen und – es sei vorweggenommen – sein Vorhaben aufgeben." (S. 7)

4.2.4 Beispiel: Der Fragebogen zur Arbeitsanalyse (FAA)

Aus der Fülle der verschiedenen Konzeptionen zur Arbeitsanalyse sei hier beispielhaft und exemplarisch der Fragebogen zur Arbeitsanalyse (FAA) von Frieling und Hoyos (1978) herausgegriffen und kurz vorgestellt. Dieses noch traditionell S-O-R-theoretisch ausgerichtete Instrument beruht auf einem amerikanischen Vorläufer, dem von McCormick et al. (1969, S. 1972) entwickelten „Position Analysis Questionnaire (PAQ)", der nach mehrjähriger Forschungsarbeit an deutsche Sprach- und Arbeitsverhältnisse adaptiert wurde. Der Fragebogen erfaßt in nahezu 200 Einzelfragen die Anforderungen, die von einer beruflichen Position bzw. einer durch diese Position umrissenen Arbeitsaufgabe ausgehen. Der PAQ/FAA wird im Wege einer Beobachtungsbefragung von Experten ausgefüllt, wobei jedes Einzelelement des Fragebogens daraufhin beurteilt wird, wie wichtig dieses Element (z.B. „häufiges Ändern der Körperhaltung") bei der Erfüllung der jeweils analysierten Aufgabe ist. Die Fülle der etwa 200 Einzelbeurteilungen wurde in vier Gruppen gegliedert (vgl. Frieling & Hoyos, 1978, S. 15):

---

1. **Informationsaufnahme und Informationsverarbeitung**
   (dies betrifft beispielsweise folgende Elemente:)
   – Information durch geschriebenes Material
   – Information durch Meßgeräte
   – Information durch mündliche Kommunikation
   – Schätzen von Geschwindigkeiten
   – Analyse von Informationen und Daten
   – Übertragen von Informationen

2. **Arbeitsausführung**
   (dies betrifft beispielsweise folgende Elemente:)
   – Bedienen von Betriebsschaltern
   – Verwenden von Tastaturen
   – Fußgesteuerte Bedienelemente
   – Durchführen einfacher Handgriffe
   – Durchführen sehr trainierter Körperbewegungen
   – Koordinieren von Arm-Handbewegungen mit akustischen Reizen

3. **Arbeitsrelevante Beziehungen**
   (dies betrifft beispielsweise folgende Elemente):
   – Kontakt mit Vorgesetzten
   – Kontakt mit Verkaufspersonal
   – Weisungsbefugnisse für Nicht-Vorgesetzte
   – Weisungsbefugnisse für Vorgesetzte
   – Koordination von Tätigkeiten gleichberechtigter Personen

4. **Umgebungseinflüsse und besondere Arbeitsbedingungen**
   (dies sind beispielsweise folgende Elemente:)
   – Arbeit im Freien
   – Vibration
   – unangenehme, beengende Arbeitsplätze
   – Arbeit unter Ablenkung
   – Verantwortung für die Sicherheit anderer Personen
   – Variable Schichtarbeit

Abb. 38: Gliederung der Einzelaufgaben im PAQ/FAA

Zur Erleichterung der jeweiligen Beantwortung/Einschätzung durch die geschulten Beurteiler wird jedes dieser hier nur knapp skizzierten Einzelelemente noch detailliert charakterisiert, wie hier am Beispiel des Elements Nr. 192 verdeutlicht wird:

> **Element 192: Durchführen von Kontrollen und Sicherheitsmaßnahmen**
>
> (Stufen Sie ein, wie wichtig es für den Stelleninhaber ist, Vorsorgemaßnahmen zu treffen, um dadurch Gefährdungen bei der Arbeitsdurchführung zu vermeiden; z.B. Anlegen von Schutzkleidung, Kontrolle von Stromkabeln, Bremsleitungen, Antriebsaggregaten, Abschalten von Strom bei der Reparatur von elektrischen Geräten.)

Der FAA erlaubt auf diese Weise die detaillierte Beschreibung der Anforderungen einzelner beruflicher Positionen, er gibt Hinweise auf die Eignungsvoraussetzungen für diese Positionen, und er gestattet Klassifikationen der Anforderungsähnlichkeit verschiedener beruflicher Positionen. Auf der Grundlage dieser Anforderungsähnlichkeit lassen sich auch Urteile über die Gerechtigkeit der Entlohnung fällen.

Der PAQ/FAA war Grundlage bzw. Ausgangspunkt weiterer Instrument-Entwicklungen, die entweder als Verfeinerungen des Konzepts (z.B. AET, siehe Tab. 5, S. 87) oder als Alternativen dazu betrachtet werden können (z.B. TBS; vgl. Kap. 5.3.1).

4.2.5 Schritte der psychologischen Arbeitsanalyse

Der gegenwärtige Stand der Diskussion differenziert folgende Schritte bzw. Stufen einer psychologischen Arbeitsanalyse:

Schritt 1: *Analyse der Auftrags- und Erfüllungsbedingungen einer Arbeitstätigkeit*

Diese Analyse geht von objektiven Materialien, z.B. schriftlichen Anweisungen, Betriebsvorschriften, Ablauforganisationen, der Technologie und den Maschinenbedienungsanweisungen etc. aus und vervollständigt dieses Material durch Befragung der Arbeitenden selbst sowie weiterer Experten (Frei, 1981, S. 13).

Diese Analyse erlaubt ein Urteil über die Art und Größe des Handlungsspielraums (z.B. alles ist vorgeschrieben, oder alles kann vom Betroffenen selbst entschieden werden) sowie die Möglichkeiten, den Auftrag variabel und individuell zu interpretieren (der Auftrag kann nur in einer Weise erledigt werden, oder es kann auf unterschiedliche Arten erledigt werden) und schließlich die Frage, wieweit motorische, sensorische und intellektuelle Fähigkeiten angesprochen werden.

Dieser Analyseschritt betrachtet die *objektiven,* vom arbeitenden Menschen unabhängigen Bedingungen der Arbeitstätigkeit.

Schritt 2: *Die Analyse der Tätigkeiten*

Durch Beobachtungen und Befragungen werden die realen Tätigkeiten in verschiedenen Dimensionen und Gewichtungen erfaßt, wobei objektive und subjektive Daten erhoben werden. Hier geht es darum, die quantitative und qualitative Leistung, die Befindlichkeit und Gesundheit sowie die Qualifizierungschancen zu ermitteln. Die entsprechenden Analysen beziehen sich auf die gesamte Tätigkeit einzelner Individuen oder auf Stichproben, wobei im Zeitablauf alle relevanten Tätigkeiten erfaßt werden.

Es geht hierbei nicht lediglich um die Beobachtung sichtbarer Tätigkeiten oder Äußerungen des arbeitenden Menschen, sondern um die Analyse der psychischen Regulation dieser Tätigkeiten, also die Frage, wieweit z.B. kognitive Zielbildungsprozesse, Wahrnehmungs-, Beurteilungs- und Bewertungsprozesse sowie Entscheidungsprozesse zur psychischen Steuerung der Tätigkeiten erforderlich sind.

Im Unterschied zur Auftragsanalyse ist dieser Schritt *personenorientiert*.

Schritt 3: *Analyse der Auswirkungen von Produktionsbedingungen und Arbeitstätigkeiten auf Befinden und Erleben der Beschäftigten*

Ulich (1991) schlägt ausdrücklich vor, jede Arbeitsanalyse durch diesen dritten Schritt zu vervollständigen, der die „subjekive Widerspiegelung" der Arbeitsaufgaben, -bedingungen und -tätigkeiten erfaßt. Hierdurch ließen sich beispielsweise Hinweise auf Motivation und Qualifikationsentwicklung ableiten. Ein Ausgangspunkt solcher Ansätze ist das Modell über motivationsförderliche Arbeitsaufgaben von Hackman und Oldham (1975, 1976), das sich inzwischen in verschiedenen Studien bewährt hat (Abb. 39).

Das Modell geht davon aus, daß wesentliche Merkmale der Arbeitsaufgabe auf dem Hintergrund des individuell unterschiedlichen Bedürfnisses nach Entfaltung und Entwicklung unterschiedlich erlebt werden und daher auch unterschiedlich motivierend wirken. Während in diesem Modell das individuelle Entwicklungsbedürfnis im Sinne einer Persönlichkeitsdisposition als weitgehend gegeben und stabil angesehen wird und die Gestaltung der Arbeit sich an dem gegebenen Entwicklungsniveau orientiert, lassen sich andererseits auch Belege dafür finden, daß sich das individuelle Entwicklungbedürfnis mit den angebotenen Möglichkeiten entfaltet, so daß es darüber hinaus sinnvoll erscheint, die Arbeit so zu gestalten, daß die Individuen mit den Anforderungen und Möglichkeiten wachsen.

Aufgabenmerkmale	Psychologische Erlebniszustände	Auswirkungen der Arbeit
Anforderungsvielfalt		Hohe intrinsische Motivation
Ganzheitlichkeit der Aufgabe	Erlebte Bedeutsamkeit der eigenen Arbeitstätigkeit	
Bedeutsamkeit der Aufgabe		Hohe Qualität der Arbeitsleistung
Autonomie	Erlebte Verantwortung für die Ergebnisse der eigenen Arbeitstätigkeit	Hohe Arbeitszufriedenheit
Rückmeldung aus der Aufgabenerfüllung	Wissen über die aktuellen Resultate, vor allem die Qualität, der eigenen Arbeit	Niedrige Abwesenheit und Fluktuation

Bedürfnis nach persönlicher Entfaltung

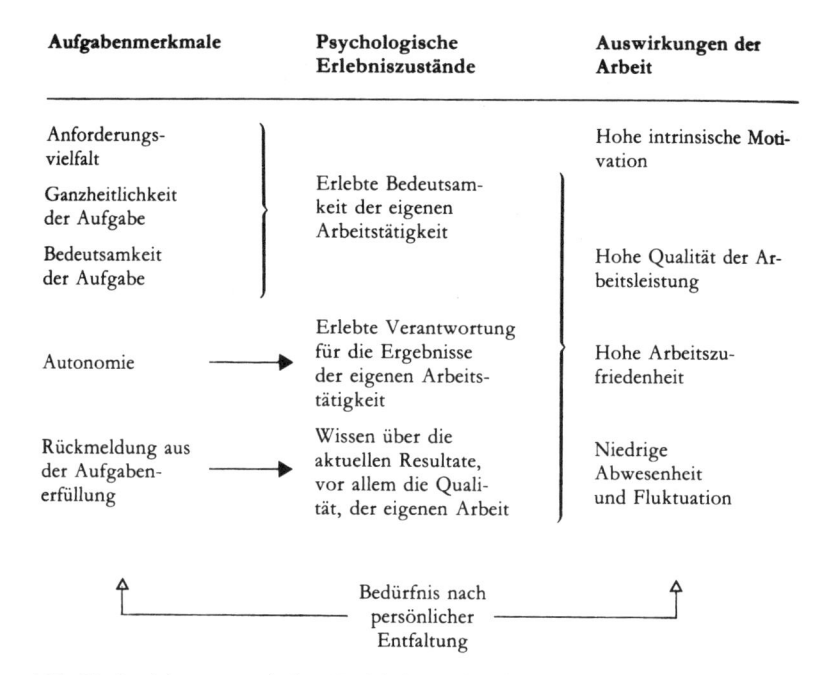

Abb. 39: Beziehungen zwischen Tätigkeitsmerkmalen und Auswirkungen der Arbeit nach dem „Job Characteristics Model" (nach Hackman & Oldham, 1976)

4.3 Schlußbemerkung

Die Unterschiedlichkeit arbeitsanalytischer Verfahren zeigt die Bandbreite der Möglichkeiten. Sie reicht von Lärmmessungen über Arbeitsplatzbeschreibungen bis hin zur Analyse der Tätigkeitsregulation in der Aufgabenerfüllung. Damit werden nicht nur unterschiedliche Aspekte der Arbeit (z.B. Arbeitstätigkeit oder Arbeitsbedingungen) und des arbeitenden Menschen (z.B. physische oder psychische Anforderungen und Auswirkungen) betrachtet, sondern auch unterschiedliche methodische Zugänge (objektive oder subjektive Daten) angesprochen.

Es läßt sich freilich noch viel mehr analysieren und diagnostizieren. Der Gegenstandsbereich für psychologische Diagnosen ist unbegrenzt. Die hier erörterten Ansätze lassen sich unter der Überschrift „Arbeitspsychologische Analysen" zusammenfassen. Neben den hier diskutierten Verfahren stehen noch personaldiagnostische (Schuler & Funke, 1989, 1991, 1993), managementdiagnostische (Sarges, 1990) und organisationsdiagnostische Ansätze (Kühlmann & Franke, 1989).

Die verständliche Frage nach dem richtigen Verfahren ist dabei ebensowenig zu beantworten wie die Frage, ob Hammer oder Computer das leistungsfähigere Werkzeug sei. Es kommt jeweils auf die Fragestellung und die Zielsetzung der Untersuchung an. Wesentlich ist dabei, daß man sich über die Stärken und Schwächen der jeweiligen Ansätze klar wird, ihre theoretischen Grundannahmen berücksichtigt und die Ergebnisse nur im Rahmen dieser Perspektiven interpretiert. Sinnvoll, aber auch aufwendig ist sicherlich die Kombination verschiedener Ansätze, um aus den so gewonnenen Facetten ein ganzheitlicheres Bild zusammensetzen zu können. Methodenpuristische Glorifikationen oder Verdammungen sind also völlig fehl am Platze und führen leicht zu dem von Nagel (1974) beschriebenen „Gesetz des Hammers": Gib einem kleinen Jungen einen Hammer, und er wird entscheiden, daß alles, was ihm begegnet, auch behämmert werden muß.

Abb. 40: Eine Schuhfabrik in den 50er Jahren

Kapitel 5

Bewertung der Arbeitstätigkeit

Es entspricht einer grundlegenden menschlichen Neigung, Bewertungen vorzunehmen oder Werturteile abzugeben. Psycholinguistische Studien über den semantischen Raum, d.h. die Bedeutungsdimensionen der Sprache, haben immer wieder die evaluative – also bewertende – Dimension als die wichtigste herausgefiltert (vgl. z.B. die Arbeiten von Osgood et al., 1952). Unsere sprachlichen Äußerungen transportieren offen oder versteckt eine Reihe von Werturteilen. Wir differenzieren zwischen erwünschten und unerwünschten Zuständen, Prozessen, Situationen, Ideologien, Gegenständen und Menschen. Die Unterscheidung zwischen „gut" und „böse" gehört zum Kern des moralischen Urteils.

Werturteile differenzieren nicht nur zwischen „gut" und „schlecht" bzw. feineren Abstufungen, sondern geben dem Handeln Ziel und Richtung. Sie sind daher weniger auf Gegenwärtiges als auf Künftiges gerichtet. Ihnen kommt eine motivationale Bedeutung zu. Anders als bei individuellen Zielsetzungen sind Werturteile überindividuelle Urteile, die gesellschaftlich verankert sind und auf eine relativ breite Akzeptanz stoßen. Wertungen haben daher nicht nur eine klassifizierende, sondern zugleich eine richtungsweisende und obendrein legitimatorische Funktion.

Wenn Werturteile in einem Handlungsfeld entwickelt werden, das – wie die Arbeitswelt – selbst von unterschiedlichen Interessen durchsetzt ist, so ist naheliegend, daß die jeweils entwickelten Wertungskriterien auch die jeweiligen Interessen widerspiegeln und in diesem Sinne eine parteiische Färbung enthalten. Dann jedoch fehlte ihnen die oben geforderte breite Akzeptanz. Die Bewertungskriterien sollten daher „überparteiisch" bzw. von den relevanten Gruppen, Tarifvertragsparteien, Wissenschaftlern und Betroffenen akzeptiert sein. Dann kommt den Wertungen eine zusätzliche, nämlich konfliktregulierende oder konsensstiftende Funktion zu.

Auf eine solche nicht nur individuums-, sondern parteiübergreifende Funktion hebt auch das Gesetz ab, wenn in § 90/91 BetrVG auf „ ... gesicherte arbeitswissenschaftliche Erkenntnisse über die menschengerechte Gestaltung der Arbeit ... " verwiesen wird (siehe Kasten 6, S. 102).

Anders als bei der Unterscheidung zwischen „wahr" und „falsch" geht es hier jedoch nicht um eine logisch deduktive Aufgabe, die ein Computer ebenso, wenn nicht besser lösen könnte, sondern zunächst um die Gewinnung von Kriterien, die als Maßstab für den Beurteilungsprozeß dienen. Diese Kriterien werden nicht einfach „gefunden", sondern „entwickelt". Sie bedürfen daher der Diskussion und Zustimmung. All dies macht die Frage der Bewertung so wichtig und schwierig zugleich.

Der gesamte Prozeß der Bewertung könnte in folgende Teilschritte untergliedert werden:

1. Entwicklung von Bewertungskriterien;
2. Festlegung von Bewertungsregelungen;
3. Durchführung der Bewertung (Soll-Ist-Vergleich);
4. Entscheidung über den Grad der Soll-Ist-Abweichung;
5. Ableitung von Korrekturmaßnahmen.

> **Kasten 6: Betriebsverfassungsgesetz in der Fassung der Bekanntmachung vom 23. Dezember 1988**
>
> Vierter Abschnitt. Gestaltung von Arbeitsplatz, Arbeitsablauf und Arbeitsumgebung
>
> *§ 90. Unterrichtungs- und Beratungsrechte.*
>
> (1) Der Arbeitgeber hat den Betriebsrat über die Planung
>
> 1. von Neu-, Um- und Erweiterungsbauten von Fabrikations-, Verwaltungs- und sonstigen betrieblichen Räumen,
> 2. von technischen Anlagen,
> 3. von Arbeitsverfahren und Arbeitsabläufen oder
> 4. der Arbeitsplätze
>
> rechtzeitig unter Vorlage der erforderlichen Unterlagen zu unterrichten.
>
> (2) Der Arbeitgeber hat mit dem Betriebsrat die vorgesehenen Maßnahmen und ihre Auswirkungen auf die Arbeitnehmer, insbesondere auf die Art ihrer Arbeit sowie die sich daraus ergebenden Anforderungen an die Arbeitnehmer so rechtzeitig zu beraten, daß Vorschläge und Bedenken des Betriebsrats bei der Planung berücksichtigt werden können. Arbeitgeber und Betriebsrat sollen dabei auch die gesicherten arbeitswissenschaftlichen Erkenntnisse über die menschengerechte Gestaltung der Arbeit berücksichtigen.
>
> *§ 91. Mitbestimmungsrecht.*
>
> Werden die Arbeitnehmer durch Änderungen der Arbeitsplätze, des Arbeitsablaufs oder der Arbeitsumgebung, die den gesicherten arbeitswissenschaftlichen Erkenntnissen über die menschengerechte Gestaltung der Arbeit offensichtlich widersprechen, in besonderer Weise belastet, so kann der Betriebsrat angemessene Maßnahmen zur Abwendung, Milderung oder zum Ausgleich der Belastung verlangen. Kommt eine Einigung nicht zustande, so entscheidet die Einigungsstelle. Der Spruch der Einigungsstelle ersetzt die Einigung zwischen Arbeitgeber und Betriebsrat. (BGBl. 1989, S. 1, ber. S. 902)

5.1 Bewertungskriterien

Der Gesetzgeber spricht von „menschengerechter Gestaltung" und grenzt damit die Such- oder Entwicklungsaufgabe entscheidend ein. Auch wenn hier der Humanisierungsaspekt betont wird, so dürfte unausgesprochen klar sein, daß produktivitätsorientierte Kriterien nicht irrelevant werden, sondern wie selbstverständlich eine Rolle spielen, so daß sie nicht mehr eigens betont werden müssen. Im übrigen wäre ihre Erwähnung in einem Gesetzeswerk zum Schutz der Arbeitnehmer mehr als merkwürdig. Hier geht es ja um die Betonung der Forderung, produktivitätsorientierte Arbeitsgestaltungen an den Kriterien der Menschengerechtigkeit auszurichten.

5.1.1 Produktivitätsorientierte Kriterien

Produktivitätsorientierte Kriterien haben insbesondere für „Profit-Organisationen" eine hohe bzw. existenzielle Bedeutung. In einer marktwirtschaftlichen Ordnung gilt der Satz: „Wer dem Unternehmer das Gewinnprinzip nimmt, macht ihn steuerlos". Da sich der Gewinn aus der Differenz von Aufwand und Ertrag errechnet, ergeben sich prinzipiell zwei Ansatzpunkte, die Ertragssteigerung und die Kostenreduktion, wobei hier nicht an kurzfristige Effekte, sondern langfristige Wirkungen gedacht ist. Es ist hier nicht der Platz zur Debatte betriebswirtschaftlicher Grundsätze. Gleichwohl ist auffallend, daß in jüngster Zeit – insbesondere unter dem Eindruck japanischer Erfolge – zwei miteinander verbundene Strategien diskutiert werden, die exakt diesen Ansatzpunkten entsprechen:

1. *Total-Quality-Konzepte* und
2. *Lean-Production-Konzepte*.

5.1.1.1 Total-Quality-Konzepte

Die modernen Qualitätsstrategien definieren die Qualität von Produkten und Dienstleistungen durch das Kriterium der Kundenzufriedenheit. Schließlich ist es der Kunde und nicht der Qualitätskontrolleur, der den Unternehmen das Geld gibt. Diese marktorientierte Qualitätsdefinition reflektiert den Wandel vom Verkäufer- zum Käufermarkt: Der schärfere Wettbewerb sowie Überkapazitäten in vielen Produktionsbereichen begünstigen die Marktmacht des Käufers und schwächen die des Verkäufers.

Dieses „Denken vom Markt", also vom Ende oder Ziel des Produktions- bzw. Wertschöpfungsprozesses her wird ergänzt durch eine vorbeugende Prozeßorientierung: Statt die Qualität am Ende des Prozesses „herauszuprüfen", soll sie von Anfang an in die Produkte und Dienstleistungen „hineinproduziert" werden. Damit rutscht die Aufgabe der Qualitätssicherung von der nachträglichen „Endkontrolle" nach vorn zur vorbeugenden „Qualitätsregelung" und umspannt damit den gesamten Prozeß (TQM=Total Quality Management). In konsequenter Umsetzung des Prinzips der Kundenorientierung wird daher auch intern die jeweils nachfolgende Abteilung oder Funktion als Kunde der vorausgehenden betrachtet.

Die Realisierung dieses vorbeugenden und ganzheitlichen, prozeß- und kunden-

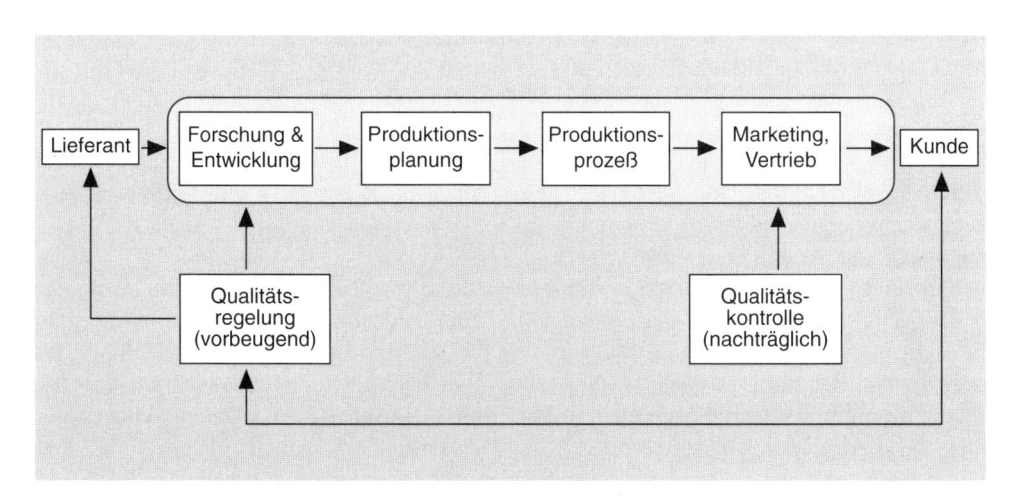

Abb. 41: Das konsequente Prinzip der Kundenorientierung

orientierten Qualitätskonzepts setzt voraus, daß sich jede Person innerhalb der Organisation selbständig darum bemüht, die jeweils nachfolgende Stelle zufriedenzustellen. Bei einer lückenlosen Realisation des Konzepts wäre im Idealfall die frühere Endkontrolle verzichtbar, da alle Prozesse so aufeinander bezogen sind, daß das Endergebnis der erwarteten Qualität entsprechen muß.

5.1.1.2 Lean-Production-Konzepte

Das Stichwort der „schlanken Produktion" akzentuiert die Konzentration auf das Wesentliche, das heißt die Reduktion von Umwegen, Ausschuß, Lagerhaltungen, Hilfsfunktionen usw. Alle „nicht wertschöpfenden Prozesse" sollen möglichst abgebaut bzw. auf ein unverzichtbares Minimum reduziert werden. Bekannt geworden sind die „just in time"-Systeme (jit), die sich um eine Reduktion der Lagerhaltungen bemühen, indem sichergestellt werden soll, daß an jeder Stelle des Produktionsprozesses Material, Energie und Information in der erforderlichen Quantität und Qualität genau dann (just in time) geliefert werden, wenn sie auch benötigt werden. Das Prinzip geht so weit, daß mitunter gesagt wird, das Eigentum an den gelieferten Fremdteilen gehe erst dann auf den Produzenten über, wenn sie in seine Produkte eingebaut wurden. Konsequenterweise werden sie dem Lieferanten auch nicht mehr bei Lieferung, sondern erst nach dem Einbau bezahlt.

Die damit einhergehende engere Vernetzung aller Systeme und Prozesse erhöht Produktivität und Anfälligkeit gleichermaßen, wie sich beispielsweise bei den letzten Streiks in der Metallindustrie zeigte. Der Lieferausfall einiger Aggregate, wie Einspritzanlagen oder Lichtmaschinen, traf nahezu die gesamte Automobilindustrie, weil dort nicht mehr auf den Puffer von Material- oder Zwischenlagern zurückgegriffen werden konnte. Diese Anfälligkeit markiert die Grenze zwischen der „schlanken" und einer „magersüchtigen Organisation".

Das Konzept der „schlanken Organisation" umfaßt mehr als nur die technische oder logistische Steuerung der Produktion und bezieht sich damit auch auf alle organisatorischen und personellen Strukturen und Prozesse. Hierarchien werden abgebaut und Koordinationsfunktionen von der Führungsebene auf die Mitarbeiter (teilautonome Gruppen) übertragen.

Der „just in time"-Gedanke taucht dann auch in anderen Feldern, z.B. bei der Personaldiskussion unter dem Stichwort der „Zeitflexibilisierung" oder des „outplacement" wieder auf. Mitarbeiter sollen nur dann zur Verfügung stehen und bezahlt werden, wenn ihre Leistung benötigt wird. Dies läßt sich im Rahmen fester Zeitverträge nicht realisieren, so daß nach flexiblen Regelungen gesucht wird, sei es, daß Arbeitszeitbudgets vereinbart werden sollen, von denen der Arbeitgeber nach Bedarf Arbeitszeit (=Arbeitsleistung) abfordert, sei es, daß aus festen Mitarbeitern freie werden, die ihre Dienste als Selbständige anbieten.

Zur Idee der „schlanken Produktion" gehört auch die Vorstellung eines kontinuierlichen Verbesserungsprozesses, der in kleinen Schritten stets neue Möglichkeiten der Rationalisierung aufspürt, probiert, evaluiert und realisiert (japanisch: Kaizen; vgl. Imai, 1986). Dieser als „PDCA-Zirkel" (Plan, Do, Check, Act) bezeichnete Prozeß erwartet vom Mitarbeiter, auch Gutes in Frage zu stellen, um Besseres an seine Stelle zu setzen.

Wir fassen zusammen: Beide Konzepte, Total Quality und Lean Production, setzen auf die *vorausschauende Eigeninitiative* der Mitarbeiter. Dies begünstigt so auch einen *Wandel des Menschenbildes* innerhalb der Organisation vom gehorsam reagierenden zum selbständig planenden Mitarbeiter. Teamorientierte Arbeitsorganisationen und partizipative Führungskonzepte sollen diesen Prozeß der Neuorganisation unterstützen.

Damit treffen an dieser Stelle produktivitätsorientierte und humanitätsorientierte Kriterien aufeinander, wobei hier die Humanität in den Dienst der Produktivität gestellt wird.

Es ist gegenwärtig noch zu früh, um empirisch gesichert abzuschätzen, welche Konsequenzen diese Tendenzen zunehmender Kundenorientierung und zunehmender Kostenorientierung auf die arbeitenden Menschen haben werden. Es dürfte aber bereits jetzt klar sein, daß die neuen Anforderungen mit neuen insbesondere psychischen Belastungen verbunden sein werden, und daß diejenigen, die weniger selbständig, flexibel und risikobereit sind in diesen neuen Strukturen keinen Platz mehr finden.

5.1.2 Humanitätsorientierte Kriterien

Die Entwicklung der humanitätsorientierten Kriterien ist ungleich schwieriger, da das Konzept der Humanität mehrdeutiger ist als das der Produktivität und von grundgesetzlich garantierter Menschenwürde über die WHO-Gesundheitsdefinition bis hin zur Arbeits-Ästhetik reicht. Der hohe Anspruch dieser Konzepte verbindet sich mit ihrer Diffusität. Der Teufel steckt – wie Neuberger (1985, S. 30) betont – einmal wieder im Detail. Was bespielsweise bedeutet „Würde"? Kann sie mit „Selbstbestimmung" präzisiert werden, und wenn ja, bedeutet dies die Existenz eines großen (wie großen?) „Handlungsspielraums", und impliziert dies wiederum den „Verzicht auf präzise Terminvorgaben"? Wäre dann die Vorgabe eines Fertigstellungstermins einer Arbeitsaufgabe mit der Menschenwürde unvereinbar?

Die Schwierigkeiten entstehen also dann, wenn es gilt, ein allgemein akzeptiertes, aber in seiner Abstraktheit unverbindliches Konzept präzise zu operationalisieren und damit konkret handlungsleitend werden zu lassen.

Allerdings hat es im Zusammenhang mit dem 1974 gestarteten und mit ca. 1 Mrd. DM geförderten HdA-Programm der Bundesregierung (HdA = Humanisierung der Arbeitswelt) Fortschritte in der Präzisierung des Konzepts der „Humanisierung" gegeben, das, wie Pöhler (1979, S. 15) es formuliert, als „Wiedergewinnung der Kontrolle über den Arbeitsprozeß" umschrieben werden kann und in verschiedenen Kriterienkatalogen stufenweise entwickelt wurde (siehe unten).

Neuberger (1985, S. 28) schlägt vor, die verschiedenen Humanisierungsansätze in drei Gruppen zu gliedern:

1. *dogmatisch-elitäre*;
2. *dialogisch-emanzipatorische* sowie
3. *pragmatisch-positivistische* Ansätze.

Die dogmatisch-elitären berufen sich auf vermeintlich feste Werte, die mit missionarischem Eifer auch dann noch vertreten werden, wenn die betroffenen Individuen selbst ganz andere Prioritäten setzen. Die Akzeptanz der Betroffenen steht dagegen im Vordergrund der dialogisch-emanzipatorischen Ansätze. Hier wird nicht ein vorher festgelegtes Prinzip durchgesetzt, sondern im „herrschaftsfreien Diskurs" erarbeitet.

Da dies die „Gefahr" von nie endenden Diskussionen, Problematisierungen und Hinterfragungen mit sich bringen kann, wird bei den pragmatisch-positivistischen Ansätzen „Utopie durch Realität ersetzt" (Neuberger, 1985, S. 32) und durch konkret prüfbare Kriterien definiert. Hierzu gehören beispielsweise die verschiedenen Grenz-, Richt- und Sicherheitswerte sowie die DIN-Normen, die allerdings eher im medizinisch-physiologischen Bereich als im psychologischen oder sozialen existieren. Die erfreulich pragmatische Orientierung geht allerdings mit einer Konzentration auf naturwissenschaftliche unter Vernachlässigung sozialwissenschaftlicher Kriterien einher.

Auf breite Akzeptanz sind die Vorschläge einer Stufenfolge von Kriterien zur Arbeitsgestaltung gestoßen, die unterschiedliche

Perspektiven vereinen und mit dem Anspruch auf Vollständigkeit und Konkretheit formuliert wurden. Hierzu zählen die Konzepte von Rohmert (1972), Hacker und Richter (1980) sowie von Ulich (1980, 1991), die hier tabellarisch gegenübergestellt werden (siehe Tab. 7).

Die Stufenfolge von niedrigeren zu höheren Kriterien bedeutet auch einen Übergang von „harten" zu „weichen" Maßstäben. Allerdings betont Ulich, daß sein Konzept im Unterschied zu denjenigen von Rohmert sowie Hacker und Richter nicht hierarchisch ist. Die Erfüllung der niedrigeren Stufen ist keine Voraussetzung für die der höheren Stufen.

Das Kriterium der „Ausführbarkeit" wird von Ulich nicht eigens genannt, weil eine nicht ausführbare Arbeit kein relevanter Gegenstand von Arbeitsbewertungs- oder Gestaltungsmaßnahmen sein kann. „Erträglich" (Rohmert) bzw. „schädigungslos" (Hacker & Richter, Ulich) sind Arbeitstätigkeiten dann, wenn sie auch über eine längere Zeit ohne Schädigungen der physischen und psychischen Gesundheit durchgeführt werden können.

„Zumutbar" (Rohmert, Ulich) ist eine Arbeit dann, wenn sie nach gängigen gesellschaftlich-normativen Vorstellungen und unter Berücksichtigung des Qualifikations- und Anspruchsniveaus der Betroffenen als (noch) annehmbar gelten kann.

„Beeinträchtigungsfrei bzw. -los" (Ulich, Hacker & Richter) ist eine Arbeit dann, wenn keine Fehlbeanspruchungen, Über- oder Unterforderungen gegeben sind.

„Zufriedenstellend" (Rohmert) ist eine Arbeit dann, wenn sie subjektiv als solche erlebt wird. Demgegenüber hebt das Kriterium der „Persönlichkeitsförderlichkeit" auf die Entfaltungschance des Individuums ab, wobei kognitive, soziale, motivationale und selbstwertförderliche Entwicklungen differenziert werden. Eine bloße Zufriedenheit, die auch „satte Behäbigkeit" oder „resignative Anpassung" bedeuten könnte, reicht hierzu nicht aus. Insofern kommt dem Kriterium der Persönlichkeitsförderlichkeit eine gewisse objektive Qualität zu.

Ulich faßt seine Überlegungen in folgender Definition humaner Arbeitstätigkeiten zusammen:

„Als human werden Arbeitstätigkeiten bezeichnet, die die psychophysische Gesundheit der Arbeitstätigen nicht schädigen, ihr psychosoziales Wohlbefinden nicht – oder allenfalls vorübergehend – beeinträchtigen, ihren Bedürfnissen und Qualifikationen entsprechen, individuelle und/ oder kollektive Einflußnahmen auf Arbeitsbedingungen und Arbeitssysteme ermöglichen und zur Entwicklung ihrer Persönlichkeit im Sinne der Entfaltung ihrer Potentiale und Förderung ihrer Kompetenzen beizutragen vermögen." (Ulich, 1991, S. 122)

Diese Definition der humanen Arbeit ist anspruchsvoll und weitgehend. Sie begnügt sich nicht mit dem Hinweis auf die Vermeidung beeinträchtigender oder gar schädigender Einflüsse sondern betont die Gestaltungs- und Entfaltungsmöglichkeiten des Menschen in der Arbeit. Ulich begnügt sich auch nicht mit dem Hinweis auf das subjektive Wohl-

Tabelle 7: Gegenüberstellung von Kriterien für die (humane) Arbeitsgestaltung

	Rohmert	Hacker & Richter	Ulich
1.	Ausführbarkeit	Ausführbarkeit	Schädigungsfreiheit
2.	Erträglichkeit	Schädigungslosigkeit	Beeinträchtigungslosigkeit
3.	Zumutbarkeit	Beeinträchtigungsfreiheit	Persönlichkeitsförderlichkeit
4.	Zufriedenheit	Persönlichkeitsförderlichkeit	Zumutbarkeit

befinden oder die Zufriedenheit als Merkmale der humanen Arbeitsgestaltung, sondern betont objektive Möglichkeiten der Einflußnahme und Entfaltung.

Die Kombination dieser beiden Kriterien, Arbeitshumanität als objektiv faßbare Größe einerseits und Arbeitszufriedenheit als subjektive Reaktion andererseits, läßt prinzipiell vier Möglichkeiten zu (siehe Abb. 42):

Fall (1) beschreibt die Idealsituation einer Arbeit, die frei von negativen Einflüssen ist, den Bedürfnissen der Person entspricht, Gestaltungs- und Entfaltungsmöglichkeiten verspricht und obendrein als subjektiv befriedigend erlebt wird.

Fall (2) benennt eine objektiv ungünstige Arbeitssituation, die jedoch subjektiv nicht als solche erlebt wird, sondern trotz ihrer unzureichenden Bedingungen zufrieden macht. Diese – auf den ersten Blick ungewöhnliche – Kombination dürfte in der Realität gar nicht so selten sein, wenn man die große Anpassungsfähigkeit des Menschen bedenkt. Wer keine anderen Arbeitssituationen erlebt hat oder sie sich aus anderen Gründen nicht für sich vorstellen kann, wird dazu neigen, die gegebene Arbeitssituation für normal und richtig zu halten.

Fall (3) bezieht sich auf eine ebenfalls ungewöhnliche Kombination: Objektiv humane Arbeitssituationen werden subjektiv nicht als zufriedenstellend erlebt. Hier kann man an solche Fälle denken, bei denen die Personen die in der Arbeit objektiv gegebenen Chancen gar nicht wahrnehmen und sich auch nicht an ihnen messen lassen wollen, weil sie sich mit dem erreichten Entwicklungsstand zufriedengeben. Der Volksmund drückt dies mit der Erkenntnis aus, daß niemand zu seinem Glück gezwungen werden kann bzw. soll.

Fall (4) ist wiederum einfach zu interpretieren. Eine unzureichende Arbeitssituation wird auch als solche erlebt.

Die interessanten Fälle einer Inkonsistenz zwischen Humanität und Zufriedenheit veranlassen uns, dem Stichwort der *Arbeitszufriedenheit* weiter nachzugehen, wobei gleich ein weiterer damit verbundener Aspekt betrachtet werden soll: die *Arbeitsmotivation*.

5.2 Individuelle Perspektive: Arbeitszufriedenheit – Arbeitsmotivation

Die Vorstellung, wonach die glücklichen Kühe mehr Milch geben, ist in der Arbeitswelt sehr verbreitet.

Auch wenn der Gedanke plausibel erscheint, daß Zufriedenheit zur Leistung motiviere, so ließe sich auch umgekehrt vermuten, daß Zufriedenheit zu Ruhe und Inaktivität veranlasse. Außerdem ist die Aussage einsichtig, daß Unzufriedenheit ein Antriebspotential darstellt. Schließlich ließe sich die gesamte vermutete Kausalrichtung von der Zufriedenheit zur Motivation durch den Hinweis in Frage stellen, daß die eigentliche

		Arbeitshumanität	
		vorhanden	nicht vorhanden
Arbeits-zufrieden-heit	vorhanden	(1)	(2)
	nicht vorhanden	(3)	(4)

Abb. 42: Vier-Felder-Matrix der Kombination von Arbeitshumanität und Arbeitszufriedenheit

Abb. 43: Die glückliche Kuh

Quelle der Zufriedenheit die eigene Leistung sei, die schließlich Motivation voraussetze. Kurzum: Das Vertrauen auf Alltagsvermutungen hilft in diesem Fall nicht sehr viel weiter, weil zu viele widersprüchliche Vorstellungen im Umlauf sind. Wir wollen den Beziehungen nachgehen, wobei zunächst die Konzepte und einige theoretische Grundlagen besprochen werden sollen.

5.2.1 Arbeitszufriedenheit

Walter-Busch (1977) beginnt sein Buch über Arbeitszufriedenheit mit einer Schilderung aus frühkapitalistischer Zeit, die der Schweizer Pädagoge Scheitlin gegeben hat (siehe Kasten 7).

Die sprichwörtliche Zufriedenheit des „Mütterchens" mutet in unserer heutigen Gesellschaft, die als Wohlstands- oder Leistungsgesellschaft bezeichnet wird, merkwürdig antiquiert, fast schon bemitleidenswert an. Gleichwohl haben wir keinen Grund, an der Aufrichtigkeit der Schilderung der alten Frau zu zweifeln, so daß wir – wenn auch verwundert – akzeptieren, daß die Frau tatsächlich zufrieden ist. Gleichwohl bleibt eine gewisse „kognitive Dissonanz" bestehen, wenn wir sehen, daß jemand mit Zuständen zufrieden ist, die nicht „zufriedenstellend" sein können. Diese Diskrepanz wird von Janosch in seiner Geschichte des „Hans im Glück" noch ein wenig weiter getrieben. Die Geschichte bringt Kinder zum Schmunzeln und regt uns zum Nachdenken an. Zufriedenheit ist offenkundig ein schillernder Begriff, dem mehrere Bedeutungen unterlegt sind.

5.2.1.1 Arbeitszufriedenheit als relationaler Begriff

Zufriedenheit wird in der Regel als das Ergebnis eines (kognitiven) Vergleichsprozesses gedeutet, bei dem die vorgefundene Arbeitssituation (Ist) mit einem wünschenswerten Zustand (Soll) verglichen wird. Dabei sind drei Ergebnisse denkbar:

Kasten 7: **Das zufriedene Mütterchen**

„In dem schmalen, erbärmlich engen Stübchen fand ich Vater, Schwester und Grossmutter an ihren Spinnrädchen sitzen. Alle spannen noch, ohne Licht. Die Kerzen waren zu teuer ... die Mutter trug ein Kind auf dem Arm. Schon waren seine Füsse geschwollen von elender und kärglicher Nahrung ... Ich fragte, was sie ... gekocht hätten. ‚Ein wenig Nesseln!' entgegnete das *muntere, zufriedene, rotwangige* Grossmütterchen ... ‚Wie geht es Euch jetzt?' fragte ich. Das Grossmütterchen antwortete: ‚Jetzt, Herr, recht ordentlich. O der gute Herrgott verlässt uns nie. Im Winter, ja da hatten wir Not ... Da mussten wir nichts als Grüsch (Kleie) essen. Wir vertrauten aber immer auf Gott und hofften, er werde uns Armen endlich den Frühling geben. Nun kommt er. Im Frühling muss niemand sterben, da wachsen ... Kräuter. Gott lässt Kräuter eben um der Armen willen wachsen ... (Jetzt) kochen wir frische Kräuter. Statt des Schmalzes tun wir ein wenig Unschlitt darin. Wir haben etwa einmal ein übriges Kerzenstümpli. *Das schmeckt uns recht wohl, und wir sind zufrieden. Man muss nur nicht mehr begehren, als man haben kann* ... Meine Tochter da jammert einmal, aber ich verweise es ihr. Wenn wir dann so beieinander sitzen, so machen wir noch manche Spässe miteinander und sind recht froh.' So sprach das Grossmütterchen, und ihr ruhig froher Ton bewahrheitete ihre Worte. So gelaunt fand ich dies Mütterchen ... , so oft ich kam. Sie war der Kern dieser Haushaltung (und hielt diese) ... besser in Ordnung als die Tochter und Schwester. Erstere war bis zur Untätigkeit langsam ... " (Scheitlin, 1820, S. 57, zitiert in Walter-Busch, 1977, S. 1; Hervorhebungen von letzterem)

Hans im Glück, erzählt von Janosch

„Es war einmal so ein glücklicher Hansl, der lachte sein Leben lang und freute sich, was immer auch geschah. Schon bald, nachdem er geboren war, fiel er aus dem Bett. Doch seine Mutter lachte und sprach: ‚Was für ein Glück, mein lieber Hansl, denn das Bett hätte so hoch sein können wie der Schrank. Dann wärest Du viel tiefer gefallen und hättest Dir die Hand gebrochen. Ach was bist Du doch für ein glücklicher Hansl!'

Und das merkte sich der Hansl sein Leben lang. Mutters Wort vergißt man nicht.

Als er größer war, konnte es geschehen, daß ihm jemand einen Stein an den Kopf warf. Dann war er froh, daß der Stein nicht größer war. Immer war der Hansl lustig, pfiff ein Lied, freute sich, daß die Sonne schien, aber auch, weil es regnete, und auch, wenn es schneite.

Als er alt genug war, von zu Haus wegzuziehen und sich eine Arbeit zu suchen, war er kaum aus der Tür hinaus, da überfuhr ihn ein Motorrad: Bein gebrochen, Hose zerrissen, Krankenhaus. Da freute sich der Hansl und sagte: ‚Wie gut, daß meine Sonntagshose im Koffer war, sonst wäre sie auch zerrissen worden. Aber meine alte Hose war sowieso schon alt ... ' " (Janosch, 1991, S. 10)

a) Ist kleiner Soll: führt zur Unzufriedenheit

Es scheint auf der Hand zu liegen, daß hier eine der Zufriedenheit abträgliche Situation vorliegt. Da Unzufriedenheit (von Ausnahmen abgesehen, bei denen der ständige Hinweis auf extern verursachte Unzuträglichkeiten einer inneren psychischen Stabilisierung oder der Rechtfertigung eigener Inaktivität dienen kann) wohl überwiegend als unangenehm erlebt wird, fragt sich, wie der Mensch diese Situation bewältigt.

Gemäß der englischen Alltagsweisheit „love it, leave it or change it" bieten sich drei Alternativen an: Man kann die positiven Seiten in der Situation herausstellen, die negativen in ihrer Bedeutung reduzieren oder insgesamt den bisherigen Maßstab als nicht angemessen einstufen und soweit korrigieren, daß der Vergleich zufriedenstellend ausfällt. Die kognitiven Selbstheilungskräfte der Dissonanzreduktion sorgen dann dafür, daß wir mit einer ungeliebten Situation versöhnt werden. Man könnte zweitens die Situation verlassen, „aus dem Felde gehen" (wie Lewin es formulierte) und damit der unangenehmen Situation entkommen. Schließlich könnte man drittens aktiv die als unangenehm erlebten Bedingungen ändern und damit die Situation neu gestalten.

b) Ist gleich Soll: führt zur Zufriedenheit

Dieses Muster scheint klar und eindeutig zu sein. Bei spitzfindiger Argumentation wird man jedoch sagen müssen, daß dieser Zustand der vollkommenen Identität von Ist und Soll wohl eine ganz seltene Ausnahme darstellen dürfte, so daß es angemessener scheint, von gewissen Bandbreiten auszugehen oder die hier gegebene Kategorisierung durch eine graduelle Abstufung des „mehr oder weniger Zufriedenen" zu ersetzen. Weiterhin mag man fragen, was die hier unterstellte Identität bedeutet, und ob diese Identität das Ergebnis eines einfachen quantitativen Vergleichs ist. Was, so wäre zu fragen, bedeutet „Arbeitszufriedenheit"? Zufriedenheit mit der Arbeitsaufgabe, den Arbeitsbedingungen, den Arbeitskollegen, den Aufstiegschancen usw.? Und weiter: Ist Arbeitszufriedenheit eine Mischung oder Addition all dieser Aspekte, oder reflektiert sie einfach eine zufriedene Lebenshaltung, die auch auf die Arbeit ausstrahlt?

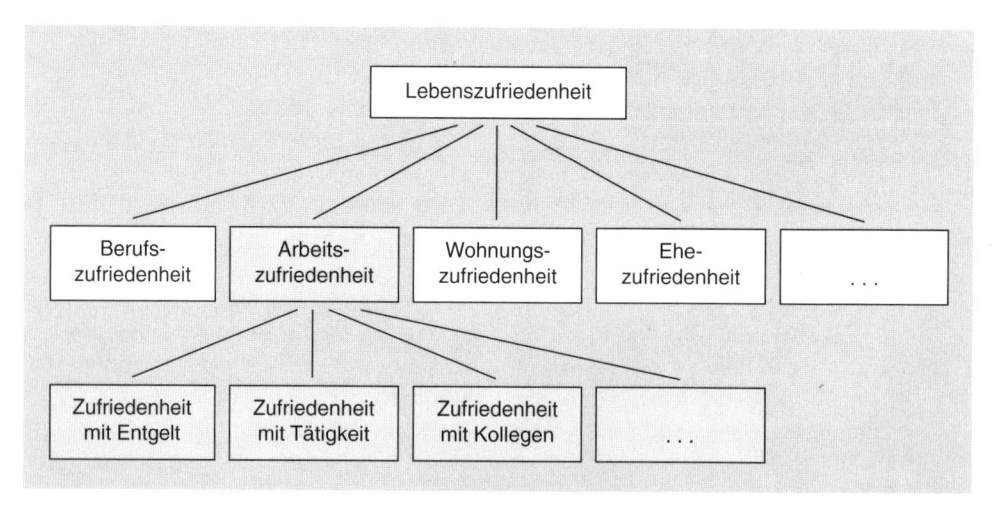

Abb. 44: Einige Aspekte der Lebens- und Arbeitszufriedenheit

c) Ist größer Soll: führt zu Unzufriedenheit und/oder Zufriedenheit

Bei dieser positiven Abweichung sind die Schlußfolgerungen nicht so einfach zu ziehen. Einerseits könnte angenommen werden, daß diejenigen, die mehr erhalten als sie erwartet hatten, glauben, ungerechtfertigt begünstigt zu sein, ein schlechtes Gewissen entwickeln und in diesem Sinne unzufrieden sind. Die Gerechtigkeitstheorie (Equity Theory, vgl. Adams 1965) geht von dieser Überlegung aus und kann sich dabei auf experimentelle Befunde stützen, wonach Personen in dieser Situation dazu neigen, die eigenen Anstrengungen zu erhöhen, um die als unausgeglichen erlebte Situation wieder ins Gleichgewicht zu bringen.

Andererseits wissen wir, daß der Vergleichsmaßstab („Anspruchsniveau") keine feste, sondern eine veränderliche Größe ist, so daß begründet angenommen werden kann, daß Personen in dieser Situation die eigenen Erwartungen der realen Situation anpassen. Dieser Hinweis führt zum nächsten Argument, der situativen oder gesellschaftlichen Bedingtheit der Arbeitszufriedenheit.

5.2.1.2 Arbeitszufriedenheit als konditionaler Begriff

Wir haben eben argumentiert, daß das Bild des „zufriedenen Mütterchens", wie Scheitlin es gezeichnet hat, in unserer gesellschaftlichen Situation wohl mit Unverständnis oder gar Befremden aufgenommen würde. Während dieses Unverständnis dem Mütterchen gilt, könnte es sich genauso gut – wenn nicht besser – auf uns selbst beziehen, die wir nicht in der Lage sind, das Umfeld und den Lebenssinn des Mütterchens zu verstehen. Gerade der Verzicht auf materiellen Wohlstand gestattet der Frau ein gottgefälliges Leben: („Gott läßt Kräuter eben um der Armen willen wachsen") und eröffnet so einen Zugang zur Zufriedenheit, der ihr als höher, weiser und zeitloser gilt. Wir brauchen hier der religiösen Legitimation irdischer Unzuträglichkeiten nicht weiter nachzugehen, um darzutun, daß individuelle Anspruchsniveaus von gesellschaftlichen Normen und Werten beeinflußt werden und in diesem Sinne nicht nur individuelle Ziele, sondern auch gesellschaftliche Werte widerspiegeln. Dies führt uns zum nächsten Argument.

5.2.1.3 Arbeitszufriedenheit als normativer Begriff

Zufriedenheit ist nicht nur (in der Regel) ein individuell wünschenswerter Zustand, sondern entspricht auch einer gesellschaftlichen Normvorstellung. Das Gebot Friedrichs des Großen: „Jeder solle nach seiner Façon selig werden können!", oder die liberal-demokratische Hoffnung auf das „größte Glück der größten Zahl" sind Forderungen nach der Schaffung von *Randbedingungen*, die dem Einzelnen die Entfaltungschance zur Zufriedenheit geben. Die Freiheit ist dabei die entscheidende Randbedingung, die dem Menschen den eigenen Weg zur Zufriedenheit erlaubt. Damit bleibt es dem einzelnen überlassen, diesen Weg zu gehen, was durch die Formel „Jeder ist seines Glückes Schmied" bildhaft ausgedrückt wird.

Mit dieser Konstruktion ergeben sich zwei Probleme. Wenn Zufriedenheit als *individuelle* Leistung gilt, so gilt auch umgekehrt die Unzufriedenheit als *individuelles* Versagen. Derjenige, der sich selbst als unzufrieden bezeichnet, gesteht damit auf dem Hintergrund der gesellschaftlich liberalen Normvorstellungen vor sich und anderen die eigene Unzulänglichkeit ein. Zur individuellen Unzufriedenheit gesellt sich dann noch die gesellschaftliche Abweichung. Dies macht verständlich, warum es schwer fällt, Unzufriedenheit einzugestehen, es sei denn, man kann sie glaubhaft äußeren widrigen Randbedingungen anlasten (extern attribuieren).

Zum anderen fragt sich, ob es angesichts

der individuellen Tendenz und des gesellschaftlichen Drucks angemessen ist, Zufriedenheitsdaten zur Legitimation der bestehenden Verhältnisse zu nutzen oder als Zielgrößen anzusehen. Dies ist auch einer der Gründe, warum die von Rohmert (1972) als oberstes Kriterium der Arbeitsgestaltung vorgeschlagene „Zufriedenheit" auf Kritik gestoßen ist. Insbesondere in der Arbeitswelt dürfte die Randbedingung der individuellen Freiheit nur begrenzt gegeben sein, so daß die legitimatorische Verwendung von Zufriedenheitsdaten problematisch ist.

5.2.1.4 Arbeitszufriedenheit als dynamischer Begriff

Wir haben bereits darauf hingewiesen, daß Arbeitszufriedenheit überwiegend als das Ergebnis eines Soll-Ist-Vergleichs betrachtet wird, daß beide Vergleichsgrößen nicht unveränderbar, sondern variabel sind, und daß schließlich die „vorgefundene Arbeitssituation" nicht einfach gegeben ist und daher nur gefunden wird, sondern daß sie durch das Handeln des Arbeitenden beeinflußt und gestaltet wird. Damit verflüchtigt sich die Annahme einer Zufriedenheitskonstanz, und an ihre Stelle tritt eine *dynamische Konzeption*. Die bislang umfangreichste Modellvorstellung einer dynamischen Konzeption stammt von Bruggemann, Groskurth und Ulich (1975) (siehe Abb. 46). Sie differenzieren insgesamt sechs verschiedene Formen der Arbeitszufriedenheit und ordnen ihnen jeweils typische Entwicklungsprozesse zu.

Auch bei Bruggemann u.a. steht der Soll-Ist-Vergleich im Zentrum der Überlegungen. Je nachdem, ob der Soll-Wert höher oder niedriger ist als der Ist-Wert, ergibt sich zunächst eine „stabilisierende Zufriedenheit" oder eine „diffuse Unzufriedenheit". Dies sind jedoch nur grobe und vorläufige Kategorisierungen. Entscheidend ist nun die Frage, wie sich das Anspruchsniveau entwickelt. Sofern man sich z.B. mit ungeliebten Um-

Abb. 45: Die Arbeit der Kassiererin verlangt Aufmerksamkeit und Ausdauer. Der Kontakt zum Kunden ist eingeschränkt. Oft bleibt nicht mal Zeit für einen Gruß.

Bewertung der Arbeitstätigkeit

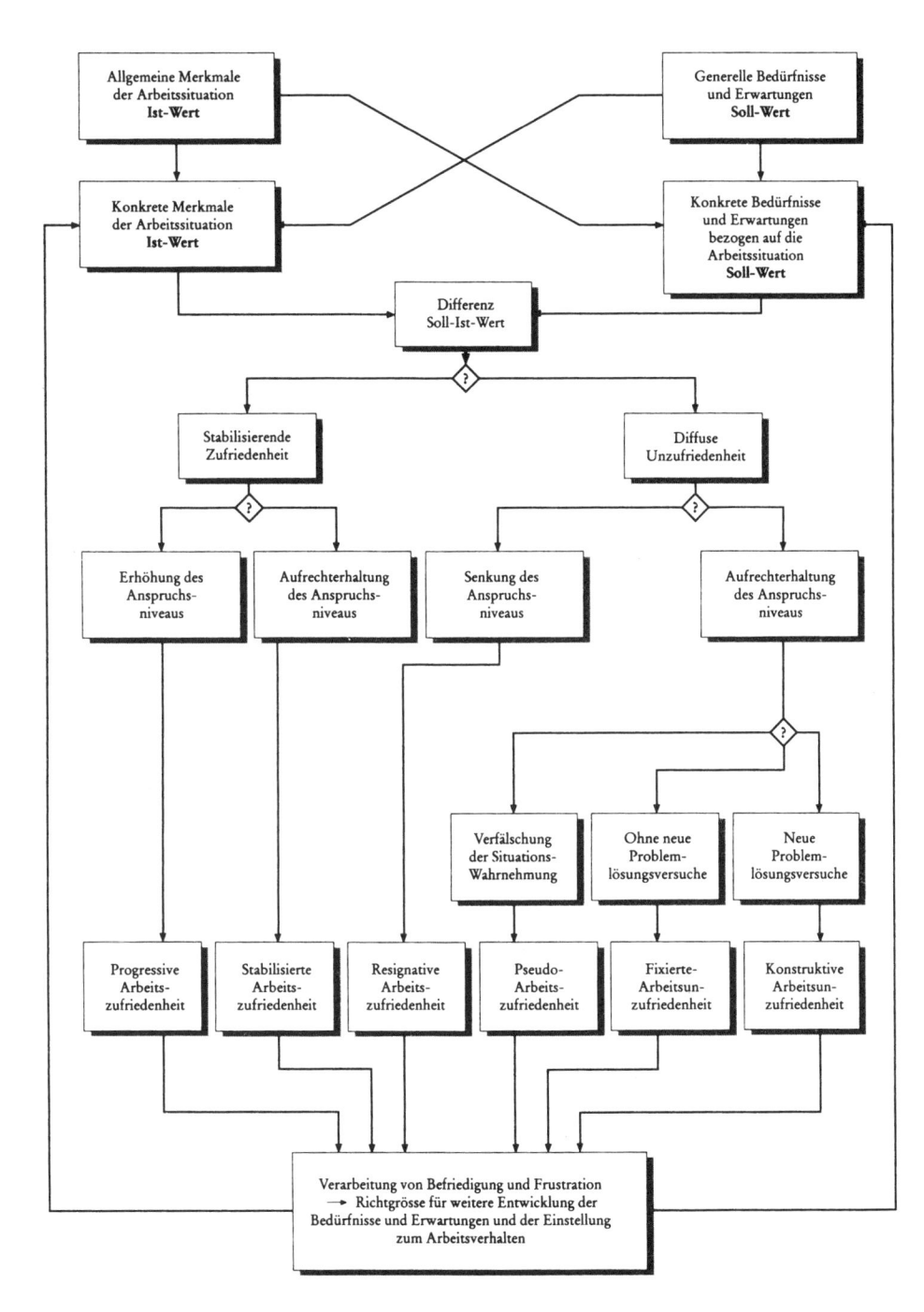

Abb. 46: Formen der Arbeitszufriedenheit (aus Ulich, 1991, S. 116; Orig. in Bruggemann, Groskurth & Ulich, 1975)

ständen arrangiert und seine Erwartungen auf das Niveau des Gegebenen absenkt, verwandelt sich die zuvor empfundene diffuse Unzufriedenheit in eine resignative Zufriedenheit. Andererseits kann auch die Zufriedenheit über die positiven Umstände zu einer Erhöhung der Erwartungen führen, was hier mit dem Konzept der progressiven Arbeitszufriedenheit beschrieben wird. Das Modell zeigt weiterhin, daß sowohl Zufriedenheit als auch Unzufriedenheit motivierend wirken können. Sowohl die progressive Zufriedenhcit als auch die konstruktive Unzufriedenheit sind mit Aktivitäten zur Verbesserung der Situation gekoppelt, sei es, weil man die bisher schon gute Ausgangslage als Ermutigung auffaßt, sei es, weil man Situationen als nicht mehr tragbar erlebt und aktiv aufbegehrt, um sie im eigenen Sinne zu korrigieren.

Die Überlegungen von Bruggemann u.a. zeigen also die Komplexität und Dynamik des Konstruktes „Arbeitszufriedenheit" und machen deutlich, daß quantitativ gleichen Zufriedenheitswerten durchaus qualitativ unterschiedliche Befindlichkeiten zugrundeliegen können. Auch wenn diese Konzeption noch der weiteren Präzisierung und meßtechnischen Operationalisierung bedarf und sich endgültig noch in Längsschnittstudien bewähren muß, bedeutet es einen wichtigen Fortschritt, Arbeitszufriedenheit nicht mehr als Zustand, sondern als Prozeß zu interpretieren (Gebert & Rosenstiel, 1981, S. 69).

5.2.2 Arbeitsmotivation

Die Arbeitsmotivation ist sicherlich einer der schillerndsten und am häufigsten benutzten Termini in der AO-Psychologie, wobei insbesondere Praktiker immer wieder wie gebannt diesen Begriff bemühen, um betriebliche Probleme zu beschreiben oder zu lösen. Dabei werden gelegentlich auch die Begriffe „Motiv", „Motivation" und „Motivierung" unzulässigerweise miteinander vermischt.

Motive sind hypothetische Konstrukte, die sich der unmittelbaren Beobachtung entziehen, deren Annahme aber sinnvoll ist, wenn cs gilt, menschliches Verhalten zu erklären. Motive sind keine angeborenen Dispositionen, sondern gelten als (frühkindlich) erworben. Es gibt verschiedene Grundannahmen über Art und Zahl solcher Motive. *McClelland* differenziert drei Grundmotive: das *Leistungsmotiv*, das *Machtmotiv* und das *Gesellungs-* oder *Anschlußmotiv*.

Um von dem gleichsam ruhenden, latenten Motiv zu einer zielgerichteten Handlung zu kommen, bedarf es eines Prozesses, der „ ... zwischen verschiedenen Handlungsmöglichkeiten auswählt, das Handeln steuert, auf die Erreichung motiv-spezifischer Zielzustände richtet und auf dem Weg dorthin in Gang hält" (Heckhausen, 1980, S. 25).

Dieser Prozeß, der von dem Aufforderungs- oder Anregungsgehalt einer Situation und spezifischen Mängel- oder Zielzuständen der Person abhängt, wird als *Motivation* bezeichnet. Der Motivationsbegriff umfaßt dabei zwei Komponenten, eine energetische, die das Antriebspotential bestimmt, und eine richtungsweisende, die die Zielsetzung der Aktivität angibt. Das motivierte Verhalten zeichnet sich darüber hinaus durch drei Charakteristika aus: Man setzt sich hohe Ziele und verfolgt sie mit hoher Intensität und hoher Ausdauer. Unter *Motivierung* wird dagegen der (meist) von außen kommende aktive Versuch bezeichnet, den Prozeß der Motivation in Gang zu setzen.

Die Zahl der theoretischen Konzepte zur Erklärung der Arbeits- oder Leistungsmotivation ist mittlerweile Legion und nicht mehr ganz einfach zu überblicken. Wiswede (1991, S. 211) schlägt vor, die unterschiedlichen Ansätze in drei Gruppen zu gliedern:

1. *Physiologisch* orientierte Konzepte;
2. *Humanistisch* orientiere Konzepte;
3. *Kognitiv* orientierte Konzepte

5.2.2.1 Physiologisch orientierte Konzepte

Die physiologisch orientierten Konzepte thematisieren insbesondere die energetische, weniger die richtungsweisende Komponente der Motivation. Unter Rückgriff auf physiologische Konzepte erklären sie die Entwicklung eines – zunächst diffusen und ungerichteten – Antriebspotentials. Beispielhaft sei hier der Denkansatz von Hull (1951) wiedergegeben, der von der Annahme eines einzigen inneren Antriebes ausgeht. Dieser Antrieb ist das allen Trieben gemeinsame Aktivierungspotential, ohne das es kein Verhalten gäbe.

Diese Aktivierung wird als Kontinuum von Ruhe oder Schlaf bis hin zu höchster Erregung angesehen, wobei die sogenannte „formatio reticularis", ein Teil des Gehirns, als physiologische Quelle angenommen wird. Hull hat seine Überlegungen in die klassische Formel gebracht:

$$E = H \times D$$

Dabei bedeutet E die Reaktionsstärke (Extinktionsresistenz), H die Lernerfahrung (Habit) und D die Triebstärke (Drive). Die empirisch relativ gut bestätigte Formel besagt, daß ein Verhalten um so heftiger, schneller und dauerhafter abläuft, je stärker die bisherige Lernerfahrung (Verstärkung, Habitualisierung) war und je größer das gegenwärtige Aktivierungspotential ist.

Jemand, der lange nichts zu essen bekam (hohes D) und dem bisher von allen Lebensmitteln insbesondere Wurstbrote ausgezeichnet geschmeckt haben (H), wird am kalten Buffet vermutlich eine Menge mit Wurst belegter Brötchen aufladen und diese rasch verschlingen (E).

Diese Formel ist zwar später erweitert und modifiziert worden, um neben inneren Antrieben (D) auch äußere Anreize als verhaltensinitiierend aufnehmen zu können (Spence, 1956; Berlyne, 1971), geblieben ist jedoch die Annahme eines physiologisch gesteuerten Aktivierungspotentials, das als Energiespender Verhalten auslöst und aufrechterhält, solange das energetische Potential – vergleichbar einer Batterie – noch Kraft spendet.

Der Ansatz von Hull erklärt lediglich die Heftigkeit eines Verhaltens (E) in Abhängigkeit von Aktivierung (D) und Lernerfahrung (H), ohne jedoch etwas über die Effizienz des Verhaltens zu sagen, denn ein sehr heftiges Verhalten muß im Hinblick auf das Verhaltensziel nicht notwendigerweise auch sehr effizient sein. Hebb hat 1955 die plausible Hypothese aufgestellt, daß mit zunehmender Aktivierung zunächst die Leistung steigt, um jedoch später bei noch weiter ansteigender Aktivierung wieder abzusinken.

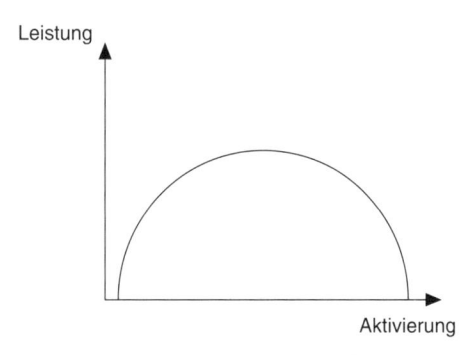

Abb. 46: Beziehung zwischen Aktivierung und Leistung nach Hebb (1975, 8. Aufl., S. 243)

Demnach gibt es für die jeweiligen Verhaltensweisen auch jeweils *optimale Aktivierungsniveaus*. Eine Überaktivierung (etwa durch hohen Druck eine Arbeit rasch ausführen zu müssen) wäre ebenso leistungshinderlich wie eine Unteraktivierung (etwa infolge Lustlosigkeit gegenüber einer bestimmten Tätigkeit). Dieser ebenfalls empirisch gut bestätigte Gedanke wurde in den Streßtheorien wieder aufgegriffen (siehe Kap. 3.2)

Im übrigen sind die physiologischen Ansätze wegen ihrer Vernachlässigung der richtunggebenden Komponente der Motivation relativ inhaltsarm, wenn es um die Erklärung einer ganz bestimmten – etwa auf die Arbeit bezogenen – Verhaltenssequenz und ihrer Motivation geht.

5.2.2.2 Humanistisch orientierte Konzepte

Dieser Aspekt wurde insbesondere von den humanistischen Konzepten aufgegriffen, die auch als *Inhaltskonzepte* bezeichnet werden, weil sie zugleich die Gegenstände, Ziele oder Inhalte benennen, die als motivationsförderlich gelten. Als „humanistisch" wurden diese Konzepte klassifiziert, weil sie sich einem Menschenbild und einer Wissenschaftsauffassung verpflichtet fühlen, bei dem der Mensch als gut, aktiv und expansiv gedacht und der Wissenschaft die Aufgabe zugewiesen wird, daran mitzuwirken, dem Menschen bei der vollen Entfaltung seiner Anlagen, Potentiale und Möglichkeiten zu helfen.

Viele dieser Ansätze gehen auf Überlegungen von Maslow (1970) zurück, der eigentlich keine individualpsychologische Motivationstheorie entwickelt hatte, sondern ein normatives Gesellschaftsmodell entwarf, das dem Menschen die Möglichkeit geben soll, die höchste Stufe seiner Entwicklung, die Selbstverwirklichung, zu erreichen.

Dies – so der Ansatz von Maslow – setzt jedoch die vorherige Befriedigung jeweils niedrigerer Bedürfnisstufen voraus. Er differenzierte fünf solcher Bedürfnisstufen, ordnete sie hierarchisch an und postulierte ein dynamisches Aktivierungsprinzip, wonach die Sättigung niedrigerer Bedürfnisse die jeweils nächsthöheren Bedürfnisse aktiviere. Mit Ausnahme des obersten Bedürfnisses nach Selbstverwirklichung sind alle anderen prinzipiell sättigbar *(Defizitbedürfnisse),* während der Wunsch nach Selbstverwirklichung als *Wachstumsbedürfnis* mit zunehmender Erfüllung nicht nachläßt, sondern weiter wächst.

Alle drei Kernelemente seiner Theorie: die Annahme von exakt fünf Bedürfniskategorien, ihre mutmaßliche hierarchische Ordnung und das Aktivierungspostulat haben vehemente und profunde Kritik ausgelöst (vgl. Wiswede, 1980, S. 981ff.), so daß Maslows Gedanken innerhalb der psychologischen Fachdisziplinen als spekulativ und empirisch nicht bestätigbar weitgehend beiseite gelegt wurden, ohne daß dies jedoch der populärwissenschaftlichen Verbreitung der Maslowschen Gedanken ernsthaft geschadet hätte. Die Plausibilität und Eingängigkeit seiner Überlegungen, die humanistische Zielsetzung und die inhaltliche Unbestimmtheit der Begriffe, die daher jeweils mit beliebigen In-

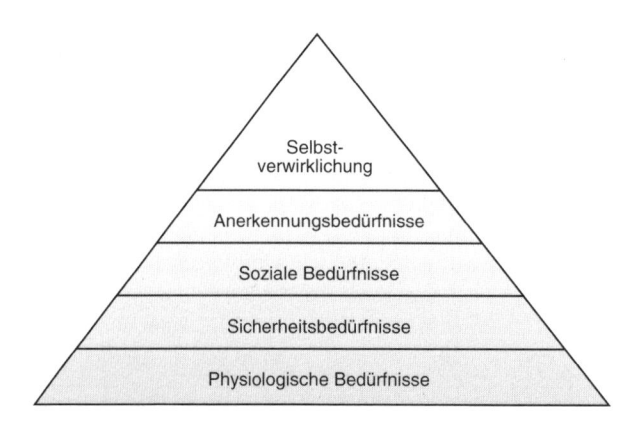

Abb. 47: Bedürfnispyramide nach Maslow (1970)

halten gefüllt werden können, bilden sicherlich die unerschütterliche Basis für die ungebrochene Beliebtheit Maslows bei Praktikern.

Alderfer (1973) hat eine vereinfachte Version des Maslow-Modells entwickelt, die als *ERG-Modell* bekannt geworden ist. Er differenziert nur noch drei Grundbedürfnisse, dasjenige nach Existenzsicherung (E für „Existence"), dasjenige nach sozialer Zugehörigkeit (R für „Relatedness") und – ähnlich wie Maslow – ein Wachstumsbedürfnis (G für „Growth").

Noch weiter reduziert wurde das Konzept durch Herzbergs *Zweifaktorentheorie,* die nur noch zwei Kategorien („Satisfiers" und „Dissatisfiers") differenzierte (siehe Abb. 48, S. 118). Diese waren allerdings empirisch begründet und gewannen innerhalb der angewandten Arbeitspsychologie eine bis heute anhaltende praktische Bedeutung. Herzberg hatte mit Hilfe einer bestimmten Untersuchungsmethode, der Technik der kritischen Ereignisse (CIT – „Critical Incident Technique"), herausgefunden, daß Arbeitszufriedenheit und -motivation von anderen Faktoren beeinflußt werden als ihr jeweiliges Gegenteil, also Arbeitsunzufriedenheit oder Demotivation.

Herzberg und seine Mitarbeiter (1959) hatten großangelegte Fragebogenstudien durchgeführt. Auf die Frage, welche Ereignisse oder Faktoren zu einer deutlichen Erhöhung der erlebten Zufriedenheit und Motivation geführt hatten, wurde von den befragten Mitarbeitern und Mitarbeiterinnen vielfach auf die interessante Tätigkeit oder die Chance, etwas leisten zu können, verwiesen, während die Frage nach unerquicklichen Ereignissen durch den Hinweis auf äußere Faktoren wie z.B. den Führungsstil des Vorgesetzten oder die Arbeitsbedingungen beantwortet wurde.

Demnach würden also nicht unterschiedliche Ausprägungen des gleichen Faktors für Motivation oder Demotivation sorgen, also etwa ein hohes oder niedriges Gehalt, sondern sehr unterschiedliche Faktoren für die Entwicklung von Arbeitsmotivation und -zufriedenheit einerseits sowie Unzufriedenheit und Demotivation andererseits verantwortlich sein.

Konsequenterweise ist demnach das Gegenteil von Arbeitszufriedenheit auch nicht die Arbeitsunzufriedenheit, sondern die Nicht-Arbeitszufriedenheit, und das Gegenteil der Arbeitsunzufriedenheit wäre die Nicht-Arbeitsunzufriedenheit. Herzberg hat die beiden unterschiedlichen Faktorengruppen auch als Content-(Inhalts)-Faktoren und als Kontext-(Hygiene)-Faktoren bezeichnet. Die Contentfaktoren beziehen sich dabei auf den Inhalt der Arbeitstätigkeit, während die Kontextfaktoren das Umfeld der Arbeit erfassen. Der optimale Arbeits-Kontext kann demnach bestenfalls Unzufriedenheiten verhindern, aber noch keine Zufriedenheit bewirken. Herzberg hat die Kontextfaktoren – in Analogie zur Medizin – daher auch als Hygienefaktoren bezeichnet: Gute Hygiene kann Krankheiten vorbeugen, aber reicht nicht aus, um Kranke zu heilen.

Unternehmenspolitische Rahmenbedingungen (z.B. Organisationsstruktur, Bürokratie), administrative Regelungen (z.B. Arbeitszeitordnung, Ablauforganisation) oder die Art der Arbeitsüberwachung (z.B. Fremd- oder Selbstkontrolle) sowie die Qualität der Beziehungen zu den Vorgesetzten sind typische Kontextfaktoren. Man stößt sich an ihnen und ärgert sich. Die Beseitigung dieser Ärgernisse ist jedoch nicht stimulierend, sondern führt allenfalls dazu, daß sie nicht mehr wahrgenommen werden.

Die eigene Leistung und die damit verbundene Anerkennung sowie der Reiz der interessanten Tätigkeit sind typische Contentfaktoren. Wer keine Chance bekommt, selbst zu zeigen, was er kann, wird dies auch nicht tun und daher weder Anerkennung noch Stolz auf die eigene Leistung erleben können.

Der praktische Anwendungsbezug ergibt

Einflußfaktoren auf Arbeitseinstellungen
(Ergebnis von 12 Untersuchungen)

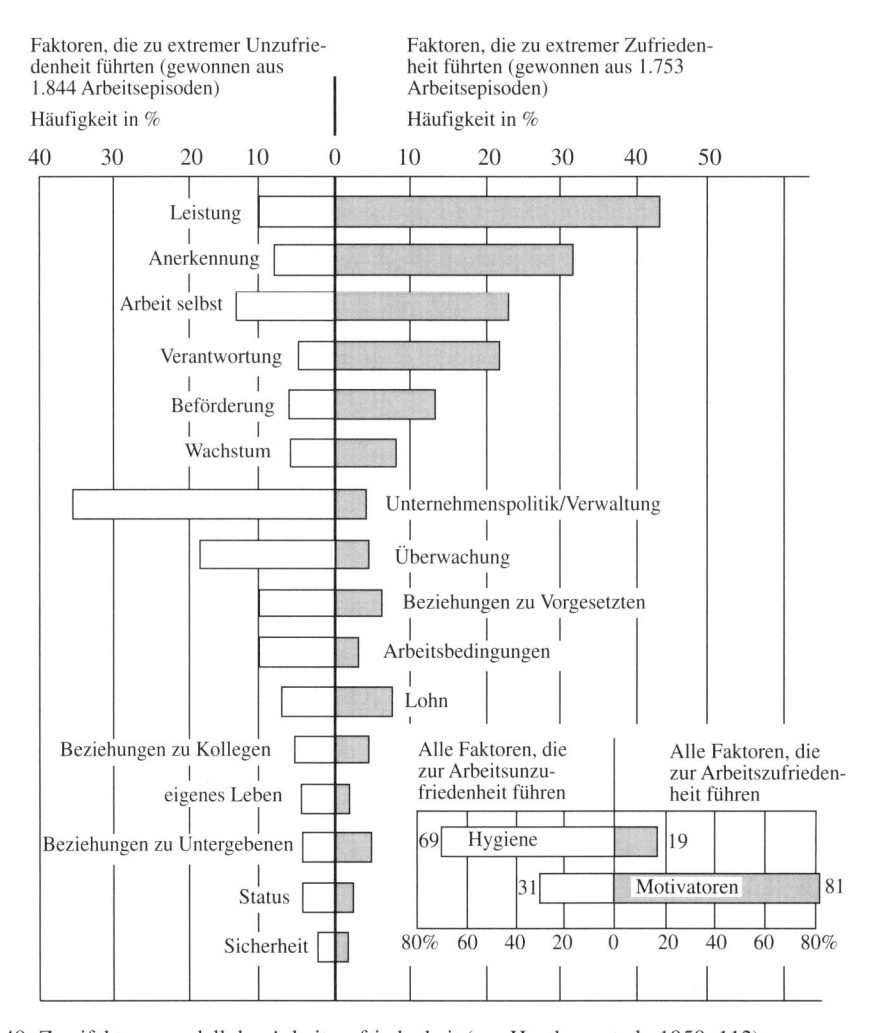

Faktoren, die zu extremer Unzufriedenheit führten (gewonnen aus 1.844 Arbeitsepisoden)	Faktoren, die zu extremer Zufriedenheit führten (gewonnen aus 1.753 Arbeitsepisoden)
Häufigkeit in %	Häufigkeit in %

Leistung
Anerkennung
Arbeit selbst
Verantwortung
Beförderung
Wachstum
Unternehmenspolitik/Verwaltung
Überwachung
Beziehungen zu Vorgesetzten
Arbeitsbedingungen
Lohn
Beziehungen zu Kollegen
eigenes Leben
Beziehungen zu Untergebenen
Status
Sicherheit

Alle Faktoren, die zur Arbeitsunzufriedenheit führen: Hygiene 69 | 19
Alle Faktoren, die zur Arbeitszufriedenheit führen: 31 | Motivatoren 81

Abb. 48: Zweifaktorenmodell der Arbeitszufriedenheit (aus Herzberg et al., 1959, 112)

sich aus dem Hinweis, daß die Verbesserung der Kontextfaktoren allenfalls geeignet ist, Unzufriedenheiten abzubauen, daß jedoch zum Aufbau von Zufriedenheit und Motivation mehr getan werden muß als eine Verbesserung äußerer Rahmenbedingungen. Hierzu muß die Arbeit selbst, d.h. ihr Inhalt attraktiv gestaltet werden. Dies führte zu sogenannten *Arbeitsbereicherungsprogrammen* („job-enrichment-programs"), deren Ziel darin bestand, Arbeitstätigkeiten selbst sinnvoll, d.h. als ganzheitliche und nicht als zerstückelte Aufgabenpakete zu gestalten, wobei dies bereits unter Beteiligung der Arbeitenden selbst, also in einem *partizipativen Prozeß* geschehen sollte. In diesem Sinne hatte Herzberg vor über 30 Jahren Gestaltungsprinzipien entwickelt, die im Kern bis heute gültig sind, jetzt allerdings durch andere, nämlich handlungstheoretische Konzepte begründet werden.

Die Thesen von Herzberg sind insbesondere unter methodischen Gesichtspunkten kritisiert worden, da man ihm vorwarf, lediglich ein Artefakt (Kunstprodukt) seiner Befragungstechnik produziert zu haben (vgl. Walter-Busch, 1977, S. 39ff.). Menschen neigen nämlich dazu, ihre Umwelt (Kontextfaktoren) für alles Unerfreuliche verantwortlich zu machen, sich selbst und die eigene Leistung jedoch als Quelle des Guten zu betrachten. So hat Herzbergs Methode lediglich die altbekannte menschlich-allzumenschliche Neigung bestätigt, den „Splitter in Nachbars Auge, nicht jedoch den Balken im eigenen Auge" zu sehen.

Gleichwohl ist die Arbeit von Herzberg richtungsweisend gewesen, da sie den Inhalt der Arbeitstätigkeit und damit die *intrinsische Motivation* in den Mittelpunkt der Betrachtung gerückt hat. Als „intrinsisch" wird eine Motivation dann bezeichnet, wenn der Anreiz in der Tätigkeit selbst liegt. Demgegenüber spricht man von extrinsischer Motivation, um deutlich zu machen, daß nicht die Aktivität selbst, sondern erst deren Folgen motivierend sind, etwa der Lohn für eine ansonsten ungeliebte Arbeitstätigkeit.

Es ist vielleicht ein Treppenwitz der Arbeitspsychologie, daß Herzberg infolge seiner verzerrenden Methodik eine wissenschaftlich bedenkliche Schlußfolgerung zog, deren praktische Umsetzung („job enrichment") jedoch unbestritten erfolgreich war und die erst später – etwa unter dem Einfluß der Handlungstheorie – eine angemessenere theoretische Interpretation erhielt.

5.2.2.3 Kognitiv orientierte Konzepte

Die empirische Gültigkeit der humanistischen Motivationskonzepte hinkt also häufig hinter ihrem normativen Anspruch her. Die humanistischen, aus einem Menschenbild abgeleiteten Gestaltungsvorschläge bleiben solange fraglich, wie die Prozesse unklar sind, die die Motivation steuern. Die kognitiven Motivationskonzepte greifen diesen Aspekt auf und thematisieren den *Prozeß* der Motivation, allerdings unter einer stark kognitivistisch geprägten Perspektive. Sie werden daher im Unterschied zu den Inhaltstheorien auch als *Prozeßtheorien* bezeichnet.

Zu den kognitiven Motivationskonzepten zählen insbesondere die *Wert-Erwartungsmodelle* (Instrumentalitätstheorien), die *Theorie der Leistungsmotivation* und das *Konzept des „goal setting".*

Der von *Kurt Lewin* stammende Grundgedanke der *Wert-Erwartungs-Theorien* geht davon aus, daß Menschen dem Grundsatz nach zielorientiert und vernünftig handeln. Mit den Zielorientierungen sind Wertvorstellungen (Valenzen) verknüpft. Tendenziell gilt die einfache Aussage: Je attraktiver die Ziele, desto höher die Motivation, sie zu erreichen. Dies gilt allerdings nur tendenziell, weil diese einfache Kausalkette mehrfach durch kognitive Prozesse der Erwartungsbildung sowie sozial-normative Regelungen durchbrochen wird. Die Motivation, ein attraktives Ziel (hohe Valenz) anzustreben, ist nur dann gegeben, wenn man sich selbst auch zutraut, dieses Ziel tatsächlich zu erreichen (Effizienzerwartung) und überdies davon überzeugt ist, daß mit der Zielerreichung auch wirklich die erhofften positiven Wirkungen verbunden sind (Konsequenzerwartung) und schließlich soziale Einflüsse des Gruppendrucks oder der gesellschaftlichen Normen dem intendierten Verhalten nicht entgegenstehen.

Wiswede (1991) hat verschiedene Wert-Erwartungs-Konzepte (z.B. von Vroom, 1967; Porter & Lawler, 1968; Lawler, 1977) zu einem integrativen Modell zusammengefaßt, das über die genannten Kernvariablen hinaus noch weitere Prozesse des psychi-

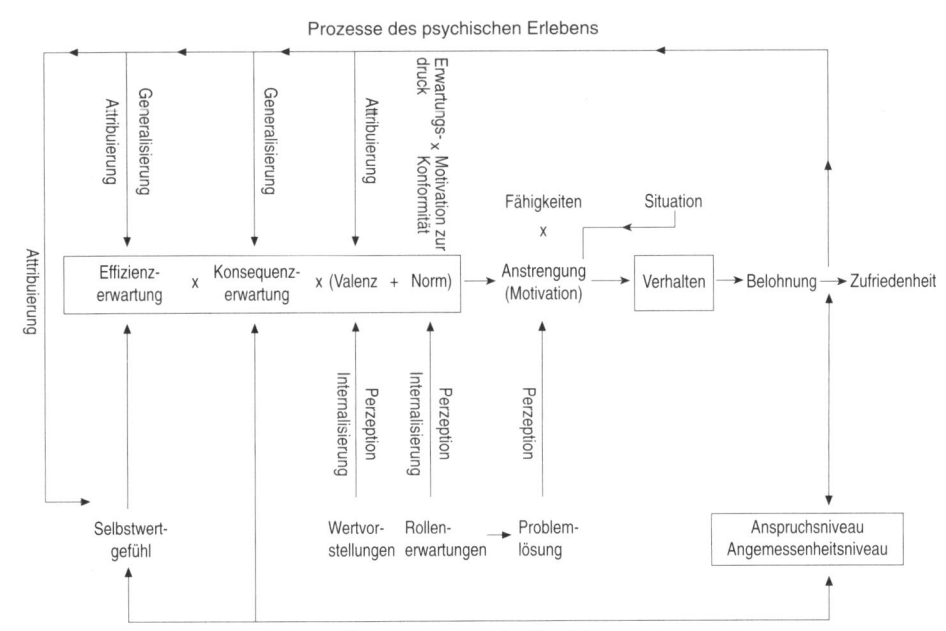

Abb. 49: Ein Prozeßmodell der Arbeitsmotivation (aus Wiswede, 1991, S. 214)

schen Erlebens und des sozialen Vergleichs einbezieht (siehe Abb. 49).

Modelle dieser Art bestechen durch ihren Anspruch auf Vollständigkeit, Geschlossenheit und Präzision. Sie laufen jedoch Gefahr, in ihrer Komplexität „unhandlich" zu werden, da sie durch die Vielfalt der Kausalketten und Wechselwirkungen so viele Annahmen enthalten, daß nahezu alle empirischen Ergebnisse durch den Hinweis auf den einen oder anderen Faktor des Modells nachträglich „erklärt" werden können, während die Prognose künftiger Motivation ungleich schwieriger ist.

Wiswede (1991) selbst gibt noch folgende allgemein kritische Einschätzung zu Modellen dieser Art, wobei er sein eigenes nicht von der Kritik ausnimmt:

Günter Wiswede

„Diese und ähnliche Modelle heben in starkem Maße darauf ab, daß der Arbeitende ein kalkulierender Hedonist ist, der in Abwägung aller Alternativen unbeirrt den Weg geht, der ihm den größten Vorteil verspricht. Verinnerlichte Pflicht- und Gehorsamswerte – die zweifellos unter dem Aspekt des Wertewandels auf dem Rückzug sind – spielen in diesen Konzepten allenfalls eine implizite Rolle. Das gleiche gilt für die Macht der Gewohnheit: Viele Arbeitshandlungen sind motivational und kognitiv so ausgedünnt und folgen habitualisierten Schemata oder einem motivational recht einfachen Prinzip, nur das Nötigste zu tun, um nicht negativ aufzufallen. Und schließlich sind alle Ansätze, die dem Instrumentalitätsprinzip verpflichtet sind, auf sogenannte extrinsische Aspekte des Arbeitslebens konzentriert, vernachlässigen also die Möglichkeit einer intrinsischen Motivation." (S. 215f.)

Das Bemühen, die gesamten psychisch-kognitiven Abläufe des Motivationsgeschehens modellhaft abzubilden, ließ unbemerkt ein Menschenbild entstehen, das auf das Prozessuale reduziert und daher insofern merkwürdig inhaltsleer blieb, als die einzelnen Variablen und Kästchen der Modelle mit jeweils unterschiedlichen Inhalten gefüllt werden können. Damit wird eine gewisse Beliebigkeit der Handlungsziele unterstellt.

Die *Leistungsmotivationstheorie* betont demgegenüber die Zielsetzung des Handelns, Leistung zu erbringen, weil dies einem Grundbedürfnis des Menschen entspreche und selbstwertförderlich wirke. Das Leistungsmotiv wird als eine erlernte Disposition verstanden, die zwei Komponenten, Erfolgssuche und Mißerfolgsmeidung, enthält. Nach der jeweiligen Stärke dieser beiden Motivkomponenten zueinander werden zwei Persönlichkeitstypen, Erfolgssucher und Mißerfolgsmeider, unterschieden.

Eine interessante und zunächst verblüffende Schlußfolgerung der Theorie besagt, daß Erfolgssucher dazu neigen, sich Herausforderungen oder Aufgaben mittlerer Schwierigkeit zu stellen, während die Mißerfolgsmeider dazu tendieren, sehr leichte oder sehr schwierige Aufgaben anzugehen. Leichte Aufgaben lassen sich zwar rasch bewältigen, vermitteln aber auch nur geringe Erfolgserlebnisse. Demgegenüber ist die Bewältigung einer sehr schweren Aufgabe unwahrscheinlich, vermittelt aber im Erfolgsfall eine ungleich höhere Genugtuung. Der Erfolgssucher – so die theoretische Annahme – maximiert die Kombination aus Erfolgswahrscheinlichkeit und Erfolgserlebnis, indem er Aufgaben mittlerer Schwierigkeit mit mittlerem Erfolgserlebnis bevorzugt, während der Mißerfolgsmeider ganz leichte Aufgaben präferiert, bei denen man nicht versagen kann, oder sich andererseits so schwierigen Aufgaben stellt, daß das wahrscheinliche Versagen auf die Schwierigkeit der Aufgabe geschoben (extern attribuiert) werden kann

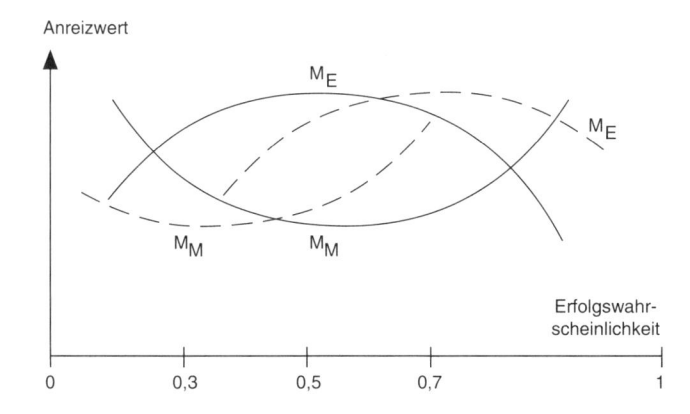

Abb. 50: Anreizwert von Aufgaben in Abhängigkeit von Erfolgswahrscheinlichkeit und Motivausprägung (nach Atkinson & Feather, 1966; Modifizierung gestrichelt, nach Heckhausen, 1968, S. 123). M_M = Motiv der Mißerfolgsvermeidung; M_E = Motiv der Erfolgssuche.

und nicht als Zeichen individueller Unfähigkeit gewertet (intern attribuiert) werden muß.

Die Leistungsmotivationstheorie benennt zwar das Grundmotiv „Leistung", läßt aber offen, was im Einzelfall als Leistung gilt. Selbst wenn in einer „Leistungsgesellschaft" Leistung unausgesprochen mit Arbeitsleistung gleichgesetzt wird, können im Sinne der Leistungsmotivationstheorie hierunter die sportliche Leistung ebenso gezählt werden wie besondere Anstrengungen im Liebesleben.

Hier wird klar, daß *gesellschaftliche Normvorstellungen*, die im Sozialisationsprozeß übernommen werden, eine wesentliche Rolle spielen. In diesem Sinne überwindet die Theorie eine rein individualistische oder inhaltsarm prozessuale Begrenzung und akzentuiert individuelle Motive im Umfeld sozialer und organisatorischer Bedingungen. Menschen werden demnach nicht als Erfolgssucher oder Mißerfolgsmeider geboren, sondern dazu „gemacht" (siehe Kasten 8).

Auch auf einem anderen Gebiet erweist sich die Leistungsmotivationstheorie als ausbaufähig. Der Hinweis auf die Neigung der Mißerfolgsmeider, im Falle des Scheiterns bei schwierigen Aufgaben vom eigenen Versagen abzulenken und stattdessen auf widrige externe Faktoren zu verweisen, bezieht *attributionstheoretische* Gedanken mit ein.

Weiner (1972) differenziert neben der Externalitätsdimension (interne vs. externe Faktoren) noch die Variabilitätsdimension (va-

---

Kasten 8: **Beispiel: Sozialisation von Leistungsmotiven**

Nehmen wir als Beispiel den kleinen Jungen, der mit einer schlechten Note von der Schule nach Hause kommt, um sogleich entschuldigend zu erklären, daß der Lehrer die Aufgaben gar nicht richtig erklärt hatte, man außerdem von der vorherigen Sportstunde noch erschöpft war, im übrigen niemand in der Klasse die Arbeit richtig verstanden hätte und die Hitze im Klassenraum unerträglich gewesen wäre.

Die Eltern lassen dem Jungen diesen Versuch der Externalisierung nicht durchgehen und schieben das Versagen auf ihn mit der Bemerkung, er habe nicht gelernt, er habe sich nicht angestrengt und er habe das eben nicht kapiert.

Nehmen wir weiter an, die nächste Klassenarbeit ergebe eine bessere Note, auf die der Junge nun stolz sein möchte. Aber was hört er stattdessen zu Hause: Siehst Du, hätten wir Dir nicht gesagt, daß Du lernen sollst, hättest Du wahrscheinlich wieder daneben gelegen.

Aus Sicht des Jungen wird ihm die selbstwertstabilisierende Internalisierung des Erfolges verwehrt, der stattdessen nach außen, auf die Eltern, geschoben wird. Wenn diese Muster lange genug angehalten haben, so hat der Junge gelernt, daß er für die Mißerfolge, nicht jedoch für die Erfolge verantwortlich ist, so daß ihm allenfalls die Chance, Mißerfolge zu meiden, nicht jedoch der Stolz auf die eigene Leistung bleibt. Spätestens dann ist aus dem ursprünglich aktiven Erfolgssucher ein ängstlicher Mißerfolgsmeider geworden.

Auch wenn diese Geschichte überpointiert ist, so verweist sie doch auf den Lernprozeß, in dessen Verlauf überdauernde motivationale Dispositionen erworben werden. Im übrigen läßt sich die Geschichte sehr leicht und durchaus mit großem Realismus auf die Beziehungen zwischen manchen Vorgesetzten und ihren Mitarbeitern übertragen.

	interne Faktoren	externe Faktoren
stabile Faktoren	Fähigkeiten Kompetenzen (*Können*)	Aufgaben-schwierigkeit (*Umstände*)
variable Faktoren	Anstrengung Motivation (*Wollen*)	Glück oder Pech (*Zufall*)

Abb. 51: Vierfelder-Tafel der Attribution nach Weiner (1972)

riable vs. stabile Faktoren) und kombiniert dies in obenstehender Vierfelder-Tafel.

Erfolgssucher und Mißerfolgsmeider unterscheiden sich nicht nur hinsichtlich der unterschiedlichen Stärke der beiden Komponenten des Leistungsmotivs, sondern auch hinsichtlich ihrer Neigung, die eigenen Erfolge und Mißerfolge ursächlich zu deuten.

Prinzipiell läßt sich nach obigem Schema Erfolg oder Mißerfolg als Ergebnis von Können, Wollen, Umständen oder Zufall deuten. Unabhängig davon, was objektiv richtig ist, gibt die subjektiv gewählte Alternative Hinweise auf die Leistungsmotivation und führt zu einer Stärkung oder Schwächung motivationaler Komponenten. Abbildung 52 faßt die unterschiedlichen Attributionsneigungen und ihre Wirkungen zusammen.

Fall 1

Erfolgssucher hat Erfolg und deutet dies durch:

Können	Umstände
Wollen	Zufall

Konsequenz: Selbstwert und Motivation werden gestärkt.

Fall 2

Erfolgssucher hat Mißerfolg und deutet dies durch:

Können	Umstände
Wollen	Zufall

Konsequenz: Keine Selbstwertschädigung und künftig größere Anstrengung.

Fall 3

Mißerfolgsmeider hat Erfolg und deutet dies durch:

Können	**Umstände**
Wollen	**Zufall**

Konsequenz: Kein Lernerfolg, keine Selbstwertbestätigung

Fall 4

Mißerfolgsmeider hat Mißerfolg und deutet dies durch:

Können	**Umstände**
Wollen	Zufall

Konsequenz: Selbstwertschädigung, Resignation und Hilflosigkeit

Abb. 52: Attributionsstile von Erfolgssuchern und Mißerfolgsmeidern

Aus diesem unterschiedlichen Attributionsmuster ergibt sich eine Tendenz zur „selbsterfüllenden Prophezeihung". Der Erfolgsorientierte sieht im Erfolg eine Bestätigung und im Mißerfolg eine Aufforderung zu höherer Anstrengung. Beides dürfte künftige Erfolge wahrscheinlich werden lassen. Demgegenüber sieht der Mißerfolgsmeider im Erfolg die Wirkung günstiger Umstände oder des glücklichen Zufalls und im Mißerfolg ein Zeichen eigenen Unvermögens oder ungünstiger Umstände. Auch hier dürfte der künftige „Mißerfolg" fast schon „vorprogrammiert" sein.

Die Leistungsmotivationstheorie ist häufig geprüft und empirisch bestätigt worden, wobei viele dieser Studien laborexperimentell angelegt waren und daher nicht ohne weiteres auf reale Lebens- oder Arbeitssituationen übertragbar sind. Gerade in jüngster Zeit ist diese Theorie insbesondere auch unter dem Gesichtspunkt der Übertragbarkeit auf echte Arbeitssituationen zunehmend kritisch beurteilt worden.

Locke und Latham (1990, S. 4) haben in ihrem „Goal-setting"-Ansatz bezweifelt, daß Erfolgssucher Aufgaben mittlerer Schwierigkeit bevorzugen. Stattdessen vertreten die Autoren die These, daß gerade die sehr schwierigen, also herausfordernden Aufgaben motivations- und leistungsförderlich sind, wenn nur eine Reihe weiterer Randbedingungen erfüllt werden. Dann ergibt sich sogar das, was die Autoren einen „High Performance Cycle" nennen, also eine Tendenz zu stets höheren Anstrengungen und Leistungen (siehe Abb. 53).

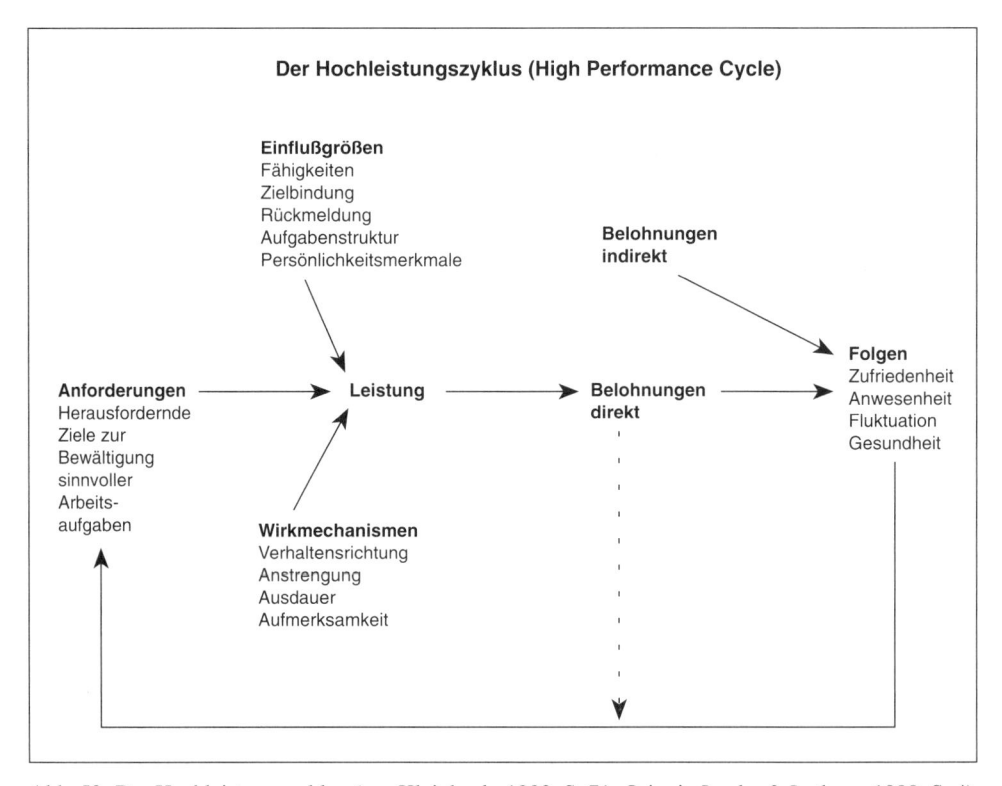

Abb. 53: Der Hochleistungszyklus (aus Kleinbeck, 1993, S. 71; Orig. in Locke & Latham, 1990, S. 4)

Nach diesem Ansatz sind hohe, aber präzise Zielsetzungen leistungsförderlicher als mittlere oder diffuse („Versuchen Sie Ihr Bestes"). Weiterhin spielen die Einflußgrößen und die Wirkmechanismen eine wesentliche Rolle. Grundvoraussetzung ist selbstverständlich die individuelle Fähigkeit, das Können, die Kompetenz für die jeweils erwartete Leistung. Das Können genügt jedoch nicht, es muß auch „Commitment", also das Gefühl einer Verpflichtung gegeben sein. Dies mag sich aus der Attraktivität der Zielsetzung, aus sozialen Normen oder auch daraus ergeben, daß die Ziele nicht einfach von „außen oder oben" gesetzt, sondern gemeinsam partizipativ erarbeitet wurden. Schließlich ergibt sich aus klaren Rückmeldungen über den eigenen Leistungsstand und der subjektiven Überzeugung, es zu schaffen, eine leistungsförderliche Wirkung, die allerdings bei einfachen Aufgaben deutlicher ist als bei komplexen. Bei einfachen Aufgaben kann sich die Motivation gleichsam unmittelbar in der Aufgabenrealisation umsetzen, während es bei komplexen Anforderungen stärker auf die Angemessenheit eines Planes oder einer Methodik ankommt.

Sofern hinsichtlich dieser Moderatorvariablen leistungsförderliche Ausgangsbedingungen vorliegen, kommt es nun auf die sogenannten Mediatorvariablen an, ob sich die günstigen Voraussetzungen auch tatsächlich in hoher Leistung niederschlagen. Wesentlich ist hierbei die individuelle Aufgabenstrategie, also der persönliche Stil oder die Art und Weise, wie man an die Aufgaben herangeht. Dieser persönliche Stil, der ebenfalls früh erlernt worden sein kann, ist durch drei Faktoren gekennzeichnet: die Direktheit, die Intensität und die Ausdauer, mit der die Ziele angestrebt werden. Neben diesem allgemeinen Arbeitsstil spielt noch ein spezifischer, auf die jeweilige Aufgabe bezogener Handlungsstil eine Rolle.

Sofern günstige Moderator- und Mediatorbedingungen gegeben sind, ist ein hohes Leistungsergebnis wahrscheinlich, das entweder direkt – also intrinsisch – oder auf dem Wege über extrinsische Verstärkungen zur Zufriedenheit führt, die dann wiederum das Zugehörigkeitsgefühl zu dieser Organisation und die Leistungsbereitschaft fördert.

In diesem Modell wird keine direkte Beziehung zwischen Motivation, Leistung und Zufriedenheit angenommen, sondern eine durch mehrere Bedingungen gefilterte oder beeinflußte Wechselwirkung. Motivation und Zufriedenheit sind über zwei Wege miteinander verbunden. Zunächst ergibt sich die Zufriedenheit als Folge – nicht als Ursache – einer Leistung. Sie bildet dann jedoch die Grundlage für die weitere Motivation, insofern sie die Bereitschaft stärkt, sich auch künftig den Anforderungen dieser Organisation zu stellen, falls es sich um herausfordernde und attraktive Aufgaben handelt.

Inzwischen liegen verschiedene empirische Studien vor, die die Sinnhaftigkeit dieses Ansatzes und seine Übertragbarkeit auf die Praxis belegen (Kleinbeck et al., 1990). Gerade die Anwendung der Erkenntnisse aus der Motivationsforschung weckt allerdings vielfachen Argwohn und den Verdacht der Manipulation, was gelegentlich durch die Wortschöpfung der „Motipulation" ausgedrückt wird. Schuler (1989) hat hierzu einige Anmerkungen gemacht (siehe Kasten 9, S. 126).

Wir fassen zusammen: Bei der Betrachtung der Ziel- bzw. Bewertungsgrößen der Arbeitsgestaltung haben wir zunächst Human- und Ökonomieziele unterschieden, wobei wir die Humanziele in objektive (Humanität) und subjektive (Zufriedenheit) gegliedert hatten. Die Realisierung der Ökonomieziele Effektivität (Wirksamkeit im Sinne von kundenorientierter Qualität) und Effizienz, d.h. zeit- und kostengünstige Produktionsprozesse, setzt die engagierte Mitwirkung der beteiligten Personen voraus.

Daher läßt sich hier zusammenfassend und im Hinblick auf die psychologisch bedeutsa-

> **Kasten 9: Leistungsmanagement oder Leistungsmanipulation?**
>
> „Einflußnahme auf individuelles Verhalten wird oft als Manipulation bezeichnet – besonders wenn sie zielstrebig und planvoll erfolgt. Demgegenüber sei hier ein anderes Charakteristikum des Manipulativen angeboten – die Inakzeptabilität von Zielen und Methoden der Einflußnahme.
>
> Mit Kant kann ein Aspekt moralischer Zulässigkeit mit der Frage geprüft werden, ob die eigenen Maßnahmen vor dem anderen geheimgehalten werden müssen:
>
> ‚Alle auf das Recht anderer Menschen bezogenen Handlungen, deren Maxime sich nicht mit der Publizität verträgt, sind unrecht.'
> (Kant, Zum ewigen Frieden)
>
> Verlieren die verwendeten Methoden bei Offenlegung ihre Wirkung, so ist Vorsicht am Platze. Würden die Betroffenen gar die Methoden und Ziele als inakzeptabel zurückweisen, so wäre ihr Einsatz manipulativ.
>
> Prüfen wir daran die vorgeschlagenen Maßnahmen. Ziel ist die Leistungsverbesserung. Gleichzeitig Mittel und Ziele sind der Aufbau von Selbstvertrauen und Erfolgsorientierung, die Ermutigung zu eigenständiger Zielsetzung und Zielüberprüfung, die realistische und gleichzeitig selbstwertstabilisierende Attribution von Erfolgen und Mißerfolgen, kompetenzförderliche Leistungsbeurteilung und Feedback.
>
> Keines dieser Ziele und keine der vorgeschlagenen Maßnahmen muß das Licht der Offenlegung scheuen. Im Gegenteil ist zu erwarten, daß durch offene Diskussion und Vereinbarungen zwischen Vorgesetzten und Mitarbeitern Glaubwürdigkeit und Wirksamkeit des Führungshandelns nur gewinnen können." (Schuler, 1989, S. 11)

men Kriterien der Arbeitsbewertung sagen, daß Arbeiten so gestaltet sein sollten, daß sie human, zufriedenstellend und motivierend sind.

Diese zusammenfassende Aussage hilft jedoch im konkreten Fall nicht sehr viel weiter, weil sie die im Detail steckenden Probleme eher verdeckt als erhellt. So bleibt jeweils die Frage, was im einzelnen Fall als human, zufriedenstellend und motivierend gilt, wie dies konkret erfaßt und aufgrund welcher theoretischen Überlegungen gedeutet und bewertet wird. Es bedarf also eines konkreten Bewertungssystems und Verfahrensregeln, um von allgemeinen Überlegungen zu konkreten Bewertungen zu gelangen.

Der gesamte, im folgenden darzustellende Prozeß der Bewertung könnte in folgende Teilschritte untergliedert werden:

1. Entwicklung konkreter Bewertungskriterien;
2. Festlegung von Bewertungsregeln;
3. Ableitung von Korrekturmaßnahmen.

5.3 Bewertung als Prozeß

5.3.1 Entwicklung konkreter Bewertungskriterien

Die bisherigen Überlegungen haben das Feld der möglichen bzw. sinnvollen Kriterien umrissen, aber diese Kriterien nicht im Detail und nicht operational definiert. Solche detaillierten Kriterien liegen bislang auch nur vereinzelt vor. So haben beispielsweise Hacker und Richter (1980) ein *Tätigkeitsbewertungssystem (TBS)* entwickelt, das sich insbesondere auf den Humanisierungsaspekt der Persönlichkeitsentwicklung bezieht, zunächst allerdings nur für Bedienungs-, Montage- und Überwachungsarbeiten gedacht war.

Eine Weiterentwicklung dieses Verfahrens, das *Tätigkeitsbewertungssystem für geistige Arbeit (TBS-GA)*, ermöglicht die Beurteilung der Persönlichkeitsförderlichkeit geistiger Routine- und Kreativ-Tätigkeiten (Rudolph, Schönfelder & Hacker, 1988).

In diesem Verfahren werden die einzelnen Tätigkeiten auf 60 Einzelskalen durch – zumindest zwei – unabhängige Arbeitsbewerter beurteilt. Die Arbeitsbewerter stützen sich bei ihrem Urteil auf sogenannte „unkritische Werte", d.h. auf Merkmalsausprägungen, die als Mindestmaß angesehen werden, und geben dann für die jeweils zu bewertende Arbeit auf den 60 Einzelskalen an, wieweit sie nach oben oder unten von diesem unkritischen Wert abweicht und daher als persönlichkeitsförderlich oder aber als korrekturbedürftig angesehen werden muß. Das nachfolgende Beispiel verdeutlicht das Verfahren (siehe Abb. 54, S. 128).

Die Aufwendigkeit des Verfahrens und seine Konzentration auf den Aspekt der Persönlichkeitsförderlichkeit macht seinen Einsatz in der betrieblichen Praxis – außer für arbeitspsychologische Forschungszwecke – gegenwärtig noch unwahrscheinlich.

Frieling und Sonntag (1987, S. 84) formulieren noch schärfer, wenn sie sagen, daß diese Humanisierungskriterien in der Praxis allenfalls eine Nebenrolle spielen. Beispielhaft geben sie die Kriterien der Arbeitsgestaltung aus dem Hause Siemens wieder (siehe Abb. 55, S. 129), bei denen zwar „Mitarbeiterbezogene Ziele" genannt werden, die jedoch teilweise (z.B. Senkung der Fluktuation und der Fehlzeiten) auch als „Kostenziele" angesehen werden könnten. Gleichwohl äußern Frieling und Sonntag die Hoffnung, daß die Entwicklung solcher Kriterienlisten, ihre Diskussion und Umsetzung, den Bewertungsprozeß transparent und die damit verbundenen Probleme bewußt werden läßt.

5.3.2 Die Festlegung der Bewertungsregeln

Neben der Definition der Bewertungskriterien bedarf es noch der Festlegung von Bewertungsregeln, also einer Art Gebrauchsanweisung, die möglichst sicherstellt, daß das Verfahren zu validen, reliablen und objektiven Werten führt. Die *Validität (Gültigkeit)* ist dann gegeben, wenn das Verfahren genau das erfaßt, was es erfassen soll. So wie ein Intelligenztest die kognitiven Fähigkeiten und nicht lediglich die Kenntnisse ermitteln soll, so soll ein Bewertungsverfahren der Persönlichkeitsförderlichkeit die Entwicklungschancen und nicht lediglich einzelne Belastungsfaktoren erfassen. Die *Reliabilität (Zuverlässigkeit)* ist dann gegeben, wenn das Verfahren bei wiederholtem Einsatz zu gleichen Ergebnissen führt. Die *Objektivität* bezieht sich auf die Unabhängigkeit vom jeweiligen Arbeitsbewerter und seinen Vorstellungen und Interessen.

Da die Bewertungen jeweils von Menschen vorgenommen werden, ist die Frage der Objektivität besonders kritisch. Relativ unproblematisch dürfte die Sicherstellung der Objektivität dann sein, wenn die Bewerter selbst keinerlei eigene Interessen verfolgen, so daß eine detaillierte Einweisung und Einarbeitung in das Verfahren individuelle Auslegungsunterschiede minimiert. Damit lassen sich jedoch nur zufällige und nicht systematische Objektivitätsfehler vermeiden, die etwa dadurch entstehen, daß die Bewerter selbst eigene Interessen verfolgen. Hierzu geben Frieling und Sonntag (1987) folgende Beobachtung wieder:

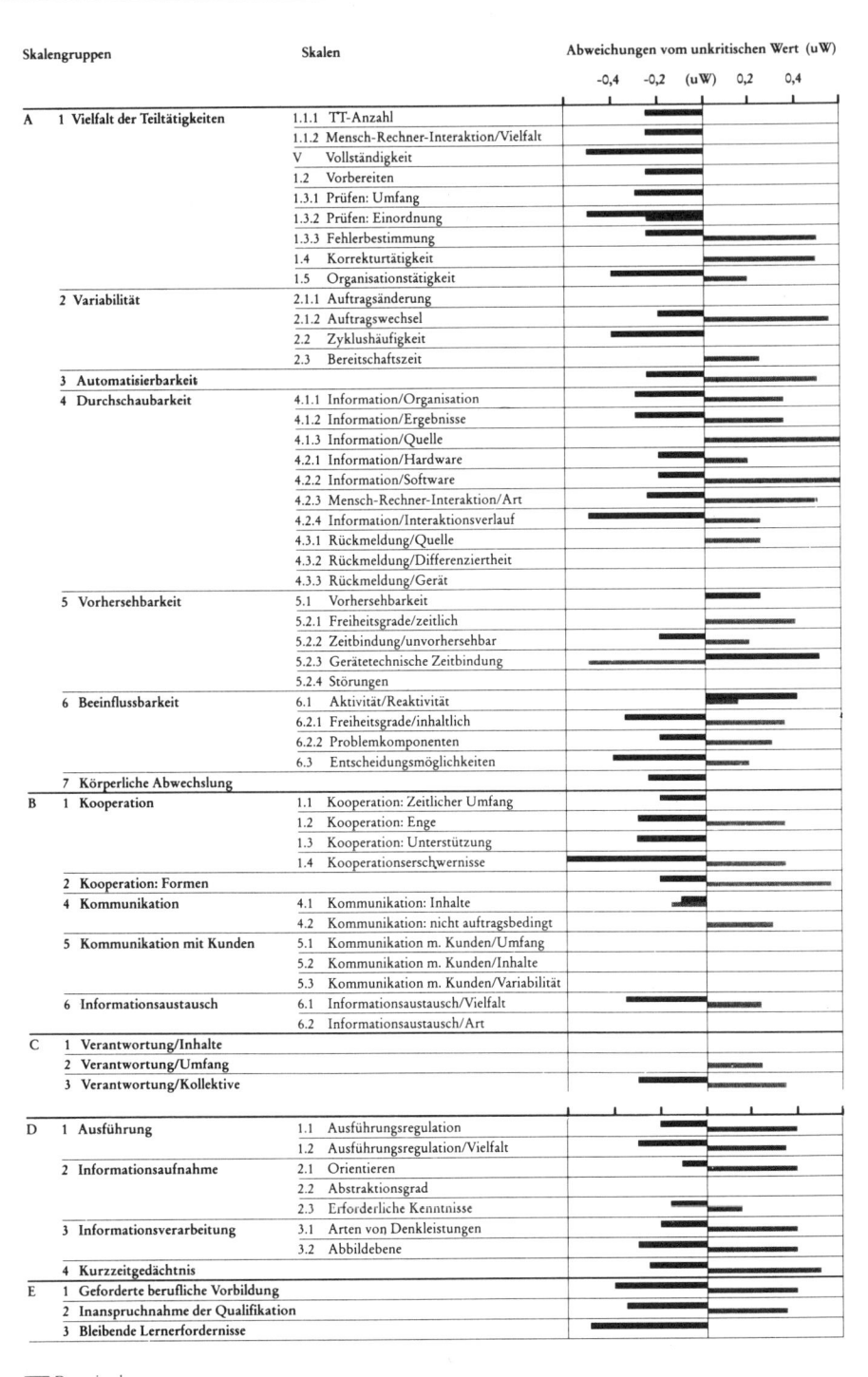

Skalengruppen		Skalen		Abweichungen vom unkritischen Wert (uW)
A	1 Vielfalt der Teiltätigkeiten	1.1.1	TT-Anzahl	
		1.1.2	Mensch-Rechner-Interaktion/Vielfalt	
		V	Vollständigkeit	
		1.2	Vorbereiten	
		1.3.1	Prüfen: Umfang	
		1.3.2	Prüfen: Einordnung	
		1.3.3	Fehlerbestimmung	
		1.4	Korrekturtätigkeit	
		1.5	Organisationstätigkeit	
	2 Variabilität	2.1.1	Auftragsänderung	
		2.1.2	Auftragswechsel	
		2.2	Zyklushäufigkeit	
		2.3	Bereitschaftszeit	
	3 Automatisierbarkeit			
	4 Durchschaubarkeit	4.1.1	Information/Organisation	
		4.1.2	Information/Ergebnisse	
		4.1.3	Information/Quelle	
		4.2.1	Information/Hardware	
		4.2.2	Information/Software	
		4.2.3	Mensch-Rechner-Interaktion/Art	
		4.2.4	Information/Interaktionsverlauf	
		4.3.1	Rückmeldung/Quelle	
		4.3.2	Rückmeldung/Differenziertheit	
		4.3.3	Rückmeldung/Gerät	
	5 Vorhersehbarkeit	5.1	Vorhersehbarkeit	
		5.2.1	Freiheitsgrade/zeitlich	
		5.2.2	Zeitbindung/unvorhersehbar	
		5.2.3	Gerätetechnische Zeitbindung	
		5.2.4	Störungen	
	6 Beeinflussbarkeit	6.1	Aktivität/Reaktivität	
		6.2.1	Freiheitsgrade/inhaltlich	
		6.2.2	Problemkomponenten	
		6.3	Entscheidungsmöglichkeiten	
	7 Körperliche Abwechslung			
B	1 Kooperation	1.1	Kooperation: Zeitlicher Umfang	
		1.2	Kooperation: Enge	
		1.3	Kooperation: Unterstützung	
		1.4	Kooperationserschwernisse	
	2 Kooperation: Formen			
	4 Kommunikation	4.1	Kommunikation: Inhalte	
		4.2	Kommunikation: nicht auftragsbedingt	
	5 Kommunikation mit Kunden	5.1	Kommunikation m. Kunden/Umfang	
		5.2	Kommunikation m. Kunden/Inhalte	
		5.3	Kommunikation m. Kunden/Variabilität	
	6 Informationsaustausch	6.1	Informationsaustausch/Vielfalt	
		6.2	Informationsaustausch/Art	
C	1 Verantwortung/Inhalte			
	2 Verantwortung/Umfang			
	3 Verantwortung/Kollektive			
D	1 Ausführung	1.1	Ausführungsregulation	
		1.2	Ausführungsregulation/Vielfalt	
	2 Informationsaufnahme	2.1	Orientieren	
		2.2	Abstraktionsgrad	
		2.3	Erforderliche Kenntnisse	
	3 Informationsverarbeitung	3.1	Arten von Denkleistungen	
		3.2	Abbildebene	
	4 Kurzzeitgedächtnis			
E	1 Geforderte berufliche Vorbildung			
	2 Inanspruchnahme der Qualifikation			
	3 Bleibende Lernerfordernisse			

■ Dateneingabe
■ Programmieren

Bewertung der Arbeitstätigkeit 129

1. Kostenziele

    Senkung der Materialkosten um ...
    Senkung der Lohnkosten um ...
    Senkung der Gemeinkosten um ...
    Senkung der Qualitätskosten um ...
    Senkung der Fehlerbeseitigungskosten um ...
    Bessere Auslastung der Betriebsmittel
    Einsatz neuer Fertigungstechnologien
    Senkung der Bestände um ...
    Verkürzung der Durchlaufzeiten um ...
    Senkung der Unfallkosten um ...

2. Organisatorische Ziele

    Verkürzung der Durchlaufzeiten
    Verbesserung des Materialflusses
    Verbesserung des Belegflusses
    Vereinheitlichung der Vordrucke
    Erhöhung der Fertigungsflexibilität
    – bezüglich Typenvielfalt
    – bezüglich Stückzahlschwankung
    – bezüglich Mitarbeitereinsatz
    Verbesserung der Werkstattübersicht
    Zusammenlegung von Fertigungsstätten
    Räumliche Veränderung der Fertigung
    Erstellung eines neuen Lohnsystems mit
    – besserer Transparenz
    – einfacherer Handhabung
    – besserer Anpassung an technologische Anforderungen
    Anpassung betrieblicher Einrichtungen an gesetzliche Regelungen
    Verminderung des Verwaltungsaufwandes

3. Mitarbeiterbezogene Ziele

    Veränderung der Mitarbeiterstruktur in Richtung Höherqualifizierung
    Verbesserung der Arbeitsplatzbedingungen durch Arbeitsplatzgestaltung
    Erhöhung der Leistungsmotivation
    Senkung der Fluktuationsrate
    Senkung des Krankenstandes (z.B. unfallbedingte Fehlzeiten)
    Senkung der unentschuldigten Fehlzeiten
    Schulung des Führungspersonals
    Einrichten von Pausenflächen
    Lohngerechtigkeit
    Motivationscharakter

4. Technische Ziele

    Fertigungssicherheit
    Ergonomische Arbeitsplatzgestaltung

Abb. 55: Kriterien der Arbeitsgestaltung aus dem Hause Siemens (vgl. Frieling & Sonntag, 1987, S. 84)

„In verschiedensten Humanisierungs- und Betriebsprojekten hat sich eingebürgert, Zielkriterien aufzustellen, diese nach ihrer Bedeutung zu gewichten, verschiedene Arbeitssystemvarianten vorzulegen und sie nach den Kriterien zu bewerten. Diese sog. Planungssystematiken (vgl. Metzger, 1977, Grob und Haffner, 1977) dienen dazu, den z.T. irrationalen Entscheidungsprozeß für oder gegen ein Arbeitsgestaltungsmodell, bei dem persönliche Vorlieben, unterschiedliche Umsatzerwartungen, Machtverhältnisse u.ä. zum Tragen kommen, auf eine oberflächliche objektive – weil mit Gewichtungszahlen versehene – Ebene zu transformieren. Wer einmal selbst an solchen Entscheidungssitzungen teilgenommen hat und der die einschlägige HdA-Literatur daraufhin überprüft (z.B. DFVLR 1984), wird feststellen, daß, je nach Projekt und Zusammensetzung der Entscheidungsgruppen, unterschiedliche Kriterienlisten aufgestellt werden, ja, daß sich sogar im selben Unternehmen für verschiedene Gestaltungsprojekte verschiedene Kriterienlisten finden. Wen wundert es, wenn die Kriterien, so ausgewählt und gewichtet, immer die gewünschten Lösungen herbeiführen?" (S. 84)

Abb. 54 (links): Beispiel aus dem Tätigkeitsbewertungssystem für geistige Arbeit (TBS-GA) (aus Ulich, 1991, S. 134-135)

5.3.3 Die Ableitung von Korrekturmaßnahmen

Die Ergebnisse der Arbeitsbewertung dienen als Entscheidungsgrundlage für die Beibehaltung oder Änderung des Arbeitssystems. Mit Arbeitssystem sind hier nicht nur die Arbeitstätigkeiten selbst, sondern auch die Arbeitsbedingungen gemeint, unter denen die Tätigkeit verrichtet wird. Dies bringt uns zu der Frage der Arbeitsgestaltung, dem Thema des folgenden Kapitels.

5.4 Schlußbemerkung

Die Bewertung von Arbeitstätigkeiten war ursprünglich kein Mittel der Arbeitsgestaltung, sondern der anforderungsgerechten Lohnfindung. Hierzu wurden die Arbeitsanforderungen der jeweiligen Arbeitsplätze entweder einzeln (analytisch) oder insgesamt (summarisch) betrachtet und zu einem für diesen Arbeitsplatz charakteristischen Arbeitswert verdichtet. Diese Differenzierung der Arbeitswerte bildete dann die Basis der (meist) tarifvertraglich geregelten Lohngruppeneinteilung (Scholz, 1993, S. 548ff.; REFA, 1985).

Dem Prinzip der Anforderungsgerechtigkeit wurde dadurch entsprochen, daß sowohl Anforderungen an den Stelleninhaber (Qualifikationsmerkmale: Können und Kenntnisse) als auch Belastungen des Arbeitsplatzes (Schmutz, Unfallgefahr) berücksichtigt wurden. Das Arbeitsentgelt ist hier Ausgleich für die Nutzung und Schädigung des Arbeitsvermögens. Dieser Punkt ist insofern problematisch, als sich aus dieser Form der Arbeitsbewertung kein unmittelbarer Impuls zur Arbeitsgestaltung ergab. Da diese Form der Entgeltfestsetzung unabhängig von der individuellen Leistung erfolgt (es wird der Platz, nicht der Mensch bezahlt), ergab sich hieraus noch kein leistungsförderlicher Impuls. Diese Arbeitsbewertung enthält daher stark beharrende Aspekte.

Demgegenüber betont die psychologische Arbeitsbewertung einen doppelten Entwicklungsansatz. Sie dient der Arbeitsgestaltung und der Persönlichkeitsentfaltung. Dieser Anspruch wird zunehmend und in dem Grade akzeptiert, wie der Nachweis gelingt, daß eine bewertungsgelenkte Arbeitsgestaltung leistungs- und lernförderlich wirkt.

Die psychologische Arbeitsbewertung steht im Zeichen der Entwicklung, nicht der Entschädigung.

Abb. 56: Ein Leitstand der Bundesbahn: Computertechnisch auf dem neuesten Stand; aber auch ergonomisch? Die Haltung des Mannes signalisiert Anspannung. Es fragt sich, inwieweit die einzelnen Bildschirme und Anzeigen noch einen ganzheitlichen Überblick erlauben.

Abb. 57: Automontage im Volvo-Werk Kalmar (vgl. Kap. 6.4.2)

Kapitel 6

Die Gestaltung der Arbeit

Für die menschengerechte Gestaltung der Arbeit ergeben sich prinzipiell zwei Ansatzpunkte, *„Mensch"* und *„Arbeit"*. Der Ansatzpunkt „Mensch" berücksichtigt die Verschiedenheit und die Entwicklungsmöglichkeiten der Menschen. Menschen sind unterschiedlich, nicht jeder will oder kann die gleiche Arbeit ausführen. Daher liegt es nahe, Menschen so auszuwählen, daß ihre spezifischen Eigenarten den Besonderheiten der Arbeit entsprechen. Weiterhin ist klar, daß Menschen lernfähig sind und sich entwickeln. So liegt es nahe, sie durch geeignete Maßnahmen auf die jeweiligen Arbeiten vorzubereiten. Diese beiden Gesichtspunkte lassen sich auch als *Auswahl* und *Schulung* bzw. *Selektion* und *Sozialisation* bezeichnen. Hier sei dem Begriff „Sozialisation" der Vorrang vor dem der „Schulung" gegeben, weil er umfassender ist, und damit auch andere prägende Einflüsse einschließt wie etwa die Wirkungen, die von der Arbeitsgruppe oder der Kultur der Organisation ausgehen. Andererseits umfaßt der Begriff der „Sozialisation" mehr, als hier gemeint ist: Die gesamtgesellschaftlichen Einflüsse, die die Entwicklung des Individuums begleiten und es sozialisieren („unter gesellschaftliche Kontrolle bringen"), sind freilich keine Wirkungen der Arbeitsgestaltung.

Der Ansatzpunkt „Arbeit" berücksichtigt die Arbeitstätigkeit und die Arbeitsbedingungen. Bei der Arbeitstätigkeit geht es um die Arbeitsinhalte, d.h. die Aufgabe selbst, während das Stichwort „Arbeitsbedingungen" das situative und soziale Umfeld thematisiert, in dem die Aufgabe erledigt wird. Auch wenn diese Aspekte hier analytisch getrennt werden, bleibt doch zu beachten, daß sie in enger Wechselwirkung zueinander stehen und daher nicht isoliert gesehen werden sollten.

Vergleichbar zu dieser Einteilung entwickelte Hartmann (1987, S. 170) eine Klassifikation nach den beiden Dimensionen *Interventionsstrategie* und *Implementierungsrichtung*, die ebenfalls vier Gestaltungs-

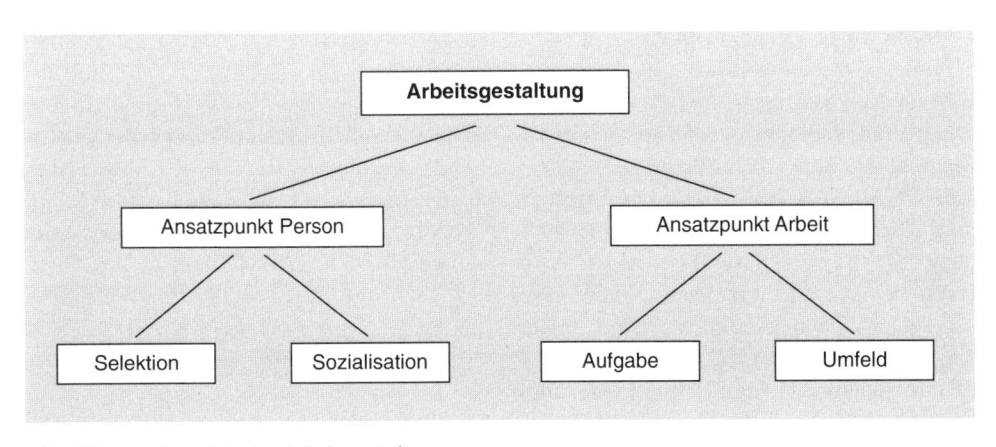

Abb. 58: Ansatzpunkte der Arbeitsgestaltung

Tabelle 8: Gestaltungstrategien nach Hartmann (1987, S. 170)

		Interventionsstrategie	
		Selektion	Modifikation
Implementierungsrichtung	Personen	*Personalselektion* Auswahl von Personen, ggf. mit Zuweisung vorgegebener Arbeitsplätze (Plazierung), nach Optimierungskriterien	*Verhaltensmodifikation* Ausbildungs- und Trainingsprogramme zur Kompetenz-, Performanz- und Motivationssteigerung
	Bedingungen	*Bedingungsselektion* Auswahl optimaler Bedingungen für vorgegebene Personen (z.B. Berufsberatung)	*Bedingungsmodifikation* Verbesserung des Arbeitsplatzes und der Arbeitsgestaltung (Humanisierung der Arbeitswelt).

aspekte unterscheidet. Hartmann bezieht sich hierbei auf die von Pawlik (1976, S. 15f.) vorgeschlagene Unterscheidung von Selektionsstrategien zur *Auswahl* geeigneter Personen oder Bedingungen und der Modifikationsstrategie zur *Veränderung* des Verhaltens oder der Bedingungen (siehe Tab. 8).

Diese Gliederung hat den Vorzug einer logisch klaren Struktur, führt allerdings dazu, daß die beiden Bereiche „Gestaltung der Arbeitstätigkeit" und „Gestaltung der Arbeitsbedingungen" unter dem einen Stichwort „Bedingungsmodifikation" zusammengefaßt werden, während Aktivitäten wie z.B. „Berufsberatung" in einer eigenständigen Kategorie unter der Überschrift „Bedingungsselektion" aufgelistet sind.

Wenn wir hier gleichwohl der zuerst aufgeführten Einteilung folgen, so deswegen, weil die von Hartmann und Pawlik vorgeschlagene Gliederung nicht eigens mit der Zielrichtung entwickelt wurde, die unterschiedlichen Ansätze der „Arbeitsgestaltung", sondern die der „Personalentscheidung" zu differenzieren und sich zweitens im Hinblick auf die Arbeitsgestaltung eine Akzentverschiebung ergeben hat, bei der die lange vernachlässigte Gestaltung der Arbeits*inhalte* zunehmend ins Blickfeld gerät und daher als eigenständiges Gestaltungsfeld gelten sollte. In gewissem Sinne entspricht diese Differenzierung zwischen „Gestaltung der Arbeitstätigkeit" und „Gestaltung der Arbeitsbedingungen" der bereits von Herzberg (1959) vorgeschlagenen Unterscheidung von Content- und Context-Faktoren (siehe Kap. 5.2.2.2).

6.1 Selektion

Das gängige Schlagwort vom „richtigen Mann am richtigen Platz" umschreibt, worum es geht: Auswahl und Plazierung von Personen. Die doppelte Betonung des Wörtchens „richtig" akzentuiert die Bedeutung solcher Personalentscheidungen, läßt aber zunächst noch offen, was hier mit „richtig" gemeint ist.

Unausgesprochen gilt zunächst einmal, daß die Auswahl *zielorientiert, aktiv* und *antizipativ* erfolgt. Eine Auswahl, die allein dem Zufall, der Selbstselektion oder der praktischen Bewährung in der Zeit überlassen bleibt, könnte nur schwerlich das Attribut „richtig" bekommen. Dies entspräche eher dem bekannten „Peter-Prinzip":

„In der Hierarchie wird jeder früher oder später bis zu seiner Stufe der Unfähigkeit aufsteigen."

Die Stichworte *zielorientiert, aktiv* und *antizipativ* verweisen auf eine Methodik, mit deren Hilfe möglichst früh die Eignung einer Person für eine bestimmte Position oder Funktion bestimmt werden kann. Ebensogut könnte auch die Angemessenheit einer Position oder Funktion bestimmt werden. In der Regel geht es jedoch um den ersten Fall, also die Auswahl von Personen im Hinblick auf existierende Positionen und weniger um die Auswahl von Positionen für interessierte Personen. Zweifellos spiegelt dies die unterschiedlichen Markt- oder Machtverhältnisse wider. Bei der Verschiebung dieser Ausgangslage, in Zeiten der wirtschaftlichen Hochkonjunktur und Vollbeschäftigung oder in einzelnen Segmenten des Personalmarktes, bei Spezialisten oder Führungskräften, ist jedoch durchaus denkbar bzw. Realität, daß Positionen, nicht Personen, ausgewählt werden.

Brandstätter (1982) ging davon aus, daß in der (alten) Bundesrepublik jährlich ca. 2,3 Millionen Stellen neu besetzt wurden. Wenn man weiter davon ausgeht, daß sich auf jede Stelle durchschnittlich 7 Personen bewerben, so liegt die Zahl der jährlichen personellen Einzelentscheidungen bei gut 16 Millionen (Schuler & Funke, 1989, S. 283). Dies allein macht die Bedeutung der Personalentscheidungen klar. Darüber hinaus bleibt im Hinblick auf den Einzelfall zu bedenken, daß solche Auswahlentscheidungen schwerwiegend sind:

„Neben ihrer volkswirtschaftlichen und sozialpolitischen Relevanz haben sie für Bewerber und Mitarbeiter oft eine schicksalshafte Bedeutung; betriebswirtschaftlich betrachtet, erfordern Einstellung, Aus- und Fortbildung und Weiterbeschäftigung von Mitarbeitern kapitalintensive Investitionen. Personalentscheidungen werden stets im Spannungsfeld von Wirtschafts- und Sozialpolitik, von Ökonomie und Ethik getroffen." (Hartmann, 1987, S. 169)

In Personalentscheidungen bündeln sich – wie in einem Brennglas – die unterschiedlichen Interessen der beteiligten Institutionen und Personen. Dies wird bereits bei dem Begriff „Personal" deutlich, der sich als „Kollektivsingular" auf ein Neutrum, nämlich **das** Personal bezieht, das den persönlich identifizierten Herrschaften gegenübersteht bzw. untersteilt ist (vgl. Neuberger, 1991b, S. 8). Aus ökonomischer Perspektive ist der Mensch als Produktionsfaktor, d.h. wegen seines Leistungsbeitrags, nicht wegen seiner Individualität interessant. Der Schriftsteller Max Frisch hatte dies im Hinblick auf die Ausländerdebatte mit dem Satz charakterisiert: „Arbeitskräfte wurden gerufen, aber Menschen sind gekommen." Neuberger formuliert sarkastisch, daß der – insbesondere in Betrieben – vielzitierte Satz: „Der Mensch ist Mittelpunkt" eigentlich so geschrieben werden muß: „Der Mensch ist Mittel. Punkt" (Neuberger, 1991b, S. 9)

Neben dieser *ethischen* Problematik der Zielsetzung steht die *methodische* Problematik der Gültigkeit der eingesetzten Verfahren. Dabei geht es im Kern um die *prognostische Validität,* also die Möglichkeit, relativ früh die berufliche Eignung einer Person zu bestimmen. Es ist einsichtig, daß dieser Anspruch um so schwieriger zu erfüllen ist, je größer der Zeitraum zwischen dem Datum der Prognose und der prognostizierten Situation wird.

Weiterhin ist dies um so schwieriger, je eher andere, auch außerhalb der Person liegende Faktoren eignungsbestimmend sind. So ist zu erwarten, daß kein eignungsdiagnostisches Verfahren fehlerfrei arbeitet. Dabei sind zwei Fehler zu unterscheiden, die in der Methodenlehre als Fehlertyp 1 und Fehlertyp 2 differenziert werden, die jedoch innerhalb der Personalselektion nicht nur von methodischem, sondern auch von unternehmerischem und persönlichem Interesse sind.

Ein Beispiel mag dies verdeutlichen: Nehmen wir der Einfachheit halber an, ein Selektionsverfahren klassifiziert Personen nur dichotom als geeignet oder ungeeignet, und in der realen Bewährungssituation gibt es auch nur diese beiden Klassen von tatsächlich geeigneten und tatsächlich ungeeigneten Personen. So ergibt sich die untenstehende einfache Vierfelder-Tafel.

Der Fehlertyp 1 betrifft solche Fälle, bei denen tatsächlich nicht geeignete Personen nicht als solche erkannt und angenommen werden, während man im 2. Fall tatsächlich geeignete Personen fälschlich als nicht geeignet ablehnt.

Die beiden Fehler hängen insofern miteinander zusammen, als die Reduktion des einen die Auftrittswahrscheinlichkeit des anderen erhöht. Wer möglichst jeden geeigneten Bewerber gewinnen möchte, muß die „Testhürde" absenken, was dazu führen kann, daß auch ungeeignete Bewerber den Test passieren (Fehlertyp 1). Wenn umgekehrt durch einen „scharfen" Test sichergestellt werden soll, daß kein ungeeigneter Bewerber akzeptiert wird, so läuft man Gefahr, auch einzelne durchaus geeignete Personen abzulehnen (Fehlertyp 2). Der Testanwender muß sich also Gedanken darüber machen, welcher der beiden Fehler eher in Kauf genommen werden kann: die Einstellung ungeeigneter oder die Nichtberücksichtigung geeigneter Personen.

Angesichts der geburtenschwachen Jahrgänge beginnt bereits heute die „Jagd auf die Spezialisten und Führungskräfte von morgen". Schuler (1989a, S. 3) konstatiert daher testtheoretisch nüchtern: „Gleichgültigkeit gegenüber dem Fehler zweiter Art bei der Auswahl von Mitarbeitern wird man sich künftig nicht mehr leisten können: Geeignete Bewerber zurückzuweisen wird als ebenso gewichtige Fehleinschätzung erkannt werden, wie ungeeignete Bewerber einzustellen".

Heinz Schuler

Die Geschichte der Verfahren zur Personalselektion ist voll von mehr oder minder ernsthaften Anekdoten. So gibt z.B. Schmale (1983) ein biblisches Beispiel:

„Bereits in der Bibel (Buch der Richter 7, 1–8) wird ein – wenn auch merkwürdig anmutendes – Auswahlverfahren beschrieben: Als Gideon ein

		In der Realität sind die Personen tatsächlich:	
		geeignet	ungeeignet
Der Test stuft die Personen ein als:	geeignet		**Fehlertyp 1** (als geeignet angenommen, obwohl tatsächlich nicht geeignet)
	ungeeignet	**Fehlertyp 2** (als nicht geeignet abgelehnt, obwohl tatsächlich geeignet)	

Abb. 59: Vierfelder-Tafel zur prognostischen Validität von Personalauswahlverfahren

Die Gestaltung der Arbeit 137

Heer zusammenstellte, um gegen die Medianiter zu kämpfen, war die Anzahl der Bewerber so groß (‚des Volkes ist zu viel, das mit dir ist'), daß er auf Gottes Geheiß einen Auswahltest durchführte – in einer Verfahrensweise, die auch heute noch von Psychologen als ‚sequentielles Testen' praktiziert wird: Mit einem Vortest (‚wer blöde und verzagt ist, der kehre um!') vermochte Gideon die Zahl der Bewerber von 22 000 auf mehr als die Hälfte zu reduzieren. Der anschließende Haupttest bestand aus einer Verhaltensprobe: die restlichen Bewerber wurden an die Ufer eines Flusses geführt und aufgefordert, aus den Fluten zu trinken. Die Interpretationsanweisung des ‚Testautors' an den Testleiter Gideon lautete: ‚Wer mit seiner Zunge Wasser leckt wie ein Hund, den stelle besonders; desgleichen wer auf seine Knie fällt, zu trinken'." S. 66f.)

Leider erfahren wir nicht, welche Überlegungen der „Konstruktion" dieses Tests zugrunde lagen und wie erfolgreich die so organisierte Auswahl tatsächlich war.

Der Test ist jedenfalls einfach durchzuführen, also ökonomisch, operational klar definiert, also eindeutig und schließlich unabhängig vom Beobachter oder Testdurchführer, also objektiv. Obgleich nicht ausdrücklich erwähnt, können wir doch annehmen, daß dieses Verfahren verdeckt, also ohne Kenntnis und ohne Zustimmung der getesteten Personen eingesetzt wurde.

Selbst wenn dieser verdeckte Einsatz noch nicht als aktive Täuschung gewertet werden kann, wirft er doch rechtliche und ethische Fragen auf, die heute auch unter dem etwas weniger anspruchsvollen Terminus der „*Testakzeptanz*" diskutiert werden. Dabei ist zwischen der Akzeptanz des Testeinsatzes, des Testverfahrens und der Testverwendung zu unterscheiden. So kann es durchaus sein, daß die Tatsache, ja sogar die Notwendigkeit eines Testverfahrens von den getesteten Personen ausdrücklich bejaht wird, um Willkür auszuschließen und Chancengleichheit herzustellen; gleichwohl kann andererseits die Art und Weise der Testdurchführung als unangemessen oder gar verletzend abgelehnt werden. Dies ist sehr häufig der Fall bei Persönlichkeitstests, deren Bezug zur Tätigkeit unklar bleibt und so den Eindruck der „Persönlichkeitsschnüffelei" entstehen läßt. Schließlich ist die Frage der Ergebnisweitergabe etwa unter dem Gesichtspunkt des Vertrauensschutzes und der „informationellen Selbstbestimmung" bedeutsam.

Abb. 60: Die „gerechte" Auslese

Unser biblisches Beispiel gibt zumindest keinen Hinweis auf einen Akzeptanzmangel, so daß dieser Test nach einer Reihe von Kriterien als akzeptabel gelten darf.

Lediglich im Hinblick auf die beiden – allerdings wesentlichen – Kriterien der *Zuverlässigkeit (Reliabilität)* und *Gültigkeit (Validität)* haben wir keine Aussagen, aber auch keine Veranlassung, dies in Zweifel zu ziehen. Eine inhaltliche Nähe zwischen Testverfahren und Testziel ist nämlich keineswegs erforderlich. Es kann sogar – im Gegenteil – die Reliabilität und Validität des Tests erhöhen, wenn der Bezug zwischen Test (Wassertrinken) und dem Merkmal, das er erfassen soll (Kampfesmut), nicht offenkundig ist. Die Zuverlässigkeit bezieht sich nämlich lediglich auf die Frage, ob der Test – wiederholt eingesetzt – zu gleichen Ergebnissen führt, und die Gültigkeit ist dann gegeben, wenn der Test das Merkmal, das er erfassen soll, auch tatsächlich erfaßt.

Es könnte also durchaus sein, daß dieser Test seine Auswahlfunktion hervorragend erfüllt hat. Indem er das tat, hat er zugleich den Heerführer Gideon von dem Entscheidungsdruck entlastet (allerdings auch von der Entscheidungskompetenz entmachtet) und damit die Entscheidung objektiviert und legitimiert. Sie ist damit über den Zweifel erhaben, subjektiv und unsachgemäß zu sein.

Den eigentlichen Beginn der wissenschaftlich fundierten und psychologisch orientierten Auswahlentscheidungen hat Hugo Münsterberg (1912) mit seinen Vorschlägen zur Selektion von Straßenbahnführern markiert. Er entwickelte ein Simulationsmodell, bei dem wesentliche Wahrnehmungsaufgaben gleichsam zeitlich verdichtet unter kontrollierten Bedingungen im Testlabor durchgeführt werden mußten. Aus der Testleistung (Prädiktor) wurde dann auf die spätere Arbeitsleistung (Kriterium) geschlossen.

Das Verfahren sollte dazu beitragen, die

Abb. 61: Gruppenübungsplatz der Straßenbahn Berlin in den zwanziger Jahren

drastisch gestiegenen Unfallzahlen aus Zusammenstößen mit Straßenbahnen zu reduzieren. Münsterberg entwarf einen Test, bei dem die Bewerber einen Pappkartonstreifen mit einer Handkurbel an einem Sichtfenster vorbeidrehen mußten. Auf dem Karton waren zwei parallele Linien aufgemalt, die die Straßenbahngeleise darstellten, und eine große Zahl schwarzer und roter Ziffern von 1 bis 3, die Fußgänger, Pferdewagen und Autos symbolisierten, welche sich mit unterschiedlicher Geschwindigkeit (1 bis 3) und teils parallel (schwarze Zahlen), teils auf die Geleise zu (rote Zahlen) bewegten. Die Testpersonen sollten die „Straße" möglichst rasch an dem Sichtfenster vorbeidrehen und frühzeitig die „Verkehrsteilnehmer" nennen, mit denen die Bahn zusammenstoßen könnte. Dabei mußte jeweils die Entfernung zu den Geleisen, die Eigengeschwindigkeit der verschiedenen Verkehrsteilnehmer und die Bewegungsrichtung berücksichtigt werden. Die Leistung der Testpersonen wurde durch eine Zahl ausgedrückt (Ziffer), die sowohl die Zeit als auch die Fehler berücksichtigte.

Münsterberg (1912) gibt abschließend folgende Einschätzung zur Gültigkeit und Nützlichkeit des Testverfahrens:

„Was schließlich das Verhältnis der Ziffern zu den tatsächlichen Leistungen der Wagenführer im Betrieb betrifft, so würde ich selbstverständlich die Versuche überhaupt nicht erwähnen, wenn nicht eine weitgehende Parallelität zu verzeichnen gewesen wäre. Andererseits würde es wohl kaum den Erwartungen des an praktische Versuche Gewöhnten entsprechen, wenn sich bei solcher ersten Versuchsgruppierung sofort eine ideale Korrespondenz zwischen Experiment und Leben herausstellte ... Aber schon heute, glaube ich, würde in dieser ersten, noch lange nicht hinreichend erprobten Form eine experimentelle Prüfung dieser Art, die für jedes Individuum kaum zehn Minuten in Anspruch nimmt, genügen, um vielleicht ein Viertel der angestellten Wagenführer vom Amte auszuschließen. Es sind Menschen, die keinen Tadel verdienen, die in hundert anderen Berufen vielleicht Vortreffliches leisten würden, die auch nicht fahrlässig oder nachlässig sind und die nicht dienstwidrig handeln, deren psychischer Mechanismus aber ungeeignet ist für jene eigentümliche Kombination, die für die besondere Aufgabe des Wagenführers verlangt werden sollte. Wenn dadurch die Tausende von Unglücksfällen und die Hunderte von Todesfällen auch nur zur Hälfte für die Zukunft ausgeschaltet werden könnten, so würde dem Verkehrsleben eine Verbesserung gewonnen sein, die wichtiger erscheint, als die meist allein diskutierten Verbesserungen des technischen Apparates." (S. 53f.)

In großem Stil wurden erstmals 1917, dem Jahr, als die USA in den 1. Weltkrieg eingriffen, fast 2 Millionen Armeeanwärter getestet (Dunnette & Borman, 1979). Auch der 2. Weltkrieg führte zu einer militärpsychologischen Testwelle, die dann allein in den USA mehr als 10 Millionen Personen erfaßte. Die Erfahrungen dieser Eignungsuntersuchungen wurden in die Wirtschaft übertragen und ließen in den marktwirtschaftlich verfaßten Gesellschaften geradezu eine „expandierende Testindustrie" entstehen (Hartmann, 1987), die wiederum sehr viel Kritik auf sich zog. Interessant ist dabei, daß gerade die erstrebte quantifizierende Objektivität zur Zielscheibe der Kritiker wurde, die hierin eine Mißachtung der persönlichen Individualität und Integrität des Menschen sahen, der somit – ohne Ansehen der Person – zum Verfügungsmaterial der Wirtschaft degradiert wurde (vgl. Grubitzsch & Rexilius, 1978).

Heute hat sich die Diskussion entspannt, die Heftigkeit hat der Sachlichkeit mehr Raum gegeben. Allerdings läßt die Selbstverständlichkeit, mit der heute eignungsdiagnostische Selektionsverfahren eingesetzt werden, leicht übersehen, an welche *weltanschaulichen Voraussetzungen* sie gebunden sind (Wottawa, 1991; siehe Kasten 10).

Differenzierte Gesellschaften, die das Leistungsprinzip und die Individualität der Menschen akzeptieren und daher eine Optimierung der Zuordnung von Personen zu Positionen fordern, begünstigen und legitimieren

> Kasten 10: **Weltanschauliche/ideologische Rahmenbedingungen eignungsdiagnostischer Selektionsverfahren**
>
> „Eine der Grundvoraussetzungen für den Einsatz von Eignungsdiagnostik ist die Akzeptanz des Bestehens interindividueller Unterschiede und die Bereitschaft, darauf aufbauend spezifische Maßnahmen für Einzelfälle bzw. Personengruppen abzuleiten. In ideologisch geprägten Gesellschaften oder gesellschaftlichen Subgruppen (u.a. Stalinismus, Nationalsozialismus, die extreme amerikanische Rechte mit ihren Testverbrennungen, aber auch die gesellschaftlich stark spürbaren Auswirkungen der ‚68er-Bewegung' in der Bundesrepublik) fehlt eine solche Bereitschaft. Im Gegensatz zu einem weitgehenden Ablehnen von Eignungsdiagnostik, zumindest im universitären Bereich noch bis in die späten 70er Jahre hinein, läßt sich die derzeitige Situation in etwa wie folgt beschreiben:
>
> – Unterschiede im Leistungsbereich werden akzeptiert, ohne daß sie unbedingt als nicht veränderbar aufgefaßt werden.
> – In Persönlichkeit und Motivation werden interindividuelle Unterschiede nicht nur als Fakten angesehen, sondern es wird in zunehmendem Maße von den einzelnen Mitarbeitern erwartet, daß das Unternehmen auf die individuellen Besonderheiten Rücksicht nimmt.
> – Parallel dazu ist die Bereitschaft von Unternehmen, vom Konzept einer ‚Gleichheit' aller Mitarbeiter abzugehen und sowohl in der Führung als auch in nahezu allen Teilbereichen der qualitativen Personalarbeit die Besonderheit des Einzelnen zu berücksichtigen, ebenfalls zunehmend.
>
> Das weitgehende Fehlen des Strebens nach einem ‚Gleichmachen' der Individuen, gerade hinsichtlich beruflicher Motivation, Interessen, persönlicher Einsatzbereitschaft und der tatsächlichen Leistungsfähigkeit, hat die emotionale Haltung zur Eignungsdiagnostik entspannt. Wenn Unterschiede akzeptiert sind oder der einzelne Mitarbeiter sogar erwartet, daß man auf seine Besonderheiten z.B. bei der Arbeitsgestaltung eingeht, wird die diagnostische Feststellung der Unterschiede nicht mehr als Bedrohung empfunden." (Wottawa, 1991, S. 1f.)

zugleich die Entwicklung und den Einsatz eignungsdiagnostischer Verfahren. Gesellschaftlicher Wandel und individuelle Entwicklung erfordern überdies den sequentiellen, d.h. den zeitlich gestaffelten mehrmaligen Einsatz solcher Verfahren. Die einseitige Befolgung dieses dynamischen Prinzips kann allerdings rasch dessen Grenzen sichtbar machen. Kontinuierlich wiederholte testpsychologische Eignungsuntersuchungen stellen implizit die Qualifikation in Frage und können damit anstelle von Leistung und Wohlbefinden auch Unsicherheit und Angst erzeugen. Effizienzsteigerung ist nicht mit Persönlichkeitsförderlichkeit identisch, Wettbewerb nur selten eine Quelle der Solidarität, und Mobilität kann durchaus entwurzelnd sein bzw. haltlos machen.

6.1.1 Anforderung und Eignung

Eignung ist kein absolutes, sondern ein relatives Kriterium. Es bezieht sich jeweils auf Tätigkeiten, Positionen oder Anforderungen.

Eine Person ist nicht einfach geeignet oder ungeeignet, sondern sie wird jeweils im Hinblick auf bestimmte Anforderungen als mehr oder minder geeignet eingestuft. Eignung ist auch kein stabiles, sondern ein variables Merkmal, das sich im Zeitablauf durch Übung, Erfahrung und Reifung ändern kann.

Die Anforderungen der ausgeübten Tätigkeit können schlummernde Potentiale wecken. „Wem Gott ein Amt gibt, dem gibt er auch die Fähigkeit", formuliert der Volksmund hierzu. Eignung ist auch nicht auf isolierte Merkmale zu reduzieren, sondern umfaßt unterschiedliche Merkmalskombinationen, bei denen Defizite in einzelnen Dimensionen durch Stärken in anderen ausgeglichen werden können. Dies ist ebenfalls anforderungsspezifisch zu sehen. Während an einzelnen Arbeitsplätzen ein Mangel an Erfahrung durch besondere Lernmotivation kompensiert werden könnte, kann dies an anderen Plätzen etwa durch Sozialkompetenz und Kommunikationsfähigkeit geschehen. Schließlich bleibt zu berücksichtigen, daß Eignungen nicht wie Maschinenleistungen beliebig und konstant abrufbar sind, sondern motivational und situational relativiert werden. Auch hier kommt es darauf an, wie der arbeitende Mensch die jeweils gegebenen Anforderungen beurteilt, etwa als stimulierende Herausforderung oder als bedrückende Zumutung, als abträgliche Unterforderung oder als Plattform zur Weiterentwicklung.

Zu guter Letzt gilt es zu bedenken, daß Eignung der Person und Anforderung der Tätigkeit in durchaus unterschiedlicher Kombination zu gleichen Ergebnissen von Leistung und Zufriedenheit führen könnten, so daß Anforderungsvariationen sinnvoller sein könnten als Eignungsselektionen. Fiedler (1967) formulierte dies im Hinblick auf Führungskräfte und Führungsaufgaben mit der Empfehlung: „Engineer the job, to fit the manager". Schönpflug (1989, S. 34) verweist darüber hinaus auf die Einflüsse von Technik und Organisation und differenziert komplementäre und substitutionelle Beziehungen, die in einer Art Regelkreis dargestellt werden können.

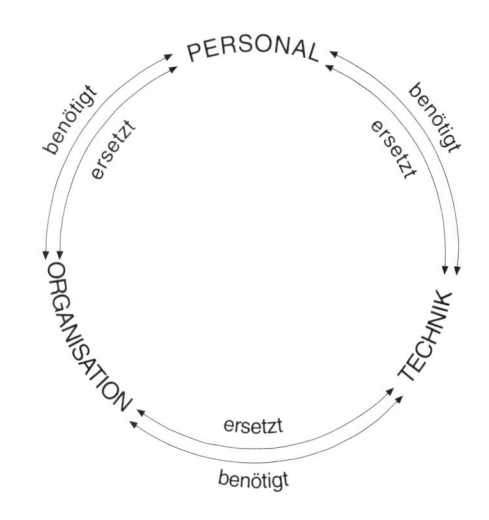

Abb. 62: Regelkreis von personeller Eignung und technisch-organisatorischer Anforderung (Schönpflug, 1989, S. 34)

Die psychologisch fundierte Personalselektion beginnt daher mit der *Anforderungsanalyse*, die sich zum Teil auf die bereits erwähnten arbeitsanalytischen Verfahren (PAQ/FAA) stützt und gegenwärtige wie künftige Anforderungen berücksichtigen sollte. Hierzu werden auch Expertenbeschreibungen und -interviews sowie Selbstbeschreibungen (systematische Tagebuch-Aufzeichnungen) eingesetzt, die sich sowohl auf typische wie auch auf besondere, kritische Anforderungen beziehen. Diese „Technik der kritischen Ereignisse" (Flanagan, 1949; Oetting, 1985) hat sich bewährt, wenn es gilt, solche möglicherweise seltenen, also untypischen, aber gleichwohl wichtigen Situationen oder Ereignisse zu erfassen, deren Bewältigung von entscheidender Bedeutung sein kann.

In vielen Fällen der Praxis wird jedoch auf eine detaillierte Anforderungsanalyse verzichtet, weil man schon zu wissen glaubt, was eine Person mitbringen muß, um die Stelle adäquat auszufüllen. Dies mag im Einzelfall durchaus funktionieren, dennoch dürften Zweifel an der Verläßlichkeit eines solchen Vorgehens angebracht sein.

Die Analyse der Anforderungen, die teils auch quantitativ als Profil dargestellt werden können, liefert die Grundlage für die Bestimmung der entsprechenden bzw. erwünschten Eignungsmerkmale der Person, die dann wiederum die Grundlage für die Bestimmung des eignungsdiagnostischen Verfahrens ist.

6.1.2 Eignungsdiagnostische Verfahren

Schuler und Funke (1989) haben verschiedene, in der Praxis gängige Verfahren analysiert, insbesondere unter dem Gesichtspunkt ihrer Validität. Auf diese Darstellung wird hier Bezug genommen.

6.1.2.1 Bewerbungsunterlagen und Zeugnisse

Die Auswertung der Bewerbungsunterlagen stellt sicherlich die häufigste Methode dar, wobei diese Auswertung nur selten systematisch erfolgt. Die Bewerbungsunterlagen erlauben zunächst einmal eine *Vorauswahl (Negativselektion)* im Hinblick auf die Erfüllung formaler notwendiger Qualifikationsanforderungen. Die weitergehende Eignungsbeurteilung kommt jedoch auf dieser Basis kaum über eine allgemeine Eindrucksbildung hinaus. Die prognostische Validität von Berufszeugnissen und Gutachten ist gering, insbesondere dann, wenn frühere und künftige Tätigkeiten nicht identisch oder zumindest in hohem Grade ähnlich sind. Auch die prognostische Validität von Schulnoten ist dürftig. Die Auswertung (Metaanalyse) von über 200 Studien ergab einen mittleren Validitätskoeffizienten von r = 0,15. Das heißt, anders formuliert, daß nur etwa 2% des späteren beruflichen Erfolges auf der Basis der Schulnoten prognostiziert werden kann (r^2 = 0,0225 = 2,25%). Die große Zeitspanne zwischen Schulausbildung und späterem beruflichen Erfolg ist hierfür ebenso verantwortlich wie die Tatsache, daß die Schulbildung allgemein und nicht berufsspezifisch erfolgt.

6.1.2.2 Interviews und Vorstellungsgespräche

Kaum ein Unternehmen verzichtet auf das Vorstellungs- und Einstellungsgespräch als Selektionsinstrument. Für viele ist es sogar das wichtigste Verfahren überhaupt, obgleich auch hier die Validität recht begrenzt ist. Hunter und Hirsch (1987) beziffern den mittleren Validitätskoeffizienten auf r = 0,14. Das Gespräch ermöglicht jedoch den unmittelbaren persönlichen Eindruck und damit eine Entscheidung, die gerade nicht ohne Ansehen der Person getroffen wird.

Einstellungsinterviews werden in vielerlei Variationen durchgeführt, teils strukturiert, teils offen, als Einzel- oder Gruppeninterviews, als höfliches Gespräch oder als Streßinterview usw.

Interviews sind *asymmetrische Interaktionsprozesse*: Fragesteller und Antwortende produzieren gemeinsam das Ergebnis, wobei

"WIE ICH AUS IHREN UNTERLAGEN ERSEHE, HABEN SIE IN DEN LETZTEN ZWÖLF JAHREN WALDBEEREN GESAMMELT..."

die fragende Person den Interaktionsprozeß steuert. Sie stellt die Fragen und bewertet die Antworten. Die Wahrnehmungs- und Urteilsprozesse unterliegen verschiedenen *Verzerrungstendenzen,* die beispielsweise in der Interviewforschung der sozialwissenschaftlichen Methodologie analysiert wurden.

Schuler und Funke (1989, S. 295) entwickeln hieraus einige zentrale Thesen zum Interviewprozeß.

Thesen zum Interviewprozeß

– „frühe Eindrücke im Gespräch haben für die weitere Informationsverarbeitung dominierendes Gewicht und steuern das Verhalten der Interaktionspartner;
– negative Information wird relativ überbewertet (evtl. als Gegengewicht zur erwarteten Selbstdarstellungstendenz des Gesprächspartners, vielleicht auch weil fälschliche Bewerberablehnung im Gegensatz zu fälschlicher Bewerbereinstellung nicht sanktioniert wird);
– die Bedeutung der Informations-Kongruenz wird überschätzt. Interviewer attribuieren ihr Bedürfnis zur Komplexitätsreduktion external als Notwendigkeit, sich konsistent zu verhalten;
– Interviewern ist die Art ihrer Urteilsbildung weitgehend unbekannt und sie überschätzen die Validität ihrer Schlüsse (möglicherweise in Verwechslung mit subjektiver Sicherheit oder Reliabilität);
– sozialer Streß vermindert die Verarbeitungskapazität zumindest bei einem Teil der Interviewer und führt bei diesen u.a. dazu, daß sie mehr sprechen als der Interviewte." (Schuler & Funke, 1989, S. 295)

6.1.2.3 Biographischer Fragebogen

Der biographische Fragebogen erfaßt demographische und lebensgeschichtliche Merkmale der Person. Er ist in aller Regel umfangreicher als der konventionelle Personalfragebogen und bezieht sich insbesondere auf jene Merkmale, deren prognostische Validität angenommen werden kann bzw. geprüft wurde. Damit steht der biographische Fragebogen methodisch zwischen den weitgehend unstandardisierten Interviews und den psychologischen Testverfahren (vgl. Stehle, 1986).

Die Konstruktion des biographischen Fragebogens folgt einem einfachen Schema: Beruflich erfolgreiche und nicht-erfolgreiche Personen werden im Hinblick auf demographische oder lebensgeschichtliche Daten verglichen. Diejenigen Merkmale oder Merkmalskonstellationen, die sich als typisch für die Erfolgreichen erweisen, werden in den Fragebogen aufgenommen. Hierbei ist nicht erforderlich, daß diese Merkmale kausal für die Berufseignung bzw. den Berufserfolg sind, ihre korrelative Beziehung zum Berufserfolg genügt für ihre Eignung als Indikator.

Dies sei an folgendem konkreten Beispiel erläutert: Nehmen wir an, es soll ein biographischer Fragebogen für die Auswahl von Außendienstmitarbeitern entwickelt werden. Im ersten Schritt sind die Kriterien des Berufserfolges zu bestimmen. Dies könnte z.B. der Umsatz oder die Umsatzentwicklung sein. Anschließend wird geprüft, auf welchen demographischen Merkmalen sich die Erfolgreichen von den Nicht-Erfolgreichen unterscheiden. Dies könnte beispielsweise die Ausbildung, das Alter und der Familienstand sein. Sofern die Verheirateten höhere Umsätze machen, also erfolgreicher sind, könnte dies als Selektionskriterium in den biographischen Fragebogen aufgenommen werden, und zwar völlig unabhängig davon, ob der Familienstand ursächlich den Geschäftserfolg bestimmt oder nicht. Die korrelative Beziehung zwischen Familienstand und Berufserfolg könnte ja auch durch dritte Variablen (Verantwortungsbewußtsein, Lebenserfahrung etc.) erklärt werden, die ursächlich für beide sind oder durch intervenierende Variablen, die zwischen Familienstand und Umsatz stehen, etwa der finanzielle Druck. Entscheidend ist hier die leichte Erfaßbarkeit des Merkmals, das lediglich eine Indikatorfunktion haben muß.

Das empirisch und nicht lediglich intuitiv begründete Konstruktionsprinzip des biographischen Fragebogens und seine tätigkeitsspezifische Ausrichtung sind der Grund für eine vergleichsweise gute Validität des Verfahrens, die mit ca. r = 0,40 angegeben werden kann (vgl. Schuler & Funke, 1989).

6.1.2.4 Psychologische Tests

Hierunter werden standardisierte und routinemäßig anwendbare Verfahren hoher methodischer Qualität zur (meist quantitativen) Messung individueller Verhaltensweisen oder Eigenschaften verstanden. In der differentiellen Psychologie hat die testpsychologische Diagnostik einen hohen Entwicklungsstand erreicht. Die Reliabilitäts- und Validitätskoeffizienten der etablierten Tests sind empirisch ermittelt und publiziert. Die Auswertung und Interpretation der Ergebnisse wird durch Normtabellen erleichtert. Die meist als Papier-Bleistift-Test konzipierten Verfahren erlauben eine rasche und einfache Anwendung. All dies macht die große Verbreitung psychologischer Tests in der Praxis verständlich.

Tests beziehen sich auf unterschiedliche Inhalte oder Dimensionen. So lassen sich Persönlichkeits-, Leistungs- sowie Wissens- und Interessentests unterscheiden. Schorr (1991) hat in einer Umfrage bei Diplom-Psychologen, also der Berufsgruppe, der der Einsatz solcher Testverfahren vorbehalten ist, eine „Hitliste" der meistverwendeten Tests ermit-

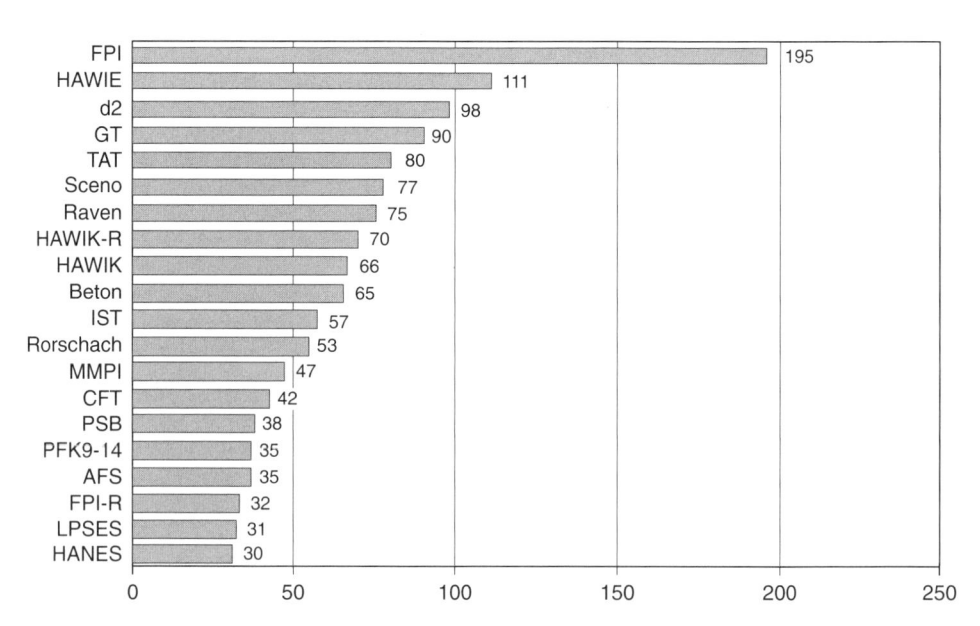

Test	Anzahl
FPI	195
HAWIE	111
d2	98
GT	90
TAT	80
Sceno	77
Raven	75
HAWIK-R	70
HAWIK	66
Beton	65
IST	57
Rorschach	53
MMPI	47
CFT	42
PSB	38
PFK9-14	35
AFS	35
FPI-R	32
LPSES	31
HANES	30

Abb. 63 : „Hitliste" der 20 meistverwendeten Tests in der eignungspsychologischen Diagnostik (aus Schorr, 1991, S. 8)

telt (siehe Abb. 63). Diese „Hitliste" umfaßt nahezu ausschließlich psychodiagnostische Tests im weiteren Sinne, also Verfahren zur differentiellen, meist klinischen Persönlichkeitsanalyse und kaum – im engeren Sinne – arbeitspsychologische Methoden zur aufgaben- und tätigkeitsspezifischen Eignungsdiagnose.

So wurde beispielsweise der am häufigsten genannte *FPI (Freiburger Persönlichkeitsinventar)* von Fahrenberg und Selg (1970), modifiziert von Fahrenberg, Hampel und Selg (1984), zur „vergleichenden Beschreibung von Individuen und Kollektiven im normalgesunden und klinischen Bereich" entwickelt. Der Test besteht aus 212 Einzelfragen (Items), die insgesamt 12 Dimensionen der Persönlichkeit erfassen (Nervosität, spontane Aggressivität, Depressivität, Erregbarkeit, Geselligkeit, Gelassenheit, reaktive Aggressivität und Dominanzstreben, Gehemmtheit, Offenheit, Extraversion-Introversion, emotionale Stabilität-Labilität und Maskulinität-Femininität).

Der bereits vor 30 Jahren entwickelte *HAWIE (Hamburg-Wechsler-Intelligenztest für Erwachsene)* gliedert sich in 10 verschiedene Subtests, die teils als Papier-Bleistift-Test und teils als Handlungstest (z.B. Figurenlegen) konzipiert sind und verschiedene intellektuelle Fähigkeiten (wie z.B. Urteilsfähigkeit, Aufmerksamkeit, abstraktes Denken, Kombinationsfähigkeit, Phantasie usw.) erfassen (vgl. Wechsler, 1964; Bondy, 1964).

Der *Aufmerksamkeits-Belastungstest d2* von Brickenkamp (1978) erfaßt die sensorisch-visuelle Diskriminations- und Konzentrationsfähigkeit. In diesem, ursprünglich bereits vor 100 Jahren als Durchstreichtest entwickelten und später mehrfach, zuletzt von Brickenkamp (1978) modifizierten Verfahren sollen die Probanden aus einer Liste mit eng gedruckten Buchstabe-Strichkombinationen (z.B.: d d p d) z.B. möglichst rasch alle „ds", denen 2 Striche hinzugefügt wurden, anstreichen.

Psychologische Testverfahren wurden meist mit dem allgemeinen Ziel der differentiellen Persönlichkeitsdiagnose, seltener mit der Absicht der berufs- oder anforderungsspezifischen Eignungsdiagnose entwickelt. Der hohe methodische Aufwand, der zur Konstruktion eines reliablen und validen Tests erforderlich ist, steht der Entwicklung spezifischer, auf die Arbeitsanforderungen bezogener Verfahren entgegen und begünstigt den Griff in die Werkzeugkiste der vorhandenen, klinisch-therapeutischen Diagnostika.

Die verbreitete „Testerei" und ihre leichte Anwend-, Auswert- und Vergleichbarkeit sind jedoch noch kein Beleg für ihre Nützlichkeit. Hierzu müßte erst der Nachweis geführt werden, daß die jeweiligen Testergebnisse auch eine Verhaltensprognose ermöglichen, die sich auf die situativen und inhaltlichen Anforderungen der jeweiligen Arbeitsaufgabe beziehen. Genau dies dürfte in vielen Fällen zumindest zweifelhaft sein.

So betrachtet, fällt ein Großteil der heutigen Praxis weit hinter das von Münsterberg vor über 80 Jahren gegebene Beispiel (siehe Kap. 6.1) zurück. Abgesehen von dieser methodischen Kritik wegen mangelnder Berücksichtigung der tätigkeitsspezifischen Anforderungen sind gegenüber dem unkritischen Einsatz dieser Instrumente ethische und juristische Bedenken ins Feld geführt worden (vgl. Comelli, 1990; Klein, 1982; Schmid, 1988), die innerhalb der Betriebe die Betriebsräte auf den Plan gerufen haben. Es ist jedoch vielfach geübte Praxis, daß Unternehmen auf externe „Headhunter" und „Personalberater" ausweichen, die weitgehend unkontrolliert eine psychologische Vorselektion durchführen, deren methodische, ethische und juristische Relevanz kaum thematisiert wird.

Es gibt jedoch auch eigens für den eignungsdiagnostischen Einsatz entwickelte Verfahren, so z.B. den *Berufseignungstest BET* (Schmale & Schmidtke, 1966), der auch

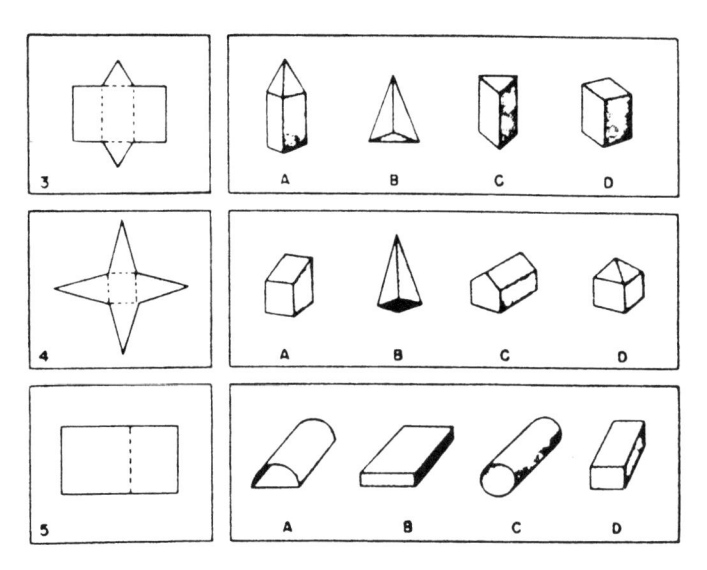

Abb. 64: Aufgaben aus dem Untertest „Körperabwicklung" des Berufseignungstests BET zur Feststellung des räumlichen Anschauungsvermögens und des praktisch-technischen Verständnisses (Schmale & Schmidtke, 1966)

heute noch in der Industrie etwa bei der Beratung, Auswahl und Plazierung von Auszubildenden genutzt wird (siehe Abb. 64).

In den letzten Jahren wurden auch *computergestützte Testverfahren* entwickelt, deren Vorteile durch die Stichworte „Interaktion" und „Information" gekennzeichnet werden können. Flexible Computerprogramme erlauben eine interaktive Vorgehensweise, die dem Probanden jeweils spezifische Auf-gaben stellt, je nachdem, wie die vorherigen Antworten bzw. Entscheidungen ausgefallen waren. Die große Informationsverarbeitungskapazität des Rechners ermöglicht die Simulation komplexer Situationen und Aufgaben, die kognitive und emotionale Anforderungen an den Bearbeiter stellen, wie sie mit herkömmlichen Intelligenz- und Persönlichkeitstests kaum erfaßt werden können. Hier lassen sich Entscheidungs- oder Verhaltensstrategien und nicht nur singuläre Leistungen oder Verhaltensweisen erfassen (vgl. Putz-Osterloh, 1991; siehe Bsp. „Unternehmensplanspiel").

Eine Weiterentwicklung der computerunterstützten Verfahren liegt in den sogenannten *Dialog-Videos* und *CBTs* (Computer Based Training) (vgl. Seidel & Lipsmeier, 1989). Bislang wurden diese Multi-Media-Verfahren, insbesondere wegen ihrer Möglichkeit zur lebensnahen Abbildung, für Trainingszwecke verwendet. Sie sind aber durchaus auch zur Selektion nutzbar. Fricke (1990), der Multi-Media-Verfahren in beruflichen Trainings erfolgreich eingesetzt hat, beurteilt die bislang kaum ausgeschöpften diagnostischen Möglichkeiten – insbesondere für die Führungskräfteauswahl – positiv:

„Der Einsatz von Dialogvideos in der Managementdiagnostik wäre als bereichernde Innovation einzustufen, da sich durch die Verwendung des Computers nicht nur die bekannten Vorteile einer computerisierten und somit standardisierten und eventuell adaptiven Testvorgabe, Testauswertung und Testinterpretation ergeben würden. ... Durch die zusätzliche Verwendung von Videofilmen müßten bestimmte soziale Situationen, deren Diskrimination und Bewertung durch die Kandidat-

> **Ein Unternehmensplanspiel**
>
> Das Unternehmensplanspiel „LUDUS" simuliert eine marktwirtschaftliche Wirklichkeit. Mehrere „Unternehmen" stehen auf verschiedenen „Märkten" mit drei gleichartigen „Produkten" im Wettbewerb. Die Spieler – oder auch Spielergruppen – repräsentieren die jeweiligen Unternehmensleitungen und versuchen, sich durch geschickte Produktionsentscheidungen, Marketingstrategien oder Personalplanungen Vorteile vor den Wettbewerbern zu verschaffen. Die Spieler geben ihre Entscheidungen an den Spielleiter, der die jeweiligen Auswirkungen am Markt im Rahmen des LUDUS-Computer-Programms ermitteln läßt und den Spielern als Ausgangsbasis für die nächste Runde mitteilt. Aus gleichen Anfangsbedingungen können sich in mehreren Spiel- oder Entscheidungsrunden sehr unterschiedlich erfolgreiche Unternehmen entwickeln. Der Reiz und die Wirklichkeitsnähe des Spiels besteht in der Komplexität der eigenen Entscheidungssituation, der Tatsache, daß man die Entscheidungen der Wettbewerber erst im nachhinein erkennen kann, sowie darin, daß über mehrere Runden gespielt und auf diese Weise längerfristige Strategien entwickelt und im „Markt" getestet werden können.

Innen erfaßt werden soll, nicht mehr live vorgegeben werden. Sie könnten statt dessen durch den Film standardisiert und beliebig oft reproduziert werden. Jede KandidatIn würde sich somit in derselben ‚True-to-life'-Testsituation befinden und müßte auf diesen lebensnah präsentierten Stimulus reagieren.

Für die Managementdiagnostik interessant wären solche Testentwicklungen insbesondere in dem Prädiktorbereich der sozialen Interaktion (Körpersprache, Beurteilung kritischer zwischenmenschlicher Beziehungen beim Führen, Verhandeln, Moderieren etc.), aber auch für den Prädiktor Lernfähigkeit zur Untersuchung der Lernfähigkeit in praktischen Bereichen an entsprechend lebensnahem Stimulusmaterial." (Fricke, 1990, S. 465f.)

6.1.2.5 Assessment Center

Das Assessment Center (AC) ist eigentlich kein eigenständiges Verfahren, sondern eine systematische Kombination verschiedener Einzeltechniken der Personalauswahl mit dem Ziel, ihre jeweiligen Stärken zu nutzen und ihre Schwächen zu neutralisieren. Gleichwohl rechtfertigt die spezifische Vorgehensweise die eigenständige Bezeichnung. Das AC läßt sich am besten durch das Wörtchen „viele" beschreiben: viele Verfahren, viele Personen, viele Situationen, viele Beurteiler. Der Begriff Assessment Center läßt sich mit der umständlichen und nicht gebräuchlichen Formulierung „Multiples eignungsdiagnostisches Beurteilungsverfahren" übersetzen, das von Schuler und Stehle (1987) wie folgt definiert wird:

„Assessment Center ist der Name einer multiplen Verfahrenstechnik, zu der mehrere eignungsdiagnostische Instrumente oder leistungsrelevante Aufgaben zusammengestellt werden. Ihr Einsatzbereich ist die Einschätzung aktueller Kompetenzen oder Prognose künftiger beruflicher Entwicklung und Bewährung, sie wird deshalb sowohl zur Auswahl künftiger Mitarbeiter wie auch als organisatorisches Beurteilungs- und Förderungsinstrument eingesetzt. Charakteristisch für Assessment Center ist, daß mehrere Personen (etwa 6–12) gleichzeitig als Beurteilte daran teilnehmen und daß auch die Einschätzungen von mehreren unabhängigen Beurteilern (im Verhältnis etwa 1 : 2 zur Zahl der Beurteilten) vorgenommen werden, darunter vor allem Linienvorgesetzte (typischerweise 2 Hierarchieebenen über der Zielebene der zu Beurteilenden) sowie Psychologen und Mitarbeiter des Personalwesens." (Schuler & Stehle, 1987, S. 2)

Im Normalfall werden etwa 12 Kandidaten als Gruppe zu einer zweitägigen Veranstaltung in ein Hotel eingeladen und dort mit verschiedenen Aufgaben konfrontiert, die teils allein, teils in Gruppen zu bewältigen sind. Die Teilnehmer werden von etwa 6 eigens geschulten Beobachtern begutachtet. Diese Beobachter gehören teils der auswählenden Institution als Führungskräfte, Personalreferenten oder Betriebsräte an, teils sind es externe Berater, oft Diplom-Psychologen. Gelegentlich gibt es das AC auch als Einzel-AC (vgl. Schmid, 1990).

Jeserich (1981), der mit seiner praxisnahen Darstellung des Verfahrens wesentlich zu seiner Verbreitung in Deutschland beigetragen hat, schlägt die in Abb. 65 dargestellten Ablaufpläne für das zweitägige Assessment vor.

Zur weiteren Charakterisierung des ACs listet Jeserich folgende Kriterien auf:

Kasten 11: **Charakterisierung des Assessment Centers**

„Wesentliche Merkmale der [Assessment Center]-Systematik sind:

– Festgelegte gleichbleibende Spielregeln, z.B. für die Beobachtung und für die Bewertung.
– Zeitlich und inhaltlich werden Beobachtung und Beschreibung (Datengewinnung) von der Bewertung strikt getrennt.
– Alle Beobachter sind gleichermaßen vorgebildet.
– Alle Urteile und Empfehlungen werden nur auf der Basis aller Informationen von allen Beobachtern aus allen Einzelverfahren erstellt.

Wesentliche Merkmale ... [der Assessment Center-Beurteilung] sind:

– Der Einsatz von verschiedenartigen Feststellungsverfahren, z.B. Analyse des Verhaltens in verschiedenen sozialen Situationen (Situationstests als Gruppentests), standardisierte Interviews, Leistungs- und Eignungstests, Analyse von schriftlichen und mündlichen Einzelleistungen (Einzeltests).

– Die Leistung wird zur gleichen Anforderung in wechselnden Situationen, z.B. in Fallstudien, Diskussionen, Postkorbübungen oder Rollenspielen mit wechselnden Verfahren beobachtet und bewertet.
– Übungsinhalte sollten realitätsbezogen sein, d.h. realitätsrelevante Situationen simulieren, so daß das geprüft werden kann, was im Anforderungsprofil gefordert ist und nicht das, was aufgrund vorhandener Unterlagen prüfbar ist.
– Die Anforderungen, die in einem Assessment Center beobachtet und bewertet werden sollen, werden durch eine Analyse der relevanten Verhaltensweisen auf der Zielstelle oder Zielebene analysiert.
– Das beobachtete Verhalten wird systematisch, im Sinne wie oben beschrieben, mit dem Anforderungsprofil verglichen. Im allgemeinen werden daraus auch für den Teilnehmer zugängliche Empfehlungen zur Erreichung des geforderten Verhaltens abgeleitet." (Jeserich, 1981, S. 33f.)

Abb. 65 (rechts): Ablaufpläne für den 1. und 2. Tag eines normalen AC (aus Jeserich, 1981, S. 119f.)

Die Gestaltung der Arbeit

ABLAUFPLAN — 1. Tag

Zeit	Aktivität	Bemerkungen für Beobachter und Moderatoren
08.15—08.30 Uhr	Begrüßung, Vorstellen der Teilnehmer	alle stellen sich vor
08.30—09.45 Uhr	Interviews (die erste Hälfte der Teilnehmer im individuellen Interview)	je ein Beobachter und ein Teilnehmer in Einzelzimmern
09.45—11.00 Uhr	Wie von 08.30—09.45 Uhr (jeweils die andere Hälfte der Teilnehmer)	
11.00—11.15 Uhr	*Pause*	Pause
11.15—12.15 Uhr	Der Neue Dienstwagen (Gruppendiskussion)	2 Gruppen (je 6:3)
12.15—12.45 Uhr	Teilnehmer-Berichte	Auswertung
12.45—14.00 Uhr	*Mittagessen*	Mittagessen
14.00—15.00 Uhr	Tests (Teilnehmer für sich)	Auswertung Fortsetzung
15.00—16.00 Uhr	Fa. Kaul GmbH (Gruppendiskussion)	2 Gruppen (je 6:3)
16.00—16.30 Uhr	Teilnehmer-Berichte	Auswertung
16.30—17.00 Uhr	*Pause*	
17.00—17.20 Uhr	Vorbereiten Präsentation (Teilnehmer für sich)	Auswertung Fortsetzung
17.20—18.50 Uhr	Präsentation Verkaufsaktion	2 Gruppen à max. 15 Min./Teilnehmer
18.50—19.15 Uhr	Teilnehmer-Berichte	Auswertung
19.15 Uhr	*Abendessen*	Verbleibende Auswertungen

ABLAUFPLAN — 2. Tag

Zeit	Aktivität	Bemerkungen für Beobachter und Moderatoren
08.15—09.00 Uhr	Der Neue Vorgesetzte (Gruppendiskussion)	2 Gruppen (Teilnehmer wechseln)
09.00—09.30 Uhr	Teilnehmer-Berichte	Auswertung
09.30—10.30 Uhr	Postkorb (Teilnehmer für sich)	
10.30—11.00 Uhr	*Pause*	Pause
11.00—12.30 Uhr	Interview Postkorb Die restlichen Teilnehmer bearbeiten Fallstudie Sinkauf	je ein Beobachter und ein Teilnehmer (à ca. 30 Min.) Auswertung à 15 Min.
12.30—14.00 Uhr	*Mittagessen*	Mittagessen
14.00—15.00 Uhr	Kartenspiel (Gruppendiskussion)	2 Gruppen (Teilnehmer wechseln)
15.00—15.30 Uhr	Teilnehmer-Berichte	Auswertung
15.30—16.00 Uhr	*Pause*	
16.00—17.00 Uhr	Rollenspiel Mehrarbeit Die restlichen Teilnehmer werden mit Tests, schriftlichem Bericht usw. beschäftigt	Ein Beobachter und ein Teilnehmer à 30 Min. Danach Wechsel
17.00—18.00 Uhr	Turmbau (Gruppenarbeit)	3 Gruppen (4:2)
18.15 Uhr	Verabschiedung	Verbleibende Auswertungen

Idealerweise wird das AC jeweils anforderungsspezifisch neu konstruiert, wobei diese Neukonstruktion sich einerseits auf die „Mischung" der eingesetzten – teils standardisierten – Verfahren wie auch auf die Neuentwicklung einzelner Test-Aufgaben und Test-Situationen sowie die Auswahl und Schulung der Assessoren (Beurteiler) bezieht.

Die Intensität und Heterogenität der Aufgaben, ihre anforderungsgerechte Gestaltung und Einbettung in die soziale Situation einer Gruppe sowie die sorgfältige Begutachtung der Probanden einschließlich der „feedback-Gespräche" haben sehr zum „Siegeszug" der AC, insbesondere für die Auswahl und Förderung von (Nachwuchs-)Führungskräften, beigetragen. Bei solchen Erfolgen in der Praxis bleiben kritische Stimmen nicht aus:

Kompa (1989, 1990) hat die wohl kritischste Darstellung und Bestandsaufnahme des AC-Verfahrens gegeben. Für ihn ist es letztlich ein Instrument, dessen aufwendige und rationale Methodik der Verschleierung des eigentlichen Ziels dient, nämlich die Loyalität der Kandidaten zu überprüfen. Eine solche, in die Nähe der „Gesinnungsschnüffelei" gerückte Zielsetzung ist jedoch nicht notwendigerweise AC-immanent, auch wenn es dazu genutzt werden kann. Dies kann freilich auch durch andere Verfahren – etwa das Interview – erfolgen. Im übrigen läßt sich auch argumentieren, daß die Frage, ob jemand in die „Kultur einer Organisation" paßt oder nicht, durchaus im legitimen Interesse der Person wie der Organisation liegen kann.

Bungard (1987b) hat das AC mit dem Laborexperiment verglichen und auf seine *Artefaktverdächtigkeit* hingewiesen. Demnach produziert das AC seine Ergebnisse, statt sie zu finden. So wie sich Versuchspersonen im psychologischen Experiment gelegentlich weniger authentisch als erwartungskonform verhalten, um als „gute Versuchsperson" einen positiven Eindruck zu hinterlassen, so werden sich AC-Kanidaten nach ihren Vermutungen über das von ihnen erwartete Verhalten richten. Je nachdem, ob sie beispielsweise glauben, daß Kooperativität oder Durchsetzungsvermögen von ihnen erwartet wird, werden sie sich vermutlich entsprechend darstellen wollen. Wem es gelingt, die

---

Kasten 12: Personalauswahl mit Test (von Ludwig Pack)

„Im oberen Management einer Firma ist eine wichtige Position zu besetzen. Um den besten Kandidaten zu finden, wendet die Firma psychologische Testverfahren an. Das läuft ungefähr folgendermaßen:

Der erste Kandidat ist der Ausbildung nach Mathematiker. Ihm wird kurz erklärt, warum die Firma psychologische Tests anwendet, dann wird ihm die Testfrage gestellt: ‚Wieviel ist zwei mal zwei?' Der Kandidat antwortet natürlich wie aus der Pistole geschossen: ‚4'. Der Personalchef bedankt sich bei ihm und schließt mit dem Satz: ‚Sie hören von uns.'

Der zweite Kandidat ist ein Diplom-Ingenieur. Der Ablauf ist derselbe wie zuvor beschrieben. Auf die Frage ‚Wieviel ist zwei mal zwei?' zückt er seinen Rechenschieber und antwortet: ‚3,9 ungerade'. Im übrigen siehe oben.

Der dritte Kandidat ist ein Diplom-Kaufmann: Seine Antwort auf die Testfrage lautet: ‚Im Einkauf würde ich sagen drei, im Verkauf würde ich sagen fünf.' Ansonsten wie gehabt.

Und wer bekam die Position? – Der Schwiegersohn des Generaldirektors." (aus Anders, 1992, S. 57)

Erwartungen der Assessoren korrekt zu erkennen und sich erwartungskonform zu verhalten, der dürfte im Vorteil sein. Bungard kommentiert dies so:

„Nicht ohne Ironie könnte man hinzufügen, daß nach diesem ‚Strickmuster' auch innerbetriebliche Beförderungen stattfinden: Anpassungsfähigkeit, strategisches Verhalten und Überlebenspraktiken statt Leistungsfähigkeit ist für die spätere Karriere förderlich, so daß die übliche Validierung der Assessment-Center-Methode anhand des späteren beruflichen Aufstiegs zumindest im Sinne der dazu gelieferten Interpretationen der Kausalkette fragwürdig ist." (Bungard, 1987b, S. 112)

Dieser Effekt des erwartungskonformen Verhaltens, das sich in der Testsituation des AC noch verstärken dürfte (Nikolaus-Effekt: Vor dem Fest sind alle Kinder brav), verweist auch ganz generell darauf, daß die Bewerber die jeweiligen Testaufgaben auf dem Hintergrund ihrer jeweiligen Erfahrungen und Erwartungen deuten.

Die Validität der AC wurde in einer Meta-Analyse, die statistisch-systematisch verschiedene Einzeluntersuchungen sekundäranalytisch auswertet, mit r = 0,37 angegeben (Thornton & Byham, 1982). Dies ist angesichts der Aufwendigkeit des Verfahrens kein euphorisch stimmender Wert. Er bewegt sich in der Größenordnung anderer, isolierter Verfahren, etwa des biographischen Fragebogens, und besagt, daß ca. 15% (r^2 = 0,137) der Kriteriumsvarianz (Leistung) durch die Prädiktorvarianz (AC) erklärt wird.

Anders formuliert: auch das aufwendige AC läßt ca. 85% der Varianz unerklärt, da sie auf Faktoren zurückgeführt werden muß, die offenkundig nicht vom AC erfaßt wurden. Dies ist noch bedrückender, wenn man bedenkt, daß die Leistungskriterien in vielen Fällen nicht – wie eigentlich erforderlich – unabhängig vom Testergebnis gemessen werden. Denn häufig wird die berufliche Leistung durch die Beurteilung des Vorgesetzten erfaßt, der mitunter selbst als Assessor im AC mitgewirkt hat, zumindest aber die AC-Ergebnisse des Mitarbeiters kennen dürfte.

Dies begründete die kritische Einschätzung, wonach das AC eher den Aufstieg in der Organisation als die Leistung im Beruf prognostiziert. Im übrigen ist es zumindest merkwürdig, wenn die Gültigkeit eines Verfahrens (AC) durch den Vergleich mit anderen Verfahren (Vorgesetztenurteil, Ratings) geprüft wird, die gerade wegen ihrer Fehlerhaftigkeit durch das neue Verfahren ersetzt werden sollten.

So fragt sich, worin der Wert des AC liegt, wenn nicht in seiner prognostischen Validität. Der eigentliche Gewinn des Verfahrens scheint denn auch in seiner *hohen Akzeptanz* zu liegen, die sich weitgehend auf den *Glauben* an seine Validität stützt. Damit werden Personalentscheidungen, die leicht mit dem Odium der begünstigenden oder benachteiligenden Subjektivität behaftet sind, auf eine (scheinbar) objektive Ebene gehoben und damit legitimiert. Dies reduziert das Unruhe stiftende Element der Gerüchte- und Legendenbildung, diese oder jene Person sei nur aufgrund dieser oder jener Beziehungen befördert oder behindert worden.

Der Glaube an die Rationalität und Objektivität des Verfahrens verlangt daher auch einen sorgfältigen Umgang mit dem Instrument, um insbesondere den abgelehnten Kandidaten nicht noch den Stempel der wissenschaftlich nachgewiesenen Unfähigkeit aufzudrücken. Dann würde aus dem Assessment Center rasch ein „Assassination Center" (Attentatszentrum) (Neuberger & Kompa, 1987, S. 119).

6.2 Personal-Entwicklung (Sozialisation)

Heutzutage scheinen Konzepte, die das „Veränderliche", nicht das „Bleibende" thematisieren, ebenso aktuell wie akzeptabel zu sein.

Dynamik, Flexibilität und Wandel entsprechen dem Zeitgeist. Der Blick ist auf Künftiges, nicht Vergangenes gerichtet. Der Hinweis auf Erfahrung und Bewährtes wirkt bereits eigenartig altmodisch. In diesem Umfeld hat der Entwicklungsbegriff einen besonders positiven Klang. Er vereinigt „Wandel" mit „Wert". Veränderungen mögen negativ sein, Entwicklungen dagegen sind gut.

Dies gilt besonders für die Personalentwicklung, die innerhalb beschleunigter Wandlungsprozesse technologischer, marktwirtschaftlicher und gesellschaftlicher Art geradezu als Überlebensaufgabe der Unternehmen (Decker, 1984) und als strategischer Erfolgsfaktor (Sattelberger, 1989) definiert wurde.

Die Notwendigkeit der Personalentwicklung ist heutzutage unbestritten. Kälin (1981, S. 65) listet hierzu verschiedene ursächliche Wandlungsprozesse auf (siehe Kasten 13).

6.2.1 Personal- oder Persönlichkeitsentwicklung

Der Entwicklungsbegriff umfaßt – zumindest dem Wortsinne nach – den Gedanken der Entfaltung und Reifung von keimhaft angelegten Möglichkeiten. Der Umwelt käme dann eine Art Nährbodenfunktion zu, die lediglich fördert oder hindert, jedoch nicht gestaltend wirksam wäre. Dahinter verbirgt sich auch die Überzeugung vom „guten Kern des Menschen", verbunden mit der normativen Erwartung, die Umwelt möge zurückhaltend und dürfe nicht direktiv sein.

Solche evolutionär-biologistischen Denkmuster mögen zur Beschreibung pflanzlicher Entwicklungen taugen, im Hinblick auf den Menschen sind sie zu einseitig (Oerter, 1977, S. 21). Auch der von Ethnologen bemühte Begriff der „Prägung", der den modifizierenden Einfluß der Umwelt betont, den Organismus aber als passiv-reaktiv begreift, ist zur Kennzeichnung der menschlichen Entwicklung

---

Kasten 13: **Auslösefaktoren für die berufliche Weiterbildung**

* „Die wachsenden und immer rascher wechselnden gesellschaftlichen und beruflichen Anforderungen verlangen neue Kenntnisse, Fertigkeiten und Methoden.

* Schnelle technologische Entwicklungen, neue Produkte und Produktionsverfahren sowie komplexere und abstraktere Arbeitsverfahren verlangen Mobilität im beruflichen Bereich.

* Zuverlässige langfristige Vorausberechnungen des Bedarfs an Qualifikationen sind schwer erstellbar. Spezielle Kompetenzen müssen dann erworben werden, wenn konkret die Nachfrage besteht.

* Die Veränderungen im wirtschaftlichen, technischen und gesellschaftlichen Bereich und der Abbau des sozialen, ethischen und rechtlichen Normensystems führen zur Verunsicherung und zur Forderung nach Information, Orientierung und Diskussion.

* Der Trend zur Emanzipation im Sinne der Befreiung des Menschen von Abhängigkeiten, Fremdbestimmungen und Zwängen erfordert Übersicht über Zusammenhänge gesellschaftlicher, politischer und wirtschaftlicher Art." (Kälin, 1981, S. 65f.)

ungeeignet (Schmidt-Denter, 1988). Sozialdeterministische Konzeptionen, die den Menschen zum Spielball exogener Kräfte reduzierten und menschliche Entwicklung als „Vergesellschaftung" klassifizierten (Tjaden-Steinhauer & Tjaden, 1970, S. 647), zogen ebenfalls Kritik auf sich. Angemessener sind Konzeptionen, die von der „Weltoffenheit" des Menschen (Portmann, 1969, S. 83) ausgehen, und die Interaktion von Mensch und Umwelt thematisieren. Diese, als „ökologische Orientierung" bezeichnete Sicht (Schmidt-Denter, 1988, S. 12), unterstellt einen lebenslangen Entwicklungsprozeß, in dessen Verlauf personale und situationale Kräfte aufeinanderwirken.

Für die Entwicklungspsychologie ist der Entwicklungsbegriff eher analytisch als gestaltend. Es geht um die adäquate Beschreibung und Erklärung der individuellen Entwicklung des Menschen, weniger um deren zielgerichtete Beeinflussung. Genau dieser *interventionistische Aspekt* kommt ins Spiel, wenn anstelle von Persönlichkeitsentwicklung von Personalentwicklung die Rede ist. Stichworte wie „Das Beste herausholen" oder „Weiterlernen für die Firma" kennzeichnen die pragmatische Orientierung der Personalentwicklungsdebatte (vgl. Thom, 1984; Schuler, 1989a).

Der Begriff der Personalentwicklung ist dabei weiter gefaßt als die früher übliche Bezeichnung „Aus-, Fort- und Weiterbildung", andererseits aber enger als die modische Bezeichnung „Mitarbeiter-Andragogik", die den Lernenden nicht als passiven Rezipienten, sondern als aktives, potentialentfaltendes Individuum sieht (Stiefel, 1982). Der instrumentelle Begriff der Personalentwicklung thematisiert eher den Aspekt der Gestaltung als den der Entfaltung.

Während die Personalentwicklung überwiegend als Integration der Organisationsmitglieder in das normative, qualifikatorische und organisatorische Gefüge der Unternehmung, kurzum: als Anpassung des Menschen an den Betrieb beschrieben wird, fordert umgekehrt Fricke (1975, S. 210), die organisatorischen Gestaltungsmaßnahmen in den Dienst der Autonomieentwicklung des Menschen zu stellen. Trotz der häufigen Betonung der Humanziele kommt Conradi (1983, S. 4) zu der Überzeugung, daß sie in der alltäglichen Praxis gegenüber den „Anpassungszielen des Managements" deutlich nachrangig sind. Neuberger (1990c, S. 4) formuliert wiederum pointiert, wenn er sagt: „Das Produkt des Personalwesens ist Personal, nicht Persönlichkeit".

Andererseits verweist Rieckmann (1990) darauf, daß die Bemühungen, Menschen in Personal, nicht in Persönlichkeit zu transformieren, den heutigen Anforderungen nicht gerecht werden. Eigeninitiative und Eigenverantwortung sind wichtiger als Gehorsam und Disziplin. Der „neue Mitarbeiter" soll mit dem Herzen dabei sein:

„Gerne mitmachen heißt freiwillig mitmachen. Und das genau kommt aus dem ganzen Menschen – und eben nicht aus dem Rollenträger, dem Funktionär oder der Humanressource ‚Personal'." (Rieckmann, 1990, S. 14)

Diese Argumentation steht nicht im Widerspruch zu Neubergers Analyse, sondern ist mit ihr durchaus kompatibel, wenn man hinzufügt, daß auch hier die Förderung des Menschen nicht irgendwelchen hehren Ziele dient, sondern im Dienste der Wirtschaftlichkeit geschieht. Das Personalwesen hätte also nach wie vor die Aufgabe, „Personal" zu schaffen, allerdings, so ergänzt Schröder (1990):

„Ohne die Berücksichtigung menschlicher Ziele sind in zunehmend mehr Unternehmen die wirtschaftlichen Ziele überhaupt nicht mehr zu erreichen." (S. 27)

In Anlehnung an den bereits zitierten Max Frisch läßt sich vielleicht sagen, daß die Unternehmen früher Arbeitskräfte riefen und sich beklagten, wenn Menschen kamen, während sie heute umgekehrt Menschen rufen und sich beklagen, wenn Arbeitskräfte kommen. „Der ganze Mensch ist gefordert" sagt Wächter (1990, S. 20), und fügt hinzu: „ ... allerdings nur insoweit, als er das Firmeninteresse über alles stellt".

Rosenstiel (1992) nimmt hier eine vermittelnde Position ein, wenn er betont, daß die Verfolgung betrieblicher Ziele nicht notwendigerweise gegen die Interessen der Mitarbeiter gerichtet ist, sondern ihnen durchaus entsprechen kann:

„Einerseits legt der Betrieb erheblichen Wert darauf, für die Bewältigung gegenwärtiger und künftiger Anforderungen Mitarbeiter zu qualifizieren. Andererseits ist es das Interesse der Mitarbeiter, diesen Anforderungen gewachsen zu sein, um bei der Arbeit höhere Befriedigung zu erleben, Erfolge zu haben, das eigene Ansehen und die eigenen Karrierechancen im Unternehmen zu verbessern und um gegebenenfalls auch im Falle des Verlassens des Unternehmens die eigenen Arbeitsmarktchancen zu steigern." (S. 85)

Wir wollen es bei dieser Sicht bewenden lassen, aber noch auf einen anderen, damit verwandten Aspekt verweisen: Diese Diskussion könnte als „Streit um des Kaisers Bart" abgetan werden, wenn es lediglich um die abstrakte Frage ginge, wieweit Personalentwicklung und Persönlichkeitsentwicklung kompatibel oder konträr sind.

Je nach Standpunkt und Definition der beiden Begriffe läßt sich die eine oder andere Meinung begründen. Darüber wird vergessen, daß die Tatsache der Diskussion selbst schon bemerkenswert ist: Es ist nämlich schwer vorstellbar, daß diese Debatte ernsthaft im Zusammenhang mit der Einarbeitung oder Anlernung eines Fließbandarbeiters geführt worden wäre. Die Begrenztheit und Fremdbestimmung dieser partiellen und taktgebundenen Arbeitsaufgabe verträgt sich offenkundig nicht mit der Vorstellung von der prinzipiellen Weltoffenheit der menschlichen Persönlichkeit. Erst als die Arbeitsaufgaben ihre Einseitigkeit und Vorherbestimmtheit verloren und höhere Anforderungen an menschliche Kreativität, Spontaneität und Gestaltungsfähigkeit stellten, wurde diese Diskussion möglich und verweist damit auf einen Wandel in der Arbeitswelt.

Sicherlich kommen viele der heutigen Arbeitsaufgaben dem Autonomiebedürfnis der Menschen entgegen und ermöglichen insoweit auch eine Persönlichkeitsentwicklung, die wiederum für die Funktionsfähigkeit der Organisation nützlich ist. Damit löst sich jedoch das Spannungspotential zwischen Humanzielen und Ökonomiezielen nicht auf, sondern verlagert sich auf eine andere Ebene. Zwar ist die autonome Persönlichkeit bei ganzheitlichen Arbeitsaufgaben leistungsfähiger, aber deswegen nicht zugleich auch leistungswilliger. Sie mag eigensinniger, eigenwilliger und eigenmächtiger geworden sein, was ihre Integration in die gemeinsame Arbeitsorganisation erschweren könnte. Kurzum: Die Autonomie der Persönlichkeit konfligiert mit dem Koordinationserfordernis der Organisation.

Dies erklärt, warum Personalentwicklungsmaßnahmen nicht lediglich auf die Förderung der fachlich-funktionalen Kompetenz gerichtet sind, sondern zugleich sozial-integrative Ziele verfolgen. Entsprechend breit definiert Schuler (1989a, S. 3) die Personalentwicklung als die *„Gesamtheit der Maßnahmen in Leistungsorganisationen zur Förderung der berufsbezogenen Qualifikation der Beschäftigten"*

Diese wohl weitgehend konsensfähige Definition überwindet durch den Hinweis auf das Stichwort „Gesamtheit der Maßnahmen" die restriktive Eingrenzung auf „Schulung" und schließt Konzepte der Arbeitsplatzgestaltung sowie die Stärkung einer entwicklungsförderlichen Organisationskultur mit ein. Der Hinweis auf die berufsbezogene Qualifikation umfaßt funktionale und innovatorische Fähigkeiten wie auch berufsständische Standards und Wertorientierungen.

6.2.2 Gegenstand der Personalentwicklung

Der allgemeine Hinweis auf die Förderung der Qualifikation bedarf der Spezifikation, denn schließlich scheint es kaum ein Merkmal zu geben, daß definitiv aus dem Curriculum der Personalentwicklung ausgeschlossen worden wäre. So reichen die Gegenstände von der Förderung der Fingerfertigkeit über Übungen zur konstruktiven Konfliktbewältigung bis hin zur Akkulturation, also der Übernahme gesellschaftlicher Wertorientierungen und entsprechender Verhaltensmuster.

Eine erste Eingrenzung geht von der naheliegenden Frage aus, welche Merkmale einer Person variabel und veränderbar sind. Die Konstanz der genetischen Struktur impliziert keinesfalls die Konstanz der Persönlichkeit oder der Verhaltensweisen. Die Fülle der empirischen Befunde hat längst das frühere Alltagsverständnis widerlegt, wonach die Lern- und Entwicklungsfähigkeit des Menschen an seine Jugendzeit gebunden war oder sich phasenhaft vorbestimmt in einzelnen Lebensabschnitten entfaltete.

Inzwischen hat sich die Auffassung vom *lebenslangen Entwicklungsprozeß* durchgesetzt (Oerter, 1992, S. 19), womit allerdings noch nicht geklärt ist, worauf sich diese Entwicklung bezieht: auf die Persönlichkeit oder das Verhalten des Menschen. Wenn Persönlichkeit als ein „bei jedem Menschen einzigartiges, relativ überdauerndes und stabiles Verhaltenskorrelat" bestimmt wird (Herrmann 1976, S. 25), bleibt gleichwohl die Frage offen, welcher Grad an situativer und zeitlicher Variabilität des Verhaltens noch von der Formulierung „relativ überdauernd und stabil" gedeckt wird. Pervin, (1981, S. 31) umgeht das Dilemma, indem er nicht nur die Stabilität, sondern auch die Variabilität als Definitionsmerkmal zuläßt und Persönlichkeit als „jemandes Muster von Stabilität und Veränderung in Abhängigkeit von definierten situativen Charakteristika" interpretiert. Auch Brandstätter (1989, S. 15) folgt dieser Perspektive, wenn er „Persönlichkeitseigenschaften als Ergebnis des Zusammenwirkens genetisch fixierter, situationsspezifischer Lernfähigkeiten und situationsspezifischer Erfahrungen" auffaßt. Ein empirisch ermittelter hoher Grad an Verhaltensstabilität bedeutet damit keineswegs genetische Fixierung, sondern möglicherweise lediglich, daß diese Person bislang stets in ähnlichen Situationen gelebt hat und mithin nicht zu einer Verhaltensänderung veranlaßt worden war. Daraus folgt (Brandstätter, 1989):

„Jede empirische Bestimmung der Stabilität von Persönlichkeitsmerkmalen ist unbefriedigend, wenn sie nicht zugleich Auskunft gibt über die Stärke und Häufigkeit der umweltbedingten Änderungsimpulse (Lernmöglichkeiten und -anreize), denen die untersuchten Personen ausgesetzt waren." (S. 15)

Es fällt schwer, die vielfältigen Untersuchungen zur Stabilität und Variabilität von Persönlichkeitsmerkmalen zusammenzufassen. Näherungsweise und für unsere Zwecke ausreichend – läßt sich sagen, daß grundlegende Fähigkeiten wie Intelligenz oder Verhaltensdispositionen, wie Aktivität sowie emotionale Strukturen wie Neurotizismus weitgehend, d.h. zu mehr als 50%, genetisch bedingt und konstant sind, während Wertorientierungen und Interessen sowie Kenntnisse und Fertigkeiten als überwiegend erworben und damit variabel gelten (vgl. Oerter, 1992, S. 22).

Wer in der konkreten betrieblichen Personalentwicklungsplanung die jeweiligen Bereiche der konstanten oder variablen Anteile abschätzen will, hat gute „Gründe zur Zuversicht" (Brandstätter, 1992, S. 49), da hier – etwa im Unterschied zur Personalselektion – weniger die grundlegenden Dispositionen betrachtet werden, sondern die Möglichkeiten ihrer Konkretisierung und inhaltlichen Spezifizierung. Gegenstände der Personalentwicklung sind also weniger die Lernfähigkeit als die erlernten Fertigkeiten, weniger das motivationale Antriebspotential als die tätigkeitsspezifische Motivation und weniger die kulturelle Wertorientierung als die individuellen Interessen.

Im Sinne dieser Unterscheidung zwischen Dispositionen und ihren Konkretisierungen sei hier zur Klassifizierung der vielfältigen Gegenstände der Personalentwicklung eine zweidimensionale Matrix vorgeschlagen, die einerseits Verhaltensdeterminanten und andererseits Verhaltensobjekte differenziert (vgl. auch Remer, 1978, S. 319). Als dispositive Verhaltensdeterminanten seien hier Kompetenzen, Motivationen und Wertorientierungen und als Verhaltensobjekte sachliche, soziale und symbolische Bezüge differenziert. Demnach könnte das Feld der Gegenstände der Personalentwicklung wie in Abbildung 66 dargestellt gegliedert werden.

Die Tabelle dient als heuristische Ordnung, nicht als trennscharfe Klassifikation, d.h. die Übergänge zwischen den Feldern sind fließend. Diese Differenzierung fußt eher auf pragmatischen als auf theoretischen Überlegungen, wobei es durchaus andere, teils ähnliche Differenzierungen gibt. Decker (1984) differenziert beispielsweise zwischen Fach-, Sozial- und Selbstkompetenz und im Hinblick auf die dispositive Dimension zwischen kognitiven, emotionalen und motorischen Aspekten.

Im konkreten Curriculum der betrieblichen Personalentwicklung dürften die in unserer Tabelle links und oben aufgeführten Gegenstände häufiger anzutreffen sein als die unten und rechts eingeordneten Inhalte: die Vermittlung der tätigkeitsspezifischen Fachkompetenz, etwa im Sinne von Computertraining, Rechtskunde oder Sprachlehrgängen, dürfte immer noch im Vordergrund der Entwicklungsmaßnahmen stehen.

Zunehmend ist jedoch zu beobachten, daß soziale und methodische Kompetenzen trainiert werden, so z.B. Rhethorik, Verhand-

Die Gestaltung der Arbeit

	Verhaltensobjekte		
Verhaltensdeterminanten	**Sachliche Fachliche**	**Soziale Selbst**	**Symbolische Systematische**
Kompetenz Kognition Fertigkeit	Fachkompetenz	Sozialkompetenz	Methodenkompetenz
Motivation Interessen Ziele	Fachinteresse	Teamgeist	Integration
Werte Überzeugung Grundhaltung	Leistungsprinzip	Loyalität	Berufsethos

Abb. 66: Gegenstände der Personalentwicklung

lungstechnik und Gruppenarbeit sowie Kreativitätstechniken, Problemlösungstechniken und Projektmanagement. Zunehmend sind auch Maßnahmen zu beobachten, die keinerlei spezifische Fachkompetenz vermitteln, sondern der Förderung von Teamgeist und Integration dienen (Rosenstiel, 1992).

Stiefel (1982) und Stempel (1984) haben verschiedene Phasen der Personalentwicklung unterschieden, die im wesentlichen diesen Wandel der curricularen Gegenstände widerspiegeln:

1. Die *lehrorientierte Phase* der 50er Jahre: Hier dominiert die Vermittlung fachlicher Kenntnisse. Teilnehmer- oder firmenspezifische Fragen bleiben randständig.
2. Die *lernorientierte Phase* der 60er Jahre: Hier sind die Lehrmethoden und der Einbezug der Teilnehmer wichtiger als die Inhalte.
3. Die *transferorientierte Phase* der 70er Jahre: Hier geht es um Fragen der betrieblichen Umsetzung und Anwendung der vermittelten Inhalte.
4. Die *problemlösungsorientierte Phase* der 80er Jahre: Hier geht es um methodisch-systematische Fähigkeiten und die Optimierung der Arbeitsprozesse in konkreten Organisationen.
5. Die *integrative Phase* der 90er Jahre: Diese von Stiefel und Stempel nicht erwähnte Phase könnte unter dem Eindruck der Organisationskulturdebatte (Sackmann, 1983, 1989; Ebers, 1985; Neuberger & Kompa, 1987) hinzugefügt werden. Hier geht es um die Förderung der Integration von organisatorischen Subsystemen, die aus Gründen der Flexibilitätssteigerung eine partielle Autonomie erhalten (Divisionalisierung, Profit-Center, Selbststeuernde Gruppen etc).

Dieser Ablauf zeigt eine zunehmende Öffnung der Personalentwicklung von singulären, auf die Kenntniserweiterung einzelner gerichteter Aktivitäten hin zur Behandlung der gesamten Organisation und ihrer Anpassungs- und Innovationsfähigkeit. Diese Perspektive verbindet Maßnahmen der Personalentwicklung mit solchen der *Organisationsentwicklung* (Gebert, 1974; Sievers, 1977; French & Bell, 1982). Die Entwicklung der Personen schließt die Entwicklung der Organisation mit ein und umgekehrt, was Sievers (1977, S. 21) mit dem Begriff des „doppelten Lerngeschehens" umschreibt.

Abb. 67 und 68: Nicht nur im Dienstleistungsbereich, wie oben am Bankschalter, sondern auch im Produktionsbereich haben sich die Anforderungen an die Kommunikationskompetenz und Teamfähigkeit erhöht (unten ein Beispiel aus der Automobilproduktion).

6.2.3 Methoden der Personalentwicklung

Personalentwicklung ist wie die Personalselektion zielgerichtet. Daher lassen sich im Hinblick auf die Methoden solche der

a) Zielfindung bzw. Bedarfsermittlung,
b) der Durchführung bzw. Vermittlung,
c) der Transfersicherung und
d) der Evaluation

differenzieren.

6.2.3.1 Bedarfsermittlungs-Methoden

Zur Zielfindung oder -bestimmung dienen die Verfahren der *Personalentwicklungs-Bedarfsanalyse*. Diese sind vergleichbar den bereits besprochenen Verfahren der Arbeits- bzw. Anforderungsanalyse. Darüber hinaus dienen Experten-Gespräche und Befragungen von Führungskräften und Mitarbeitern der Ermittlung des (objektiven) Entwicklungsbedarfs und der (subjektiven) Entwicklungswünsche, wobei diese Differenzierung angesichts des „ ... zunehmend partizipativ verstandenen Charakters der Personalentwicklung ... " (Schuler, 1989, S. 6) an Bedeutung verlieren dürfte. Eine *partizipative Vorgehensweise*, die die betroffenen Mitarbeiter beteiligt, fördert in aller Regel auch die Akzeptanz gegenüber den geplanten Maßnahmen und mindert mögliche Vorbehalte gegenüber einem „von oben verordneten Nachhilfeunterricht".

Die Ermittlung des Entwicklungsbedarfs ist dann keine rein analytische, sondern bereits eine *intervenierende Maßnahme*, die auf einen „ ... langfristigen Veränderungsprozeß im Sinne höherer Wirksamkeit der Organisation (Produktivität, Effektivität) und stärkerer Beteiligung und Entfaltung der Organisationsmitglieder (Motivation und Kooperation, Qualifizierung und Zufriedenheit) zielt" (Becker & Langosch, 1986, S. 14).

Bedarfsanalysen greifen zu kurz, wenn sie lediglich die gegenwärtigen Defizite aufspüren, ohne den Versuch zu unternehmen, künftige Entwicklungen zu antizipieren. Dies wird vielfach mit Hilfe der sog. „*Szenario-Technik*" versucht (vgl. Reibnitz, 1987). Hier geht es nicht um eine präzise Prognose zur Reduktion von Ungewißheit, sondern um ein Programm zur Stimulation von Sensibilität. Szenarien sollen nicht den „einzigen, richtigen Weg" weisen, sondern mit Optionen vertraut machen. Ganz im Sinne dieser Offenheit von Optionen wird auch der Personalentwicklungsbedarf nicht mehr definitiv, sondern offen als „Potentialentwicklung" umschrieben (Triebe & Ulich, 1977). Beispielhaft für diese Perspektive schreibt Antoni (1986, S. 34):

„Die Unternehmensführung von morgen baut im wesentlichen auf Selbstbewußtsein und engagierten Mitarbeitern auf, die sich im Rahmen vereinbarter Ziele selbst steuern und koordinieren. Dies verlangt sowohl von Mitarbeitern als auch von deren Vorgesetzten Fähigkeiten, deren Aktivierung eine Aufgabe der Personalentwicklung ist." (S. 34)

6.2.3.2 Vermittlungsmethoden

Die Methoden der Durchführung lassen sich unter verschiedenen Gesichtspunkten gliedern, etwa nach dem Ort als „on-the-job-" oder „off-the-job"-Verfahren, nach dem Umfang als punktuelle oder laufbahnbezogene Maßnahmen, sowie nach den eingesetzten Medien und Methoden als ausbilder- oder teilnehmerorientierte Vorgehensweisen.

Kälin (1983, S. 71f.) hat die verschiedenen ausbilder- oder teilnehmerorientierten Vermittlungsmethoden zusammengestellt und folgende Vor- und Nachteile aufgelistet (siehe Abb. 69 und 70, S. 160 und 161)

Anders als im klassischen Schulunterricht dominieren in der betrieblichen Personalentwicklung die teilnehmerorientierten Methoden (Diskussionen, Rollenspiele, Gruppenar-

Methode	Vorteile	Nachteile
Vorlesung, Vortrag, Referat	– Rationale Wissensvermittlung für Großgruppen – Bei Simultanübersetzungen wenig Aufwand – Optimale Planung der Stoffvermittlung möglich	– Aktivität der Auszubildenden ist gering – Rasche Ermüdung der Teilnehmer – Behaltensquote gering – Für Vermittlung von Fertigkeiten ungeeignet
Lehrgespräch: Gemeinsames Erarbeiten des Lehrstoffs durch Ausbilder und Auszubildende	– Sofortige Erfolgskontrolle – Denkprozesse werden angeregt – Zweiwegkommunikation – Persönlicher Kontakt – Aktivierung kann geplant und gesteuert werden	– Teilnehmer müssen auf vorhandenen Kenntnissen und Erfahrungen aufbauen können – Zeitintensiv – Intensivere Vorbereitung notwendig – Hohe Anforderungen an Ausbilder – Für Großgruppen nicht geeignet
Demonstration, praktische Unterweisung	– Aktivität groß – Direkter Bezug zur Praxis – Kontrolle des Informationsablaufs – Für das Erlernen von Fertigkeiten geeignet	– Zeitlich und finanziell aufwendig

Abb. 69: Ausbilderorientierte Vermittlungsmethoden (Kälin, 1983, S. 71)

beiten usw.), da sie den Verhältnissen im betrieblichen Alltag näher sind und daher auf höhere Akzeptanz stoßen sowie die Transferprobleme mindern. Diese interaktiven Verfahren verlangen nicht nur die Auseinandersetzung mit der sachlich gestellten Aufgabe, sondern zugleich die Gestaltung der sozialen Beziehungen.

6.2.3.3 Transfersicherungsmethoden

Transfer bedeutet die Übertragung des Erlernten in die reale Arbeitssituation. Nicht immer wird das Gelernte auch ausgeführt. Bandura (1979) hat im Rahmen seiner sozial-kognitiven Lerntheorie sehr deutlich zwischen einer „Lernphase" und einer „Ausführungsphase" differenziert und deutlich gemacht, daß Lernen eine notwendige, aber nicht hinreichende Bedingung für dessen Ausführung ist: Das Erlernte kann, muß aber nicht umgesetzt werden. Seine Umsetzung hängt wesentlich von den *Effizienz-* und *Konsequenzerwartungen* ab. Wenn sich jemand nicht zutraut, das Erlernte in der realen Situation umzusetzen oder glaubt, es sei nicht angebracht oder führe nicht zu den erwarteten bzw. erhofften Konsequenzen, dürfte die Realisierung behindert bzw. verhindert werden.

Im Hinblick auf die Personalentwicklungsmaßnahmen läßt sich sagen: Je größer die inhaltliche, situative oder zeitliche Distanz zwischen den Maßnahmen der Personalentwicklung und den realen Arbeitsbedingungen ist, desto eher ergibt sich das sog. *Transferproblem*, also die Schwierigkeit, die erworbenen Fähigkeiten auch tatsächlich anzuwenden.

Die Personalentwicklung steht dabei jeweils in einem Dilemma: Sofern sie lediglich das in der betrieblichen Praxis Übliche vermittelt, entwickelt sie nichts, sondern stabilisiert Routinen, und sofern sie anderes vermitteln will, setzt sie sich dem Vorwurf der Praxisferne aus.

Die Distanz zwischen Personalentwicklung und Realität darf nicht zu groß sein. Maßnahmen, die auf eine zwar wünschens-

Methode	Vorteile	Nachteile
Diskussion, Aquariums-Methode: Diskussion eines Themas oder einer Aufgabe durch die Teilnehmer unter gleichzeitiger Beobachtung des Gruppenprozesses	− Aktivierung groß − Geeignet für Problemlösungsaufgaben − Erfolgskontrolle möglich − Engagement groß	− Sachkenntnisse notwendig − Zeitaufwand groß − Nur für Gruppen bis zu 20 Teilnehmer geeignet − Während der Feedbackphase des Gruppenprozesses aufmerksame Leitung des Ausbilders notwendig
Fallmethode, In-Basket, Vorfall-Methode: Bearbeitung eines wirklichen Vorfalls aus der Praxis an Hand begrenzter Informationen	− Aktivität groß − Motivation hoch − Geeignet für das Üben von Fertigkeiten und Fähigkeiten − Die »Lösung« ist in der Regel für Vergleichszwecke vorhanden	− Zeitlicher Aufwand für Vorbereitung sehr groß − Wird von Teilnehmern oft als Spielerei betrachtet − Unkompetente Besprechung des Falles durch den Ausbilder wirkt sich sehr nachteilig aus
Planspiel, Rollenspiel: Modellhafte Darstellung konkreter Situationen	− Für Verhaltensschulung und Anwendung kognitiver Lerninhalte geeignet − Engagement der Teilnehmer in der Regel groß	− Realitätsbezug begrenzt − Zeitaufwand groß − Rollenverhalten begünstigt Abwehrmechanismen
Programmierte Unterweisung, Computerunterstützter Unterricht	− Unmittelbare Lernerfolgskontrolle − Ausbilderunabhängig − Optimale Planung des Lernablaufs − Individuelles Lerntempo möglich	− Als Unterrichtsform sehr unpersönlich − Zeitaufwand und Kosten für Programmierung sehr hoch − Für affektive Lerninhalte nicht geeignet
Interaktionsspiele, Strukturierte Übungen, Selbstkonfrontations-Experimente: Simulation wirklicher intra- bzw. interpersoneller Situationen (Vopel 1976)	− Für Verhaltensschulung geeignet − Aktive Beteiligung − Ermöglichen Verhaltensfeedback − Fördern Gruppenkohäsion sehr schnell	− Großer zeitlicher Aufwand − Spielerei, wenn Übungen ohne Bezug zur konkreten Gruppensituation eingesetzt werden − Unproduktiv bei Ausbildern ohne Erfahrung in Gruppendynamik − Gefährlich, wenn Teilnehmer zu Übungen gezwungen werden

Abb. 70: Teilnehmerorientierte Vermittlungsmethoden (Kälin, 1983, S. 71)

werte, aber nicht realisierbare Arbeitswelt vorbereiten, dürften ihr Ziel verfehlen. Die Gefahr hierzu besteht insbesondere dann, wenn die situativen und strukturellen Rahmenbedingungen der Arbeitswelt und ihre verhaltenssteuernden Wirkungen übersehen oder unterschätzt werden.

Die Neigung, diesem „anthropologischen Optimismus" (Gebert, 1985, S. 75) zu verfallen, ist insbesondere bei vielen sozialintegrativen Maßnahmen gegeben, die auf eine Förderung des gegenseitigen Verständnisses und der Gruppenharmonie gerichtet sind und hierbei die realen Machtstrukturen und Interessensunterschiede ausblenden. Händchenhaltend im Kreis zu tanzen und „wir gehören alle zusammen" zu singen, ist eine wohl eher lächerliche als hilfreiche Übung, wenn es gilt, strukturelle Arbeitskonflikte im Rahmen eines Seminars zu bewältigen. Beispiele dieser Art sind nicht aus der Luft gegriffen, sondern gehören gelegentlich zum Repertoire selbsternannter „Personalberater und -entwickler".

Ebenso verwunderlich wie die Tatsache, daß solch unsinnige Übungen angeboten werden, ist aber auch die häufige Bereitschaft von Seminarteilnehmern, dies frag- und klaglos mitzuspielen. Offenkundig bewirkt die Definition des Rahmens als „Seminar" eine ähnliche Verhaltensbereitschaft – um nicht zu sagen Gehorsamsbereitschaft –, wie wir sie bereits im Zusammenhang mit dem Rahmen „Experiment" kennengelernt haben. Die verständlichen Bemühungen, Personalentwicklungsseminaren einen eigenen Rahmen und Stellenwert zu geben, etwa sie in Hotels und nicht am Arbeitsort stattfinden zu lassen, um ihre Ungestörtheit zu sichern, stößt unter Transfergesichtspunkten dort an eine Grenze, wo der Seminarrahmen nicht nur Störungen, sondern auch Kernelemente der realen Situation ausblendet.

Transfersicherung beginnt daher bereits bei der *Planung* der Maßnahmen, nicht erst nach deren Abschluß. Wilkening (1986, S. 303) gibt eine graphische Darstellung der „Transferlücke". Nach den Entwicklungsmaßnahmen fällt die Ist-Kurve der Fähigkeiten und Verhaltensweisen wieder ab, (hoffentlich) jedoch nicht bis auf das Ausgangsniveau zurück, während die Soll-Kurve als weiter ansteigend gedacht wird (siehe Abb. 71).

Neuberger (1991b, S. 188) listet verschiedene transfersichernde Maßnahmen auf (siehe Tab. 9). Die sinnvollste Transferhilfe besteht aber darin, daß die Entwicklungsmaßnahmen so konzipiert und durchgeführt werden, daß sie von den Betroffenen auch tatsächlich als nützliche Hilfestellung für ihre Aufgaben und Probleme erlebt werden.

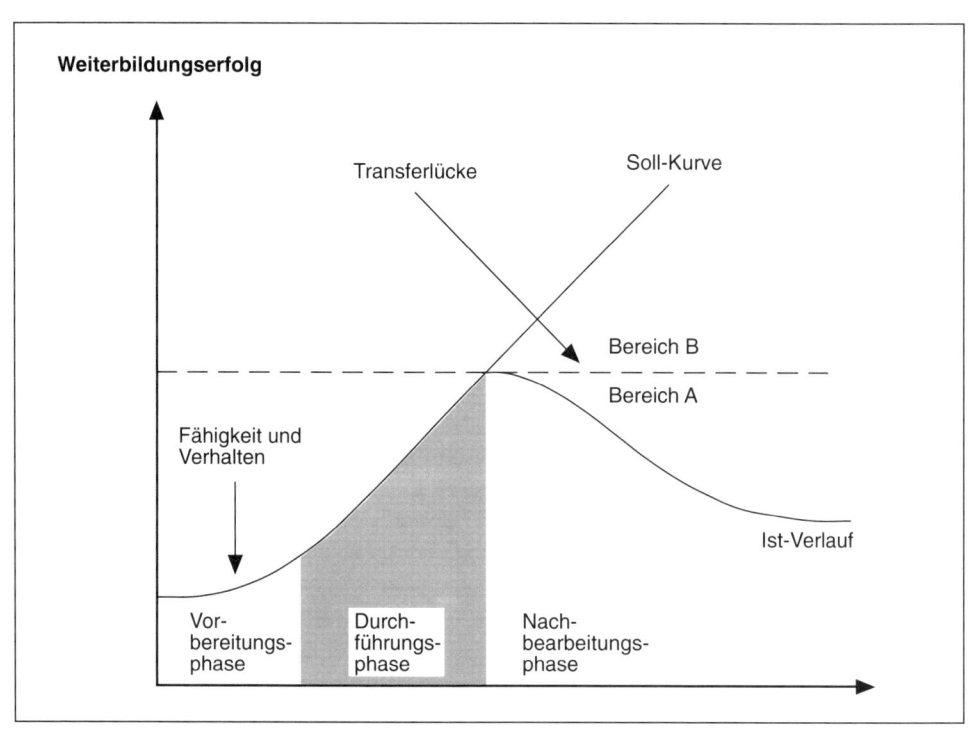

Abb. 71: Zusammenhang zwischen Transferförderung und Weiterbildungserfolg
(aus Wilkening, 1986, S. 303)

Tabelle 9: Maßnahmen zur Sicherung des Transfers (aus Neuberger, 1991b, S. 188)

Inhalte:	Zeitpunkt: vor der Veranstaltung	während der Veranstaltung	nach der Veranstaltung
soziale Aspekte	Vorgesetzte gehen im Besuch von Weiterbildungs-Veranstaltungen mit gutem Beispiel voran; Kollegen und Vorgesetzte (und Unterstellte) informieren; Sorgfalt in der Auswahl der (Mit-)Teilnehmer (Kenntnisse, Lernvergangenheit, Arbeitserfahrung und -schwerpunkte); Netzwerke (‚families') ausbilden; durch Gestaltung der Einladung motivieren ... Vorbereitungstreffen mit anderen Teilnehmern, Freiwilligkeit der Teilnahme	Herstellung von Rapport unter den Teilnehmern und zu Dozenten/Trainern; Sorge für konstruktives Lernklima; Individualität der Teilnehmer berücksichtigen; Feedbackrunden; Referentenbewertungen; ausdrückliche und sichtbare Widerstände bei der Anwendung des Erlernten benennen und behandeln	Bildung von Erfahrungsaustauschgruppen; Lernpartnerschaften, Information von Vorgesetzten, Kollegen und Unterstellten; Bildung von Netzwerken, Projektgruppen; Unterstützung durch Vorgesetzte etc.
sachliche Aspekte	Lernbedarf erheben, gründliche Diagnose von Problemen und Erwartungen; Information über die Veranstaltung (Inhalte, Methoden, Ablauf, Trainer); Zusendung von Materialien zur Vorbereitung: Fälle, Literatur(-listen), Problemfragen usw.	Eigenarbeit und Berücksichtigung von persönlichen Lern- und Anwendungsproblemen, Praxisbezug, Problemfälle aus dem Arbeitsbereich der Teilnehmer bearbeiten, Anwendungsprobleme ansprechen und bearbeiten; abwechslungsreiche Gestaltung; tägliche Seminarbewertungen; Lernzusammenfassung; Erwartung abfragen	Nachbereitung von Fällen, Aufgaben, Literaturliste, Unterlagen, Checklisten, Anwendungshilfen, Aktionspläne, ‚Verträge' mit sich selbst, Erfolgserlebnisse; Seminarauswertung (zur Gestaltung der Nachfolgeseminare)
zeitliche Aspekte	rechtzeitige Einladung (Gelegenheit zur Vorbereitung, Sorge für VertreterIn während Seminarabwesenheit)	Lerntempo anpassen, genügend Zeit für Rückfragen, Diskussion, Übungen, Freistellung von laufender Arbeit (Telefonate, Briefe ...)	Schon- und Erprobungszeit einräumen; Follow-Up-Veranstaltung ankündigen und durchführen

6.2.3.4 Evaluation

Unternehmen entwickeln in aller Regel differenzierte Informations- und Kontrollsysteme zur Überwachung, Sicherung und Entwicklung ihrer Funktionsfähigkeit. Dies gilt für den technischen ebenso wie für den ökonomischen Bereich, wo elaborierte Systeme für die nötige Transparenz sorgen. Im sozialen System dagegen zeigt sich dabei eine eigentümliche Diskrepanz: In dem Grade, wie die Eigeninitiative und -verantwortung der Mitarbeiter an Bedeutung gewinnt, verringern sich die Möglichkeiten ihrer Kontrolle, da dies rasch als Begrenzung und Fremdsteuerung erlebt wird und Widerstand wecken kann.

Störungen innerhalb des sozialen Systems werden meist erst bei manifesten Ausfällen bemerkt, die sich u.a. in den Statistiken der Fehlzeiten und Fluktuationen niederschlagen können. Im Bereich positiver Effekte, etwa der Arbeitskompetenz, -zufriedenheit und -motivation stehen vergleichsweise „harte" Daten kaum zur Verfügung. Entsprechend schwierig ist die Evaluation von Personalentwicklungsmaßnahmen, deren Erfolg sich wohl kaum durch die Abwesenheit negativer Ereignisse allein belegen läßt.

Evaluation bedeutet Bewertung und umfaßt eine doppelte Zielsetzung, die als Kombination von *Erfolgskontrolle* und *Wirkungsanalyse* bezeichnet werden kann. Einerseits geht es darum, herauszufinden, ob die beabsichtigen Ziele erreicht wurden (Erfolgskontrolle), und zum anderen um die Frage, welche Effekte überhaupt – also auch die unbeabsichtigten oder unerwünschten – aufgetreten sind (Wirkungsanalyse). Dabei ergibt sich ein doppeltes Problem. Einerseits müssen die beobachteten Effekte auch tatsächlich auf die Personalentwicklungs-(PE-)Maßnahmen und nicht auf andere Ereignisse zurückgeführt werden können (*Zurechnungspro-*

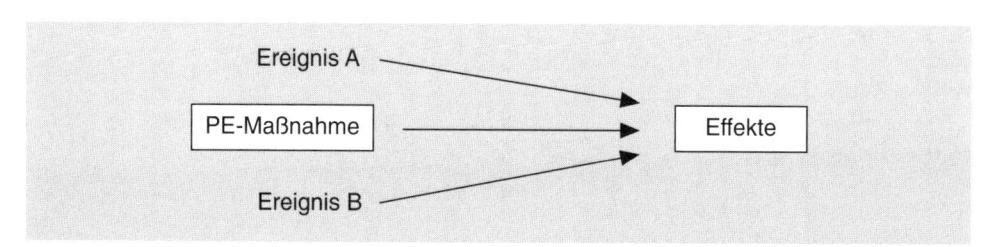

Zuordnungsproblem: Ist der beobachtete Effekt, etwa eine höhere Motivation, auf die PE-Maßnahme oder vielleicht auf andere Ereignisse zurückzuführen, die mit der PE-Maßnahme verbunden oder sogar unabhängig von ihr sind, (etwa die Einschätzung, daß es im Unternehmen wieder „aufwärts" geht, wenn so aufwendige Personalmaßnahmen realisiert werden)?

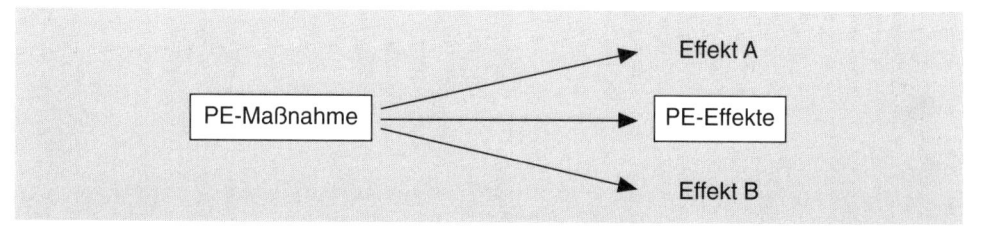

Identifikationsproblem: Hat die Personalentwicklungsmaßnahme noch andere Wirkungen als die beabsichtigten Effekte, und wie sollen diese bewertet werden?

blem), und zum anderen gilt es zu klären, mit welchen Effekten überhaupt gerechnet werden kann (*Identifikationsproblem*).

Die Lösung des Identifikations- und Zuordnungsproblems setzt ein experimentelles oder quasi-experimentelles Vorgehen voraus, dessen methodischer Aufwand beträchtlich ist (Nachreiner et al., 1987).

Die Evaluation ist auch keine punktuelle, sondern eine prozeßbegleitende Maßnahme:

„Sie umfaßt sämtliche Maßnahmen vom Zeitpunkt der Ermittlung der organisatorischen Weiterbildungsbedürfnisse über die Festlegung der pädagogischen Zielvorgaben, Überprüfung der Unterrichtsstrategie, Ermittlung des Lernerfolgs und des durch die Schulung verursachten geänderten Arbeitsplatzverhaltens der Teilnehmer bis zur Feststellung, ob das ursprünglich ermittelte organisatorische Bedürfnis befriedigt wurde." (Thierau et al., 1992, S. 233f.)

Angesichts einer so anspruchsvollen Zielsetzung und der Schwierigkeiten ihrer Realisierung wird verständlich, daß die Evaluation von Personalentwicklungsmaßnahmen in der Praxis eher die Ausnahme als die Regel darstellt.

Die in jüngster Zeit diskutierten „Controlling-Ansätze" stellen nur bedingt eine Lösung des Evaluationsproblems dar. Einerseits erweitern sie die Fragestellung, indem sie neben der Kontrollfunktion die Steuerungs- und Planungsfunktion betonen, aber andererseits reduzieren sie das Problem auf seine monetär meßbaren Aspekte (Landsberg, 1990) und werfen damit eine weitere Problematik auf: Die Konzentration auf den Kostenaspekt konfligiert mit der vielfach hervorgehobenen Offenheit und Langfristigkeit der Personalentwicklung.

Insbesondere bei solchen Personalentwicklungsprojekten, die auf die Förderung der Eigeninitiative, Selbstverantwortung und Autonomie gerichtet sind, können die Controlling-Bemühungen wie ein Rückfall in Dirigismus und Fremdkontrolle wirken und damit die Glaubwürdigkeit des Programms unterlaufen. So kann es durchaus sinnvoll sein, wenn gesagt wird, daß ein Personalentwicklungsprogramm gerade wegen seiner Wichtigkeit nicht im Controlling erfaßt wird, denn: Nicht alles, was zählt, läßt sich zählen, und nicht alles, was sich zählen läßt, zählt.

Angesichts dieses Dilemmas ist es in der Praxis zunächst durchaus sinnvoll, „bescheidenere Maßnahmen" einzusetzen, die zwar dem vollen Anspruch der Evaluationsforschung nicht gerecht werden, andererseits aber Einzeleffekte deutlich machen. Hier können z.B. Seminarbeurteilungen oder auch spätere Nachbefragungen von Teilnehmern sowie ihren Mitarbeitern oder Führungskräften eingesetzt werden.

Einen Ausblick auf die künftige Entwicklung der Evaluation von Personalentwicklungsmaßnahmen geben Thierau, Stangel-Meseke und Wottawa (1992; siehe Kasten 14, S. 166).

6.2.4 Personalentwicklung als arbeitsimmanente Qualifizierung

Wir haben bislang den Gedanken verfolgt, Personalentwicklung als ein *Lernen für die Arbeit* zu betrachten. So wird es sicherlich auch von einem Großteil der Personalleiter und Personalentwickler gesehen. Dies blendet allerdings einen wesentlichen, wenn nicht sogar den wesentlichsten Teil der Entwicklung aus: Das *Lernen durch die Arbeit* selbst: „Personalentwicklung findet vor allem in der Arbeitstätigkeit und durch die Gestaltung von Arbeitstätigkeiten statt" (Ulich, 1992, S. 107; siehe Kap. 6.4.3)

> **Kasten 14: Zukünftige Entwicklungen im Bereich der Evaluation von Personalentwicklungsmaßnahmen**
>
> „Für die Zukunft kann angenommen werden, daß die Vielzahl an Bildungsangeboten und die zu erwartende Konsolidierungsphase der Personalentwicklung zu einer zunehmenden Nachfrage nach Evaluation führen werden. Dabei dürfte der Bedarf hinsichtlich klarer Auswahlhilfen (summative Evaluation) besonders hoch sein; langfristig angelegte formative Projekte sind vorwiegend bei innovativen Personalabteilungen und in Form von Selbstevaluation bei einigen externen Anbietern zu erwarten.
>
> Ob es gelingt, den tatsächlichen Bedarf an Evaluation in der Wirtschaft sachgerecht zu decken, hängt wesentlich von dem Stand der Evaluationsforschung ab. Bezogen auf die Qualität der Ausbildung im Bereich Evaluation und die derzeit zur Verfügung stehenden Ansätze, Instrumente und Methoden ist von wissenschaftlicher Seite noch viel zu tun.
>
> Sehr wichtig wäre die Entwicklung konsensfähiger Standards in Methodenfragen. Somit könnte das wechselseitige Kritisieren von Methoden unter Evaluatoren eingeschränkt werden, das die potentiellen Auftraggeber eher verunsichert und die Nachfrage insgesamt senkt.
>
> Letztlich wird die Entwicklung der Evaluation besonders stark vom Entwicklungsstand der Personalarbeit abhängen. Je stärker hier fundierte und klar explizierte psychologisch-pädagogische Ansätze Verbreitung finden, umso größer ist die Chance, daß Evaluation wirklich einen hohen Nutzen für die Praxis hat." (Thierau, Stangel-Meseke & Wottawa, 1992, S. 247)

6.3 Gestaltung der Arbeitsbedingungen

Arbeit dient der Daseinssicherung und -bereicherung des Menschen. Zugleich ist das Bild der Arbeit – insbesondere der industriellen Lohnarbeit – durch die Elemente Pflicht und Last gekennzeichnet. Aufwand und Ertrag sind zwei Seiten der Arbeit. Für viele Arbeitnehmer sind jedoch die negativen Aspekte der Arbeit wie Ermüdung, Monotonie, Streß, Gefahr usw. auch heute noch dominante „Beigaben" des Arbeitsalltags. Daher liegt es nahe, diese negativen Bedingungen durch eine menschengerechte Gestaltung der Arbeit zu minimieren.

Die Arbeitspsychologie hat sich dieser Aufgabe relativ früh gewidmet, wie die Arbeiten zur Arbeitsermüdung und Leistungsminderung durch Kraepelin (1903) und die durch ihn ausgelösten Folgeuntersuchungen belegen. Diese frühen arbeitspsychologischen Bemühungen zielten auf eine Verbesserung der äußeren Arbeitsbedingungen. Die inhaltliche Gestaltung der Arbeitstätigkeit wurde dagegen erst später zum Ziel arbeits- und organisationspsychologischer Forschungen.

Wir wollen hier die Ansätze zur menschengerechten Gestaltung der Arbeitsbedingungen in vier Teilbereichen skizzieren:

1. Arbeitsmittel;
2. Arbeitsumgebung;
3. Arbeitszeiten und
4. Arbeitsentlohnung.

6.3.1 Gestaltung der Arbeitsmittel

Die menschengerechte Arbeitsmittelgestaltung ist vor allem von der *Arbeitsmedizin* und *Arbeitsergonomie* behandelt worden. Die Bandbreite der Themen reicht von der Formgestaltung einfacher Werkzeuge bis hin zur Einrichtung moderner CAD-Arbeitsplätze („Computer-Aided-Design": Rechnerunterstützte Konstruktion). Die Entwicklung dieser Mensch-Maschine-Systeme wird von Frieling und Sonntag (1987, S. 157) in drei Abschnitte gegliedert:

„1. Handarbeit unter Verwendung üblicher *Werkzeuge* einschließlich handgeführter energiegetriebener Werkzeuge (z.B. Bohrmaschine, Winkelschleifer usw.)
2. Bedienung von stationären Maschinen/Einrichtungen über *Bedienelemente* (z.B. Handrad, Kurbel, Hebel) bzw. Fahrzeugsteuerung.
3. Überwachen und Steuern von rechnergesteuerten Maschinen und technischen Anlagen und *Anzeigen*." (Frieling & Sonntag, 1987, S. 157)

Der gewaltige technische Fortschritt der Werkzeug- bzw. Maschinenentwicklung ist besonders augenfällig, wenn Bilder vergangener und heutiger Produktionsstätten nebeneinander liegen. Fasziniert von den Möglichkeiten der Maschine übersieht man dann allerdings leicht die psychologischen Aspekte dieser Entwicklung.

Die Werkzeugentwicklung läßt sich aus verschiedenen Perspektiven betrachten, einmal, indem die innere Funktionsweise der Maschine in den Mittelpunkt gestellt wird, und einmal, indem man die Maschine in Beziehung zur Arbeit des Menschen setzt. Im Sinne dieser zweiten Betrachtung liegt das Wesen der technischen Entwicklung nicht so sehr in der Zunahme der maschinellen Präzision, Geschwindigkeit oder Komplexität, sondern erschließt sich aus der Art und Weise, wie die Maschine vom Menschen gesteuert wird.

Die *erste Phase* der technischen Entwicklung ist durch Werkzeuge gekennzeichnet, die nahezu vollständig durch den Menschen geführt wurden, wie dies bei den klassischen Handwerkszeugen der Fall ist, gleichgültig, ob sie nun durch Körperkraft oder externe Energien angetrieben wurden. In diesem Sinne liegen die Handbohrmaschine und der Elektrobohrer auf gleichem Niveau. Diese Werkzeuge sind vielseitig einsetzbar. Ihre Handhabung und Steuerung unterliegt ganz dem Geschick des Menschen.

Die *Mechanisierung* begann erst, als dem Werkzeug die Bewegungsbahn durch die Bauweise der Maschine selbst *vorgeschrieben* wurde, etwa dadurch, daß die Bohrmaschine, durch eine Schablone fixiert, immer wieder die gleichen Bewegungszyklen durchläuft. Damit tritt eine qualitative Änderung im Mensch-Maschine-System ein. Maschinen dieses Typs können recht komplexe und variable Zyklen durchlaufen. Entscheidend ist, daß die Steuerung der Maschine nicht vom Menschen, sondern durch ein inneres, konstruktiv in ihr mechanisch oder elektronisch festgelegtes Programm erfolgt.

In übertragenem Sinn lassen sich diese Maschinen, selbst wenn sie komplex sind, als „dumm" bezeichnen, zumindest in Gegenüberstellung zu den „intelligenten", d.h. *informationsverarbeitenden Maschinen*, deren Steuerung nicht durch ein inneres festgelegtes Schema, sondern durch die Verarbeitung externer Informationen erfolgt. Hier werden nicht nur Muskelkräfte maschinell ersetzt, sondern auch kognitive Prozesse auf die Maschine übertragen. Dies markiert den Übergang von der Mechanisierung zur *Automatisierung*.

Im einfachsten Fall zeigt sich dies bereits bei dem Fliehkraftregler, der die Drehgeschwindigkeit der Dampfmaschine durch eine kontinuierliche Korrektur auf gleicher Höhe hält. Der eigentliche Schub der Auto-

Abb. 72 und 73: Arbeitsplätze als Mensch-Maschine-Systeme. Während der Bergmann das Werkzeug unmittelbar durch seine Hand führt und die Ergebnisse seiner Arbeit direkt beobachten kann, ist der Mann im Leitstand nur indirekt über Computersteuerungen und -anzeigen mit dem Arbeitsprozeß verbunden.

matisierung erfolgte jedoch mit der Computerisierung und Vernetzung der Fertigungsanlagen zum *Computer-Integrated-Manufacturing (CIM)*. Diese Tendenz zur integrierten Fertigung spiegelt nur einen Aspekt der Entwicklung wider. Eine andere, noch wichtigere Seite, wird durch das Stichwort „*Flexibilisierung*" markiert.

Der Bau dieser „intelligenten Maschinen" bedeutet nämlich gleichzeitig eine Umkehr im Trend der früheren Mechanisierung. Zunächst war die Entwicklung von der universellen zur spezialisierten Maschine vorangetrieben worden. Universaldrehbänke wurden zum Drehen von Metall (oder anderer Werkstoffe), nicht jedoch für die Massenfertigung einer Schraube ganz bestimmter Form und Größe eingesetzt. Standardisierung der Produkte und große Absatzmengen begünstigten jedoch Konstruktion und Einsatz von gewaltigen Spezialmaschinen, die z.B. eine Unmenge von Löchern unter verschiedenen Winkeln bohren, schleifen, Gewinde schneiden usw.; aber außerhalb der jeweiligen Fertigungsstraße, für die sie gebaut wurden, findet sich keine sinnvolle Verwendung für sie. Dieser Trend der Maschinenentwicklung bedeutete also nicht nur die zunehmende Übertragung der Kontrolle vom Menschen auf die Maschine, sondern zugleich den Verlust der Flexibilität. Dieser Trend kehrt sich nun um. Die Computerisierung gibt den Maschinen ihre *Universalität* zurück.

Darüber hinaus ist deutlich geworden, daß die maschinelle Rationalisierung aus den Werkhallen zunehmend in die *Büroräume* der technischen und kaufmännischen Mitarbeiter vorgedrungen ist. Bereits 1979 sagten Warnecke, Bullinger und Schlauch:

„Der Bürobereich wird zunehmend zum Ziel der Rationalisierung und Automatisierung. Dieser Umstand ist nicht nur auf den längst fälligen Nachholbedarf zurückzuführen, sondern beruht verstärkt auf dem tiefgreifenden technischen Wandel bei den Geräten und Verfahren zur Informationsverarbeitung." (S. 146)

Der hier angesprochene technische Wandel ergibt sich vor allem aus der Miniaturisierung und Verbilligung bei gleichzeitiger Leistungssteigerung der Computer. Damit wurde auch das Büro zum Einsatzfeld dezentraler und flexibler Maschinen.

Der Werkzeugentwicklung entspricht eine Veränderung der *Mensch-Maschine-Schnittstellen* und damit der *physischen und psychischen Anforderungen*. Frieling und Sonntag (1987, S. 158) haben diese Änderungen über die drei Stufen bildlich dargestellt (siehe Abb. 74, S. 170).

Diese hier in drei Stufen charakterisierte Entwicklung bedeutet eine zunehmende Entfernung des Menschen vom unmittelbaren Arbeitsprozeß. Wer ein Werkstück mit dem Hammer bearbeitet, hat noch einen direkten motorischen und sensorischen Bezug zum Ergebnis seiner Tätigkeit. Die schlagende Hand unterliegt der unmittelbaren sensomotorischen Steuerung durch den Menschen, und der nimmt auch unmittelbar mit eigenen Augen das Ergebnis seines Handgriffs wahr. Deutlich indirekter ist dieser Bezug, wenn die Bearbeitung des Werkstücks nicht durch ein Handwerkzeug, sondern durch eine Maschine erfolgt. Wenn auch deren Wirkungen auf das Werkstück nur noch durch Anzeigegeräte vermittelt wird, verliert auch die Rückkopplungsschleife ihre Unmittelbarkeit. Die Zwischenschaltung eines Rechners (Stufe III) sowohl in den eingreifenden als auch den wahrnehmenden Teil der Bearbeitung stellt schließlich den höchsten Grad der Indirektheit dar. Diese Form des Mensch-Maschine-Systems erweitert zwar die Möglichkeiten menschlicher Arbeit und Eingriffe, allerdings um den Preis der Entfernung vom Gegenstand.

Dies hat beispielsweise in der Steuerung von Kraftwerken oder Flugzeugen deutliche Konsequenzen. Der Airbus, der am 14. September 1993 auf dem Flughafen von Warschau in die Erdhügel am Ende der Bahn raste, konnte durch die verzweifelten Piloten

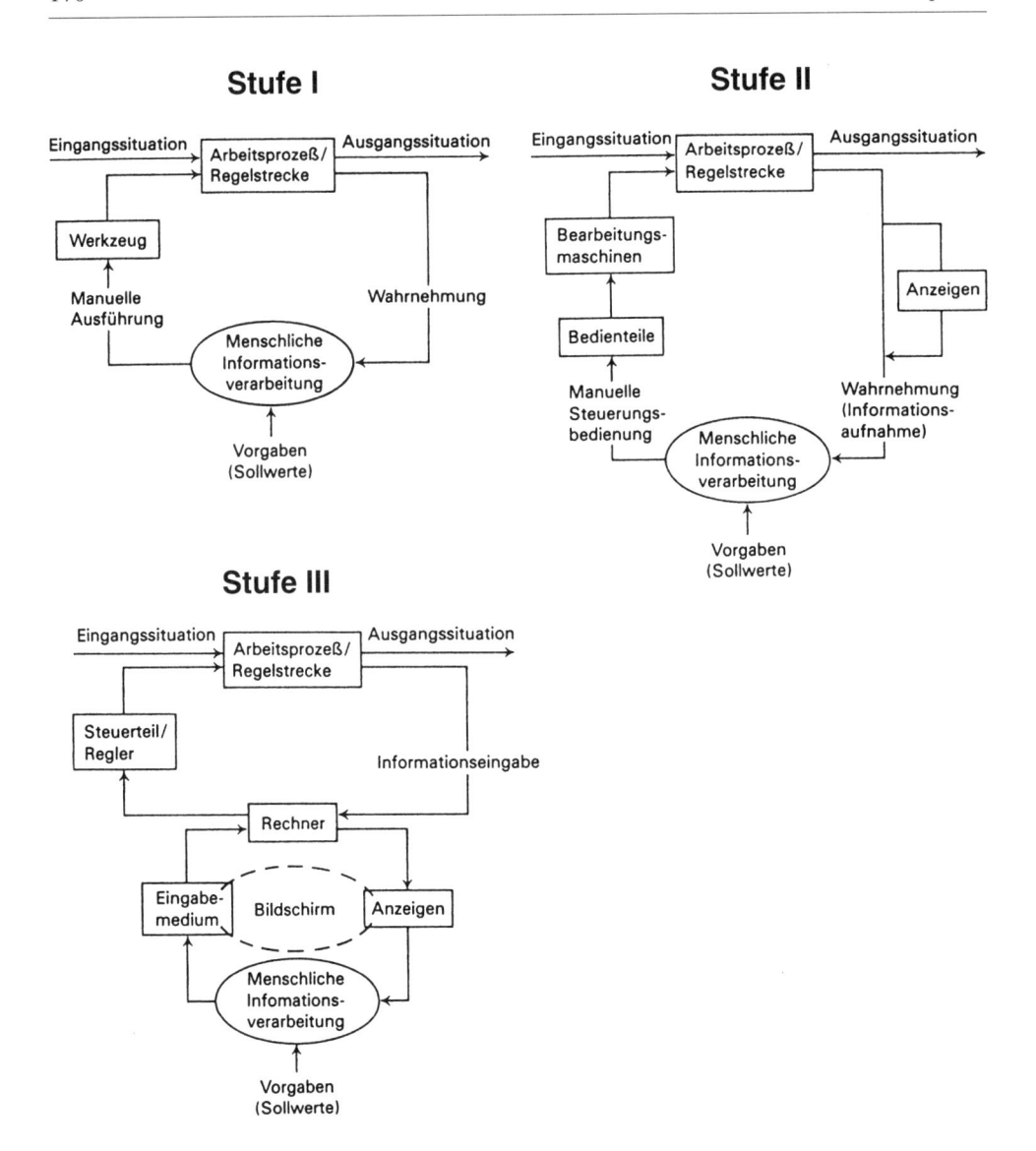

Abb. 74: Stufen der Werkzeugentwicklung und Veränderung der Mensch-Maschine-Schnittstellen (aus Frieling & Sonntag, 1987, S. 158)

nicht gebremst werden, weil der Bordrechner die Schubumkehr, mit der große Düsenflugzeuge gebremst werden, nicht freigab. Regen und Seitenwind hatten verhindert, daß alle Räder griffigen Bodenkontakt und damit eine hohe Rotationsgeschwindigkeit erhielten. Wenn sich die Räder nicht drehen – so der Trugschluß des Rechners – kann das Flugzeug nicht am Boden sein, sondern muß sich noch in der Luft befinden. Konsequent wurde dem Piloten die lebensrettende Chance zum Bremsen verwehrt. Diese hier höchst unsinnig erscheinende Dominanz der Rechner gegenüber dem Menschen war andererseits

Die Gestaltung der Arbeit   171

das Ergebnis der Auswertung eines früheren Flugunfalls, bei dem Piloten fälschlich während des Flugs die Schubumkehr bestätigten und so den Absturz der Maschine und den Tod vieler Menschen verursachten. Die Frage, wem kann man in welchen Situationen eher trauen, dem Menschen oder dem Computer, und wer muß vor wem geschützt werden, wurde dadurch neu belebt.

Wir wollen hier nur beispielhaft einige Aspekte der ergonomisch-psychologischen Werkzeug-/Maschinengestaltung darstellen, wobei wir im wesentlichen der von Frieling und Sonntag (1987, S. 159ff.) vorgeschlagenen Auswahl folgen.

6.3.1.1 Werkzeuge

Viele Handwerkszeuge haben sich über Jahrhunderte kaum verändert. Allerdings gab es in unterschiedlichen Regionen und Kulturen verschiedene Formen, aber sie blieben der Tradition folgend erhalten. Daß dennoch viele Handwerkzeuge verbessert werden konnten, haben Bullinger und Solf (1979) in einer umfassenden anthropometrischen und ergonomischen Studie belegt.

Bei der Werkzeuggestaltung sind die Anforderungen an das Werkzeug und die Anatomie des Menschen zu berücksichtigen. So haben Bullinger und Solf (1979) am Beispiel der Griffgestaltung eines Schraubenziehers durch Drehmomentmessungen und Befragungen deutliche Unterschiede in der Beanspruchung und Verletzungsgefahr (Blasenbildung) ermitteln können (Abb. 75).

Untersuchungen dieser Art sind prinzipiell auf andere Werkzeuge übertragbar und ermöglichen dadurch Optimierungen, die insbesondere dann wichtig sind, wenn nicht nur gelegentlich, sondern über längere Zeit mit dem gleichen Werkzeug gearbeitet werden muß. Dies gilt beispielsweise auch für Stühle und Sitzpositionen. So haben Strasser, Böhlemann und Keller (1992) systematisch die objektiven Beanspruchungen und sub-

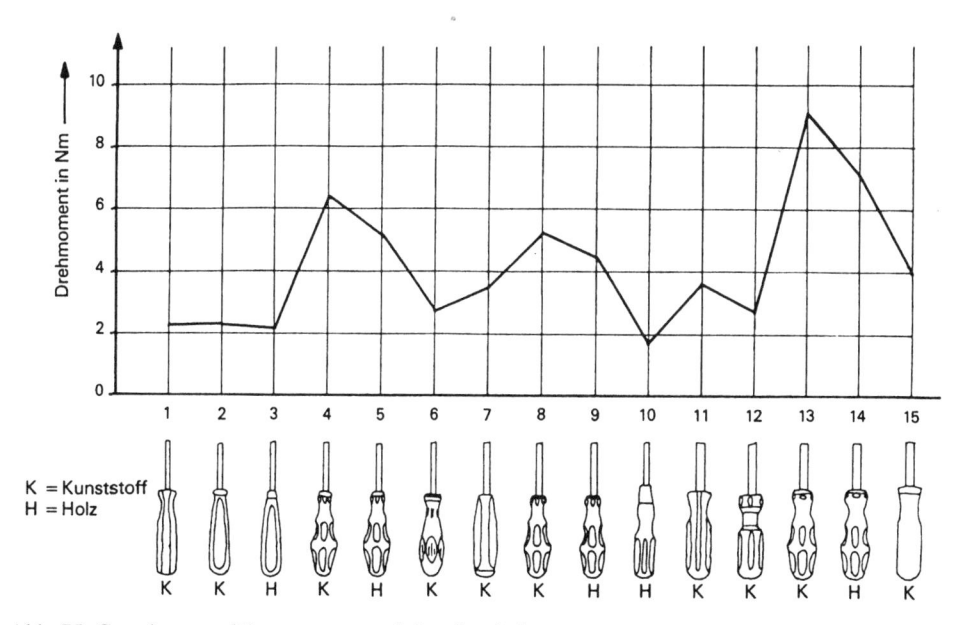

Abb. 75: Gestaltung und Bewertung von Schraubendrehern (modifiziert nach Bullinger & Solf, 1979)

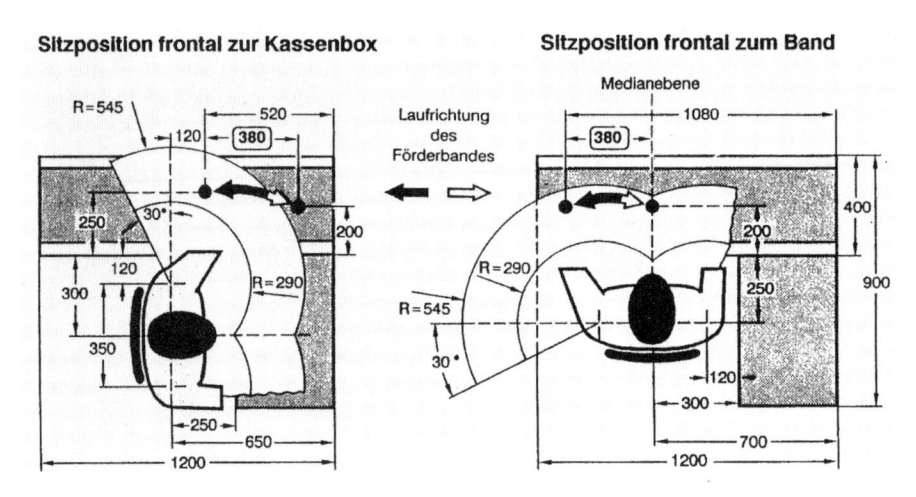

Abb. 76: Lage der vorgegebenen Bewegungsbahnen und Sitzpositionen
(vgl. Strasser, Böhlemann & Keller, 1992)

jektiven Beurteilungen bei verschiedenen Anordnungen von Kassenarbeitsplätzen in Supermärkten analysiert (siehe Abb. 76).

Die Ergebnisse sprechen für eine Anordnung frontal zum Band, zumindest für Scanner-Kassen, die die Preise automatisch erfassen, wenn die Waren über die Glasplatte des Scanners gezogen bzw. geschoben werden.

Auch die Gestaltung von Bürostühlen, auf denen stundenlang gesessen werden muß, erweist sich als zunehmend wichtig. Dies gilt nicht nur für die Reduktion von muskulären Beanspruchungen und die Vermeidung von Haltungsschäden durch „krankmachendes Gestühl" (Praetorius, 1990), sondern auch für die Optimierung der Arbeitseffizienz selbst. Müller und Nachreiner (1991) sprechen eigens die Arbeitgeber an, die Investitionen für ergonomische Büroarbeitsstühle nicht zu scheuen:

„Die Reduzierung von Beeinträchtigungen und daraus resultierenden Fehl- und Ausfallzeiten ist ein gewichtiger Grund; und seien es nur solche Ausfallzeiten, die für organisierte Lockerungsübungen nach verkrampftem Sitzen vorgesehen sind, wie sie neuerdings als japanische Korrekturvariante für verfehlte strukturelle Arbeitsgestaltung hochgepriesen werden ... " (S. 104).

Die hier aufgeführten Studien gehen über eine rein ergonomisch-experimentelle Versuchsanordnung hinaus, da sie die subjektiven Beurteilungen der Versuchsteilnehmer einbeziehen und für Felduntersuchungen an realen Arbeitsplätzen mit den jeweils Betroffenen plädieren.

6.3.1.2 Gestaltung von Anzeigegeräten

Die technische Entwicklung hat auch dazu geführt, daß der Mensch in vielen Fällen den unmittelbaren Wahrnehmungsbezug zu seiner Arbeit verloren hat. Während der Handwerker den Effekt seiner Tätigkeit direkt am bearbeiteten Werkstück verfolgen kann, ist dies bei vielen Arbeitsplätzen nur noch durch die Zwischenschaltung meist optischer Anzeigegeräte möglich. Die Anzeigen vermitteln ein anzeigespezifisches Bild der Realität.

Im einfachsten Fall wird dies beim Vergleich einer Analog- mit einer Digitaluhr deutlich. Viele Konsumenten haben sich nach einer anfänglichen Begeisterung für die Präzision der Digitalanzeige wieder der bewährten Analoguhr zugewandt, weil sie geringere kognitive Verarbeitungsanforderungen stellt und die Einordnung des abgelesenen Zeitpunktes in den Zeitrahmen des Tages erleichtert. Dies ist auch der Grund dafür, warum sich die Digitalanzeige für die Geschwindigkeit im Auto nicht hat durchsetzen können.

Bernotat (1981) hat einige Anwendungsbereiche und Beurteilungen von Digital- und Analog-Anzeigegeräten zusammengestellt.

Die Bedeutung der anzeigespezifischen Realitätsdarstellung bzw. -verzerrung ist naturgemäß dann besonders groß, wenn es neben der Anzeigeablesung gar keine andere Möglichkeit mehr gibt, die dargestellte Wirklichkeit wahrzunehmen, oder wenn die rücklaufenden Informationen zeitlich verzögert eintreffen, aber für die Steuerungstätigkeit des Menschen wichtig sind. Wenn beispielsweise Schreibautomaten die eingetippten Buchstaben erst verzögert auf Papier oder Bildschirm bringen, reduziert sich die Schreibgeschwindigkeit und -qualität der Bearbeiter deutlich (vgl. Schmidt, 1987, S. 282).

Es ist unmittelbar einleuchtend, daß die Gestaltung von Anzeigegeräten und Bildschirmen, etwa bei der Flugsicherung, Kraftwerksüberwachung oder gar militärischem Gerät, von vitalem Interesse ist (siehe Seite 174, Kasten 15).

Anwendung	Digitalanzeiger	Analoganzeiger	
		Bewegter Zeiger	Bewegte Skala
Quantitative Ablesung	Gut Fehler- und Ablesezeit minimal	Mäßig	Mäßig
Qualitative Ablesung	Ungünstig Positionsänderung wird schlecht gemerkt	Gut Aus der Zeigerstellung ist die Richtung der Veränderung gut abschätzbar	Ungünstig Ohne Ablesen der Ziffern ist die Erfassung der Veränderung nur schlecht möglich
Einstellen von Werten	Gut, wenn die Werte sich nicht schnell ändern; die Werte können genau eingestellt werden	Gut Eindeutige Beziehung zwischen Bewegung des Zeigers und Richtung der Änderung: Schnelle Einstellung möglich	Mäßig Mißverständliche Beziehung zur Bewegung des Bedienelementes; schwer ablesbar bei schneller Änderung
Regeln	Ungünstig Für Überwachungsaufgaben fehlen Stellungsänderungen	Gut Die Zeigerstellung ist leicht zu überwachen	Mäßig Für Überwachungsaufgaben fehlen auffällige Stellungsänderungen

Abb. 77: Anwendungsbereiche für Analog- und Digitalanzeigen (verkürzt nach Bernotat, 1981)

> Kasten 15: **Zur Bedeutung von Anzeigegeräten**
>
> „Am 28.03.1979 nachts gegen 04.00 Uhr ereignete sich im Kontrollraum eines Kernkraftwerks bei Harrisburg eine folgenschwere Fehlentscheidung, deren Ursachen zu nicht unerheblichen Anteilen in der konkreten Gestaltung der Arbeitsbedingungen zu suchen sind. Zwei Dinge, die ins Auge springen, sind die Gestaltung der Anzeigen (Wickens, 1984) und die Gestaltung des Arbeitszeitsystems (Andlauer et al., 1982). Beide weisen unter arbeitspsychologischer Perspektive gravierende Mängel auf. Wenn auch nicht allein, so sind diese Mängel der Arbeitsgestaltung doch in erheblichem Umfang mitverantwortlich für die Fehlentscheidung der Operateure und deren Folgen." (Nachreiner, Müller & Ernst, 1987, S. 360)

In jüngster Zeit hat sich durch die Ausweitung von Bildschirmarbeitsplätzen die *Software-Ergonomie* als neuer Anwendungszweig arbeitspsychologischer Forschungen entwickelt. Hier geht es nicht mehr nur um die optimale Hardware-Gestaltung der Geräte und ihrer räumlichen Anordnung, sondern um die Gestaltung der Computerprogramme selbst.

Nahezu jeder Computer-Neuling erfährt auf schmerzliche Weise, daß statt der vielgepriesenen Arbeitserleichterung zunächst einmal nur maximale Verwirrung und Verunsicherung eintritt. Auch die einführenden Handbücher sind nur begrenzt eine Hilfe – wenn auch etwas mehr als die sogenannte Hilfe-Funktion der Rechnerprogramme selbst. Dies liegt wohl nicht unwesentlich daran, daß die Programme und die Erläuterungen dazu von Informatikern geschrieben wurden, die sich gar nicht mehr in die Lage des Neulings versetzen können. Vielleicht entspricht dies

"Ich glaube, ich weiß jetzt, wo die Fehlerquelle sitzt: ein total veraltetes Einbauteil!"

der Aufgabe, einen komplexen Text für Leseanfänger zu schreiben: Eine schwierige, aber sicherlich ebenso reizvolle wie wichtige Herausforderung.

Die Software-Ergonomie soll dazu beitragen, Programme und deren Erläuterungen so zu gestalten, daß weder Unter- noch Überforderung zu frustrierenden Erlebnissen und leistungsmindernden Effekten führen. Lackes (1991, S. 136) hat die software-ergonomischen Grundsätze wie folgt zusammengestellt:

Softwareergonomische Grundsätze

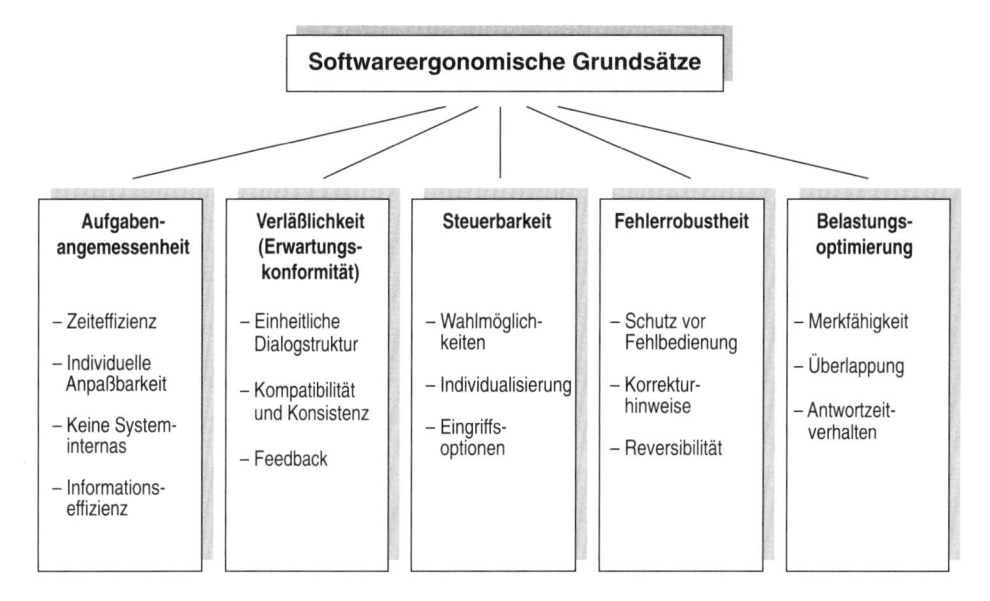

Aufgaben-angemessenheit	Verläßlichkeit (Erwartungs-konformität)	Steuerbarkeit	Fehlerrobustheit	Belastungs-optimierung
– Zeiteffizienz	– Einheitliche Dialogstruktur	– Wahlmöglichkeiten	– Schutz vor Fehlbedienung	– Merkfähigkeit
– Individuelle Anpaßbarkeit	– Kompatibilität und Konsistenz	– Individualisierung	– Korrekturhinweise	– Überlappung
– Keine Systeminternas	– Feedback	– Eingriffsoptionen	– Reversibilität	– Antwortzeitverhalten
– Informationseffizienz				

Abb. 78: Grundsätze der Software-Ergonomie (vgl. Lackes, 1991, S. 136)

Auch bei software-ergonomischer Gestaltung darf die notwendige Einarbeitungszeit und -unterstützung für die „user", also die Nutzer oder besser Benutzer der Systeme, nicht übersehen werden, obgleich genau dies in vielen Betrieben geschieht. Meist wird zunächst der Rechner und die Software angeschafft, und anschließend sollen sich die „user" möglichst rasch und problemlos den neuen Informationstechnologien anpassen. Die Realität zeigt, daß dies jedoch weder rasch noch problemlos geschieht. Naschold (1987) führt dies auf unser Bild vom Innovationsprozeß zurück:

„Vorherrschend ist ein Verständnis des Innovationsprozesses, wonach technische Innovationen die dynamische und primäre Entwicklung darstellen, die Sozialorganisation jedoch aufgrund von eingebauten Inflexibilitäten im Wandlungsprozeß zurückbleibt und daraus ein Anpassungsdruck auf die Sozialorganisation entsteht. Die japanischen Erfahrungen und erst recht die einiger südostasiatischer Schwellenländer mit einer erfolgreichen Modernisierung des Produktionsapparates legen jedoch eine andere Sichtweise nahe: Nur dort, wo in die Sozialorganisation vorab investiert wurde, nur dort, wo vorab Innovationen im Bereich der Ausbildung, der Arbeitsstrukturen, der Produktionssteuerung, der Arbeitsbedingungen gelungen sind, können auch technologische Innovationen durchgesetzt werden und ihr volles Potential entfalten." (S. 95)

6.3.2 Arbeitsumgebung

Luft, Licht und Lärm sowie Raum und Farbe bilden wichtige Elemente der Arbeitsumgebung und wirken begünstigend oder behindernd auf Arbeitsleistung, Wohlbefinden und Gesundheit. Dennoch spielt der arbeitende Mensch gegenüber den sogenannten technischen Sachzwängen bei der Gestaltung der Arbeitsumgebung eine nur nachrangige Rolle (siehe Kasten 16).

Es ist hier nicht der Ort, um die Fülle der medizinisch-ergonomisch-psychologischen Studien zu Klima, Lichtverhältnissen, Schalldrücken, Luftkonzentrationswerten usw. darzustellen (vgl. Birkwald et al., 1978; Lanc, 1983; Smith & Ottmann, 1987). Stattdessen sei hier nur die Studie von Dick (1981) über die Auswirkungen der Tätigkeit im Großraumbüro erwähnt. Demnach lassen sich die Vorzüge und Nachteile des Großraumbüros wie folgt gegenüberstellen (Kasten 17):

Sieverts (1980) hat darauf aufmerksam gemacht, daß insbesondere kreative Tätigkeiten durch das Großraumbüro behindert und daher eher an Einzelarbeitsplätze verlegt werden sollten. Diese räumliche Abgrenzung des Arbeitsplatzes und die damit verbundene Schaffung einer Individualsphäre geschieht gelegentlich durch variable Stellwände, Blumenarrangements oder die räumliche Anordnung der Arbeitsmittel selbst, wie das Beispiel einer CAD-Workstation zeigt (siehe Abb. 81, S. 179).

Die häufig zu beobachtende Standardisierung von Büroarbeitsplätzen steht allerdings einer individuellen Raumgestaltung entgegen. Diese Normierung nivelliert menschli-

---

Kasten 16: Menschliche Bedürfnisse contra technische Sachzwänge

„Da Fabrikarbeit in einer Vielzahl von Fällen auch heute noch eintönig ist, muß gefragt werden, inwieweit diese Eintönigkeit nur auf den Grad der Arbeitsteilung und die Arbeitsablauforganisation zurückzuführen ist und nicht durch die physikalische Umwelt mitbedingt wird. Industriebauten sind Zweckbauten zur Gewährleistung vorgegebener Produktions- und Organisationsziele. Die Technik des Bauens bestimmt ebenso wie die Technik der Produktion die Art der baulichen Gestaltung. Der arbeitende Mensch wird in der Bauplanung gegenüber sog. technischen Sachzwängen in den Hintergrund gedrängt. Die Einhaltung bestimmter Temperaturgrenzen orientiert sich z.B. weniger am menschlichen Leistungsvermögen, sondern mehr an den technischen Erfordernissen. Werden Metallprodukte mit hoher Genauigkeit hergestellt, so ist eine konstante Raumtemperatur zur Vermeidung von Meß- und Bearbeitungsfehlern erforderlich. Verlangt die Herstellung von Stoffen eine entsprechende Luftfeuchtigkeit, so wird diese garantiert. Glücklich sind diejenigen Arbeitnehmer, die mit technischen Einrichtungen oder Produkten umgehen müssen, die weitgehend ähnliche Umgebungsbedingungen benötigen wie sie selbst. Dank der Empfindlichkeit elektronischer Bauteile und ihrer großen Verbreitung besteht zunehmend die Hoffnung, in den Genuß angenehm temperierter Räume zu gelangen. Wenn Menschen bei 33°C in einem Konstruktionsbüro nicht mehr sinnvoll arbeiten können, ängstigt dies niemanden, wenn aber die Bildschirmgeräte und die ‚Vorortintelligenz' durch diese Temperaturen gefährdet sind, wird schnell gehandelt." (Frieling & Sonntag, 1987, S. 87f.)

Die Gestaltung der Arbeit 177

Kasten 17: **Großraumbüro und Gruppenbüro**

Vorteile:

- Wirtschaftlichkeit durch hohe Flexibilität und funktionalen Arbeitsablauf (Möglichkeiten zur Zentralisation und Rationalisierung/gute Leistungskontrolle);
- vereinfachte Kommunikation, leichter Informationsaustausch;
- kurze Wege;
- geringe Formalitäten, geringe Statusprobleme;
- gute Möglichkeiten zur Teamarbeit und Gruppenbildung;
- Erleichterung der zwischenmenschlichen Ziele;
- Anteilnahme am Gesamtgeschehen;
- geringe Fluktuation.

Nachteile:

- die Umgebungsbedingungen (Klima, Lärm und mangelnde Fensterbelichtung werden als problematisch erachtet);
- Konzentrationsstörungen durch das Sehen und Gesehenwerden von anderen, aber auch durch Lärm und Gespräche der Kollegen;
- Einschränkung individueller Gestaltungsmöglichkeiten (geringer Einfluß auf die Veränderung der Umgebungsbedingungen);
- Einschränkung persönlicher Verhaltensweisen und Übernahme großraumkonformer Verhaltensmuster (leises Reden, kein lauter Ausruf!)
(vgl. Frieling & Sonntag, 1987, S. 96f.)

Abb. 79: Ein Großraumbüro in den zwanziger Jahren

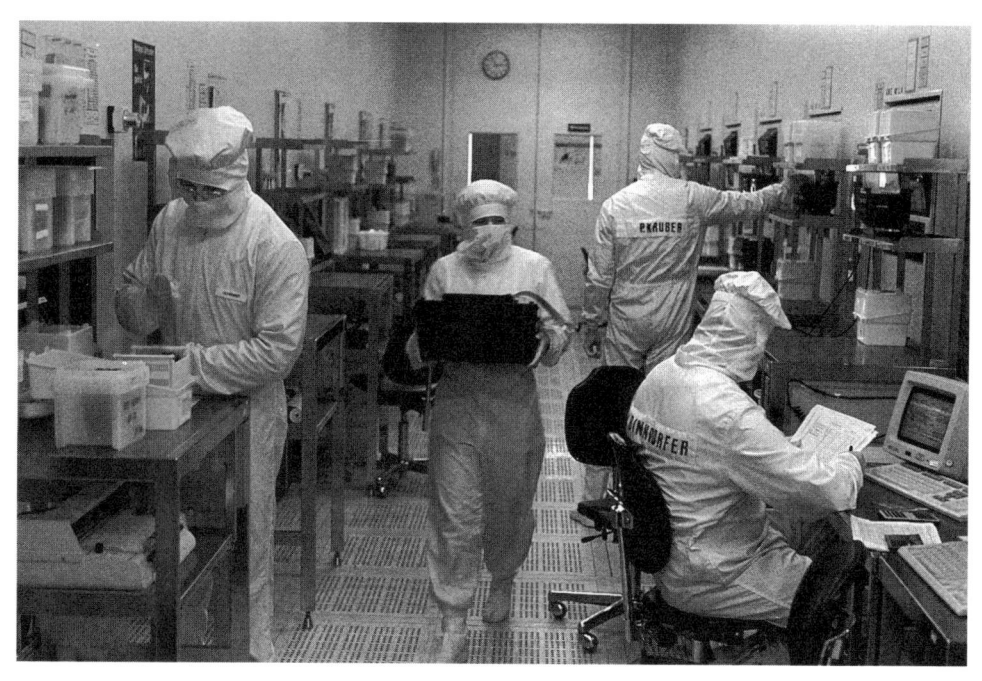

Abb. 80: Produktion von Mikrochips. Mit den weißen Schutzanzügen werden nicht die Mitarbeiter vor den Einflüssen der Chip-Produktion geschützt, sondern die Chips vor der Verschmutzung durch den Menschen.

Abb. 81: Dimensionierung des CAD-Mobiliars (aus Frieling & Sonntag, 1987, S. 167)

che Unterschiede und signalisiert Austauschbarkeit der Beschäftigten. Demgegenüber finden sich jedoch häufig Unterschiede der Raumgestaltung, die nicht technisch oder organisatorisch bedingt sind, sondern die hierarchischen Unterschiede von Status und Macht signalisieren sollen.

6.3.3 Arbeitszeit

Die Arbeitszeit ist relativ früh gesetzlich geregelt worden, vor allem um Raubbau an der Gesundheit der Beschäftigten zu verhindern. Erst später spielten soziale und in jüngster Zeit vor allem arbeitsmarktpolitische Überlegungen bei den Fragen der Arbeitszeitgestaltung eine größere Rolle.

Auch die Untersuchungen zur Arbeitszeit- und Pausengestaltung sowie ihrer Einflüsse auf Leistung, Ermüdung, Fehler- und Unfallhäufigkeit, subjektives Wohlbefinden und Gesundheit haben eine lange Tradition. Allein die mehrjährigen Hawthorne-Studien haben hierzu in den 30er Jahren eine Fülle von Einzelbefunden erbracht (vgl. Roethlisberger & Dickson, 1939).

Die Fragen der Zeitgestaltung reichen von Regelungen zu kurzen persönlichen Verteilzeiten, die dem Bandarbeiter den Gang zur Toilette ermöglichen, bis hin zur Gestaltung von Beginn und Ende der Lebensarbeitszeit.

Die im Alltag wesentliche Frage der Aufteilung der *Tageszeit* läßt sich nach Knauth und Rutenfranz (1987, S. 533) durch drei Zeitabschnitte darstellen, von denen die Arbeitszeit trotz Verkürzungen nach wie vor den größten Block, die Schlafzeit den zweitgrößten und die freie Zeit den kleinsten Teil ausmacht, der selbst noch untergliedert ist in die (wirkliche) Freizeit und die freie Zeit zur Erledigung persönlicher Bedürfnisse wie Waschen, Essen, Einkaufen usw.

I. *Arbeitszeiten*
    Arbeitszeit   8,00
    Pausenzeit   0,75
    Waschzeit   0,25
    Wegezeit   1,00

II. *Freie Zeiten*
    Freizeit   4,00
    Freie Zeit   2,00

III. *Schlafzeiten*   8,00

Bei der Gestaltung bzw. Gliederung der täglichen Arbeitszeit geht es um die Frage der Gesamtdauer, der Unterbrechungen durch Pausen sowie die Lage im 24-Stunden-Rhythmus des Tages.

Die *Gesamtdauer* der Arbeitszeit muß in Abhängigkeit von den Belastungen gesehen werden: Je größer die Belastung, desto geringer sollte die Tagesarbeitszeit sein. Für energetische Belastungen gilt beispielsweise:

„Danach ist eine achtstündige Arbeitsdauer akzeptabel, wenn bei einer energetischen Belastung die Dauerleistungsgrenze von etwa 30% der individuellen maximalen O^2-Aufnahme nicht überschritten wird. Dagegen dürften energetische Belastungen in einer zwölfstündigen Schicht etwa 24% der maximalen O^2-Aufnahme nicht überschreiten." (Knauth & Rutenfranz, 1987, S. 535)

Pausen gliedern die Arbeitszeit. Sie dienen verschiedenen Zielen, wobei tendenziell gesagt werden kann, daß viele kurze Pausen besser sind als wenige lange (Graf, 1970). Pausen sind daher auch keine unproduktiven Unterbrechungen, sondern sowohl der Person wie der Produktivität dienlich. Sie dienen im einzelnen:

- der Erholung;
- der Verminderung von Ermüdung;
- der Steigerung der Leistung;
- der Erhaltung eines Wachsamkeitsniveaus und
- der Nahrungsaufnahme.

Neben den formalen und zeitlich festgelegten Pausen gibt es vielfältige Formen nicht organisierter, frei gewählter und unvorhergesehener Pausen, beispielsweise bei Störungen des Arbeitsablaufes.

Die Ermittlung des Pausenbedarfs ist schwierig und nur in Abhängigkeit von der jeweiligen Arbeitstätigkeit möglich. Für statische Haltearbeiten, dynamische Arbeiten und mentale Beanspruchungen wie Kopfrechnen sind einzelne Berechnungsformeln entwickelt worden, die allerdings individuelle Unterschiede übergehen (Knauth & Rutenfranz, 1987, S. 549f.).

Die Frage der tageszeitlichen Lage der Arbeitszeit betrifft insbesondere die Probleme der *Schichtarbeit*, also der „Arbeit zu konstant ungewöhnlicher oder zu wechselnder Tageszeit" (ebd., S. 550), die entweder einem permanenten oder einem wechselnden System folgt.

Die Hauptbelastung der Schichtarbeit, insbesondere der *Nachtarbeit*, ergibt sich aus der künstlichen Zeitverschiebung von Wachen und Schlafen gegenüber einem natürlich-biologischen Tagesrhythmus. Die Frage der Anpassung an diese künstlichen Rhythmen wird von Knauth und Rutenfranz (1987) eindeutig beantwortet:

„Zusammenfassend sind – nach dem gegenwärtigen Erkenntnisstand – die Kenntnis der Uhrzeit (kognitiver Zeitgeber) sowie die tagesperiodischen Änderungen im Sozialverhalten der Umwelt (soziale Zeitgeber) als die für den Menschen entscheidenden Zeitgeber anzusehen. Da sich diese Zeitgeber innerhalb einer überwiegend tagaktiven Gesellschaft für den einzelnen Schichtarbeiter nicht wirklich verschieben, ist auch keine vollständige Anpassung der Circadianrhythmik an Nachtarbeit zu erwarten." (S. 553f.)

Die *Kernbeanspruchungen* der Schichtarbeit sind Störungen des vegetativen Nervensystems, Schlafstörungen, Appetitstörungen, Blutdruckstörungen, Leistungsstörungen sowie erhebliche Störungen im sozialen Bereich, angefangen bei Partnerschaft und Familie bis hin zu Freizeitaktivitäten und der eingeschränkten Teilnahme am gesellschaftlichen und kulturellen Leben. Diekmann, Ernst und Nachreiner (1981) haben sogar Beziehungen zwischen der Schichtarbeit des Vaters und der schulischen Entwicklung der Kinder nachweisen können.

Diese Darstellungen beruhen auf generalisierten Daten, die außer acht lassen, daß es starke individuelle Schwankungen geben kann, die der Volksmund als „Morgenmuf-

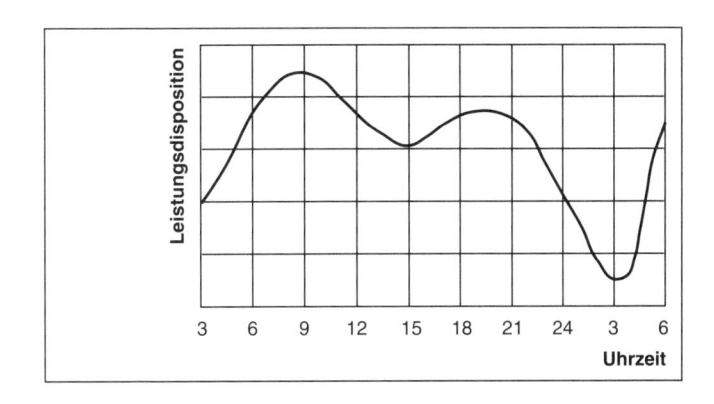

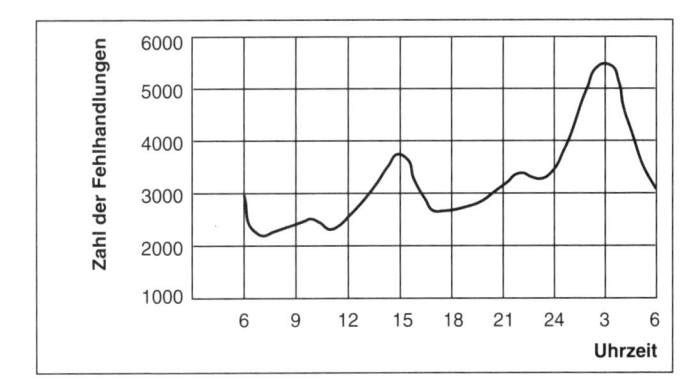

Abb. 82: Gegenüberstellung der physiologischen Tagesleistungskurve und der durchschnittlichen Zahl der Fehlhandlungen im Tageslauf (aus Birkwald et al., 1978, S. 145)

fel" oder „Abendmuffel" bezeichnet (vgl. Kleitman, 1963).

Da die ökonomischen und technischen Gründe (kontinuierliche Maschinenlaufzeiten oder die Dauer chemischer und thermischer Prozesse) auch künftig die Abschaffung von Schicht- und Nachtarbeit illusorisch machen, ist die Frage der Kompensation wichtig, die meist allerdings lediglich finanziell beantwortet wurde. Dabei sind darüber hinaus auch andere immaterielle Kompensationen sinnvoll, die möglichst im Einvernehmen mit den Betroffenen gefunden werden sollten. Diese Kompensation sollte jedoch, einem Vorschlag von Jansen, Hirtum und Thierry (1983) folgend, erst die dritte Wahl folgender Prioritätenliste sein:

– *Stufe 1:* Beseitigung oder Reduktion der Ursachen der Unannehmlichkeiten der Schichtarbeit;
– *Stufe 2:* Beseitigung oder Reduktion der negativen Folgen der Schichtarbeit;

Friedhelm Nachreiner

> Kasten 18: **Checkliste zur Schichtplangestaltung:**
>
> „1. Die Anzahl der hintereinanderliegenden Nachtschichten sollte möglichst klein sein.
> 2. Die Dauer der Schichten sollte von der Arbeitsschwere abhängen; bei ungleichen Schichtlängen sollte die Nachtschicht kürzer sein.
> 3. Die Frühschicht sollte nicht zu früh beginnen; die Schichtwechselzeiten können flexibel gestaltet sein.
> 4. Kurze arbeitsfreie Zeiten zwischen den Schichten sollten vermieden werden.
> 5. Kontinuierliche Schichtsysteme sollten Wochenenden mit zwei zusammenhängenden arbeitsfreien Tagen (0.00 bis 24.00 Uhr) enthalten.
> 6. In kontinuierlichen Schichtsystemen sollte der Vorwärtswechsel bevorzugt werden.
> 7. Die Schichtwechselzyklusdauer sollte nicht zu lang und die Schichtsysteme sollten möglichst regelmäßig sein."
> (Knauth & Rutenfranz, 1987, S. 568)

– *Stufe 3:* Kompensation der psychologischen Bedeutung der Unannehmlichkeiten der Schichtarbeit.

Im Sinne der Empfehlungen zur Stufe 1 und 2 geben Knauth und Rutenfranz (1987, S. 568) die obenstehende Checkliste.

Der nebenstehend gezeigte Schichtplan entspricht diesen Empfehlungen.

6.3.3.1 Flexible und geteilte Arbeitszeiten

Die Flexibilisierung der Arbeitszeit ermöglicht eine individuelle Gestaltung, einschließlich der Teilzeitarbeit und des „job sharing", die Heymann, Langenfeld und Seiwert (1982, S. 76) in einer Übersicht zusammengestellt haben (siehe Abb. 84).

Die gestiegenen Ansprüche an eine individuelle Gestaltung des Lebensstils konfligieren zunehmend mit den starren Zwängen vorgegebener Arbeitszeiten und begünstigen den Übergang zu flexiblen und selbstbestimmten Arbeitszeiten.

	Mo	Di	Mi	Do	Fr	Sa	So
1	F	F	F	F	F	▧	▧
2	N	N	▧	S	S	▧	▧
3	N	N	N	▧	▧	F	▧
4	S	S	N	N	N	▧	▧
5	S	S	S	N	N	▧	▧
6	▧	F	F	F	F	F	▧
7	F	▧	S	S	S	▧	▧

F = Frühschicht   S = Spätschicht
N = Nachtschicht   ▧ = frei

Abb. 83: Diskontinuierlicher Schichtplan für eine durchschnittliche Wochenarbeitszeit von 36,6 Stunden und 7 Schichtbelegschaften. Andere durchschnittliche Wochenarbeitszeiten sind durch entsprechende Mehr- oder Minderarbeit zu erreichen (aus Knauth & Rutenfranz, 1987, S. 569)

Die Gestaltung der Arbeit   183

```
                              ┌─────────────────────────┐
                              │  Flexible Arbeitszeiten │
                              └─────────────────────────┘
```

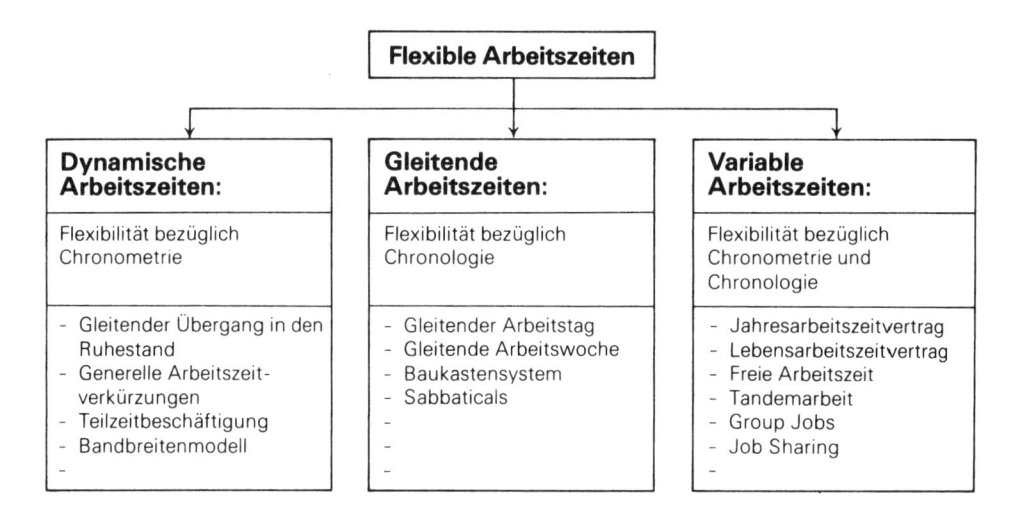

Dynamische Arbeitszeiten:	Gleitende Arbeitszeiten:	Variable Arbeitszeiten:
Flexibilität bezüglich Chronometrie	Flexibilität bezüglich Chronologie	Flexibilität bezüglich Chronometrie und Chronologie
- Gleitender Übergang in den Ruhestand - Generelle Arbeitszeitverkürzungen - Teilzeitbeschäftigung - Bandbreitenmodell -	- Gleitender Arbeitstag - Gleitende Arbeitswoche - Baukastensystem - Sabbaticals - -	- Jahresarbeitszeitvertrag - Lebensarbeitszeitvertrag - Freie Arbeitszeit - Tandemarbeit - Group Jobs - Job Sharing -

Abb. 84: Modelle zur Arbeitszeitflexibilisierung (nach Heymann, Langenfeld & Seiwert, 1982, S. 76)

6.3.4 Arbeitsentlohnung

In den westlichen Industriestaaten ist etwa die Hälfte der Bevölkerung erwerbstätig. Diese Menschen erhalten für ihre Arbeitsleistung ein vertraglich oder gesetzlich festgelegtes Entgelt, das ihren materiellen Lebensunterhalt sichern soll. Die absolute und relative Höhe dieses Entgelts bestimmt nicht nur die materielle Lebenslage, sondern beeinflußt auch den sozialen Status und darüber hinaus das Selbstwertgefühl des arbeitenden Menschen. In ökonomischer Betrachtung ist das Entgelt einerseits Einkommen des Arbeitnehmers und andererseits Kosten des Arbeitgebers. Es handelt sich, so betrachtet, um eine knappe Ressource, die dem Verteilungskampf unterliegt.

Die gewerkschaftlichen Forderungen waren auch lange Zeit nahezu ausschließlich durch diesen Verteilungskampf bestimmt. Noch heute dürften im Rahmen der Tarifauseinandersetzungen die Entlohnungsfragen gegenüber anderen Aspekten, etwa der Arbeitszeitregelung und der Gestaltung der Arbeitsbedingungen, dominieren.

Es geht bei diesen Verteilungskämpfen nicht um die individuelle Gestaltung von Arbeitsverträgen, kaum um betriebliche Regelungen, sondern um geographisch begrenzte und branchenspezifische Lösungen, wobei drei Aspekte der Entgeltfindung bzw. -festsetzung eine Rolle spielen:

1. Aufteilung der Produktivitätszuwächse;
2. Ausgleich für Inflationsverluste;
3. Vermögensumverteilung zwischen Kapital und Arbeit.

Da diese tarifvertraglichen wie auch die arbeitsvertraglichen Fragen der Entgeltfindung ganz wesentlich im Lichte der jeweiligen Machtverhältnisse entschieden werden, sind Probleme der gesellschaftlichen Legitimation und des subjektiven Gerechtigkeitsempfindens berührt.

Bis heute wird die Frage der Verteilungsgerechtigkeit innerhalb der Volkswirtschaftslehre ebenso heftig wie strittig diskutiert, wobei die Frage nicht durch mathematische Gleichungen entschieden werden kann, sondern auf dem Hintergrund gesellschaftlicher Wertemuster gelöst werden muß.

Auch betriebswirtschaftlich hat es immer Versuche gegeben, die Entgeltregelung auf eine objektive und damit gerechte Basis zu stellen, die über jeden Zweifel einer interessens- oder machtpolitischen Lösung erhaben ist. Eine interessante Variante stellt der Vorschlag Taylors dar, die Entgeltregelung der betrieblichen Auseinandersetzung zu entziehen und von wissenschaftlicher Seite entscheiden zu lassen, was nach Jaeger und Staeuble (1981, S. 53) nichts anderes als der Versuch ist, der Arbeitnehmerseite auch diese Form der Kontrolle zu entziehen.

Taylor war davon überzeugt, daß der finanzielle Anreiz der einzige ist, der den Arbeiter zur Arbeit motiviert. Diese Auffassung wird von Whyte (1958) durch den Vergleich des Menschen mit einer Maschine dargestellt:

„Menschen und Maschinen [sind] sich darin ähnlich, daß beide normalerweise passive Faktoren sind, die durch die Betriebsleitung erst zur Aktivität angereizt werden müssen. Für die Maschinen muß der elektrische Strom eingeschaltet werden, für die Arbeiter tritt das Geld an die Stelle der Elektrizität." (S. 13)

Sicherlich wird diese Meinung, die den Menschen, oder genauer: den Arbeiter als faul und eigennützig beschreibt, auch heute noch von vielen geteilt.

Die Gegenposition wurde im Zuge der Human-Relations-Bewegung, insbesondere von sozialwissenschaftlicher Seite (Mayo und seine Mitarbeiter Roethlisberger und Dickson, 1939) propagiert. Die Forscher entdeckten in ihrer über mehrere Jahre angelegten Studie die besondere motivationale Wirkung positiver Sozialbeziehungen im Betrieb und schlossen hieraus – allerdings recht leichtfertig –, daß der Arbeiter nicht durch monetäre Anreize, sondern durch soziale Anerkennung zur Leistung angeregt würde. Spätere differenzierte Sekundäranalysen durch Sykes (1965) haben diese Interpretation der Daten gründlich widerlegt und sogar den Verdacht der Täuschung entstehen lassen (siehe bereits Kap. 2.3.2, S. 51f.).

Jede dieser Auffassungen ist in ihrer Einseitigkeit falsch. Die Alles-oder-Nichts-Position wird der subjektiven Bedeutung des Arbeitsentgelts nicht gerecht.

Psychologisch bedeutsam ist die als *Gerechtigkeitstheorie* bezeichnete These von Adams (1963), wonach das Individuum subjektiv einen doppelten Vergleich anstellt: Es setzt den eigenen Aufwand ins Verhältnis zum Ertrag und vergleicht diese Relation mit derjenigen vergleichbarer Personen.

$$\frac{E_P}{A_P} = \frac{E_A}{A_A}$$

E_P: Ergebnis Person selbst

E_A: Ergebnis andere Person

A_P: Aufwand Person selbst

A_A: Aufwand andere Person

Das Empfinden von ungerechter Entlohnung ist damit an ein subjektives und ein soziales Normsystem gebunden. Selbst bei individuell gleichbleibendem Arbeitseinsatz und dem entsprechenden Entgelt kann diese früher möglicherweise als gerecht empfundene Relation dann als ungerecht erlebt werden, wenn den Kollegen plötzlich höherer Lohn gezahlt wird, ohne daß ihre Arbeitsaufgabe sich gewandelt hätte.

Diese recht plausible Position von Adams ist experimentell allerdings nicht vollständig gestützt worden (Weinert, 1987, S. 283), was möglicherweise mit der Schwierigkeit zusammenhängt, vorher präzise zu definieren, welche individuellen Vergleichsmaßstäbe herangezogen werden und ob ein Arbeitsaspekt (etwa die Verantwortung) als Aufwand oder Ertrag gewertet wird. Daher ist dieses Modell auch nur begrenzt operationalisierbar oder zur konkreten Entgeltfindung nützlich. Im übrigen lassen sich Aufwand und Ertrag nicht lediglich monetär definieren, sondern beziehen sich auf verschiedene Aspekte, wie Ulich (1991) an einem Beispiel erläutert:

„Ein wissenschaftlicher Mitarbeiter einer Hochschule vergleicht seine Arbeitssituation mit der von Studienkollegen, die mit ihm gemeinsam das Studium abgeschlossen haben, in der Wirtschaft angestellt sind und ein wesentlich höheres Salär beziehen als er selbst. Würde allein der materielle Aspekt die Beurteilung der Situation als ‚gerecht' oder ‚ungerecht' bestimmen, so wäre das Ergebnis eindeutig. Tatsächlich mag aber der wissenschaftliche Mitarbeiter eine Reihe von Vorteilen – wie z.B. größere Selbständigkeit, interessantere Arbeit, mehr Freiheit in der Zeiteinteilung – auf der eigenen Ertragsseite ‚verbuchen', gegen das höhere Salär seiner Studienkollegen ‚aufrechnen' und im Endergebnis schließlich gleichwohl eine ‚gerechte' Tauschbeziehung feststellen." (S. 331)

Auch wenn die Überlegungen Adams' nicht unmittelbar zur betrieblichen Lohnfestsetzung genutzt werden können, sind sie doch für das Verständnis der Lohngerechtigkeit wertvoll und bestätigen die Alltagserfahrung, wonach die relative Lohnhöhe subjektiv wichtiger sein kann als die absolute.

Interessant sind Versuche, der Lohngerechtigkeit dadurch näherzukommen, daß die Entgeltfestsetzung *partizipativ ausgehandelt* wird, was zumindest bei den Beschäftigten die Akzeptanz des Bezahlungssystems und der jeweiligen Bezahlung dauerhaft erhöhen kann (Bowey, 1982).

6.3.4.1 Lohnformen

Es haben sich sehr unterschiedliche Entgeltformen bzw. -systeme herausgebildet, die im wesentlichen in zwei Gruppen gegliedert werden können: *zeitbezogene* und *ergebnisbezogene* Systeme, sowie Mischformen dieser beiden (vgl. Thierry, 1984). Die Frage der jeweiligen Entgeltform ist weniger unter dem Gesichtspunkt der Gerechtigkeit als dem der *Motivation* diskutiert worden, wobei den ergebnisbezogenen Systemen (z.B. Akkordlohn) aus lerntheoretischen Überlegungen die größere Wirksamkeit zugestanden wird. Allerdings ist für die verhaltenssteuernde Wirkung des ergebnisbezogenen Systems Voraussetzung, daß ein klarer und meßbarer Zusammenhang zwischen Tätigkeit und Ergebnis existiert. Genau dies ist bei vielen Arbeitsaufgaben nicht der Fall, so daß hier die zeitbezogenen Systeme sinnvoll sind.

Darüber hinaus geben Rost-Schaude und Kunstek (1983, S. 283f.) weitere Gründe für den Einsatz zeitbezogener Lohnsysteme (siehe Kasten 19, S. 186).

Die *Akkordsysteme* sind die häufigsten Formen der ergebnisbezogenen Entlohnung. Die Frage der Gerechtigkeit entzündet sich hier weniger an der Ergebnisbezogenheit als an der Festsetzung der Arbeitsnorm bzw. dem *Akkordrichtsatz*. Dazu wurde die sogenannte *Normalleistung* durch Verfahren der Leistungsbemessung, also durch Beobachtung und Zeitaufnahme der konkreten Arbeit vor Ort, festgelegt. Nicht selten wurden die Richtsätze nach unten korrigiert, wenn die Arbeiter ihre Leistungen und damit ihre Einkommen erhöhten. Das Vertrauen in die Korrektheit der Zeitaufnahmen und der Leistungsbemessungen konnte nur dadurch wieder hergestellt werden, daß objektive und von den Tarifvertragsparteien gemeinsam akzeptierte Verfahren gefunden wurden (z.B. REFA-Verfahren der summarischen und analytischen Arbeitsbewertung). Außerdem mußte sichergestellt werden, daß „ ... die ermittelten Vorgabezeiten so lange nicht reduziert werden, bis eine Änderung des Sachsystems in Funktion und Struktur oder Arbeitsmethodik zu deutlich erkennbaren kürzeren Bearbeitungszeiten führt" (Rost-Schaude & Kunstek, 1983, S. 286).

Eine besondere Akkordform ist der *Gruppenakkord*, bei dem die Lohnhöhe vom Ergebnis der Arbeitsgruppe abhängt. Dies kann sehr rasch dazu führen, daß die Arbeitsgruppe einzelne, schwächere Mitglieder unter

> Kasten 19: **Zeitlohn oder Akkordlohn?**
>
> „Bei folgenden Tätigkeiten ist ein Zeitlohn – im Vergleich zu Akkordlohn – auch unter heutigen Bedingungen angebracht:
>
> - Arbeiten mit einem hohen Unfallrisiko;
> - Tätigkeiten mit einem solchen Leistungsspielraum, daß die Gefahr einer Überforderung der Arbeitskräfte gegeben ist;
> - einmalige Einzelleistungen bzw. Tätigkeiten mit stark schwankendem Leistungsanfall;
> - Arbeiten, bei denen das Schwergewicht auf eine nicht eindeutig fixierbare Qualität des Leistungsergebnisses gelegt wird und die Qualität durch die Arbeitskraft beeinflußbar ist;
> - Tätigkeiten, bei denen fehlerhafte Arbeitsweise und dadurch bedingte Ausfälle im Fertigungsablauf kurzfristig nicht erkennbar sind und den Arbeitskräften nicht zugerechnet werden können;
> - Arbeitsleistungen, bei denen die optimale Nutzung von Betriebsmittelkapazitäten und Inputgrößen im Vordergrund stehen;
> - Tätigkeiten, die in ihrem Leistungsergebnis nicht eindeutig bestimmbar sind, da die Leistungen durch den betrieblichen Gesamtzusammenhang geprägt werden;
> - Arbeitsleistungen, die durch den Arbeiter unbeeinflußbar sind, weil sie beispielsweise durch den Fertigungsablauf determiniert werden;
> - Tätigkeiten, die vorwiegend Intuition, Reaktionsvermögen, Anpassungsvermögen, Kreativität, Denkvermögen usw. voraussetzen;
> - Arbeitsaufgaben, bei denen externe Störgrößen des Arbeitsablaufes wie Werkstoffqualität, Maschinenstörungen, rechtzeitige Bereitstellung von Inputgrößen usw. nicht in ausreichendem Maße ausgeschaltet werden können." (Rost-Schaude & Kunstek, 1983, S. 283f.)

Leistungsdruck setzt. Mendner (1976, S. 137) spricht hier von der „Selbstverwaltung der eigenen Ausbeutung." Weitere Systeme sind *Prämien-* und *Gewinnbeteiligungssysteme* sowie *nicht-materielle Anreize* („incentives"), z.B. Fernreisen für besonders erfolgreiche Außendienstler.

Neben den materiellen Entgelten gibt es vielerlei Formen immaterieller Belohnungen, die nur teilweise als „geldwerter Vorteil" wieder monetär umgerechnet werden können. Hierzu zählen *Statussymbole*, etwa luxuriösere Büroräume oder auch die Möglichkeiten einer flexiblen Zeitgestaltung, da zunehmend mehr Menschen nicht in Geld, sondern in Zeit entlohnt werden möchten.

Es ist lerntheoretisch reizvoll, die Lohnsysteme mit den *Verstärkerplänen* aus der Lerntheorie zu vergleichen. Die Zeitsysteme entsprechen den Intervallplänen, während die Ergebnissysteme den Quotenplänen entsprechen. Der variable Quotenplan, bei dem die Verstärkung nach einer bestimmten mittleren Anzahl von Verhaltensweisen gegeben wird, führt zu einer besonders hohen Verhaltensfrequenz und einer niedrigen Extinktionsrate. Wenn man also weiß, daß ca. nach jedem 10. Mal – manchmal schon nach dem 7., manchmal erst nach dem 12, durchschnittlich aber nach dem 10. Mal – die Verstärkung kommt, so führt dies zu einer raschen Verhaltensbeschleunigung. Außerdem wird das

Verhalten über lange Zeit beibehalten, selbst dann, wenn die Verstärkung ausbleibt. Dies ist der Verstärkungsplan des Glücksspielautomaten und in gewissem Sinne auch des erfolgsbeteiligten Außendienstmitarbeiters, der genau weiß, nach durchschnittlich soundsoviel Versuchen kommt der Abschluß – manchmal früher, manchmal später.

Alioth (1986) und Ulich (1991, S. 322) haben qualifizierungsförderliche Lohnkonzepte vorgeschlagen, bei denen die Mitarbeiter ihr Einkommen erhöhen, wenn sie sich selbst weiterqualifizieren. Aufbauend auf einem Grundlohn gibt es eine individuelle qualifikationsabhängige Lohndifferenzierung sowie einen zusätzlichen Leistungsbonus.

Auch dieses von Ulich (1991) vorgeschlagene System ist ein Mischsystem, das zeit- und ergebnisabhängige Anteile enthält. Die leistungsabhängigen Entgeltanteile werden vielfach, weil eine simple akkordähnliche Stückzahlberechnung nicht möglich ist, durch Leistungsbeurteilungen ermittelt.

In jüngster Zeit sind auch unter dem Eindruck der Veränderungen durch „lean production" *gemischte Lohnkonzepte* zur Förderung von Teamarbeit und Leistung vorgeschlagen worden, bei denen neben dem Fixanteil ein variabler Entgeltanteil existiert, der zu einem Drittel an das Ergebnis des Gesamtunternehmens, zu einem Drittel an das Ergebnis des Teams und im letzten Drittel an die individuelle Leistung, d.h. die Einhaltung der persönlichen Zielvereinbarung zwischen Mitarbeiter und Führungskraft gekoppelt ist (Bullinger, 1992).

Schließlich gibt es vielerlei *Kompensationszuschläge* für besondere Beanspruchungen, wie etwa die Schicht-, Schmutz- oder Gefahrenzulagen, die im Grunde schlechte Lösungen darstellen, weil sie die Übel (Überbeanspruchungen) nicht beseitigen, sondern legitimieren.

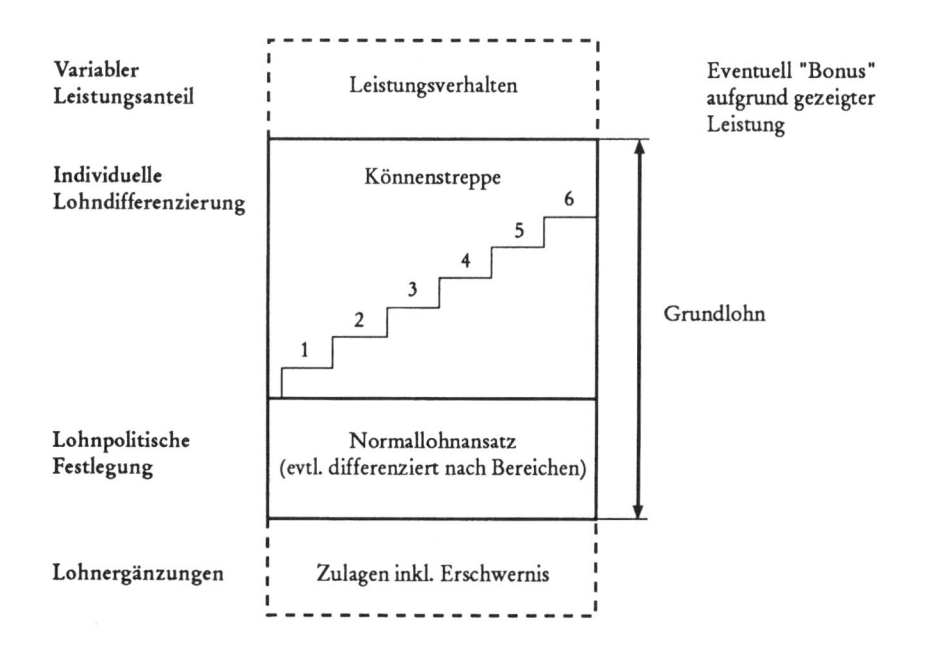

Abb. 85: Beispiel für den Lohnaufbau in einem Polyvalenzlohnsystem. Die Darstellung kann nicht maßstäblich interpretiert werden (nach Alioth, 1980, zitiert aus Ulich, 1991, S. 323).

6.4 Gestaltung der Arbeitsaufgabe

Die Aufgabengestaltung war lange Zeit kein Thema der Psychologie, sondern der Organisationslehre. Die Psychologie hatte zwar die psychischen Auswirkungen der Aufgabengestaltung analysiert, aber nur vereinzelt selbst Gestaltungsvorschläge unterbreitet. Es ist erst gut zehn Jahre her, da hatte Graf Hoyos anläßlich eines Symposiums zur Psychologie der Arbeitsstrukturierung noch das Fehlen eines geschlossenen psychologischen Theoriegebäudes beklagt und auf den begrenzten Einfluß des Psychologen hingewiesen:

„Der an Strukturierungsmaßnahmen beteiligte Psychologe erhält in der Regel zwei wichtige Vorgaben: Einmal hat er es mit einer Intervention zu tun, die er nicht initiiert hat und im besten Falle wie es so schön heißt – forschend begleiten kann; zum anderen sieht er sich mit Zielsetzungen konfrontiert, die er persönlich zwar gutheißen oder ablehnen kann, die er aber nicht aus psychologischen Gründen gutheißen oder ablehnen kann. Die Ziele von Strukturierungsmaßnahmen sind letztlich eine Sache normativer Setzungen." (Hoyos, 1981, S. 16)

Dies ist sicherlich auch heute noch weitgehend der Fall. Allerdings sind die Grenzen traditioneller Verfahren der Arbeitsgestaltung oder -strukturierung deutlicher geworden, so daß auch die Bereitschaft gestiegen ist, psychologischen Ansätzen mehr Raum zu geben. Stichworte wie „*Motivationsmangel*", „*innere Kündigung*", „*Mobbing*", „*Verantwortungsabwehr*" und sogar „*Sabotage*" markieren Schwierigkeiten, zu deren Überwindung die Psychologie gern gerufen wird.

6.4.1 Die tayloristische Arbeitsstrukturierung

Die traditionelle, durch Taylor (1911) begründete Arbeitsgestaltung war durch hohe Arbeitsteilung, kurzzyklische Taktzeiten, Fremdbestimmung und minimale Handlungsspielräume bestimmt. Sie hat in der Fließbandarbeit ihre deutlichste Ausprägung gefunden. Auch wenn nur ein Bruchteil von etwa 5% der abhängig Beschäftigten Fließbandarbeit verrichtete, war sie doch typisch für die tayloristisch geprägte Arbeitsstruktur. Noch heute findet sich in einer Broschüre der BMW-Werke die Formulierung, daß die neuen Arbeitsformen darauf gerichtet seien, den Taylorismus zu überwinden.

Es ist unstrittig, daß der Taylorismus einen bis dahin unbekannten Produktivitätsschub der industriellen Fertigung ausgelöst hatte, der sowohl auf einer Rationalisierung als auch einer Intensivierung der Arbeit beruht. Überdies wurde deutlich, daß die konsequente Anwendung tayloristischer Prinzipien nicht nur eine Vervollkommnung der Kontrolle des Arbeitsprozesses, sondern zugleich eine Vervollkommnung der Kontrolle des arbeitenden Menschen bedeutet. So fragt sich, ob es angemessener ist, den Taylorismus eher als ein System zur Effizienzsteigerung oder als eines der Herrschaftssicherung zu bezeichnen. Recht bald setzte öffentlicher, insbesondere gewerkschaftlicher Widerstand ein, und bereits 1911 wurde Taylor aufgefordert, vor dem amerikanischen Kongreß Rechenschaft abzulegen (Jaeger & Staeuble, 1983, S. 53).

Unter dem Einfluß der Ideen von Taylor hatte sich die Arbeitsteilung bis zu einem Grade entwickelt, bei dem es angemessener erscheint, von *Arbeitszerstückelung* zu sprechen. Arbeiten, die aus wenigen Handgriffen bestehen und alle paar Sekunden in gleicher Abfolge zu wiederholen sind, behindern die Entwicklung von Arbeitskompetenz und Arbeitsmotivation. Der verkümmerten Arbeit entspricht der verkümmerte Arbeiter.

„Die Annahme liegt nahe, daß eine solcherart realisierte Beschränkung des Handlungsspielraums die Entfaltung menschlicher Fähigkeiten in möglicherweise erheblichem

Kasten 20: **Taylors „one best way"**

Der Kerngedanke der tayloristischen Arbeitsorganisation besteht in der zunächst überzeugend klingenden Forderung, für jede Arbeit den einzig besten Weg zu finden, um diesen dann konsequent zu gehen. Dies bedeutete in der Sicht Taylors, die Arbeitsausführung wissenschaftlich zu analysieren und zu optimieren, wodurch sogar zwei Fliegen mit einer Klappe geschlagen werden könnten. Neben der Produktivitätssteigerung sei eine Konfliktminderung zu erwarten, da die Neutralität der Wissenschaft zur brüderlichen Versöhnung von Kapital und Arbeit führen würde. Ob die Wissenschaft hier zu einer Befriedigung des strukturellen Konflikts beigetragen hat, mag durchaus bezweifelt werden (vgl. Jaeger & Staeuble, 1983, S. 51), unstrittig ist jedoch, daß die unter Taylors Einfluß vorangetriebenen arbeitsorganisatorischen Rationalisierungsmaßnahmen die Produktivitätserwartungen erfüllt, wenn nicht gar übertroffen haben. Dieser Effekt war in der Tat so dominant, daß die Nebenwirkungen des „one-best-way-Prinzips" übersehen oder verdrängt wurden.

Es war für Taylor selbstverständlich, daß die Suche nach dem besten Weg nicht von den Zufälligkeiten individueller Arbeitserfahrungen abhängig sein dürfe. Daher wies er diese Aufgabe der zentralen Betriebsleitung zu. Sie habe künftig „all die überlieferten Kenntnisse zusammenzutragen, sie zu klassifizieren, in Tabellen zu reduzieren", wodurch gleichzeitig die „Werkstatt von jeder denkbaren geistigen Tätigkeit befreit werden soll" (Taylor, 1911/1977, S. 38). In strikter Befolgung seiner Vorschläge hatte Taylor selbst einmal in jahrzehntelangen systematischen Tests über 30.000 Einzelversuche durchgeführt, um den besten Weg zu finden, einen bestimmten Stahl auf eine Werkzeugmaschine zu spannen (vgl. Braverman, 1977, S. 92). Dementsprechend verlangte er von seinen Maschinenschlossern, daß sie exakt nach den Anweisungen der Planungsbüros arbeiteten und sich nicht mehr auf ihre eigenen handwerklichen Erfahrungen stützten. Wer heute die Arbeitsvorbereitung eines modernen Fertigungsbetriebes besucht, findet diese Grundüberlegung Taylors in Perfektion wieder.

Die doppelte Arbeitsteilung

Die beiden oben wörtlich wiedergegebenen Vorschläge Taylors begründeten das Prinzip der doppelten Arbeitsteilung: im funktionalen Sinne die mit der Trennung von Hand- und Kopfarbeit verbundene Partialisierung der Arbeitstätigkeit (Frese, 1978) sowie im skalaren, d.h. hierarchischen Sinne die mit der Zentralisierung der Arbeitssteuerung und -kontrolle verbundene Entmündigung des einzelnen Mitarbeiters (Edwards, 1981, S. 158).

Da Arbeitsteilung stets auch Arbeitskoordination verlangt, finden sich diese hier auf die Tätigkeit der Person bezogenen Tendenzen gewissermaßen spiegelbildlich bei der Koordinationsfunktion der Organisation wieder: Der hohe Grad der Aufgabenspezialisierung, der insbesondere den moderneren Produktionsbetrieb kennzeichnet, bedeutet einerseits Begrenzung, Standardisierung und Vereinfachung der Arbeitsaufgaben, schafft aber andererseits auch die Notwendigkeit eines differenzierten Koordinations- und Kontrollsystems, mit dessen Hilfe die geteilten Aufgaben wieder zu einem Ganzen zusammengefügt werden können. Arbeitsvereinfachung und organisatorische Komplexität bedingen einander. Zugleich verschiebt sich der Ort der Arbeitskontrolle von der Person auf die organisatorischen Steuerungsinstanzen, denen Staudt (1982) die „Arroganz zentralen Wissens" vorhält.

Dem Verlust der individuellen Arbeitskontrolle entspricht die Perfektionierung der organisatorischen Steuerung. (Wiendieck, 1986, S. 137f.)

	Arbeitsteilung (Person)	Arbeitskoordination (Organisation)
Funktionale Teilung der Arbeit	Arbeitsvereinfachung (Partialisierung)	Organisationskomplizierung (Stab-Linie-Systeme)
Skalare Teilung der Arbeit	Abbau der individuellen Handlungskontrolle (Entmündigung) Zentralisierung	Perfektionierung der zentralen Steuerung (Hierarchisierung)

Abb. 86: Taylors „one best way" und die Konsequenzen tayloristischer Arbeitsorganisation

Abb. 87: Fließbandfertigung in einer amerikanischen Maschinenfabrik (1928). Das Fließband ist zugleich Symbol des technischen Fortschritts und der Verarmung der Arbeitstätigkeit.

Ausmaß beeinträchtigt oder gar verhindert", schrieben Ulich, Groskurth und Bruggemann (1975, S. 9) vor etwa 20 Jahren. Diese Annahme muß nach heutigen Erkenntnissen als berechtigt bezeichnet werden (Baitsch, 1985; Ulich, 1992).

6.4.2 Die sog. „Neuen Formen der Arbeitsorganisation"

Als eine erste pragmatische Antwort auf die tayloristische Arbeitszerstückelung entstanden die sogenannten „Neuen Formen der Arbeitsorganisation" (NFA). Damit sind Maßnahmen gemeint, die den Handlungsspielraum der Arbeitenden durch *Aufgabenerweiterung* (horizontal) oder durch *Verantwortungserweiterung* (vertikal) vergrößern. Gewöhnlich werden vier Gruppen unterschieden (Wachtler, 1979, S. 128):

1. *job rotation;*
2. *job enlargement;*
3. *job enrichment* und
4. *teilautonome Gruppen.*

Job rotation bezeichnet den systematischen Wechsel des Arbeitsplatzes oder des Aufgabenfeldes, wobei die turnusmäßig ausgeführten Tätigkeiten gleichartig sind, d.h. auf gleichem Qualifikationsniveau liegen. Dies erhöht zunächst einmal die betriebliche Einsatzfähigkeit dieser „Mehrfach-Angelernten" (Friedmann, 1959, S. 16). Unter ergonomischen Gesichtspunkten kann job rotation eine Antwort auf Monotonie, Sättigung oder einseitige Belastung sein. Wie weit hierdurch die Arbeit attraktiver wird, dürfte darüber hinaus sehr von den Umständen und Zielen der wechselnden Einsätze abhängen. Es macht einen Unterschied, ob sich die Mitarbeiter als „Lückenbüßer verschoben" oder als „flexible Einsatzgruppe" fühlen und ob die Einsätze mit ihnen abgestimmt sind oder nicht.

Von *job enlargement* spricht man, wenn der ursprünglichen Tätigkeit noch weitere, meist vor- oder nachgelagerte Aufgaben gleichen Qualifikationsniveaus angegliedert werden. Der Unterschied zur job rotation ist gering (Wachtler, 1979):

„Anstelle fortwährend den Arbeitsplatz zu wechseln, kann der Arbeitende an diesem Arbeitsplatz das tun, was er beim job rotation durch ständigen Wechsel erreicht: Mehrere verschiedene Tätigkeiten ausführen." (S. 131)

So würde das job enlargement einer Montagetätigkeit beispielsweise bedeuten, daß der Arbeitende nicht nur montiert, sondern auch die zu montierenden Teile aus dem Lager holt und die montierten Aggregate an die nachfolgende Abteilung weitertransportiert. Allerdings erweitert sich beim job enlargement die Arbeitsaufgabe und verlängert damit die Arbeitszyklen.

Job enrichment bedeutet, daß „strukturell verschiedenartige Arbeitselemente – z.B. Planungs-, Fertigungs- und Kontrollaufgaben – in einer größeren Handlungseinheit zusammengefügt werden" (Ulich, Groskurth & Bruggemann, 1973, S. 68). Hier ergibt sich also nicht nur eine quantitative, sondern auch eine qualitative Erweiterung. Damit ist ein Schritt getan, die strikte Trennung von Hand- und Kopfarbeit zu überwinden und Kompetenzerweiterung zu ermöglichen. Dies ändert vielfach auch die Betriebsorganisation und macht einzelne hierarchische Ebenen überflüssig, ein Effekt, der sich noch deutlicher bei den teilautonomen Gruppen zeigt.

Das Prinzip der *teilautonomen Gruppen* liegt darin, daß einer Arbeitsgruppe eine komplexe Tätigkeit einschließlich Vor- und Nachbereitung, Aufgabenverteilung und Qualitätssicherung in weitgehend eigener Verantwortung übertragen wird. (Wachtler, 1979, S. 136). Dies kann in der Praxis recht unterschiedliche Formen annehmen, je nachdem, auf welche Entscheidungsbereiche die Gruppenautonomie ausgedehnt wird und ob die Gruppen permanent oder nur vorübergehend bzw. für bestimmte Aufgaben zusammenarbeiten.

Das Konzept der teilautonomen Gruppen entwickelte sich im Anschluß an die Überlegungen zur „industriellen Demokratie" (Emery & Thorsrud, 1969) zunächst in den skandinavischen Ländern. Als mittlerweile klassisch kann man die Versuche zur Arbeitsgestaltung bei Volvo bezeichnen. Im südschwedischen Kalmar wurde Anfang der 70er Jahre – übrigens unter Beteiligung der betroffenen Mitarbeiter – ein neues Motorenwerk geplant und gebaut, das bereits architektonisch durch die Errichtung werkstattähnlicher Nischen eine der Gruppenarbeit förderliche Atmosphäre schaffen sollte (Agurén & Karlsson, 1976) Die Motoren wurden dort nicht mehr herkömmlich am Band, sondern komplett in Arbeitsgruppen von ca. 15 qualifizierten Mitarbeitern montiert.

Die Volvo-Konzeption der „kleinen Werkstatt in der großen Fabrik" war ungewöhnlich und löste Begeisterung wie Widerspruch aus. Auch wenn gelegentlich darauf hingewiesen wird, daß die Kernzielsetzung nicht in der Humanisierung lag, sondern daß es darum ging, in der Zeit der hochkonjunkturellen Arbeitskräfteknappheit der Abwanderung von Bandarbeitern durch attraktivere Arbeitsplätze zu begegnen, und auch wenn Vergleichsuntersuchungen zeigen, daß die Montagekosten der Gruppenarbeit höher liegen als die der herkömmlichen Bandarbeit und nur bei kleineren Losgrößen ökonomisch sind, bleibt die Schrittmacher-Wirkung des Modells Volvo ungebrochen (vgl. BMFT, 1980; Ulich, 1989).

6.4.3 Psychologische Prinzipien der Arbeitsgestaltung

Die tayloristische Arbeitsgestaltung hatte schon früh den Widerspruch der Psychologen ausgelöst (Lewin, 1920; Hellpach, 1922; Watts, 1922; Lysinski, 1923; Weber, 1927), deren Ideen zu jener Zeit allerdings kaum aufgegriffen und betrieblich umgesetzt wurden. Auch die Kriegs- und Nachkriegszeit war nicht gerade förderlich für die Ausbreitung psychologisch fundierter Arbeitsgestaltungsmaßnahmen, die bei Praktikern leicht als betriebsfremde und wirtschaftsfeindliche Sozialromantik abgetan wurden. Erst in den 60er und 70er Jahren entwickelte sich unter dem Einfluß der *soziotechnischen Systemtheorie* des Tavistock-Instituts in England (Emer, 1959), des *Job-Charakteristics-Modells* von Hackman und Oldham (1976) in den USA sowie der *Handlungsregulationstheorie* in Deutschland (Hacker, 1973; Volpert, 1974; Ulich, 1978) eine einflußreiche psychologische Sichtweise, aus der Maßnahmen zur Arbeitsgestaltung ableitbar waren, die *nicht nur persönlichkeits-, sondern zugleich produktivitätsförderlich* waren.

Walter Volpert

Der soziotechnische Systemansatz propagierte die „joint optimization" des technischen und sozialen Systems einer Organisation, Hackman und Oldham schlugen zur Leistungssteigerung eine Anpassung der Aufgabe an die Bedürfnisse der Person vor, und Hacker (1978, S. 21) definiert das Grundanliegen der Arbeitspsychologie als

„Beteiligung an der interdisziplinären Aufgabe der Steigerung von Effektivität und Arbeitsproduktivität bei gleichzeitiger Förderung der Entwicklung der arbeitenden Persönlichkeit". (S. 21)

Die Gestaltung der Arbeit 193

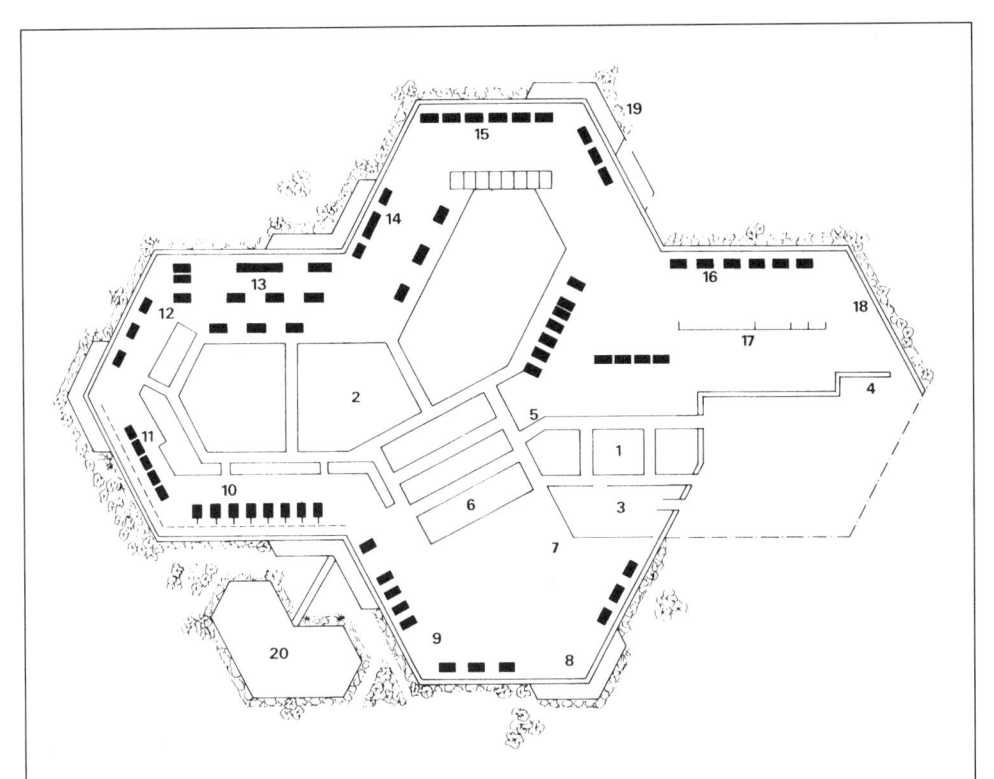

Abb. 88: Grundriß des Volvo-Kalmar-Werkes (aus Frieling & Sonntag, 1987, S. 93)

„Aus dem Grundriß ist das Organisationsprinzip der Fertigung erkennbar. Neben der Eingangshalle (1) befindet sich die Kontrollstelle für angeliefertes Material und Bauteile (3). Vorne rechts treffen die Rohkarossen ein (4), wo sie über einen Aufzug (5) zum Obergeschoß befördert werden. An diesen Eingangsteil schließen sich die verschiedenen Arbeitsbereiche an:

(2)   Polsterei,
(6)   Motoren und Achsmontage,
(8)   Fahrgestelle,
(9)   Bremsen und Räder,
(10)   Motoreneinbau,
(11)   Sitze und Innenausstattung,
(12)   Inbetriebnahme-Test,
(13)   Funktionsprüfung,
(14)   mechanische Feineinstellung,

(15)   Nacharbeit Karosserie,
(16)   Nacharbeit Lack,
(17)   und
(18)   Endabnahme.

In der Mitte des Gebäudes sind die Materiallager angeordnet, so daß jede Arbeitsgruppe einen schnellen Zugriff zum Material hat.

Durch die winkelige Bauweise und gesonderte Schallschutzmaßnahmen an den Decken ergibt sich ein Lärmpegel von 65 dB(A), der es den Arbeitsgruppen gestattet, je nach Wunsch durch Musik aus ihrer eigenen Stereoanlage die Monotonie der Montagetätigkeit zu mildern. In der bundesdeutschen Automobilindustrie finden sich nach Kenntnis der Verfasser auch 1986 keine vergleichbar guten Arbeitsbedingungen im Endmontagebereich." (Frieling & Sonntag, 1987, S. 94)

Der psychologischen Arbeitsgestaltung wird damit ausdrücklich eine Aufgabe zugewiesen, die darüber hinausgeht, nur Negatives zu korrigieren oder zu vermeiden, sondern den prospektiven Möglichkeiten der Persönlichkeitsentwicklung und der Produktivitätssteigerung Raum schaffen soll.

Die psychologischen Konzepte beruhen dabei auf drei Grundannahmen (Ulich & Baitsch, 1987, S. 497f.):

1. *Autonomieprinzip:* Der arbeitende Mensch ist nicht lediglich Objekt der Handlungen anderer Arbeitstätiger, sondern autonomes Subjekt der eigenen Handlungen in der ihn umgebenden Welt.
2. *Differentialprinzip:* Menschen sind interindividuell unterschiedlich und bedürfen daher des Angebots alternativer Arbeitsformen.
3. *Entwicklungsprinzip:* Der arbeitende Mensch entwickelt sich insbesondere in der Auseinandersetzung mit seinen Arbeitsaufgaben.

Diese Grundüberzeugungen, die im Einklang mit dem generellen Wertesystem der Gesellschaft stehen, bilden den Ausgangspunkt der Gestaltungsüberlegungen, deren Nützlichkeit inzwischen auch empirisch belegt ist.

6.4.3.1 Autonome und partizipative Arbeitsgestaltung: Das Konzept der Handlungsspielraumerweiterung

Im Zentrum der Gestaltungsansätze steht die Arbeitsaufgabe, die Volpert (1987, S. 14) als den Schnittpunkt von Organisation und Person bezeichnet hat. Dem organisatorischen Interesse an der *Erledigung* der Aufgabe entspricht das individuelle Bedürfnis an der *Gestaltung* der Aufgabe. Selbstgestaltete, vielseitige und gemeinschaftliche Aufgaben sind tendenziell attraktiver und motivierender als fremdbestimmte, monotone und sozial isolierte Tätigkeiten.

Vermutlich ergeben sich hierbei zumindest drei Gruppierungen, die als *Entschei-*

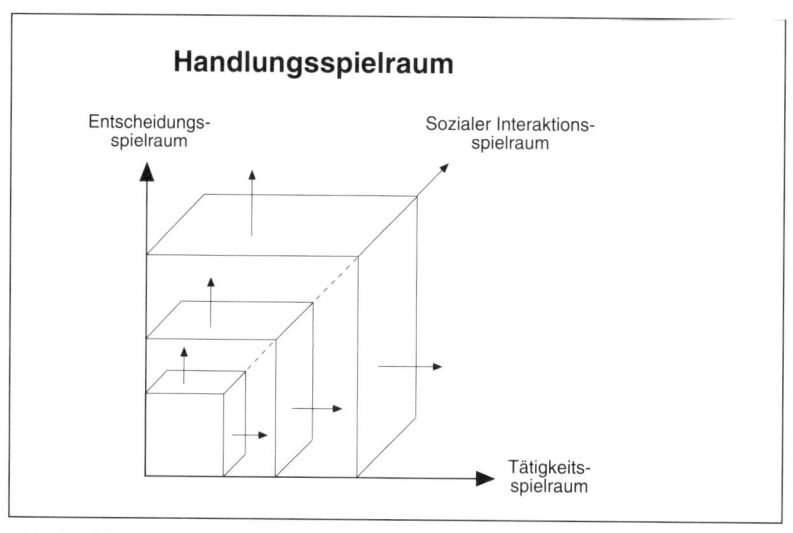

Abb. 89: Konzept des Handlungsspielraums (vgl. Bruggemann, Groskurth & Ulich, 1975, S. 55). (Anmerkung: Ulich hat in letzter Zeit zwischen Entscheidungs-, Gestaltungs- und Handlungsspielraum differenziert, womit er von der hier wiedergegebenen gängigen Konzeption etwas abweicht; vgl. Ulich, 1991, S. 141)

dungsspielraum (z.B. Selbständigkeit, Freiheit, eigene Planungen, freie Zeiteinteilung etc.), *Tätigkeitsspielraum* (unterschiedliche Aufgaben, Vielseitigkeit, herausfordernde Probleme, neue Anforderungen usw.) und *Interaktionsspielraum* (gemeinsame Aufgabenerledigung, Zusammenarbeit in der Gruppe, Abstimmung mit Kollegen etc.) bezeichnet werden können. Diese dreidimensionale Struktur wird einem Vorschlag von Ulich et al. (1973) und Alioth (1980) folgend als *Handlungsspielraumkonzept* bezeichnet.

Aufgaben, die durch einen großen Handlungsspielraum gekennzeichnet sind, erfüllen nach übereinstimmenden Ergebnissen unterschiedlicher Untersuchungen (vgl. Ulich, 1991, S. 156) fünf Merkmale, die eine positive Aufgabenorientierung begünstigen (siehe Tab. 10). Dem größeren Handlungsspielraum entspricht auch eine größere *Handlungsverantwortung*. Der einzelne gilt als Verursacher seiner Handlungen und der dadurch bewirkten Ergebnisse. Dies entspricht – attributionstheoretisch betrachtet – einem in-

Tabelle 10: Merkmale der Aufgabengestaltung, die Aufgabenorientierung bewirken bzw. intrinsische Motivation auslösen (Ulich, Conrad, Betschart & Baitsch, 1989, zit. in Ulich, 1991, S. 157)

Gestaltungs-merkmal	Ziel / Absicht Vorteil / Wirkung	Realisierung durch...
Ganzheitlichkeit	– Mitarbeiter erkennen Bedeutung und Stellenwert ihrer Tätigkeit – Mitarbeiter erhalten Rückmeldung über den eigenen Arbeitsfortschritt aus der Tätigkeit selbst	... umfassende Aufgaben mit der Möglichkeit, Ergebnisse der eigenen Tätigkeit auf Übereinstimmung mit gestellten Anforderungen zu prüfen
Anforderungs-vielfalt	– Unterschiedliche Fähigkeiten, Kenntnisse und Fertigkeiten können eingesetzt werden – Einseitige Beanspruchungen können vermieden werden	... Aufgaben mit planenden, ausführenden und kontrollierenden Elementen bzw. unterschiedlichen Anforderungen an Körperfunktionen und Sinnesorgane
Möglichkeiten der sozialen Interaktion	– Schwierigkeiten können gemeinsam bewältigt werden – Gegenseitige Unterstützung hilft Belastungen besser ertragen	... Aufgaben, deren Bewältigung Kooperation nahelegt oder voraussetzt
Autonomie	– Stärkt Selbstwertgefühl und Bereitschaft zur Übernahme von Verantwortung – Vermittelt die Erfahrung, nicht einfluss- und bedeutungslos zu sein	... Aufgaben mit Dispositions- und Entscheidungsmöglichkeiten
Lern- und Entwicklungs-möglichkeiten	– Allgemeine geistige Flexibilität bleibt erhalten – Berufliche Qualifikationen werden erhalten und weiter entwickelt	... problemhaltige Aufgaben, zu deren Bewältigung vorhandene Qualifikationen erweitert bzw. neue Qualifikationen angeeignet werden müssen

ternalen Attributionsmuster: Das Individuum (nicht die Umwelt oder die anonymisierten „anderen") hat Kontrolle über die Handlungsergebnisse. Dieser Umstand ist hier von besonderer psychologischer Bedeutung. In den letzten Jahren hat der *Kontrollbegriff* in der Psychologie an Aktualität und Relevanz gewonnen. Den verschiedenen Konzeptionen ist die Vorstellung gemeinsam, daß der Mensch ein grundlegendes Bedürfnis nach Kontrolle hat. Der Kontrollbegriff wird dabei nicht im Sinne der deutschen Wortbedeutung eines „nachträglichen Überprüfens", sondern im Sinne des angelsächsischen Wortgebrauchs von „Steuern und Bewirken" verstanden.

Der Mensch hat ein Bedürfnis, sich selbst als Verursacher von Ereignissen und Veränderungen zu erleben, und er reagiert mit Widerstand oder Apathie, wenn ihm diese Möglichkeit genommen wird (Wortman & Brehm, 1975). White (1959) hatte dieses grundlegende Bedürfnis als *„effectance motivation"* bezeichnet und im Sinne einer anthropologischen Grundkonstante gemeint: Der Mensch will sich der Umwelt nicht lediglich anpassen, sondern sie gestalten und sich als Verursacher dieses Prozesses erleben. Aufschlußreich ist dabei, daß die positiven Effekte des Kontrollerlebnisses, nämlich die Steigerung von Motivation, Zufriedenheit und Selbstwertgefühlen, nicht an das Vorhandensein objektiver Kontrolle gebunden sind, sondern sich bereits bei dem subjektiven Glauben, Kontrolle auszuüben, einstellen können (Langer, 1975). Dies kann soweit gehen, daß die *„illusionäre Kontrolle"* lebensverlängernde Wirkungen hat. Zimbardo (1973) hat am Beispiel von Altenheimbewohnern gezeigt, daß unabhängig von den objektiven Gegebenheiten diejenigen länger lebten, die der Meinung waren, aus eigenem Entschluß ins Heim übergesiedelt zu sein.

Die objektiv gegebene oder nur subjektiv wahrgenommene Kontrolle kann unterschiedlich weit sein, so daß verschiedene *Intensitätsstufen des Kontrollkonzepts* unterschieden werden können (vgl. Oesterreich, 1981):

– *Kontrolle 1:* Aktive Handlungskontrolle: Man kann die Ereignisse und Ergebnisse selbst gestalten und herbeiführen.
– *Kontrolle 2:* Passive Handlungskontrolle: Man kann sich den Ereignissen, die man selbst nicht beeinflussen konnte, rechtzeitig anpassen.
– *Kontrolle 3:* Kognitive Kontrolle: Man kann Ereignisse, die man nicht gestalten und denen man sich nicht anpassen konnte, wenigstens nachträglich erklären und verstehen.

Die Situation, in der gar keine Kontrolle gegeben ist und die nach Seligman zu Depression und Hilflosigkeit führt, wäre durch die Abwesenheit aller drei Kontrolltypen gekennzeichnet: Es passiert etwas bzw. mit uns, das wir nicht verursacht haben, dem wir uns nicht rechtzeitig anpassen konnten und das wir nicht einmal nachträglich verstehen können.

Demgegenüber bedeutet die Erweiterung des Handlungsspielraums im Hinblick auf die Erledigung der eigenen Aufgaben eine aktive Handlungskontrolle (Typ 1). Mitarbeiter werden damit nicht in die fremdbestimmte Pflicht, sondern in die eigene Verantwortung genommen. Damit kann der Stolz auf das Selbst-Erreichte gefördert, aber auch die Angst vor dem Versagen geweckt werden, wenn der objektiven Handlungskontrolle nicht die subjektive Kontrollkompetenz entspricht. Die Erweiterung der Handlungsspielräume bedarf daher auch der Förderung der Handlungskompetenz und der Handlungsmotivation (Oesterreich, 1981, S. 303f.).

Die gedankliche und antizipative Durchdringung der Handlung spielt hierbei eine wesentliche Rolle. Hacker (1978, S. 82ff.) hat mit dem Konzept des operativen Abbildsystems (OAS, siehe auch Kap. 3.2.2) auf die Bedeutung solcher gedanklichen Repräsentationen verwiesen. Ohne eine angemessene

Vorstellung der Wirklichkeit und der durch die eigene Handlung bewirkten Veränderungen und Effekte kann sich Handlungskompetenz nur schwer entwickeln. Diese operativen Abbildsysteme bilden sich in der Erfahrung mit der eigenen Arbeitstätigkeit. Ihre Entwicklung kann jedoch durch Hilfsmittel gefördert werden, beispielsweise die Schaubilder der Gleise und Zugbewegungen in einem Eisenbahnstellwerk. Hacker (1978, S. 82) schildert das OAS anschaulich am Beispiel eines Anlagenfahrers:

Zum OAS eines Anlagenfahrers:

„Er ‚weiß' um die in der Anlage ablaufenden Prozesse, ‚kennt' also die Art der Verknüpfung der technologischen Parameter, hat ‚Vorstellungen' vom Aufbau der inneren, dem Blick unzugänglichen Teile der Anlage, er ‚verfügt' über (‚kennt') zahlreiche Signale, die ihm eingriffsrelevante Zustände des Prozesses anzeigen, er ‚verfügt' über die erforderlichen Maßnahmen, er ‚kennt' mögliche Folgezustände bestimmter Handlungen, ihre Bedingungen, Zeitparameter sowie Eintrittswahrscheinlichkeiten – kurzum, er hat ein mehr oder weniger differenziertes, anschaulich-vorstellungsmäßiges oder abstrakt-gedankliches, klar bewußtes und verbalisierbares oder randbewußt und sprachfern gegebenes, Zustände und Verläufe der Möglichkeit nach gleichermaßen einschließendes ‚Bild' von der Anlage, seinem Arbeitsprozeß und den Rahmenbedingungen." (Hacker, 1978, S. 82)

Ein realistisches OAS erlaubt eine planvolle Arbeitsweise, die nicht durch eine ereignisbedingte „Außensteuerung" dominiert wird (*momentane Strategie*), sondern einer antizipativen „Innensteuerung" unterliegt (*planende Strategie*). Hacker (1978, S. 224) verdeutlicht den Unterschied am Beispiel eines Webers.

Planende und momentane Strategien:

„Eine Auswirkung besteht darin, daß bei geplantem Vorgehen nicht unmittelbar aufgrund der Wahrnehmung von Signalen reagiert wird, sondern entsprechend der Einordnung des Signales *in* ein intellektuell vermitteltes *Schema (operatives Abbildsystem) des Gesamtablaufs.* Für einen guten Weber ist bei Mehrstuhlbedienung beispielsweise charakteristisch, daß er beim Stillstand mehrerer Webstühle zuerst den in Gang setzt, der kurze Eingriffe erfordert. Dieser echte Strategiebestandteil setzt neben differenzierten ursachenspezifischen Stillstandssignalen eine intellektuelle Analyse der Situation voraus.

Weiter gehört hierher, daß vom planend arbeitenden Werktätigen nicht vorzugsweise aufgetretene Signale beantwortet werden, sondern daß er an den Eingriffspunkten des ideell – nämlich im operativen Abbildsystem – gegebenen Ablaufschemas Signale abfragt. Das wiederum steht im Zusammenhang mit dem für planendes Vorgehen charakteristischen höheren Anteil *vorbereitender und vorbeugender Tätigkeiten.*

Zu den Argumenten, die schließlich dafür sprechen, daß bei planender Arbeitsweise auch eine geringere *Belastung* als bei anfallsweiser Bewältigung (von Bedientätigkeiten) vorliegt, zählt das wesentlich seltenere Auftreten von Situationen mit dem Erleben des Zeitdrucks." (Hacker, 1978, S. 224f.)

Neben der Handlungskompetenz, die durch die Entwicklung eines angemessenen OAS und einer planenden Strategie gefördert wird, ist die Ausbildung der *Handlungsmotivation* wesentlich. Hier geht es um die Zielsetzung der Handlung und die Schritte zu ihrer Umsetzung.

Auf eine hierbei wichtige Dimension hat Kuhl (1983, 1987) mit seinem motivationalen Konzept der *Handlungskontrolle* aufmerksam gemacht. Er geht der Frage nach, wie die Spanne zwischen einem Handlungswunsch und der Handlungsdurchführung überbrückt wird. Ähnlich wie Ach (1905) verweist Kuhl auf Willensprozesse, die die Handlungsabsicht gegen andere, konkurrierende Motivationstendenzen abschirmen und damit stabilisieren. Diese Handlungskontrolle genannte Tendenz ist das Ausmaß, mit dem die Realisierung trotz auftretender Schwierigkeiten durchgesetzt wird (Kuhl, 1983, S. 251).

Von der Handlungsabsicht bis zur Handlungsdurchführung ist allerdings noch ein weiter Weg, der eine gedankliche Analyse des gegenwärtigen und des künftigen Zustandes, die damit gegebene Distanz und die möglichen Wege zu ihrer Überbrückung umfaßt. Wenn die Person diese Stufen mit einem angemessenen Aktivationsniveau durchläuft, ist die Umsetzung der Handlungsabsicht wahrscheinlich. Wenn jedoch die Aufmerksamkeit der Person auf einer der Stufen gleichsam hängenbleibt und immer wieder um diesen Einzelaspekt kreist, so verhält sie sich „lageorientiert" statt „handlungsorientiert".

Dies wäre beispielsweise dann gegeben, wenn der unerwünschte gegenwärtige Zustand immer wieder analysiert, durchdacht und verfolgt wird, ohne daß realistische Ziele ins Auge gefaßt werden, oder wenn laufend die wünschenswerten Ziele beschworen, aber nicht die eigenen Handlungsmöglichkeiten betrachtet oder wahrgenommen werden. Kuhl spricht hier anschaulich von „Grübelkognitionen", die letztlich die aktive Handlung ersetzen und damit verhindern (Kuhl, 1983, S. 259). Der volle Handlungsweg geht damit vom „Wünschen über das Wählen zum Wollen und Handeln" (Gollwitzer, 1991, S. 1829) und muß jeweils kritische Übergänge überwinden.

Der Handlungsspielraum mit seiner Chance zur autonomen Arbeitsgestaltung stößt innerhalb arbeitsteiliger Systeme dort an seine Grenzen, wo die Schnittstelle zu benachbarten Handlungsspielräumen besteht. Daher ist es im Hinblick auf solche typischerweise arbeitsteiligen Organisationen angemessener, von der *partizipativen* als von der autonomen Arbeitsgestaltung zu sprechen.

Die partizipative Arbeitsgestaltung greift auf die Erfahrungen der teilautonomen Gruppenarbeit zurück, die gerade in jüngster Zeit, begünstigt durch die Entwicklung flexibler und integrierter Fertigungssysteme (CIM-Konzepte), einen neuen Aufschwung erlebt (Eidenmüller, 1990; Bungard, 1992). Das Computer-integrated-Manufacturing (CIM) führt auch nicht zur menschenleeren Fabrik, sondern zum Aufbau hochqualifizierter Teams und hierarchiearmer Führungsstrukturen.

6.4.3.2 Differentielle und dynamische Arbeitsgestaltung

Das tayloristische Prinzip des „one best way", den man nur finden und den Beschäftigten vorgeben solle, negiert die vielfältigen individuellen Unterschiede in Kompetenz, Motivation und Potential. So stellt Zink (1978, S. 46) kurz und bündig fest, „ ... daß es keine einheitliche, für *alle* Mitarbeiter optimale Arbeitsstruktur geben kann". Die *Freiheitsgrade* großer Handlungsspielräume werden von den Mitarbeitern tatsächlich individuell genutzt, so daß unterschiedliche Personen gleiche Aufgaben unterschiedlich erledigen. Dies zeigt sich sowohl bei Planungs- und Fertigungs- als auch administrativen Arbeiten, so daß Ulich (1991, S. 191) geradezu den Umkehrschluß zieht, „ ... daß das strikte Vorschreiben von vermeintlich ‚optimalen' Arbeitsabläufen in einzelnen Fällen sogar zu ineffizienter Arbeitsweise führen kann".

Daher soll die Arbeitsgestaltung im Einklang mit diesen individuellen Unterschieden, d.h. *differentiell* sein. Sie wäre damit das Pendant zur eignungsdiagnostischen Selektion der Personen.

Differentielle Arbeitsgestaltung oder eignungsdiagnostische Selektion?

„Mit dem Angebot alternativer Arbeitsstrukturen, zwischen denen die Beschäftigten wählen können, wird zugleich der eignungsdiagnostische Ansatz ‚umgekehrt'. Es sind nicht mehr externe oder betriebliche Instanzen, die die Eignung einer Person für eine bestimmte Art der Auftragsausführung feststellen, sondern es sind die betroffenen Personen selbst, die aufgrund ihres Selbstkonzepts, ihrer Bedürfnisse und Qualifikationen die Entscheidung für eine bestimmte Arbeitsstruktur treffen." (Ulich, 1991, S. 192)

Eberhard Ulich

Um schließlich noch der Tatsache Rechnung zu tragen, daß Menschen nicht nur unterschiedlich sind, sondern sich auch weiterentwickeln, bedarf das Prinzip der differentiellen Arbeitsgestaltung der Ergänzung durch das Prinzip der *dynamischen Arbeitsgestaltung* (Ulich, 1991, S. 192). Damit ist gemeint, daß die Arbeitsaufgaben gleichsam mit dem Lernfortschritt mitwachsen.

Die produktivitäts- wie persönlichkeitsförderlichen Vorzüge einer partizipativen, differentiellen und dynamischen Arbeitsgestaltung sind allerdings an die Voraussetzung weiterer Merkmale geknüpft, so insbesondere an eine frühzeitige Qualifizierung der Mitarbeiter sowie lern- und leistungsförderliche Lohnkonzepte (Ulich, 1991, S. 188).

Diese Überlegungen sind bereits in verschiedenen Betrieben realisiert worden, wobei die tatsächlichen Veränderungen weniger revolutionär waren, als man bei abstrakter Lektüre der Prinzipien mutmaßen könnte. So berichten Zülch und Starringer (1984) über eine Änderung der Arbeitsstruktur in einer Fabrik für elektronische Bauelemente. Während früher die Arbeiten nach den Teilaufgaben Vormontage, Bestücken, Löten und Endmontage organisatorisch und räumlich voneinander getrennt waren, wurden künftig zusätzlich auch integrierte „Fertigungsnester" eingerichtet, in denen jeweils fünf Mitarbeiter zu einer Arbeitsgruppe zusammengefügt waren, die alle Operationen beherrschten und unter sich aufteilten. Damit gab es parallel unterschiedliche Arbeitsplätze und -anforderungen, so daß die Mitarbeiter die Wahl zwischen verschiedenen Alternativen hatten. Ähnliche Beispiele werden von Zink (1978) und Ulich (1991, S. 194ff.) dargestellt.

In diesen Beispielen war den Betroffenen freigestellt, die ihnen gemäße Arbeitsaufgabe zu wählen. Wir kennen hier nicht die Gründe der jeweiligen Wahl und wissen nicht, welche Personen welche Präferenzen hatten. Zu dieser Frage hat Weibler (1989) eine weitergehende Untersuchung durchgeführt und aufschlußreiche Befunde ermittelt. Demnach gibt es keinen einfachen Determinismus zwischen der Größe des Handlungsspielraums und der subjektiven Befindlichkeit:

Die in einem Maschinenbaubetrieb durchgeführte Handlungsspielraumerweiterung für Facharbeiter an CNC-Maschinen wurde von den Mitarbeitern teils begrüßt, teils verworfen. (CNC-Maschinen sind „computer numerical controlled". Sie können durch eigens geschriebene komplexe und variable Programme gesteuert und so für unterschiedliche Aufgaben programmiert werden. Dies stellt eine deutliche Erweiterung gegenüber den lediglich numerisch-kontrollierten NC-Maschinen dar, deren fest installierte Programme durch Knopfdruck aufgerufen, aber nicht durch Neuprogrammierung verändert werden können.) Die ermittelten Werte der psychischen Beanspruchung wiesen keinen eindeutigen Zusammenhang zur geänderten Arbeitsaufgabe auf. Dieses Bild wurde erst bei der Berücksichtigung persönlichkeitsspezifischer Differenzen klarer: Mitarbeiter, deren Handlungsmotivation eher durch die Vermeidung von Mißerfolg als die Suche nach Erfolg bestimmt war, deren Gestaltungswillen durch eine lageorientierte Beharrungstendenz behindert wurde und die überdies zu einem externalen Attributionsstil neigen, bei dem die Umwelt und nicht die eigene Person für alle Ärgernisse verantwortlich gemacht wird, reagierten auf die Erweiterung der Handlungsspielräume mit Ängsten und einer absichernden Vermeidungshaltung. Sie würden lieber nichts als etwas Falsches tun, für das man dann noch obendrein die Verantwortung übernehmen muß.

Diese Haltung einzelner Mitarbeiter kann nicht einfach als Ergebnis einer Persönlichkeitsdisposition betrachtet werden, ohne seine Entstehung zu berücksichtigen. Die befragten Mitarbeiter, die diese abwehrende Haltung einnahmen, konnten durchaus auf verschiedene schlechte Erfahrungen, insbesondere mit ihren Vorgesetzten verweisen. Wer häufig ungefragt und ungerecht für Fehler gerügt wird, kann das Vertrauen in sich und andere verlieren. Dann werden objektiv vorhandene Handlungschancen nicht mehr gesehen, geschweige denn genutzt. Ohne die Berücksichtigung und Veränderung der organisationalen Rahmenbedingungen einschließlich der Organisationskultur können wohlgemeinte Handlungsspielraumerweiterungen ins Leere oder gar in die Irre gehen.

6.4.4 Grenzen der Handlungsspielraumerweiterung

Die Befunde von Weibler (1989) machen deutlich, daß eine Handlungsspielraumerweiterung an Grenzen stößt und jenseits dieser Grenzen keine motivationalen Energien freisetzt, sondern überwiegend Ängste und Widerstände wecken kann. Daneben gibt es weitere Grenzaspekte zu beachten, die später nochmals aufgegriffen werden: Die Erweiterung der Handlungsspielräume bedeutet einen Aufbau der Selbst- und einen Abbau der Fremdkontrolle. Dies ändert die Aufgabenteilung zwischen hierarchischen Ebenen und weckt nicht selten Ängste und Widerstände der Vorgesetzten, deren Steuerungs- und Kontrollfunktion damit beschnitten wird. Schließlich implizieren die größeren Handlungsspielräume ein höheres Maß an Unbestimmtheit und Vorhersagbarkeit. Damit eröffnen sich zwar Entwicklungsmöglichkeiten, aber gleichzeitig reduziert sich die Planbarkeit und Prognose.

6.5 Schlußbemerkung

Arbeits- und Organisationsgestaltung sind zwei Seiten derselben Medaille. Die Veränderung der Arbeitsinhalte oder der Arbeitsbedingungen verändert zugleich die Arbeitsorganisation, und Entwicklungen der Organisation verändern die Möglichkeiten zur Gestaltung der Arbeit.

Gestaltungsprozesse bedeuten Eingriffe in Bestehendes oder den Aufbau von Neuem.

Im ersteren Fall dürften sogar größere Anstrengungen nötig sein, weil Beharrungstendenzen überwunden werden müssen. Die Arbeits- und Organisationsgestaltung war traditionell eine Domäne technischer, ökonomischer und rechtlicher Ansätze. Der Gestaltungsanspruch dieser Disziplinen wurde nicht in Frage gestellt, sondern als gegeben unterstellt. Dies legitimierte den Gestaltungsanspruch und begünstigte ihn. Das Bild der Psychologie akzentuiert dagegen eine nachträglich heilende Disziplin. Sie wird dann gefragt, wenn die Menschen an der Gestaltung von Arbeit und Organisation zu leiden beginnen. Ihr Auftrag heißt dann Therapie des Individuums, nicht jedoch Gestaltung des Systems von Arbeit und Organisation.

Wenn die Arbeits- und Organisationspsychologie nun den Anspruch erhebt, nicht nur nachträglich individuell kurierend oder versöhnend aufzutreten, sondern antizipativ systemgestaltend zu sein, so tut sie gut daran, diese Aufgaben interdisziplinär anzugehen, um durch den Einbezug technischer, ökonomischer, rechtlicher und politischer Perspektiven einseitige Vorschläge zu vermeiden, die weniger den Eindruck des Neuen als den des Naiven produzieren. Es versteht sich von selbst, das dies nur im Team geschehen kann. Wichtig ist dabei jedoch die Offenheit gegenüber anderen Perspektiven.

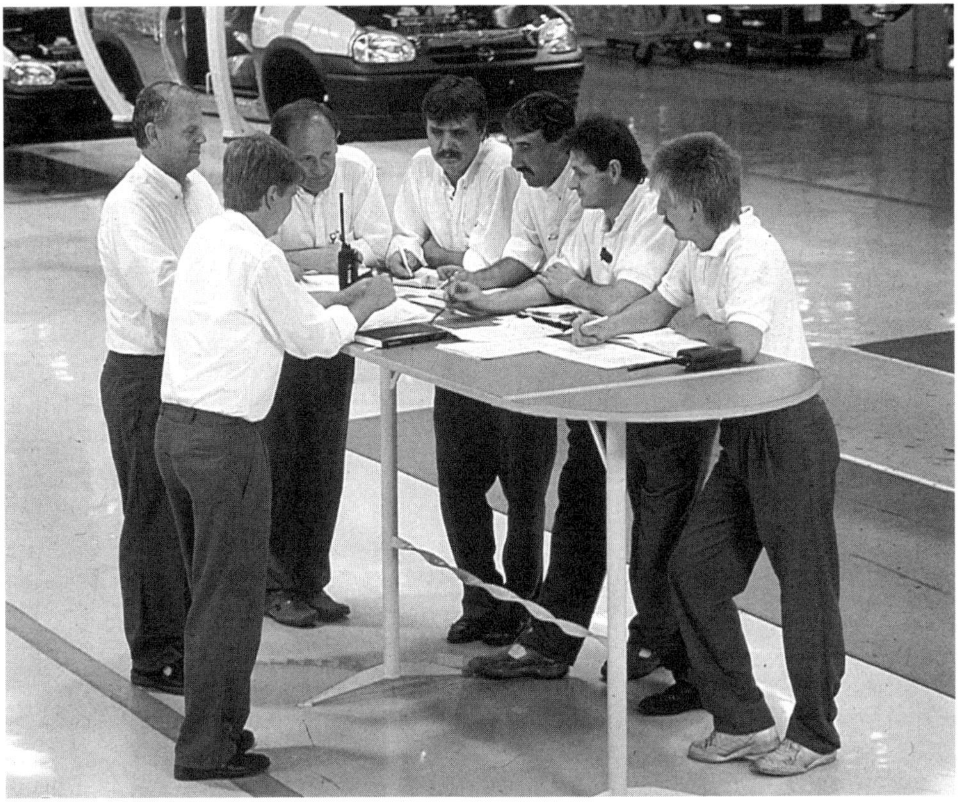

Kapitel 7

Interaktion und Organisation

7.1 Interne und externe Aspekte

Zur Arbeit gehört die Arbeitsteilung und zur Arbeitsteilung die Arbeitskoordination. Diese Koordinationsleistung wird über drei Systeme erzielt: die personale Führung, die gruppendynamischen Prozesse und die organisationale Steuerung.

Daher gliedert sich dieses Kapitel im wesentlichen in die drei Abschnitte:

- Führung,
- Gruppe und
- Organisation.

Diese drei Koordinationssysteme erfüllen verschiedene Funktionen. Sie dienen der Leistungserstellung des Gesamtsystems, seiner Erhaltung und Weiterentwicklung, dem Austausch mit der Umwelt sowie der Integration der Systemelemente zu einem funktionierenden Ganzen.

Diese Koordination ist eine interne Leistung der Organisation. Extern hierzu, also Umwelt, sind die äußeren Einflüsse, wie politische, ökonomische und gesellschaftliche Rahmenbedingungen, aber auch die einzelnen Mitglieder oder Mitarbeiter.

7.1.1 Zur subjektiven Bedeutung der Koordinationsfunktion

Es mag befremdlich klingen, wenn hier auch die Menschen, die doch innerhalb der Organisation tätig sind, als Externe bezeichnet werden. Sie sind es partiell, zumindest mit den Anteilen ihrer Persönlichkeit und den Verhaltensweisen, die nicht Gegenstand der Koordinationsfunktion, aber gleichwohl davon betroffen sind. Man mag mit „Leib und Seele" bei seiner Firma sein, dennoch ist man Privatperson mit eigener Persönlichkeit. Aber diese Persönlichkeit ist nicht gespalten in einen organisationalen und einen individuellen Teil. Daher hat die Koordinationsfunktion weitergehende Wirkungen auf das Individuum. Ihr kommt eine *sinn-vermittelnde, sozial-integrative* und *spannungs-reduzierende* Funktion zu. Wir wollen dies mit einer kleinen Geschichte illustrieren:

„Es war einmal ... ", so beginnen viele Märchen, übrigens auch die märchenhaft realistische Geschichte vom Busfahrer:

Der Busfahrer

„Es war einmal ein Busfahrer, der zügig an den Haltestellen vorbeifuhr, ohne sich um die dort wartenden Fahrgäste zu kümmern. Als er deswegen von seinen Vorgesetzten zur Rede gestellt wurde, antwortete er mit der entwaffnenden Gegenfrage: „Wie soll ich denn den Fahrplan einhalten, wenn ich ständig wegen der Leute halten muß?"

Zweifellos hatte der Busfahrer eine klare Orientierung, die ihm ein gerüttelt Maß an Sicherheit gab und *Sinn vermittelte*. Selbst die enttäuscht oder wütend am Straßenrand gestikulierenden Fahrgäste konnten ihn nicht vom rechten Wege abbringen. Fahrplan und Stadtplan lenkten und legitimierten sein Verhalten. Zwar handelte er schematisch und gleichsam ohne menschliches Mitgefühl, gewissermaßen „unverständlich" für jeden „vernünftigen" Beobachter. Andererseits handelte er aber doch in durchaus nachvollziehbarer Weise, als er sich – vielleicht durch frühere Erfahrung klug geworden – zur strikten Einhaltung des Fahrplans entschloß. Er entschied sich damit für die Sicherheit des äußeren Plans und gegen die Freiheit eigenen Handelns.

Andererseits zeichnet sich unser Busfahrer durch ein Maß an Aufrichtigkeit, Zuverlässigkeit und Bereitwilligkeit aus, die ihresgleichen suchen. Angesichts dieser hervorragenden Arbeitstugenden muß der ihm gemachte Vorwurf geradezu kleinlich erscheinen. Auch wenn das Management – blind gegenüber diesen Arbeitstugenden und blind gegenüber den Unzulänglichkeiten der eigenen Planung – nun dem Busfahrer persönliches Versagen vorwirft, so wird übersehen, daß beide, Busfahrer wie Management, Opfer des gleichen Bemühens geworden sind: Chaos zu vermeiden, Ordnung zu suchen und auf diese Weise *Spannung zu reduzieren*. Diesem Ziel dienen Organisationen, denen sich Individuen willig fügen.

Während wir noch über den Busfahrer schmunzeln, lohnt es sich, darüber nachzudenken, wie weit diese Mentalität in der Arbeitswelt verbreitet ist und wodurch sie genährt wird. Zweifellos begegnet uns dieser Busfahrer in vielen Betrieben und auf allen Ebenen. Nicht selten ist nämlich die Einhaltung des Plans wichtiger als die Erreichung des Ziels; vielfach schon allein deswegen, weil zwar der Plan, nicht aber das Ziel bekannt ist. So verkehrt sich das Mittel zum Ziel.

Auch wenn unser Busfahrer eine etwas eigenwillige Arbeitsauffassung vertritt, so ist unstrittig, daß ihm seine Arbeit wichtig ist und er überdies eine wichtige Arbeit verrichtet. Wer wollte schon die Bedeutung des öffentlichen Nahverkehrs in Frage stellen? Zum anderen wird klar, daß ihm die Arbeitskoordination, hier symbolisiert durch den Zeit- und Streckenplan, ein gerüttelt Maß an Sicherheit vermittelt. Schließlich ist unser Busfahrer eingebunden in eine Organisation. Er arbeitet nicht isoliert, sondern gemeinsam mit anderen und für andere, ist damit *sozial integriert*.

So kann auch diese kleine Geschichte verdeutlichen, daß koordinierte Arbeit für das Individuum eine sinnvermittelnde, sozial-integrative und spannungs- bzw. angstreduzierende Funktion hat oder zumindest haben kann.

Die gemeinsame Arbeitstätigkeit ermöglicht Teilhabe an gesellschaftlich akzeptierten Aufgaben und liefert damit einen Rahmen für die Selbstdefinition des Menschen. Wir hatten bereits darauf hingewiesen, daß die berufliche Tätigkeit nicht nur materielle Versorgung ermöglicht, sondern auch sozialen Status vermittelt und für die Entwicklung des Selbstwertgefühls und der eigenen Identität wichtig ist. Dies zeigt sich sehr augenfällig beim Entzug der Arbeit, also der *Arbeitslosigkeit*, deren psychische Folgen nicht durch den Verlust der Einkommenssicherheit allein erklärt werden können, sondern erst dann verständlich werden, wenn diese weitergehenden, psychisch stabilisierenden Funktionen einer organisierten Arbeitstätigkeit berücksichtigt werden.

Die koordinierte Arbeit ist immer auch Auseinandersetzung mit anderen Menschen. Kommunikation, Kooperation und Konflikt sind Bestandteile des Arbeitsprozesses. Dies ist ein soziales Element der Arbeit, dessen Bedeutung ebenfalls beim Verlust der Arbeit sichtbar wird. Jahoda hatte in der Marienthal-Studie die familiär und gesellschaftlich sozial-destruktive Wirkung des Verlustes der Arbeit deutlich gemacht. Auch die gegenwärtige Situation mit ihren hohen Arbeitslosenzahlen und dem Mangel an Perspektive und Orientierung verdeutlicht die bedrohlichen Folgen einer Störung dieser sozial integrativen Funktion.

Schließlich zeichnet die Arbeitskoordination den Weg vor und ermöglicht eine Verlagerung der Verantwortung auf mehrere Schultern. Dies reduziert Unsicherheit und Angst.

„Die älteste und stärkste Empfindung der Menschheit ist die Angst, und die älteste und stärkste Form dieser Angst ist die Angst vor dem Unbekannten", schrieb der amerikanische Essayist Lovecraft 1927. Angesichts der Fülle der uns umgebenden Reize, der Grenzen unserer eigenen Handlungsmöglichkeiten und der prinzipiellen Isolation des Menschen gerät bereits die Aufgabe des Zurechtfindens und Überlebens – geschweige denn Gestaltens – in dieser Welt zum Vabanque-Spiel mit schlechten Karten.

Angst vor der damit verbundenen Hilflosigkeit stellt sicherlich eine ganz elementare Emotion dar. Anders als die Furcht vor konkreten Gefahren entsteht die Angst gerade durch das „Fehlen von vertrauten Signalen" (Liebel & Halbleib, 1987, S. 1107) Und trotz aller privaten wie kollektiven Bemühungen um Sicherheit (vgl. Strasser, 1985) scheint es, als würde uns die Welt nicht vertrauter, sondern im Gegenteil unverständlicher, unübersichtlicher, bedrohlicher, geradezu destruktiver. Frei (1985) führt dies im wesentlichen auf fünf Gründe zurück, von denen uns die ersten vier ganz unmittelbar auch in der modernen Arbeitswelt begegnen:

- wachsende Komplexität bei hoher Arbeitsteilung;
- wachsendes Risiko bei Fehlentscheidungen;
- hohes Tempo des Wandels;
- Normverlust und Legitimationskrise der Werte;
- Angst vor atomarer Bedrohung.

Aus heutiger Perspektive können wir zumindest noch zwei weitere Elemente hinzufügen, die ebenfalls mit der modernen Arbeitstätigkeit verbunden sind:

- Ressourcenverknappung und
- Umweltverschmutzung.

Angesichts dieser Situation gerät die Suche nach Sicherheit vermittelnden Orientierungen zur schlichten Notwendigkeit. Eine oft gewählte Möglichkeit, dieser ängstigenden Unsicherheit zu entkommen, liegt offensichtlich in der Negierung der Entscheidungsfreiheit und dem Festhalten an Regeln, Routinen und Strukturen.

Organisationen sind bei der Verminderung der Unsicherheit insofern behilflich, als sie die prinzipielle Vielfalt menschlicher Handlungsmöglichkeiten auf ein „handhabbares Maß" (Türk, 1975, S. 9) reduzieren und die noch verbleibende Unterschiedlichkeit individueller Aktionen durch eine gemeinsame Ausrichtung mildern.

7.1.2 Zur organisationalen Anpassungsfähigkeit

Die abstrakte und gewissermaßen aseptisch verpackte Formulierung: *Organisationen schaffen Ordnung, indem sie die Komplexität der Welt reduzieren*, läßt uns leicht übersehen, daß dies Disziplinierung der Menschen und damit auch Reduktion von Kreativität, Spontaneität, Flexibilität und Vielfalt bedeutet. Damit gerät die Organisation selbst in jene Gestaltungs- und Anpassungsprobleme, die sie dem einzelnen abnahm.

Wir hatten am Beispiel der tayloristischen Arbeitsorganisation gesehen, wie die Tendenz zur Arbeitsvereinfachung und -entmündigung einerseits sowie zur Organisationskomplizierung und -zentralisierung andererseits zu individueller Demotivation und organisatorischer Erstarrung führt: Dem Dickkopf der Person entspricht dann der Wasserkopf der Organisation.

Erstarrte Organisationen laufen jedoch in einer Zeit dynamischen Wandels Gefahr, ihre *Anpassungsfähigkeit zu verlieren*. Die wirtschaftlichen Organisationen, also die Unternehmen, stehen im Austausch mit ihrer Umwelt. Dies betrifft den Fluß von Waren und Dienstleistungen, Kapital und Energie sowie

Informationen und Wertorientierungen. Sie sind daher abhängig von externen Wandlungsprozessen und müssen sich diesen anpassen, sofern sie sie nicht selbst gestalten.

Die unbeabsichtigten und unerwünschten Nebenfolgen tayloristischer Organisationsprinzipien erweisen sich heute als *Haupthindernis* auf dem Weg zu innovativen Organisationen. Die Notwendigkeit einer Neuorientierung ergibt sich aus drei wesentlichen Einflüssen, nämlich *technologischen*, *marktwirtschaftlichen* und *gesellschaftlichen* Entwicklungen.

7.1.2.1 Der Einfluß von Technik

Die technologischen Entwicklungen zeigen sich am deutlichsten im Wandel der verschiedenen computergestützten Planungs-, Fertigungs- und Kontrollfunktionen. Stichwort ist die Flexibilisierung bei gleichzeitiger Integration dieser Funktionen, wie sie im CIM (Computer-Integrated-Manufacturing) realisiert wurden.

Kern und Schumann (1984) sprechen auch von „Neuen Produktionskonzepten" (NPK) und sehen das Ende der tayloristischen Arbeitsteilung gekommen. Dem widerspricht allerdings die ebenfalls belegbare Gegenthese, daß die neuen Technologien inhaltsentleerte und standardisierte Arbeitsaufgaben mit zentralistischen Kontrollen nicht beseitigen, sondern begünstigen (Benz-Overhage, 1982; Alemann & Schatz, 1987, 141f.).

Diese industriesoziologische Diskussion ist noch nicht entschieden, läßt sich aber vorerst mit drei Bemerkungen beilegen: daß erstens angesichts dieser gegenteiligen Befunde wohl kaum von einem technologischen Determinismus gesprochen werden kann, so daß außer der Technik noch andere Einflüsse betrachtet werden müssen; daß zweitens die neuen Technologien eine Reduktion der tayloristischen Arbeitsteilung und des zentralistischen Dirigismus zugunsten erweiterter Handlungsspielräume und partizipativer Entscheidungsmuster zumindest möglich machen; und daß drittens genau diese Tendenz der Förderung von Autonomie und Qualifikation der Motivation und Zufriedenheit der Mitarbeiter und damit auch der Produktivität dienlich ist. Diese Position läßt sich in der Überzeugung zusammenfassen, daß die neuen Technologien sowohl produktivitäts- als auch *persönlichkeitsförderlich* sind, wenn ihnen *zugleich* eine *Arbeitsorganisation* entspricht, die durch große Handlungsspielräume und partizipative Entscheidungsstrukturen geprägt ist (Bungard, 1992, S. 58).

7.1.2.2 Der Einfluß des Marktes

Die marktökonomischen Einflüsse sind durch den Wechsel vom Verkäufer- zum *Käufermarkt* bestimmt, womit ausgedrückt werden soll, daß der Konsument an Einfluß gewonnen und der Anbieter an Einfluß verloren hat. Der Anbieter von Waren und Dienstleistungen ist so gezwungen, den Wünschen und Erwartungen der Käufer zu entsprechen. Während eine produktionsorientierte Politik die Belange der Produktion in den Vordergrund stellt und die Produktionsprozesse möglichst vereinfacht, standardisiert und auf Dauer anlegt, fordert die Marktorientierung im Gegensatz dazu eine *flexible Reaktion* auf die Nachfrage.

Während Henry Ford I. im Zusammenhang mit dem Ford T-Modell noch gesagt haben soll, daß der Käufer jede Farbe bekommen könne, solange sie schwarz sei, gibt es heute im Bereich der Automobilproduktion Fertigungsstätten, an denen täglich über tausend Wagen das Band verlassen, ohne daß zwei Modelle dabei wären, die in allen Ausstattungsmerkmalen gleich sind. Nicht „Jedem das Gleiche", sondern „Jedem das Seine" lautet die neue Devise. Dies entspricht auch der neuen Qualitäts-Philosophie des *Total Quality Management* (siehe auch Kap. 5.1.1.1), bei dem Qualität durch Kundenzufriedenheit definiert wird (Oess, 1989).

Dies stellt die Unternehmen vor die schier unlösbare Aufgabe, anstelle preiswerter Massenwaren hochwertige Unikate zu dennoch erträglichen Preisen zu liefern. Der traditionelle Kostenwettbewerb ist durch den *Qualitätswettbewerb* ergänzt, wenn nicht ersetzt worden, wobei die Qualität sich nicht nur auf Material- und Verarbeitung bezieht, sondern zunehmend *Individualität* bedeutet.

Diesem Wunsch nach individuellen, qualitativ hochwertigen und zugleich erschwinglichen Produkten kann nur entsprochen werden, wenn es gelingt, die Produktivität der Industrie mit der Flexibilität des Handwerks zu verbinden.

Auch diese Herausforderung begünstigt die Entwicklung einer Arbeitsorganisation, die die starren Vorgaben durchbricht und Flexibilität durch die Erweiterung der Handlungsspielräume ermöglicht.

7.1.2.3 Der Einfluß des Wertewandels

Der gesellschaftliche Wandel findet seinen Ausdruck im Wertewandel, auf den seit einigen Jahren immer wieder verwiesen wird, wenn es gilt, neue Phänomene von der Yuppie-Kultur bis hin zur Politikverdrossenheit zu erklären.

Der Begriff ist allerdings spektakulärer als das Phänomen, das er bezeichnet. Sein Entdecker, der amerikanische Politologe Inglehart, hatte auch maßvoll von einer *„leisen Revolution"* gesprochen, als er 1977 davon berichtete, daß jüngere Menschen andere Werte verfolgen als ihre älteren Mitbürger. Während die Jüngeren beispielsweise „schöne Städte", „Erhaltung der Natur" und „Redefreiheit" für besonders wichtig erachteten, waren es bei den Älteren eher die „Sicherheit", die „Ordnung" und das „Wirtschaftswachstum".

Dies ist zunächst eigentlich keine besondere Entdeckung, war es doch immer das Privileg der Jugend, anders zu denken als die Senioren. Inglehart (1977, 1989) war jedoch davon überzeugt, daß es sich hier nicht um einen normalen Generationenunterschied, sondern um einen epochalen Wandel handelte. Er begründete dies mit zwei Thesen, der *Mangel-These* und der *Sozialisations-These*.

Diese beiden Thesen lassen sich trefflich durch die bekannten Kinderreime „Mein lieber Bruder Ärgerlich hat alles was er will, und was er hat, das will er nicht und was er will, das hat er nicht" sowie den Spruch: „Was Hänschen nicht lernt, lernt Hans nimmermehr" verdeutlichen: Wir neigen dazu, die Errungenschaften, die uns wie selbstverständlich umgeben, für weniger wertvoll zu halten als jene, die wir nicht oder noch nicht haben. In seiner Zielorientierung konzentriert sich der Mensch auf das „noch nicht Erreichte" und vergißt darüber leicht das „bereits Erreichte". Einmal erworben, bleiben solche grundlegenden Orientierungen dann im Lebenslauf weitgehend stabil.

Inglehart hatte eine Lawine losgetreten. Seine Befunde und Erklärungen riefen nach Überprüfung. Das große Interesse erklärt sich aus der Breite und Diffusität des Themas. Anders als die persönlichen Einstellungen sind Werte überindividuelle Leitbilder, und im Unterschied zu präzisen Zielen schweben Werte vielsagend über allem. Aus individueller Perspektive betrachtet sind Werte Orientierungsmuster, die dem einzelnen Richtung weisen und Sicherheit geben. Aus gesellschaftlicher Warte betrachtet sind es Steuerungsmuster, die individuelle Eigensinnigkeiten begrenzen und Gemeinschaft ermöglichen.

Wenn Werten eine so grundlegende Funktion der Orientierung bzw. Steuerung zukommt, d.h. eine Mittlerfunktion zwischen Individuum und Umwelt, so wird man erwarten dürfen, daß sich in einer Zeit grundlegender Umweltveränderungen in sozialer, ökonomischer, ökologischer und technologischer Hinsicht auch Werte wandeln.

Selbst wenn Werte wie „Gerechtigkeit" oder „Ehrlichkeit" unverändert hochgehalten werden und auch kein gravierender Werteumsturz zu beobachten ist, widerspricht dies nicht der Wertewandelsthese, die ja auf ein allmähliches und unmerkliches Phänomen verwies.

Rosenstiel, Nerdinger und Spieß (1991, S. 26) haben die verschiedenen Ergebnisse der Wertewandelsforschung in folgender Liste zusammengefaßt:

Die zentralen Aspekte des Wertewandels:

- eine Säkularisierung nahezu aller Lebensbereiche;
- eine starke Betonung der eigenen Selbstentfaltung und des eigenen Lebensgenusses;
- eine Betonung und Hochwertung eigener Freizeit;
- eine Befürwortung der Gleichheit zwischen den Geschlechtern;
- eine Ablösung der Sexualität von überkommenen gesellschaftlichen Normen;
- eine abnehmende Bereitschaft zur Unterordnung und zum Sicheinfügen in Strukturen und Regelungen;
- eine sinkende Akzeptanz der Arbeit als einer Pflicht;
- eine höhere Bewertung der eigenen körperlichen Gesundheit;
- eine Hochschätzung unzerstörter und bewahrter natürlicher Umwelt;
- eine Skepsis gegenüber den tradierten Werten der industriellen Gesellschaft wie zum Beispiel Leistung, Wirtschaftswachstum, technischer Fortschritt.

(vgl. Rosenstiel, Nerdinger & Spieß, 1991, S. 26)

Inglehart (1977) hatte insbesondere den Wohlstandsschub der Nachkriegszeit als Quelle des Wertewandels ausgemacht. In der Tat zeigen sich hier gewaltige Veränderungen. Während das Haushaltseinkommen in Deutschland in der Zeit von 1800 bis 1950 zwar kontinuierlich, aber insgesamt nur mäßig anstieg, erlebten die Menschen in der Zeitspanne von 1950 bis 1980, also innerhalb einer einzigen Generation, eine Verdreifachung des Einkommens – etwas, was es in dieser Dramatik bislang nicht gegeben hatte und möglicherweise auch nicht wieder geben wird (vgl. Miegel, 1983; siehe Abb. 90).

Neben dem „Wohlstandsschub" wurde auch der „Bildungsschub" und der „Perfektionismusschub" zur Erklärung des Wertewandels herangezogen.

Zum *„Bildungsschub"*: Dem Datenreport des Statistischen Bundesamtes von 1989 kann man entnehmen, daß 1960 etwa 70% der damals 13jährigen Kinder die Hauptschule besuchten und nur etwa 26% auf weiterführenden Schulen unterrichtet wurden. Dieses Verhältnis hat sich im Jahre 1987 umgekehrt: Nur noch ein Drittel der Kinder diesen Alters besucht die Hauptschule, während fast zwei Drittel auf weiterführende Schulen gehen. Anfang der 50er Jahre machten rund 5% eines Jahrganges Abitur, heute ist es etwa ein Drittel. Wenn man neben diesen rein quantitativen Entwicklungen berücksichtigt, daß in dieser Zeit verschiedene Bildungsreformen stattgefunden haben, die eine kritische Reflexion anstelle reiner Wissensvermittlung begünstigten, so trug dies sicherlich dazu bei, Zweifel am Traditionellen zu nähren und einen Wandel der Wertorientierungen zu beschleunigen (Rosenstiel, Nerdinger & Spieß, 1991, S. 29).

Der *„Perfektionismusschub"* beschreibt eine Tendenz zur Regelungsperfektion innerhalb der Gesellschaft. Dies betrifft vor allem die Zunahme juristischer und administrativer Regelungen, die treffend als „Gesetzesflut" beteichnet wird. Angesichts dieser Flut wirken die häufigen Rufe nach „Deregulierung" ebenso verzweifelt wie

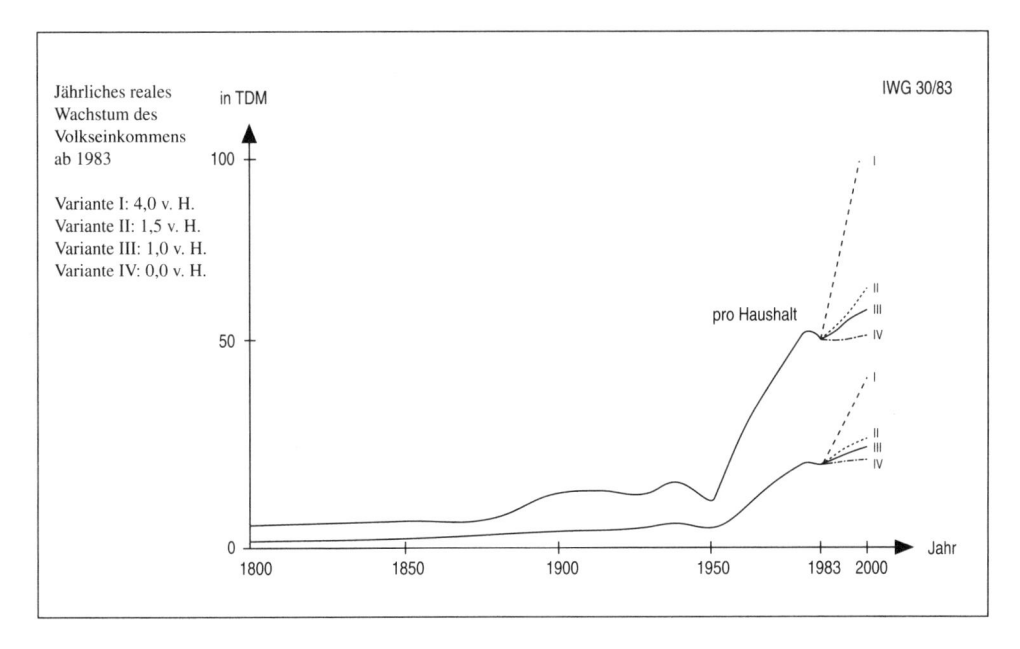

Abb. 90: Entwicklung des Volkseinkommens pro Kopf und pro Haushalt 1800 bis 2000 (im Geldwert von 1983) (aus Miegel, 1983)

hilflos. Die fortschreitende Differenzierung, Komplizierung und Dynamisierung der Welt gibt der Tendenz zur Regelungsperfektionierung stets neue Nahrung und führt dazu, daß diese Regelungen weniger als sicherheitsvermittelnd, sondern zunehmend als freiraumbegrenzend erlebt werden. Darüber hinaus wirkt die Regelungsdichte eher verwirrend als klärend und begünstig Zweifel an der Sinnhaftigkeit und Gerechtigkeit der Regelungen. Schumacher (1977) hatte angesichts dieser Tendenzen die menschliche Sehnsucht nach einer überschaubaren Welt diagnostiziert und damit insbesondere den Wunsch nach einer selbstgestalteten Welt mit menschlichem Maß gemeint. In einer Welt, die nahezu alles perfekt regeln will, die keinen Fehler mehr duldet und damit Freiheit begrenzt, wächst der Widerstand gegen diese Form der Unterdrückung.

Unter dem Eindruck des Wohlstandsschubes differenziert Inglehart denn auch zwischen *materialistischen* (z.B. Ordnung, Preisstabilität etc.) und *postmaterialistischen* Werten (z.B. Meinungsfreiheit, Selbstentfaltung etc.). In unserem Zusammenhang ist insbesondere die Frage der Arbeitsmoral und Leistungsmotivation interessant.

Beispielhaft sei hier ein Trendverlauf wiedergeben, der die Spannung zwischen Pflichtbewußtsein und Lebensgenuß aufgreift (vgl. Noelle-Neumann & Strümpel, 1984, S. 10f.; siehe Abb. 91, S. 210).

Diese hier nur beispielhaft aus einer Fülle von Ergebnissen herausgegriffenen Zahlen führten zu besorgten Fragen wie: „*Werden die Deutschen faul?*" und zu höchst unterschiedlichen Antworten, je nachdem, ob man eher auf die Arbeit oder den Arbeiter schaute. „Faulheit" oder „Engagement" scheinen zunächst personenspezifische Charakterisierungen zu sein, hängen aber durchaus mit spezifischen Aufgaben zusammen. So wie wir gelegentlich einen Menschen als „faul" oder „fleißig" bezeichnen, schildern wir auch Aufgaben als „abstoßend" oder „anregend".

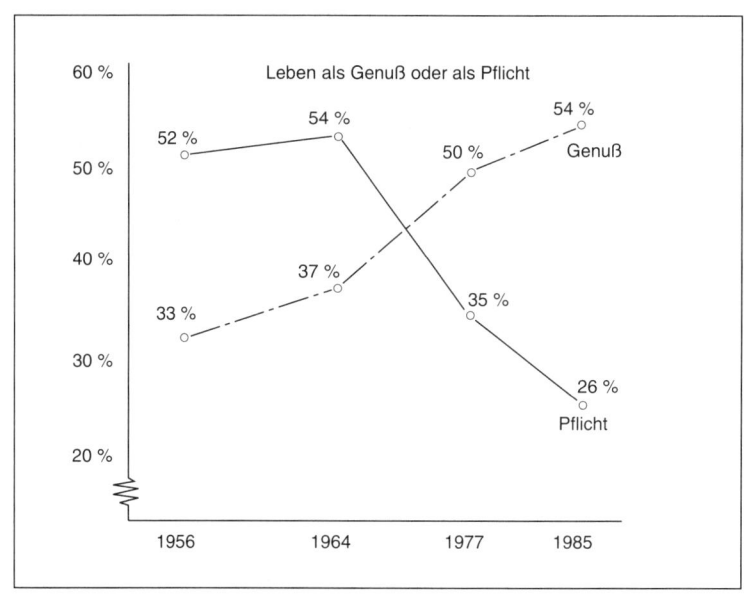

Abb. 91: Antworten der unter 30-Jährigen (aus Noelle-Neumann & Strümpel, 1984, S. 10, und Allensbach-Archiv, IfD-Umfrage 4059, Allensbach 1985)

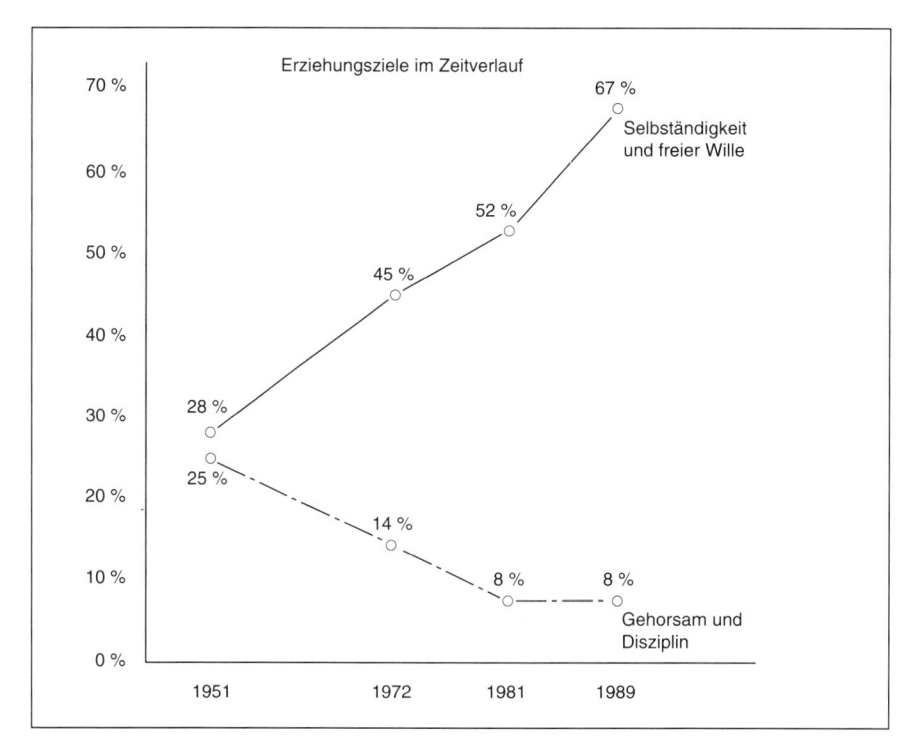

Abb. 92: Erziehungsziele im Zeitverlauf (aus Klages, 1984, S. 22; Daten 1989 aus EMNID-Informationen 1/1989)

Es gilt also, beides zu sehen, den Menschen und die Aufgabe. Vielleicht schuf die in den Befragungen vorgenommene Differenzierung zwischen „Aufgabe" und „Genuß" eine künstliche Distanzierung, weil sie im Sinne des „Entweder-oder" die Unvereinbarkeit der beiden Prinzipien unterstellt. Dies spiegelt möglicherweise eine Denkrichtung wieder, die „Arbeit" sofort mit „Mühsal" gleichsetzt und jemanden, der gerne arbeitet, für irgendwie gestört hält. Warum sollte Aufgabenerfüllung nicht auch genußvoll sein?

Daher sind Fragestellungen sinnvoller, die nicht von vornherein zu einer künstlichen Grenzziehung veranlassen. Aufschlußreich ist hier die Differenzierung in „*Autonomie-Werte*" und „*Heteronomie-Werte*". Bei der Frage, welche Ziele und Werte die Eltern bei der Erziehung ihrer Kinder verfolgen, zeigt sich eine deutlich steigende Tendenz zugunsten von „Selbständigkeit" (ein „autonomer" Wert) und eine deutlich abnehmende Tendenz zu „Gehorsam" (ein „heteronomer" Wert) (vgl. Klages, 1984, S. 22; siehe Abb. 92).

Die Frage der Selbständigkeit oder Unterordnung, die hier abstrakt als Erziehungsziel erscheint, hat in der Arbeitswelt ganz konkrete Ausprägungen. Organisationen sind meist hierarchisch gegliedert, die Handlungsspielräume sind begrenzt, und Konflikte zwischen Mitarbeitern und Führung sind normal. Daher ist die Frage nach der erlebten Freiheit in der Arbeit aufschlußreich. Hier sind die Ergebnisse düster: Das Gefühl der Entscheidungsfreiheit ist in der Dekade von 1970 bis 1980 deutlich gesunken (vgl. Klipstein & Strümpel, 1985, S. 292; siehe Abb. 93). Neuere Daten weisen allerdings auf eine gewisse Verbesserung hin: 1990 beantworteten immerhin 50% der Berufstätigen die Frage nach ihrem erlebten beruflichen Entscheidungsspielraum mit „ganz frei und unabhängig" (17%) bzw. „ziemlich frei" (33%), 24 % dagegen nach wie vor mit „überhaupt nicht frei" (7%) bzw. „nicht so frei" (17%) (aus Noelle-Neumann & Köcher, 1993, S. 843; Zahlen für die alten Bundesländer).

Eigentlich müßte der Wertewandel innerhalb der modernen Arbeitswelt begrüßt wer-

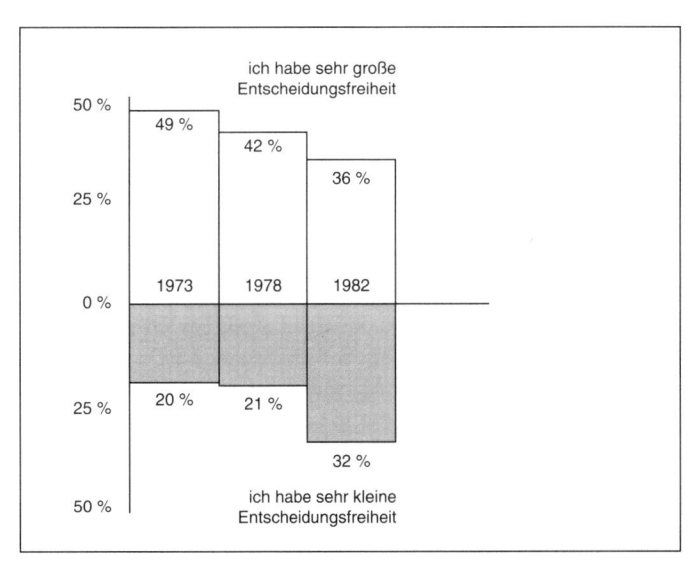

Abb. 93: Erlebte Freiheit in der Arbeitswelt (aus Klipstein & Strümpel, 1985, S. 292)

den, richtet er doch die Mitarbeiter zu mehr Selbständigkeit aus, die aufgrund technologischer und marktökonomischer Veränderungen ohnehin sinnvoll wäre. Dies war jedoch lange Zeit nicht der Fall: Den gewandelten Werten standen *erstarrte Strukturen* gegenüber (vgl. Pawlowsky, 1985). Was dem Wertewandel nicht gelang, vollzieht ich heute unter dem Einfluß einer Rezession bei gleichzeitiger Zunahme des internationalen Kosten- und Qualitätswettbewerbs: Betriebe werden umstrukturiert, Hierarchien abgebaut, Organisationen divisionalisiert, Profitcenter eingerichtet, teilautonome Gruppen etabliert, Arbeitszeiten flexibilisiert und Mitarbeiter freigesetzt. Dem Wertewandel kommt innerhalb dieser Prozesse allenfalls eine unterstützende Wirkung zu.

Rosenstiel et al. (1989) gingen in einer auf mehrere Jahre angelegten Längsschnitt-Untersuchung bei Schülern, Studenten und Beschäftigen in der Wirtschaft u.a. der Frage nach, welche Erfahrungen die Menschen auf ihrem Weg vom Bildungssystem in das Beschäftigungssystem machen.

Dabei zeigte sich zunächst, daß der gesellschaftliche Wertewandel innerhalb der Jugend unterschiedliche Ausprägungen gefunden hat. Rosenstiel differenzierte drei Gruppierungen: die Karrieristen, die Freizeitorientierten und die Alternativ-Engagierten. Aus ersten scheinen sich die „yuppies" und „dinks" (double income, no kids) zu entwickeln: die karrieristische Leistungsmotivation ist ungebrochen oder sogar angestachelt. Es geht ihnen nicht um die Veränderung der Wirtschaftsstrukturen, sondern um einen raschen Aufstieg innerhalb derselben.

Die *freizeitorientierte Schonhaltung* ist bei Jugendlichen gar nicht so verbreitet, wie man aufgrund des Vorurteils von der „Null-Bock-Generation" vermuten dürfte. Diese Haltung findet sich eher bei jenen, die bereits im Arbeitsprozeß stehen und sich dort restriktiven Bedingungen, d.h. geringen Entscheidungsspielräumen und monotonen Tätigkeiten ausgesetzt sehen (Rosenstiel & Stengel, 1987, S. 111).

Die *Alternativ-Engagierten* zeigen eine hohe Bereitschaft, sich einzusetzen, allerdings nur dann, wenn die Ziele auch als sinnvoll erlebt werden. Eine hohe Entlohnung oder rasche Karriereaussichten reichen hierzu nicht aus.

In Vereinfachung des sehr differenzierten Zahlenmaterials läßt sich sagen, daß etwa je 30% der Abiturienten/Studenten der Gruppe der Karrieristen und Freizeitorientierten und etwa 40% zur Gruppe der Alternativ-Engagierten gehören.

Der Übergang in das Beschäftigungssystem gelingt insbesondere den Karrieristen gut. Sie bleiben bei ihrer Orientierung, akzeptieren die Strukturen und beginnen an ihrer Karriere zu arbeiten. Auch den Freizeitorientierten ergeht es relativ gut, wenn sie in weiser Voraussicht in einem Großbetrieb anfangen, der meist genügend Nischen bereithält, den eigenen Arbeitsstil harmonisch mit der dominanten Freizeitorientierung zu verknüpfen. Problematisch dagegen ist es für die Alternativ-Engagierten. Sie erleben den Großbetrieb mit seinen vielfach erstarrten Strukturen als abstoßend. Viele wechseln den Arbeitsplatz – nicht selten in die eigene Selbständigkeit – oder sie beugen sich den Strukturen und übernehmen (innerlich kündigend) eine freizeitorientierte Schonhaltung sowie – seltener – eine Karriereorientierung.

Der Wertewandel war insbesondere eine Erscheinung der 70er und 80er Jahre. Die Dramatik der Veränderungen schwächte sich wieder ab, stabilisierte sich jedoch auf dem Niveau der 80er Jahre (vgl. Noelle-Neumann, 1993). Erst in jüngster Zeit hat Yankelovich (1994) darauf hingewiesen, daß mit dem „Ende der fetten Jahre" durchaus erneut ein Wandel der Wertorientierungen eintreten könne.

Einstweilen können wir jedoch davon ausgehen, daß die wirtschaftlichen Konzentrationstendenzen wie auch die Verrechtlichungstendenzen weiter anhalten und den Großbetrieb begünstigen, und wenn wir überdies bedenken, daß die Gruppe der Alternativ-Engagierten keine Minderheit mehr darstellt und schließlich hinzufügen, daß die Betriebe ihre Nachfrage nach qualifizierten Führungskräften erhöhen, so fragt sich, wie künftig die hohe Motivation dieser Gruppe engagierter Personen innerhalb des Wirtschaftssystems aufrechterhalten werden kann.

Die in aller Regel propagierte und in der Praxis weitgehend befolgte Antwort lautet denn auch: Erweiterung der Handlungsspielräume der Organisationsmitglieder durch Abbau dirigistischer Regelungen, Anreicherung der Tätigkeiten und Förderung der Teamarbeit und der partizipativen Führungsstrukturen.

Wir kommen in Kapitel 7.4 nochmals auf diese Überlegungen zurück, wollen jedoch zuvor einige Fragen zu Führungsverhalten und Teamarbeit behandeln.

7.2 Führung

Führung ist ein faszinierendes Phänomen. Es thematisiert die Macht des Menschen über den Menschen und damit zugleich die Abhängigkeit der Menschen untereinander. Dies ist auch der Kern der ambivalenten Haltung gegenüber der Führung. Sie produziert Gefolgschaft und Gegnerschaft, Fügsamkeit und Widerstand, Anerkennung und Ablehnung. Ihr wird etwas Erhabenes und Verwerfliches zugeschrieben. Diese Ambivalenz findet sich bereits im Verhältnis von Eltern und Kindern. Die elterliche Autorität bietet Geborgenheit und Zuversicht, schafft Mut und Selbstvertrauen, fördert Respekt und Achtsamkeit, kann aber auch Gehorsam, Unselbständigkeit und Ängstlichkeit bewirken.

Diese Ambivalenz entspringt der Macht der Führung. Sie bewegt etwas. Dies ist das *aktivierende* Element. Damit wird allerdings noch nicht die Richtung thematisiert, die ein zweites Element der Führung darstellt.

So wie bei der Motivation eine energetisierende und eine richtungsweisende Komponente differenziert werden, kann das Konzept Führung in die Aspekte „*Aktivation*" und „*Direktion*" gegliedert werden. Dabei ist „Direktion" nicht mit Dirigismus gleichzusetzen, sondern mit Zielsetzung und Zielfindung. Historisch bedeutsame Führungspersönlichkeiten, sei es im politischen, wissenschaftlichen oder künstlerischen Bereich, lassen sich durch ihre Visionen, Ziele und Orientierungen beschreiben.

Schließlich ist Führung ein *soziales Phänomen*. Auch wenn Führung überwiegend nur mit der Führungspersönlichkeit verknüpft wird, so als seien die Geführten gesichtslose Wesen, läßt sich das Phänomen ebensogut durch Gehorsam, Gefolgschaft und Akzeptanz erläutern. Im Grunde findet sich hier das alte philosophische „Herr-Knecht-Problem" wieder (Holz, 1968). Die eine Funktion oder Position ist ohne die andere nicht denkbar. Der Herr konstituiert den Knecht, und der Knecht ermöglicht den Herrn. Der Wandel der einen Rolle setzt den der anderen voraus bzw. erzwingt ihn. Bei Leibniz findet sich in diesem Zusammenhang der – heute würde man sagen „emanzipatorische" – Gedanke, wonach der Herr die moralische Verpflichtung zur Befreiung des Knechts habe. „Herr und Knecht treten auseinander; ihr Verhältnis wird das von Mensch zu Mensch." (vgl. Leibniz, 1966/67).

Normalerweise verschmerzt der Herr den Verlust des Knechts, weil er die Chance hat, einen Partner zu gewinnen. Nur wenn ihm klar wird, daß auch er dann nicht mehr „Herr", sondern „nur" noch „Partner" ist, gerät mancher Herr ins Grübeln.

Hier wird das dritte Element der Führung, die *sozial-interaktive Beziehung*, klar. Führen und Folgen gehören zusammen wie zwei Seiten derselben Medaille. Dies ist das *integra-*

> Kasten 21: **Beispiele für die Definition von Führung**
>
> **Betonung der Aktivation:**
> Für Potthoff (1974, S. 111) bedeutet Führung insbesondere „Veranlassen und Sicherstellen eines gewollten Tuns".
>
> Macharzina (1977, S. 22) spricht von Führung als einer „intentionellen Beeinflussung der Verhaltensweisen von Personen".
>
> **Betonung der Direktion:**
> Heinen (1978, S. 31) sagt: „Eine Person (oder Personenmehrheit) führt insoweit, als es ihr gelingt, anderen Personen Ziele ... vorzugeben".
> „Führung ist richtungweisendes und steuerndes Einwirken auf das Verhalten anderer Menschen, um eine Zielvorstellung zu verwirklichen." (Heeres-Dienst-Vorschrift 100/200 Nr. 101, zitiert bei Neuberger, 1990b, S. 5)
>
> **Betonung der Integration:**
> Hemphill (1967, S. 98) schreibt: „Führen heißt eine Handlung vollziehen, die – als Teil eines gemeinsamen Problemlösungsprozesses – Struktur in eine Interaktion bringt".
>
> „Führung ist eine Interaktionsbeziehung, bei welcher der eine Beteiligte (Führer) ein auf die Erreichung des von ihm gesetzten Zieles gerichtetes Verhalten beim anderen Beteiligten (dem Geführten) auslöst und aufrechterhält." (Lattmann, 1982, S. 49)

tive Element der Führung, es bindet und verbindet Menschen.

Diese drei Aspekte der Führung:

— Aktivation,
— Direktion und
— Integration,

finden sich auch in vielen Definition des Führungsbegriffs in unterschiedlicher Akzentuierung wieder, wie die obigen Beispiele zeigen.

Es gibt freilich noch viele weitere Definitionen der Führung, die zum Teil bei Türk (1981, S. 2f.) und Neuberger (1990b, S. 5) wiedergegeben werden, in denen ebenfalls die angeführten Aspekte in unterschiedlicher Gewichtung genannt werden (siehe oben).

Definitionen sind nicht frei von Wertungen. In ihnen spiegeln sich Ideologien und Rechtfertigungen für Führung oder, besser gesagt, die jeweilig definierte Form von Führung. Neuberger (1990b, S. 8ff.) nennt fünf solcher ideologischen Begründungen für die Existenz von Führung.

1. Führung gibt es, weil Menschen geführt werden wollen.
2. Führung gibt es, weil Menschen geführt werden müssen.
3. Führung ist ein universelles soziales Prinzip.
4. Führung ermöglicht und fördert Entwicklung.
5. Führung ist funktional zur Steuerung komplexer Systeme.

7.2.1 Führung und Macht

Bei einer Podiumsdiskussion anläßlich der 600-Jahr-Feier der Universität zu Köln (1988) zum Thema „Führung im Wandel" verschob sich der Akzent der Auseinandersetzung sehr rasch: Es ging nicht mehr um

Führung, sondern um Macht. Dieser Themenwandel wurde von einer Emotionalisierung der Diskussion begleitet. Während über Führung noch akademisch distanziert gesprochen werden konnte, fiel dies bei der Frage des Machtgebrauchs erheblich schwieriger.

Die jeweiligen Gegenpositionen wurden von dem Kölner Regierungspräsidenten, Josef Antwerpes, und dem (damaligen) Vorstandsvorsitzenden der Ford Werke AG, Daniel Goudevert, vertreten. Wiswede (1990, S. 272) gibt hierzu folgende Schilderung:

Führung und Macht

„Antwerpes bekundete ohne Umschweife ein offenes und positives Verhältnis zur Macht, indem er davon ausging, daß Führung immer mit Machtausübung verbunden sei und daß vom Führenden auch erwartet werde, daß in bestimmten Situationen tatsächlich Entscheidungen gefällt und durchgesetzt werden. Zu diesem ‚gesunden' Verhältnis zur Macht gehöre auch ein entsprechendes Bedürfnis, Macht auszuüben, nicht nur der ‚Wille zur Macht' sondern geradezu ‚Lust zur Macht'. Führung und Macht gehören daher zusammen, ihre Trennung würde den Führenden zum Papiertiger machen.

Dem widersprach Goudevert ganz entschieden. Führung sei heute keine Machtfrage mehr, sondern eher ein behutsames Eingreifen, ein Appell zur Kooperation, ein Aufruf zur Förderung von Teamgeist, eher daran interessiert, vorhandene Motivation und Kooperationsbereitschaft nicht im Keim zu ersticken und den Arbeitseinsatz mündiger Mitarbeiter auf die richtigen Ziele zu lenken. Er verglich die Führungslandschaft von heute eher mit einem Blumenbeet, in dem zarte Pflänzchen gedeihen, die durch einen mitarbeiterorientierten Führungsstil pfleglichst behandelt werden müßten." (Wiswede, 1990, S. 272)

Im Auditorium wurde die machtbejahende Position skeptisch bis widerwillig aufgenommen, während die machtverneinende Haltung auf Verständnis und Sympathie stieß. Dies hängt sicherlich – wie Wiswede (ebd., S. 274) vermutet – mit gesellschaftlichen Wertungen zusammen, sei es durch die Belastungen der Hitler-Diktatur oder den Zeitgeist, der dirigistische Strukturen als obsolet betrachtet. Bei diesen Wertungen wird Macht allerdings rasch mit Machtmißbrauch gleichgesetzt und stößt daher auf berechtigte Ablehnung. Dies ist sicherlich auch der Grund dafür, warum die Machtausübenden gern bestreiten, Macht zu haben, geschweige denn einzusetzen.

Damit stellt sich die Frage, an welcher Stelle der Gebrauch von Macht in Mißbrauch umschlägt. Wiswede (1990) verweist in diesem Zusammenhang auf das demokratische Prinzip der auf Zeit verliehenen Macht und fügt im Hinblick auf die Wirtschaftsorganisationen hinzu:

„Wenn man die Abrufbarkeit als Kriterium der Begrenzung von Machtmißbrauch ansieht, dann dürfte die Mißbrauchsmöglichkeit im wirtschaftlichen Bereich höher sein, weil hier demokratische Verfahren bisher nur in Ansätzen zum Tragen kommen. Auch weitgehende Mitbestimmung, Partizipation bei Entscheidungen und kooperative, teamartige Organisationsstrukturen sind noch keineswegs automatisch Stationen auf dem Wege zu demokratischen Strukturen in Betrieben. Allerdings wird dort der Machtmißbrauch in Schranken gehalten durch Einsicht und durch Gegenmachtbildung. Durch Einsicht: Indem es sich erweist, daß Führung nicht mehr auf Gehorsamkeit und Fügsamkeit bauen kann, sondern eher auf Autonomie und Akzeptanz. Durch Gegenmachtbildung, indem an zahlreichen Stellen Widerstände und Begrenzungen auftreten können, seien diese nun institutionalisiert oder nicht." (S. 274f.)

Die wohl einflußreichste Definition der Macht hat Max Weber (1922/1980, S. 28) mit seiner Formulierung gegeben:

„Macht bedeutet jede Chance, innerhalb einer sozialen Beziehung den eigenen Willen auch gegen Widerstreben durchzusetzen, gleichviel worauf diese Chance beruht".

Damit wird von den Quellen der Macht abstrahiert. Bei der wertenden Beurteilung des Machtgebrauchs spielen aber die Quellen oder genauer, die eingesetzten Mittel eine wichtige Rolle. French und Raven (1959) differenzieren fünf Machtgrundlagen:

Fünf Machtgrundlagen

1. Die *Belohnungsmacht*, als Möglichkeit der Verfügung über positive Verstärker, sei es durch die Gewährung von Gratifikationen oder die Abwehr von Beeinträchtigungen.
2. Die Bestrafungsmacht als Möglichkeit der Verfügung über negative Verstärker, sei es als Bestrafung oder Wegnahme von Vergünstigungen.
3. Die Expertenmacht, die sich auf die Verfügung über Informationen bezieht und gängig als „Wissen ist Macht" beschrieben wird.
4. Die legitimierte Macht als einer Einflußnahme, die durch gesellschaftliche Strukturen gesichert und akzeptiert wird.
5. Die Identifikationsmacht, die darauf beruht, daß der Mächtige – gleichsam ohne aktive Machtausübung – zur Bezugsperson wird, der andere folgen, mit der sie sich sogar identifizieren. (French & Raven, 1959)

French und Raven (1959) sehen hierin allgemeine Grundlagen der Macht, also solche, die auch in (Wirtschafts-)Organisationen anzutreffen sind. Allerdings ist klar, daß die Verfügbarkeit über diese Quellen nicht beliebig, sondern situativ unterschiedlich ist.

Führungskräfte beklagen sich oft darüber, daß ihnen die „Hände gebunden" seien und ihnen weder Belohnungen noch Bestrafungen (diese erst recht nicht) als Quellen der Einflußnahme zur Verfügung stünden, und sie denken dabei implizit an monetäre Belohnungen und disziplinarische Bestrafungen. Diese sind sicherlich nicht frei verfügbar, sondern durch vertragliche und gesetzliche Regelung gebunden.

Es bleibt jedoch zu beachten, daß sich Belohnung und Bestrafung nicht aus der Sicht des Mächtigen, sondern nur aus der Sicht der Geführten definieren läßt: Nur das, was von ihnen als attraktiv oder aversiv erlebt wird, ist belohnend oder bestrafend.

In diesem Sinne verfügen Führungskräfte – möglicherweise nicht aktiv bewußt einsetzbar, aber deswegen nicht minder wirksam – über positive wie negative Sanktionsmacht, angefangen von der Vermittlung oder Vermeidung von interpersoneller Wertschätzung über die Weitergabe oder Unterdrückung von Informationen, die Nutzung direktiver oder partizipativer Entscheidungsregeln, Förderung oder Mißachtung der Qualifikation der Mitarbeiter bis hin zur Gewährung oder Verhinderung von Autonomie und Handlungsspielräumen.

Bei dieser Perspektive lautet die Frage nicht: *wie* kann die Führung führen, sondern: *was* führt die Geführten?

Die *Expertenmacht* ist an Wissen und Information gebunden. Expertentum ist kein Privileg der Führungskräfte. In vielen Fällen dürften gerade die Sachbearbeiter über das größere Know-how verfügen. Crozier und Friedberg (1979, S. 43) illustrieren dies mit einer kleinen Geschichte.

> **Die Macht der Spezialisten**
>
> „Monsieur Dupont, ein reicher Honoratior in einer kleinen Provinzstadt, beauftragt Monsieur Durand, einen kleinen Handwerker, Reparaturen an seinem Haus vorzunehmen. Aufgrund dieses Auftrags stellt sich nun zwischen beiden eine Machtbeziehung her, wobei der Preis, den Monsieur Dupont für diese Reparaturen zu bezahlen bereit ist, Funktion des darin herrschenden Kräfteverhältnisses ist. Ist Monsieur Durand als einziger in der Stadt zur Ausführung der verlangten Reparatur in der Lage, hat er genügend Aufträge und kann Monsieur Dupont sich, aus welchen Gründen auch immer, nach niemandem außerhalb der Stadt umsehen, dann ist die von Monsieur Durand nur durch sein Verhalten beherrschte Ungewißheitszone maximal: sein Kunde hat keine Wahl. Das Kräfteverhältnis schlägt deutlich zu seinen Gunsten aus. Aber Monsieur Dupont ist nicht völlig hilflos. Er kann sich weigern, die Reparaturen ausführen zu lassen, wenn ihm die Bedingungen von Monsieur Durand unannehmbar erscheinen. Und er kann die Beziehung selbst zu seinen Gunsten umkehren, wenn er sich an andere Handwerker wenden und Monsieur Durand so unter Konkurrenzdruck setzen kann. Zumindest solange, bis sich diese Handwerker nun selbst wieder zusammentun und so die Wahlmöglichkeit von Monsieur Dupont noch einmal zunichte machen. Womit wir, *mutatis mutandis,* wieder am Anfang wären." (Crozier & Friedberg, 1979, S. 43)

Innerhalb moderner technologisch komplexer Betriebe dürfte das Potential dieser Expertenmacht immer dann deutlich werden, wenn Störungen auftreten, zu deren Bewältigung Spezialwissen erforderlich ist, das nur in den Köpfen der Experten verfügbar ist und ohne ihre Bereitwilligkeit nicht gewonnen werden kann. Hier liegt auch ein Sabotagefeld, bei dem Mitarbeiter etwa Computersteuerungen ändern, was gewaltige Fehler nach sich ziehen kann, ohne daß diese rechtzeitig entdeckt oder rückverfolgt werden könnten. Man denke auch an die Produktion von Computer-Viren und die dadurch ausgeübte Expertenmacht.

Diese Überlegungen dürfen allerdings nicht so verstanden werden, als bliebe der hierarchisch höheren Position diese Machtquelle verschlossen. Crozier und Friedberg (1979, S. 50) differenzieren hier zwischen der *Spezialistenmacht* und der Macht, die sich aus der *Kontrolle über die Informationskanäle* ergibt. Letztere steht dem Management eher offen als den Mitarbeitern. Der Aufbau von computergestützten Informations- oder Controlling-Systemen erlaubt eine zentrale „informationstechnologische Durchdringung der Organisation", der Dohse, Jürgens und Malsch (1985, S. 79) das Attribut „strategisch" geben.

Die *legitimierte Macht,* im Sinne von *positionaler Macht,* dürfte im Schwinden begriffen sein. „Amtsautorität – Herrschaft qua Position – ist heute kein solides Fundament; Gehorsams- und Pflichtwerte – etwa im Sinne des preußischen Pflichtethos – sind stark rückläufig", beobachtet Wiswede (1990, S. 279). Es hat sich ein anderes Ethos etabliert, das der Leistung und der Leistungslegitimation. Führungskräfte, die Leistung fordern, sind gesellschaftlich legitimiert, zumal ihr eigenes Verhalten hieran gemessen wird. Dabei ist zu beobachten, daß Leistung zunehmend monetär quantitativ gemessen wird. Insbesondere in Profit-, aber auch in Non-Profit-Organisationen (wie Krankenhäusern, Universitäten oder Gefängnissen) setzt sich eine marktwirtschaftliche Denkweise durch, deren Folgen noch nicht absehbar sind.

Diese Perspektive verdeutlicht, daß die Führungskräfte selbst in ein soziales System oder eine Organisation eingebunden und nur begrenzt Gestalter der organisationalen Regeln sind.

Die *Referenzmacht* beruht darauf, daß Menschen emotional gewonnen oder verführt werden und sich mit der Führungspersönlichkeit identifizieren. Kirsch und Mackscheidt (1985) haben in ihrer Schrift „Staatsmann, Demagoge, Amtsinhaber" unter anderem diesen Beeinflussungsmechanismus untersucht und verweisen am Beispiel des demagogischen Verhaltens darauf, daß hier die Ängste der Geführten geschürt werden, um zugleich den Führer als den Einzigen zu präsentieren, der die angstmachende Situation bewältigen könne. Dieses Phänomen hatte Freud (1921c) als Ergebnis von Projektion und Identifikation gedeutet. Der Geführte projiziert seine Wünsche, Hoffnungen und Allmachtsphantasien, deren Erfüllung ihm versagt ist, auf den Führer, dessen Macht er durch eigene Unterwerfung fördert, um zugleich durch Identifikation an dieser Macht teilzuhaben.

In dieser hier behandelten Form ist die Referenzmacht das Ergebnis der Schwäche und Ängstlichkeit der Geführten und deren Wunsch nach der starken, Ordnung schaffenden Hand. Max Weber sprach mit seinem Konzept der *charismatischen Führung* eine andere Seite des Phänomens an. Auch hier geht es um eine emotionale Beziehung, die jedoch weniger aus der Schwäche der Geführten als der Persönlichkeit des Führers erklärt wird. In beiden Perspektiven wird ein Aspekt angesprochen, der ansonsten bei der eher rationalen und sachorientierten Behandlung des Themas auf der Strecke bleibt. Hier geht es um die emotionalen, verborgenen oder übersehenen Aspekte der Interaktion von Führer und Geführten.

Im Hinblick auf Organisationen, insbesondere wirtschaftliche Betriebe, für die rationale Planung wichtige Entscheidungs- und

> **Zur Projektion und Identifikation:**
>
> „Die Hilflosigkeit des Geführten in einer schwierigen Lage veranlaßt diesen, dem Träger der Führungsrolle ein Höchstmaß an Kräften zuzuschreiben. Diese Erwartung bestätigt sich selbst – zumindest teilweise –, indem sich der Geführte dem Führer unterwirft. Er erwirbt dafür das beruhigende Bewußtsein, daß der Führer tatsächlich über außergewöhnliche Kräfte verfügt. Er wird dieser Kräfte aber auch in einem gewissen Grade selbst teilhaftig, indem er sich durch seine tiefempfundene Loyalität mit dem Führer identifiziert.
>
> Diese Sequenz von Hilflosigkeits-Projektion eines Machtwunsches – Unterwerfung – Identifikation und Partizipation an der Macht – scheint mir zu den großartigsten Entdeckungen Freuds zu gehören." (Hofstätter, 1963, S. 356)

Verhaltensgrundlagen sind, bleiben diese emotionalen Elemente meist ausgeblendet, so als wären sie nicht vorhanden oder sollten nicht vorhanden sein. Führung reduziert sich dann allerdings leicht auf „rationale Verwaltung" und überläßt die „emotionale Verführung" anderen Systemen und Personen, etwa in Sekten, Sportveranstaltungen oder Politikgruppierungen. Es ist allerdings zu beobachten, daß zunehmend auch in Wirtschaftsorganisationen auf solche emotionalen und sozial-integrativen Maßnahmen zurückgegriffen wird, wie die gesamte Debatte um die symbolische Führung und die Organisationskultur zeigt (vgl. Abschnitt 7.2.3.2 und 7.3).

7.2.2 Führungstheorien

Führung ist ein Thema der Psychologie, Macht ein Thema der Soziologie und Steuerung ein Thema der Ökonomie, zumindest wenn man die disziplinäre Zuordnung der jeweilig entwickelten Theorien zugrunde legt. Aus der bisher bereits besprochenen Sicht, daß Führung soziale Interaktion bedeutet, ergibt sich auch, daß es insbesondere die Sozialpsychologie war, die sich diesem Gegenstand gewidmet hat.

Die Sozialpsychologie ist reich an Theorien und Perspektiven, so reich, daß ihr selbst ein geschlossenes Theoriegebäude abgesprochen und stattdessen von einer Beliebigkeit theoretischer Orientierungen gesprochen wird (Mertens & Fuchs, 1978).

Oswald Neuberger

Neuberger (1990b) beschreibt die Heterogenität der Führungstheorien oder Theorieansätze mit drastischen Worten:

„Will man sich auf dem Gebiet der Führung orientieren, so trifft man auf unübersichtliches Gelände: Es gibt beeindruckende Prachtstraßen, die aber ins Nichts führen, kleine Schleichwege zu faszinierenden Aussichtspunkten, Nebellöcher und sumpfige Stellen. Auf der Landkarte der Führung finden sich auch eine ganze Reihe Potemkinscher Dörfer, uneinnehmbarer Festungen oder wild wuchernder Slums." (S. 2)

Neuberger (1990b, S. 3) hat den Versuch unternommen, die Fülle der Theorieansätze in einem Schaubild sowohl historisch als auch perspektivisch zu ordnen. Das so entstandene Bild spiegelt zumindest die Vielfalt der Denkansätze wider (siehe Abb. 94, S. 220).

Wir wollen hier nur einige Erklärungslinien oder Theoriekonzepte verfolgen, die sich insofern als dominant erwiesen haben, als immer wieder auf sie zurückgegriffen wird. Dies sind die eigenschaftstheoretischen, verhaltenstheoretischen, interaktionstheoretischen, attributionstheoretischen und systemisch-symbolischen Ansätze.

7.2.2.1 Eigenschaftstheoretische Konzepte

Genaugenommen gibt es keine eigenschafts*theoretischen* Konzepte, weil es sich hier allenfalls um Perspektiven, aber nicht um Theorien handelt. Es ist eine Sammelbezeichnung für jene Ansätze, die Führung durch die *Persönlichkeit des Führers* erklären. „Führung kraft besseren Chromosomensatzes" lautet eine sarkastisch-drastische Einschätzung dieser Richtung, der zugleich eine persönlichkeitsverherrlichende Tendenz unterstellt wird.

Bereits Aristoteles hatte sich bemüht, den Unterschied von Herren und Sklaven als ähnlich naturgegeben zu erklären wie den Unterschied von Mann und Frau:

„Demgemäß hat die Natur denn auch das Streben, auch die Leiber der Freien und der Sklaven verschieden zu bilden, die der letzteren gedrungen und stark zu solch niedrigem Dienste und die ersten hochaufgerichtet und schlank und unbrauchbar zu derartigen Arbeiten, aber geeignet für die staatsbürgerliche Thätigkeit." (zitiert in Kunczik, 1972, S. 13)

und ferner:

„... das männliche Geschlecht ist stärker als das weibliche: es herrscht, während dieses gehorcht." (S. 12)

– heute glücklicherweise nicht mehr, ist man geneigt hinzuzufügen. Dennoch muß man se-

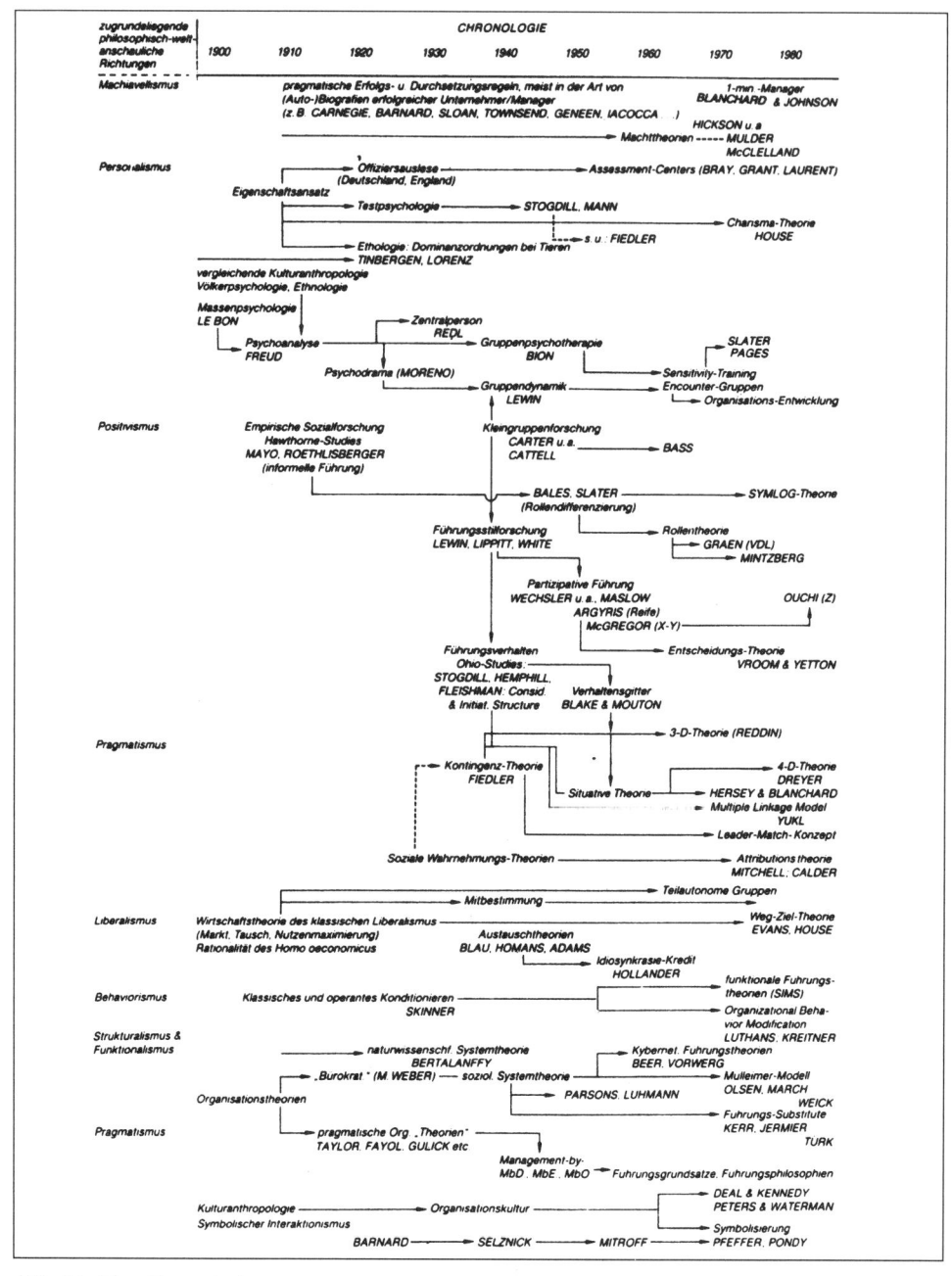

Abb. 94: Eine Chronologie von Führungstheorien (Neuberger, 1990b, S. 3). Die Darstellung macht deutlich, daß schon seit ca. 100 Jahren sehr unterschiedliche Theorieansätze meist unverbunden nebeneinander existieren, und mitunter ist nicht klar, ob hier prüfbare Theorien oder Rezepte zum Gebrauch von Macht formuliert werden sollen. Neuberger (1980) benutzt die Metapher des Marktes, um deutlich zu machen, daß es eine große Nachfrage nach „Führungstheorien" gibt, die durch immer wieder neue Angebote befriedigt wird und ihren Produzenten Profit, Einfluß und Ansehen verspricht. Die Komplexität des Führungsphänomens und die Betroffenheit der Beteiligten hält den Wunsch nach einfachen Erklärungen und Lösungen wach und verhindert zugleich seine Erfüllung.

hen, daß sich das Vorurteil, welches Führung mit Männlichkeit gleichsetzt, hartnäckig hält. Es hat mit anderen Vorurteilen gemein, daß es wissenschaftlich unbegründet ist (Schultz-Gambard et al., 1991).

Die Massenpsychologie Le Bons (1895) hat dem eigenschaftstheoretischen Gesichtspunkt mit der Beschwörung der *„Massenseele"* einen anderen Ausdruck gegeben: Die irrationale, desorientierte, triebhafte und beeinflußbare Masse stellt eine Bedrohung für die gesellschaftliche Ordnung dar, solange ihr der Kopf fehlt. Daher bedarf es der starken Führerpersönlichkeit, um dieses rohe und unbeherrschte Wesen zu zähmen und die ansonsten destruktiven Energien zum gesellschaftlichen Nutzen einzusetzen. Der ideologische Hintergrund dieser Sicht ist unverkennbar. Im beginnenden Industriezeitalter und der Entstehung der Arbeiterschaft und -bewegung dienten diese Ideen der Rechtfertigung adliger Herrschaft.

Damit soll keineswegs die Existenz von „Massenverhalten" oder „Massenhysterie" geleugnet werden. Im Unterschied zu Le Bon werden diese Phänomene allerdings heute nicht durch defizitäre Persönlichkeitsstrukturen der Massenmenschen, sondern durch situative Faktoren erklärt, die eine „De-Individuation" begünstigen, also einen Zustand, in dem man vorübergehend seine persönlichen Werte „vergißt" und so seine „Identität" verlieren kann (Zimbardo, 1969).

In jüngster Zeit, so sieht es Neuberger (1990b, S. 73ff.), wird das eigenschaftstheoretische Paradigma durch den Assessment-Center-Ansatz der Personalauswahl wiederbelebt (s. hierzu auch Kap. 6.1.2.5). Dem würde zumindest Jeserich (1981) sehr heftig widersprechen, der gerade die situations- und tätigkeitsspezifische Testkonstruktion im Rahmen des AC-Ansatzes betont.

Mittlerweile liegen verschiedene Studien und zusammenfassende Sammelreferate zur These der eigenschaftsabhängigen Führung vor (vgl. Stogdill, 1948, sowie Bass, 1981).

Die Ergebnisse sind für die Anhänger der Eigenschaftstheorie niederschmetternd. Zwar gab es einige signifikante Korrelationen zwischen den Merkmalen der Führungspersönlichkeiten und dem Führungserfolg, aber die Korrelationen sind uneinheitlich und erklären kaum mehr als 10% der Varianz. Darüber hinaus betreffen die hier erfaßten Merkmale der Person nicht nur (angeborene) Eigenschaften (Intelligenz), sondern auch erworbene Fähigkeiten (Kenntnisse, Eloquenz) sowie zugeschriebene Merkmale (Popularität, sozialer Status). Darüber hinaus fragt sich, wie weit die vermutete Kausalität auch umgekehrt werden kann. Ebenso einsichtig wie die Aussage, daß Selbstvertrauen Führungserfolg bewirke, ist die Umkehrung, daß Erfolg das Selbstvertrauen stärke. Aus einer korrelativen Beziehung allein läßt sich noch kein Kausalschluß ziehen.

Die berechtigte Kritik an der Eigenschaftstheorie ist andererseits kein Plädoyer für die Irrelevanz der Persönlichkeit. Führungskräfte sind keine Menschen ohne Eigenschaften, sondern solche, deren Eigenarten (Eigenschaften, Einstellungen und Erfahrungen) in bestimmten Situationen, bei bestimmten Aufgaben und mit bestimmten Geführten eher und erfolgreicher die Führungsfunktion bewältigen.

Die Kritik des eigenschaftstheoretischen Ansatzes richtet sich insbesondere auf die Ausblendung oder Mißachtung dieser anderen Faktoren. Dieser Gesichtspunkt wird von den interaktionstheoretischen Positionen aufgegriffen. Dazwischen stehen die verhaltenstheoretischen Ansätze, die nicht die Eigenschaften, sondern das Verhalten von Führungskräften analysieren, gleichviel ob es durch personale oder situationale Merkmale bedingt ist.

7.2.2.2 Verhaltenstheoretische Ansätze

Bei diesen Ansätzen ging und geht es darum, das *reale Verhalten* von Führungskräften zu erfassen und zu analysieren. Dazu können Beobachtungen oder Befragungen eingesetzt werden, mit deren Hilfe konkrete Verhaltensweisen oder generelle Verhaltensstile und deren Wirkungen erfaßt werden. Beide Wege sind beschritten worden.

Im Rahmen der experimentellen und feldexperimentellen *Kleingruppenforschung* wurde das Verhalten von meist ad hoc zusammengesetzten Gruppenmitgliedern bei vorgegebenen Aufgaben beobachtet und die Frage geprüft, ob und welche Führungsphänomene auftraten (Bales & Slater, 1955), oder es wurde die Wirkung von unterschiedlichen Führungsstilen auf Gruppenatmosphäre und -leistung untersucht (Lewin, Lippitt & White, 1939).

Die Studien von Lewin und seinen Mitarbeitern zeigen zunächst einmal, daß es möglich ist, verschiedene Führungsstile zu „spielen". Die Forscher hatten Lehrer gebeten, beim Unterricht von Jungen im Teenager-Alter abwechselnd einen autokratischen, demokratischen und laisser-faire Stil zu realisieren. Die verschiedenen Stile führen zu Verhaltensunterschieden in den Gruppen. Der autokratische Stil „produzierte" gehorsames oder aufbegehrendes Verhalten und förderte innerhalb der Gruppen Aggression und die Identifikation von „Sündenböcken". Der demokratische Stil erwies sich insofern als „erfolgreich", als die Jungen ihre Aufgaben, die Herstellung von Papiermasken, mit viel Individualität und Originalität erledigten, und zwar mit hoher Motivation. Dann anders als in der autokratisch geführten Klasse arbeiteten sie auch dann weiter, wenn der Lehrer den Raum verließ. Außerdem entwickelte sich ein Zusammengehörigkeitsgefühl und gegenseitige Unterstützung. Laisser-faire, also die Abwesenheit von Führungsverhalten, nicht von Führungspersonen, ist etwas anderes als Demokratie. Die Kinder entwickelten weder eine Arbeitsorientierung noch ein harmonisches Gruppenklima.

Bei dieser Studie war den Leitern der Führungsstil *vorgegeben.* Er hatte sich nicht entwickelt. Dieser Prozeß der *Entwicklung* von Führungsstilen wurde von Bales und Slater (1955) analysiert. In Gruppen von jeweils fünf Personen, die über mehrere Sitzungen zusammenkamen, entwickelte sich mit großer Regelmäßigkeit eine zunehmende Differenzierung von zwei herausragenden Personen bzw. Positionen, was als Hypothese der *komplementären Führer* bezeichnet wurde. Während eine Person besonders viele Ideen entwickelte und so die Gruppe zu einer Lösung der Aufgabe stimulierte, aber wenig Sympathien auf sich zog, gelang es meist einer zweiten Person, die Sympathie der übrigen Mitglieder zu erringen und so den Gruppenzusammenhalt zu fördern.

Hofstätter (1963, S. 362) hat diese beiden Positionen als „*Tüchtigkeit*" und „*Beliebtheit*" chrakterisiert. Übrigens kann nicht von einer prinzipiellen Unvereinbarkeit der Tüchtigkeits- und Beliebtheitsrolle ausgegangen werden, denn es gab auch Fälle, bei denen der Tüchtigste zugleich der Beliebteste war. Dieser sympathisch Tüchtige zeichnete sich gegenüber dem ungeliebten „Fachführer" durch eine hohe Feedback-Rate aus, d.h. er produzierte nicht nur eigene Ideen, sondern reagierte auf die Vorschläge der Gruppenmitglieder, und sei es – im einfachsten Fall – durch aufmerksames Zuhören.

Durchaus vergleichbar waren die Ergebnisse der Fragebogenstudien, wie sie von der sog. *Ohio-Schule,* also der Forschungsgruppe um Stogdill (1974), durchgeführt wurden. Hier wurden Geführte gebeten, das Verhalten ihrer Vorgesetzten anhand eines sehr umfangreichen Fragebogens zu beurteilen. Faktorenanalytische Auswertungen ergaben, daß die Gesamtvarianz der Antworten recht gut auf zwei unterschiedlichen Dimensionen abgebildet werden kann, die als „*initiating structure*" und als „*consideration*" bezeichnet wurden. Nachreiner (1978, S. 30f.) charakterisiert die Dimension „Consideration" als „Verhaltensweisen, die ein freundschaft-

Interaktion und Organisation

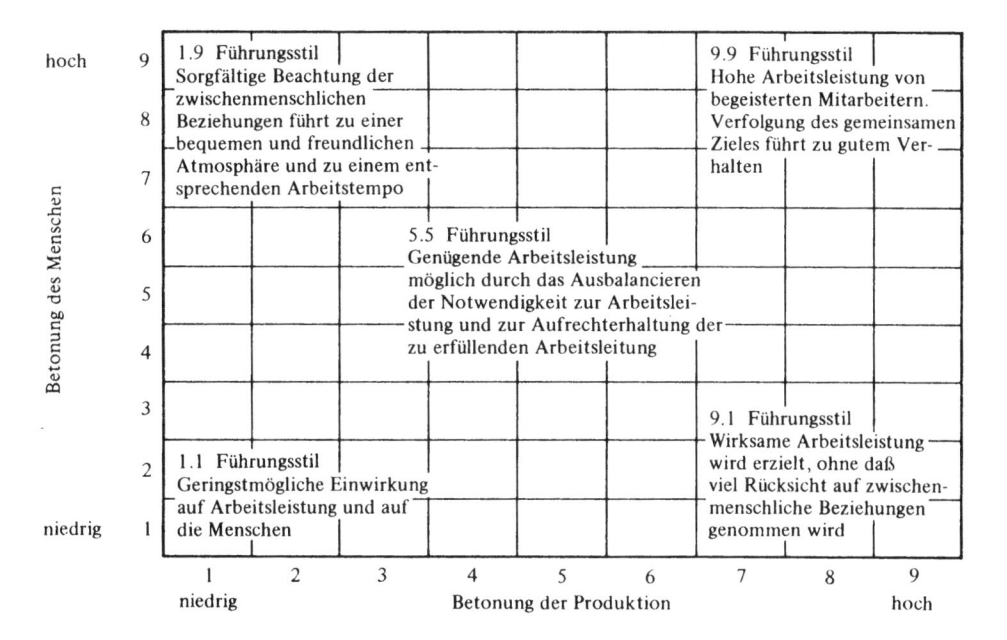

hoch	9	1.9 Führungsstil Sorgfältige Beachtung der zwischenmenschlichen					9.9 Führungsstil Hohe Arbeitsleistung von begeisterten Mitarbeitern.		
	8	Beziehungen führt zu einer bequemen und freundlichen					Verfolgung des gemeinsamen Zieles führt zu gutem Ver-		
	7	Atmosphäre und zu einem entsprechenden Arbeitstempo					halten		
	6			5.5 Führungsstil Genügende Arbeitsleistung					
	5			möglich durch das Ausbalancieren der Notwendigkeit zur Arbeitsleistung und zur Aufrechterhaltung der					
	4			zu erfüllenden Arbeitsleistung					
	3						9.1 Führungsstil Wirksame Arbeitsleistung		
	2	1.1 Führungsstil Geringstmögliche Einwirkung					wird erzielt, ohne daß viel Rücksicht auf zwischenmenschliche Beziehungen		
niedrig	1	auf Arbeitsleistung und auf die Menschen					genommen wird		
		1	2	3	4	5	6	7	8	9
		niedrig			Betonung der Produktion				hoch

(Betonung des Menschen)

Abb. 95: „Managerial Grid" nach Blake und Mouton (1968) sowie Blake, Mouton und Lux (1987) (aus Blake & Mouton, 1968, S. 33)

liches und von gegenseitigem Vertrauen gekennzeichnetes Verhältnis zwischen Vorgesetzten und Untergebenem ausdrücken", und „initiating structure" als „Verhaltensweisen, mit denen der Vorgesetzte Aufgaben, Rollen und Beziehungen in der Gruppe spezifiziert, mit denen er versucht, zu organisieren und das Gruppenziel zu erreichen".

Bei aller Plausibilität dieser beiden Dimensionen sei auf eine methodische Schwäche des Fragebogenansatzes hingewiesen, die Nachreiner (1978) dokumentiert hat. Demnach fragt sich, was der Fragebogen zur Beschreibung des Vorgesetztenverhaltens eigentlich mißt: das Verhalten der Vorgesetzten oder die Urteilskategorien der Mitarbeiter. Nachreiner konnte in sekundäranalytischen Nachberechnungen zeigen, daß die Ergebnisse mehr über die Beobachter als über die Beobachteten aussagen. Hieraus darf nun aber auch nicht der Schluß gezogen werden, daß diese beiden Dimensionen nicht existent seien, sondern zunächst nur, daß Fragebögen zur Fremdbeurteilung der Verzerrung durch Wahrnehmungs- und Interpretationsmuster der Beurteiler unterliegen.

Die Plausibilität der beiden Dimensionen hat rasch zu ihrer Popularisierung und Vermarktung beigetragen. Blake und Mouton (1968) haben hieraus ihr *„Managerial Grid"* abgeleitet (Abb. 95), eine einfache Form zur Darstellung unterschiedlicher Führungsstile, von denen der sogenannte 9,9-Stil, also die beiderseitig hohe Ausprägung in Leistungs- und Mitarbeiterorientierung, die den „Great Man" kennzeichne, in nahezu allen Führungssituationen optimal sei.

Diese und andere grobe Vereinfachungen erhöhen zwar die allgemeine Akzeptanz dieser Modelle – ähnlich wie bei dem Motivations-Konzept von Maslow – und signalisieren eine beruhigende Beherrschbarkeit der Führungsaufgaben, blenden aber gleichzeitig die Komplexität und Dynamik der sozialen und psychischen Realität aus. Diese Kritik, die besonders pointiert von Neuberger

(1990b) vorgetragen wird, trifft genauso auf die Varianten und Nachfolgekonzepte zu, wie sie von Hersey und Blanchard (1977); Reddin (1977) oder Dreyer (1985) entwickelt wurden.

7.2.2.3 Interaktionstheoretische Ansätze

Diese zeichnen sich dadurch aus, daß sie das Führungsverhalten und -ergebnis als Resultante einer Wechselwirkung von personalen und situationalen Merkmalen auffassen.

Beispielhaft sei hier das *Kontingenzmodell* von Fiedler (1967) genannt. Fiedler (1967) führte eine Fülle von Untersuchungen insbesondere bei Sportteams und militärischen Kampfeinheiten durch, wobei er den Führungsstil des Führers durch den sogenannten *LPC-Wert* (Least-Preferred-Coworker) und die Führungssituation durch drei Elemente, die *Führer-Mitglied-Beziehungen*, die *Aufgabenstruktur* und die *Positionsmacht des Führers* erfaßte.

Der LPC-Wert wurde durch einen Fragebogen gemessen, mit dem der Führer seinen am wenigsten geschätzten Mitarbeiter anhand vorgegebener 8stufiger Skalen beurteilen sollte. Diese bipolaren Skalen enthielten allgemeine Bewertungen wie „freundlich-unfreundlich" oder „angenehm-unangenehm". Was hiermit gemessen wurde, war anscheinend auch Fiedler nicht ganz klar, insofern als er die Interpretation des LPC-Werts mehrfach korrigierte: von einem Index der sozialen Distanz zu einer motivationalen Kategorie des Führers, der eher geliebt als respektiert werden wolle bzw. umgekehrt eher respektiert als geliebt. Beibehalten hat Fiedler jedoch die Überzeugung, daß der LPC-Wert den Führungsstil als eine übergeordnete, gleichbleibende Kategorie des konkreten Verhaltens erfasse. Hohe LPC-Werte (positive Beschreibungen) signalisierten einen

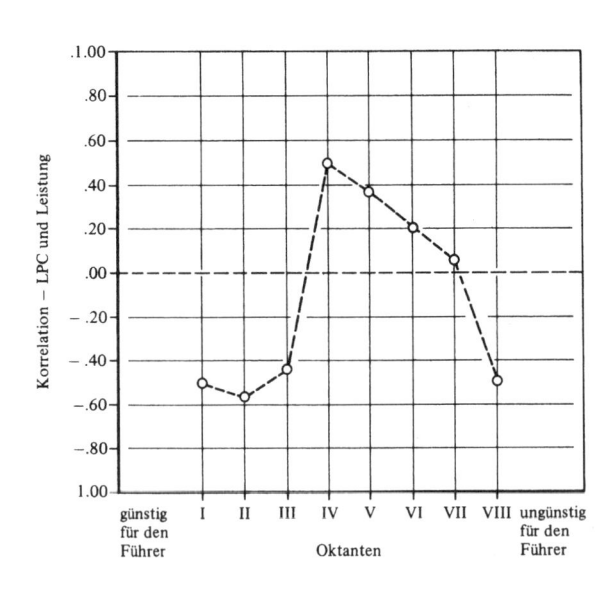

Abb. 96: Median-Korrelationen zwischen dem LPC-Wert des Führers und der Gruppenleistung in bezug auf die acht Gruppen-Aufgaben-Situationen (nach Staehle, 1990, S. 324; Orig. in Fiedler, 1967, S. 146)

Tabelle 11: Beschreibung der acht Führungssituationen von Fiedler

Konstellation/Typ	Führer-Mitarbeiter-Beziehung	Strukturierung der Aufgabe	Positionsmacht	Beispiel	Führungsstil
I	gut	stark	viel	Kampfgruppe, Arbeitsgruppe i.d. Produktion	aufgabenorientiert
II	gut	stark	wenig	Basketballteam	aufgabenorientiert
III	gut	schwach	viel	militärischer Planungsstab	aufgabenorientiert
IV	gut	schwach	wenig	Forschungsteam	personenorientiert
V	ziemlich schlecht	stark	viel	wie I	personenorientiert
VI	ziemlich schlecht	stark	wenig	wie II	personenorientiert
VII	ziemlich schlecht	schwach	viel	wie III	personen- oder aufgabenorientiert
VIII	ziemlich schlecht	schwach	wenig	wie IV	aufgabenorientiert

mitarbeiterorientierten und niedrige Werte einen aufgabenorientierten Stil. Aufgrund des Konstruktionsprinzips des Meßinstruments kann es übrigens keinen Führungsstil erfassen, der im Sinne von Blake und Mouton durch hohe Ausprägungen auf beiden Dimensionen gekennzeichnet ist.

Die drei situativen Variablen wurden jeweils nur in dichotomer Ausprägung – also hoch oder niedrig – erfaßt und systematisch variiert, so daß sich insgesamt 8 unterschiedliche Situationen ergaben, die Fiedler in eine Rangreihe nach situativer Günstigkeit ordnete (Tab. 11). Extrem günstig war demnach eine Situation, in der die Führer-Mitglied-Beziehungen gut, die Aufgabe klar strukturiert und die Positionsmacht des Führers hoch war.

Die empirischen Befunde zeigen, daß in extrem günstigen wie auch in extrem ungünstigen Situationen der aufgabenorientierte Führer (niedriger LPC-Wert) erfolgreich ist, während in den Situationen mittlerer Günstigkeit der mitarbeiterorientierte Stil (hoher LPC-Wert) weiterhilft. Die Ergebnisse wurden meist als Korrelation zwischen LPC-Wert und Gruppenleistung dargestellt (Abb. 96). Die positive Korrelation signalisiert einen positiven Zusammenhang der beiden Werte, d.h.: hoher LPC geht mit hoher Leistung und niedriger LPC mit niedriger Leistung einher. Bei negativer Korrelation gilt entsprechend, daß hoher LPC mit niedriger Leistung einhergeht und umgekehrt.

Fiedler (1967) hat mit seinem Konzept sehr deutlich auf die Wechselbeziehungen von Führungsstil und Situation hingewiesen und damit den Konzeptionen, die unabhängig von der situativen Konstellation einen stets optimalen Führungsstil propagierten, eine Absage erteilt. Zugleich hat er viel Aufmerksamkeit für seinen Vorschlag geerntet, die Situation dem Führungsstil anzupassen statt wie üblich, aber selten erfolgreich, den Führungsstil der Führungskräfte durch Trainings zu korrigieren. Dies klingt zwar überzeugend, ist aber wenig praktikabel. Weder die Führer-Mitglied-Beziehungen noch die Aufgabenstruktur oder Positionsmacht des Führers lassen sich beliebig variieren, bis der „Fit" zwischen LPC und situativer Günstigkeit optimal ist.

Es fällt nicht leicht, eine verständliche inhaltliche Erklärung für die empirischen Befunde zu geben. Ein von Fiedler selbst gegebenes Beispiel der extrem günstigen Situation, die einen aufgabenorientierten Stil erfordere, ist der Fall des Piloten im Landeanflug. Die Beziehungen zur Crew sind gut, die Aufgabe ist völlig klar: Auf diesem Flugplatz muß gelandet werden. Die Positionsmacht des Führers ist hoch: Der Flugkapitän ist „Pilot in Command". Falls der Pilot jetzt anstelle direktiver Kommandos eine Diskussion zur kooperativen Entscheidungsfindung beginnen würde, dann ... Wir wollen den Gedanken im Interesse der Fluggäste nicht weiter verfolgen. Hier wird aber auch klar, daß die Geführten in dieser Situation ein aufgabenorientiertes Vorgehen erwarten, was in einer anderen Situation, etwa bei unklarer Aufgabe, niedriger Positionsmacht – aber guten Beziehungen – gerade umgekehrt sein kann. Hier dürften die Geführten ein mitarbeiterorientiertes Vorgehen erwarten. Wenn dieser Gedanke zutrifft, so liegt der Schluß nahe, daß der Stil erfolgreich ist, der den Erwartungen der Geführten entspricht.

7.2.2.4 Attributionstheoretische Modelle

Im Reigen der Führungstheorien spielen die attributionstheoretischen Konzepte eine Nebenrolle. Hier ist das Führungsgeschehen, das bei den Eigenschaftstheorien noch in der Persönlichkeit des Führers begründet lag und bei den Interaktionskonzepten bereits in die Mitte zwischen Führer, Geführten und Aufgabe rückte, nun gänzlich in die Geführten verlagert worden. Führung findet im Kopf der Geführten statt.

Calder (1977) interpretiert Führung als ein Wahrnehmungsphänomen, das sich als Ergebnis eines mehrstufigen Attributionsprozesses ergibt (Abb. 97). Demnach haben die Geführten – der Begriff ist hier eigentlich nicht angebracht – eine Vorstellung von Führung als kognitives Raster im Kopf. Das reale Geschehen wird auf dem Hintergrund dieses kognitiven Rasters selektiv wahrgenommen und interpretiert. Sofern das beobachtete Verhalten dem Modell von Führung entspricht, außerdem beständig und intensiv gezeigt wird und obendrein sozial erwünscht ist, so wird auf die Existenz von Führung geschlossen. Die weitere Beurteilung dieses so diagnostizierten Führungsverhaltens hängt dann davon ab, ob der Beobachter (Geführte) positiv oder negativ betroffen ist. Im ersten Fall wird es als Führung, andernfalls als Schikane gedeutet werden.

Calder (1977) hat eigentlich keine Führungstheorie entwickelt, sondern die Erkenntnisse der Attributionstheorie (Heider, 1958; Kelley, 1972) auf diesen Bereich übertragen und dabei einige interessante Anregungen gegeben. Er hat auf die Schwierigkeit der Definition von Führung verwiesen und gezeigt, daß Führung ohne die Definitionsmuster der Geführten nicht angemessen definiert werden kann. (Wer nicht als Führer erkannt wird, ist keiner.) Er hat auf die Wirkung spektakulärer – besonders auffälliger – Führungsakte hingewiesen, die die Existenz von Führung für jedermann sichtbar macht (Führung muß Zeichen setzen). Und er hat die motivationale Bedeutung der Erwartungshaltung der Geführten betont. Sie sind bereit, der Führung zu folgen, wenn es ihnen nützlich zu sein verspricht.

Die Konzeption von Calder (1977) erklärt also nicht das Verhalten der Führungskräfte,

Interaktion und Organisation

ATTRIBUTION VON FÜHRUNG
als persönliche Disposition

Ist der Beobachter
durch das Verhalten
PERSÖNLICH betroffen?

Ist das Verhalten
mit den Zielen des
Beobachters vereinbar?

Welche VERHALTENS-ALTERNATIVEN
hätte der Handelnde noch gehabt?
(Analyse der nicht-gemeinsamen Wirkungen)

Wie EXTREM
(ausgeprägt, intensiv,
beeindruckend)
ist das Verhalten?

Ist das Verhalten
SOZIAL ERWÜNSCHT?

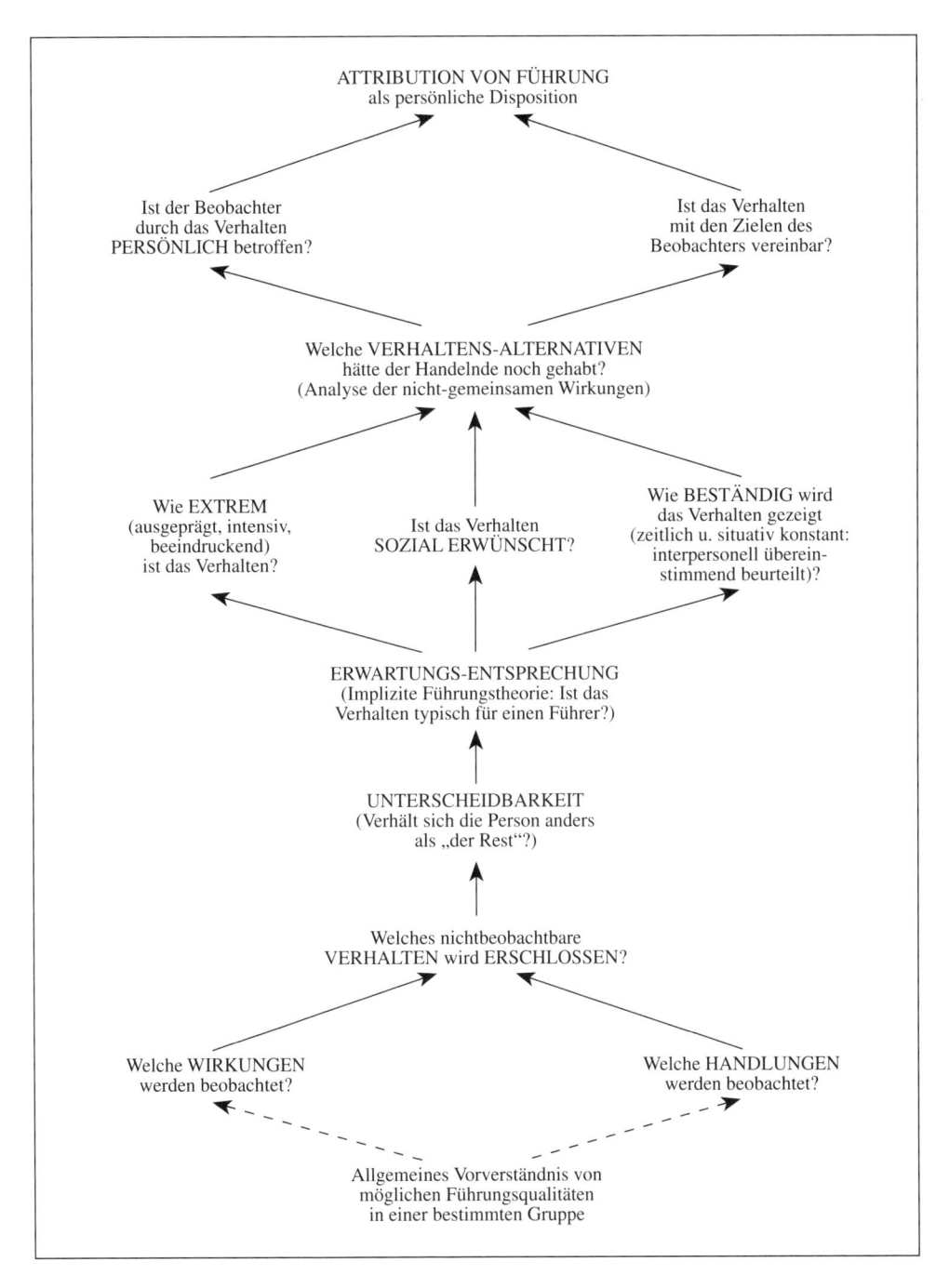

Wie BESTÄNDIG wird
das Verhalten gezeigt
(zeitlich u. situativ konstant:
interpersonell überein-
stimmend beurteilt)?

ERWARTUNGS-ENTSPRECHUNG
(Implizite Führungstheorie: Ist das
Verhalten typisch für einen Führer?)

UNTERSCHEIDBARKEIT
(Verhält sich die Person anders
als „der Rest"?)

Welches nichtbeobachtbare
VERHALTEN wird ERSCHLOSSEN?

Welche WIRKUNGEN
werden beobachtet?

Welche HANDLUNGEN
werden beobachtet?

Allgemeines Vorverständnis von
möglichen Führungsqualitäten
in einer bestimmten Gruppe

Abb. 97: Flußdiagramm des Attributionsmodells (nach Calder, 1977, S. 196)

sondern gibt Hinweise darauf, wie ihr Verhalten interpretiert werden wird. Die Überlegungen Calders werfen ein Licht auf bekannte Phänomene wie den aufrüttelnden Ruck, der ein Sportteam nach dem Trainerwechsel erfaßt, oder das Bild vom neuen Hoffnungsträger, das den politischen Führungswechsel begleitet.

7.2.2.5 Weitere Theoriekonzepte

Hier sollen keine weiteren Ansätze mehr vorgestellt und diskutiert, sondern nur erwähnt werden, daß es eine Fülle weiterer Konzeptionen gibt (vgl. Staehle, 1987; Neuberger, 1990b). Diese große und wachsende Zahl von Theorien erklärt sich sicherlich aus der eingangs erwähnten Faszination des Themas und der Hoffnung, mit Hilfe der richtigen Führungswerkzeuge die Welt und ihre Menschen in den Griff zu bekommen. Zugleich ist die Tatsache, daß dieser Markt der Führungstheorien bisher nicht gesättigt werden konnte, ein Hinweis darauf, daß es bislang nicht gelungen ist, das „richtige Instrument" zu entwickeln. Wenn ich diese Bemerkung mit der Hoffnung auf viele weitere künftige Führungstheorien und -ansätze verbinde, so schwingt hier die Zuversicht mit, daß sich der Mensch auch künftig dem Zugriff der instrumentellen Konzepte entziehen kann.

7.2.3 Theorien des Geführtwerdens

7.2.3.1 Grenzen der traditionellen Führungsforschung

Die von Neuberger (1990b) vorgeschlagene Formulierung vom „Geführtwerden" mag auf den ersten Blick ungewöhnlich erscheinen. Sie ist es nur deswegen, weil die Führungsforschung – von den attributionstheoretischen Einsprengseln einmal abgesehen – überwiegend aus der Perspektive der Führenden, nicht der Geführten, betrieben wurde und wir uns an diese Sicht gewöhnt haben.

Die traditionelle Führungsforschung betrachtet das Verhalten der Führungskräfte vielfach so, als könnten sie frei aus sich heraus gestalten, steuern, führen, kontrollieren, reglementieren usw. Dies ist eine ebenso einseitige wie irrige Perspektive. Auch Führer sind eingebunden in ein System, eine Struktur, eine Umwelt und Erwartungen.

Eine zweite Einseitigkeit besteht darin, daß die Geführten nicht nur von den Führenden geführt, sondern ebenfalls durch weitere Faktoren beeinflußt, also geführt werden. Innerhalb einer Organisation sind es Regeln, Verträge, Richtlinien, aber auch die technischen Prozesse, die maschinellen Abläufe und Takte. Letzteres sei durch einen Witz verdeutlicht.

Bandarbeit

Zwei Frauen unterhalten sich über ihre Männer, die beide in einem Automobilwerk arbeiten. Da fragt die eine: „Sagen Sie mal, arbeitet Ihr Mann auch am Band?" „Nee", sagt die andere, „meiner kann frei 'rumlaufen."

Drittens ist es so, daß auch die Geführten die Führenden führen. Führung ist ein Interaktionsphänomen. Wir hatten dies am Bild vom Herrn und Knecht gesehen. Moscovici (1979) hat auf eine ganz wesentliche *Macht der Minderheit* hingewiesen: Sie kann den Konsens der Mehrheit brechen, sich ihrem Einfluß entziehen und damit eigene Freiräume schaffen, die dem Zugriff der Führenden verschlossen bleiben (Crozier & Friedberg, 1979).

Viertens steuern sich Menschen selbst, sie haben eigene Ziele, Standards und Werte. Sie interpretieren die Wirklichkeit und entwickeln eigene Sichtweisen, Überzeugungen und Gewohnheiten.

Fünftens entwickelt sich innerhalb des sozialen Systems, das sowohl die Führenden als auch die Geführten umfaßt, ein normatives Muster, eine Kultur als ein System, das Denken, Verhalten und Fühlen beeinflußt. Damit ist mehr gemeint als lediglich das Betriebsklima. Hier geht es um ein Symbolsystem, das der Interpretation der Wirklichkeit zugrundeliegt, selbst aber verborgen bleibt. Auch dies sei an einer kleinen Geschichte verdeutlicht.

> **Betriebsbesichtigung**
>
> Es passiert mir hin und wieder, daß ich bei Betriebsbesichtigungen von einer Führungskraft durch die Produktionsbereiche geleitet werde, die Führungskraft bei einzelnen Arbeitsplätzen innehält, und ohne den dort tätigen Mitarbeiter zu grüßen, zu fragen oder zu informieren, mir einzelne der bearbeiteten Teile zeigt, erläutert und dann wieder zurücklegt. Die verborgene Symbolik wird dann deutlich, wenn man sich dies umgekehrt denkt: Der Mitarbeiter zeigt einem Freund den Betrieb, geht in das Büro des Chefs, greift einige Papiere vom Schreibtisch, zeigt sie dem Freund, legt sie wieder hin und verläßt den Raum, sich mit dem Freund unterhaltend.

Wir haben es also mit einer ganzen Reihe von Steuerungssystemen zu tun, von denen die personale Mitarbeiterführung nur eines ist. Türk (1981) spricht plastisch von der *Lückenbüßerfunktion der Personalführung,* um deutlich zu machen, daß die persönlich interaktive Führung die Aufgabe habe, die noch vorhandenen Lücken eines ansonsten perfektionierten technisch-organisatorischen Systems zu füllen (siehe Abb. 98, S. 230).

Menschen führen und werden geführt. In einer weiteren Betrachtung müssen wir dieses Bild durch die Berücksichtigung technisch-maschineller und organisatorisch-sozialer Systeme erweitern. Wenn wir Mensch, Maschine und System auch jeweils als beeinflussend und beeinflußt denken, ergibt sich ein Tableau mit neun Feldern (siehe Abb. 99, S. 230).

Die Felder 1, 2, 3, 4, 6 und 7 brauchen uns hier nicht weiter zu interessieren. Feld 5 haben wir bereits in diesem Kapitel besprochen, so daß wir uns zunächst dem Feld 8 mit einigen Überlegungen zur symbolischen Führung und später, im Kapitel 7.4., dem Feld 9 mit weiteren Überlegungen zur systemischen Führung, Selbstorganisation und Mikropolitik zuwenden.

7.2.3.2 Symbolische Führung

Symbole sind Zeichen, aber anders als die Signale sind es *mehrdeutige* Zeichen, die unterschiedliche Interpretationen erlauben. Ihre Bedeutung erschließt sich also nicht von selbst, sondern bedarf der Deutung. Dieser Prozeß des Deutens ist nicht notwendigerweise, eher sogar selten das Ergebnis aktivrationalen Denkens. Das oben genannte Beispiel der Betriebsbesichtigung macht dies einsichtig. Das unsensibel unhöfliche Verhalten der Führungskraft ist zugleich Ausdruck von Macht, Status und Privilegien. In diesem Sinne ist es zugleich – auch wenn es der Führungskraft nicht bewußt sein sollte – symbolisches Verhalten, mit dem auf etwas Verborgenes hingewiesen wird.

Auch wenn wir hier keine unmittelbare Reaktion des Mitarbeiters beobachten können, so dürfte doch klar sein, daß das Verhalten des Chefs eine Wirkung hat. Wir können uns vorstellen, daß sich der Mitarbeiter ärgert, ohne etwas zu sagen. Wir können uns auch denken, daß der Mitarbeiter diesem Ereignis – möglicherweise, weil er es nicht anders gewöhnt ist – keine besondere Beach-

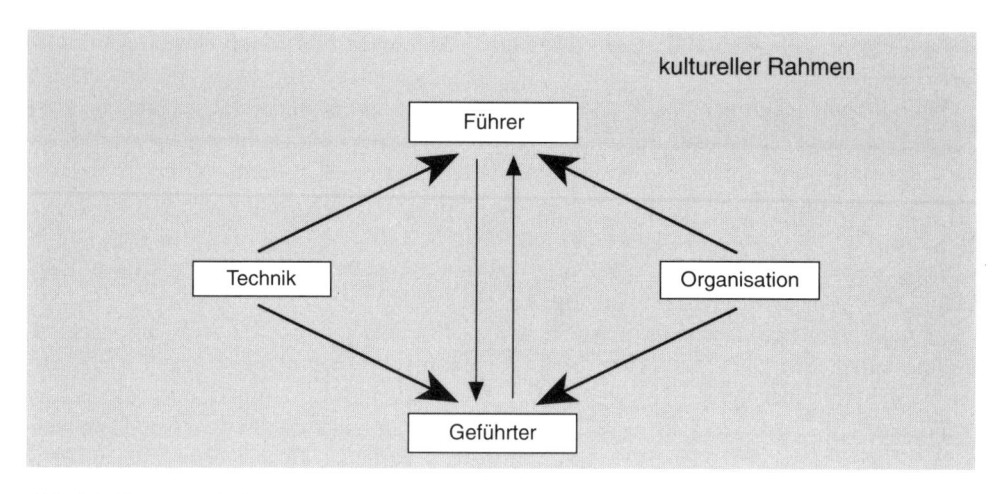

Abb. 98: Gesamtmodell von Führer, Geführtem, Technik und Organisation

Steuerungsrichtung:

→

	Maschine	Mensch	System
Maschine	(1) maschinelle Regelkreise und Rückkopplungen	(2) Bandarbeit, Dialog-Computer, Experten-Systeme	(3) technisch bestimmte Kultur einer Organisation
Mensch	(4) Maschinenführung, Maschinenbedienung	(5) Menschenführung, Mitarbeiterführung	(6) Unternehmensführung
System	(7) Computer-Integrated Manufacturing (CIM)	(8) systemische und symbolische Führung	(9) Selbstorganisation, Autopoiese, Mikropolitik

Abb. 99: Neun-Felder-Tafel zum Führen und Geführt-Werden durch wechselseitige Beeinflussung von Mensch, Maschine und System

tung schenkt. Aber dies darf nicht als Wirkungslosigkeit des Symbolischen interpretiert werden. Im Gegenteil, die Symbolwirkung ist so selbstverständlich geworden, daß sie gar nicht mehr bemerkt wird.

Wenn wir unser Bild etwas variieren und uns vorstellen, die Führungskraft wäre nicht so unhöflich stumm geblieben, sondern hätte – allerdings auch ohne weitere Erläuterung – den Mitarbeiter mit den Worten angesprochen: „Geben Sie mir mal ein Teil aus der Kiste", so wäre dies eine direkte Aufforderung, also ein klares Signal gewesen, auf das der Mitarbeiter durch die Ausführung des Auftrags reagiert hätte. Hier wäre der steuernde Einfluß des Führungsverhaltens unmittelbar zu beobachten gewesen.

Wir können daher zwei Wege der Verhaltensbeeinflussung ausmachen: einerseits eine Wirkung durch die *unmittelbare Signalfunktion*, und zum anderen durch die *mittelbare Symbolfunktion*. Neuberger (1990b, S. 93) formuliert in diesem Zusammenhang: „Man kann nicht *nicht* symbolisch führen".

Dies hatten früher bereits Watzlawick et al. (a.a.O., S. 53) im Hinblick auf die Kommunikation gesagt: „Man kann nicht nicht kommunizieren", weil auch Schweigen etwas sagt. Watzlawick et al. haben auf den Beziehungsaspekt der Kommunikation verwiesen, weil Sprache nicht nur etwas über die Wirklichkeit, sondern auch über die Beziehung zum Angesprochenen und freilich auch etwas über den Sprecher selbst aussagt.

Der bisher besprochene Sachverhalt stellt lediglich dar, daß es symbolische Wirkungen des Führungsverhaltens gibt. Damit ist noch nicht geklärt, *wie* Führungskräfte symbolisch führen und auch nicht, wie die Mitarbeiter die Symbole *deuten*.

Der zweite Aspekt der Symbolinterpretation ist zumindest im Rahmen der Führungsforschung (noch) weitgehend ungeklärt und unbearbeitet. Tiefenpsychologische Schulen haben sich mit Traumdeutungen und in diesem Zusammenhang mit der Interpretation des Symbolischen beschäftigt. Auch der symbolische Interaktionismus, als methodologische Richtung der Soziologie, thematisiert das Verstehen von Symbolen. Im Hinblick auf das Führungsverhalten und seine Einbettung in einen organisationalen Rahmen steht jedoch die systematische Bearbeitung dieses Aspekts noch aus.

Die Frage, auf welchen Wegen Führungskräfte symbolisch führen, beantwortet Neuberger (1990b, S. 250) mit dem Hinweis auf die *symbolisierte* und die *symbolisierende* Führung. Der Begriff der *symbolisierten Führung* verweist darauf, daß in dem Führungshandeln – wie oben gezeigt – mehr verborgen ist als die unmittelbare Signalfunktion. Dies bezieht sich nicht nur auf das, was beim unmittelbaren Führungsverhalten mitschwingt, sondern auch auf die Symbolwirkung von Fakten, Tatsachen oder Gegenständen. Hierzu zählten das repräsentative Büro ebenso wie das Firmenlogo oder bestimmte Versammlungsrituale.

Neuberger (1990b, S. 253) spricht hier von einer „weichen Fernsteuerung", die sich in verschiedenen Medien verbirgt, nämlich in:

– *verbalen* (Geschichten, Sprachregelungen, Witzen usw.)
– *interaktionalen* (Umgang, Bräuche, Rituale, Spiele usw.) und
– *artifiziellen* (Gebäude, Maschinen, Logos usw.).

Diese Steuerungen wurden zwar von Personen geschaffen, wirken dann aber personenunabhängig, weil sie als Tat-Sachen weiterexistieren.

Der Begriff der *„symbolisierenden Führung"* bezieht sich dagegen auf ein aktiv deutendes oder umdeutendes Verhalten der Führungskräfte. Man kann die Fakten jeweils auch anders deuten, wenn sie in einen anderen Zusammenhang gestellt oder ihnen ein neuer Sinn zugesprochen wird:

„Wenn das, was ‚ist', verändert werden muß, weil es ungewollte (Neben-)Wirkungen hat, dann kommt es darauf an, bisher gültige Selbstverständlichkeiten in Frage zu stellen und neue Sichtweisen durchzusetzen. Sonntagsruhe ist dann plötzlich nicht mehr heilige Tradition, sondern unökonomisches Relikt aus alten Zeiten, das Produktivität mindert und Arbeitsplätze gefährdet …" (Neuberger, 1990b, S. 255).

Die symbolische Führung umfaßt damit einen aktiven und einen passiven Teil. Sinn wird in Fakten deponiert und wirkt dann, bis neue Interpretationsmuster angeboten werden. Im Wechselspiel dieser beiden Aspekte spricht Neuberger (a.a.O., S. 256) von einem

Kreisprozeß zwischen *Verfestigung* und *Verflüssigung*.

Die bisherige Darstellung der symbolischen Führung könnte den Eindruck erweckt haben, es handele sich hier um ein neues und einflußreiches Führungsinstrument. Neu ist es sicherlich nicht. Die Geschichte dürfte reich an Beispielen symbolischer Führung sein. Auch einflußreich dürfte es sein. Zweifel bleiben lediglich bei der Formulierung „Instrument". Die symbolische Führung ist kein Werkzeug, das beliebig eingesetzt werden kann. Sinn kann den Menschen nicht einfach vorgedeutet werden, er wird *erschlossen*.

7.3 Gruppenarbeit

Auch die *Kleingruppenforschung* oder *Gruppendynamik* ist ein traditionelles Gebiet der Sozialpsychologie, von dem aus – ähnlich wie bei der Führungsforschung – vielfältige Impulse in die Praxis gegangen sind, sei es im therapeutischen oder arbeitsorganisatorischen Bereich.

Kleingruppenforschung kann als Bindeglied zwischen der Psychologie und der Soziologie betrachtet werden, da sie das Verhalten der Menschen innerhalb eines sozialen Systems thematisiert. Hofstätter hatte mit seinem bereits 1957 erstmalig erschienenen Buch zur Gruppendynamik insbesondere die integrativen und leistungsförderlichen Aspekte der Kleingruppe betont und damit die Gruppenpsychologie deutlich von der Massenpsychologie abgehoben. Diese beiden Aspekte der *Gruppenkohäsion* und *Gruppeneffizienz* spielen insbesondere bei der Betrachtung der Gruppen- oder Teamarbeit in Organisationen eine große Rolle.

7.3.1 Bestimmungsmerkmale der Gruppen- bzw. Teamarbeit

Der Begriff „Teamarbeit" hat sich zu einem Modewort mit vielseitiger Bedeutung bei generell positiver Bewertung entwickelt. Das englische Wort, dem ursprünglich die Bedeutung eines „Gespanns" zugrunde lag, hat sich auch im deutschsprachigen Bereich – insbesondere in Sport und Wirtschaft – weitgehend durchgesetzt und wird oft synonym mit Gruppenarbeit verwendet.

Der Begriff verweist bereits durch seine Wortbestandteile auf einen *sachlich-rationalen* sowie *sozial-emotionalen* Aspekt der Team- oder Gruppenarbeit. Die Koordination der individuellen Einzelleistungen folgt einem partizipativen Modell. Arbeitskoordination und Sozialintegration sind konstitutive Elemente der Teamarbeit.

Zur Teamarbeit gehört der *Teamgeist*. Dies ist insofern bedeutsam, als mit Teams oft die Zusammenarbeit von Spezialisten beschrieben wird. Das differenzierende Element der individuellen Besonderheiten wird durch das integrierende Element der gemeinsamen Orientierung aufgefangen. Gaitanides (1955) bringt dies auf die plastische Formel: „Team ist Einheit in der Vielfalt" (S. 621).

Die Fülle der vorhandenen Definitionen thematisiert diese beiden Aspekte in unterschiedlicher Intensität. Teils steht der sachlich-arbeitskoordinative Aspekt im Vordergrund wie bei Argyle (1975, S. 110): „Teams are groups of people who cooperate to carry out a joint task" teils wird der sozial-integrative Aspekt hervorgehoben wie bei Freibichler (1976, S. 190), der das Team als „ ... eine gut und gerne und eng zusammenarbeitende kleine Gruppe" beschreibt.

Neben diesen beiden essentiellen Merkmalen werden folgende Aspekte genannt:

1. Die *Gruppengröße:* Teams sind Kleingruppen, bei denen alle Mitglieder noch von Angesicht zu Angesicht (face-to-face)

in Kontakt treten können (Homans, 1960, S. 29). Eine quantitative Größe kann nicht genannt werden, doch ist es üblich, den Begriff Team oder Kleingruppe für Gruppen bis zu etwa 12 Personen vorzubehalten.
2. Die *Dauer:* Unter Teams werden relativ dauerhafte, für einen längeren Zeitraum gebildete Arbeitsgruppen verstanden. Damit unterscheiden sie sich von kurzfristig tätigen Gruppen wie z.B. Arbeitsausschüssen.
3. Die *Leistungsorientierung:* Im Unterschied zu therapeutischen, Spiel- oder Selbsterfahrungsgruppen gehört zum Team die Leistungsorientierung. Scharmann (1972) unterscheidet zwischen den Erlebnis- und den Leistungsgemeinschaften und ordnet die betriebliche Teamarbeit der Leistungsgemeinschaft zu, was nicht ausschließt, daß damit auch die Erfüllung sozial-emotionaler Erwartungen der Mitglieder verbunden ist. Jedoch stehen diese nicht im Vordergrund der Zielsetzung.
4. Der *Arbeitsstil:* Zur Teamarbeit gehört ein besonderer Arbeitsstil, bei dem kompetente Einzelpersonen kooperativ interagieren und kollektiv Verantwortung tragen. Bendixen (1980) möchte daher den Begriff der „Teamarbeit" auch nur auf solche Leistungsgemeinschaften anwenden, die kollektive Entscheidungsverantwortung tragen, und nicht lediglich Vollzugsverantwortung für die Erledigung einer extern präzisierten Aufgabe. (Team ist demnach eben nicht die Abkürzung für „Toll, ein anderer macht's".)

Forster (1981) analysierte gut zwanzig unterschiedliche Definitionen und schlägt resümierend folgende Begriffsexplikation vor:

„Unter einem Team soll eine kleine, funktionsgegliederte Arbeitsgruppe mit gemeinsamer Zielsetzung, relativ intensiven wechselseitigen Beziehungen, einem ausgeprägten Gemeinschaftsgeist sowie einem relativ starken Gruppenzusammenhalt unter den Mitgliedern und damit einer spezifischen Arbeitsform verstanden werden." (S. 143)

7.3.2 Zur Entwicklung von Gruppen- und Teamarbeit

Hierunter können zwei Aspekte betrachtet werden: ein *externer Entwicklungsaspekt*, der die äußeren Anlässe für die Etablierung der Gruppenarbeit auflistet, sowie ein *interner Entwicklungsaspekt*, der sich auf die gruppendynamischen Prozesse innerhalb der Arbeitsgruppe bezieht.

7.3.2.1 Anlässe für die Etablierung der Gruppenarbeit

Wir hatten bei der Diskussion des organisatorischen Anpassungsbedarfs (vgl. Kapitel 7.1.2) bereits auf die technologischen, marktökonomischen und gesellschaftlichen Wandlungsprozesse hingewiesen. Die spezifischen Merkmale der Team- und Gruppenarbeit können in diesem Zusammenhang als Antwort auf drei spezifische, durch diese Entwicklungen verstärkte organisatorische Problemkonstellationen gedeutet werden:

1. *Komplexitätsbeherrschung:* Die wachsende Aufgabenkomplexität übersteigt die Informationsverarbeitungs-, Steuerungs- und Verantwortungskompetenz einer auf Einzelentscheidung beruhenden Organisationsstruktur. Die zunehmende Komplexität und Vernetzung technischer, organisatorischer und sozialer Prozesse begünstigt die Verbreitung der Teamarbeit in den Unternehmen.
2. *Innovationsaktivierung:* Der hohe Innovationsbedarf läßt sich nicht mehr durch die kreativen Potentiale unsystematischer Einzelerfindungen sicherstellen. Für den Bereich der interdisziplinären Forschung

hatte Hattery bereits 1953 die positiven Wirkungen der Teamarbeit dokumentiert. Hackstein und Heeg (1985, S. 155) sowie Deppe und Ropella (1992, S. 85) haben darauf hingewiesen, daß diese Gruppeneffekte nicht „automatisch" eintreten, sondern eines innovationsförderlichen Umfeldes bedürfen.
3. *Integrationsbedarf:* Demokratisierungstendenzen und gesellschaftlicher Wertewandel führten zu einer Legitimationskrise hierarchisch-direktiver Strukturen und begünstigen den Aufbau partizipativer Organisationsformen (Staudt, 1986; Rosenstiel, 1987). Darüber hinaus läßt die zunehmende Differenzierung der Organisation sowie die Erweiterung der Handlungsspielräume einen erhöhten Integrationsbedarf entstehen. In diesem Sinne können Teams integrierende und konfliktreduzierende Funktionen übernehmen.

Bei soviel Vorzügen kann mit einer großen Verbreitung von Gruppenaktivitäten in der Wirtschaft gerechnet werden. Antoni, Bungard und Lehnert (1992, S. 117f.) haben mit einer Umfrage bei den 100 umsatzgrößten deutschen Industrieunternehmen die Verbreitung von Problemlösungsgruppen erkundet. Demnach haben 50 Unternehmen solche Gruppen eingeführt, und weitere 37 planen ihre Etablierung, wobei der überwiegende Anteil dieser Aktivitäten in den Produktionsbereichen zu beobachten ist (siehe Abb. 100 und 101, S. 235).

Die Umfrage von Antoni, Bungard und Lehnert (1992) bezieht sich im engeren Sinne auf Qualitätszirkel und ähnliche Formen der Gruppenarbeit. Sicherlich ist damit zu rechnen, daß sich diese Gruppenarbeitskonzepte auch in den nächsten Jahren noch weiter ausdehnen werden.

7.3.2.2 Gruppendynamische Entwicklung innerhalb der Teams

Die interne Entwicklung eines Teams wird überwiegend in Phasenabläufen beschrieben. Im Verlauf der Entwicklung differenzieren sich Aufgabenrollen, Kommunikationsmuster und Führungsstrukturen heraus. Eine eingängige Beschreibung der Phasen stammt von Tuckman (1965), der nach umfangreichen Literaturstudien zu folgender Einteilung kommt:

Phase 1: Forming. Die Gruppe beginnt sich zu bilden. Die Teilnehmer lernen sich kennen und „tasten sich ab". Die Situation ist noch unklar und undifferenziert.

Phase 2: Storming. Die ersten Konflikte brechen auf, Macht- und Statusklärungen finden statt. Ziele und Vorgehensweisen werden in Frage gestellt und diskutiert. Das Gefühl der Gruppenzusammengehörigkeit ist in dieser Phase nur schwach entwickelt.

Phase 3: Norming. Es kehrt gewissermaßen wieder Ruhe ein. Die Gruppenmitglieder beginnen sich in ihrer Unterschiedlichkeit zu akzeptieren. Der Teamgeist entwickelt sich. Die Gruppe bildet Normen für ihren Umgang, ihre Leistungsansprüche und ihre Verhaltensweisen heraus.

Phase 4: Performing. In dieser Phase kann die Gruppe zu einer geordneten Arbeitsweise übergehen, weil die internen Koordinationsprobleme weitgehend gelöst und das Vorgehen normiert wurde.

Es gibt weitere, noch differenziertere Phasenmodelle, bei denen allerdings nicht immer klar ist, ob es sich um empirisch gefundene (wie bei Tuckman) oder lediglich um normativ wünschenswerte handelt. Wesentlich ist insgesamt, daß die Lösung der sozial-integrativen Koordinationsleistung die Vor-

Interaktion und Organisation 235

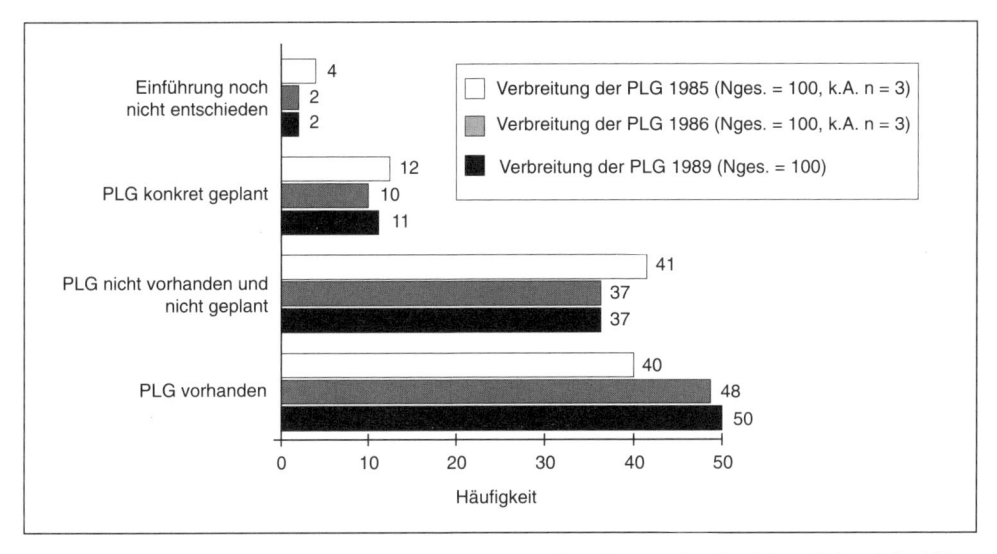

Abb. 100: Verbreitung von Problemlösungsgruppen (PLG). Die Angaben beziehen sich auf die 100 umsatzgrößten bundesdeutschen Industrieunternehmen der Jahre 1989/90, 1985 und 1986.
(aus Antoni, Bungard & Lehnert, 1992, S. 117)

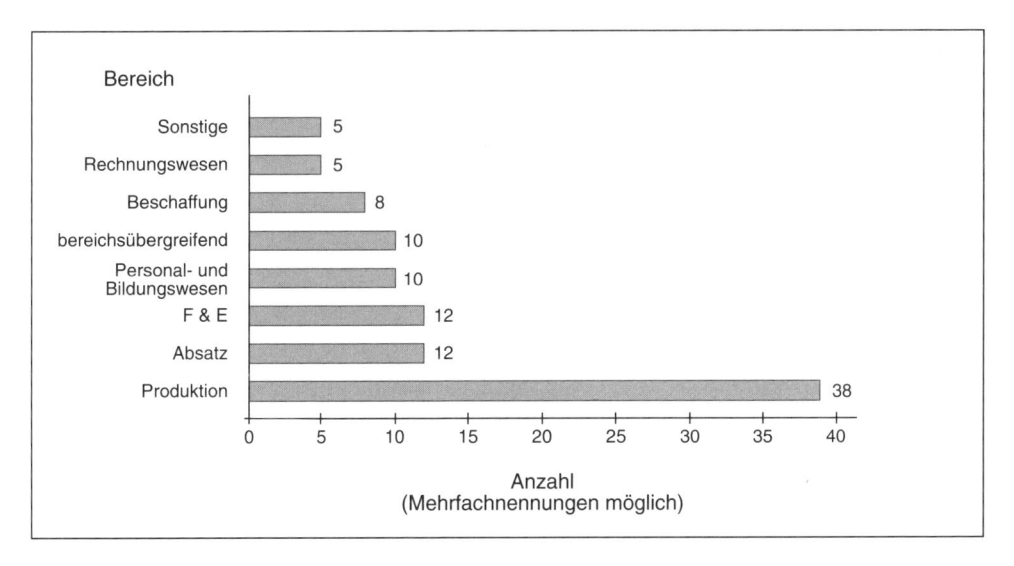

Abb. 101: Verteilung von Problemlösungsgruppen in verschiedenen Unternehmensbereichen. Die Angaben beziehen sich auf die 100 umsatzgrößten bundesdeutschen Industrieunternehmen des Jahres 1989/90. Mehrfachnennungen waren möglich.
(aus Antoni, Bungard & Lehnert, 1992, S. 119)

aussetzung für die erfolgreiche Bearbeitung der sachlichen Aufgaben darstellt, da sich Gruppen sonst mit sich selbst, aber nicht mehr mit der Aufgabe beschäftigen.

7.3.3 Vorteile der Gruppenarbeit

Wenn man in Betrieben nachfragt, warum man sich dort für Gruppenarbeit entschieden hat, so wird spontan der *Leistungsvorteil* der Gruppe hevorgehoben. Dies scheint so selbstverständlich zu sein, daß es sich fast erübrigt, genauer hinzuschauen. Wenn wir dies dennoch tun, so ergibt sich ein recht differenziertes Bild.

Zunächst gilt es, den unterstellten Leistungsvorteil zu präzisieren. Von einem echten Leistungsvorteil wird (im Unterschied zum *Pseudovorteil*) erst dann gesprochen, wenn die Gemeinschaftsleistung auch die Summe der Einzelleistungen übersteigt, wenn also bildlich gesprochen 10 Personen, von denen jede 50 kg heben kann, gemeinsam mehr als 500 kg schaffen. Die simple Aussage, daß 100 kg nicht mehr von einem gehoben werden können und daher mehrere Personen erforderlich sind, ist eigentlich banal. Die empirischen Befunde zu Aufgaben dieser Art zeigen gerade keinen echten Gruppenvorteil sondern einen -nachteil. Die Gruppenleistung liegt unter der Summe der Einzelleistungen, teils weil die Koordination nicht klappt, teils weil sich einzelne Gruppenmitglieder erst gar nicht sonderlich anstrengen (Verantwortungsdiffusion).

Ein echter Gruppenvorteil kann nur durch motivationale oder organisationale Effekte der Gruppe bewirkt werden, die zusätzliche Kräfte aktivieren und besser koordinieren. Diese Effekte sind vor allem von der Teamzusammenstellung und dem Aufgabentypus abhängig. *Konjunktive Aufgaben* bedürfen der Koordination der Einzelleistungen, während dies bei *disjunktiven* nicht der Fall ist. Fiedler (1967) hatte in ähnlicher Weise drei Typen von Arbeitsgruppen unterschieden, die koagierenden, interagierenden und kontraagierenden Gruppen.

Die *koagierende Arbeitsgruppe* bildet kein Team im engeren Sinne, da eine Koordination der Einzelleistungen nicht erforderlich ist. Die Einzelpersonen arbeiten nicht mit-, sondern nebeneinander. Die Gesamtleistung ergibt sich aus der bloßen Addition der Einzelbeiträge.

Die *interagierende Arbeitsgruppe* (Team, Problemlösungsgruppe) macht die Koordination der Einzelleistungen erforderlich, die nicht an sich, sondern nur als Beitrag zu einer ansonsten kaum erstellbaren Gesamtleistung bedeutsam sind. Die Koordination ist Voraussetzung für die Leistungserreichung bzw. -optimierung. Hier verbietet sich deswegen auch ein Vergleich zwischen Gruppenleistung und der Summe der Einzelleistungen. Allerdings ist es möglich, unterschiedlich effiziente Koordinationsstrukturen zu analysieren.

Bei den *kontraagierenden Gruppen* besteht die spezifische Gruppenleistung darin, divergierende Einzel- oder Unterinteressen in Verhandlungssituationen durch einen gemeinsamen Beschluß zu binden. Auch hier kann weder von einem Team noch vom Leistungsvorteil im engeren Sinne gesprochen werden. Die Koordination dient hier nicht der Leistungsoptimierung, sondern der Konflikt- oder Divergenzreduktion. Dabei sei nur am Rande erwähnt, daß Konflikte durchaus positive Wirkungen haben können (vgl. Glasl, 1990; Regnet, 1992).

Diese analytische Trennung verwischt sich in vielen realen Gruppen. Dort entstehen Aufgaben, die zwar gemeinsam behandelt werden, die aber einzeln besser gelöst werden könnten, es gibt echte Interaktionsleistungen, sei es bei kreativen oder analytischen Aufgabenstellungen, und schließlich brechen Konflikte und Interessengegensätze auf, die beigelegt oder zumindest bewältigt werden. Hofstätter (1957) hat drei Aufgabentypen unterschieden und anschaulich als

Aufgaben vom Typus des Hebens und Tragens, des Suchens und Findens sowie des Bestimmens unterschieden, die mit der oben dargestellten Differenzierung in Einklang gebracht werden können.

Bei der koagierenden Gruppe dominieren Aufgaben vom Typus des Hebens und Tragens. Hofstätter wählt hier das Bild einer körperlichen Leistung, ohne diesen Aufgabentyp hierauf zu beschränken. Wesentlich ist, daß die Einzelleistungen als in sich geschlossene Beiträge zur Gesamtleistung betrachtet werden können. Die Addition der Einzelleistungen ergibt die Gruppengesamtleistung. Der Umsatz einer Gruppe der Außendienstlern ergibt sich aus der Summation der Einzelumsätze. Die Tatsache, gleichwohl in einer Gruppe zu arbeiten und als Gruppe betrachtet zu werden, kann dabei durchaus Einfluß auf die Einzelleistungen nehmen. So kann sich ein leistungssteigerndes Wirgefühl wie auch ein leistungssteigernder Wettbewerbsgedanke entwickeln, vor allem dann, wenn die Einzelleistung isoliert erkennbar ist. Denkbar ist auch der umgekehrte Fall der Verantwortungsdiffusion, der beim Einzelnen den Eindruck entstehen lässt, es komme nicht auf ihn an, da noch viele andere an der Gesamtlast tragen.

Bei interagierenden Gruppen dominieren Aufgaben vom Typus des Suchens und Findens. Die Gesamtleistung einer Gruppe ergibt sich hierbei meist aus der Koordination und Zusammenfügung unterschiedlicher Einzelleistungen. Die Unterschiedlichkeit bringt die Chance der Ergänzung und damit die Möglichkeit des Findens einer besseren Lösung. Wenn Produktentwickler, Produktionsfachleute, Kostenrechner, Servicemitarbeiter und Marktforscher gemeinsam nach neuen Märkten suchen, ist die Chance einer guten Lösung höher, als wenn diese Suchaufgabe lediglich von Mitarbeitern einer Funktion erledigt würde. Allerdings wächst mit der Heterogenität auch die Koordinationsaufgabe.

Bei kontraagierenden Gruppen bzw. in Phasen, in denen konträre Gruppenmeinungen gebündelt werden müssen, um zu einer Gruppenentscheidung zu kommen, dominieren Aufgaben des Bestimmens. Hierdurch werden divergierende Gruppenkräfte, die den Zusammenhalt gefährden könnten, wieder zusammengeführt. Wenn es gelingt, eine hitzige Kontroverse durch einen gemeinsam getragenen Beschluß zu beenden, trägt dies zur Leistungsfähigkeit der Gruppe bei.

Im Hinblick auf die *Zusammensetzung* der Gruppen wurde insbesondere die Frage der *Homogenität* oder *Heterogenität* thematisiert, wobei homogene Gruppen tendenziell geringere Koordinationsprobleme, aber auch eine geringere Ressourcenvielfalt zeigen.

> **Gruppenaufgabe, Gruppenhomogenität und Gruppenleistung:**
>
> „Insgesamt scheint somit die Gleichheit der Persönlichkeitsmerkmale oder Einstellungen von Gruppenmitgliedern geringere Leistungen zu ermöglichen. Das Phänomen ist jedoch sehr labil und kann durch Variation von Zusatzeinflüssen umgekehrt werden. Fortschritte in dieser Frage lassen sich erwarten, wenn die Beziehungen der homogenen oder heterogenen Eigenschaften zur Aufgabe in die Überlegungen miteinbezogen werden. So dürfte beispielsweise eine Gruppe mit ausschließlich dominanten Mitgliedern während der Problemlösung Konflikte entwickeln, deren Regelung von der Aufgabenlösung ablenkt. Dominante und submissive Partner werden andererseits weniger Machtkämpfe veranstalten; bei kreativen Aufgaben dürfte dagegen dominantes Verhalten einzelner Partner die Streubreite der Lösungsvorschläge und damit die Leistung steigern." (Schneider, 1985, S. 217)

Der meist wie selbstverständlich unterstellte und nicht mehr hinterfragte Gruppenvorteil läßt leicht die Nachteile übersehen. Wir wollen hier insbesondere auf zwei Phänomene verweisen: „group think" und „risky shift".

7.3.4 Nachteile der Gruppenarbeit

Stoner (1961) hatte herausgefunden, daß kollektiv von Gruppen getroffene und verantwortete Entscheidungen tendenziell riskanter ausfallen, als wenn Individuen einzeln entscheiden. Dieses Phänomen wurde als „*risky shift*" (Risikoschub) bezeichnet. Zur Erklärung dieses Risikoschubs wurden im wesentlichen vier Hypothesen bemüht:

Es wurde auf den *Informationsvorteil* der Gruppe verwiesen. In der Gruppe wird das Problem von allen Seiten beleuchtet und verliert damit seine furchterregende Unübersichtlichkeit. Die Entscheidung ist daher nicht riskanter, sondern abgesicherter.

Weiterhin wurden *Führungseinflüsse* geltend gemacht. Aktive und risikofreudige Personen hätten größere Chancen, die Gruppe zu beeinflussen, und würden auf diese Weise den Risikoschub auslösen.

Drittens wurde auf den aus anderen Studien bekannten Effekt der „*Verantwortungsdiffusion*" verwiesen (vgl. Darley & Latané, 1968). Offensichtlich fühlen sich viele in der Gruppe erheblich stärker in dem Sinne, daß sie mögliche Konsequenzen ihrer Entscheidungen nicht auf sich persönlich beziehen.

Schließlich, und diese vierte Hypothese erwies sich neben der dritten als aussagekräftig, wurde auf den *sozialen Charakter* der Gruppe verwiesen. In einer sozialen Situation, etwa der Gruppendiskussion, werden soziale Normen aktiviert, die verhaltensleitend wirken. Da in unserer Gesellschaft eine gewisse Risikobereitschaft positiv bewertet wird, ergibt sich die Tendenz, zumindest so mutig zu sein wie die anderen (Brown, 1965). „Feigling" gilt wohl immer noch als ein schlimmes Schimpfwort.

Der Verantwortungsdiffusion versucht man in realen Gruppen durch eine klare Aufgabenzuteilung und Aktionspläne zu entgehen, bei denen definiert wird, wer wann was zu tun hat.

Die von Brown vertretene Normaktivierungsthese spricht nicht notwendigerweise für den Risikoschub, sondern dafür, daß die in der Gruppe dominanten Normen aktiviert werden. So kann es auch durchaus den gegenteiligen Effekt eines „Konservatismusschubs" der Gruppenentscheidung geben.

Diese „normative Kontrolle" spielt auch bei dem „*group think*"-Phänomen eine Rolle. Es passiert häufig genug, daß eine Gruppe gar nicht alle Informationsmöglichkeiten nutzt, sondern rasch – und mitunter vorschnell – Konsens erzielt. Dies ist insbesondere bei sehr kohärenten und nach außen abgeschlossenen bzw. abgeschotteten Gruppen der Fall. Der Effekt wird dabei um so größer, je mehr sich die Gruppe auf tatsächliche oder nur vermeintliche Erfolge der Vergangenheit stützen kann. Die Entscheidungsunsicherheit wird durch Gruppenkonsens negiert. Schneider (1985) spricht hier anschaulich von der „*kollektiven Dummheit*" der Gruppe. Hierzu gehört auch die „Nivellierung aufs Mittelmaß", wenn es der Gruppe nicht gelingt, die eigenen Potentiale zu nutzen.

7.3.5 Gruppeneffekte – ein zusammenfassender Überblick

Franke (1980) hat ein zusammenfassendes Modell der Gruppeneffekte vorgelegt, das sowohl den Aufgabentypus wie die Gruppenzusammensetzung berücksichtigt und jeweils drei integrierende und drei differenzierende Effekte nennt, die jeweils noch als förderlich oder – infolge Übersteigerung – als hinderlich eingeschätzt werden. Die Tabelle (siehe Seiten 239, 240) erleichtert einen Gesamtüberblick der Effekte.

Tabelle 12: Integrierende Gruppeneffekte (aus Franke, 1980)

Bezeichnung	Kennzeichnung	Beispiele für organisatorische Förderungsmaßnahmen	Übersteigerungsgefahren	Anwendungsfelder
Kraftzentrierungseffekt	Sammlung gleichgerichteter Kräfte	Rhythmisieren der Arbeitsabläufe Zusammenfassung von „Schicksalsgefährten" vor Belastungssituationen	Konzentration auf betriebsfeindliche Ziele und Verhinderung geordneter Abläufe durch affektive Übersteigerung	Kraftakte, die die Möglichkeiten einzelner Personen überfordern und Minderung von seelischen Belastungssituationen
Festlegungseffekt	Bestimmung von Gruppenzielen und Symbolwerten	Konstituierung überschaubarer, noch nicht in Traditionen erstarrter Gruppen und Berücksichtigung des Zusammenhangs von Homogenität des Personenkreises und Dauer des Einigungsprozesses Übertragung von Entscheidungen auf die Gruppe Gruppenorientierte Führung	Kreativitätshemmende Unbeweglichkeit der Gruppe Oppositionelle Haltung der Gruppe	Mitbeteiligung der Belegschaft an Entscheidungsprozessen zur Erfüllung gesellschaftspolitischer und arbeitstechnischer Forderungen nach Partizipation
Anpassungseffekt	Kontrolle und Regulation des Verhaltens durch wechselseitige Einwirkung der Gruppenmitglieder aufeinander	Pflege der informellen Beziehungen innerhalb der formellen Arbeitseinheiten Gruppenorientierte Führung Häufigkeit der Begegnung der Gruppenmitglieder – etwa durch räumliche Nähe	Mangelhafte Situationsanpassung durch übertriebene Solidarisierung Sachziele des Betriebes treten in den Hintergrund	Erleichterung der Kooperation verschiedenartig ausgebildeter Spezialisten

Tabelle 13: Differenzierende Gruppeneffekte (aus Franke, 1980)

Bezeichnung	Kennzeichnung	Bsp. für organisatorische Förderungsmaßnahmen	Übersteigerungsgefahren	Anwendungsfelder
Ergänzungseffekt	Zusammenfassung verschiedener personeller Leistungsschwerpunkte	Begünstigung individueller Verschiedenheiten bei der Personaleinstellung Akzentuierende Betonung unterschiedlicher Fähigkeiten der Personen durch Zuständigkeitsverteilung Auf Flexibilität gerichtete Gruppendiskussionen Belohnung persönlicher Leistungen	Verständigungs- und Kooperationsschwierigkeiten	Ausweitung der Erkenntnis- und Problemlösungsmöglichkeiten
Anregungseffekt	Beschleunigung geläufiger Denk- und Handlungsweisen	Zusammenfassung einander wichtig erscheinender, aber gegenseitig nicht furchteinflößender Personen Training der Aufnahme fremder Anregungen und der eigenen Leistungen in Gegenwart anderer Auf Vielfalt gerichtete Gruppendiskussionen Stellentausch Kreativitätstechniken	Unangemessene Risikobereitschaft Unnötig großer Zeitaufwand bei einfachen Aufgaben	Förderung von Neuerungen Aktivierung individueller Leistungsmöglichkeiten
Anerkennungseffekt	Befriedigung arbeitsrelevanter Bedürfnisse durch die Kollegen der Gruppe	Steigerung des Gruppenzusammenhaltes durch wechselseitige Abhängigkeiten der Personen im Rahmen von Gruppenaufgaben Verteilung der Verantwortlichkeiten	Überbetonung informeller Beziehungen und Vernachlässigung der formellen Gruppenaufgabe	Ausgleich der Nachteile der Verrechtlichung- und Uniformierungstendenzen

Diese Zusammenfassung erlaubt eine zielorientierte Bewertung der verschiedenen gruppendynamischen Effekte. So läßt sich der normierende Effekt hoher Gruppenkohäsion und hohen Gruppendrucks als positiv einstufen, wenn die damit verbundene Konzentration der Kräfte und die Reduktion der Unsicherheit im Vordergrund stehen. Der gleiche Effekt könnte eine negative Bewertung erfahren, wenn die damit gegebene Beeinträchtigung der Vielseitigkeit oder Kreativität beklagt würde.

Die verschiedenen Effekte können durchaus alle in einer Gruppe wirken, weil verschiedene Arbeitsphasen durchlaufen werden. So kann etwa zu Beginn der Gruppenarbeit ein gemeinsames Ziel bestimmt werden (Festlegung), anschließend kann die Diskussion die Vielfalt der Ansichten hervorbringen (Ergänzung) und den Gruppenmitgliedern zu neuen Einsichten verhelfen (Anregung), die in eine Lösung einfließen, der alle zustimmen (Anpassung) und die daher mit großer Überzeugung vertreten wird (Kraftzentrierung) und bei erfolgreicher Realisierung als Auszeichnung erlebt wird (Anerkennung). Diese kleine Erfolgsgeschichte ist etwas euphorisch und übergeht die realen Probleme, die sich der Gruppenarbeit stellen. Es gibt Spannungen, unbewältigte Konflikte, Zieldifferenzen, Statusrangeleien, Dominanzstreben, Konformität usw. Kurzum: Gruppenarbeit ist nicht wie selbstverständlich mit harmonischer Integration und hoher Produktivität gleichzusetzen, aber sie bietet diese Chance, wenn nicht nur in der Gruppe, sondern auch an der Gruppe gearbeitet wird.

7.3.6 Qualitätszirkel und Lernstatt

In der betrieblichen Praxis haben sich seit einigen Jahren besondere Formen der Gruppenarbeit etabliert, die als Qualitätszirkel, Lernstatt, Werkstattzirkel usw. bezeichnet werden. Damit sind Arbeitsgruppen gemeint, die nicht regelmäßig zusammenarbeiten, sondern nur hin und wieder zur Bewältigung bestimmter Aufgaben zusammenkommen. Diese Gruppen wurden ursprünglich in den Produktionsabteilungen großer Industriebetriebe (Automobilbau und Chemische Industrie) etabliert, um konkrete Probleme durch die Betroffenen selbst bearbeiten zu lassen und um die Verständigung untereinander zu verbessern.

Die wesentlichen Merkmale der Qualitätszirkel seien in Anlehnung an Bungard und Wiendieck (1986, S. 53) zusammengestellt.

Kasten 22: **Merkmale von Qualitätszirkeln**

1. Es handelt sich um Problemlösungsgruppen von ca. 6 bis 12 Mitgliedern aus unteren Hierarchie-Ebenen, die meist für eine längere Dauer, d.h. nicht nur zur Bearbeitung eines Problems gebildet werden.
2. Sie stammen in der Regel aus einem Arbeitsbereich, gelegentlich auch aus verschiedenen Bereichen und Hierarchie-Ebenen.
3. Sie versuchen, auf freiwilliger Basis regelmäßig (alle 2–4 Wochen) arbeitsbezogene Probleme zu behandeln und möglichst eigenverantwortlich zu lösen.
4. Die Moderation im Sinne der Diskussionsleitung übernimmt entweder ein Gruppenmitglied, das von der Gruppe gewählt oder von den Vorgesetzten vorgeschlagen wird. Gelegentlich wird diese Funktion auch von den Vorgesetzten selbst wahrgenommen.

5. Die Moderatoren werden in Schulungskursen zu den Themen Gruppenarbeit und Problemlösung auf ihre Arbeit vorbereitet.
6. Die Gruppen wählen sich überwiegend ihre Themen selbst, gelegentlich werden sie von den Vorgesetzten vorgeschlagen. Die Produktqualität ist dabei nur ein, wenn auch wichtiger Teilaspekt. Daneben werden Fragen der Arbeitsplatzgestaltung, der Arbeitssicherheit, der Arbeitsprozesse und der Arbeitsorganisation besprochen.
7. Die Gesprächsrunden finden während der normalen Arbeitszeit oder bei taktgebundener Bandarbeit vor oder nach der Schicht gegen Überstundenbezahlung statt. Die Dauer der Sitzungen liegt bei 1–2 Stunden.
8. Die Gruppenvorschläge können im Rahmen des betrieblichen Vorschlagswesens honoriert werden.
9. Die Einführung und Koordination der Gruppenarbeit wird meist über paritätisch besetzte Steuerungskomitees und Koordinatoren organisiert.

In der Praxis sind vielfältige Formen realisiert worden, die teilweise sogar parallel nebeneinander existieren. Zink und Ackermann (1988, S. 75) geben eine Tabelle der wesentlichen Unterscheidungsmerkmale (Tab. 14). Auch diese tabellarische Ordnung erhebt nicht den Anspruch, distinkte Typen von Gruppen voneinander abzugrenzen, sondern differenziert häufige Merkmalskombinationen, die sich bei befristet oder unbefristet gebildeten Gruppen finden.

Die Einführung von Qualitätszirkeln war zwischen den Tarifvertragsparteien lange Zeit äußerst umstritten. Die Gewerkschaften befürchteten, daß die Mitarbeiter zu qualifizierter Mehrarbeit und der Entwicklung von Ideen und Gestaltungsvorschlägen veranlaßt würden, ohne dafür eigens entlohnt zu wer-

Tabelle 14: Wesentliche Unterscheidungsmerkmale verschiedener Ausprägungsformen von Kleingruppenkonzepten (aus Zink & Ackermann, 1988, S. 75)

Kleingruppenkonzept: Unterscheidungsmerkmale	Problemlösungskonzept mit einer	
	befristeten Lebensdauer der KG	*unbefristeten Lebensdauer der KG*
Auswahl der Gruppenmitglieder	Freiwilligkeit durch Selbstauswahl der interessierten Mitarbeiter	vorgeschlagen/vorbestimmt durch Vorgesetzte und Gruppenleiter
Themenwahl	vorwiegend selbst von der Gruppe bestimmt	i.d.R. vorgeschlagen und von außen bestimmt
Auswahl und Festlegung der Reihenfolge der Themen	vorwiegend autonom durch die Gruppe	von außen und durch Absprache mit den Gruppenmitgliedern
Strukturiertheit der Vorgehensweise der Gruppenarbeit	nach Leitschema, selbst festgelegt durch die Gruppe	durch Gruppenleiter bestimmt

den, daß sie sich darüber hinaus selber schaden könnten, falls sie sich aufgrund ihrer eigenen Ideen wegrationalisierten, und daß dies letztlich eine Sozialtechnologie sei, die auf die Schwächung der betrieblichen Mitbestimmung abziele.

Inzwischen sind diese Bedenken weitgehend ausgeräumt. In den meisten Fällen wird die Einführung und konkrete Arbeit der Qualitätszirkel durch Betriebsvereinbarungen geregelt.

Es gab freilich nicht nur Bedenken aus gewerkschaftlicher Sicht, sondern auch aus der Perspektive des Managements. Hier kam die Skepsis allerdings weniger vom Topmanagement, das sich durch die Gruppen einen Motivationsschub und die Nutzung verborgener Potentiale erhoffte, sondern aus dem Bereich des mittleren Managements und der Stabsspezialisten, die in der Gruppenaktivität weniger eine Entlastung sahen als eine Entmachtung befürchteten.

Antoni, Bungard und Lehnert (1992) haben aufgrund von Befragungsergebnissen die positiven und negativen Auswirkungen der Qualitätszirkel zusammengestellt (siehe Abb. 102 und 103).

Das Konzept der Problemlösungsgruppen hat sich in den gut zehn Jahren seines Bestehens in der Bundesrepublik bewährt und entwickelt. Waren es früher eher die „kleineren Probleme am Arbeitsplatz", die im Zentrum der Aktivität standen, so werden zunehmend auch größere Projekte von diesen Gruppen bearbeitet und neue Themen aufgenommen, so z.B. bei den Sicherheitszirkeln (Ritter,

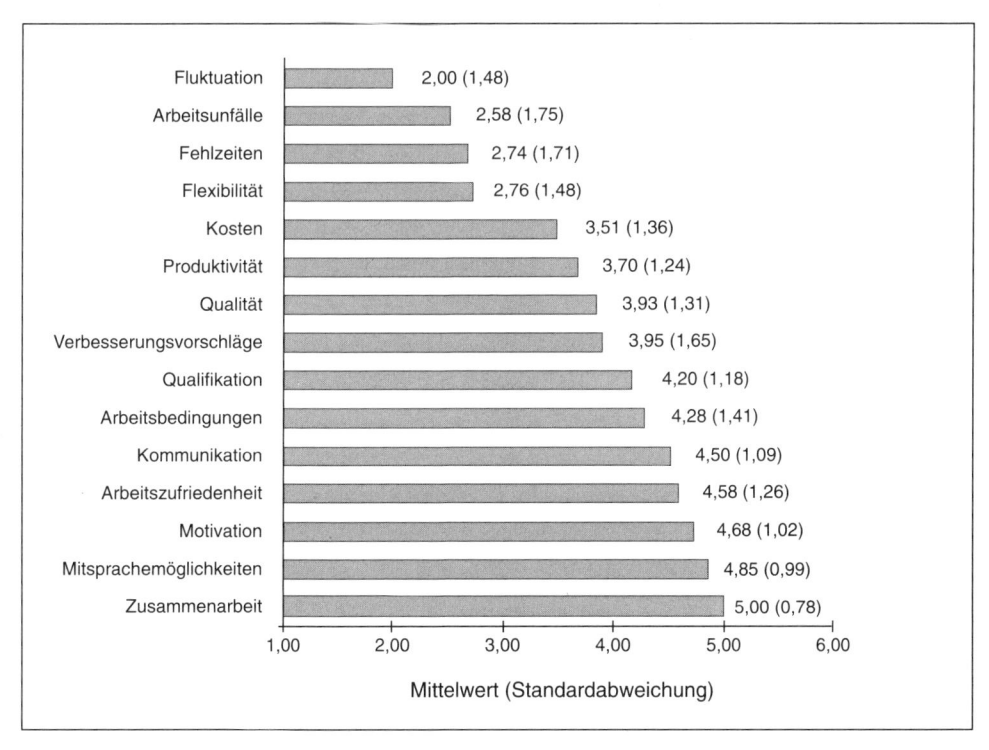

	Mittelwert (Standardabweichung)
Fluktuation	2,00 (1,48)
Arbeitsunfälle	2,58 (1,75)
Fehlzeiten	2,74 (1,71)
Flexibilität	2,76 (1,48)
Kosten	3,51 (1,36)
Produktivität	3,70 (1,24)
Qualität	3,93 (1,31)
Verbesserungsvorschläge	3,95 (1,65)
Qualifikation	4,20 (1,18)
Arbeitsbedingungen	4,28 (1,41)
Kommunikation	4,50 (1,09)
Arbeitszufriedenheit	4,58 (1,26)
Motivation	4,68 (1,02)
Mitsprachemöglichkeiten	4,85 (0,99)
Zusammenarbeit	5,00 (0,78)

Abb. 102: Positive Auswirkungen von Problemlösungsgruppen. Mittelwerte (M) und Streuungen (S) der Einschätzungen auf einer sechsstufigen Likertskala (1 = stimmt gar nicht bis 6 = stimmt völlig) von befragten Experten der 100 umsatzgrößten bundesdeutschen Industrieunternehmen des Jahres 1989/90 (aus Antoni, Bungard & Lehnert, 1992, S. 128)

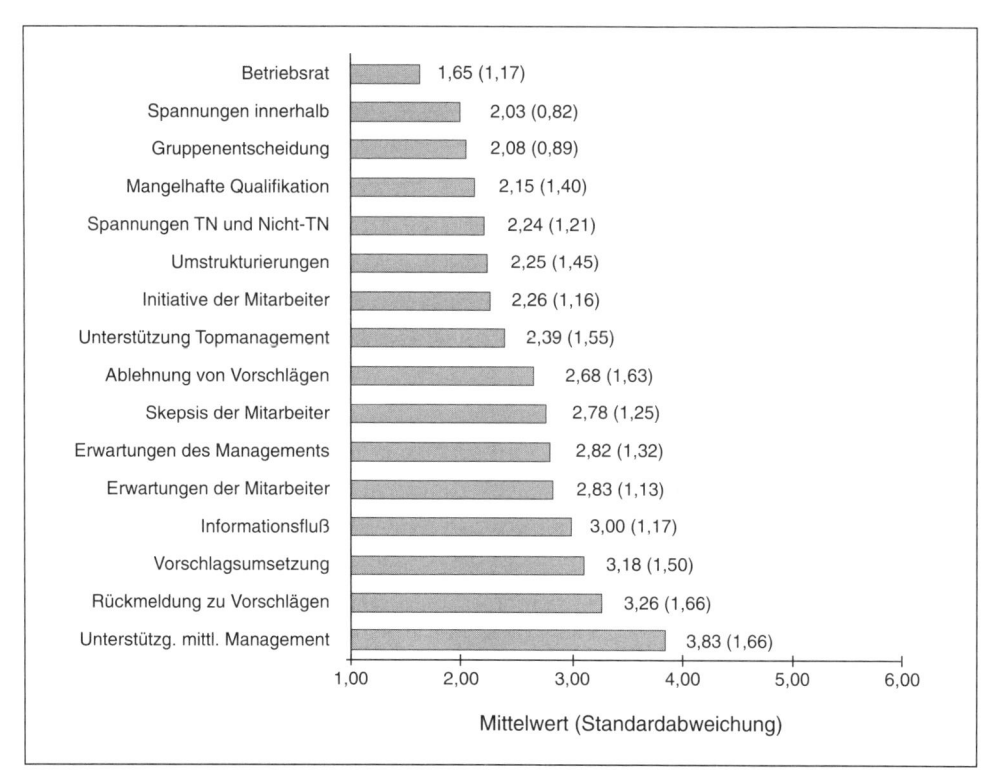

Konfliktfeld	Mittelwert (Standardabweichung)
Betriebsrat	1,65 (1,17)
Spannungen innerhalb	2,03 (0,82)
Gruppenentscheidung	2,08 (0,89)
Mangelhafte Qualifikation	2,15 (1,40)
Spannungen TN und Nicht-TN	2,24 (1,21)
Umstrukturierungen	2,25 (1,45)
Initiative der Mitarbeiter	2,26 (1,16)
Unterstützung Topmanagement	2,39 (1,55)
Ablehnung von Vorschlägen	2,68 (1,63)
Skepsis der Mitarbeiter	2,78 (1,25)
Erwartungen des Managements	2,82 (1,32)
Erwartungen der Mitarbeiter	2,83 (1,13)
Informationsfluß	3,00 (1,17)
Vorschlagsumsetzung	3,18 (1,50)
Rückmeldung zu Vorschlägen	3,26 (1,66)
Unterstützg. mittl. Management	3,83 (1,66)

Abb. 103: Schwierigkeiten bei der Durchführung von Problemlösungsgruppen. Mittelwerte (M) und Streuungen (S) der Bewertungen von Konfliktfeldern auf einer sechsstufigen Likertskala (1 = keine Schwierigkeit bis 6 = sehr große Schwierigkeit) von befragten Experten der 100 umsatzgrößten bundesdeutschen Industrieunternehmen der Jahre 1989/90 (aus Antoni, Bungard & Lehnert, 1992, S. 130)

1992) oder Umweltteams (Gershon & Gilman, 1991).

Die Problemlösungsgruppen finden sich heute auch außerhalb der Industrie in Handels- und Dienstleistungsunternehmen, im Verwaltungsbereich und in höheren hierarchischen Ebenen. Diese Entwicklungslinie zeigt damit einen Trend, der zur selbststeuernden autonomen Arbeitsgruppe führt (vgl. Roth & Kohl, 1988).

7.3.7 Gruppe und Selbststeuerung

Im Zuge der Gruppenentwicklung bilden sich Gruppenstrukturen heraus, die auch als Führungs- und Machtstrukturen interpretiert werden können. Der Grundgedanke des Teams macht es jedoch erforderlich, die Koordinationsleistung in einer Weise zu erfüllen, daß die Heterogenität der Einzelleistungen bei Gleichwertigkeit der Einzelpersonen gewahrt bleibt. Die Teamführung aktualisiert damit das Dilemma von Koordinationsnotwendigkeit einerseits und dem Gebot der Herrschaftsfreiheit andererseits.

Dieses Dilemma stellt sich in hierarchisch gegliederten Organisationen auch als *Intrarollenkonflikt* dar, da die Gruppenmitglieder vom Teamleiter meist ein kooperatives Verhalten erwarten, während dessen Vorgesetzte tendenziell ein direktiveres Vorgehen empfehlen (Kirsch, Esser & Gabele, 1979).

Interaktion und Organisation 245

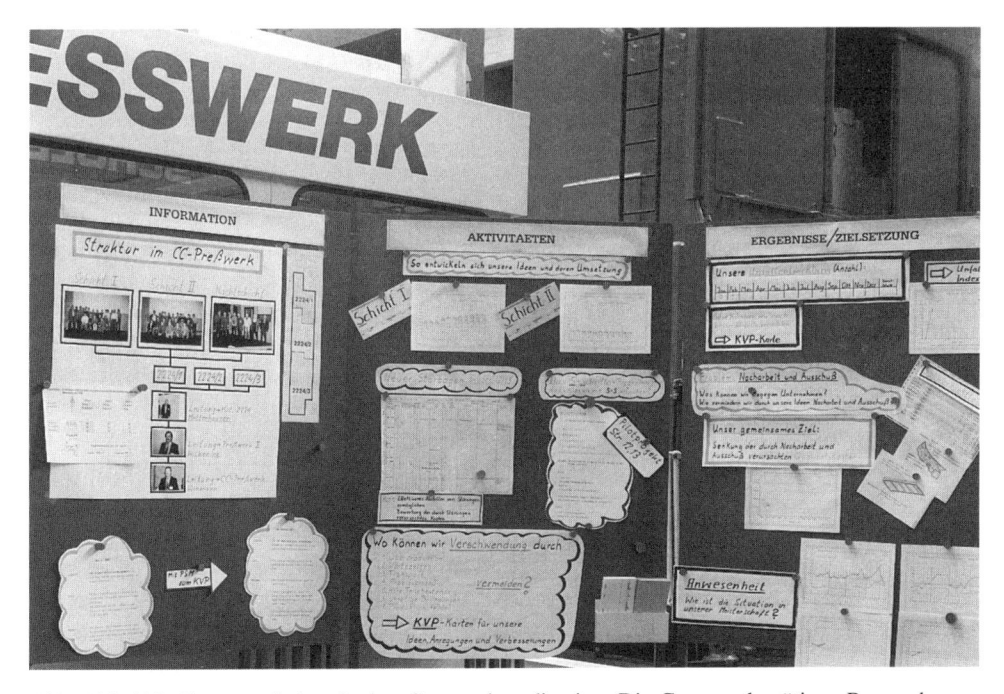

Abb. 104, 105: Gruppenarbeit erfordert Gruppenkoordination: Die Gruppen benötigen Besprechungsräume, um ihre Arbeit, ihre Probleme und ihre Ideen besprechen bzw. aufeinander abstimmen zu können (Bild oben). Die Ergebnisse dieser Gruppenbesprechungen werden auf Schautafeln zusammengestellt.

Innerhalb der Arbeitsgruppen löst sich dieses Dilemma in dem Grade, in dem die Teamentwicklung voranschreitet und die Koordinationsfunktion zunehmend von den Gruppenmitgliedern selbst, teilweise rotierend, übernommen wird. Damit ist zugleich ein Prozeß der Enthierarchisierung verbunden, der in manchen Betrieben so weit gehen kann, daß ganze Hierarchie-Ebenen überflüssig werden.

Dieser Entwicklungsprozeß zu einem selbstorganisierenden System, das selbststrukturierend, also ordnungsbildend, und selbstreferentiell, also integrativ-stabilisierend ist (Probst, 1987), erfordert einen *Funktionswandel der Führung*. Führungskräfte verlieren an sachlichen Steuerungsfunktionen und gewinnen an sozialen Bindungsfunktionen. Damit reduziert sich die Bedeutung positionaler Einflüsse zugunsten personaler Wirkungen.

Insbesondere in der Automobilindustrie hat man, unter dem Eindruck der japanischen Erfolge, zunehmend Formen der Gruppenarbeit eingeführt, die teils als Problemlösungsgruppen vorübergehend zur Bewältigung spezifischer Aufgaben (Qualitätszirkel, Lernstatt) zusammenkommen, teils als autonome oder teilautonome Arbeitsgruppen kontinuierlich zusammenarbeiten. Aus dem Opel-Werk in Bochum gibt es hierzu folgende Darstellung der damit ausgelösten Veränderungsprozesse.

Kasten 23: **Gruppenarbeit und Organisationsentwicklung**

„Gruppenarbeit bedeutet eine Veränderung der Arbeitsorganisation, die durchschlägt durch die gesamte Hierarchie; insofern ist die Einführung von Gruppenarbeit mit einem Wandel der Organisation insgesamt verbunden. Der Einführungsprozeß erfordert eine umfassende Planung, die nicht von einigen wenigen Experten wahrgenommen werden kann, sondern auf einer umfassenden Beteiligung aller Betroffenen beruhen muß. Da Gruppenarbeit nicht verordnet werden kann, ist sie stärker als andere Formen organisatorischer Veränderungen auf ein Mittun der Beschäftigten angewiesen. Gegen den Willen der unmittelbar Betroffenen läßt sich Gruppenarbeit kaum verwirklichen.

In einem Unternehmen, dessen Organisationsstrukturen wesentlich auf einer strikten Trennung von Planung und Ausführung beruhten, muß es Unsicherheit hervorrufen, wenn diese strikte Trennung in Frage gestellt wird. Dies bleibt zudem nicht auf den Einführungsprozeß beschränkt. Im Gegenteil: Die erweiterten Dispositionsbefugnisse der Gruppe, die Möglichkeit, die entsprechenden Fachleute zu Gruppengesprächen einzuladen, die Möglichkeiten der Gruppe, die Abarbeitung der von ihr protokollierten Probleme zu überprüfen etc., ruft eine Erosion der traditionellen Kommunikationsformen hervor. Die Grenze zwischen ‚oben‘ und ‚unten‘, die Trennung zwischen Planern und Ausführern, die Trennung zwischen Anweisenden und denen, die den Anweisungen Folge leisten, ist nicht mehr so klar und undurchlässig wie bisher. Über lange Jahre eingeübte Verhaltensroutinen werden zunehmend obsolet.

An den durch die Einführung von Gruppenarbeit ausgelösten Veränderungen sind eine Vielzahl von Akteuren beteiligt, die die Entwicklung hemmen oder fördern können. Bei diesen Akteuren kann es sich ebenso um Individuen handeln wie um Kollektive, die versuchen, ihre Machtressourcen nach Maßgabe ihrer Intentionen zur Geltung zu bringen. Diese Akteure können Koalitionen bilden – nicht im

Sinne formaler Absprachen, sondern eher als ‚implizite soziale Arrangements'. Diese Koalitionen können offen auftreten, sie können verdeckt gehalten werden und sogar den Akteuren noch nicht einmal bewußt sein.

All dies ließe sich beispielhaft belegen, worauf wir freilich aus Platzgründen verzichten wollen. Festzuhalten aber ist, daß es sich bei der Einführung von Gruppenarbeit um einen außerordentlich komplexen Entscheidungsprozeß handelt, in dem es auch um neue organisationsinterne Positionsbestimmungen und Verteilung von Machtressourcen geht, wobei weder Betriebsrat noch Management als monolithische Blöcke handeln. Auf allen hierarchischen Ebenen können Barrieren entstehen, die eine Einführung von Gruppenarbeit in der Fertigung letztlich verhindern. Widerstände und Barrieren zu überwinden, stellt einen langwierigen Prozeß dar –, wobei in Zweifel gezogen werden kann, ob er überhaupt jemals abgeschlossen werden kann. Immerhin geht es um ein Lernen von Organisationswandel, und zwar auf allen Ebenen." (Minssen, Howaldt & Kopp, 1991, S. 440f.)

7.4 Organisation

Was eine Organisation ist, scheint auf den ersten Blick völlig klar zu sein: Eine Unternehmung, ein Krankenhaus, eine Universität oder eine Partei. Bei genauerem Hinsehen wird es schwieriger: „Organisationen sind wie Wolken. Je nach Betrachtungsstandpunkt verändern sich ihre Konturen, und kommt man ihnen näher, so verschwimmen sie." (Starbuck, 1976)

Dies ist auch ein Grund dafür, warum es der Organisationspsychologie bis heute so schwer fällt, ihren Gegenstand klar zu bestimmen. Möglicherweise sucht sie ihn erst, wie Neuberger (1991a) vermutet.

Wir hatten im Kapitel 1.2 bereits drei unterschiedliche Aspekte bzw. Sichtweisen der Organisation genannt: die Organisation als Institution, als Instrument und als Interaktion. Darüber hinaus hatten wir im Hinblick auf alle drei Perspektiven von der ordnenden Funktion der Organisation gesprochen.

Die *Institution* „Organisation" kann als der äußere stabile Rahmen betrachtet werden, innerhalb dessen ordnungsbildende Prozesse ablaufen, die teils geplant, konstruiert und durch die Etablierung von Strukturen und Regeln vorgegeben werden und das Instrument „Organisation" bilden. Daneben entwickelt sich Ordnung spontan, aus sich selbst heraus in Form von Normen und Werten, die das Zusammenleben und Verhalten der Menschen steuern und durch *Interaktion* „Organisation" schaffen und aufrechterhalten.

Wenn wir diese drei Aspekte betrachten, so dürfte die Anschaulichkeit bei der Institution noch relativ klar gegeben sein, beim Instrument verflüchtigt sie sich und wird wolkiger, während sie bei der Interaktion kaum mehr vorhanden ist. Die ordnungsbildende Funktion solcher wie selbstverständlich ablaufenden Interaktionsprozesse wird erst dann deutlich, wenn jemand bewußt gegen diese verborgene Ordnung verstößt und sie damit sichtbar macht. Garfinkel (1967) hatte dies mit seinen sogenannten „Krisenexperimenten" getan. Wenn etwa ein Gast im Restaurant einen anderen Gast hartnäckig und gegen dessen Richtigstellung als Kellner behandelt, um eine Speiseempfehlung und die Entgegennahme der Bestellung bittet, oder wenn Kinder im eigenen Elternhaus wie ein Fremder fragen, bitten und danken, bricht die unsichtbare, aber gleichwohl stabile Ordnung solcher gemeinsamen Interaktionssysteme zusammen. Solche verborgenen Ordnungssysteme werden erst sichtbar, wenn man gegen sie verstößt, weil dies Kräfte weckt, die angetastete Ordnung wiederherzustellen oder eine neue zu entwickeln.

Wir halten also fest, daß Organisationen *ordnungsbildende Instanzen* sind, die die *Ordnung durch unterschiedliche Systeme herstellen und aufrechterhalten.* Dann können wir weiter fragen, worin denn der Sinn oder Nutzen dieser Ordnung liegt. Ohne hier in eine vertiefende soziologische Debatte einsteigen zu wollen, mag für unsere Zwecke der Hinweis genügen, daß Organisationen Leistungssteigerung ermöglichen und daher gegenüber nicht-organisierten Systemen im Vorteil sind, solange es ihnen gelingt, einen offenen Austausch zur Umwelt und die eigene Anpassungsfähigkeit aufrecht zu erhalten.

Der letzte einschränkende Hinweis auf die Umwelt-Offenheit und Innen-Flexibilität des Systems läßt sich auch dadurch verdeutlichen, daß wir die Wirkungen eines Verlustes von Offenheit und Flexibilität betrachten. Wir hatten bereits mehrfach von der tayloristischen Organisation gesprochen, deren Ordnungsprinzipien so dominant geworden waren, daß aus Stabilität Erstarrung und aus Ordnung Unterdrückung wurde.

Die tayloristische Organisation hatte damit alle drei von Türk (1976, S. 198ff.) unterschiedenen pathologischen Strukturen verwirklicht die Überkomplizierung, die Übersteuerung und die Überstabilisierung, und damit ihre Anpassungs-, Problemlösungs- und Leistungsfähigkeit eingebüßt.

Wir wollen hier den in Kapitel 7.1.2.3 unterbrochenen Gedanken wieder aufnehmen. Es ging um die Frage, mit welchen Strategien die Unternehmen ihre verlorene Flexibilität wiedergewinnen und die Motivation ihrer Mitarbeiter fördern.

7.4.1 Das Dilemma von Ordnung und Chaos

Die wesentliche Strategie zur Flexibilitätsförderung liegt in der *Erweiterung der Handlungsspielräume* durch den Abbau hierarchischer Ebenen und dirigistischer Regelungen. Dies führt zwar einerseits zu den beabsichtigten Effekten, hat aber andererseits unbeabsichtigte Nebenwirkungen, die sich auf personaler, interaktionaler und organisationaler Ebene betrachten lassen.

Die Erweiterung der Handlungsspielräume hat Wirkungen und Nebenwirkungen, positive wie negative Effekte (siehe Abb. 104).

Auf *personaler Ebene,* für die einzelnen Personen, bedeutet die Handlungsspielraumerweiterung nicht nur einen Zuwachs an Gestaltungsmöglichkeiten, sondern auch an Unsicherheit und Verantwortung. Daher ist der erwünschte Motivationsschub keine notwendige Folge. Die Handlungsspielraumerweiterung kann auch Ängstlichkeit infolge Überforderung nach sich ziehen.

Auf der *interaktionalen Ebene,* also im Bereich der Zusammenarbeit mit anderen Menschen und Abteilungen, bedeutet die Handlungsspielraumerweiterung zunächst einen Anstieg des Koordinationserfordernisses. Handlungen müssen nicht nur allein überlegt und verantwortet, sondern auch mit anderen abgestimmt werden. In dem Grade, wie die Kommunikations- und Koordinationsprozesse steigen, erhöht sich auch die potentielle Fehler- und Konflikthaftigkeit solcher Abstimmungsprozesse.

Schließlich bedeutet die Handlungsspielraumerweiterung auf *organisationaler Ebene* die Möglichkeit eines Steuerungs- und Ordnungsverlustes, der durch den Abbau der organisatorischen Steuerungsinstanzen bedingt ist.

Den Unternehmen wäre also nicht geholfen, wenn statt der erwünschten Motivation, Offenheit und Flexibilität Ängstlichkeit, Konflikthaftigkeit und Chaos einträten.

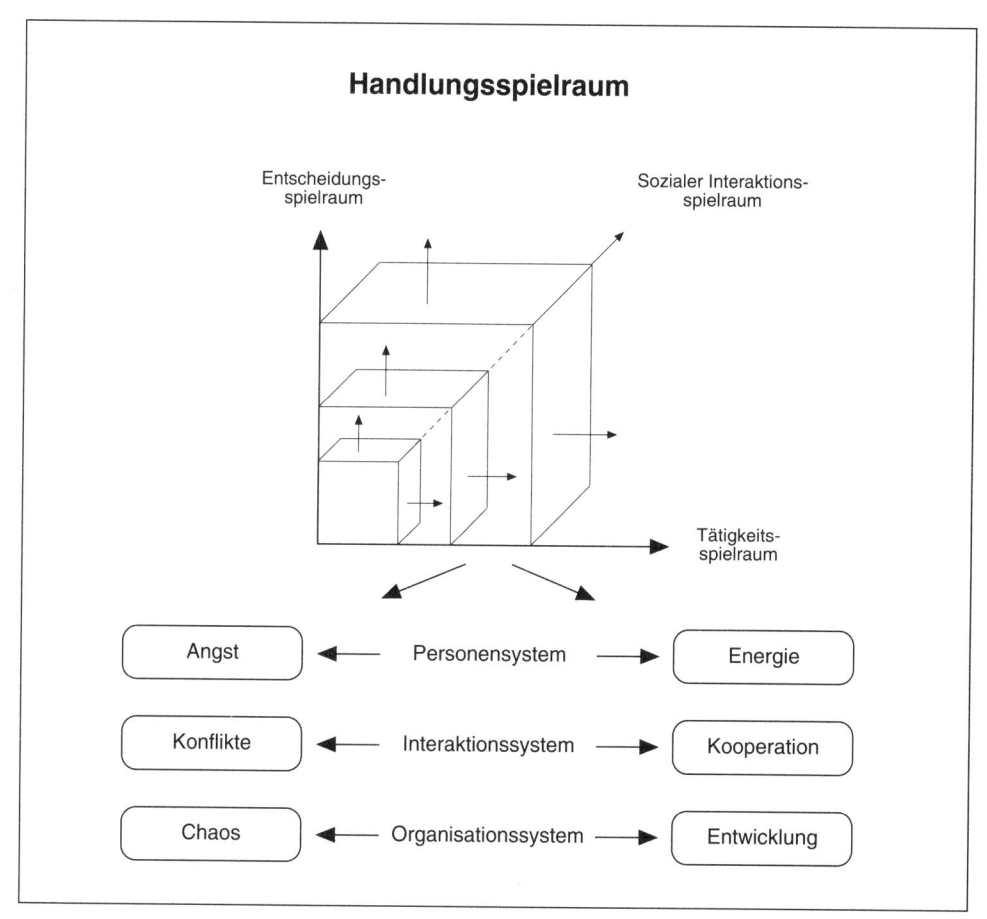

Abb. 106: Handlungsspielraumerweiterung – Wirkungen und Gegenwirkungen
(vgl. Wiendieck, 1993, S. 596)

So haben sich in der Tat neue Strategien und Strukturen entwickelt, die diesen unerwünschten Effekten entgegenwirken und den neuen Freiheiten gleich wieder subtile Fesseln anlegen, was gelegentlich mit dem Begriff der *„kontrollierten Autonomie"* ausgedrückt wird.

7.4.2 Neue Formen zentraler Steuerung

Wenn wir hier von neuen Formen der zentralen Steuerung sprechen, so ist dies nicht ganz korrekt, da die angesprochenen Beispiele der Organisationskultur und des Controllings ihre Vorläufer hatten.

Es ist richtig, daß der Begriff der Organisationskultur relativ neu ist, früher sprach man vom *Betriebsklima* (Rosenstiel et al., 1982; Conrad & Sydow, 1984) und versuchte auch, dieses so zu beeinflussen, daß Motivation, Loyalität und Kontinuität der Mitarbeiter gefördert wurden. Das Konzept der *Organisationskultur* hat allerdings eine erheblich weitergehende Bedeutung: Es geht nicht um Wohlfühlen sondern um Sinnfragen, Wertungen, Legitimationen, kurz, um ein umfassendes System, das auf Denken, Handeln und Fühlen der Organisationsmitglieder Einfluß nimmt bzw. nehmen kann.

Auch der *Controlling-Begriff* ist jünger als die Tätigkeit, die er bezeichnet: die Aufzeichnung und Auswertung von Daten, die ein aktuelles Bild der gegenwärtigen Lage der Organisation geben. Auch früher wurden Kennziffern errechnet, verglichen und prognostiziert. Controlling geht insofern darüber hinaus, als es computerunterstützt erheblich differenziertere und aktuellere Analysen und Simulationsrechnungen ermöglicht.

7.4.2.1 Normative Steuerung: Beispiel Organisationskultur

Seit einigen Jahren ist das Thema „in". Es wird kaum ein Management- oder Organisationsbuch neu verlegt, das dieser Thematik kein Kapitel widmet. Es gibt bereits umfangreiche Monographien und Textbücher eigens zur Organisationskultur (Ebers, 1985; Simon, 1990).

Zu den ersten, die sich mit dieser Thematik beschäftigt hatten, gehörten Hofstede (1978) sowie Deal und Kennedy (1982) in den USA und Sackmann (1983) in Deutschland.

Bei diesen Ansätzen wird der Kulturbegriff, der ansonsten zu Charakterisierungen der typischen Denkmuster, Mentalitäten, Rituale, Verhaltensweisen einer Volksgemeinschaft oder Gesellschaft verwendet wird, auf die Mini-Gesellschaft einer wirtschaftlichen Unternehmung oder einer Non-Profit-Organisation übertragen.

Diese Übertragung geschieht allerdings in zweierlei Weise. Der erste Übertragungs-

Abb. 107: „Erfolgreiches Kulturmanagement?"

aspekt ist der einer *analytischen Kategorie,* bei der sich der Organisationskulturforscher dem Gegenstand Organisation so nähert, wie dies der Kulturanthropologe tut, der die Eigenarten eines Volkes beschreibt.

„Organisationskultur ist als Konzept aus der Anthropologie entliehen, wo es in bezug auf Gesellschaft oder Gruppen von Menschen verwendet wird. Da Organisationen soziale Systeme sind, d.h. aus Gruppen von Menschen bestehen, liegt die Vermutung nahe, daß sie auch so etwas wie Kultur haben." (Sackmann, 1983, S. 394)

Der Kulturbegriff wird hier zur Analyse genutzt. In diesem Sinne *sind* Organisationen Kulturen, also kann man sie auch wie ein Kulturanthropologe betrachten und beschreiben.

Der zweite Übertragungsaspekt ist *pragmatischer* Art. Wenn die Kultur als ein soziales Ordnungssystem begriffen werden kann, das das Verhalten der Menschen eines Volkes beeinflußt, und dies auf eine Weise, die den meisten Menschen verborgen bleibt, so liegt der Gedanke nicht fern, die Kultur als ein Steuerungssystem zu nutzen und so das Instrumentarium der Gestaltungssysteme zu erweitern. So wie Organisationen eine Struktur haben, *haben* sie auch eine Kultur.

Wer die Systemziele einer Organisation verinnerlicht hat, und ihnen wie selbstverständlich folgt, braucht dazu nicht mehr eigens angehalten zu werden. Daher ist der Gedanke verlockend, durch ein „Kultur-Management" ein ebenso wirksames wie verborgenes Steuerungsinstrument aufzubauen.

Die Publikation des Buches „In Search of Excellence" durch Peters und Waterman (1982), das innerhalb kurzer Zeit zu einem Weltbestseller wurde, hat sehr zur Verbreitung des Organisationskulturgedanken in der Managementpraxis beigetragen. Die Autoren hatten die ihres Erachtens bestgeführten US-Unternehmen analysiert, um die entscheidenden Erfolgsfaktoren zu finden.

Sie diagnostizierten acht Grundtugenden, die überwiegend als sogenannte „weiche" Steuerungsfaktoren betrachtet werden können. Eine wesentliche Grundtugend ist der Aufbau eines „sichtbar gelebten Wertsystems", eine nicht einfache, aber – wie die Autoren versprechen – lohnende Managementaufgabe:

„Ein klares Wertsystem aufzubauen und es mit Leben zu erfüllen, sind die größten Leistungen, die ein Führer zu vollbringen vermag. Genau das liegt auch den Spitzenkräften der erfolgreichsten Unternehmen besonders am Herzen. Leicht sind Aufbau und Vermittlung eines Wertsystems allerdings nicht. Zum einen sind nur ganz wenige der denkbaren Wertsysteme für ein bestimmtes Unternehmen wirklich genau richtig. Zum anderen ist die Verbreitung (und Festigung) dieser Wertvorstellungen im Unternehmen regelrechte Schwerarbeit. Sie verlangt Beharrlichkeit, ein endloses Reiseprogramm und lange Arbeitszeiten, doch allein genügt selbst all das noch nicht: ohne das Element des sichtbaren Engagements geschieht offenbar gar nichts." (Peters & Waterman, 1984, S. 334)

Bevor wir den Gedanken des Aufbaus und der Gestaltung einer Organisationskultur weiterverfolgen, sei zunächst einmal genauer geklärt, was unter der Organisationskultur zu verstehen ist.

Organisationskultur ist, wie Sackmann (1983) formuliert, eine *„unsichtbare Einflußgröße",* ein Muster, Geflecht, System von Wertvorstellungen, Normen und Interpretationsmustern, das den *„Charakter" einer Organisation* ausmacht und das Denken, Fühlen und Handeln der Organisationsmitglieder beeinflußt.

Damit ist nicht notwendigerweise gemeint, daß es sich um starke, einheitliche oder für die Organisationsziele nützliche Einflüsse handelt. So ist durchaus möglich, daß innerhalb einer Organisation unterschiedliche Wertvorstellungen existieren, etwa zwischen den Produktions- und den Vertriebsabteilungen, oder den Werkshallen und den Angestelltenbüros. Dann gibt es Organisationssubkulturen. Auch kann es sein, daß ein Unterschied zwischen den offiziell propagierten und den tatsächlich gelebten Werten existiert, so daß eher Unglaubwürdigkeit als Glaubwürdigkeit vermittelt wird. Es ist auch möglich, daß die Wertvorstellungen fest in den Köpfen der Mitglieder verankert sind und seit Generationen weitergegeben werden, ohne sich den eventuell gewandelten äußeren Bedingungen anzupassen. Dann macht man es halt so, wie man es schon immer gemacht hat. All dies sind Organisationskulturen, freilich solche, die Peters und Waterman nicht im Sinn hatten, als sie von den bestgeführten Unternehmen berichteten.

„Jedes Unternehmen ist und hat Kultur, die für sich genommen weder gut noch schlecht ist. Durch ihr Vorhandensein erfüllt sie quasi automatisch gewisse Funktionen in förderlicher oder hinderlicher Weise." (Sackmann, 1990, S. 161)

Da ist der Management-Gedanke verständlich, die förderlichen Wirkungen zu aktivieren, zu nutzen und möglichst selbst zu gestalten. Damit drängen sich zwei Fragen auf, erstens die Frage nach den Hintergründen solcher *„Kultur-Strategien"* sowie zweitens die Frage nach ihrer Realisierbarkeit und Wirksamkeit.

Die Beschwörung gemeinsamer Werte hat oft etwas *Legitimatorisches* an sich. So liegt die Vermutung nahe, daß exakt dort, wo Heterogenität und Interessenkonflikte bestehen bzw. sichtbar werden, die Betonung von Konsens und Gemeinsamkeit einsetzt, um dieser Divergenz entgegenzuwirken. Dies wäre eine Interpretation.

Eine zweite Interpretation geht davon aus, daß sich die Arbeitsstrukturen tatsächlich in Richtung auf eine Handlungsspielraumerweiterung gewandelt haben, so daß die Organisationskultur nicht der Legitimation bestehender Verhältnisse dienen, sondern angesichts der neuen Freiräume *Orientierung vermitteln* und damit *Unsicherheit reduzieren* soll. In beiden Fällen wird unterstellt, daß Kulturen *gestaltbar sind* und daß sie *konflik-*

treduzierende und *orientierende* Funktionen haben.

Über die Gestaltbarkeit einer Organisationskultur läßt sich trefflich streiten. Türk (1989, S. 110) formuliert soziologisch präzise: „Organisationskulturen sind Konstrukte, aber nicht konstruierbar". Auch Neuberger und Kompa (1987, S. 265) bemerken: „Der Unternehmenskulturansatz begräbt die Illusion, daß alles nach Plan [zu machen] geht ... ", genausowenig wie auch eine Eßkultur zu verordenen bzw. „zu machen" ist.

Dies ist sicherlich richtig, wenn es im Sinne kurzfristiger, beliebiger und perfekter Gestaltbarkeit gemeint ist. Aber dies darf uns nicht blind machen für die vielfältigen legitimatorischen, handlungssteuernden und sozialintegrativen Wirkungen der unterschiedlichsten „Kulturstrategien" vom „corporate design" über die Implementation von Führungsgrundsätzen bis hin zum Aufbau selbstorganisierter Teams und den diese begleitenden betrieblichen Weiterbildungsbemühungen.

Bereits 1968, also zu einer Zeit, als die Thematik noch nicht aktuell war, hatten Litwin und Stringer in einer experimentellen Studie – einer Art Unternehmensplanspiel – allein durch die Variation des Führungsverhaltens unterschiedliche Kulturen erzeugen können. Diese Kulturen – dort noch in Anlehnung an Lewin, Lippitt und White (1939) als Klimata bezeichnet – reichten vom klassischen Taylorismus mit all seinen Negativeffekten bis hin zur innovativen Leistungskultur, die Anstrengung und Spaß miteinander verband.

Die Untersuchung von Litwin und Stringer hat den Vorzug, als Experiment Kausalbeziehungen deutlich zu machen, allerdings auch den Nachteil, daß es sich hier um simulierte, nicht um echte Unternehmen handelte. Die Studie zeigte, daß die unterschiedlichen Führungsstile des „Topmanagers" unterschiedliche Klimata in den darunterliegenden Hierarchie-Ebenen erzeugten. Sie zeigte ferner, daß diese Klimata nicht nur normative Handlungsempfehlungen gaben, sondern auch kognitive Interpretationsmuster darstellten. Aufschlußreich war weiter, daß den Teilnehmern die Herkunft und Wirksamkeit dieser kulturellen Steuerung nicht klar bewußt wurde. Schließlich zeigte sich, daß die Effekte durch weitere Hierarchie-Ebenen diffundierten und sich – gleichsam unabhängig von den Ausgangspersonen – verselbständigten und weiterlebten.

Diese Befunde stehen im Einklang mit den drei Charakteristika der Organisationskultur, die Schreyögg (1989, S. 4) auflistet:

1. *Sie ist eine unsichtbare Steuerungsgröße.*
2. *Sie hat eine Entwicklungsgeschichte.*
3. *Sie prägt das Situationsverständnis der Mitglieder.*

Sackmann (1990) hat sich mit den Möglichkeiten der Organisationskulturgestaltung beschäftigt. Sie warnt, ganz im Sinne der Bedenken von Türk, Neuberger und Kompa, vor einer Macher-Mentalität, sagt aber andererseits, daß geplante Strategien durchaus wirksam sein können, wenn zunächst eine „kulturelle Sensibilität", also ein Bewußtsein für die gegenwärtige Kultur entwickelt wird, auf dessen Hintergrund konkrete und konsistente Handlungen erfolgen. Damit sind Aktivitäten im Bereich der Personalselektion und -entwicklung, der organisationsstrukturellen Gestaltung, etwa der Erweiterung der Handlungsspielräume, wie auch der äußeren Architektur- und Raumgestaltung gemeint. Wesentlich ist hierbei, daß die Maßnahmen konsistent und authentisch sind, also als stimmig und glaubwürdig erlebt werden. Organi-

„Meine Herren, unser neues Management-Modell sieht vor, wieder alles zentral zu steuern."

Abb. 108: Das neue Managementmodell

sationskultur läßt sich nicht verordnen, sie bedarf der Akzeptanz.

Weiterhin bleibt zu beachten, daß Organisationskulturen nicht losgelöst von der sie umgebenden *gesamtgesellschaftlichen Kultur* gesehen werden können, die ebenfalls und sicherlich noch intensiver die jeweiligen Menschen beeinflußt. Ogilvie (1992) hat in einem Organisationskulturvergleich amerikanischer, japanischer und deutscher Unternehmen zeigen können, daß die jeweiligen Unternehmenskulturen stärker durch die nationalen Kulturen als durch die Merkmale der jeweiligen Organisation bestimmt waren.

Schließlich dürften gesellschaftlich subkulturelle und organisatorisch strukturelle Unterschiede dem Versuch entgegenstehen, diese durch eine gemeinsame Organisationskultur zu überbrücken. Vermutlich hat der Opel-Arbeiter mehr kulturelle Gemeinsamkeiten mit dem Ford-Arbeiter als mit dem Vorstand von Opel.

Unter Berücksichtigung dieser Grenzen bleiben gleichwohl reale Möglichkeiten der Systemsteuerung durch Kulturentwicklung bestehen (Ulrich, 1984). Sofern diese Kulturentwicklung planvoll betrieben wird, kann sie als Strategie der normativen Steuerung betrachtet werden.

7.4.2.2 Informationelle Steuerung: Beispiel Controlling

Im Unterschied zum deutschen Kontrollbegriff, der sich auf eine nachträgliche Überprüfung bezieht, ist der Begriff des Controlling umfassender, da es nicht nur als Prüf-, sondern vor allem als *Steuerungsinstanz* verstanden wird. Controlling ist „die operative Umsetzung von Strategien in Plandaten sowie deren laufende Konfrontation mit Istdaten" (Staehle, 1987, S. 371). Diese Definition betont den steuernden Charakter und die Kontinuität des Controlling.

Als Mittler zwischen strategischem und operativem Handeln hat das Controlling eine *zentralisierende* und eine *dezentralisierende* Funktion. Dezentralisierend insofern, als die strategischen Planungsdaten auf die einzelnen operativen Einheiten „verteilt" werden, und zentralisierend insofern, als die dezentral gesammelten Ist-Daten gebündelt an die zentralen strategischen Entscheidungsinstanzen zurückgespiegelt werden. Das Controlling bildet die „Nahtstelle zwischen der extern orientierten strategischen Planung und der intern orientierten operativen Planung und Kontrolle" (Staehle, 1987, S. 371).

Die Strategien zur technischen und organisatorischen Rationalisierung haben die Komplexität und Produktivität, aber auch die Anfälligkeit der Produktionssysteme erhöht. Daher bedarf es einer möglichst antizipierenden Kenntnis vorhandener Störpotentiale, aber auch einer antizipierenden Kenntnis vorhandener Überkapazitäten.

Nehmen wir als Beispiel den Aufbau sogenannter „just-in-time"-Systeme. Diese sind darauf gerichtet, frühere Lager und Zwischenlager, in denen Rohstoffe und Zwischenprodukte „auf Halde lagen", abzubauen, um das darin gebundene „tote Kapital" einer „lebendigen" Nutzung zuzuführen.

Der Abbau der Zwischenlager, die eventuelle Lücken abgepuffert hatten, macht es erforderlich, mögliche Engpässe frühzeitig zu erkennen, um entsprechend gegensteuern zu können. Andernfalls würden selbst kleinere Versorgungslücken zu gewaltigen Störungen des Gesamtsystems führen können. Damit wird der Aufbau eines detaillierten Datenerfassungs- und Informationsverarbeitungssystems notwendig.

Ein anderes Beispiel betrifft den Einsatz von teilautonomen oder selbststeuernden Gruppen. Da diese Gruppen nicht „freischwebend und nach eigenem Gutdünken" arbeiten und eine Leistung erstellen, sondern als Glied eines Gesamtsystems wirken, bedarf es einer informationellen Verbindung zwischen den Teams und der zentralen Steuerung.

„Partizipationsprogramme, Qualitätszirkel, Team-Konzepte etc. werden von den Konzernen ausdrücklich im Interesse einer höheren Produktivität befürwortet. Dementsprechend unterliegt die Erprobung und Verbreitung der neuen Organisationsmodelle einer sorgfältigen Überwachung durch die Konzernzentralen. Innerhalb dieses zentral gelenkten Diffusionsprozesses bildet sich eine dezentrale Selbstregulierung von Arbeitsgruppen heraus, aber die Spielräume, in denen sich diese entfalten kann, sind wiederum durch zentral gesetzte Effizienzparameter abgesteckt und eng begrenzt." (Dohse, Jürgens & Malsch, 1985, S. 71)

Die computerunterstützte und vernetzte Datenverarbeitung von Konstruktion, Produktion und Qualitätssicherung, von Personal-, Finanz- und Marktplanung schafft einen informationellen Durchblick, der einerseits eine raschere *Schwachstellendiagnose* und zum anderen eine *Systematik des innerbetrieblichen Vergleichs* ermöglicht.

Angesichts solcher Vergleichsrechnungen kann den einzelnen Abteilungen, Teams oder Personen eine Sollvorgabe gegeben werden, deren Realisierungsmöglichkeit nicht mehr diskutiert zu werden braucht, weil sie bereits durch die Vergleichsrechnung bewiesen wurde. Während es früher Diskussionen darüber gab, daß diese oder jene Sollvorgabe illusorisch hoch sei und lediglich die Wirklichkeitsferne des Managements beweise, muß man sich nun „an die eigene Nase fassen".

Das Controlling erlaubt es, die suboptimalen Prozesse, Abteilungen oder Teams leichter zu finden und sie durch den Hinweis auf die bessere Leistung einer vergleichbaren Gruppe unter internen Rechtfertigungs- und Leistungsdruck zu setzen.

Auf dem Hintergrund der erhöhten Handlungsspielräume erscheint dies wie der Übergang von einer Erziehungsmethode, die auf körperliche Züchtigung setzte, zu einem eher symbolischen und psychischen Erziehungsstil. Zwar war die elterliche, strafende Hand schmerzlich, machte aber auch klar, wo die Quelle des Schmerzes liegt: außerhalb des Kindes. Diese Eindeutigkeit verliert sich bei den subtileren Verfahren der psychischen Erziehung. In diesem Sinne sprechen auch Dohse, Jürgens und Malsch (1985, S. 56) von einer neuen Form der Kontrolle und entscheiden zugleich den Streit darüber, ob das Ende der tayloristischen Arbeitsteilung gekommen sei, wie Kern und Schumann (1984) diagnostizierten, oder ob geradezu eine verschärfte Form der Kontrolle zu beobachten sei, wie Benz-Overhage et al. (1982) sagen, zugunsten des salomonischen Urteils: Beide haben recht. Autonomieausdehnung und Kontrollzentralisierung sind keine Gegensätze, sondern ergänzende Strategien.

Die zentralisierende Tendenz erscheint gelegentlich unter dem Stichwort der „Restrukturierung" oder des „Reengineering" von Organisationen und verlangt eine radikale Neuorientierung, die „oben" beginnen und von „oben" gesteuert werden soll, um alle Prozesse der Organisation systematisch aufeinander abzustimmen und auf ein Ziel auszurichten. Der Gedanke der kontinuierlichen Verbesserung wird ebenso wie das partizipative Prinzip der Entwicklung von unten als kleinmütig verworfen und durch die Bereitschaft zum zentral gesteuerten, radikalen Bruch mit dem Bestehenden ersetzt. Es versteht sich von selbst, daß hier zugleich neue Führungspersönlichkeiten beschworen werden, die die Kraft und Ausdauer für diesen Prozeß mitbringen. Dies liest sich z.B. so:

„Die primäre Rolle eines Leaders ist, als Visionär zu überzeugen. Durch die Ausformung und Formulierung seiner Vision über die Art von Unternehmen, das er gestalten will, vermittelt der Leader jedem Mitarbeiter im Unternehmen Sinn und Zweck des Vorhabens. Der Leader muß allen deutlich vor Augen führen, daß Business Reengineering ernsthafte Anstrengungen verlangt, die bis zur Zielerreichung durchgehalten werden müssen. Aus den Überzeugungen und dem Enthusiasmus des Leaders leitet das Unternehmen seine geistige Energie ab, die es für eine Reise in Ungewisse benötigt." (Hammer & Champy, 1994, S. 136)

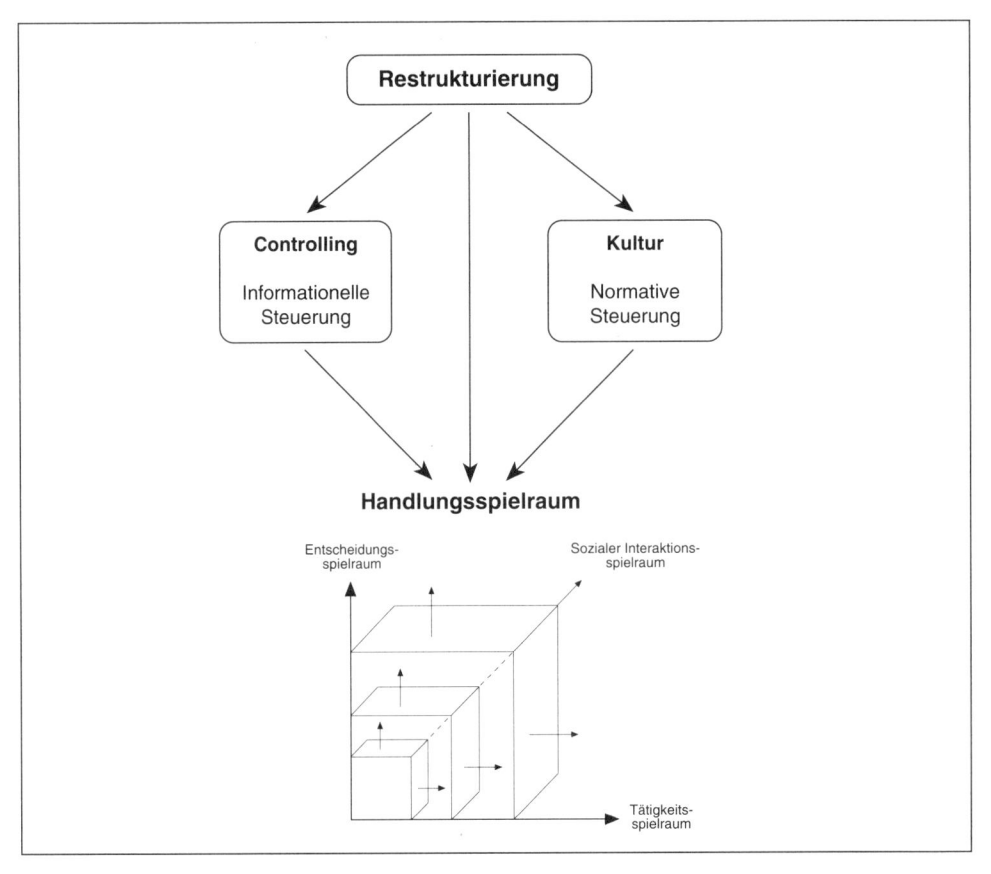

Abb. 109: Zentralisierende Tendenzen der Kontrollperfektionierung begrenzen die dezentralisierenden Tendenzen der Handlungsspielraumerweiterung. Innerhalb der Organisationen entwickelt sich eine neue Balance von Autonomie und Herrschaft.

7.4.3 Mikropolitik

Neben den beiden bereits besprochenen Tendenzen einer Autonomieausdehnung durch Handlungsspielraumerweiterung und einer Kontrollzentralisierung durch normative und informationelle Steuerung bleibt noch der Hinweis auf eine dritte Erscheinung, die als *Mikropolitik* bezeichnet wird.

Bosetzky (1980), der den Begriff in der deutschen Sozialwissenschaft populär gemacht hat, erzählt die Entstehungsgeschichte des Konzepts anhand eigener Erlebnisse als Mitarbeiter in der öffentlichen Verwaltung (siehe Kasten 24).

Bei dieser Schilderung geht es um Macht und Machtstreben. Die Autonomieausdehnung gibt diesen Strebungen mehr Raum, als sie im Rahmen dirigistischer Strukturen einnehmen konnten.

Anders als die „große" Politik ist Mikropolitik das „Arsenal jener alltäglichen (Mikro-)Techniken, mit denen Macht aufgebaut und eingesetzt wird, um den eigenen Handlungsspielraum zu erweitern und sich fremder Kontrolle zu entziehen" (Neuberger, 1990b, S. 261).

Das Konzept der Mikropolitik ist mit den Überlegungen zur Selbstorganisation und -erhaltung von Systemen insofern verbun-

Kasten 24: **Mikropolitik**

„Alles rührt eigentlich aus einem mehrjährigen Aha-Erlebnis her, Erkenntnissen, gewonnen vor allem als Lehrling und ‚Saisonarbeiter' im ‚Hause Siemens' und als wissenschaftlicher Mitarbeiter der bremischen Verwaltung. Aufgewachsen war ich nämlich mit dem (verkürzten) Bewußtsein, daß unsere Großorganisationen allesamt so funktionierten, wie der Idealtypus der Bürokratie dies meint und ‚vorschreibt', daß also alle Mitarbeiter berechenbar wären und hundertprozentig rollengerecht handelten, in allem programmiert, ähnlich den Ameisen und Bienen. Die Machtpotentiale aller Akteure schienen mir – in der Hierarchie kaskadenförmig nach unten hin abnehmend – ein für allemal unverrückbar festgelegt zu sein, etwa so wie die elektrischen Potentiale bei den Bauteilen eines Fernsehers, und ich hatte auch keinerlei Zweifel daran, daß es den einzelnen Mitarbeitern absurd vorkommen mußte, diesen funktionsnotwendigen Schaltplan irgendwie infragestellen oder irgendwie ändern zu wollen.

Mit dieser Vorstellung sozusagen einrückend, kam es mir dann in der öffentlichen wie der privaten Verwaltung, der Industrie- wie der Staatsbürokratie, sehr bald so vor, als ginge es dort sehr wildwüchsig bis geradezu chaotisch zu, zwar schon irgendwie geregelt und zielgerichtet, aber nicht so, daß das gebräuchliche Bild vom Verwaltungs*apparat* Sinn gemacht hätte; eher schien mir der Vergleich mit einem Fußballspiel, einer Fußballmannschaft angebracht: Alle hatten ein mehr oder minder festes Ziel und durchaus klar definierbare und sogar schriftlich fixierte (Arbeits-)Rollen, auch wurde auf den ersten Blick alles nach einem elaborierten Regelwerk gesteuert und geleitet, aber dennoch war die Berechenbarkeit der einzelnen und die Prognostizierbarkeit ihrer Handlungen ziemlich gering.

Im Wissenschaftsdeutsch: Auch stark bürokratische Organisationen weisen in aller Regel ein erhebliches Maß an voluntaristischem und partikularistischem Handeln auf und gestatten dem dazu bereiten und fähigen Mitglied eine beträchtliche individuelle Formung und Ausgestaltung seiner organisationalen Rollen.

Aber das ist schon wieder zu abstrakt und generell, ist schon ein Resümee. Damals fiel mir zunächst auf, daß formal völlig ranggleiche Personen ganz verschiedene Einflußpotentiale haben konnten – und mehr noch: daß es sogar Untergebene gab, die ihre Vorgesetzten fest im Griff hatten und deren Entscheidungen quasi selber trafen. Dazu kamen zahllose kleinere Beobachtungen über ‚Menschen im Machtspiel', ihre Kämpfe – Siege und Niederlagen – um Statussymbole (Räume, Teppiche, Gardinen, Schreibtische, Lampen etc.), um bessere Arbeit und Arbeitsbedingungen, um Aufstiegschancen, um knappe Ressourcen, um die Durchsetzung ihres Willens und ihrer Zielvorstellungen, aber auch das Registrieren vieler Anzeichen von Ohnmacht, Passivität und einem gottergebenen Sichabfinden mit dem Gegebenen: die Demutshaltung als Überlebensstrategie.

Bei einem ersten Versuch, meine Impressionen irgendwie zu systematisieren, bin ich dann auf vier ‚axiomatische Annahmen' gekommen:

a) In jeder Organisation ist nur ein Teil der theoretisch vorhandenen Machtmenge fest an Personen und Positionen gebunden, der andere ist frei flutend und verfügbar (so etwa wie nur ein Teil der im Weltall vorhandenen

> Materie in Fixsternen, Planeten und Monden gebunden ist).
> b) Da sich jede Organisation inmitten gesellschaftlicher Kräftefelder befindet, wirken außerorganisatorische Machtpotentiale in die Organisation hinein und beeinflussen deren ‚innere Gravitation'.
> c) In jeder Organisation gibt es Menschen, die Macht und Einfluß suchen und andere, die daran kein Interesse haben.
> d) Sind Organisationsmitglieder an der Erhöhung ihres Machtpotentials (bzw. der Minimierung ihrer Ohnmacht) interessiert, so können sie dies in aller Regel nur dadurch erreichen, daß sie Koalitionen bilden und sich im weiteren Sinne ‚politisch' – eben ‚mikropolitisch' – verhalten, das heißt, daß sie Gefolgsleute anwerben und für die Erreichung der eigenen Ziele arbeiten lassen und ihnen im sozialen Tauschprozeß als Gegenleistung dafür ihrerseits Unterstützung gewähren (wechselseitige Instrumentalisierung)."
> (Bosetzky, 1992, S. 27f.)

den, als in dem Machtmotiv ein inneres Energiepotential gesehen werden kann, das die Entscheidungen und Interaktionen der einzelnen Akteure steuert, die damit das System aufrechterhalten.

Das Bild von der mikropolitischen Arena, in der verschiedene Akteure um Einfluß ringen, wirft die Frage auf, wer oder was das System steuert. Wandelt sich die Tyrannei der tayloristischen Herrschaft in die Tyrannei der mikropolitischen Niemandsherrschaft?

Neuberger (1990b, S. 230) zitiert in diesem Zusammenhang die Bemerkung eines von Wittenzellner (1989, S. 109) befragten Managers:

> „In der Vergangenheit lautete die Frage: ‚Wie führe ich ein Unternehmen?';
>
> heute heißt sie: ‚Wie führen wir ein Unternehmen?';
>
> für die Zukunft gilt: ‚Wie führt sich ein Unternehmen?'"

Diese drei Fragen thematisieren einerseits den Wandel von dirigistischen über partizipative zu autonomen Entscheidungsstrukturen. Dies wäre eine zeitlich sequentielle Betrachtung.

Wir können aber auch eine funktional hierarchische wählen. Dann behandelt die erste Frage eigentlich zwei Systeme: Dem Menschen (Ich) steht die Organisation (Unternehmen) gegenüber. Beide sind dann Systeme, für die das andere jeweils „Umwelt" ist. Bei der zweiten Frage sind auch noch zwei Systeme erkennbar, die aber nicht mehr aus einem Ein-Personen und einem Mehr-Personen-System, sondern aus zwei Mehr-Personen-Systemen (Wir und Unternehmen) besteht, während die dritte Frage auf einer höheren Abstraktionsebene „Ich, Wir und Unternehmen" in einem System zusammenfaßt.

Auch dieses System, das sich selbst steuert, findet andererseits Bedingungen, Limitationen, Vorgaben und Möglichkeiten in seiner Umwelt vor, die auch, etwa als politische, juristische oder marktwirtschaftliche Umweltdaten, steuernd auf das Unternehmen einwirken. Wenn wir nun noch eine Abstraktionsebene nach oben gehen, findet sich das Unternehmen innerhalb eines Systems wieder, zu dem nun auch diese Systeme Politik, Markt usw. gehören.

Wir wollen den Pfad, der uns von der Organisationpsychologie wegführt und in die Soziologie und Philosophie hineinreicht, hier nicht weiter verfolgen, sondern mit dem Hinweis abschließen, daß innerhalb von Organisationen vielfach mehrere Steuerungssysteme simultan nebeneinander existieren und sich ergänzen, stützen und ausgleichen. Die Redundanz der Systeme erhöht dabei die Steuerungssicherheit.

7.4.4 Simultane Steuerungen

Die Organisationen unterliegen verschiedenen Einflüssen, die sich auf die inneren Strukturen auswirken. Die Entwicklung der Technik, die Veränderungen des Marktes und der gesellschaftliche Wertewandel haben deutliche Spuren hinterlassen und neue organisatorische Formen und Steuerungsmodelle begünstigt. Die bürokratischen Reglementierungen der tayloristischen Organisation weichen auf und machen freieren Formen Platz, die erheblich größere Handlungs- und Entfaltungsspielräume bieten. Zugleich entwickeln sich aber auch neue informationelle Überwachungs- und Steuerungssyteme, und schließlich beobachten wir Tendenzen des normativen Managements und zum Aufbau sozialintegrativer Systeme gemeinsamer Wertorientierungen.

Diese Entwicklungen lassen sich nicht linear als Fortentwicklung darstellen, sondern eher als Differenzierungsprozeß begreifen, der mit der dreifachen Bedeutung des Wortes „aufheben" beschrieben werden kann. Tayloristische Strukturen sind zwar insofern aufgehoben, als sie in vielen Bereichen außer Kraft gesetzt wurden. Sie sind aber auch insofern aufgehoben, als sie bewahrt und in neuer Form wiederbelebt wurden, und sie sind daher schließlich in dem Sinne aufgehoben, daß sie auf eine neue Ebene gehoben wurden und weniger direkt als indirekt sind. Organisationen enthalten Mischungen unterschiedlicher Systeme der Verhaltenssteuerung: Zwang, Vereinbarung und Wertekonsens stehen nebeneinander.

Die zwanghaften Strukturen tayloristischer Überwachungen, die eher unterdrückend als steuernd waren, sind heute sicherlich weitgehend aufgehoben. Daniel Goudevert sprach in der Abschlußdiskussion des bereits erwähnten Kölner Symposums zum Thema „Führung im Wandel" zwar vom Untergang der pyramidalen Struktur und dem Aufbau einer „Gänseblümchen-Organisation", um bildhaft auszudrücken, daß der künftige Manager nicht mehr über, sondern inmitten seiner Gruppe steht. Bei aller Liebe zu blumigen Metaphern dürfte dies doch etwas zu euphorisch sein. Angemessener scheint uns hier die Politik-Metapher zur Charakterisierung der durch Handlungsspielraumerweiterung gewandelten Organisation.

Hier wird die Organisation weder als monolithischer Machtblock noch als familiär-harmonische Wertegemeinschaft begriffen, sondern als Arena, in der relativ freie Individuen mit unterschiedlichen Kompetenzen und Zielsetzungen kommunizieren, interagieren und verhandeln.

Andererseits verschwindet die tayloristische Struktur nicht gänzlich, sondern macht neuen informationellen und sozialnormativen Kontrollstrategien Platz, die wiederum die Machtstrukturen komplexer Organisationen verändern, die auf die Eigeninitiative und damit den Eigensinn ihrer Mitglieder angewiesen sind. Karl Popper (1984) soll dies in anderem Zusammenhang so formuliert haben:

„Es ist zwar leicht, die Macht zu zentralisieren, aber unmöglich, all das Wissen zu zentralisieren, welches auf viele Individuen verteilt ist, und dessen Zentralisierung zur weisen Ausübung der zentralisierten Macht erforderlich wäre."

Auch dies läßt Raum für eine Arena mikropolitischen Verhandelns.

In dieser mikropolitischen Arena werden unterschiedliche und widersprüchliche Strebungen und Tendenzen aufeinandertreffen und verhandelt werden. Handlungsautonomie, Kontrollanspruch und Wertekonsens stoßen als Ansprüche aufeinander. Die organisatorische Realität ist weniger starr und festgefügt, sondern wandel- und beeinflußbar.

Die Zunahme der Gestaltungsfreiheit verringert allerdings die Berechenbarkeit. Dies wird von den Akteuren ganz neue, gleichsam politisch-diplomatische Fähigkeiten des Taktierens und Paktierens erfordern, die dann auch das Odium des Verwerflichen verlieren und als strategisches Erfolgspotential gelten mögen. Vielleicht wird es dann einmal sein, daß wir an einer solchen mikropolitischen Arena vorbeigehen und wie zufällig das Gespräch zweier Mitarbeiter hören, von denen der eine sagt: „Unser Boß ist Spitze, sie hat Psychologie studiert."

7.5 Schlußbemerkung

Die Stichworte Interaktion und Organisation akzentuieren verschiedene Aspekte. Wir sprechen von Interaktionen, um wechselseitig verzahnte Verhaltensakte von Menschen zu bezeichnen: Jemand grüßt und sein Gegenüber nickt zurück. Dies mögen solcherart ritualisierte Sequenzen sein oder bewußt reflektierte Einzelaktionen, wie es bei Verhandlungen zwischen Vertragspartnern der Fall sein kann. In jedem Fall steht das Verhalten von Menschen im Zentrum des Begriffes. Das ist bei dem Begriff der Organisation anders. Hier geht es nicht um das Verhalten selbst, sondern um das System, das hinter den Handlungen steht und diese steuert, erklärt oder mit Sinn belegt.

Wir haben uns dabei daran gewöhnt, solche Systeme als zielorientiert, absichtsvoll konstruiert und rational zu deuten. Sicherlich hat die betriebswirtschaftliche Organisationslehre zur Entwicklung und Verfestigung dieses Bildes beigetragen. Dabei dürfte dem aufmerksamen Blick nicht entgehen, daß dieses Bild mehr normative als deskriptive Züge enthält, worauf insbesonder Mintzberg (1989) hingewiesen hat. Die Organisationen und die Menschen sind nicht so rational, zielgerichtet und berechenbar, wie sie nach den Management-Empfehlungen sein sollten. „In den Wirtschatfswissenschaften nimmt die Organisation die Form einer ‚rationalen', aber ansonsten geheimnisvollen Entität an, die es aber irgendwie schafft, den Gewinn zu maximieren", schreibt Mintzberg (1989, S. 13), um dann hinzuzufügen: „Ich kenne keine einzige derartige Organisation."

Wenn Menschen in Organisationen handeln bzw. durch Organisationen zu Handlungen veranlaßt werden oder ihre Handlungen erst Organisationen begründen, dann dürften Begriffe wie Ambivalenz, Mehrdeutigkeit oder Diffusität bei der Beschreibung von Organisationen nicht fehlen. Sie bezeichnen dann keine defizitären oder krankhaften, sondern durchaus lebendige und gesunde Organisationen. Dann ist die Frage auch nicht mehr nur, wie diese Mängel beseitigt, und die Organisationen auf Kurs gebracht werden können, sondern auch, welche Vernunft, Kraft und Richtung in diesen Strukturen steckt.

Sicherlich kommt Karl Weick (1985) das Verdienst zu, hier eine neue und ebenso faszinierende wie ungewöhnliche Perspektive eröffnet und damit die Diskussion bereichert zu haben. Zur Erläuterung dieser Sicht sei daher auch das Gedicht von Piet Hein wiedergegeben, das Weick (1985, S. 27) seinen Überlegungen vorangestellt hat.

Mehrheitsherrschaft

Seine Partei war die Bruderschaft der Brüder,
und es gab mehr von ihnen als von den anderen.
Das heißt, sie bildeten eine Minderheit,
die den größeren Teil der Mehrheit ausmachte.

*Innerhalb der Partei gehörte er zu der
Clique,
die die Unterstützung der größeren
Fraktion hatte.
Und in jeder Gruppe innerhalb jeder
Gruppe suchte er
nach der Gruppe, die über die meiste
Unterstützung verfügte.
Die letzte Gruppe wählte schließlich
ein Triumvirat, das alle respektieren.
Nun hatten von diesen dreien zwei
das letzte Wort,
denn sie konnten den dritten überstimmen.
Einer von diesen beiden war relativ
schwach,
so stand einer allein auf dem höchsten
Gipfel.
Er war die größere Nummer des Paares,
das den größten Teil von den Dreien
bildete,
die von den meisten von denen gewählt
worden waren,
welche sich rühmen,
die meisten von den meisten von den
meisten von den meisten
des Staates zu repräsentieren –
oder zumindest von dessen größtem Teil.
Er gönnte sich nie einen Moment des
Schlummers,
sondern verfolgte stets das Glück der
größten Zahl.
Und alle Leute, wohin sie auch kamen,
wußten aus eigener Erfahrung genau,
was es hieß,
unter dem Diktat der Mehrheit zu leben.
Aber das hatte keine Bedeutung – sie waren
die Minderheit.*

Das Gedicht illustriert Merkmale von Organisationen, die selten so gesehen werden, aber nach Meinung Weicks geradezu typisch sind:

1. Mehrheitsentscheidungen werden oft von Minderheiten oder nur einer Person getroffen. Ein System von formalen Hierarchiestufen und informellen Allianzen ermöglicht diese Paradoxie: „Der wichtige Punkt ist, daß diese Herrschaft durch das Muster der Allianzen, das in der Gruppe gegeben ist, möglich gemacht wird. Es ist das Beziehungsmuster, nicht die Tatsache, daß ein ‚großer Mann' auf dem Gipfel des Haufens sitzt, was die Konzentration des Einflusses ermöglicht." (Weick, 1985, S. 31)

2. Ziele sind für Organisationen nicht notwendig. Das Handeln folgt nicht notwendigerweise bestehenden Zielen, sondern definiert sie erst: „Die verbreitete Behauptung, Zielkonsens müsse vor dem Handeln erreicht werden, verdunkelt die Tatsache, daß Konsens unmöglich ist, wenn nicht irgendetwas Handfestes vorhanden ist, worauf er sich gründen kann. Und dies ‚etwas Handfestes' kann am Ende sehr wohl bereits abgeschlossenes Handeln sein. So ist durchaus möglich, daß Zielerklärungen eher retrospektiv als prospektiv sind." (a.a.O., S. 34)

3. Rationalität ist kein Kennzeichen von Organisationen. Man könnte allenfalls von einer „begrenzten Rationalität" (Simon, 1957, S. 33) sprechen, um anzudeuten, daß Menschen zwar mitunter die Absicht haben sich vernünftig zu verhalten, ihnen dies jedoch aufgrund unvollkommener Information, kognitiver Kapazitätsgrenzen und emotional verankerter Grundorientierungen nur unvollkommen gelingt. Entscheidungen werden nicht selten ad hoc aus der Kenntnis und Bewertung einer augenblicklichen Problemlage getroffen, deren weitere Konsequenzen nur zum Teil antizipiert werden. Beim Auftreten neuer Probleme wird erneut aus der dann vorliegenden Situationsinterpretation entschieden: „Zu sagen, daß ‚Systeme' oder Organisationen rationale Entscheidungsfin-

dung betreiben, macht nur dann Sinn, wenn wir irgendeine Gruppe von Personen identifizieren können, die sich einig ist, in bezug auf ein gewünschtes Ergebnis, einen spezifischen Satz von Mitteln zur Erreichung dieses Ergebnisses und die Art und Weise, wie diese spezifischen Mittel in Anwendung gebracht werden sollen und wie festgestellt werden soll, ob das gewünschte Ergebnis erzielt wurde oder nicht. Da diese vierfache Übereinkunft schwieriger ist, wenn große Zahlen von Personen betroffen sind, ist es wahrscheinlich, daß Rationalität hauptsächlich für kleine Gruppen von Akteuren charakteristisch ist, und daß Organisationen zu jedem Zeitpunkt mehrere und widersprüchliche Rationalitäten besitzen." (Weick, 1985, S. 37)

4. Entscheidungen lösen keine Probleme, sondern schaffen neue. Organisatorische Abläufe sind nicht so wohlgeordnet und zeitlich linear strukturiert, daß zunächst Probleme erkannt, dann Ursachen analysiert, dann Lösungen gesucht werden, die dann bewertet werden, um so schließlich eine Entscheidung zu treffen und zu begründen. Wahrscheinlicher ist ein anders Bild: In jedem Augenblick trifft ein kontinuierlicher Strom von Personen, Lösungen, Entscheidungen und Problemen zusammen und mischt sich wie Abfall in einem Mülleimer. Entscheidungen werden dann oftmals so getroffen, daß Probleme bewußt übersehen oder verschoben werden. Es geht dann nicht um die Lösung eines Problems, sondern um den Schutz der eigenen Person: Man verhindert durch seine Entscheidung, mit dem Problem konfrontiert oder in Verbindung gebracht zu werden.

Ähnlich verhält es sich beim Verzögern oder Aussitzen von Problemen; dieser Entscheidungsstil der Flucht sorgt dafür, daß das Problem abwandert, um dann woanders hängenzubleiben. Dies ist eine Erklärung dafür, „warum Organisationen ständig fortfahren, Entscheidungen zu treffen, ohne jemals eines ihrer Probleme zu lösen." (a.a.O., S. 39).

5. Organisationen haben keine Umwelt, sondern konstruieren sie. Organisationen passen sich nicht äußeren Gegebenheiten an, um ihr Überleben zu sichern, sondern suchen nach jeweils akzeptablen Interpretationsmustern, um eventuelle System-Umwelt-Diskrepanzen zu reduzieren. Dabei tendieren Organisationen dazu, die Umwelten so zu (re)interpretieren, daß sie in das vorhandene Schema passen. Die Frage, ob der Markt impulsgebende Umwelt oder integraler Teil des Systems der Qualitätssteuerung ist, läßt sich nicht beantworten, ohne die Interpretationsmuster derjenigen zu kennen, die diese Frage stellen. Passen sich Organisationen dem Markt an, gestalten sie ihn, wählen sie ihn aus, oder sind sie ein Teil desselben? Es gibt keine eindeutigen Antworten, sondern nur mehr oder minder akzeptierte Interpretationen in einem mehrdeutigen Kontext. „Die Grenzen zwischen Organisation und Umwelt sind niemals so eindeutig und stabil, wie viele Organisationstheoretiker meinen. Diese Grenzen verlagern sich, verschwinden und werden in willkürlicher Weise gezogen. Wir nehmen sie nicht sehr ernst. Stattdessen behaupten wir, daß Umwelten durch Organisationen aus verwirrenden Umgebungen geschaffen werden und daß diese sinnvollen Umwelten im Prozeß des Organisierens ziemlich spät auftauchen." (a.a.O., S. 192).

Diese Perspektive stellt viele der bisher als stabil angenommenen Sichtweisen in Frage bzw. auf den Kopf. Menschliches Handeln und organisatorische Strukturen stehen sich nicht als verschiedene Einheiten gegenüber, sondern konstituieren sich wechselseitig.

Interaktion und Organisation 263

Theorien haben nicht nur die Funktion, die Wirklichkeit zu beschreiben und zu erklären, sondern auch, die Aufmerksamkeit des Betrachters in bestimmter Weise auf den Gegenstand zu lenken. Wenn sie diese Funktion erfüllen, fällt es schwer, den Gegenstand noch einmal im alten Licht zu betrachten.

Abschlußbemerkung

Wer sich bis hier durch diesen Text gelesen oder gearbeitet hat, konnte hoffentlich nicht nur neue Erkenntnisse gewinnen, sondern zugleich sein Interesse an der Arbeits- und Organisatiosnpsychologie festigen, vielleicht sogar unmittelbare Anregungen für die gegenwärtige oder künftige berufliche Arbeit ableiten. Diese Arbeit des gedanklichen und praktischen Umsetzens, Anwendens und Weiterführens obliegt dem Leser. Dies markiert gewissermaßen die Schnittstelle zwischen Autor und Leser.

Die Arbeit des Umsetzens und Anwendens hat ihre eigenen Tücken. Zum einen bietet dieser Text – auch wenn er anwendungsorientiert geschrieben wurde – keine Handlungsanweisungen oder gar die oft so gewünschten Patentrezepte, sondern soll Orientierungen, Perspektiven und Ansatzpunkte liefern, von denen es lohnt weiterzuarbeiten. Dieses Weiterarbeiten betrifft zunächst vertiefende und spezialisierende Texte sowie die kontinuierliche Lektüre der aktuellen Fachzeitschriften, von denen hier einige zentrale Periodika aufgeführt sind:

Zeitschrift für Arbeits- und Organisationspsychologie. Göttingen: Hogrefe.
Zeitschrift für Arbeitswissenschaft. Köln: Otto Schmidt.
Gruppendynamik. Zeitschrift für angewandte Sozialpsychologie. Opladen: Leske & Budrich.
Organisationspsychologie in Forschung und Praxis. Weinheim: Psychologie Verlags Union.
Zeitschrift für Personalforschung. Mering: Rainer Hampp.

Es kommt weiter hinzu, daß eine monodisziplinäre Ausrichtung der eigenen Studien vielfach nicht mehr hinreichend ist. Dies gilt bereits bei der wissenschaftlichen Arbeit, erst recht jedoch im Anwendungsfeld Praxis. Die Beschäftigung mit ingenieurwissenschaftlichen, ökonomischen, juristischen und politischen Themen wird zunehmend für das Verständnis der Faktoren wichtig, die Arbeit und Organisation beeinflussen. Da dies heutzutage rasch die Möglichkeiten und Fähigkeiten eines einzelnen Menschen übersteigt, sei dieser Hinweis auch als Plädoyer für die Arbeit interdisziplinärer Teams verstanden.

Darüber hinaus ist es so, daß in der Praxis andere Spielregeln gelten als im Wissenschaftsbetrieb: Mitunter ist Nützlichkeit wichtiger als die Wahrheit. Die wissenschaftlich korrekte Begründung einer Analyse oder eines Vorschlags führt daher nicht notwendigerweise zu ihrer Annahme. Das richtige Argument reicht nicht, wenn es nicht gelingt, die richtigen Leute zu überzeugen. In Anlehnung an Voltaire läßt sich daher sagen: Es ist nicht leicht, dort Recht zu bekommen, wo große Leute irren.

So ist schließlich klar, daß auch ein anwendungsorientierter Text nicht die spezifischen situativen, sozialen oder historischen Merkmale berücksichtigen kann, die einer konkreten Anwendung umd Umsetzung arbeits- und organisationspsychologischer Konzepte und Befunde zugrund liegen. Der Transfer von der Wissenschaft in die Praxis oder von der Hochschule in die Arbeitswelt ist eine Gemeinschaftsleistung. Es hilft hier nicht weiter, wenn jede Seite mit dem Finger auf die andere zeigt und sagt: „Dies ist Dein Job, damit habe ich nichts zu tun". Lassen Sie mich abschließend hierzu einige Zeilen von Wilpert (1992) zitieren:

Hochschule und Arbeitswelt: Grenzen und Chancen der Zusammenarbeit

„Nun ist eine solche Kooperation von Praxis und Wissenschaft nicht problemlos. Praktiker und Wissenschaftler denken in unterschiedlichen Zeithorizonten: Erwartet der Praktiker die Lösung eines Problems in Wochen, allenfalls Monaten, so rechnet der Wissenschaftler meist in Quartalen und Jahren. Der Praktiker steht unter Handlungszwang, der Wissenschaftler unter dem Primat der Vorläufigkeit jeglicher Theorie. Ist die Sprache des Praktikers konkret auf Probleme bezogen, so sucht der Wissenschaftler nach Abstraktion und Verallgemeinerung. Und dort, wo wissenschaftsgläubige Praktiker auf geschäftstüchtige Wissenschaftsvermarkter stoßen, treibt mitunter die Scharlatanerie exotische Blüten. Wissenschaft und Praxis stehen sich also manchmal gegenseitig im Wege.

Und doch brauchen sie einander.

Einmal verlangt ein Praxisproblem nach erfinderischer wissenschaftlicher Phantasie, dann wiederum beflügelt eine wissenschaftliche Erfindung die Lösung vielfältiger Praxisfragen. In wechselseitiger Bedingung ziehen und stoßen sich Wissenschaft und Praxis voran." (Wilpert, 1992, S. 57)

Literaturverzeichnis

Abholz, H. H., Hildebrandt, E., Ochs, P., Rosenbrock, R., Spitzley, H., Stebani, J. & Wottschak, W. (1981). Von den Grenzen der Ergonomie und den Möglichkeiten der Arbeitswissenschaft. Zeitschrift für Arbeitswissenschaft, 35, 193–199.

Ach, N. (1905). Über die Willenstätigkeit und das Denken. Göttingen: Vandenhoeck & Ruprecht.

Adams, J. S. (1963). Towards an understanding of inequity. Journal of Abnormal and Social Psychology, 67, 422–436.

Adams, J. S. (1965). Inequity in social exchange. In L. Berkowitz (Ed.), Advances in experimental social psychology, vol. 2 (pp. 267–299). New York: Academic Press.

Adlwarth, W. (1983). Formen und Bestimmungsgründe prestigegeleiteten Konsumverhaltens. München: Florentz.

Aguren, S. & Karlsson, K. G. (1976). The Volvo Kalmar Plant. Herausgegeben von: The Rationalization Council SAF/LO, Schweden.

Albert, H. (Hg.) (1964). Theorie und Realität. Tübingen: Mohr (2. Aufl. 1972).

Alderfer, C. P. (1973). Existence, relatedness and growth. Human needs in organizational settings. New York: Free Press.

Alemann, U. v. & Schatz, H. (1987). Mensch und Technik (2. Aufl.). Opladen: Westdeutscher Verlag.

Alioth, A. (1980). Entwicklung und Einführung alternativer Arbeitsformen. Bern: Huber.

Alioth, A. (1986). Lohn und Lernen. In W. Duell & F. Frei (Hg.), Arbeit gestalten – Mitarbeiter beteiligen. Eine Heuristik qualifizierender Arbeitsgestaltung. (S. 183–194). Frankfurt/Main: Campus.

Anders, P. E. (Hg.) (1992). Betriebswirtschaftslehre humoris causa (2. Aufl.). Wiesbaden: Gabler.

Andlauer, P. et al. (1982). Organization of night shift in industries where public safety is at stake. International Archives of Occupational and Environmental Health, 49, 353–355.

Antoni, C. & Bungard, W. (1989). Beanspruchung und Belastung. In E. Roth (Hg.), Enzyklopädie der Psychologie. Bereich D, Serie III, Bd. 3. Organisationspsychologie (S. 431–458). Göttingen: Hogrefe.

Antoni, C., Bungard, W. & Lehnert, E. (1992). Qualitätszirkel und ähnliche Formen der Gruppenarbeit in der Bundesrepublik Deutschland: Eine Bestandsaufnahme der Problemlösungsgruppen-Konzepte bei den 100 umsatzgrößten Industrieunternehmen (S. 109–138). In W. Bungard (Hg.), Qualitätszirkel in der Arbeitswelt. Ziele, Erfahrungen, Probleme. Göttingen: Verlag für angewandte Psychologie.

Antoni, M. (1986). Menschliche Arbeit: Grundbedürfnis oder fremdgesteuerte Norm? Konsequenzen für die Personalentwicklung. In H. C. Riekhof (Hg.), Strategien der Personalentwicklung (S. 23–44). Wiesbaden: Gabler.

Argyle, M. (1972). The social psychology of work. New York: Taplinger.

Argyris, C. (1957). Personality and organization. The conflict between the system and the organization. New York: Harper & Brothers.

Aristoteles (1879). Politik. Leipzig: Engelmann.

Aristoteles (1943). De partibus animalium IV. 10. In H. Balss (Hg.), Biologische Schriften, griechisch und deutsch (S. 64 ff.). München; hier zitiert nach H. Popitz (1989, S. 54).

Aristoteles (1972). Über Herren und Sklaven. In M. Kunczik (Hg.), Führung. Theorien und Ergebnisse (S. 9–16). Düsseldorf: Econ.

Atkinson, J. W. & Feather, N. T. (1966). A theory of achievement motivation. New York: Wiley.

Atkinson, J. W. (1964). An introduction to motivation. Princeton, NJ: Van Nostrand.

Baitsch, C. (1985). Kompetenzentwicklung und partizipative Arbeitsgestaltung. Bern: Lang.

Bales, R. F & Slater, P. E. (1955). Role differentiation in small decisionmaking groups. In T. Parsons & R. F. Bales (Eds.), Family, socialization and interaction process (pp. 259–306). Glencoe, Ill.: Free Press.

Bandura, A. (1979). Sozial-kognitive Lerntheorie. Stuttgart: Klett-Cotta.

Barnard, C. I. (1938). The functions of the executive. Cambridge, MA: Harvard University Press.

Bass, B. M. (1981). Stogdill's handbook of leadership. New York: Free Press.

Beck, U. (1974). Objektivität und Normativität. Die Theorie-Praxis-Debatte in der modernen deutschen und amerikanischen Soziologie. Reinbek: Rowohlt.

Becker, H. & Langosch, J. (1986). Produktivität und Menschlichkeit. Stuttgart: Enke.

Bendixen, P. (1980). Teamorientierte Organisationsformen. In E. Grochla (Hg.), Handwörterbuch der Organisation (S. 2227–2236) (2. Aufl.). Stuttgart: Poeschel.

Benz-Overhage, K., Brumlop, E., Freyberg, Th. v. & Papadimitriou, Z. (1982). Neue Technologien und Arbeitsgestaltung. Auswirkungen des Computereinsatzes in der industriellen Fertigung. Frankfurt/Main: Campus.

Bergler, R. (Hg.) (1965). Psychologische Marktanalyse. Bern: Huber.

Berlyne, D. E. (1971). Aesthetics and psychology. New York: Appleton.

Bernotat, R. (1981). Anzeigengestaltung. In H. Schmidtke (Hg.), Ergonomie (S. 460–471). München: Hanser.

Birkwald, R., Dombre, R., Harbisch, H., Lübben, H., Müller, R. & Schaefer, W. (1978). Menschengerechte Arbeitsgestaltung. 2. Informationsschrift von DGB, ÖGB, SGB. Köln: Bund.

Blake, R. R. & Mouton, J. S. (1968). Verhaltenspsychologie im Betrieb. Düsseldorf: Econ.

Blake, R. R., Mouton, J. S. & Lux, E. (1987). Verhaltensgitter der Führung (Managerial Grid). In A. Kieser, G. Reber & R. Wunderer (Hg.), Handwörterbuch der Führung (S. 2015–2022). Stuttgart: Poeschel.

BMFT (Bundesminister für Forschung und Technologie) (1977). Programm Forschung zur Humanisierung des Arbeitslebens. Bonn: BMFT.

BMFT (Bundesminister für Forschung und Technologie) (Hg.) (1980). Schriftenreihe: Humanisierung des Arbeitslebens, Bd. 3: Gruppenarbeit in der Motorenmontage. Frankfurt/Main: Campus.

Bondy, C. (1964). Die Messung der Intelligenz Erwachsener. Textband zum Hamburg-Wechsler-Intelligenztest für Erwachsene (HAWIE) (3. Aufl.). Bern: Huber.

Bosetzky, H. (1980). Mensch und Organisation. Aspekte bürokratischer Organisation. Eine praxisorientierte Einführung in die Soziologie und Sozialpsychologie der Verwaltung. Köln: Deutscher Gemeindeverlag.

Bosetzky, H. (1992). Mikropolitik, Machiavellismus und Machtkumulation. In W. Küpper & G. Ortmann (Hg.), Mikropolitik (S. 27–37). Opladen: Westdeutscher Verlag.

Bowey, A. M. (1982). Effects of incentive payment systems. UK 1977–1980, Department of Employment Research, Paper 36.

Brandstätter, H. (1982). Psychologische Grundlagen personeller Entscheidungen. In H. Schuler & W. Stehle (Hg.), Psychologie in Wirtschaft und Verwaltung. Praktische Erfahrungen mit organisationspsychologischen Konzepten. Stuttgart: Poeschel.

Brandstätter, H. (1984). Persönlichkeitsformung durch Arbeitsorganisation. In G. Hofmann & W. Zauner (Hg.), Das gefährdete Ich. Persönlichkeitsentwicklung und Gesellschaft (S. 64–75). Linz: OLV-Buchverlag.

Brandstätter, H. (1989). Stabilität und Veränderbarkeit von Persönlichkeitsmerkmalen. Zeitschrift für Arbeits- und Organisationspsychologie (Themenheft Personalentwicklung), 33, 12–20.

Brandstätter, H. (1992). Veränderbarkeit von Persönlichkeitsmerkmalen – Beiträge der Differentiellen Psychologie. In K. Sonntag (Hg.), Personalentwicklung in Organisationen. Psychologische Grundlagen, Methoden und Strategien (S. 39–61). Göttingen: Hogrefe.

Brandt, W. (1983). Vorwort zu Jahoda, M.: Wieviel Arbeit braucht der Mensch? Weinheim: Beltz.

Braverman, H. (1977). Die Arbeit im modernen Produktionsprozeß. Frankfurt/Main: Campus.

Brickenkamp, R. (1978). Test d2. Aufmerksamkeits-Belastungstest. Göttingen: Verlag für Psychologie.

Bröckermann, R. (1989). Führung und Angst. Frankfurt/Main: Peter Lang.

Brown, R. (1965). Social psychology. New York: Free Press.

Bruggemann, A., Groskurth, P. & Ulich, E. (1975). Arbeitszufriedenheit. Schriften zur Arbeitspsychologie, Nr. 17. Bern: Huber.

Bullinger, H. J. (1992). Lean Management erfordert teamfähige Personalstrukturen. Vortrag auf dem Personalleiterforum. Köln: DuMont Schauberg.

Bullinger, H. J. & Solf, J. (1979). Ergonomische Arbeitsmittelgestaltung. Forschungsberichte der Bundesanstalt für Arbeitsschutz und Unfallforschung (Bd. 196–198). Dortmund.

Bungard, W. (1980). Die „gute" Versuchsperson denkt nicht. Artefakte in der Sozialpsychologie. München: Urban & Schwarzenberg.

Bungard, W. (1987a). Organisationspsychologie als angewandte Sozialpsychologie? In J. Schultz-Gambard (Hg.), Angewandte Sozialpsychologie. Konzepte, Ergebnisse, Perspektiven (S. 139–151). München: PVU.

Bungard, W. (1987b). Zur Problematik von Reaktivitätseffekten bei der Durchführung eines Assessment-Centers. In H. Schuler & W. Stehle (Hg.), Assessment Center als Methode der Personalentwicklung (S. 99–125). Stuttgart: Verlag für angewandte Psychologie.

Bungard, W. (1992). Quality Circles und neue Technologien. In W. Bungard, G. Wiendieck & K. Zink (Hg.), Qualitätszirkel im Umbruch (S. 53–72). Ludwigshafen: Ehrenhof.

Bungard, W. (1993). Probleme anwendungsbezogener organisationspsychologischer Forschung. In H. Schuler (Hg.), Lehrbuch Organisationspsychologie (S. 107–128). Bern: Huber.

Bungard, W. & Wiendieck, G. (1986). Qualitätszirkel als Instrument zeitgemäßer Betriebsführung. Landsberg/Lech: Moderne Industrie.

Calder, B. J. (1977), An attribution theory of leadership. In B. Staw & G. Salancik (Eds.), New directions in organizational behavior (pp. 179–204). Chicago: St. Clair Press.

Carey, A. (1967). The Hawthorne Studies: A radical criticism. American Sociological Review, 32, 403–416.

Cherns, A. (1989). Die Tavistock-Untersuchungen und ihre Auswirkungen. In S. Greif, H. Holling & N. Nicholson (Hg.), Arbeits- und Organisationspsychologie. Internationales Handbuch in Schlüsselbegriffen (S. 483–488). München: PVU.

Comelli, G. (1990). Juristische und ethische Aspekte der Eignungsdiagnostik im Managementbereich. In W. Sarges (Hg.), Managementdiagnostik (S. 82–99). Göttingen: Hogrefe.

Conrad, P. & Sydow, J. (1984). Organisationsklima. Berlin: de Gruyter.

Conradi, W. (1983). Personalentwicklung. Stuttgart: Enke.

Crozier, M. &. Friedberg, E. (1979). Macht und Organisation. Königstein: Athenäum.

Cyert, R. M. &. March, J. G. (1963). A behavioral theory of the firm. New York: Englewood Cliffs.

Dahrendorf, R. (1959) Homo sociologicus. Ein Versuch zur Geschichte, Bedeutung und Kritik der Kategorie der sozialen Rolle. Opladen: Westdeutscher Verlag (15. Aufl. 1977).

Dahrendorf, R. (1974). Pfade aus Utopia. Zur Theorie und Methodologie der Soziologie. München: Piper.

Dalton, H. (1948). Principles of public finance. London: Routledge.

Darley, J. M. & Latané, B. (1968). Bystander intervention in emergencies: Diffusion of responsibility. Journal of Personality and Social Psychology, 8, 377–383.

Deal, E. & Kennedy, A. (1982). Corporate Cultures: the rites and rituals of corporate life. Reading/Mass.: Addison-Wesley.

Decker, F. (1984). Grundlagen und neue Ansätze in der Weiterbildung. Handbuch der Weiterbildung für die Praxis in Wirtschaft und Verwaltung, Bd 7. München: Hanser.

Deppe, J. & Ropella, W. (1992). Die Effizienz von Qualitätszirkeln – (k)eine Frage der Unternehmenskultur? In W. Bungard (Hg.), Qualitätszirkel in der Arbeitswelt (S. 71–88). Göttingen: Verlag für angewandte Psychologie.

DFG (Deutsche Forschungsgemeinschaft) (1980). Denkschrift: Zur Lage der Arbeitsmedizin und Ergonomie. Boppard: Boldt.

DFVLR (Deutsche Forschungs- und Versuchsanstalt für Luft- und Raumfahrt) (1985). Jahresbericht 1984 zum Forschungsprogramm Humanisierung des Arbeitslebens. Bonn.

Dick, C, Kompert, J., Reinartz, G., Schacht, H. & Tossing, N. (1981). Auswirkungen der Tätigkeit in Großraumbüros auf die Gesundheit der Beschäftigten. Forschungsbericht 57 des Projektträgers Humanisierung des Arbeitslebens (PT-HdA) Band 9. Bonn: Bundesminister für Arbeit und Sozialordnung.

Dieckmann, A., Ernst, G. & Nachreiner, F. (1981). Auswirkungen der Schichtarbeit des Vaters auf die schulische Entwicklung der Kinder. Zeitschrift für Arbeitswissenschaft, 35 (7 NF), 174–178.

Dieckmann, A., Ernst, G. & Nachreiner, F. (1983). Schichtarbeit und Familie. Arbeitsausschuß für Arbeitsstudien (AFA)-Informationen, 33 (5), 4–23.

Dohse, K., Jürgens, U. & Malsch, T. (1985). Fertigungsnahe Selbstregulation oder zentrale Kontrolle – Konzernstrategien im Restrukturierungsprozeß der Automobilindustrie. In F. Naschold (Hg.), Arbeit und Politik (S. 49–89). Frankfurt/Main: Campus.

Dreyer, H. (1985). Vierdimensionale Führungskonzeption. Die Zukunftsorientierung in der Führungsaufgabe. Personalführung, 3, 3–16.

Dubin, R. (1976). Theory building in applied areas. In M. D. Dunnette (Ed.), Handbook of industrial and organizational psychology (pp. 17–39). Chicago: Rand McNally.

Dunckel, H. (1985). Mehrfachbelastung am Arbeitsplatz und psychosoziale Gesundheit. Frankfurt/Main: Lang.

Dunckel, H. & Zapf, D. (1986). Psychischer Streß am Arbeitsplatz. Belastungen, gesundheitliche Folgen, Gegenmaßnahmen. Köln: Bund.

Dunette, M. D. & Borman, W. C. (1979). Personnel selection and classification system. Annual Review of Psychology, 30, 477–525.

Ebers, M (1985). Organisationskultur: ein neues Forschungsprogramm. Wiesbaden: Gabler.

Ebers, M. & Kieser, A. (1988). Organisation, Organisationsstruktur und organisatorische Gestaltung. In D. Frey, C. Graf Hoyos & D. Stahlberg (Hg.), Angewandte Psychologie (S. 42–64). München: PVU.

Eckensberger, L. H. u. a. (1988). Der Konflikt zwischen Ökonomie und Ökologie am Beispiel eines saarländischen Kohlekraftwerkes (Bexbach): Moralisches Urteil, Faktenwissen, Bewältigung und Abwehr von Betroffenheit. Universität Saarbrücken: Forschungsberichte der Fachrichtung Psychologie, 1.

Edwards, R. (1981). Die Herrschaft im modernen Produktionsprozeß. Frankfurt/Main: Campus.

Eidenmüller, B. (1990). CIM aus der Sicht der Hersteller. In Gottlieb Duttweiler Institut (Hg.), Computer Integrated Manufacturing – Herausforderungen von Mensch und Technik (S. 1–18). Rüschlikon: GDI.

Emery, F.E. (1959). Characteristics of socio-technical systems. London: Tavistock Institute of Human Relations, Document No. 527.

Emery, F. E. & Thorsrud, E. (1969). Form and content in industrial democracy. Assen: Van Gorcum.

EMNID-Institut (1991). Umfrage und Analyse Nr. 2. Bielefeld.

Etzioni, A. (1964). Soziologie der Organisationen. München: Juventa.

Fahrenberg, J. & Selg, H. (1970). Das Freiburger Persönlichkeitsinventar (FPI). Göttingen: Hogrefe.

Fahrenberg, J., Hampel, R. & Selg, H. (1984). Das Freiburger Persönlichkeitsinventar. Revidierte Fassung FPR-R und teilweise geänderte Fassung FPI-R1. Göttingen: Hogrefe.

Festinger, L. (1957). A theory of cognitive dissonance. Evanston/Ill.: Row Peterson (dt.: Theorie der kognitiven Dissonanz. Bern: Huber, 1978).

Fiedler, F. E. (1967). A theory of leadership effectiveness. New York: McGraw-Hill.

Flanagan, J. C. (1949). Critical requirements for research personnel: A study of observed behavior of personnel in research laboratories. Pittsburgh.

Fölsing, A. (1984). Der Mogelfaktor. Die Wissenschaftler und die Wahrheit. Hamburg: Rasch und Röhring.
Forster, J. (1981). Teamarbeit – Sachliche, personelle und strukturelle Aspekte einer Kooperationsform. In W. Grunwald & G. Lilge (Hg.), Kooperation und Konkurrenz in Organisationen (S. 143–168). Bern: Haupt.
Franke, J. (1980). Sozialpsychologie des Betriebes. Stuttgart: Enke.
Frei, D. (1985) (zitiert ohne Literaturangabe). In J. Strasser (Hg.), Der Traum der Vernunft. Vom Elend der Aufklärung. Darmstadt.
Frei, F. (1981). Psychologische Arbeitsanalyse – eine Einführung zum Thema. In F. Frei & E. Ulich (Hg.), Beiträge zur psychologischen Arbeitsanalyse. Bern: Huber.
Freibichler, H. (1976). Praxis der Teamarbeit. Stuttgart: DVA.
French, J. R. P. & Raven, B. H. (1959). The basis of social power. In D. Cartwright (Ed.), Studies of social power. Ann Arbor/Mich.: University of Michigan.
French, W. L. & Bell C. H. jr. (1982). Organisationsentwicklung. Stuttgart: Haupt.
Frese, E. (1991). Organisationstheorie. Stand und Aussagen aus betriebswirtschaftlicher Sicht. Wiesbaden: Gabler.
Frese, M. (1978). Partialisierte Handlung und Kontrolle: Zwei Themen der industriellen Psychopathologie. In M. Frese, S. Greif & H. Semmer (Hg.), Industrielle Psychopathologie (S. 159–183). Bern: Huber.
Frese, M. (1991). Streßbedingungen bei der Arbeit und psychosomatische Beschwerden: Eine kausale Interpretation. In S. Greif, E. Bamberg & H. Semmer (Hg.), Psychischer Streß am Arbeitsplatz (S. 120–134). Göttingen: Hogrefe.
Frese, M. & Greif, S. (1978). „Humanisierung der Arbeit" und Streßkontrolle. In M. Frese, S. Greif & N. Semmer (Hg.), Industrielle Psychopathologie (S. 216–231). Bern: Huber.
Frese, M. & Semmer, N. (1991). Streßfolgen in Abhängigkeit von Moderatorvariablen: Der Einfluß von Kontrolle und sozialer Unterstützung. In S. Greif, E. Bamberg & N. Semmer (Hg.), Psychischer Streß am Arbeitsplatz (S. 120–134). Göttingen: Hogrefe.
Freud, S. (1921). Massenpsychologie und Ich-Analyse. GW XIII, 71–161. Frankfurt/Main: Fischer.
Frey, D., Stahlberg, D. & Wortmann, K. (1987). Energiesparen. In D. Frey & S. Greif (Hg.), Sozialpsychologie. Ein Handbuch in Schlüsselbegriffen (S. 484–494) (2. Aufl.). München: PVU.
Fricke, W. (1975). Arbeitsorganisation und Qualifikation. Ein industriesoziologischer Beitrag zur Humanisierung der Arbeit. Bonn: Neue Gesellschaft.
Fricke, W. (1990). Videotests. „True-to-life"-Testsituationen durch interaktives Video. In W. Sarges (Hg.), Managementdiagnostik (S. 463–466). Göttingen: Hogrefe.

Friedmann, G. (1959). Die Grenzen der Arbeitsteilung. Frankfurt/Main: Europäische Verlagsanstalt.
Frieling, E. & C. Graf Hoyos (1978). Fragebogen zur Arbeitsanalyse (FAA). Bern: Huber.
Frieling, E. & Sonntag, K. (1987). Arbeitspsychologie. Bern: Huber.
Fryer, D. (1989). Die Arbeitslosenforschung in Marienthal. In S. Greif, H. Holling & N. Nicholson (Hg.), Arbeits- und Organisationspsychologie. Internationales Handbuch in Schlüsselbegriffen (S. 479–482). München: PVU.
Gaitanides, J. (1955). Gesellschaftsordnung durch Teamwork. Aus Politik und Zeitgeschichte. Beilage Nr. 41 (12. Okt. 1955) zu: Das Parlament (S. 618–624). Bonn: Bundeszentrale für politische Bildung.
Garfinkel, H. (1967). Studies in Ethnomethodology. Englewood Cliffs/NJ: Prentice-Hall.
Gebert, D. (1974). Organisationsentwicklung. Stuttgart: Kohlhammer.
Gebert, D. (1978). Organisationspsychologie – Einige Überlegungen. In A. Mayer (Hg.), Organisationspsychologie. Stuttgart: Poeschel.
Gebert, D. (1985). Organisationsentwicklung – kritische Bestandsaufnahme und zukünftige Entwicklung. In H. Schuler & W. Staehle (Hg.), Organisationspsychologie und Unternehmenspraxis. Perspektiven der Kooperation (S. 73–82). Stuttgart: Verlag für angewandte Psychologie.
Gebert, D. & Rosenstiel, L. v. (1981). Organisationspsychologie. Stuttgart: Kohlhammer.
Gehlen, A. (1956). Urmensch und Spätkultur. Bonn: Athenäum.
Gehlen, A. (1978). Der Mensch (12. Aufl.). Wiesbaden: Athenäum.
Gershon, D. & Gilman, R. (1990/91). Global action plan for the earth. Olivebridge, NY (dt.: R. Kühne, Das Ökoteam-Handbuch. Steyerberg 1991).
Gilbreth, F. B. (1991). Motion study. New York: Easton.
Glasl, F. (1990). Konfliktmanagement (2. Aufl.). Bern: Haupt, und Stuttgart: Verlag freies Geistesleben.
Gollwitzer, P. R. (1991). Abwägen und Planen. Göttingen: Hogrefe.
Graf, O. (1970). Arbeitszeit und Arbeitspausen. In K. Gottschaldt, Ph. Lersch, F. Sander & H. Thomae (Hg.), Handbuch der Psychologie, Band 9: Betriebspsychologie (S. 244–277). Göttingen: Hogrefe.
Greif, S. (1983). Konzepte der Organisationspsychologie. Bern: Huber.
Greif, S., Holling, H. & Nicholson, N. (Hg.) (1989). Arbeits- und Organisationspsychologie. Internationales Handbuch in Schlüsselbegriffen. München: PVU.
Grob, R. & Haffner H. (1977). Planungsleitlinien Arbeitsstrukturierung. Systematik zur Gestaltung von Arbeitssystemen. München.
Groskurth, P. & Volpert, W. (1975). Lohnarbeitspsychologie. Frankfurt/Main: Fischer.

Grubitzsch, S. & Rexilius, G. (1978). Testtheorie – Testpraxis. Reinbek: Rowohlt.
Habermas, J. (1981). Theorie des kommunikativen Handelns. Band 1: Handlungsrationalität und gesellschaftliche Rationalisierung. Frankfurt/Main: Suhrkamp.
Hacker, W. (1973). Allgemeine Arbeits- und Ingenieurpsychologie. Berlin (DDR): Deutscher Verlag der Wissenschaften.
Hacker, W. (1978). Allgemeine Arbeits- und Ingenieurpsychologie (2. Aufl.). Psychische Struktur und Regulation von Arbeitstätigkeiten. Bern: Huber (3. Aufl. 1980).
Hacker, W. (1980). Optimierung kognitiver Arbeitsanforderungen. In W. Hacker & H. Raum (Hg.), Optimierung von kognitiven Arbeitsanforderungen (S. 11–24). Bern: Huber.
Hacker, W. (1983). Ziele – eine vergessene psychologische Schlüsselvariable? Zur antriebsregulatorischen Potenz von Tätigkeitsinhalten. Psychologie für die Praxis, 2, 5–26.
Hacker, W. (1986). Arbeitspsychologie. Bern: Huber.
Hacker, W. (1991). Organisationspsychologie – eine Brücke zwischen Sozial- und Arbeitspsychologie? In I. Udris & G. Grote (Hg.), Psychologie und Arbeit (S. 160–171). Weinheim: PVU.
Hacker, W. & Richter, P. (1980). Psychologische Bewertung von Arbeitsgestaltungsmaßnahmen – Ziele und Bewertungsmaßstäbe. In W. Hacker (Hg.), Spezielle Arbeits- und Ingenieurpsychologie in Einzeldarstellungen. Lehrtext 1. Berlin (DDR): Deutscher Verlag der Wissenschaften.
Hackman, J. R. & Oldham, G. R. (1975). Development of the job diagnostic survey. Journal of Applied Psychology, 60, 159–170.
Hackman, J. R. & Oldham, G. R. (1976). Motivation through the design of work: A test of a theory. Organizational Behavior and Human Performance, 16, 250–279.
Hackstein, R. & Heeg, F. J. (1985). Über die Effizienz von Gruppenaktivitäten in deutschen Unternehmen. Zeitschrift für Arbeitswissenschaft, 39 (11 NF), 151–156.
Haisch, J. (1983). Bedingungen der Anwendung sozialpsychologischen Wissens auf Fragestellungen der Praxis: Methodologische Regeln. In J. Haisch (Hg.), Angewandte Sozialpsychologie. Bern: Huber.
Hammer, M. & Champy, J. (1994). Business reengineering. Die Radikalkur für das Unternehmen. Frankfurt/Main: Campus.
Harris, S. (1977). What's so funny about science. Los Altos, Ca: Kaufmann.
Hartmann, H. A. (1987). Personalentscheidung. In C. Graf Hoyos et al. (Hg.), Wirtschaftspsychologie in Grundbegriffen (S. 168–177). München: PVU.
Hattery, L. H (1953). Teamwork in research. Washington.
Hebb, D. O. (1955). Drives and the C.N.S. Psychological Review, 62 (4), 243–253.
Hebb, D. O. (1975). Einführung in die moderne Psychologie (8. Aufl.).Weinheim: Beltz.
Heckhausen, H. (1965). Leistungsmotivation. In H. Thomae (Hg.), Handbuch der Psychologie, Bd. 2 (S. 602–702). Göttingen: Hogrefe.
Heckhausen, H. (1980). Motivation und Handeln. Berlin: Springer.
Heider, F. (1958). The psychology of interpersonal relations. New York: Wiley (dt.: Psychologie der interpersonellen Beziehungen. Stuttgart: Klett, 1977).
Heinen, E. (1978). Führung als Gegenstand der Betriebswirtschaftslehre. In E. Heinen (Hg.), Betriebswirtschaftliche Führungslehre. Wiesbaden: Gabler.
Hellpach, W. (1922). Sozialpsychologische Analyse des betriebstechnischen Tatbestandes „Gruppenfabrikation". In R. Lang & W. Hellpach (Hg.), Gruppenfabrikation (S. 5–186). Berlin: Springer.
Hemphill, J.K. (1967). Administration as problem-solving. In A. W. Halpin (Ed.), Administrative theory in education (pp. 89–118). New York.
Herkner, W. (1981). Einführung in die Sozialpsychologie (2. Aufl.). Bern: Huber.
Herrmann, T. (1976). Lehrbuch der empirischen Persönlichkeitsforschung. Göttingen: Hogrefe.
Herrmann, T. (1979). Psychologie als Problem. Stuttgart: Klett-Cotta.
Hersey, P. & Blanchard, K. H. (1977). Management of organizational behavior: Utilizing human resources (3. Aufl.). Englewood Cliffs, NJ: Prentice-Hall.
Herzberg, F. (1968). One more time: How do you motivate employees? Harvard Business Review, 53–68.
Herzberg, F., Mausner, B. & Snyderman, B. (1959). The motivation to work. New York: Wiley.
Hettinger, Th. (1989). Belastung und Beanspruchung am Arbeitsplatz. In S. Greif, H. Holling, H. & N. Nicholson (Hg.), Arbeits- und Organisationspsychologie. Internationales Handbuch in Schlüsselbegriffen (S. 173–181). München: PVU.
Heymann, H., Langenfeld & Seiwert, L. (1982). Arbeitszeitflexibilisierung. In H. Heymann & L. Seiwert (Hg.) (1982), Job sharing. Flexible Arbeitszeit durch Arbeitsplatzteilung. Grafenau: Expert.
Hofmeister, G. (1991). Gruppenarbeit und Aspekte normativer Steuerung in Wirtschaftsorganisationen. Dissertation. Universität zu Köln.
Hofstätter, P. R. (1957). Gruppendynamik. Frankfurt/Main: Fischer.
Hofstätter, P. R. (1963). Einführung in die Sozialpsychologie (3. Aufl.). Stuttgart: Körner.
Hofstede, G. (1978). Culture and organization. A literature review study. Journal of Enterprise and Management, 127–135.
Holmes, T. H. & Rahe, R. H. (1967). The Social Readjustment Scale. Journal of Psychosomatic Research, 11, 213–218.

Holz, H. H. (1966). Herr und Knecht bei Leibniz und Hegel. Zur Interpretation der Klassengesellschaft. Neuwied: Luchterhand.

Homans, G.C. (1960). Theorie der sozialen Gruppe. Opladen: Westdeutscher Verlag.

Hoyos, C. Graf (1974). Arbeitspsychologie. Stuttgart: Kohlhammer.

Hoyos, C. Graf (1981). Einleitung. In U. Kleinbeck & G. Ernst (Hg.), Zur Psychologie der Arbeitsstrukturierung (S. 15–18). Frankfurt/Main: Campus.

Hoyos, C. Graf, Frey, D. & Stahlberg, D. (1988). Angewandte Psychologie: Zur Eingrenzung und Beschreibung einer psychologischen Disziplin. In D. Frey, C. Graf Hoyos & D. Stahlberg (Hg.), Angewandte Psychologie – ein Lehrbuch. München: PVU.

Hull, C. L. (1951). Essentials of behavior. New Haven: Yale University Press.

Hunter, J. E. & Hirsch, H. A. (1987). Applications of meta-analysis. In C. L. Cooper & I. T. Robertson (Eds.), International review of industrial and organizational psychology (pp. 321–357). Chichester: Wiley.

Imai, M. (1986). KAIZEN. Der Schlüssel zum Erfolg der Japaner im Wettbewerb. München: Wirtschaftsverlag Langen Müller/Herbig.

Inglehart, R. (1977). The silent revolution. Changing values and political among western publics. Princeton/NJ: University Press.

Inglehart, R. (1989). Kultureller Umbruch. Frankfurt/Main: Campus.

Irle, M. (1978). Die praktische Anwendung. In M. Irle (Hg.), Kursus der Sozialpsychologie, Teil III. Angewandte sozialpsychologische Forschung und ethische Probleme der Anwendung. Soziologische Texte 106 (Neue Folge) (S. 593–595). Darmstadt: Luchterhand.

Jaeger, S. & Staeuble, I. (1983). Die Psychotechnik und ihre gesellschaftlichen Entwicklungsbedingungen. In F. Stoll (Hg.), Arbeit und Beruf, Bd 1 (S. 49–91). Weinheim: Beltz.

Jahoda, M. (1983). Wieviel Arbeit braucht der Mensch? Arbeit und Arbeitslosigkeit im 20. Jahrhundert. Weinheim: Beltz.

Jahoda, M., Lazarsfeld, P. F. & Zeisel, H. (1975). Die Arbeitslosen von Marienthal. Ein soziographischer Versuch. Frankfurt/Main: Suhrkamp (Erstausgabe 1933).

Janosch (1971). Janosch erzählt Grimms Märchen. Weinheim: Beltz.

Jansen, B., Hirtum, A. van & Thierry, H. (1983). Unannehmlichkeiten der Schichtarbeit (Nr. EF/83/27/DE). Dublin: Europäische Stiftung zur Verbesserung der Lebens- und Arbeitsbedingungen.

Jeserich, W. (1981). Mitarbeiter auswählen und fördern. Assessment-Center-Verfahren. München: Hanser.

Jürgens, U. (1984). Die Entwicklung von Macht, Herrschaft und Kontrolle im Betrieb als politischer Prozeß – Eine Problemskizze zur Arbeitspolitik. In U. Jürgens & F. Naschold, F. (Hg.), Arbeitspolitik. Materialien zum Zusammenhang von politischer Macht, Kontrolle und betrieblicher Organisation der Arbeit (S. 58–91). Opladen: Westdeutscher Verlag.

Kälin, K. (1981). Erwachsenenbildung am Beispiel der Führungskräfteschulung. In F. Stoll (Hg.), Arbeit und Beruf, Bd. 2 (S. 65–84). Weinheim: Beltz.

Kant, I. (1795). Zum ewigen Frieden. Ein philosophischer Entwurf. Königsberg: Nicolovius.

Katz, D. & Kahn, R. L. (1978). The social psychology of organizations (2. ergänzte Auflage). New York: Wiley.

Kaufmann, I., Pornschlegel, H. & Udris, I. (1982). Arbeitsbelastung und -beanspruchung. In L. Zimmermann (Hg.), Humane Arbeit – Leitfaden für Arbeitnehmer, Bd. 5. Belastung und Stress bei der Arbeit (S. 12–48) Reinbek: Rowohlt.

Kelley, H. H. (1972). Attribution in social interaction. In E. E. Jones (Ed.) (1972), Attribution. Perceiving the causes of behavior. Morriston/NJ: General Learning Press.

Kern, H. & Schumann, M. (1984). Das Ende der Arbeitsteilung? Rationalisierung in der industriellen Produktion. München: Beck.

Kirsch, G. & Mackscheidt, K. (1985). Staatsmann, Demagoge, Amtsinhaber. Göttingen: Vandenhoeck & Ruprecht.

Kirsch, W., Esser, W. M. & Gabele, E. (1979). Das Management des geplanten Wandels von Organisationen. Stuttgart: Poeschel.

Klages, H. (1984). Wertorientierung im Wandel. Rückblick, Gegenwartsanalyse, Prognosen. Frankfurt/Main: Campus.

Klein, F. J. (1982). Die Rechtmäßigkeit psychologischer Tests im Personalbereich. Gelsenkirchen: Mannhold.

Kleinbeck, U. (1993). Arbeitsmotivation, -leistung und -zufriedenheit. Kurseinheit 1: Arbeitsmotivation. Studienbrief der FernUniversität Hagen.

Kleinbeck, U., Quast, H. H., Thierry, H. & Häcker, H. (Hg.) (1990). Work motivation. Hillsdale, NJ: Erlbaum.

Kleitman, N. (1963). Sleep and wakefulness. Chicago: University Press.

Klipstein, M. v. & Strümpel, B. (Hg.) (1985). Gewandelte Werte – Erstarrte Strukturen. Bad Godesberg: Verlag Neue Gesellschaft.

Knauth, P. & Rutenfranz, J. (1987). Arbeitszeitgestaltung. In U. Kleinbeck & J. Rutenfranz (Hg.), Enzyklopädie der Psychologie. Bereich D, Serie III, Bd. 1: Arbeitspsychologie (S. 532–576). Göttingen: Hogrefe.

Kohn, M. & Schooler, C. (1981). Die wechselseitigen Einflüsse von inhaltlicher Komplexität der Arbeit und geistiger Beweglichkeit im Langzeitvergleich. In M. Kohn (Hg.), Persönlichkeit, Beruf und soziale Schichtung (S. 203–235). Stuttgart: Klett.

Kompa, A. (1989). Assessment-Center. Bestandsaufnahme und Kritik. München: Hampp.

Kompa, A. (1990). Strategische Rekrutierung von Führungskräften. In O. Neuberger (Hg.), Augsburger Beiträge zu Organisationspsychologie und Personalwesen, Heft 10. Universität Augsburg.

Kornhauser, A. (1965). Mental health of the industrial worker. New York: Wiley.

Kraepelin, E. (1896). Der psychologische Versuch in der Psychiatrie. Psychologische Arbeiten, 1, 1–91.

Kraepelin, E. (1903). Über Ermüdungsmessungen. Archiv für die gesamte Psychologie, 1, 9–30.

Kroeber-Riel, W. (1984). Konsumentenverhalten (3. erw. Aufl.). München: Vahlen.

Kropff, H. F. J. (1951). Neue Psychologie in der neuen Werbung. Stuttgart: Poeschel.

Kuhl, J. (1983). Motivation, Konflikt und Handlungskontrolle. Berlin: Springer.

Kuhl, J. (1987). Motivation und Handlungskontrolle: Ohne guten Willen geht es nicht. In H. Heckhausen, P. M. Gollwitzer & F. E. Weinert (Hg.), Jenseits des Rubikon: Der Wille in den Humanwissenschaften (S. 191–120). Berlin: Springer.

Kühlmann, T.M. & Franke, J. (1989). Organisationsdiagnose. In E. Roth (Hg.), Enzyklopädie der Psychologie. Bereich D, Serie III, Bd. 3. Organisationspsychologie. (S. 631–651) Göttingen: Hogrefe.

Kunczik, M. (1972). Führung. Theorien und Ergebnisse. Düsseldorf: Econ.

Lackes, R. (1991). Die Berücksichtigung softwareergonomischer Aspekte in EDV-Arbeitssystemen. Zeitschrift für Arbeitswissenschaft, 45 (NF 17), 135–145.

Lanc, O. (1983). Zur Arbeitsökologie. In F. Stoll (Hg.), Arbeit und Beruf (S. 165–186). Weinheim: Beltz.

Landau, K. & Rohmert, W. (1987). Aufgabenbezogene Analyse von Arbeitstätigkeiten. In U. Kleinbeck & J. Rutenfranz (Hg.), Enzyklopädie der Psychologie, Bereich D, Serie III, Bd. 1: Arbeitspsychologie (S. 74–129). Göttingen: Hogrefe.

Landsberg, G. v. (1990). Weiterbildungscontrolling. In W. Schlaffke & R. Weiss (Hg.), Tendenzen betrieblicher Weiterbildung. Aufgaben für Forschung und Praxis (S. 350–376). Köln: Deutscher Instituts-Verlag.

Langer, E. J. (1975). The illusion of control. Journal of Personality and Social Psychology, 32, 311–328.

Lattmann, C. (1982). Die verhaltenswissenschaftlichen Grundlagen der Führung des Mitarbeiters. Bern: Haupt.

Lawler, E. E. (1977). Motivierung in Organisationen. Stuttgart: Haupt.

Lazarus, R. S. (1966). Psychological stress and the coping process. New York: McGraw-Hill.

Lazarus, R. S. (1981). Stress und Stressbewältigung – ein Paradigma. In S. H. Filipp (Hg.), Kritische Lebensereignisse (S. 198–232). München: Urban & Schwarzenberg.

Le Bon, G. (1895). Psychologie des foules. Paris (dt.: Psychologie der Massen. Stuttgart: Kröner, 1964).

Leibenstein, H. (1966). Mitläufer-, Snob- und Vebleneffekte in der Theorie der Konsumentennachfrage. In E. Streissler & M. Streissler (Hg.), Konsum und Nachfrage. Köln: Kiepenheuer & Witsch.

Leibniz, G.W. (1966/67). Politische Schriften. In H.H. Holz (Hg.), Herr und Knecht bei Leibniz und Hegel. Frankfurt/Main: Europäische Verlagsanstalt.

Lenski, G. (1977). Macht und Privileg. Eine Theorie der sozialen Schichtung. Frankfurt/Main: Suhrkamp (amerikanische Erstausgabe 1966).

Leontjew, A. N. (1977). Tätigkeit, Bewußtsein und Persönlichkeit. Stuttgart: Klett.

Lewin, K. (1920). Die Sozialisierung des Taylor-Systems. Schriftenreihe Praktischer Sozialismus, 4, 3–36.

Lewin, K. (1936). Principles of topological psychology. New York: Johnson.

Lewin, K., Lippitt, R. & White, R. K. (1939). Patterns of aggressive behavior in experimentally created social climates. Journal of Social Psychology, 10, 271–299.

Liebel, H. J. & Halbleib, A. G. (1987). Zur Genese der Angst. Universitas, 42, 1104–1118.

Likert, R. (1961). New patterns of management. New York: McGraw-Hill.

Likert, R. (1967). The human organization: its management and value. New York: McGraw Hill.

Likert, R. (1972). Neue Ansätze der Unternehmensführung. Bern: Haupt.

Litwin, G. H. und Stringer, R. A. jr. (1968). Motivation and organizational climate. Boston: Harvard Business School.

Locke, E. A. & Latham, G. P. (1990). Work motivation: The high performance cycle. In U. Kleinbeck, H. H. Quat, H. Thierry & H. Häcker (Hg.), Work motivation (pp. 3–25). Hillsdale, NJ: Erlbaum.

Lovecraft, H. P. (1927). Das übernatürliche Grauen in der Literatur. In F. Rottersteiner (Hg.), Lovecraft Lesebuch. Frankfurt/Main.

Lück, H. E., Rippe, H. J. & Timaeus, E. (1986). Einführung in die Psychologie. Opladen: Leske & Budrich.

LUDUS 11-Unternehmensplanspiel. Rado-Plan, München, und Orbis Informatik, Dortmund.

Luhmann, N. (1988). Organisation. In W. Küpper & G. Ortmann (Hg.), Mikropolitik: Rationalität, Macht und Spiele in Organisationen (S. 165–185). Opladen: Westdeutscher Verlag (2. Aufl. 1992).

Lysinski, E. (1923). Psychologie des Betriebes – Beiträge zur Betriebsorganisation. Berlin: Spaeth & Linde.

Macharzina, K. (1977). Führungstheorien und Führungssysteme. In K. Macharzina & W. A. Oechsler (Hg.), Personalmanagement. Bd. 1: Mitarbeiterführung und Führungsorganisation. Wiesbaden: Gabler.

Macharzina, K. (1977). Neuere Entwicklungen in der Führungsforschung. Eine kritische Bestandsaufnahme und Vorschläge zur Blickänderung. Zeitschrift für Organisation, 1, 7–16 (Teil 1) u. 2, 101–108 (Teil 2).

March, J. G. & Simon, H. A. (1976). Organisation und Individuum. Wiesbaden: Gabler.
Marstedt, G. & Mergner, U. (1986). Psychische Belastungen in der Arbeitswelt. Opladen: Westdeutscher Verlag.
Marx, K. (1962). Das Kapital. Bd. 1. In K. Marx & F. Engels, Werke (MEW), Bd. 23. Berlin (DDR): Dietz.
Maslow, A. H. (1970). Motivation and personality. New York: Harper.
Matern, B. (1984). Psychologische Arbeitsanalyse. Berlin: Springer.
Mayo, E. (1933). The human problems of industrial civilization. New York: Viking.
McClelland, D. C. (1958). The achievement motive. New York: Appleton-Century-Crofts.
McCormick, E. J., Jaenneret, P. R. & Meacham, R. C. (1969). The development and background of the Position Analysis Questionnaire (PAQ), Rep. No. 6, Lafayette. Purdue University, Occupational Research Center.
McCormick, E. J., Jaenneret, P. R. & Meacham, R. C. (1972). A study of job characteristics and job dimensions as based on the Position Analysis Questionnaire (PAQ). Journal of Applied Psychology, 56, 347–368.
Mendner, J. H. (1976). Humanisierung oder Automatisierung? Zur Zukunft der kapitalistischen Arbeit. Kursbuch, 43, 135–145.
Mertens, W. (1977). Aspekte einer sozialwissenschaftlichen Psychologie. München: Ehrenwirth.
Mertens, W. & Fuchs, G. (1978). Krise der Sozialpsychologie. München: Ehrenwirth.
Metzger, H. (1977). Planung und Bewertung von Arbeitssystemen in der Montage. Mainz: Krausskopf.
Meyers, I. H., Stanton, R. R. & Haug, A. F. (1971). Correlates of buying behavior: Social class vs. income. Journal of Marketing, 35, 8–15.
Mickler, O. (1981). Facharbeit im Wandel. Frankfurt/Main: Campus.
Miegel, M (1983). Die verkannte Revolution. Stuttgart: Verlag Bonn Aktuell.
Miller, G. A., Galanter, E. & Pribham, K. H. (1973). Strategien des Handelns. Pläne und Strukturen des Verhaltens. Stuttgart: Klett (engl. Original: Plans and the structure of behavior. New York: Holt, Rinehart and Winston, 1960).
Minssen, H., Howaldt, J. & Kopp, R. (1991). Gruppenarbeit in der Automobilindustrie. Das Beispiel Opel Bochum. WSI Mitteilungen, 7, 434–441.
Mintzberg, H. (1989). Mintzberg über Management. Führung und Organisation. Mythos und Realität. Wiesbaden: Gabler.
Mohr, G. (1991). Fünf Subkonstrukte psychischer Befindensbeeinträchtigungen bei Industriearbeitern: Auswahl und Entwicklung. In S. Greif, E. Bamberg & H. Semmer (Hg.), Psychischer Streß am Arbeitsplatz (S. 91–119). Göttingen: Hogrefe.

Moscovici, S., Lage, E. & Nafrechoux, M. (1969). Influence of a consistent minority on the response of a majority in a color perception task. Sociometry, 32, 365–379.
Moscovici, S. (1979). Sozialer Wandel durch Minoritäten. München: Urban & Schwarzenberg.
Müller, G. F. (1989). Identitätsprobleme organisationspsychologischer Forschung. Zeitschrift für Arbeits- und Organisationspsychologie, 33, 197–200.
Müller, G.F. & Nachreiner, F. (1991). Ergonomie von Büroarbeitsstühlen im Urteil von Benutzern. Zeitschrift für Arbeitswissenschaft, 45 (17 NF), 99–105.
Müller, W. (1930). Rationelle Menschenführung als Grundlage einer erfolgreichen Personalpolitik. Charlottenburg: Buchholz & Weißwange.
Müller-Armack, A. (1948). Wirtschaftslenkung und Marktwirtschaft (2. Aufl.). Hamburg: Verlag für Wirtschafts- und Sozialpolitik.
Münsterberg, H. (1912). Psychologie und Wirtschaftsleben – Ein Beitrag zur angewandten Experimental-Psychologie. Leipzig: Barth (5. Aufl. 1922).
Münsterberg, H. (1920). Grundzüge der Psychotechnik. Leipzig: Barth.
Nachreiner, F. (1978). Die Messung des Führungsverhaltens. Bern: Huber.
Nachreiner, F. (1981). Lärm. Isolierte Belastungsgröße oder Komponente der Gesamtbelastung? Einige eher grundsätzliche Überlegungen zum Problem der Belastung und Beanspruchung durch Lärm am Arbeitsplatz. In A. Schick (Hg.), Akustik zwischen Physik und Psychologie. Stuttgart: Klett-Cotta.
Nachreiner, F., Müller, G. F. & Ernst, G. (1987). Methoden zur Planung und Bewertung arbeitspsychologischer Interventionsmaßnahmen. In U. Kleinbeck & J. Rutenfranz (Hg.), Enzyklopädie der Psychologie. Bereich D, Serie III, Bd. 1: Arbeitspsychologie (S. 360–439). Göttingen: Hogrefe.
Nagel, E. (1974). The structure of science. Problems in the logic of scientific explanation. London: Routledge & Kegan Paul, 4th ed.
Naschold, F. (1987). Organisationsentwicklung und technische Innovation. Zeitschrift für Arbeitswissenschaft, 41 (13 NF), 193–195.
Neuberger, O. (1985). Arbeit. Stuttgart: Enke.
Neuberger, O. (1990a). Führung (ist) symbolisiert. Plädoyer für eine sinnvolle Führungsforschung. In G. Wiendieck & G. Wiswede (Hg.), Führung im Wandel (S. 89–129). Stuttgart: Enke.
Neuberger, O. (1990b). Führen und Geführt werden (3. überarb. Aufl.). Stuttgart: Enke.
Neuberger, O. (1990c). Der Mensch ist Mittelpunkt. Der Mensch ist Mittel. Punkt. Personalführung, 1, 4–10.
Neuberger, O. (1991a). Organisationspsychologie: Eine Disziplin auf der Suche nach ihrem Gegenstand. In Augsburger Beiträge zur Organisationspsychologie und Personalwesen, Heft 12. Universität Augsburg.

Neuberger, O. (1991b). Personalentwicklung. Stuttgart: Enke.
Neuberger, O. & Kompa, A. (1987). Wir, die Firma. Der Kult um die Unternehmenskultur. Weinheim: Beltz.
Noelle-Neumann, E. & Strümpel, B. (1984). Macht Arbeit krank? Macht Arbeit glücklich? München: Piper.
Noelle-Neumann, E. & Köcher, R. (1993). Allensbacher Jahrbuch der Demoskopie, Bd. 9 1984–1992. München: Saur.
Oerter, R. (1977). Moderne Entwicklungspsychologie. Donauwörth: Auer.
Oerter, R. (1992). Menschliche Entwicklung und ihre Gestaltbarkeit – Beiträge der Entwicklungspsychologie. In K. Sonntag (Hg.), Personalentwicklung in Organisationen. Psychologische Grundlagen, Methoden und Strategien (S. 19–37). Göttingen: Hogrefe.
Oess, A. (1989). Total Quality Management. Wiesbaden: Gabler.
Oesterreich, R. (1981). Handlungsregulation und Kontrolle. München: Urban & Schwarzenberg.
Oetting, M. (1985). Qualitative personnel planning. Experiences, methods and results from a large company. In G. Debus & H. W. Schroiff (Eds.), The psychology of work and organization. Current trends and issues (S. 241–247). Amsterdam: North Holland.
Ogilvie, E. (1992). Die Kulturperspektive von Unternehmungen. Frankfurt/Main: Lang.
Orne, M. T. (1969). Demand characteristics and the concept of quasi controls. In R. Rosenthal & R. L. Roslow (Eds.), Artefacts in behavioral research (pp. 143–179). New York: Academic Press.
Osgood, C. E. (1952). The nature and masurement of meaning. Psychological Bulleting, 49, 197–237.
Osgood, C. E., Suci, G. I. & Tannenbaum, P. H. (1957). The measurement of meaning. Urbana/Ill.:University of Illinois Press.
Pawlik, K. (1976). Modell und Praxisdimensionen psychologischer Diagnostik. In K. Pawlik (Hg.), Diagnose der Diagnostik. Stuttgart: Klett.
Pawlowsky, P. (1985). Arbeitsorientierung zwischen neuen Ansprüchen und alten Strukturen. In M. v. Klipstein & B. Strümpel (Hg.), Gewandelte Werte – Erstarrte Strukturen. Bonn: Verlag Neue Gesellschaft.
Pervin, L. A. (1981). Persönlichkeitspsychologie in Kontroversen. München: Urban & Schwarzenberg.
Peters, T. J. & Waterman, R. H. jun. (1991). Auf der Suche nach Spitzenleistungen. Was man von den bestgeführten US-Unternehmen lernen kann. München: Moderne Industrie.
Pettigrew, A. M. (1979). On studying organizational cultures. Administrative Science Quarterly, 24, 570–581.
Platonow, K. (1982). Unterhaltsame Psychologie (2. Aufl.). Köln: Pahl-Rugenstein.
Pöhler, W. (1979). Fünf Jahre Humanisierungsprogramm im Bereich des Bundesministers für Forschung und Technologie. In W. Pöhler (Hg.), ... damit die Arbeit menschlicher wird (S. 9–37). Bonn: Neue Gesellschaft.
Popitz, H. (1989). Technisches Handeln mit der Hand. Zur Anthropologie der Werkzeugtechnik. In ders., Epochen der Technikgeschichte. Tübingen: Mohr
Popper, K. R. (1984). Die Logik der Forschung (8. Aufl.). Tübingen: Mohr
Porter, L. W. & Lawler, E. E. (1968). Managerial attitudes and performance. Homewood, Ill.: Irwin.
Portmann, A. (1969). Biologische Fragmente zu einer Lehre vom Menschen (3. Aufl.). Basel: Schwabe.
Potthoff, E. (1974). Betriebliches Personalwesen. Berlin: de Gruyter.
Praetorius, R. (1990). Krankmachendes Gestühl. Die Zeit, 39, 94.
Presthus, R. (1966). Individuum und Organisation. Typologie der Anpassung. Frankfurt/Main: Fischer.
Probst, G. J. B. (1987). Selbstorganisation. Ordnungsprozesse in sozialen Systemen aus ganzheitlicher Sicht. Berlin: Parey.
Probst, G. J. B. & Scheuss, R. W. (1984). Die Ordnung von sozialen Systemen: Resultat von Organisieren und Selbstorganisation. Zeitschrift für Organisation, 8, 480–488.
Putz-Osterloh, W. (1991). Computergestützte Eignungsdiagnostik: Warum Strategien informativer als Leistungen sein können. In H. Schuler & U. Funke (Hg.), Eignungsdiagnostik in Forschung und Praxis (S. 97–102). Stuttgart: Verlag für angewandte Psychologie.
Rathenau, W. (1918). Von kommenden Dingen. Berlin: Fischer.
Reddin, W. J. (1977). Das 3-D-Programm zur Leistungssteigerung des Managements. München: Moderne Industrie.
REFA (Verband für Arbeitsstudien) (1985). Methodenlehre des Arbeitsstudiums. Bd. 4: Anforderungsermittlung, Arbeitsbewertung (5. Aufl.). München: Hanser.
Regnet, E. (1992). Konflikte in Organisationen. Formen, Funktionen und Bewältigung. Göttingen: Verlag für angewandte Psychologie.
Reibnitz, U. v. (1987). Szenarien – Optionen für die Zukunft. Hamburg: McGraw-Hill.
Remer, A. (1978). Personalmanagemt. Berlin: de Gruyter.
Rice, B. (1982). Legenden sterben langsam. Die Geschichte des Hawthorne-Effekts. Psychologie heute, 9, 50–59.
Rieckmann, H. (1990). Die neue Rolle des Personalwesens? Sieben Thesen und ein Fazit. Personalführung, 1, 12–17
Ritter, A. (1992) Sicherheitszirkel – Übertragung des QC-Gedankens auf den Bereich der betrieblichen Sicherheitsarbeit. In W. Bungard, G. Wiendieck & K. J. Zink (Hg.), Qualitätszirkel im Umbruch (S. 155–170). Mannhein: Ehrenhof.

Robbins, S. P. (1991). Organizational behavior (5th ed.). New York: Prentice Hall.

Roethlisberger, F. & Dickson, W. (1939). Management and the worker. Cambridge/Mass.: Harvard University Press.

Rohmert, W. & Rutenfranz, J. (1975). Arbeitswissenschaftliche Beurteilung der Belastung und Beanspruchung an unterschiedlichen industriellen Arbeitsplätzen. Bonn: Bundesminister für Arbeit und Sozialordnung.

Rohmert, W. (1972). Aufgaben und Inhalt der Arbeitswissenschaft. Die berufsbildende Schule, 24, 3–14.

Rohracher, H. (1960). Einführung in die Psychologie. Wien: Urban & Schwarzenberg.

Rosenstiel, L. v. (1987b). Grundlagen der Organisationspsychologie (2. Aufl.). Stuttgart: Poeschel.

Rosenstiel, L. v. (1987c). Partizipation: Betroffene zu Beteiligten machen. In L. v. Rosenstiel et al. (Hg.), USW Schriften für Führungskräfte (S. 1–11). Stuttgart: Schäffer.

Rosenstiel, L. v. (1992a). Entwicklung von Werthaltungen und interpersonaler Kompetenz. Beiträge der Sozialpsychologie. In K. Sonntag (Hg.), Personalentwicklung in Organisationen. Psychologische Grundlagen, Methoden und Strategien (S. 83–105). Göttingen: Hogrefe.

Rosenstiel, L. v. (1992b). Grundlagen der Organisationspsychologie (3. Aufl.). Stuttgart: Poeschel.

Rosenstiel, L. v. & Ewald, G. (1979). Marktpsychologie. Band 1: Konsumentenverhalten und Kaufentscheidung. Stuttgart: Kohlhammer.

Rosenstiel, L. v. & Stengel, M. (1987a). Identifikationskrise? Zum Engagement in betrieblichen Führungspositionen. Bern: Huber.

Rosenstiel, L. v., Nerdinger, F. W. & Spieß, E. (1991). Was morgen anders läuft. Düsseldorf: Econ.

Rosenstiel, L. v., Nerdinger, F. W., Spieß, E. & Stengel, M. (1989). Führungsnachwuchs im Unternehmen. München: Beck.

Rosenstiel, L. v. et al. (1982). Betriebsklima heute. Forschungsbericht im Auftrag des Bayrischen Staatsministeriums für Arbeit und Sozialordnung. Ludwigshafen/Rhein: Kiehl.

Rost-Schaude, E. & Kunstek, R. (1983). Entlohnung. In F. Still (Hg.), Arbeit und Beruf, Bd. 1 (S. 280–305). Weinheim: Beltz.

Roth, S. & Kohl, H. (Hg.) (1988). Perspektive Gruppenarbeit. Köln: Bund.

Rubinstein, S. L. (1959). Grundlagen der allgemeinen Psychologie. Berlin (DDR): Volk und Wissen.

Rubinstein, S. L. (1962). Sein und Bewußtsein. Berlin (DDR): Akademie-Verlag.

Rudolph, E., Schönfelder, E. & Hacker, W. (1988). Verfahren zur objektiven Analyse, Bewertung und Gestaltung geistiger Arbeitstätigkeiten mit und ohne Rechnerunterstützung (TBS-GA). Berlin: Humboldt-Universität, Psychodiagnostisches Zentrum.

Rupp, H. (1928/1929). Die Aufgaben der psychotechnischen Arbeits-Rationalisierung. Psychotechnische Zeitschrift, 3, 165–182 u. 4, 17–19.

Sackmann, S. (1983). Organisationskultur: Die unsichtbare Einflußgröße. Gruppendynamik, 4, 393–406.

Sackmann, S. (1990). Möglichkeiten der Gestaltung von Unternehmenskultur. In C. Lattmann (Hg.), Die Unternehmenskultur. Theoretische und praktische Implikationen. Management Forum. Heidelberg: Physica.

Sarges, W. (1990). Management-Diagnostik. Göttingen: Hogrefe.

Sattelberger, T. (1989). Personalentwicklung als strategischer Erfolgsfaktor. In T. Sattelberger (Hg.), Innovative Personalentwicklung. Grundlagen, Konzepte, Erfahrungen (S. 15–37). Wiesbaden: Gabler.

Schanz, G. (1992). Organisation. In E. Frese, Handwörterbuch der Organisation, 5. Aufl. (S. 1459–1471). Stuttgart: Poeschel.

Scharmann, Th. (1972). Teamarbeit in der Unternehmung. Bern: Haupt.

Schein, H. E. (1970). Organizational psychology. Englewood Cliffs, NJ: Prentice Hall.

Schmale, H. & Schmidtke, H. (1966). BET-Berufseignungstest. Bern: Huber.

Schmale, H. (1976). Probleme der Umweltpsychologie. In G. Kaminski (Hg.), Umweltpsychologie (S. 99–106). Stuttgart: Klett.

Schmale, H. (1983). Psychologie der Arbeit. Stuttgart: Klett-Cotta.

Schmid, F. W. (1988). Ethik der psychologischen Diagnostik. In R. S. Jäger (Hg.), Psychologische Diagnostik (S. 89–96). München: PVU.

Schmid, F. W. (1990). Einzel-Assessment. In W. Sarges (Hg.), Management-Diagnostik (S. 567–580). Göttingen: Hogrefe.

Schmidt, H. (1987). Psychologische Gestaltung sensomotorischer Arbeitstätigkeiten. In U. Kleinbeck & J. Rutenfranz (Hg.), Enzyklopädie der Psychologie. Bereich D, Serie III, Bd. 1: Arbeitspsychologie (S. 260–303). Göttingen: Hogrefe.

Schmidt-Denter, U. (1988). Soziale Entwicklung. Ein Lehrbuch über soziale Beziehungen im Laufe menschlichen Lebens. München: PVU.

Schneider, H. D. (1985). Kleingruppenforschung. Stuttgart: Teubner.

Scholz, Ch. (1993). Personalmanagement. Informationsorientierte und verhaltenstheoretiscfhe Grundlagen (3. Aufl.). München: Vahlen.

Schönpflug, W. (1987). Beanspruchung und Belastung bei der Arbeit – Konzepte und Theorien. In U. Kleinbeck & J. Rutenfranz (Hg.), Enzyklopädie der Psychologie. Bereich D, Serie III, Bd. 1: Arbeitspsychologie (S. 130–184). Göttingen: Hogrefe.

Schönpflug, W. (1989). Soziale und technische Unterstützung. Ihr Nutzen und ihre Kosten aus psychologischer Sicht. Zeitschrift für Arbeits- und Organisationspsychologie, 33, 33–39.

Schönpflug, W. (1991). Allgemeine Psychologie: Grundstein der Arbeitspsychologie? In I. Udris & G. Grote (Hg.), Psychologie und Arbeit (S. 32–48). Weinheim: PVU.

Schorr, A. (1991). Diagnostische Praxis in der Arbeits- und Organisationspsychologie. Teilergebnisse aus einer repräsentativen Umfrage zur diagnostischen Praxis. In H. Schuler & U. Funke (Hg.), Eignungsdiagnostik in Forschung und Praxis (S. 6–14). Stuttgart: Verlag für angewandte Psychologie.

Schreyögg, G. (1989). Unternehmenskultur. Begleitheft zur Video-Kasette. Wiesbaden: Gabler.

Schröder, W. (1990). Ziele der Personalarbeit – oder: Wenn Thomas Gottschalk in der Konstruktion arbeiten würde ... Personalführung, 1, 24–31.

Schuler, H. (1989a). Fragmente psychologischer Forschung zur Personalentwicklung. Zeitschrift für Arbeits- und Organisationspsychologie, 33, 33–39 (und Sonderheft, S. 3–11).

Schuler, H. (1989b). Leistungsmotivation und Leistungsmanagement. Vortrag auf dem Personalleiterforum. Köln: DuMont Schauberg.

Schuler, H. (1993). Lehrbuch Organisationspsychologie. Bern: Huber.

Schuler, H. und Funke, U. (1989). Berufseignungsdiagnostik. In E. Roth (Hg.), Enzyklopädie der Psychologie, Bereich D, Serie III, Bd. 3: Organisationspsychologie (S. 281–320). Göttingen: Hogrefe.

Schuler, H. & Funke, U. (Hg.). (1991). Eignungsdiagnostik in Forschung und Praxis. Göttingen: Hogrefe.

Schuler, H. & Funke, U. (1993). Diagnose beruflicher Eignung und Leistung. In H. Schuler (Hg.), Lehrbuch Organisationspsychologie (S. 235–283) Bern: Huber.

Schuler, H. & Stehle, W. (1987). Assessment Center als Methode der Personalentwicklung. Beiträge zur Organisationspsychologie, Bd. 3. Stuttgart: Verlag für angewandte Psychologie.

Schultz-Gambard, J. & et al. (1991). Frauen in Führungspositionen. Ludwigshafen/Rhein: Ehrenhof.

Schumacher, E. F. (1977). Rückkehr zum menschlichen Maß. Alternativen für Wirtschaft und Technik. Reinbek: Rowohlt.

Schütz, A. (1932). Der sinnhafte Aufbau der sozialen Welt. Wien: Springer.

Seibel, H. D. & Lühring, H. (1984). Arbeit und psychische Gesundheit. Göttingen: Hogrefe.

Seidel, Ch. & Lipsmeier, A. (1989). Computerunterstütztes Lernen. Entwicklungen – Möglichkeiten – Perspektiven. Stuttgart: Verlag für angewandte Psychologie.

Seligman, M. E. P. (1975). Helplessness. San Francisco: Freeman.

Selye, H. (1956). The stress of life. New York McGraw-Hill (dt.: Streß – Bewältigung und Lebensgewinn. München: Piper, 1974).

Sievers, B. (1977). Organisationsentwicklung als Problem. Stuttgart: Klett-Cotta.

Sieverts, E. (1980). Bürobauten der 80er Jahre. Baumeister, 9, 863–865.

Simon, H. A. (1957). Administrative Behavior. New York: Free Press.

Simon, H. (1990). Herausforderung Unternehmenskultur. USW-Schriften für Führungskräfte. Stuttgart: Schäffer.

Smircich, L. (1983). Concepts of culture and organizational analysis. Administrative Science Quarterly, 28, 339–358.

Smith, A. (1928). Eine Untersuchung über Natur und Wesen des Volkswohlstandes (2 Bände). Jena: Fischer.

Smith, A. P. und Ottmann, W. (1987). Einfluß von Umgebungsfaktoren auf die psychische Leistung. In U. Kleinbeck & J. Rutenfranz (Hg.), Enzyklopädie der Psychologie, Bereich D, Serie III, Bd. 1: Arbeitspsychologie (S. 304–359). Göttingen: Hogrefe.

Spence, K. W. (1956). Behavior theory and conditioning. New Haven: Yale University Press.

Staehle, W.H. (1987). Management (3. Aufl.). München: Vahlen.

Starbuck, W. H. (1976). Organizations and their environments. In M. D. Dunnette (Ed.), Handbook of industrial and organizational psychology (pp. 1069–1124). Chicago: Rand McNally.

Statistisches Bundesamt (Hg.) (1989). Datenreport 1989. Zahlen und Fakten über die Bundesrepublik Deutschland. Schriftenreihe Bd. 280. Bonn.

Staudt, E. (1981). Betriebswirtschaftliche Beurteilung neuer Arbeitsformen. Zeitschrift für Betriebswirtschaft, 51, 871–891.

Staudt, E. (1982). Qualitätszirkel in Deutschland. Zwei Führungsphilosophien im Widerspruch. In J. Biethahn & E. Staudt (Hg.), Der Betrieb im Qualitätswettbewerb (S. 79–86). Berlin: Schmidt.

Staudt, E. (1986). Innovation durch Partizipation: Möglichkeiten und Grenzen von Qualitätszirkeln. In ders. (Hg.), Das Management von Innovation. Frankfurt/Main: Blick durch die Wirtschaft (Frankfurter Allgemeine Zeitung).

Stehle, W. (1986). Personalauswahl mittels biographischer Fragebogen. In H. Schuler & W. Stehle (Hg.), Biographische Fragebogen als Methode der Personalauswahl (S. 17–57). Stuttgart: Verlag für angewandte Psychologie.

Stempel, H. (1984). Der Trainer wird Medium Nr. 1 bleiben. Congress und Seminar, 8–9 und 41–45.

Stern, K. (1980). Persönlichkeitsförderliche Arbeitsgestaltung. Zeitschrift für Arbeitswissenschaft, 4 (2), 79–83.

Stiefel, R.T. (1982). Entwicklung und Realisierung einer Weiterbildungskonzeption. Einige Überlegungen zur Andragogik in Betrieben. Harvard Manager, 4, 80–85.

Stogdill, R.M. (1948). Personal factors associated with leadership. A survey of the literature. Journal of Psychology, 25, 35–71.
Stogdill, R. M. (1974). Handbook of leadership. New York: Free Press.
Stoner, J. A. F. (1961). A comparison on individual and group decisions including risk. Unveröffentlichte Magisterarbeit. School of Industrial Management, MIT (zitiert in R. Brown, Social Psychology. New York 1965).
Strasser, H., Böhlemann, J. & Keller, E. (1992). Elektromyographische und subjektive Ermittlung der Muskelbeanspruchung bei arbeitstypischen Bewegungen an Kassenarbeitsplätzen zur Entwicklung von Bausteinen eines Systems vorbestimmter Beanspruchung. Zeitschrift für Arbeitswissenschaft, 45 (18 NF), 70–76.
Strasser, J. (1985). Der Traum der Vernunft. Vom Elend der Aufklärung. Darmstadt.
Studienreformkommission (1983). Empfehlungen der Studienreformkommission Psychologie (Entwurf). Bonn: Sekretariat der Kultusministerkonferenz.
Sykes, A. J. (1965). Economic interest and the Hawthorne studies: A comment. Human Relations, 18, 253–268.
Taylor, F. W. (1911). The principles of scientific management. New York: Harper (dt.: Die Grundsätze wissenschaftlicher Betriebsführung München: Oldenbourg, 1922. Nachdruck: 1978, München: Raben).
Thierau, H., Stangel-Meseke, M. & Wottawa, H. (1992). Evaluation von Personalentwicklungsmaßnahmen. In K. Sonntag, (Hg.), Personalentwicklung in Organisationen (S. 229–249). Göttingen: Hogrefe.
Thierry, H. (1984). Systems of renumeration. In J. D. Drenth et al. (Eds.), Handbook of work and organizational psychology. Chichester: Wiley.
Thom, N. (1984). Personalentwicklung als Instrument der Unternehmensführung. Habilitationsschrift. Universität zu Köln.
Thornton, G. C. & Byham, W. C. (1982). Assessment center and managerial performance. New York: Academic Press.
Tjaden-Steinhauer, M. & Tjaden, K. H. (1970). Zur Analyse der Sozialstruktur des deutschen Kapitalismus. Das Argument, 61.
Triebe, J. K. & Ulich, E. (1977). Problemfeld ‚Eignungsdiagnostik' – Zur Einführung in die Thematik. In J. K. Triebe & E. Ulich (Hg.), Beiträge zur Eignungsdiagnostik (S. 9–19). Bern: Huber.
Trist, E. L. & Bamforth, K. W. (1951). Some social and psychological consequences of the long wall method of coal getting. Human Relations, 4, S. 3–38.
Tuckman, I. W. (1965). Developmental sequence in small groups. Psychological Bulletin, 63, 384–399.
Türk, K. (1975). Einführung. In K. Türk (Hg.), Organisationstheorie (S. 7–16). Hamburg: Hoffmann & Campe.
Türk, K. (1976). Grundlagen einer Pathologie der Organisation. Stuttgart: Enke.
Türk, K. (1981). Personalführung und soziale Kontrolle. Stuttgart: Enke.
Türk, K. (1989). Neuere Entwicklungen der Organisationsforschung. Ein Trend-Report. Stuttgart: Enke.
Udris, I. (Hg.) (1982). Arbeit und Gesundheit. Streß und seine Auswirkungen bei verschiedenen Berufen. Bern: Huber.
Ulich, E. (1978). Über mögliche Zusammenhänge zwischen Arbeitstätigkeit und Persönlichkeit. Psychosozial, 1, 44–63.
Ulich, E. (1980). Bericht über die arbeits- und sozialpsychologische Begleitforschung. In BMFT (Hg.), Schriftenreihe Humanisierung des Arbeitslebens. Band 3: Gruppenarbeit in der Motiorenmontage (S. 97–142). Frankfurt/Main: Campus.
Ulich, E. (1980). Psychologische Aspekte der Arbeit mit elektronischen Datenverarbeitungssystemen. Schweizerische Technische Zeitschrift, 75, 66–68.
Ulich, E. (1984). Psychologie der Arbeit. In Management Enzyklopädie, Bd. 7 (S. 914–929). Landsberg: Verlag Moderne Industrie.
Ulich, E. (1989). VW-Projekt: Gruppenarbeit in der Motorenmontage. In S. Greif, H. Holling & N. Nicholson (Hg.), Arbeits- und Organisationspsychologie. Internationales Handbuch in Schlüsselbegriffen (S. 527–633). München: PVU.
Ulich, E. (1991). Arbeitspsychologie (2. Aufl. 1992). Zürich: Verlag der Fachvereine, und Stuttgart: Poeschel.
Ulich, E. (1992). Lern- und Entwicklungspotentiale in der Arbeit – Beiträge der Arbeits- und Organisationspsychologie. In K. Sonntag (Hg.), Personalentwicklung in Organisationen. Psychologische Grundlagen, Methoden und Strategien (S. 107–132). Göttingen: Hogrefe.
Ulich, E. & Baitsch, C. (1987). Arbeitsstrukturierung. In U. Kleinbeck & J. Rutenfranz (Hg.), Enzyklopädie der Psychologie, Bereich D, Serie III, Band 1: Arbeitspsychologie (S. 493–531). Göttingen: Hogrefe.
Ulich, E., Conrad-Betschart, H. & Baitsch, G. (1991). Arbeitsform mit Zukunft: ganzheitlich-flexibel statt arbeitsteilig. Bern 1989 (zitiert in E. Ulich, Arbeitspsychologie, S. 157. Zürich: Poeschel, 1991).
Ulich, E., Groskurth, P. & Bruggemann, A. (1973). Neue Formen der Arbeitsgestaltung. Frankfurt/Main: Europäische Verlagsanstalt.
Ulrich, H. (1978). Unternehmenspolitik. Bern.
Ulrich, P. (1984). Systemsteuerung und Kulturentwicklung. Die Unternehmung, 4, 303–325.
Volkholz, V. (1979). Gestaltungsbedürftige Arbeitsplätze (S. 67–83). In W. Pöhler (Hg.), ... damit die Arbeit menschlicher wird. Fünf Jahre Aktionsprogramm Humanisierung des Arbeitslebens (HdA). Bonn: Neue Gesellschaft.

Volmerg, U. (1983). Validität im interpretativen Paradigma. Dargestellt an der Konstruktion qualitativer Erhebungsverfahren. In P. Zedler & H. Moser (Hg.), Aspekte qualitativer Sozialforschung (S. 124–143). Opladen: Leske & Budrich.

Volpert, W. (1974). Handlungsstrukturanalyse als Beitrag zur Qualifikationsforschung. Köln: Pahl-Rugenstein.

Volpert, W. (1979). Der Zusammenhang zwischen Arbeit und Persönlichkeit aus handlungstheoretischer Sicht. In P. Groskurth (Hg.), Arbeit und Persönlichkeit (S. 21–46). Reinbek: Rowohlt.

Volpert, W. (1987). Psychische Regulation von Arbeitstätigkeiten. In U. Kleinbeck & J. Rutenfranz (Hg.), Enzyklopädie der Psychologie, Themenbereich D, Serie III, Bd. 1: Arbeitspsychologie (S. 1–42). Göttingen: Hogrefe.

Vroom, V. H. (1967). Work and motivation. New York: Wiley.

Wachtler, G. (1979). Humanisierung der Arbeit und Industriesoziologie. Stuttgart: Kohlhammer.

Wächter, H. (1990). Personal oder Menschen als Gegenstand der Personalwirtschaftslehre? Personalführung, 1, 18–22.

Walter-Busch, E. (1977). Arbeitszufriedenheit in der Wohlstandsgesellschaft. Bern: Haupt.

Warnecke, H. J., Bullinger, H. J. & Schlauch, R. (1979). Auswirkungen neuer Technologien auf das Büro der Zukunft. Bürotechnik, (BTA-bto) 12.

Watts, F. (1922). Die psychologischen Probleme der Industrie. Berlin: Springer.

Watzlawick, P., Beavin, J. H. & Jackson, D. (1969). Menschliche Kommunikation. Formen, Störungen, Paradoxien. Bern: Huber.

Weber, M. (1922). Wirtschaft und Gesellschaft (5. Aufl. 1980). Tübingen: Mohr.

Weber, W. (1927). Die praktische Psychologie im Wirtschaftsleben. Leipzig: Barth.

Wechsler, D. (1964). Die Messung der Intelligenz Erwachsener (3. Aufl.). Bern: Huber.

Weibler, J. (1989). Rationalisierung im Wandel. Chancen und Risiken einer technologischen Entwicklung für das Individuum in der betrieblichen Organisation. Frankfurt/Main: Lang.

Weick, K. (1985). Der Prozeß des Organisierens. Frankfurt/Main: Suhrkamp.

Weiner, B. (1972). Theories of motivation. From mechanism to cognition. Chicago (dt.: Die Wirkung von Erfolg und Mißerfolg auf die Leistung. Stuttgart: Klett, 1975).

Weinert, A. (1987). Lehrbuch der Organisationspsychologie (2. Aufl.). München: Urban & Schwarzenberg.

Westmeyer, H. (1978). Wissenschaftstheoretische Grundlagen klinischer Psychologie. In U. Baumann, H. Berbalk & G. Seidensticker (Hg.), Klinische Psychologie. Trends in Forschung und Praxis, Bd. 1 (S. 108–132). Bern: Huber.

White, P.W. (1959). Motivation reconsidered: The concept of competence. Psychological Review, 66, 297–333.

Whyte, W. F. (1958). Lohn und Leistung. Eine soziologische Analyse industrieller Akkord- und Prämiensysteme. Köln: Westdeutscher Verlag.

Wickens, C. D. (1984). Engineering psychology and human performance. Columbus: Merrill.

Wiendieck, G. & Franke, I. (1993), Chefsache Umweltschutz. Förderung des umweltgerechten betrieblichen Verhaltens. Personalführung, 10, 824–830.

Wiendieck, G. (1986). Handlungsspielraum und Führungsphilosophie. Gruppendynamik, 17, 135–146.

Wiendieck, G. (1993). Wertewandel und Organisationsgestaltung. In R. Dahlems (Hg.), Handbuch des Führungskräfte-Managements (S. 581–599). München: Beck.

Wiendieck, G. & Wiswede, G. (1990). Führung im Wandel. Neue Perspektiven für Führungsforschung und Führungspraxis. Stuttgart: Enke.

Wilkening, O.B. (1986). Bildungs-Controlling. Instrumente zur Effizienzsteigerung der Personalentwicklung (zitiert In H.-G. Riekhof (Hg.), Strategien der Personalentwicklung (S. 303). Wiesbaden: Gabler).

Wilpert, B (1992). Hochschule und Arbeitswelt. IO Management Zeitschrift, 61, 57–58.

Wiswede, G. (1973). Motivation und Verbraucherverhalten (2. Aufl.). München: Reinhardt.

Wiswede, G. (1977). Rollentheorie. Stuttgart: UTB.

Wiswede, G. (1980). Motivation und Arbeitsverhalten. München: UTB.

Wiswede, G. (1990). Führung und Macht. In G. Wiendieck & G. Wiswede (Hg.), Führung im Wandel (S. 271–287). Stuttgart: Enke.

Wiswede, G. (1991). Einführung in die Wirtschaftspsychologie. München: UTB.

Wittenzellner, G. (1989). Ganzheitliches Denken. Expedition ins Innere der Systeme. Management Wissen, 6, 98–111.

Wortman, C. & Brehm, J.W. (1975). Responses to uncontrollable outcomes: An integration of reactance theory and the learned helplessness model. In L. Berkowitz (Ed.), Advances in experimental social psychology, vol. 8. New York: Academic Press.

Wottawa, H. (1991). Entwicklungstrends psychologischer Eignungsdiagnostik. In H. Schuler & U. Funke (Hg.), Eignungsdiagnostik in Forschung und Praxis (S. 1–5). Stuttgart: Verlag für angewandte Psychologie.

Yankelovich, D. (1994). Wohlstand und Wertewandel: Das Ende der fetten Jahre. Psychologie heute, 21(3), 28–37.

Zapf, D. (1989). Selbst- und Fremdbeobachtung in der psychologischen Arbeitsanalyse. Göttingen: Hogrefe.

Zimbardo, P. (1969). The human choice: Individuation, reason and order versus deindividuation, impulse, and chaos. In W. J. Arnold & D. Levine (Eds.), Nebraska

Symposion on motivation, vol. 17. Lincoln: University of Nebraska Press.

Zimbardo, P. (1975). Die Sozialpsychologie: eine Situation, eine Spielhandlung und ein Drehbuch auf der Suche nach der Wirklichkeit. In S. Moscovici (Hg.), Forschungsgebiete der Sozialpsychologie, Bd. 1 (S. 17–38). Frankfurt/Main: Athenäum (französische Originalausgabe: Paris 1973).

Zink, K. (1978). Zur Begründung einer zielgruppenspezifischen Organisationsentwicklung. Zeitschrift für Arbeitswissenschaft, 32, 42–48.

Zink, K. & Ackermann, M. (1988). Quality Circles und Qualität der Arbeit. Zeitschrift für Arbeits- und Organisationspsychologie, 2, 72–79.

Zippe, B. H., Weller, B. & Sauer, H. (1980). Betriebswirtschaftlicher Vergleich bestehender Arbeitsstrukturen im Bereich Aggregatefertigung im Werk Salzgitter der Volkswagen AG. BMFT-Forschungsbericht HA 80–021.

Zülch, G. & Starringer, M. (1984). Differentielle Arbeitsgestaltung in Fertigungen für elektronische Flachbaugruppen. Zeitschrift für Arbeitswissenschaft, 38, 211–216.

Anhang A: Glossar

Akkulturation
1. Das Hineinwachsen in die kulturelle Gemeinschaft; 2. Anpassung an ein fremdes Milieu

Aktionsforschung
Auf Kurt LEWIN zurückgehende Forschungsmethodik, deren Hauptmerkmale sind: unmittelbare Beteiligung des Forschers am Untersuchungsprozeß; laufende Rückmeldung der Untersuchungsergebnisse an möglichst alle Beteiligten; die ‚Beforschten' werden als selbständige und kompetente Subjekte der Forschung betrachtet.

Anthropologie
Lehre vom Menschen. So vielfältig wie dieser ist auch die Zahl der verschiedenen wissenschaftlichen Richtungen, die zum Bereich der A. gehören: naturwissenschaftliche A. (auch physische A.: Abstammungs-, Erb- und Konstitutionslehre); Sozial- und Kulturanthropologie (auch psychische A.: Wirkungen von Gesellschaft im weitesten Sinne auf das Individuum und sein Verhalten) und philosophische A. als Zweig der Naturphilosophie (Erkenntnis vom Wesen des Menschen, seiner Aufgaben und Stellung in der Welt).

Artefaktforschung
Forschungsrichtung, die sich mit der Frage befaßt, wieweit Forschungsergebnisse mitbestimmt werden durch die gewählten Forschungsmethoden (z.B. Interview und Verhalten des Interviewers) und Forschungskontexte (z.B. Interview im Großraumbüro eines Betriebes).

Attribution
Ursachenzuschreibungen für eigenes und fremdes Verhalten sowie für Ereignisse. Sie entspringen dem Bedürfnis, die Welt zu verstehen und rational (kausal) zu erklären. Diese Erklärungen machen eine komplexe Welt überschaubar und (kognitiv) bewältigbar. Die Attributionstheorie geht davon aus, daß der „Mensch auf der Straße" ähnlich rational vorgeht wie ein Wissenschaftler und systematisch nach Ursachen für erklärungsbedürftige Ereignisse sucht. Als Ursachen für Ereignisse und Verhalten werden Personen, Stimuli und Umstände betrachtet. Attributionen sind jedoch keine wissenschaftlich gesicherten, sondern subjektiv zureichende Erklärungen, die nicht notwendigerweise einer objektiven Überprüfung standhalten. Häufige Attributionsfehler sind der falsche Konsensuseffekt und die Personenattribuierung. Ersterer bezeichnet die Fälle, bei denen fälschlicherweise unterstellt wird, die eigene Meinung entspreche der Mehrheitsmeinung und sei daher „richtig". Der zweite Fehler beschreibt die Tendenz, Menschen – nicht Umstände – als Quelle des Verhaltens zu lokalisieren.

Autopoiese
Aus der Biologie stammender Begriff für die Fähigkeit eines Systems, sich selbst zu reproduzieren. Der Begriff wurde von Niklas LUHMANN im Rahmen seiner soziologisch orientierten Systemtheorie verwendet.

CAD
Computer Aided Design; rechnerunterstützte Konstruktion.

CIM
Computer Integrated Manufacturing; computergeleitete und vernetzte Fertigung.

Coping
(engl. „to cope" handeln, kämpfen mit) Auseinandersetzung, Bewältigung. Bezeichnung

für vorwiegend kognitive Strategien der Auseinandersetzung mit Stressoren und belastenden Situationen.

Deindividuation
Der vorübergehende Verlust der individuellen Identität und persönlicher Werte infolge äußerer situativer Einflüsse (Lärm, Menschenmassen, Dunkelheit, Drogen usw.).

Ergonomie
In Großbritannien geprägte Bezeichnung für Arbeitswissenschaft. Die Ergonomie befaßt sich vor allem mit der Verbesserung von Arbeitssystemen und der Optimierung der Belastungs-Beanspruchungs-Relation. Sie dient der Erhaltung der Gesundheit und Leistungsfähigkeit. Ergonomische Untersuchungen sind in der Regel naturwissenschaftlich, d.h. somatisch und physiologisch orientiert und vernachlässigen daher kognitive und emotionale Aspekte der Arbeitsbewältigung.

Ethnologie
Vergleichende Völkerkunde (Ethnographie: beschreibende Völkerkunde)

Evaluation
Die Bewertung, Auswertung und Interpretation von Informationen über die Wirkung von Handlungen (wie z.B. psychologischen Interventionen). Ziel: Bewertung, Legitimation und Verbesserung von Handlungen.

Externalisierung
allg.: nach außen verlegen, andere bzw. die Umwelt verantwortlich machen.

Falsifikationsprinzip
Wissenschaftliche Vorgehensweise des Kritischen Rationalismus. Allgemeingültige Theorien können nicht endgültig bestätigt (verifiziert), aber widerlegt (falsifiziert) werden.

Handlungsspielraum
Das Ausmaß an Freiheitsgraden bei der Aufgabenerledigung. Unterschieden wird zwischen Tätigkeitsspielraum, Entscheidungsspielraum und Interaktionsspielraum, die gemeinsam den Handlungsspielraum konstituieren.

Handlungstheorie
Handlungstheorien untersuchen menschliches Handeln als einen aktiven und zielbewußten Prozeß, der planvoll und situationsangepaßt Ergebnisse anstrebt.

HdA – Humanisierung der Arbeitswelt
Programm der Bundesregierung (in den 70er Jahren) zur Förderung der menschengerechten Arbeitsgestaltung.

Heuristik
Lehre von den Methoden zur Auffindung neuer wissenschaftlicher Erkenntnisse.

Infantilisierung
geistig unselbständig, zum Kind machen, bevormunden

iterativ
(lat.) wiederholend

Just In Time-(jit)-System
Betriebswirtschaftliches Konzept zur Steigerung der Produktivität durch größtmögliche Reduktion von Lagerhaltung. Material, Energie und Information werden nicht auf Vorrat gehalten, sondern genau dann (just in time) geliefert, wenn sie an der entsprechenden Stelle im Produktionsprozeß benötigt werden.

Lean Production
Aus Japan stammendes betriebswirtschaftliches Prinzip der „schlanken Produktion", bei der alle „nicht wertschöpfenden Prozesse" im Produktionsprozeß (Umwege, Ausschuß, Lagerhaltung, Hilfsfunktionen) auf das unverzichtbare Minimum reduziert werden.

Matching
(parallelisieren) Herstellen zweier oder mehrerer Stichproben im Rahmen experimentellen Designs, die so zusammengestellt sind, daß die Angehörigen der Stichproben einander hinsichtlich des Ausprägungsgrades eines Kontrollmerkmales paarweise (bzw. in Tripeln etc.) zugeordnet werden können. Durch das Parallelisieren werden zufällige Unterschiede im Kontrollmerkmal zwischen den Stichproben weitgehend ausgeschaltet; der Stichprobenfehler wird verringert, wodurch größere Präzision der Ergebnisse erzielt wird.

Meta-Analyse
Eine datengeleitete Verfahrensweise, bei der unterschiedliche Untersuchungen zur Prüfung der übergeordneten Gültigkeit der Einzelergebnisse nachträglich statistisch zusammengefügt werden.

Mikropolitik
Forschungsrichtung in der Soziologie, die Menschen innerhalb von Organisationen als autonom und politisch handelnde Individuen sieht, die in Aushandlungsprozessen laufend versuchen, den eigenen Einflußbereich zu sichern oder auszudehnen.

Mobbing
(engl. „mob" = Pöbel). Mobbing (Anpöbeln) bezeichnet unkollegiale, unfaire Auseinandersetzungen zwischen Kollegen, aber auch solche zwischen Vorgesetzten und Mitarbeitern. Mobbing ist eine Form des „Psychoterrors" am Arbeitsplatz, bei dem (oft) einzelne Personen als Prügelknabe in die Enge und vielfach zur Kündigung getrieben werden. Psychosomatische und psychische Erkrankungen sind eine häufige Folge dieser sozial-emotionalen Belastungen. Mobbing ist auch ein Signal für eine defizitäre Organisation und/oder Führung.

Nomologische Gesetzesaussagen
Zeit- und raumunabhängige Aussagen der Wissenschaft.

Pauperisierung
Veralteter Begriff für Verarmung, Verelendung, Massenarmut.

Persönlichkeitsförderlichkeit
Kriterium zur Bewertung von Arbeitstätigkeiten, die – sollen sie zur Persönlichkeitsförderlichkeit beitragen – auch Zeitanteile für selbständige und schöpferische Verrichtungen beeinhalten müssen.

Randomisierung
(Zufallsauswahl) Verfahren, das jede subjektive Bevorzugung oder Vernachlässigung bestimmter Individuen bei der Auswahl für eine Befragung oder ein Experiment ausschließen soll.

Szenario
(Scenario) Ein System plausibler und in sich schlüssiger Annahmen über die Ausprägung, Wechselwirkung und zukünftige Entwicklung wichtiger politischer, ökonomischer, ökologischer und gesellschaftlicher Größen. Häufig Grundlage formalisierter Planungs- und Entscheidungsprozesse.

Taylorismus
Prinzipien der wissenschaftlichen Betriebsführung, die auf den Ingenieur Frederick Winslow Taylor (1856–1915) zurückgeführt werden können. Wesentlicher Grundgedanke: Trennung von Kopf- und Handarbeit.

Total-Quality-Management (TQM)
Moderne betriebswirtschaftliche Qualitätsstrategie, die, orientiert am Ziel der größtmöglichen Kundenzufriedenheit, versucht, den gesamten Produktions- bzw. Dienstleistungsprozeß hierauf abzustimmen: Qualitätskontrolle findet im gesamten Prozeß statt und nicht erst als „Endkontrolle".

TOTE-Einheit
(abgek. aus test-operate-test-exit, analog VVR-Einheit, abgek. aus Veränderung-Vergleich-Rückkopplung) Von G. A. MILLER et al. (1960) vorgeschlagene schematische Darstellung des kybernetisch interpretierten Handlungsablaufs. Im ersten Schritt wird der Ist-Zustand mit dem Zielzustand verglichen (*test*). Bei einer Differenz von Soll und Ist wird ein Handlungsschritt zur Zielerreichung durchgeführt (*operate*), dessen Ergebnis erneut mit dem angestrebten Handlungsziel (Soll) vergleichen wird (*test*). Bei Zielerreichung endet diese Handlungssequenz (*exit*), andernfalls wird erneut ein Handlungsschritt erwogen und durchgeführt (*operate*).

Validität
Gütekriterium für psychologische Testverfahren. Gibt Antwort auf die Frage der inhaltlichen Gültigkeit, d.h. ob der Test auch das mißt, was er zu messen vorgibt.

Varianz
Statistischer Kennwert der Streuung oder Dispersion einer Verteilung.

Anhang B: Übungsaufgaben

Übungsaufgaben zur Vorbemerkung

Aufg. 1: Wenn von „Arbeit" die Rede ist, denken viele nur an „Erwerbsarbeit" und „Mühsal". Zeigen Sie, daß Arbeit noch andere, für den Menschen sehr wichtige Aspekte hat.

Aufg. 2: Welche Merkmale der menschlichen Arbeit sind aus allgemeiner Sicht besonders wichtig? Begründen Sie kurz, warum.

Übungsaufgaben zu Kapitel 1

Aufg. 1: Welche Aspekte der Arbeit sind aus psychologischer Sicht besonders wichtig? Nennen Sie wichtige Stichpunkte als Forschungsfragen formuliert.

Aufg. 2: Was ist Organisation? Erklären Sie Organisation mit Hilfe des institutionellen und des instrumentellen Organisationsbegriffs. Welcher weitere wichtige Aspekt von Organisation ist noch zu nennen?

Übungsaufgaben zu Kapitel 2

Aufg. 1: Versuchen Sie in Ihren eigenen Worten darzustellen, was es bedeutet, die AO-Psychologie als eine angewandte Wissenschaft aufzufassen.

a) Warum kann man sie weder als eine rein theoretische noch als eine rein praktische Wissenschaft bezeichnen?
b) Welche Probleme ergeben sich für den AO-psychologischen Forscher – besonders, wenn er im Feld arbeiten will?
c) Ist es immer sinnvoll, sich um interpretativ-verstehendes Vorgehen zu bemühen? Nennen Sie Beispiele dafür, wann ja – wann nicht.

Aufg. 2: Überlegen Sie sich ca. fünf Stichworte, die zur Beschreibung der Aktionsforschung (Ziele, Vor-, Nachteile) dienen.

Versuchen Sie dann, mit Hilfe dieses „Spickzettels" einen kleinen Vortrag zu diesem Thema zu halten – z.B. vor Ihrer FreundIn, die schon immer wissen wollte, was sich dahinter verbirgt.

Aufg. 3: Was würden Sie jemandem entgegnen, der sagt:

„Diese AO-Psychologie ist doch sowieso nur etwas, was dem Management nutzt und ihm bloß helfen soll, den Gewinn zu steigern. Die Mitarbeiter werden geschickt abgelenkt und manipuliert – Nutzen bringt ihnen das Ganze nicht."

Übungsaufgaben zu Kapitel 3

Aufg. 1: Nennen Sie mindestens 5 Beispiele für Belastungsfaktoren am Arbeitsplatz.

Nennen Sie Beispiele für Beanspruchung am Arbeitsplatz.

Aufg. 2: Welche Kritik wird am einfachen Belastungs-Beanspruchungs-Modell geübt?

Aufg. 3: In welcher Form wurde das einfache Belastungs-Beanspruchungs-Modell weiterentwickelt? Welche Aspekte werden jeweils mitberücksichtigt?

Aufg. 3a: Wodurch zeichnet sich eine Handlung im Sinne der Handlungsstrukturtheorie aus?

Aufg. 3b: Was verbirgt sich hinter dem TOTE-Modell? Was ist Ihrer Ansicht nach das besondere dieses Modells?

Aufg. 3c: Versuchen Sie die Bedeutung der Handlungsstrukturtheorie für die AO-Psychologie zu skizzieren, indem Sie ihre Verdienste, aber auch ihre Mängel in Stichworten zusammenstellen.

Übungsaufgaben zu Kapitel 4

Aufg. 1: Beschreiben Sie kurz, was unter psychologischer Arbeitsanalyse zu verstehen ist. Die vielfältigen verschiedenen Ansätze und Verfahren lassen sich zwei Hauptrichtungen mit unterschiedlicher Auffassung zum Verhältnis von Mensch und Arbeit zuordnen. Welche beiden Richtungen sind hier gemeint und welche Beispiele für Vertreter dieser Richtungen lassen sich nennen?

Aufg. 2: Stellen Sie sich vor, daß Sie einen Auftrag zur Erstellung einer Arbeitsplatzbeschreibung erhalten haben. Welches wären die Hauptschritte Ihres Vorgehens (was wollen Sie in Erfahrung bringen, wen befragen Sie bzw. was ziehen Sie zur Informationsgewinnung heran)?

Übungsaufgaben zu Kapitel 5

Aufg. 1: Zwar entspricht es einer grundlegenden menschlichen Neigung, Bewertungen allgemein und auch seiner Tätigkeit vorzunehmen, dennoch ist es nicht einfach, Bewertungskriterien für Arbeit zu definieren, die von allen Seiten Zustimmung finden. Versucht man eine Ordnung der im arbeits- und organisationspsychologischen Zusammenhang diskutierten Vorschläge, so lassen sich zwei Gruppen von Bewertungskriterien finden. Erinnern Sie sich noch an diese? Versuchen Sie, anhand dazugehöriger Konzepte die Hauptideen dieser Kriterien aufzuzeigen.

Aufg. 2: Welche Gefahr der Fehlinterpretation besteht, wenn die Daten einer Zufriedenheitsstudie hohe Werte liefern? (Sie können Ihre Antwort gerne an einem Beispiel illustrieren.)

Aufg. 3: Wenn es um Fragen der Arbeitsmotivation geht, werden häufig zwei Theorien bzw. Namen genannt: Maslow und Herzberg. Wie lassen sich ihre Ansätze (in Stichworten) beschreiben, und was wird an ihnen kritisiert?

Aufg. 4: In der Leistungsmotivationstheorie werden zwei Persönlichkeitstypen unterschieden: Erfolgssucher und Mißerfolgsmeider. Beide Typen neigen auch zu unterschiedlichen Attributionsmustern mit unterschiedlichen Konsequenzen im Hinblick auf Selbstwert und Motivation für zukünftiges Handeln. Fallen Ihnen noch die vier verschiedenen Fälle für Erfolgssucher und Mißerfolgsmeider und ihre Attributionsschemata im Erfolgs- und Mißerfolgsfall ein?

Aufg. 5: In Kritik und Ergänzung des Leistungsmotivationskonzeptes entstand der „Goal-Setting"-Ansatz. Welche Auffassung wird hier von Aufgabenschwierigkeit und ihrer Motivations- und Leistungsförderlichkeit vertreten?

Übungsaufgaben zu Kapitel 6

Aufg. 1: Welches Problem ergibt sich bei der Interpretation von Effekten im Rahmen von Personalentwicklungsmaßnahmen (aber auch allgemein bei Veränderungsmaßnahmen)?

Aufg. 2: Was ist bei der Gestaltung von Anzeigegeräten zu beachten? Erinnern Sie sich an ein Beispiel?

Aufg. 3: Warum sollte Arbeit differentiell und dynamisch gestaltet sein?

Aufg. 4: Wo sehen Sie die Grenzen bzw. Einschränkungen für eine Handlungsspielraumerweiterung von Tätigkeiten?

Übungsaufgaben zu Kapitel 7

Aufg. 1: Erstarrte, nicht anpassungsfähige Organisationsstrukturen sind gerade heute zum Scheitern verurteilt. Welche allgemeinen Entwicklungstrends machen innovative, flexible Organisationen mit erweiterten Handlungsspielräumen erforderlich?

Aufg. 2: Welche vier wichtigen theoretischen Erklärungen von Führung fallen Ihnen ein? Nennen Sie Grundthese und Kritikpunkte.

Aufg. 3: Wohin geht die „Macht" der Zentrale, wenn sich die tayloristische Organisation wandelt?

Anhang C: Lösungen zu den Übungsaufgaben

Die hier angebotenen Übungsaufgaben lassen sich nicht eindeutig und idealtypisch beantworten. In den Antworten gibt es eine gewisse Bandbreite zulässiger und sinnvoller Antworten. Die folgenden Stichworte geben an, welche Antwortelemente eine gute Lösung zumindest enthalten sollte.

Übungsaufgaben zur Vorbemerkung

Aufg. 1: Wenn von „Arbeit" die Rede ist, denken viele nur an „Erwerbsarbeit" und „Mühsal". Zeigen Sie, daß Arbeit noch andere, für den Menschen sehr wichtige Aspekte hat.

Arbeit
– dient zur Daseinssicherung (Vorsorge für die Zukunft)
– verändert Lebens-Bedingungen und Lebens-Mittel (z.B. ein Haus bauen; z.B. mit dem verdienten Geld einen Geschirrspüler kaufen)
– hat negative und positive Seiten: bringt zwar Mühsal, Streß und Anspannung, aber auch Freude, Stolz, Entfaltung

Aufg. 2: Welche Merkmale der menschlichen Arbeit sind aus allgemeiner Sicht besonders wichtig? Begründen Sie kurz, warum.

Werkzeuggebrauch: für eine bestimmte Tätigkeit entwickelt, speichern und überliefern Werkzeuge das Wissen ihrer Zeit, bilden den Ausgangspunkt für neue Entwicklungen und somit auch die Grundlage der technischen Entwicklung.

Arbeitsteilung: dient einerseits dem Arbeitserfolg – viele schaffen mehr als einer –, erfordert zugleich Arbeitskoordination der Teiltätigkeiten durch ein Organisationsprinzip und schafft nebem dem sozialen Vorteil auch zugleich soziale Abhängigkeiten – man ist durch Arbeitsteilung aufeinander angewiesen.

Identitätsbildung: Arbeit prägt auch Lebensauffassung, Selbst- und Weltbild einer Person. Arbeit und Beruf sind in unserer Gesellschaft wichtige und elementare Attribute einer Person und bestimmen entscheidend ihren sozialen Status.

Übungsaufgaben zu Kapitel 1

Aufg. 1: Welche Aspekte der Arbeit sind aus psychologischer Sicht besonders wichtig? Nennen Sie wichtige Stichpunkte als Forschungsfragen formuliert.

Arbeit als Last und Pflicht
Arbeit als Prozeß; Stärke und Richtung der Belastung durch Arbeit

Arbeit als Leistung und Wert
Leistung und Leistungssteigerung; „Wissenschaftliche Betriebsführung" im Sinne Taylors

Arbeit als soziale Strukturierung
Arbeitsteilung und Arbeitsorganisation; soziale Strukturen, Abhängigkeiten und Einflußmöglichkeiten

Arbeit als Vermittlung und Veränderung
Arbeit vermittelt zwischen Mensch und Natur – einerseits selbst Teil der Natur, beeinflußt und verändert der Mensch durch sein Tun die Natur.

Arbeit als Persönlichkeitsentfaltung
Arbeit prägt und beeinflußt den Menschen; negativ z.B. durch körperliche Schädigung, positiv z.B. wenn sie persönlichkeitsförderlich ist. So zeigt die Studie von Kohn und Schooler (1981), daß komplexe Tätigkeiten die geistige Beweglichkeit fördern. Ein allgemein wichtiges Kennzeichen ist Gestaltungsspielraum in der Tätigkeit.

Aufg. 2: Was ist Organisation? Erklären Sie Organisation mit Hilfe des institutionellen und des instrumentellen Organisationsbegriffs. Welcher weitere wichtige Aspekt von Organisation ist noch zu nennen?

Der institutionelle Organisationsbegriff entspricht der umgangssprachlichen Bedeutung. Die Organisation ist ein abgrenzbares (vielfach auch sichtbares) Gebilde oder System, also eine Unternehmung, eine Partei, eine Kirche usw. Ein sichtbarer Ausdruck dieses Organisationsbegriffs ist z.B. das Betriebsgebäude. Es *ist* eine Organisation.

Der instrumentelle Organisationsbegriff stellt auf die Instrumente zur Gestaltung von Ordnung und Organisationen ab. Die instrumentelle Organisation zeigt sich in Vorschriften, Regelungen, Dienstanweisungen usw., die die Verhaltensprozesse regeln. Diese Regelungen zeigen sich nicht nur in diesen substantiell erlassenen Instrumenten, sondern auch in symbolischen Gestaltungen, die bewußt zur Verhaltenssteuerung eingesetzt werden können: Organisationen *haben* eine Organisaton.

Schließlich finden sich ordnungsbildende Prozesse durch ineinandergreifende Verhaltensakte, die diesen Interaktionen Stabilität, Vorhersehbarkeit und Bedeutung verleihen. Dies mag der wechselseitige Gruß von Menschen sein, umfaßt aber auch komplexere Sequenzen oder Rituale, die ordnungsbildend sind, ohne daß von außen bewußt eine solche Ordnung hergestellt worden wäre. Diese (informalen) Prozesse werden unter dem Stichwort der Selbstorganisation von Systemen behandelt und verweisen darauf, daß Organisationen nicht beliebig gestaltet werden können, sondern Eigengesetzlichkeiten unterliegen. Dies zeigt sich oft dadurch, daß gestaltende Eingriffe in Organisationen nicht nur die beabsichtigten sondern vielfach unbeabsichtigte, unerwünschte und teils unerkannte Neben- und Folgewirkungen nach sich ziehen.

Übungsaufgaben zu Kapitel 2

Aufg. 1: Versuchen Sie in Ihren eigenen Worten darzustellen, was es bedeutet, die AO-Psychologie als eine angewandte Wissenschaft aufzufassen.

a) Warum kann man sie weder als eine rein theoretische noch als eine rein praktische Wissenschaft bezeichnen?
b) Welche Probleme ergeben sich für den AO-psychologischen Forscher – besonders, wenn er im Feld arbeiten will?
c) Ist es immer sinnvoll, sich um interpretativ-verstehendes Vorgehen zu bemühen? Nennen Sie Beispiele dafür, wann ja – wann nicht.

zu a)
AO als Angewandte Wissenschaft hat Mittel- und Mittlerstellung zwischen beiden Polen (s. auch Tab. 1, S. 30). Sie umfaßt sowohl Grundlagenforschung als auch angewandte Forschung und nicht zuletzt praktisch-psychologische Tätigkeit.

– im Unterschied zur Allgemeinen Psychologie ist ihr Gegenstand enger: der Mensch im Kontext von Arbeit und Organisation;
– als wissenschaftliche Disziplin ist sie breiter; Interdisziplinarität durch Einbeziehung von Wissenschaften, die sich mit wichtigen Kontextmerkmalen von Arbeit

befassen: Wirtschaftswissenschaften, insbesondere Organisationslehre (z.B. ökonomische Lage); Arbeitswissenschaften, insbesondere Ergonomie (z.B. Technik, Rahmenbedingungen); Soziologie, insbesondere Organisationssoziologie (z.B. organisatorische Struktur).

zu b)
– Gefahr der konkreten Trivialität (sich der praktischen Fragestellung soweit unterzuordnen, daß der Bezug zur Grundlagendisziplin verlorengeht);
– „Forschungsbarrieren":

1. Arbeitsrechtliche Vorschriften;
2. Barrieren der Drittmittelforschung;
3. Begrenzte Möglichkeiten der Variablenkontrolle;
4. Auswirkung der jeweiligen Organisationskultur;
5. Motivation der Versuchspersonen.

zu c)
Ein normativ-quantitatives Vorgehen ist da sinnvoll, wo die objektive Wirklichkeit relativ eindeutig ist und das Verhalten verschiedener Menschen in gleicher Weise beeinflußt. So bei physiologischen Bedingungen, Wirkung von Erholungspausen, optimaler Gestaltung von Arbeitsinstrumenten usw.

Ausnahmen gibt es jedoch auch hier, wie sich am Beispiel der berühmten Hawthorne-Studie zeigen läßt. Ursprünglich als Untersuchung zur Wirkung der Beleuchtung auf die Arbeitsleistung konzipiert, konnte der ‚erstaunliche' Effekt beobachtet werden, daß Arbeitsleistung auch bei Reduktion der Helligkeit (bis Mondscheinstärke!) zunahm. Dieser Effekt ließ sich nur über einen interpretativ-verstehenden Zugang erschließen: Das Bewußtsein, einer Untersuchungsgruppe anzugehören und in seiner Arbeit tatsächlich ernst genommen zu werden, führte zur Leistungssteigerung der Arbeiterinnen (und nicht das ‚Dämmerlicht'). So wurde der berühmte „Hawthorne-Effekt" geboren.

Im übrigen sei daran erinnert, daß der „Hawthorne-Effekt" nicht lediglich auf die freundliche Beachtung einer ansonsten anonymen Gruppe durch die Forscher zurückgeführt werden kann, sondern daß es auch Gruppendruck zur Leistungssteigerung gab und daß die von den Hawthorne-Forschern gezogenen Schlußfolgerungen nicht durch alle Daten gedeckt sind, ja daß sogar der Verdacht der Datenmanipulation besteht.

Aufg. 2: Überlegen Sie sich ca. fünf Stichworte, die zur Beschreibung der Aktionsforschung (Ziele, Vor-, Nachteile) dienen.

Versuchen Sie dann, mit Hilfe dieses „Spickzettels" einen kleinen Vortrag zu diesem Thema zu halten – z.B. vor Ihrer FreundIn, die schon immer wissen wollte, was sich dahinter verbirgt.

– Forscher definiert Ziele und Nutzen der Forschung gemeinsam mit den Betroffenen. Diese sind nicht ‚Forschungsobjekt', sondern Forschungssubjekt (partizipativ-emanzipatorisch);
– Forschung als Prozeß in kleinen Schritten, der immer wieder diskutiert und bewertet wird und im Prinzip nie abgeschlossen ist (iterativer Prozeß);
– offener Forschungsprozeß: konkrete Fragestellungen und Methoden ergeben sich oft erst im Laufe des Forschungsprozesses, die gewonnenen Ergebnisse werden noch während des Forschungsprozesses möglichst allen Beteiligten mitgeteilt (laufende Rückmeldung);
– alle Beteiligten (Forscher und ‚Beforschte') haben Nutzen und Erkenntnisgewinn, da sie voneinander und im Veränderungsprozeß lernen (Qualifizierung und Persönlichkeitsentwicklung).

Aufg. 3: Was würden Sie jemandem entgegnen, der sagt:

„Diese AO-Psychologie ist doch sowieso nur etwas, was dem Management nutzt und ihm bloß helfen soll, den Gewinn zu steigern. Die Mitarbeiter werden geschickt abgelenkt und manipuliert – Nutzen bringt ihnen das Ganze nicht."

Solche Fälle sind nicht auszuschließen. In dieser Allgemeinheit kann man die Aussage aber dennoch nicht stehen lassen, denn es gibt eine Reihe von Gegenbeispielen:

- HdA-Programme zur Humanisierung der Arbeitswelt, bei denen der arbeitende Mensch und seine Interessen im Vordergrund stehen;
- Aktionsforschung, die ausdrücklich einen emanzipatorischen Anspruch verfolgt und die Betroffenen – also auch die Mitarbeiter – als kompetente und ‚stimmberechtigte' Partner in den Forschungsprozeß mit einbezieht; Anhaltspunkte zur Vermeidung von einseitiger Interessensorientierung und Schädigung einzelner: Verhaltensregeln der Berufsverbände, gesetzliche Regelungen.

Letztendlich geht es um das berufliche Selbstverständnis des AO-psychologischen Forschers und Praktikers, für das es keine allgemeinverbindlichen Regeln gibt – Anhaltspunkte sind aber z.B. Berufsordnungen/Verhaltensregeln der Berufsverbände. Eine intensive Diskussion um eine Ethik wirtschaftlichen Handelns findet jedoch in der Literatur statt und gibt dem einzelnen, der sich damit auseinandersetzt, Anregungen für die Findung einer eigenen Auffassung.

Übungsaufgaben zu Kapitel 3

Aufg. 1: Nennen Sie mindestens 5 Beispiele für Belastungsfaktoren am Arbeitsplatz. Nennen Sie Beispiele für Beanspruchung am Arbeitsplatz.

Beispiele für **Belastungsfaktoren** am Arbeitsplatz:

- Streß
- Monotonie
- Lärm
- Schichtarbeit
- Hitze
- Staub
- Zugluft
- sowie die Kombination solcher Faktoren

(Weitere Belastungsfaktoren sind in Tab. 2, S. 63 aufgelistet.)

Beispiele für **Beanspruchung** am Arbeitsplatz:

somatisch-physiologische Erregung:
  Blutdruck
- Pulsfrequenz
- Körpertemperatur

psychische Reaktionstendenzen:
- Ermüdung
- Sättigung
- Monotonie
- Vigilanz

individuelles Verhalten:
- Leistungsschwankung
- sinkende Konzentration
- Fehler

soziales Verhalten:
- Konflikte
- Streit
- Aggression
- Rückzug

(Eine Gesamtübersicht bietet Tab. 3, S. 66.)

Aufg. 2: Welche Kritik wird am einfachen Belastungs-Beanspruchungs-Modell geübt?

Das Modell vertritt ein mechanistisch-naturwissenschaftliches Menschenbild, in dem der Mensch wie ein ‚dressierter Affe' erscheint, dessen Verhalten von einem einfachen Reiz-Reaktions-Schema bestimmt wird.

Es fehlen:
- kognitive und emotionale Aspekte der Wahrnehmung von Belastung;
- Einfluß individueller Motive und Ziele auf das Handeln.

Aufg. 3: In welcher Form wurde das einfache Belastungs-Beanspruchungs-Modell weiterentwickelt? Welche Aspekte werden jeweils mitberücksichtigt?

Person-Umwelt-Transaktion: kognitive Aspekte werden berücksichtigt; wie wird aus einem potentiellen ein tatsächlicher Stressor?

Person-Environment-Fit: Merkmale und Übereinstimmung der Merkmale von Person und Umwelt bzw. Situation stehen im Zentrum.

Coping-Strategien, Handlungskompetenz: Bewältigungsstrategien und -repertoire der Person

Handlungsspielräume: Merkmale der Tätigkeit selbst (Ausmaß eigener Entscheidungsmöglichkeiten, Verantwortung, Spannbreite der Tätigkeitsinhalte)

soziale Unterstützung: Verhalten von Kollegen und Vorgesetzten (Hilfe, fehlende Hilfe etc.)

Aufg. 3a: Wodurch zeichnet sich eine Handlung im Sinne der Handlungsstrukturtheorie aus?

Eine Handlung zeichnet sich als Teilkategorie von Tätigkeit aus durch:

- bewußtes Ziel;
- geleitet durch innere gedankliche Vorstellung des angestrebten Ergebnisses (z.B. als OAS – Operatives Abbildsystem);
- planvolles Vorgehen (im Gegensatz zu einer Versuch-Irrtum-Strategie).

Aufg. 3b: Was verbirgt sich hinter dem TOTE-Modell? Was ist Ihrer Ansicht nach das Besondere dieses Modells?

- Abkürzung für Test-Operat-Test-Exit;
- Besonderheit: Vergleichs- und Rückkopplungsprozesse werden als wesentliches Merkmal menschlicher Handlung angesehen. Handeln vollzieht sich nach einem Plan und in einzelnen Handlungsschritten. Es findet eine permanente Prüfung und Rückkopplung statt. Eventuelle Korrekturen erfolgen bis zur Zielerreichung (z.B. Handlung „Nageleinschlagen").

Aufg. 3c: Versuchen Sie die Bedeutung der Handlungsstrukturtheorie für die AO-Psychologie zu skizzieren, indem Sie ihre Verdienste, aber auch ihre Mängel in Stichworten zusammenstellen.

Verdienste:
- Überwindung enger behavioristischer und kognitiver Konzepte;
- normative Komponente arbeits- und organisationspsychologischen Handelns wird präzisiert: eindeutig Bevorzugung von Arbeitsbedingungen, die die Entwicklung der Handlungskompetenz des einzelnen fördern.

Kritik:
- bleibt individualistisch und vernachlässigt Interaktionsbeziehungen am Arbeitsplatz und ihre Bedeutung;
- vernachlässigt Motivation, z.B. Fragen der

Divergenz von individuellen gegenüber organisatorischen und gesellschaftlichen Zielen;
- vernachlässigt die Reflexivität des einzelnen: Wie reflektiert die Person Ziele, Bedingungen und Ergebnisse ihres eigenen und des gesellschaftlichen Arbeitsprozesses? (In der Handlungsstrukturtheorie erscheint die Person wie ein unkritischer Erfüllungsgehilfe des Systems.)

Übungsaufgaben zu Kapitel 4

Aufg. 1: Beschreiben Sie kurz, was unter psychologischer Arbeitsanalyse zu verstehen ist. Die vielfältigen verschiedenen Ansätze und Verfahren lassen sich zwei Hauptrichtungen mit unterschiedlicher Auffassung zum Verhältnis von Mensch und Arbeit zuordnen. Welche beiden Richtungen sind hier gemeint und welche Beispiele für Vertreter dieser Richtungen lassen sich nennen?

Psychologische Arbeitsanalyse befaßt sich mit der Interaktion von Mensch und Arbeit.

Interaktion: Mensch und Arbeit stehen in Wechselwirkung, d.h. es findet eine dynamische Beeinflussung in beide Richtungen statt (Arbeit beeinflußt und verändert den arbeitenden Menschen und umgekehrt);

Arbeit: nicht nur Arbeitsinhalte und Tätigkeiten, sondern auch soziale und physische Situationsmerkmale werden hier berücksichtigt;

Mensch bzw. Menschenbild: physisches, psychisches und soziales Wesen; reflektiert, gestaltet und korrigiert seine Arbeit aktiv.

Zwei Hauptrichtungen psychologischer Arbeitsanalyse:

a) Anpassung des Menschen an die Arbeit

- maschinistisch-behavioristisches Menschenbild: Der Mensch ist ein System von Muskeln, Gelenken und Hebeln; reaktiv und nicht aktiv-selbstbestimmt;
- Hauptziel: Anpassung dieses ‚Systems' in ein übergeordnetes Mensch-Maschine-System;
- Konzentration auf physische Aspekte, Vernachlässigung psychischer Aspekte (Handlungsmotivation und -regulation); Zerstückelung der Arbeitstätigkeit in einzelne Bewegungsabläufe;
- Beispiele: Zeit- und Bewegungsstudien (Taylor & Gilbreth);
- Art der untersuchten Arbeitsbereiche: vorwiegend Fabriken und Produktionsbereiche;
- Untersuchungsmethoden: quantitativ-messend, nur beobachtbare einzelne Bewegungsabläufe.

b) Anpassung der Arbeit an den Menschen

humanistischer Ansatz;
- Arbeit trägt im positiven wie im negativen Sinne entscheidend zur Persönlichkeitsformung bei;
- deshalb ist die Arbeit an den Menschen anzupassen, seinen Bedürfnissen gerecht zu gestalten.

Aufg. 2: Stellen Sie sich vor, daß Sie einen Auftrag zur Erstellung einer Arbeitsplatzbeschreibung erhalten haben. Welches wären die Hauptschritte Ihres Vorgehens (was wollen Sie in Erfahrung bringen, wen befragen Sie bzw. was ziehen Sie zur Informationsgewinnung heran)?

1. Auftrags- und Erfüllungsbedingungen analysieren

Was will ich wissen:

- Wie groß ist der Handlungsspielraum (z.B. was ist vorgeschrieben, was kann vom Betroffenen selbst entschieden werden)?
- Wieweit kann der Auftrag individuell interpretiert werden?
- Welche Fähigkeiten sind gefordert (motorisch, sensorisch, intellektuell)?

Wen fragen/welche Informationsquellen:

- schriftliche Anweisungen, Betriebsvorschriften, Ablauforganisation, vorhandene Technologie, Maschinenbedienungsanweisung
- Betroffene selbst
- Experten

2. Tätigkeiten analysieren

Was will ich wissen:

- Welche Einzeltätigkeiten lassen sich beobachten?
- Was wird geleistet (qualitativ und quantitativ)?
- Wie ist die Befindlichkeit bzw. Gesundheit durch die Tätigkeit betroffen?
- Welche Qualifizierungschancen sind in der Tätigkeit enthalten?
- Psychische Regulation: Welche Rolle spielen kognitive Zielbildungsprozesse, welche Wahrnehmungs-, Beurteilungs-, Bewertungs- und Entscheidungsprozesse steuern die Tätigkeit?

Wen fragen/welche Informationsquellen:

- Betroffene selbst (subjektive Einschätzung)
- Beobachter (objektive Daten)

3. Auswirkungen von Produktionsbedingungen und Arbeitstätigkeiten auf Befinden und Erleben der Beschäftigten

Was will ich wissen:

- Wie werden die Arbeitsaufgaben subjektiv widergespiegelt?
- Inwieweit wird die Tätigkeit als motivierend erlebt? In welcher Hinsicht wirkt diese Motivierung?
- Inwieweit kommt die Arbeit den Entwicklungs- und Entfaltungsbedürfnissen entgegen?
- Inwieweit regt die Arbeit selbst den einzelnen zur Entwicklung an?

Wen fragen/welche Informationsquellen:

- Betroffene selbst (um deren „subjektive Widerspiegelung" es ja geht)

Übungsaufgaben zu Kapitel 5

Aufg. 1: *Zwar entspricht es einer grundlegenden menschlichen Neigung, Bewertungen allgemein und auch seiner Tätigkeit vorzunehmen, dennoch ist es nicht einfach, Bewertungskriterien für Arbeit zu definieren, die von allen Seiten Zustimmung finden. Versucht man eine Ordnung der im arbeits- und organisationspsychologischen Zusammenhang diskutierten Vorschläge, so lassen sich zwei Gruppen von Bewertungskriterien finden. Erinnern Sie sich noch an diese? Versuchen Sie, anhand dazugehöriger Konzepte die Hauptideen dieser Kriterien aufzuzeigen.*

Produktivitätsorientierte Kriterien (klassisches betriebswirtschaftliches Prinzip, geleitet vom Gewinnprinzip, Effektivitäts- und Effizienzerwartungen):

a) Total-Quality-Konzepte

- konsequente Kundenorientierung;
- Qualität = Kundenzufriedenheit mit den

angebotenen Produkten und Dienstleistungen;
- organisationsinterne Konsequenz: Qualitätskontrolle findet nicht erst am Ende sondern *im gesamten Produktionsprozeß* statt; sie ist vorbeugend und umfaßt den gesamten Prozeß (TQM: Total Quality Management);
- auch intern „*Kundenorientierung*": jede Abteilung/Funktion wird als Kunde der vorhergehenden betrachtet.

b) Lean-Production-Konzepte

- „schlanke Produktion", d.h. Konzentration auf das Wesentliche: Umwege, Ausschuß, Lagerhaltungen, Hilfsfunktionen sind weitmöglichst zu reduzieren, z.B. durch „Just In Time"-Systeme;
- Nachteil: engere Vernetzung der Systeme und Prozesse führt auch zu höherer Anfälligkeit der Systeme (z.B. bei Störungen oder Streiks).

Humanitätsorientierte Kriterien (geleitet vom Menschenbild des vorausschauenden, selbständigen, teamorientierten Mitarbeiters):

- Kriterienentwicklung schwieriger als bei produktivitätsorientierten Konzepten;
- verschiedene Konzepte von dogmatisch-elitären über dialogisch-emanzipatorische bis zu pragmatisch-positivistischen zu finden;
- Weiterentwicklung im Rahmen der HdA-Programme;

- breite Akzeptanz finden: Stufenfolgen von Kriterien zur Arbeitsgestaltung (siehe Tabelle 1).

Aufg. 2: Welche Gefahr der Fehlinterpretation besteht, wenn die Daten einer Zufriedenheitsstudie hohe Werte liefern? (Sie können Ihre Antwort gerne an einem Beispiel illustrieren.)

- sie werden zur Legitimation bestehender Verhältnisse verwendet;
- hohe Zufriedenheitsäußerung kann Folge eines individuellen Dissonanzreduktionsprozesses bzw. einer Anpassung an eigentlich nicht zufriedenstellende Arbeits- und Lebensbedingungen sein (Beispiel: armes Mütterchen, das trotz schwieriger Lebensbedingungen zufrieden ist, weil „Gott für die Armen Kräuter wachsen läßt");
- Hohe Zufriedenheitswerte können eine positive innere Befindlichkeit widerspiegeln, aber auch Ausdruck der Anpassung an äußere Normen sein: Zufriedenheit wird oft mit Erfolg gleichgesetzt („Jeder ist seines Glückes Schmied"); Unzufriedenheit käme dann einem Eingestehen der eigenen Unzulänglichkeit gleich.

Aufg. 3: Wenn es um Fragen der Arbeitsmotivation geht, werden häufig zwei Theorien bzw. Namen genannt: Maslow und Herzberg. Wie lassen sich ihre Ansätze (in Stichworten) beschreiben, und was wird an ihnen kritisiert?

Tabelle 1: Gegenüberstellung von Kriterien für die (humane) Arbeitsgestaltung

	Rohmert	*Hacker u. Richter*	*Ulich*
1.	Ausführbarkeit	Ausführbarkeit	Schädigungsfreiheit
2.	Erträglichkeit	Schädigungslosigkeit	Beeinträchtigungslosigkeit
3.	Zumutbarkeit	Beeinträchtigungsfreiheit	Persönlichkeitsförderlichkeit
4.	Zufriedenheit	Persönlichkeitsförderlichkeit	Zumutbarkeit

Maslow

- geht von menschlichen Bedürfniskategorien aus (physiologische Bedürfnisse, Sicherheitsbedürfnisse, soziale Bedürfnisse, Anerkennungsbedürfnisse, Selbstverwirklichungsbedürfnis);
- die hierarchisch geordnet sind (wobei das Selbstverwirklichungsbedürfnis das höchste darstellt); die Realisierung eines Bedürfnisses setzt jedoch die Befriedigung der jeweils niedrigeren Bedürfnisstufe voraus;
- dynamisches Aktivierungsprinzip: die Sättigung niedrigerer Bedürfnisse aktiviert die jeweils nächsthöheren.

Kritik:

- die gesamte Theorie ist spekulativ und empirisch nicht zu bestätigen;
- es handelt sich nicht um eine Motivationstheorie, sondern ein normatives Gesellschaftsmodell: Gesellschaften sollen so sein, daß sie dem Menschen die Selbstaktualisierung ermöglichen.

Herzberg

- „Zweifaktorentheorie";
- unterscheidet zwei voneinander verschiedene Faktoren: Arbeitszufriedenheit und Motivation gegenüber Arbeitsunzufriedenheit und Demotivation;
- ein Faktor ist nicht einfach das Gegenteil des anderen, sondern wird von jeweils anderen Faktoren beeinflußt:
  - sog. Inhalts- bzw. „Content"-Faktoren führen zu Arbeitszufriedenheit (Leistung, Anerkennung, interessanter Arbeitsinhalt, Verantwortung etc.);
  - sog. Hygiene- bzw. „Kontext"-Faktoren führen zu Arbeitsunzufriedenheit (Unternehmenspolitik, Überwachung, Beziehung zu Vorgesetzten, Arbeitsbedingungen)

Kritik:

- an seinen Methoden: Herzberg hat seine Ergebnisse durch seine Befragungstechnik produziert, da Menschen dazu neigen, ihre Umwelt (Kontextfaktoren) für Negatives – also auch für ihre Arbeitsunzufriedenheit – verantwortlich zu machen. Sich selbst und ihre Leistung halten sie jedoch eher für die Ursache von Positivem.

Aufg. 4: In der Leistungsmotivationstheorie werden zwei Persönlichkeitstypen unterschieden: Erfolgssucher und Mißerfolgsmeider. Beide Typen neigen auch zu unterschiedlichen Attributionsmustern mit unterschiedlichen Konsequenzen im Hinblick auf Selbstwert und Motivation für zukünftiges Handeln. Fallen Ihnen noch die vier verschiedenen Fälle für Erfolgssucher und Mißerfolgsmeider und ihre Attributionsschemata im Erfolgs- und Mißerfolgsfall ein? (Lösung siehe Abb. 1, S. 296)

Aufg. 5: In Kritik und Ergänzung des Leistungsmotivationskonzeptes entstand der „Goal-Setting"-Ansatz. Welche Auffassung wird hier von Aufgabenschwierigkeit und ihrer Motivations- und Leistungsförderlichkeit vertreten?

Gerade schwierige Aufgaben sind motivations- und leistungsförderlich, wenn eine Reihe weiterer Rahmenbedingungen erfüllt sind, z.B.:

- hohe, aber präzise Zielsetzung ist leistungsförderlicher als eine mittlere oder diffuse („Versuchen Sie Ihr Bestes");
- neben dem Können sind auch Verpflichtungsgefühle („Commitment") wichtig;
- auch klare Rückmeldung über den eigenen Leistungsstand ist wichtig.

Fall 1

Erfolgssucher hat Erfolg und deutet dies durch:

Können	Umstände
Wollen	Zufall

Konsequenz: Selbstwert und Motivation werden gestärkt.

Fall 2

Erfolgssucher hat Mißerfolg und deutet dies durch:

Können	Umstände
Wollen	**Zufall**

Konsequenz: Keine Selbstwertschädigung und künftig größere Anstrengung.

Fall 3

Mißerfolgsmeider hat Erfolg und deutet dies durch:

Können	**Umstände**
Wollen	**Zufall**

Konsequenz: Kein Lernerfolg, keine Selbstwertbestätigung

Fall 4

Mißerfolgsmeider hat Mißerfolg und deutet dies durch:

Können	**Umstände**
Wollen	Zufall

Konsequenz: Selbstwertschädigung, Resignation und Hilflosigkeit

Abb. 1: Attributionsstile von Erfolgssuchern und Mißerfolgsmeidern

Übungsaufgaben zu Kapitel 6

Aufg. 1: Welches Problem ergibt sich bei der Interpretation von Effekten im Rahmen von Personalentwicklungsmaßnahmen (aber auch allgemein bei Veränderungsmaßnahmen)?

– Zuordnungsproblem: Ist der beobachtete Effekt auf die Maßnahme selbst oder auf andere Ereignisse zurückzuführen? (Welcher Ursache ist der beobachtete Effekt zuzuordnen?)
– Identifikationsproblem: Hatte die Personalentwicklungsmaßnahme noch andere als die beabsichtigten Effekte, und wie sind diese zu bewerten? (Welche weiteren Effekte lassen sich identifizieren?)

Aufg. 2: Was ist bei der Gestaltung von Anzeigegeräten zu beachten? Erinnern Sie sich an ein Beispiel?

– anzeigenspezifische Realitätsdarstellung bzw. -verzerrung;
– z.B. Schreibautomaten: eingetippte Buchstaben erscheinen erst zeitverzögert auf dem Papier/Bildschirm; Schreibgeschwindigkeit und -qualität werden deutlich reduziert.

Aufg. 3: Warum sollte Arbeit differentiell und dynamisch gestaltet sein?

– differentiell, weil es aufgrund individueller Unterschiede von Personen keine für alle Personen optimale Handlungsstruktur geben kann; striktes Vorschreiben (wie z.B. in Taylors „One Best Way") kann da-

gegen zu ineffizienter Arbeitsweise führen;
- dynamisch, weil auf diese Weise die Aufgaben mit dem Lernfortschritt wachsen und die Weiterentwicklung ermöglichen können.

Aufg. 4: Wo sehen Sie die Grenzen bzw. Einschränkungen für eine Handlungsspielraumerweiterung von Tätigkeiten?

- organisationale Rahmenbedingungen sind zu berücksichtigen bzw. zu verändern (z.B. Organisationsstruktur, -kultur, Vorgesetztenverhalten ...);
- Handlungskompetenz (Qualifikation) der Mitarbeiter muß vorhanden sein;
- Handlungsmotivation ist zu unterstützen (z.B. durch leistungsförderliche Lohnkonzepte);
- Handlungsspielraumerweiterung (ist gleichzeitig Abbau von Fremdkontrolle): Ängste und Widerstände von Vorgesetzten entstehen durch Veränderung hierarchischer Strukturen;
- höheres Maß an Unbestimmtheit und Vorhersagbarkeit durch erweiterte Handlungsspielräume (mehr Entwicklungsmöglichkeiten, aber auch geringere Planbarkeit und Prognosemöglichkeit).

Übungsaufgaben zu Kapitel 7

Aufg. 1: Erstarrte, nicht anpassungsfähige Organisationsstrukturen sind gerade heute zum Scheitern verurteilt. Welche allgemeinen Entwicklungstrends machen innovative, flexible Organisationen mit erweiterten Handlungsspielräumen erforderlich?

technischer Wandel:
Computertechnologie, neue Produktionsverfahren

marktwirtschaftlicher Wandel:
vom Verkäufer- zum Käufermarkt; flexible Reaktion auf Nachfrage erforderlich, (kostenträchtigere) Individualität und Qualität statt Massenware

gesellschaftlicher Wandel:
„Wertewandel" – weg von Pflicht- und Akzeptanzwerten hin zu Autonomie- und Entfaltungswerten

Aufg. 2: Welche vier wichtigen theoretischen Erklärungen von Führung fallen Ihnen ein? Nennen Sie Grundthese und Kritikpunkte.

a) eigenschaftstheoretische Ansätze:

- Führung als angeborene Eigenschaft;
- keine Berücksichtigung situationaler Aspekte und des Verhaltens der Geführten.

b) verhaltenstheoretische Ansätze:

- Führung ist ein erlernter Verhaltensstil;
- situative Aspekte werden vernachlässigt.

c) interaktionstheoretische Ansätze:

- Führungsverhalten resultiert aus der Wechselwirkung von personalen und situationalen Merkmalen.

d) attributionstheoretische Ansätze:

- Führung ist ein kognitives Raster der Geführten – Verhalten wird durch ihre Interpretation zu Führungsverhalten;
- allerdings handelt es sich hier eigentlich nicht um eine Führungstheorie, sondern um eine attributionstheoretische Ergänzung, deren Verdienst es ist, auf die Bedeutung der Geführten im Führungsgeschehen hinzuweisen.

e) **symbolische Ansätze:**

- Führung ist stets auch eine symbolische Handlung, die von den Mitarbeitern gedeutet wird. Darüber hinaus geben Führungskräfte auch aktiv Deutungen.
- Die theoretische Erklärung der Symbolbedeutung ist noch weitgehend offen.

Aufg. 3: *Wohin geht die „Macht" der Zentrale, wenn sich die tayloristische Organisation wandelt?*

- Die Zentrale behält die „Macht", da sie weiterhin auf zentrale, allerdings nicht dirigistische Steuerungen baut, z.B. normative und informationelle Steuerungen.
- Das Bild der mikropolitischen Arena signalisiert, daß die Macht auf verschiedene Personen und Positionen verteilt und unterschiedlich genutzt wird.
- Es entwickeln sich neue persönliche Kompetenzen im mikropolitischen Umgang.

Sachregister

Abendmuffel 181
Absentismus 42
AET (Arbeitswissenschaftliches Erhebungsverfahren zur Tätigkeitsanalyse) 87, 97
Agenturtheorien 25f.
Akkulturation 155
Aktionsforschung 49
Aktivation 115, 214
Akzeptanz (Test-) 151
Alternatives Engagement 212
Ambivalenz 213, 260
Analoganzeigen 173
Andragogik 153
Anerkennung 118, 240
Anforderung und Eignung 98, 124, 140–142, 195
Anforderungsanalyse 97, 141
 (s.a. Arbeitsanalyse, Tätigkeitsanalyse)
Angst 49, 68f., 71, 200, 205, 249
Anonymisierung 41
Anpassung 1, 39, 68, 205, 239
 – des Menschen an die Arbeit 90–92
 – der Arbeit an den Menschen 92
Anregung 240
Anspannung 66
 (s.a. Streß)
Anspruchsniveau 55, 111, 113, 120
Anstrengung 120, 123
 (s.a. Antriebspotential, Motivation)
Anthropologischer Optimismus 161
Antriebspotential 1, 115
Anwendungsorientierung der Arbeits- und Organisationspsychologie 29–59
Anzeigegeräte 170, 172–175,
Arbeit
 – Daseinsbereicherung 1, 50
 – Erwerbsarbeit 1
 – Existenzsicherung 1, 50
 – -sidentität 39
 – -sintensivierung 12
 – Last und Pflicht 11–12
 – Leistung und Wert 12
 – -ordnung 17
 – Persönlichkeitsentfaltung 13–16

– -srationalisierung 12
– Soziale Strukturierung 12–13
– -sstolz 117
– -sverweigerung 42
– Vermittlung und Veränderung 13
Arbeits- und Organisationspsychologie
 – als angewandte Wissenschaft 29–59
 – Themenbereiche 3ff., 58
Arbeitsanalyse 88–99
 (s.a. Tätigkeitsanalyse)
 – Auftragsanalyse 97
 – Auswirkungsanalyse 97
 – psychologische 85ff.
 – -verfahren 86, 92ff.
Arbeitsausführung 96
Arbeitsbedingungen 134
Arbeitsbegriff 9–17
Arbeitsbewertung 101–130
 – analytische 130, 185
 – Kriterien 102f., 105ff-
 – summarische 130, 185
Arbeitsentgelt 183–187
Arbeitsgestaltung 133–201
 – differentielle
 – dynamische
 – partizipative
 – Prinzipien 106, 194
 – und Organisationsgestaltung 200
Arbeitshoffnung 1,16
Arbeitsimmanente Qualifizierung 165
Arbeitsintensivierung 12
Arbeitskompetenz 42f.
Arbeitskomplexität 14f.
Arbeitslosigkeit 38ff., 204
Arbeitsmedizin 167
Arbeitsmittelgestaltung 167–176
Arbeitsmotivation 114–126
 (s.a. Motivation)
Arbeitsorganisation 41
 – Neue Formen 191
Arbeitspartialisierung 189
Arbeitsrecht 46
Arbeitsrelevante Beziehungen 96
Arbeitsstil 233
Arbeitsteilung 3, 16, 189–190
 – doppelte 189

– Umweghandlung 2
– Leistungssteigerung 2f., 16, 54
– Arbeitskoordination 2f., 189f., 203
Arbeitsumgebung 176–179
Arbeitsumsatz 64
Arbeitsunzufriedenheit 117
Arbeitsverweigerung 9
Arbeitswissenschaft 16, 33
Arbeitszeit 179–183
– Teilzeit und job sharing 182
– Arbeitszeitbudgets 104
– Arbeitszeitflexibilisierung 104, 182
Arbeitszufriedenheit 98, 107–114, 243
– Formen 114
– relationale 108
– konditionale 111
– normative 111f.
– dynamische 112ff.
– legitimatorische Funktion 112
Armut 38ff., 111
Artefakte 35, 119, 143, 150
Assassination Center 151
Assessment Center 147–151
Attributionen 111, 120, 122–123, 196, 200, 226–228
Aufgabengestaltung 89, 92, 98, 105, 133, 195ff.
 (s.a. Arbeitsgestaltung)
Aufgabenschwierigkeit 123
Aufgabenstruktur 224f.
Aufmerksamkeit 145
Aufregung 68
Auftragsanalyse 97
 (s. a. Arbeitsanalyse)
Ausführbarkeit 106
Ausführungsbedingungen 160
Ausführungsregulation s. Handlungsregulationstheorie
Austauschtheorien 25
Automatisierung 13, 167
Autonomie 98, 165, 195, 255
– kontrollierte 249
– -bedürfnis 155, 249
– -prinzip 194
– -werte 211
Autopoiese 22f., 230
Autoritärer Stil 222

Bandarbeit 42, 83f., 188, 192, 228
Bauliche Umwelt 86
Beanspruchung 44, 68, 92
    (s.a. Belastung, Belastungs-Beanspruchungs-Modell)
BEAT (Betriebssoziologischer Erhebungsbogen zur Arbeitsplatz- und Tätigkeitsanalyse) 89
Bedienelemente 167
Bedingungsmodifikation 134
Bedingungsselektion 134
Bedürfnis 1, 38
    – Autonomiebedürfnis 155
    – -befriedigung 55
    – Entfaltungsbedürfnis 98
    – contra Sachzwang 176
    – Grundbedürfnisse 55
    – Kontrollbedürfnis 196
    – -pyramide 39, 116
Beeinträchtigungsfreiheit 106
Befragungen 159
    (s.a. Umfragen)
Begleitforschung 43
Belastung 44, 85, 92
    – Definition 61
    – kombinierte 62f.
    – physische 62
    – physikalische 62
    – psychosoziale 62
    – -sfaktoren 63
    – Zeitcharakteristik 62
Belastungs-Beanspruchungs-Modell 61–67
    – Modifikationen 67
    – Kritik 65f.
Beliebigkeit (von Theorien) 219
Beliebtheitsspezialist 222
Belohnung 23f., 124, 216
Belohnungsmacht 216
Bergbau s. Tavistock-Studien
Beruf
    – Identitätsbildung 3
    – Image 4
    – -sordnung für Psychologen 57
    – -sstatus 4, 39
Berufsberatung 94
Berufseignung 145
Berufskrankheiten 13
Bestrafungsmacht 216
Betriebs-, Personalrat 46, 55, 101, 244
Betriebsbesichtigung 229
Betriebsklima 249
Betriebsverfassungsgesetz 46, 101
Beurteilung 6

Bewegungsstudien 42, 90
Bewertungskriterien der Arbeitstätigkeit 126–127
Bewußtsein 13
Beziehungsarbeit 9
Bildungsbedarfsermittlung 159
Bildungsschub 55, 208
Biographischer Fragebogen 143–144
Burn-out-Syndrome 63
Bürokratie 257

Charisma 218
CNC-Maschinen 199
Commitment 125
Computer (Rechner) 170
Computer Based Training (CBT) 146
Computer Aided Design (CAD) 167
Computer Integrated Manufacturing (CIM) 169, 206
Consideration 222
Contentfaktoren 117
Controlling 250, 254–256
    – Personalcontrolling 165
Coping 68, 73
Corporate design 252

Daseinsbereicherung 50
Daseinssicherung 166
De-Individuation 221
Definitionen (von Arbeit und Organisation) 9ff.
Defizitbedürfnisse 116
Demokratischer (Führungs-)Stil 222
Depression 68ff. 71
Deregulierung 208
Dezentralisierung 254f.
DFG Deutsche Forschungsgemeinschaft 92
Dialog-Videos 146
Dienstanweisung 19
Differentialprinzip 194, 199
Differenzhypothese 37
Differenzierende Effekte 240
Digitalanzeigen 173
DIN-Norm 61f.
Direktion (als Element der Definition von Führung) 214
Dissonanz, kognitive 51,108

Effectance motivation 196
Effektivität 24
Effizienz 24
Effizienzerwartung 120, 160
Egoismus 55
Eigeninitiative 164
Eignung und Anforderung 140–142
Eignungsdiagnostik 135–151
Einkommenslosigkeit 38
    (s.a. Lohnkonzepte)
Einstellungsinterviews 142
Emotion 24, 215
Energie 249
Entmündigung 189f.
Entscheidungsspielraum 194f.
Entsolidarisierung 41
Entwicklungsprinzip 194, 198
Erfolgserwartung s. Erwartung, Konsequenzerwartung
Erfolgssucher 121
    (s.a. Leistungsmotivation)
Ergänzungseffekt 240
Ergonomie 33, 93, 167
    – Software-Ergonomie 175
Erholung 180
Erkenntnisziele 45–50
Ermüdung 62f., 68, 166, 180
Erstarrte Strukturen 212
Erträglichkeit 106
Erwartungen 226f., 244
    – Effizienzerwartung 119, 160
    – Konsequenzerwartung 119f., 160
Erziehungsstile 210
Ethik 32, 46, 52, 126
    – protestantische 12, 24
Evaluation 49
    von Maßnahmen der Personalentwicklung 159, 164–165
Existenzsicherung 50
Experiment 162, 165, 252
Experimentalforschung 36, 45–50
    – Kontrollgruppen 47
    – matching 47
    – Randomisierung 47
Expertengespräche 159
Expertenmacht 216
Extinktionsresistenz 115

FAA (Fragebogen zur Arbeitsanalyse) 95–97
Falsifikationsprinzip 34
Feedback s. Rückkopplung
Fehlertypen 135f.

Sachregister

Fehlzeiten 66
Festlegung (als Gruppeneffekt) 239
Flexibilität 243, 246
Fließband s. Bandarbeit
Fluktuation 24, 98, 243
Follow-up 163
Forming 234
Forschung
– Aktionsforschung 49
– Begleitforschung 43
– Drittmittelforschung 46
– Grundlagenforschung 29
– pragmatische Grenzen 46ff.
– sparadigmen 47
Fragebogen 95, 117
  (s.a. Umfragen)
Freiwilligkeit 163
Freizeit 179
Freizeitorientierte Schonhaltung 212
Fremdbeobachtung 95
Fremdbestimmung 1, 10, 12, 154
Fremdbeurteilung 223
Fremdkontrolle 117
Fremdorganisation 21
Führer-Mitglied-Beziehungen 224f.
Führung 213–232
– -sfunktionen 246
– -sstile 222
– symbolische 20, 229ff.
– Definition 213
– -sideologien 214
Führungstheorien 218–228
– Attributionstheorien 226ff.
– Eigenschaftstheorien 219ff.
– Interaktionstheorien 224ff.
– Kontingenztheorie 224ff.
– Theorien des Geführtwerdens 228ff.
– Verhaltenstheorien 221ff.

Ganzheitlichkeit 98
  (s.a. Aufgabengestaltung, Arbeitspartialisierung)
Gefängnis (als Organisationstyp) 24f.
Geistige Beweglichkeit 14f.
Gerechtigkeit 24, 72, 111, 183f.
Gereiztheit 68f.
Gesellungsmotiv 114
Gesetz des Hammers 99
Gesinnungsschnüffelei 150
Gestaltung vs. Anpassung 1, 16
Gestaltungsziele 50–59

Gesundheit 66, 92, 105
– körperliche 14
– psychische 14, 53, 71f.
– geistige Beweglichkeit 14f.
Gewinnbeteiligung 185f.
Goal setting 119
Großraumbüro 176–177
Group think 238
Gruppe (Definition) 233
Gruppen
– -aufgaben 236f.
– -arbeit 41ff., 232ff., 246
– -kohäsion 232
– -effekte 238ff.
– -entwicklung 233ff.
– -selbststeuerung 244f.
– -zusammensetzung 237
  (s.a. Kleingruppen)
Gruppen
– interagierende 236f.
– koagierende 236f.
– kontraagierende 236f.
Gruppen (teilautonom) 246, 192
Gruppenarbeit 40–44, 191, 232–247
Gruppendruck 241
Gruppengröße 232
Gruppenkohäsion 232
Gruppenvorteile, -nachteile 236–238

Habitualisierung 77
Hand (Verbindung zum Gehirn) 2
Handarbeit 10
Handlung
– Definition 73
– hierarchische Struktur 74ff.
– partialisierte 71, 90
– -skompetenz 78f.
– -skontrolle 198
– -spläne 79
– -sregulation 76ff.
– -sziele 77f.
Handlungsmotivation 198
Handlungsregulationstheorie 73–82
– Darstellung 73ff.
– Kritik 79ff.
Handlungsschleifen 21
Handlungsspielraum, 92
– Definition 194
– -erweiterung 73, 194ff., 213 248ff., 256
Handlungsstrategien
– momentane 197
– planende 197

Handlungsunfähigkeit 43
Hans im Glück 109
Hawthorne-Effekte 48, 51f., 184
HdA (Humanisierung der Arbeitswelt) 105
  (s.a. Humanisierung)
Hedonist 120
Herr-Knecht-Modell 213
Herrschaft 256
Herrschaftsfreier Diskurs 105
Herrschaftssicherung 42
Herzfrequenz 64
  (s.a. Pulsfrequenz)
Herzklopfen 68
Heterogenität 237
Heteronomiewerte 211
Hierarchie 20, 79, 104, 190f., 246
Hilflosigkeit, erlernte 70f.
Hobbyarbeit 9
Homogenität 237
Human-Relations-Bewegung 184
Humanisierung 10, 43, 105–107
– Arbeitshumanität 105f.
– HdA-Programm 105f.
– Humanistische Ansätze 92
Hygienefaktoren

Identifikation 218
Identifikationsmacht 216
Identifikationsproblem 164
Identität 3, 39
Ideologie 140, 214
Implementation 133f.
Incentives 186
Industrielle Demokratie 192
Infantilisierung 10
Inflationsausgleich 183
Informationelle Steuerung 254–256
Informationsaufnahme und -verarbeitung 96, 170
Informationskanäle 217
Ingenieurpsychologie 61, 95
Initiating structure 222
Innere Kündigung (Rückzug) 24
Innovation 157
Innovationsaktivierung 233
Instinktunsicherheit 1
Integration 214
Integrationsbedarf 234
Integrierende Effekte 239
Integrität 139
Intellektuelle Regulationsebene 79
  (s.a. Handlungsregulationstheorie)
Intelligenztest 145

Interaktion 21, 142, 247
Interaktionsspielraum 194f.
  (s.a. Handlungsspielraum)
Interaktive Verhaltensakte 38, 260
Interdisziplinarität 33, 201, 264
Interpretatives Paradigma 47
Intervention 133f., 159
Interviews 142–143

Job characteristics model 98, 192
Job enlargement 191
Job enrichment 118-119, 191
Job rotation 191
Job sharing 182
  (s.a. Arbeitszeit)

Karrieristen 212
Käufermarkt 206
Kausalität 51
Kirche 24f.
Klatsch und Tratsch 9
Kleingruppenforschung 222, 232
Klima 176
Kognitive Wende 76
Kollektive Dummheit 238
Kompensation 181
Kompetenz 123
  – Fachkompetenz 156
  – Methodenkompetenz 156
  – Sozialkompetenz 141, 156
Komplementarität
  – von Selbst- und Fremd-
    organisation 22
Komplexität
  – -sbeherrschung 233
  – -sreduktion 45, 205
Konflikt 66, 71, 101, 155, 249, 252
  – -bewältigung 155
  – -reduktion 252
Können 123
Könnenstreppe 187
Konsequenzerwartung 119f., 160
Konsumentenverhalten 6, 31, 34
Kontextfaktoren 117
  (s.a. Arbeitszufriedenheit)
Kontingenztheorie s. Führungs-
  theorien
Kontinuitätshypothese 34
Kontrollbegriff, psychologischer 196
Kontrolle (illusionäre) 196
Kontrollgruppen 47
Kontrollierte Autonomie 249
Kontrolltypen 23

Kontrollwarte 76, 131,168
Kontrollzentralisierung 255
Kooperation 55f., 243, 249
Koordination 3
Kopfarbeit 10
Körpertemperatur 65
Kostenziele 129
Kraftzentrierungseffekt 239
Krisenexperimente 247
Kultur-Management 251
Kulturleistungen 1, 13
Kundenzufriedenheit 103

Lageorientierung 198
Laisser-Faire 222
Längsschnittstudien 14, 114, 212
Lärm 63, 86
Lean production 104–105
  – Just in time 104f.
  – Kaizen 104f.
  – KVP 104f.
Leben und Arbeit 1–8
Lebenslanges Lernen 155
Lebenszufriedenheit 110
Legitimation 183, 252
Legitimierte Macht 216
  (s. a. Macht)
Leistung 118
  – Hochleistungszyklus (high
    performance cycle)
  – -sgesellschaft 122
  – -smotivation 31, 114, 119,
    122, 233
Leistungsrestriktion 42, 66
Leistungssteigerung 2
Leitstand 131, 168
Lernbedingungen 160
Lernstatt 241–244
Lerntheorie 185
Licht 63, 86, 176
Lichtstärke 48
Life-Event-Forschung 69f.
Lohngestaltung 94, 118
Lohnkonzepte 183–187
  – Akkordlohn 186
  – Gruppenakkordlohn 185
  – lernförderliche
  – Zeitlohn 186
  – Zulagen 187
Long Wall System 40f.
Loyalität 41, 150, 157
LPC-Werte 224
Lückenbüßerfunktion der Perso-
  nalführung 229
Ludus-Planspiel 147
Luft 176

Macht 55, 214–218
  – Ambivalenz 213
  – Definition 216
  – -grundlagen 216
  – -mißbrauch 215
  – -motiv 114
  – -symbole 20
Macht der Minderheit 228
Management
  – diagnose 99
  – Kultur-Management 251
  – normatives 259
Managerial Grid 223
Marienthal-Studie 38–40, 126, 204
Marktentwicklungen 206
Marktsystem 21
Marktverhältnisse 135
Massenfertigung 44, 169
Massenpsychologie 221
Matching 47
Mechanisierung 13
Mediatorvariablen 125
Mehrheitsentscheidungen 261
Mensch-Maschine-Systeme 40, 85, 90, 167–171
Menschenbilder 50
  – anthropologisches 1
  – behavioristisches 90
  – handlungstheoretisches 73
  – humanistisches 92
  – ingenieurpsychologisches 90
  – naturwissenschaftliche 65
  – psychoanalytisches 13
  – und lean production 104
Menschengerechte Arbeitsgestal-
  tung 101f.
Metaanalyse 142
Methoden
  – Critical Incident Technique
    117, 141
  – Diagnose 99, 135
  – non-reaktive 47
  – -pluralismus 47
Mikropolitik 230, 256–259
Minderheitenmacht 228
Mißerfolgsmeider 121f.
  (s.a. Leistungsmotivation)
Mitarbeiterorientiertheit s.
  Führung
Mitarbeiterziele 129
Mitbestimmung 102
Moderatorvariablen 125
Monotonie 63, 66, 166
Morgenmuffel 180f.
Motipulation 125

Sachregister

Motivation 92, 114–126
- internalisierte 25
- intrinsische 98, 119, 195
- -ssysteme 24
(s.a. Arbeitsmotivation)
Motivationstheorien 114–126
- attributionstheoretische 123
- ERG-Theorie
- goal-setting-Ansatz 119 f.
- humanistische 116ff.
- kognitive 119ff.
- Leistungsmotivation 119ff.
- physiologische 115
- Prozeßtheorien 119
- Wert-Erwartungs-Theorien 119f.
- Zweifaktorentheorie 117f.
Motive
- Gesellungsmotiv 114
- Leistungsmotiv 114
- Machtmotiv 114, 258
- Prestigemotiv 31
Motivierung 114
Motorenmontage, Gruppenarbeit in der 42–44
Mütterchen, zufriedenes 109

Nachbarschaftshilfe 9
Nachtarbeit 63, 180
Nationalkultur 254
Naturmacht 13
NC-Maschinen 199
Nervosität 68
NET (Normal Effective Temperature) 63
Neue Formen der Arbeitsorganisation 191–200
Neue Produktionskonzepte (NPK) 206
Neutralität 52f., 58
Nikolaus-Effekt 151
Non-reaktive Verfahren 47
Normative Kontrolle 238
Normatives Paradigma 47
Normen 23f.
Normung 234
Nullsummenspiel 53

OAS (Operatives Abbildsystem) 75, 195, 197
(s. a. Handlungsregulationstheorie)
Objektivität 127, 151
Off-the-job-Maßnahmen 159
Ohio-Schule 222

Ökonomisches Prinzip 12
On-the-job-Maßnahmen 159
One best way-Prinzip (Taylorismus) 189
Ordnung 17
- naturwüchsige 20
- -sbildung 23–26, 248
Organisation 17–26, 247–263
- Institution 17, 247
- Instrument 17, 247
- Interaktion 21ff., 247
- Partialgebilde 20
- Selbstorganisation 21
- -sgestaltung 18
- -sdiagnose 99
- -slehre 33
- -stypologie 24
Organisationale settings 82
Organisationsentwicklung 157, 246
Organisationsgestaltung 200
- substantielle 18ff.
- symbolische 18ff.
Organisationskultur 47, 150, 157, 200, 249–254
Organisationspathologie 248
Organisationsumwelt 18, 262
Organisationsziele 129
Orientierungsbedürfnis 205
(s.a. Bedürfnisse)

Papier-Bleistift-Tests 144
PAQ/FAA (Position Analysis Questionnaire/Fragebogen zur Arbeitsanalyse) 87, 95, 141
Partialgebilde 20
Partialisierung 189
(s.a. Arbeitspartialisierung)
Partizipation 118, 194
Pauperisierung 10
Pausengestaltung 93, 179f.
PDCA-Zirkel (Plan-Do-Check-Act) 104
Perfektionismusschub 208
Performing 234
Person-Environment-Fit 69, 72f.
Personal 135
Personalberater 161
Personaldiagnose 99
(s.a. Eignungsdiagnose)
Personalentscheidungen 135
Personalentwicklung 152– 166
- arbeitsimmanente 165f.
- Bedarfsanalyse 159
- Definition 155
- Evaluation 165

- Inhalte 155ff.
- Methoden 159ff.
- Phasen 157ff.
- Potentialentwicklung 156
- Transferprobleme 160f.
Personalselektion 133–151
Personalverwaltung 94
Personalwesen 235
Persönlichkeit 145, 155
- Definition 155f.
- Führungspersönlichkeit 219
- -sentwicklung 13f., 152–155
- -sförderlichkeit 14, 106, 192, 206
- -schnüffelei 137
- -sstruktur 13
Perzeptiv-Begriffliche Regulationsebene 79
Peter-Prinzip 134
Pfadanalyse 14
Plazierung s. Selektion
Positionale Macht 217, 224f.
Postkorbübung 149
Postmaterielle Werte 209
Prägung 152
Problemlösungsgruppen 242ff.
Produktivität 3, 12, 183, 189, 192, 243
Profit Center 157
Profit-Organisation 103
Projektion und Identifikation 218
Prophezeiung, selbsterfüllende 124
Prospektive Arbeitsgestaltung 194
(s.a. Arbeitsgestaltung)
Protestantische Ethik 12, 24
Pseudovorteil (der Gruppe) 236
Psychische Gesundheit s. Gesundheit
Psycholinguistik 101
Psychologie
- angewandte 9, 29f.
- Entwicklungspsychologie 153
- humanistische 92ff.
- Kulturpsychologie
- Ökologische 82
- praktische
- Sozialpsychologie 33, 82
- theoretische 29f.
Psychosomatik 66
Psychotechnik 31f.
Pulsfrequenz 63, 64, 66

Qualifikation 5, 98, 243f.
Qualifizierung 43f.

Qualität
- TQM-Konzepte 103, 206
Qualitätszirkel 235, 241–244, 255
Querschnittsanalyse 14

Randomisierung 47
Rationalisierung 12, 189
Rationalität 260
- begrenzte 261
Raumgestaltung 179, 253
Rechtssystem 21
Reengineering 255
Refa-Methoden 130, 185
Referenzmacht 218
Regulationsebenen 79
(s.a. Handlungsregulationstheorie)
Regulierende Funktionseinheit 76
(s.a. Handlungsregulationstheorie)
Rehabilitation 6
Reifung 152
Reliabilität (Zuverlässigkeit) 127, 138ff.
Residualfaktor 72
Resignation 66, 113
(s.a. Hilflosigkeit)
Ressourcen 55
Restrukturierung 255
Risikoschub (Risky shift) 238
Rollenkonflikt 244
Rollenspiele 149, 159, 161
Rollentheorie 24
- Rollenverhalten 24f.
- Rollenerwartung 120
Rückkopplung (Feedback) 67, 77, 98, 124f., 150, 170, 173, 175, 244

Sabotage 9, 24, 42
Sachzwänge 176
Sättigung 63
Scenario-Technik 159
Schädigungslosigkeit 13
Schall (Lärm) 63, 176
Schichtarbeit 63, 180f.
Schichtpläne 93, 182
Schlafstörungen 68
Schlafzeiten 179
Schulung 133
Schwarzarbeit 9
Schweißausbruch 68
Schwerindustrie 7f.
Scientific Management s. Taylorismus

Sekundäranalysen 184
Selbst
- -aussagen 95
- -bestimmung 10
- -kontrolle 117
- -organisation 21ff., 256ff.
- -phänomene 22
- -referenz 22
- -regulierung 255
- -verwirklichung 116
- -wertgefühl 120, 122, 183
- -wertminderung 39, 123
Selbstheilungskräfte (kognitiv) 110
Selektion s. Eignungsdiagnostik, Personalselektion
Selektionseffekt 14
Semantischer Raum 101
Seminar 162
Sensumotorische Regulationsebene 79
(s.a. Handlungsregulationstheorie)
Sequentielle Tests 140
Short Wall System 40f.
Sicherheit 97
Simultane Steuerung 259–260
Sinn-Vermittlung 203f.
Skalierungsverfahren 40
Sklavenarbeit 9f.
SOR-(Reiz-Organismus-Reaktions-)-Theorie 95
Sozialintegration 203f., 218
Sozial-kognitive Lerntheorie 160
Soziale Validität s. Testakzeptanz
Sozialisation 77f., 122, 133, 207
Sozialisationseffekt 14
Sozialisationsthese 207
Sozio-technisches System 40, 192
Spannungsreduktion 203f.
Sport 9
Sprachkompetenz 78
Status 179, 183, 221
- -symbole 179, 186
Stimulus-Response (Reiz-Reaktion) 61, 66, 74
Storming 234
Streß 67–73
- Definition 68
- -faktoren 68f.
- life-event-Forschung 69f.
- -reaktionen 68
- Stressoren 68f.
- transaktionales Streßmodell 69–71
- Zeitdruck 68

Studienreform Psychologie 5f.
- Mustercurriculum 5
Stühle (im Büro) 171
Subjekt-Objekt-Beziehung 50
Subjekt-Subjekt-Beziehung 50
Subkulturen 254
Sündenbock 222
Systemansatz 258

Taktzeiten 44, 188
Tarifverträge 183
Tätigkeit 73f.
Tätigkeitsanalyse 94, 97
(s. a. Arbeitsanalyse)
Tätigkeitsbewertungssystem TBS, TBS-GA 127
Tätigkeitsspielraum 194f.
Täuschung 184
Tavistock-Studien 40–42
Taylorismus 41, 184, 188–192, 205, 248
TBS (Tätigkeitsbewertungssystem) 88, 97, 127
Teamarbeit s. Gruppenarbeit
Teamentwicklung 233
Technik
- technische Entwicklung 56, 152, 167, 206
- technische Intelligenz 2
- technische Sachzwänge 176
- technologischer Determinismus 206
Technische Ziele 129
Teilautonome Arbeitsgruppen s. Gruppenarbeit
Temperatur 86
Tests 144–147
- akzeptanz 136, 151
- Berufseignungstest (BET) 145f.
- Gütekriterien 135ff.
- Konstruktion 137
- Intelligenztests 144f.
- Leistungstest 144f.
- sequentielle 140
(s.a. Personalselektion)
Theorie-Praxis-Bezug 29, 34f., 264f.
Theorien 61–82
- Agenturtheorien 25
- Bedeutungsverlust bei Abstraktion 35
- Austauschtheorien 25
- Meta-Theorien 82
- nomologische 34, 45
- Systemtheorien 81

Sachregister

- Vergemeinschaftungstheorien 26
- Vertragstheorien 25

Topmanagement 244
Total Quality-Konzepte 103–104
TOTE-Einheit 76–79
Transaktionales Modell 69
Transfer (bei Personalentwicklungsmaßnahmen) 159–163
Transferlücke 162
Transformationsproblem 23
Trauerarbeit 9
Triebverzicht 13
Trivialität, nomologische und konkrete 36
Tüchtigkeitsspezialist 222
Tyrannei 258

Überkomplizierung 248
Überstabilisierung 248
Übersteuerung 248
Umfragen 159, 234
 (s.a. Fragebogen)
Umgebung 96
Umstände 123
Umweghandlung 2, 3, 13
Umweltverhalten 32
Unfall 5, 13, 130, 139, 169, 171, 243
Ungerechtigkeit 24
 (s.a. Gerechtigkeit)
Ungleichheit (soziale) 56
Unmittelbarkeit 168f.
Unterforderung 71
Unternehmensplanspiel 146f.
Unternehmung 24f.
User 175

Valenz 120
Validität (Gültigkeit) 127, 135, 138ff.
 (s.a. Testgütekriterien)
Variablenmanipulation 47

VERA (Verfahren zur Ermittlung von Regulationserfordernissen in der Arbeitstätigkeit) 88
Veränderungs-Vergleichs-Rückkopplungs-(VVR)-Einheiten 77
Verantwortung 57, 71, 98, 118
- -sabwehr 12
- -sdiffusion 79, 236, 238
- -sübernahme 73, 164
Verbesserungsvorschläge 244
Verelendung 10
- Pauperisierung 10
- Infantilisierung 10
Vergemeinschaftungstheorien 25
Vergesellschaftung 153
Verhalten
- in Organisationen 37
- organisiertes 21ff., 37
- Rollenverhalten 24f.
- von Organisationen 37
Verhaltensakte 260
Verhaltensbereitschaft im Seminar 162
Verhaltensmodifikation 134
Verhaltensstabilität 156
Vermittlungsmethoden 159–160
Vermögensumverteilung 183
 (s.a. Verteilungsgesetze)
Verstärkerpläne 186f.
Versuchspersonen 46
Verteilungsgesetze 55f., 183
Verteilungskampf 183
Vertragstheorien 25
Verwertungsinteressen 45
Vigilanz 63
VILA (Verfahren zur Identifizierung lernrelevanter Arbeitsmerkmale) 88
Volkseinkommen 209
Vorurteile 219f.
VVR (Veränderungs-Vergleichs-Rückkopplungs-)-Einheiten 77

Wachstumsbedürfnisse 116
Wegezeiten 179
Weiche Steuerung 251
Weiterbildung 152
Weltoffenheit 1, 154
Weltwirtschafskrise 38
Werkzeuge 2, 167, 171–172
Wertesystem 251
Wertewandel 207–213
Wertschöpfungsprozeß 104
Wertungen 57, 101, 120
Wirkungen der Arbeit 98
Wirkungsanalyse 164
Wirtschaftlichkeit 92
Wirtschaftswachstum 207
Wissenschaft und Praxis IX, 264f.
Wissenschaftliche Betriebsführung 12
 (s.a. Taylorismus)
Wohlstandsschub 208
Wollen 123

Zeitdruck 63, 76
 (s.a. Streß)
Zeitstruktur 39
Zeitstudien 42, 90, 185
Zentralisierung 189f., 254
Zerschlagenheit 68
Zeugnisse 142
Zielsetzungen
- der Tätigkeit 74, 77ff., 81, 124
- der praktischen Arbeitsgestaltung 129
- Produktivitäts- und Humanitätsziele 53f.
Zufall 123
Zufriedenheit 66, 106, 124
 (s.a. Arbeitszufriedenheit)
Zumutbarkeit 106
Zurechnungsproblem 164
Zwang 23f.
Zweifaktorentheorie 117

Personenregister

Hinweis für die Benutzer des Personenregisters: Die kursiv gedruckten Zahlen verweisen auf das Literaturverzeichnis.

Abholz, H. H. 92, *266*
Ach, N. 198, *266*
Ackermann, M. 242, *279*
Adams, J. S. 111, 184, *266*
Adlwarth, W. 31, *266*
Aguren, S. 142, *266*
Albert, H. 34, *266*
Alderfer, C. P. 117, *266*
Alemann, U. v. 206, *266*
Alioth, A. 187, 195, *266*
Anders, P. E. 150, *266*
Andlauer, P. 174, *266*
Antoni, C. 68, 234, 235, 243, 244, *266*
Antoni, M. 159, *266*
Arendt, M. 87, *266*
Argyle, M. 232, *266*
Argyris, C. 42, *266*
Aristoteles 2, 9, 214, *266*
Atkinson, J. W. 31, 121, *266*

Baarss, A. 88
Baitsch, C. 16, 194, *266, 277*
Baitsch, G. 191, 195, *277*
Bales, R. F. 222, *266*
Bamforth, K. W. 40, *277*
Bandura, A. 160, *266*
Barnard, C. I. 25, *266*
Bass, B. M. 221, *266*
Beavin, J. H. 21, *278*
Beck, U. 52, *266*
Becker, H. 159, *266*
Bell C. H. 157, *269*
Bendixen, P. 233, *266*
Benz-Overhage, K. 206, 255, *266*
Bergler, R. 34, *266*
Berlyne, D. E. 115, *266*
Bernotat, R. 173, *267*
Birkwald, R. 176, 181, *267*
Blake, R. R. 223, 225, *267*
Blanchard, K. H. 224, *270*
Blau, E. 89
BMFT 43, 194, *267*
Böhlemann, J. 171, 172, *277*
Bondy, C. 145, *267*
Borman, W. C. 139, *268*
Bosetzky, H. 256, 258, *267*
Bowey, A. M. 185, *267*

Brandt, W. 9, *267*
Brandstätter, H. 135, 156, *267*
Braverman, H. 26, 189, *267*
Brehm, J. W. 71, 196, *278*
Brickenkamp, R. 145, *267*
Bröckermann, R. 49, *267*
Brown, R. 238, *267*
Bruggemann, A. 112, 113, 114, 191, 194, *267, 277*
Brumlop, E. *266*
Bullinger, H. J. 169, 171, 187, *267, 278*
Bungard, W. 32, 35, 45, 48, 68, 150, 151, 198, 206, 234, 235, 241, 243, 244, *266, 267*
Byham, W. C. 151, *277*

Calder, B. J. 226, 227, 228, *267*
Carey, A. 51, *267*
Champy, J. 255, *270*
Cherns, A. 41, 42, *267*
Comelli, G. 145, *267*
Conrad, P. 249, *268*
Conrad-Betschart, H. 195, *277*
Conradi, W. 153, *268*
Crozier, M. 81, 216, 217, 228, *268*
Cyert, R. M. 25, *268*

Dahrendorf, R. 24, 52, *268*
Dalton, H. 33, *268*
Darley, J. M. 238, *268*
Deal, E. 250, *268*
Decker, F. 152, 156, *268*
Deppe, J. 234, *268*
DFG 92, *268*
DFVLR *268*
Dick, C. 176, *268*
Dickson, W. 179, 184, *275*
Dieckmann, A. 180, *268*
Dohse, K. 217, 255, *267, 268*
Dombre, R. , *267*
Dreyer, H. 224, *268*
Dubin, R. 49, *268*
Dunckel, H. 62, 68, *268*
Dunette, M. D. 139, *268*

Ebers, M. 25, 157, 250, *268*
Eckensberger, L. H. 51, *268*

Edwards, R. 26, 189, *268*
Eidenmüller, B. 198, *268*
Emery, F. E. 40, 192, *268*
EMNID 4, 210, *268*
Ernst, G. 174, 180, *268, 273*
Esser, W. M. 244, *271*
Etzioni, A. 20, 23, 24, 25, *268*
Ewald, G. 33, 36, *275*

Fahrenberg, J. 145, *268*
Feather, N. T. 121, *266*
Festinger, L. 51, *268*
Fiedler, F. E. 141, 224, 225, 226, 236, *268*
Flanagan, J. C. 141, *268*
Fölsing, A. 52, *269*
Forster, J. 233, *269*
Franke, I. 32, *278*
Franke, J. 99, 238, 239, 240, *269, 272*
Frei, D. 205, *269*
Frei, F. 86, 88, 89, 92, 95, 97, *269*
Freibichler, H. 232, *269*
French, J. R. P. 216, *269*
French, W. L. 157, *269*
Frese, E. 23, *269*
Frese, M. 68, 71, 72, 73, 178, *269*
Freud, S. 13, 14, 218, *269*
Frey, D. 29, 30, 32, *269, 271*
Freyberg, Th. v. *266*
Fricke, W. 146, 147, 153, *269*
Friedberg, E. 81, 216, 217, 228, *268*
Friedmann, G. 3, 17, 191, *268, 269*
Frieling, E. 62, 66, 87, 95, 96, 127, 129, 167, 169, 170, 171, 176, 177, 178, 193, *269*
Fryer, D. 38, 40, *269*
Fuchs, G. 219, *273*
Funke, U. 99, 135, 142, 143, 144, *276*

Gabele, E. 244, *271*
Gablenz-Kolakovic, S. 88
Gaitanides, J. 232, *269*
Galanter, E. 77, *273*
Garfinkel, H. 247, *269*

Gebert, D. 3, 114, 157, 161, *269*
Gehlen, A. 1, 7, *269*
Gershon, D. 244, *269*
Gilbreth, F. B. 90, *269*
Gilman, R. 245, *269*
Glasl, F. 236, *269*
Gollwitzer, P. R. 198, *269*
Graf, O. 180, *269*
Greif, S. 25, 37, 64, 71, 72, 81, 82, *269*
Grob, R. 129, *269*
Groskurth, P. 53, 112, 113, 191, 194, *267, 269, 277*
Grubitzsch, S. 139, *270*

Habermas, J. 48, *270*
Häcker, H. *271*
Hacker, W. 5, 13, 74, 75, 76, 77, 78, 79, 81, 88, 106, 127, 192, 196, 197, *270, 275*
Hackman, J. R. 98, 192, *270*
Hackstein, R. 234, *270*
Haffner, H. 129, *269*
Haisch, J. 34, *270*
Halbleib, A. G. 205, *272*
Hammer, M. 255, *270*
Hampel, R. 145, *268*
Harbisch, H. *267*
Harris, S. 56, 57, *270*
Hartmann, H. A. 133, 134, 135, 139, *270*
Hartmann, W. 88
Hattery, L. H. 234, *270*
Häublein, H. G. 89
Haug, A. F. *273*
Hebb, D. O. 115, *270*
Heckhausen, H. 31, 114, 121, *270*
Heeg, F. J. 234, *270*
Heider, F. 226, *270*
Heinen, E. 214, *270*
Hellpach, W. 192, *270*
Hemphill, J. K. 214, *270*
Herkner, W. *270*
Herrmann, Th. 36, 155, *270*
Hersey, P. 224, *270*
Herzberg, F. 117, 118, 119, 134, *270*
Hettinger, Th. 62, 63, 64, 65, *270*
Heuchert, G. 89
Heymann, H. 182, 183, *270*
Hildebrandt, E. *266*
Hirsch, H. A. 142, *271*
Hirtum, A. van 181, *271*
Hofmeister, G. 73, *270*
Hofstätter, P. R. 218, 222, 232, 136, *270*
Hofstede, G. 250, *270*

Holling, H. 64, *269*
Holmes, T. H. 70, *270*
Holz, H. H. 213, *271*
Homans, G. C. 233, *271*
Howaldt, J. 247, *273*
Hoyos, C. Graf 29, 30, 45, 85, 87, 94, 96, 188, *269, 271*
Hull, C. L. 115, *271*
Hunter, J. E. 142, *271*

Imai, M. 104, *271*
Inglehart, R. 207, 208, *271*
Irle, M. 57, *271*
Iwanowa, A. 88

Jackson, D. 21, *278*
Jaeger, S. 184, 188, 189, *271*
Jaenneret, P. R. 87, 95, *273*
Jahoda, M. 16, 39, 204 , *271*
Janes, A. 89
Janosch 109, *271*
Jansen, B. 181, *271*
Jeserich, W. 148, 221, *271*
Jürgens, U. 217, 255, *268, 271*

Kahn, R. L. 23, 24, 25, 81, *271*
Kälin, K. 152, 159, 160, 161, *271*
Kant, I. 126, *271*
Karlsson, K. G. 142, *266*
Katz, D. 23, 24, 25, 81, *271*
Kaufmann, I. 63, 66, *271*
Keller, E. 171, 172, *277*
Kelley, H. H. 226, *271*
Kennedy, A. 250, *268*
Kern, H. 206, 255, *271*
Kieser, A. 25, *268*
Kirsch, G. 218, *271*
Kirsch, W. 244, *271*
Klages, H. 210, 211, *271*
Klein, F. J. 145. *271*
Kleinbeck, U. 87, 124, 125, *271*
Kleitman, N. 181, *271*
Klipstein, M. v. 211, *271*
Knauth, P. 179, 180, 182, *271*
Köcher, R. *274*
Kohl, H. 244, *275*
Kohn, M. 14, 15, 16, *271*
Kompa, A. 150, 151, 157, 252, 253, *271, 272, 274*
Kompert, J. *268*
Kopp, R. 247, *273*
Kornhauser, A. 53, *272*
Kraepelin, E. 62, 165, *272*
Kroeber-Riel, W. 56, 57, *272*
Krogoll, T. 88
Kropff, H. F. J. 33, *272*
Kuhl, J. 198, *272*

Kühlmann, T. M. 99, *272*
Kunczik, M. 219, *272*
Kunstek, R. 185, *275*

Lackes, R *272*
Lage, E. *273*
Lanc, O. 176, *272*
Landau, K. 86, 87, 93, *272*
Landsberg, G. v. 165, *272*
Langenfeld 182, 183, *270*
Langer, E. J. 196, *272*
Langosch, J. 159, *266*
Latané, B. 238, *268*
Latham, G. P. 124, *272*
Lattmann, C. 214, *272*
Lawler, E. E. 119, *272, 274*
Lazarsfeld, P. F. 38, 39, *271*
Lazarus, R. S. 69, *272*
Le Bon, G. 221, *272*
Lehnert, E. 234, 235, 243, 244, *266*
Leibenstein, H. 31, *272*
Leibniz, G. W. 213, *272*
Lenski, G. 55, 56, *272*
Leontjew, A. N. 73, 77, *272*
Lewin, K. 29, 49, 50, 110, 119, 192, 222, 252, *272*
Liebel, H. J. 205, *272*
Likert, R. 26, 42, *272*
Linke, J. 89
Lippitt, R. 222, 252, *272*
Lipsmeier, A. 146, *276*
Litwin, G. H. 252, *272*
Locke, E. A. 124, *272*
Lovecraft, H. P. 205, *272*
Lübben, H. *267*
Lück, H. E. 37, *272*
Luczak, H. 87
Ludborzs, B. 88
LUDUS 147, *272*
Luhmann, N. 22, *272*
Lühring, H. 71, 72, *276*
Lux, E. 223, *267*
Lysinski, E. 62, 192, *272*

Macharzina, K. 214, *272*
Mackscheidt, K. 218, *271*
Malsch, T. 217, 255, *268*
March, J. G. 25, *268, 273*
Marstedt, G. 66, *273*
Marx, K. 13, *273*
Maslow, A. H. 39, 116, *273*
Matern, B. 67, *273*
Mausner, B. *270*
Mayo, E. 52, 184, *273*
McClelland, D. C. 31, 114, *273*
McCormick, E. J. 87, 95, *273*

Meacham, R. C. 87, 95, *273*
Mendner, J. H. 186, *273*
Mergner, U. 66, *273*
Mertens, W. 47, 219, *273*
Metzger, H. 129, *273*
Meyers, I. H. 36, *273*
Mickler, O. 12, *273*
Miegel, M. 208, 209, *273*
Miller, G. A. 77, *273*
Minssen, H. 247, *273*
Mintzberg, H. 260, *273*
Mohr, G. 68, 69, *273*
Moscovici, S. 228, *273*
Mouton, J. S. 223, 225, *267*
Müller, G. F. 38, 174, *273*
Müller, R. *267*
Müller, W. 172, *273*
Müller-Armack, A. 54, *273*
Münsterberg, H. 31, 44, 51, 58, 138, 139, *273*
Muster, M. 88

Nachreiner, F. 61, 165, 172, 174, 180, 181, 222, 223,*268, 273*
Nafrechoux, M. *273*
Nagel, E. 99, *273*
Naschold, F. 175, *273*
Nerdinger, F. W. 208, *275*
Neuberger, O. 16, 18, 20, 37, 61, 80, 81, 92, 105, 135, 151, 153, 157, 162, 163, 214, 219, 220, 221, 223, 228, 231, 247, 252, 253, 256, 258, *273, 274*
Nicholson, N. 64, *269*
Noelle-Neumann, E. 209, 210, 211, 212, *274*

Ochs, P. *266*
Oerter, R. 152, 155, 156, *274*
Oess, A. 206, 274*2*
Oesterreich, R. 88, 196, *274*
Oetting, M. 141, *274*
Ogilvie, E. 254, *274*
Oldham, G. R. 98, 192, *270*
Orne, M. T. 36, *274*
Osgood, C. E. 101, *274*
Ottmann, W. 176, *276*

Papadimitriou, Z. *266*
Pawlik, K. 134, *274*
Pawlowsky, P. 212, *274*
Pervin, L. A. 155, *274*
Peters, T. J. 251, *274*
Pettigrew, A. M. 26, *274*
Platonow, K. 2, *274*
Pöhler, W. 105, *274*
Popitz, H. 2, *274*

Popper, K. R. 34, 259, *274*
Pornschlegel, H. 66, *271*
Porter, L. W. 119, *274*
Portmann, A. 1, 153, *274*
Potthoff, E. 214, *274*
Praetorius, R. 172, *274*
Presthus, R. 20, *274*
Pribram, K. H. 77, *273*
Probst, G. J. B. 22, 23, 246, *274*
Putz-Osterloh, W. 146, *274*

Quast, H. H. *271*

Rahe, R. H. 70, *270*
Rathenau, W. 34, *274*
Raven, B. H. 216, *269*
Reddin, W. J. 224, *274*
REFA 130, 185, *274*
Regnet, E. 236, *274*
Reibnitz, U. v. 159, *274*
Reinartz, G. *268*
Remer, A. 156, *274*
Renault 89
Resch, M. 88
Rexilius, G. 139, *270*
Rice, B. 52, *274*
Richter, P. 88, 106, 127, *270*
Rieckmann, H. 11, 153, *274*
Rippe, H. J. 37, *272*
Ritter, A. 244, *274*
Robbins, S. P. *275*
Roethlisberger, F. 179, 184, *275*
Rohmert, W. 61, 67, 86, 87, 93, 106, 112, *272, 275*
Rohracher, H. *275*
Ropella, W. 234, *268*
Rosenbrock, R. *266*
Rosenstiel, L. v. 3, 5, 18, 24, 33, 34, 36, 37, 52, 114, 154, 157, 208, 212, 234, *269, 275*
Rost-Schaude, E. 185, *275*
Roth, S. 244, *275*
Rubinstein, S. L. 73, 74, 92, *275*
Rudolph, E. 127, *275*
Rupp, H. 92, *275*
Rutenfranz, J. 61, 67, 87, 179, 180, 182, *271, 275*

Sackmann, S. 18, 157, 250, 251, 252, 253, *275*
Sarges, W. 99, *275*
Sattelberger, T. 152, *275*
Sauer, H. 44, *278*
Schacht, H. *268*
Schaefer, W. *267*
Schanz, G. 17, *275*
Scharmann, Th. 233, *275*

Schatz, H. 206, *266*
Schein, H. E. 20, *275*
Scheuss, R. W. 22, *274*
Schlauch, R. 169, *278*
Schmale, H. 11, 12, 44, 136, 145, 146, *275*
Schmid, F. W. 145, 148, *275*
Schmidt, K. H. 173, *275*
Schmidt-Denter, U. 153, *275*
Schmidtke, H. 89, 145, 146, *275*
Schneider, H. D. 237, 238, *275*
Scholz, Ch. 130, *275*
Schönfelder, E. 127, *275*
Schönpflug, W. 37, 62, 69, 73, 141, *275, 276*
Schooler, C. 14, 15, 16, *271*
Schorr, A. 144, *276*
Schreyögg, G. 253, *276*
Schröder, W. 153, *276*
Schuler, H. 5, 99, 125, 135, 136, 142, 143, 144, 147, 153, 155, 159, *276*
Schultz-Gambard, J. 221, *276*
Schulz, G. 89
Schumacher, E. F. 209, *276*
Schumann, M. 206, 255, *271*
Schütz, A. *276*
Seibel, H. D. 71, 72, *276*
Seidel, Ch. 146, *276*
Seiwert, L. 182, 183, *270*
Selg, H. 145, *268*
Seligman, M. E. P. 70, 71, *276*
Selye, H. 67, 68, *276*
Semmer, N. 73, *269*
Sievers, B. 157, *276*
Sieverts, E. 194, *276*
Smircich, L. *276*
Simon, H. 250, *276*
Simon, H. A. 25, 261, *273, 276*
Slater, P. E. 222, *266*
Smith, A. 54, *276*
Smith, A. P. 176, *276*
Snyderman, B. *270*
Solf, J. 171, *276*
Sonntag, K. 62, 66, 127, 129, 167, 169, 170, 171, 176, 177, 178, 193, *269*
Spence, K. W. 115, *276*
Spieß, E. 208, *275*
Spitzley, H. *266*
Staehle, W. H. 224, 228, 254, *276*
Staeuble, I. 184, 188, 189, *271*
Stahlberg, D. 29, 30, *269, 271*
Stangel-Meseke, M. 165, 166, *277*
Stanton, R. R. *273*
Starbuck, W. H. 247, *276*
Statistisches Bundesamt *276*

Starringer, M. 199, *278*
Staudt, E. 44, 190, 234, *276*
Stebani, J. *266*
Stehle, W. 143, 147, *276*
Stempel, H. 157, *276*
Stengel, M. 212, *275*
Stern, K. 32, *276*
Stiefel, R. T. 153, 157, *276*
Stogdill, R. M. 221, 222, *277*
Stoner, J. A. F. 238, *277*
Strasser, H. 172, *277*
Strasser, J. 205, *277*
Stringer, R. A. 252, *272*
Strümpel, B. 209, 210, 211, *271, 274*
Studienreformkommission Psychologie 5, *277*
Suci, G. I. *274*
Sydow, J. 249, *268*
Sykes, A. J. 51, 184, *277*

Tannenbaum, P. H. *274*
Taylor, F. W. 12, 41, 90, 184, 188, 189, 190, *277*
Thierau, H. 165, 166, *277*
Thierry, H. 181, 185, *271, 277*
Thom, N. 153, *277*
Thornton, G. C. 151, *277*
Thorsrud, E. 192, *268*
Timaeus, E. 37, *272*
Tjaden, K. H. 153, *277*
Tjaden-Steinhauer, M. 153, *277*
Tossing, N. *268*

Triebe, J. K. 159, *277*
Trist, E. L. 40, *277*
Tuckman, I. W. 234, *277*
Türk, K. 81, 205, 214, 229, 248, 252, 253, *277*

Udris, I. 53, 63, 66, *271, 277*
Uhlemann, K. D. 87
Ulich, E. 5, 16, 32, 42, 43, 44, 66, 88, 89, 92, 95, 98, 106, 112, 113, 129, 159, 165, 185, 187, 191, 193, 194, 195, 198, 199, *267, 277*
Ulrich, H. 21, 22, *277*
Ulrich, P. 254, *277*

Volkholz, V. 62, 63, *277*
Volmerg, U. 47, *278*
Volpert, W. 43, 53, 79, 88, 192, 194, *269, 278*
Vroom, V. H. 119, *278*

Wachtler, G. 191, *278*
Wächter, H. *278*
Walter-Busch, E. 35, 108, 109, 119, *278*
Warnecke, H. J. 169, *278*
Waterman, R. H. jun. 251, *274*
Watts, F. 192, *278*
Watzlawick, P. 21, 231, *278*
Weber, M. 216, 218, *278*
Weber, W. 192, *278*
Wechsler, D. 145, *278*

Weibler, J. 73, 199, 200, *278*
Weick, K. 21, 260, 261, 262, *278*
Weiner, B. 122, 123, *278*
Weinert, A. 184, *278*
Weller, B. 44, *278*
Westmeyer, H. 37, *278*
White, P. W. 196, *278*
White, R. K. 222, 252, *272*
Whyte, W. F. 184, *278*
Wickens, C. D. 174, *278*
Wiendieck, G. 32, 190, 241, 249, *267, 278*
Wilkening, O. B. 162, *278*
Wilpert, B. 264, 265, *278*
Iswede, G. 24, 31, 114, 116, 119, 120, 214, 217, *278*
Wittenzellner, G. 258, *278*
Wolf, S. 88
Wortman, C. 71, 196, *278*
Wortmann, K. *269*
Wottawa, H. 139, 140, 165, 166, *277, 278*
Wottschak, W. *266*

Yankelovich, D. 212, *278*

Zapf, D. 68, 86, 95, *268, 278*
Zeisel, H. 39, *271*
Zimbardo, P. 33, 196, 221, *278, 279*
Zink, K. 198, 199, 242, *279*
Zippe, B. H. 44, *279*
Zülch, G. 199, *279*

Quellenverzeichnis

S. IX: Foto G. Wiendieck
S. 11, Abb. 6: Foto Silke Geister, Bielefeld
S. 12: Lück, H. E. & Miller, R. (Hg.) (1993). Illustrierte Geschichte der Psychologie. München: Quintessenz (S. 271)
S. 17: Foto L. v. Rosenstiel
S. 18, Abb. 8: BMW AG, München
S. 27, Abb. 13: Opel AG, Rüsselsheim
S. 28, Abb. 14: Volvo Car Corporation, Schweden
S. 31: Lück, H. E. & Miller, R. (Hg.), a.a.O., S. 178
S. 32, Abb. 15: Lück, H. E. & Miller, R. (Hg.), a.a.O., S. 244
S. 46: Foto W. Bungard
S. 49, Abb. 16: Robbins, S. P. (1991). Organizational behavior (5th ed.). New York: Prentice Hall (S. 289)
S. 60, Abb. 19: Opel AG, Rüsselsheim
S. 65, Abb. 22: Bilderdienst Süddeutscher Verlag; © Manfred Vollmer
S. 72: Foto M. Frese
S. 74: Foto W. Hacker
S. 82: Foto S. Greif
S. 83, Abb. 31: Opel AG, Rüsselsheim
S. 84, Abb. 32: Opel AG, Rüsselsheim
S. 90, Abb. 34: Giese, F. (1927). Methoden der Wirtschaftspsychologie. Berlin: Urban & Schwarzenberg (S. 362)
S. 108, Abb. 43: Kraft Jacobs Suchard, Bremen
S. 112, Abb. 45: Bilderdienst Süddeutscher Verlag; © Jürgen Seidel

S. 120: Foto G. Wiswede
S. 131, Abb. 56: Deutsche Bahn AG
S. 132, Abb. 57: Volvo Car Corporation, Schweden
S. 136: Foto H. Schuler
S. 138: Lück, H. E. & Miller, R. (Hg.), a.a.O., S. 273
S. 154, Cartoon: © Jan Tomaschoff, Düsseldorf
S. 158, Abb. 67 (oben): Bilderdienst Süddeutscher Verlag; © Gerd Pfeiffer
S. 158, Abb. 68 (unten): Opel AG, Rüsselsheim
S. 168, Abb. 72 (oben): Bilderdienst Süddeutscher Verlag; © epd-Bild/Friess
S. 168, Abb. 73 (unten): BMW AG, München
S. 174, Cartoon: © Jupp Wolter, Lohmar
S. 177, Abb. 79: Siemens AG, München
S. 178, Abb. 80: Siemens AG, München
S. 181: Foto F. Nachreiner
S. 190, Abb. 87: Bilderdienst Süddeutscher Verlag
S. 192: Foto W. Volpert
S. 199: Foto E. Ulich
S. 202: Opel AG, Rüsselsheim
S. 219: Foto O. Neuberger
S. 245, Abb. 104 (oben): Opel AG, Rüsselsheim
S. 245, Abb. 105 (unten): VW AG, Wolfsburg
S. 253, Abb. 108: Erik Liebermann, Hagen
S. 263: Opel AG, Rüsselsheim